U0448159

ECONOMIC HISTORY
OF EUROPE

欧洲经济史

（美）乃特 ◎ 等著
王亚南 ◎ 译

中央编译出版社
Central Compilation & Translation Press

图书在版编目（CIP）数据

欧洲经济史 /（美）乃特等著；王亚南译 . —北京：中央编译出版社，2024.2
ISBN 978-7-5117-4463-0

Ⅰ . ①欧⋯ Ⅱ . ①乃⋯ ②王⋯ Ⅲ . ①欧洲经济—经济史 Ⅳ . ① F150.9

中国国家版本馆 CIP 数据核字（2023）第 124027 号

欧洲经济史

出版统筹	张远航
责任编辑	何　蕾
责任印制	李　颖
出版发行	中央编译出版社
地　　址	北京市海淀区北四环西路69号（100080）
电　　话	（010）55627391（总编室）　　（010）55627116（编辑室）
	（010）55627320（发行部）　　（010）55627377（新技术部）
经　　销	全国新华书店
印　　刷	北京印刷集团有限责任公司印刷一厂
开　　本	710毫米×1000毫米 1/16
字　　数	603千字
印　　张	35.75
版　　次	2024年2月第1版
印　　次	2024年2月第1次印刷
定　　价	158.00元

新浪微博：@中央编译出版社　　　**微　信：**中央编译出版社（ID：cctphome）
淘宝店铺：中央编译出版社直销店（http://shop108367160.taobao.com）（010）55627331

本社常年法律顾问：北京市吴栾赵阎律师事务所律师　　闫军　　梁勤
凡有印装质量问题，本社负责调换，电话：（010）55626985

出版前言

晚清民国时期，中国遭受前所未有的劫难，同时也是思想活跃、文化激荡的时期。在西方学术思想向中国传播过程中，中国人逐渐接受了西方哲学、西方政治学、西方经济学、西方心理学、西方伦理学，等等。通过翻译、学习、运用西方的学术思想，产生了一批贯通中西的本土学者，他们成为各学术领域的中流砥柱。一批先进的中国知识分子，还把发源于西方的马克思主义作为自己的理想信念，带领中国人民进行了翻天覆地的社会改造。

"回眸经典"系列由中央编译出版社发起整理，主要内容为晚清民国时期中国学者编译的国外经典学术著作，包括哲学、政治学、经济学、心理学、马克思主义等多个领域。这些经典学术著作联系着中国学术的过往，见证了中国学人披荆斩棘的拓进历程，记录了近代中国的沧桑巨变。我们整理、编辑这套丛书，既是向前辈学人在探索道路上的筚路蓝缕致敬，也是为当代学者了解中国近代学术思想的演进过程，提供比较完整的文献资料。

《欧洲经济史》的作者是乃特（Knight）等人，由王亚南翻译。王亚南是我国著名经济学家，新中国成立后，担任过厦门大学校长。该书是一部叙述欧洲数千年经济发展历史和经济与社会生活等方面的著作，分为两部分：第一部分共六章，论述了古代和中世纪欧洲农业、工商业等方面的发展史；第二部分共十五章，论述了现代欧洲的经济发展和经济组织的变迁史。王亚南翻译了该书大部分章节后，由于出国等事宜，他将未译完的内容托付给郭大力翻译。郭大力在译完最后四章后，并撰写了"译序"，由于郭大力的坚持，该书没有署联合译名。今天，我们推出这部著作，并尽量保持该版译著的原汁原味，如当时的语言风格、字词的使用和地名、人名等外文的翻译，等等，希望发挥其独特的学术价值。

为方便读者学习，在保持原书内容和基本结构不变的前提下，我们对不太适合当今阅读习惯的部分字词进行了修订。如有不当之处，敬请批评指正。

目　录

编者导言　　　　　　　　　　　　　　　　　　　　1
序言　　　　　　　　　　　　　　　　　　　　　　3
译序　　　　　　　　　　　　　　　　　　　　　　6

第一编　古代与中世

第一章　欧洲经济生活之基础　　　　　　　　　　2
第二章　罗马的经济生活　　　　　　　　　　　　40
第三章　中世纪之欧洲地中海沿岸　　　　　　　　61
第四章　北欧经济之勃兴　　　　　　　　　　　　93
第五章　庄园　　　　　　　　　　　　　　　　　116
第六章　中世纪之北欧商工业　　　　　　　　　　142

第二编　现代

第一章　欧洲扩大之开始　　　　　　　　　　　　184
第二章　商业革命　　　　　　　　　　　　　　　212
第三章　产业革命　　　　　　　　　　　　　　　247
第四章　工厂制度　　　　　　　　　　　　　　　272

第五章	一八〇〇年以后的英国农业发展	313
第六章	一八〇〇年以后的德意志农业发展	330
第七章	一七八九年以后的法国农业发展	344
第八章	一八〇〇年以后的英国工业发展	357
第九章	一八〇〇年以后的德意志工业发展	379
第十章	大革命以后之法国工业	411
第十一章	一八〇〇年以后之英法德三国商业的发展	438
第十二章	工商业之联合	462
第十三章	西欧其他国家	480
第十四章	欧洲东南部	508
第十五章	俄罗斯	530

编者导言

在本书题名页上，标有著者的姓氏。包括古代与中世的第一编，为乃特博士（Dr. Knight）的作品，那曾于一九二六年发行单行本，被一般公认为学识精到的劳作，为异常精练而明晰的历史著述。对于那个单行本，我曾作过导言，说"那是关于解答古代史与中世史中特殊问题之最好英文书，而那些特殊问题，则是于研究近代经济问题，颇关重要的"。我现今仍支持我那种意见。

乃特博士所撰述的各章，虽为欧洲古代及中世经济史，但他在着手撰著时，即已打算作为现在这本巨制的一部分；论其性质，那确实有助于当前问题的研究者，而构成以后诸章之简明的导论。

现代欧洲经济史，分为两个部门，一是欧洲500余年的农业工业商业史，二是成就现在这种世界之主要动力的经济组织变迁史。著者关于这两方面，都权衡轻重，予以适当的叙述。他们所撰著的经济史——恰好具有历史所必具的性质——是一系列事实之连续的记录。不过，那同时又是经济活动变迁形式的记录，是社会经济构造交迭的记录，是新经济问题发生的记录。

把现代欧洲经济史的记录压缩于一部适当范围的书中，那会碰到两种非同小可的困难：第一，对于这时期诸种大变动之主要特征的解析与着重，应至若何限度；第二，对于异例、特点，乃至一般复杂事象的叙述，应留若何余步。从一方面说，现代经济史的理解，对于现代社会之经济构造的理解至关重要，于是，这里便有一种诱惑，使我们把本来复杂的事象看得简单了；从另一方面说，材料之过于丰富和种类之杂与兴趣之大，又会使我们在选择上遇到一种危险，那就是流于琐碎，把一些不合普通标准的东西载入了。为要兼顾一般见解及一般见解之修正，使其不相违背，本书各章的初稿，都经过精审的订正。这订正的工作，虽是委托为本书写过几章的乃特博士，但对于其中所有变动的地方，编者当负全责。

我相信，读者不但会由此得到重要史实的正确知识，而且会由此得到欧洲经济发达之一般见解，那种见解，是不能期诸其他任何载籍的。

杨格（Allyn A. Young）

序　言

在经济史的领域内，把这门学问的专家，与这门学问的一般研究者比较起来，那前者是相对的少数了。专家人数过少，势将大大延迟一般公认见解的传播；那些公认见解，在未经简单而一般有效的方式传播以前，就往往在少数注重经济学这个部门的大学中，变为陈腐的议论。其实，这是无所用其焦虑的，一门学问的生机与进步，大体上，倒可由其初步读物之迅速变为陈旧而测知。为高深读者撰著一部欧洲经济史的想法已经过去许多年了，所以，也许应该有一部新的来满足实际的需求，至少，在著者们看来是如此的。

欧洲经济史的领域是悠远而广泛的，要把它的轮廓在一部简短的著作中叙述出来，那主要的问题和不断会发生的困累，就是在复杂事象的压缩中，如何才不致失之支离。在时间经过的历程上，不绝有新的材料出现。有些新的材料，会代替旧材料，引进新论题，或改变对于其他论题的着重。因此，一部精审的概况著作，就得在材料的配布上，施以若干变革，一方面顾及兴趣上的相当变换的需要，另一方面则保持篇幅上必要的节约。照此做去，在适当范围内，是会反乎以前的常道的。材料丰富之极大烦累，致使我们不能不把一些很好很可征信的题材剪除下来，所以就是当着详细论述的场合，亦难以介绍任何偏激的新"哲学"。我们三个著者在写作本书时，多少不免是分离开的，从而，要成就一部一般的作品，我们就只有互相谅解，彼此都无意于建立任何一种新的学派。并且，我们没有一个人想再提起十九世纪德国一群经济学者的主张，说历史可以在这门学科中包办一切。历史是须得与经济学者的其他工具合作的，我们当让其分途成就各个最适宜的任务。

这部书是成于两种讲义，一是用在犹他大学（University of Utah）商业财政科的，一是用在加利福尼亚大学（University of California）经济学系的。选定材料的原则，有意无意地受着研究经济学与研究商业的学生的兴趣的驱使。我们三个著者都是把自己当作学生的——两个原是研究经济学及经济史，第三者是研究社会史。我们不知道，我们究竟受了以前的讲义及出版物的多少影响。比如，哈佛大学（Harvard University）经济史科根据教授或学生方面的经验，曾作成了一个关于这门学科的教程的体裁，多年以来，几乎为所有美国的专门学校所采取。格伊教授（Prof. Gay）的《经济学参考书第二表》（List of References in Economics 2），大体亦堪称允当，那虽时时经过修改，但在全般体裁上，是每个教师都不能忽视其对于基本研究所提供的纲领的。选择材料，无疑要求其最有助于历史背景的理解，而现代经济现象研究者，要探寻那种选材的连续线索，定会把各时代从事商业活动的人们，看为是时代变动的主动者。然而这仅是一种方便的中心观念，并不限定全是如此。假若我们要探知中世香槟定期市集（champagne fairs）时代北欧之货币与利息的变动，我们自然会要问道：那种市集的风习是原有的，抑或是外来的；那是由谁进行，为何进行，其结果如何。

　　要注意商业发达的主要源流，如其由近东（near east）到欧洲地中海岸，更由地中海岸北向，我们不难发现其拓展的痕迹。地方专业的趋势，盛行于近世探寻时代初期，而远在十字军兴的当时，即已渐形显著。在那个大时代的西班牙与葡萄牙的商业，与意大利的旧中心城市，荷兰诸国乃至德意志，保有密切的关联。荷兰与法兰西的兴起，确与其过去有关。在十八世纪中叶，英国的商业与财政的组织，都与法兰西或荷兰不相上下。二十五年以前，一般的倾向，皆认英国是产业革命的唯一发祥地，但现在这种观念略微改变了。有几位学者看见有层出不穷的证据，证明十八世纪五十年代的法国工商业组织，不较大不列颠诸岛为有逊色，就觉得迷惑。

　　这把英国视为产业革命之唯一发祥地的神秘，大体是由于早期关于产业革命之历史记载的错误，热心家忘记了商工业间常有紧密联系，当其论究工业时，乃过于看重工业本身。对于十九世纪以后的某种工业上的改革，他们只求其原因于若干机械的发明，在他们看来，机械就是这种大运动的种子。这是颇动人的，但同时有掩昧事实的趋势：不知道种子还有父母，种子在一切环境下不会同样生长。到现在，一般都公认：约在一七五〇年以后一世纪，商业早经失去其旧时对工业的优势了。于是，写一部产业革命的纯粹工业史，势将掩昧起初商业生活的主要源泉；同时，仅仅沿着商业发达的历程而向前观察，那又不免使我们惹起反对方面的错误，即不肯承认"产业革命"这个语词有任何意义。论述我们这时代的理想方法，像论述其他任何时代的理想方法一样，要同时从这两端出发，一方面努力探寻那些在起初颇为显著的原动力的归宿，同时并探寻那些到后来方始显现的原动力的根源。现代历史之所以常令人失望，这就是一个原因。在现在的场合，我们没有"今后时代"（after period）的限制。以历史学家自命者，除了仅从一方面着手现代世界之论述外，还有事实业绩的妨碍；在那些事实中，现在看似湮没不彰者，说不定有永恒的价值；日常以特大字登于报章前列者，十（有八）九在十年内就会被人忘记。无论就哪点说，历史绝不能看为是对于一件短视的业作的工具。

要简洁地论述一个长的时期，那除了对于较辽远事实只给予极少极少的篇幅外，再也没有一般可循的准则。所谓实际选择法（a practical method of selection），就是把我们对于各种情形下的记录，除去其中于次代情形无关宏旨的大部分。这种方法，虽有很多显著的好处，一个普通读物还必须如此，但那亦有一种缺陷，即缺少完全而公正的记录。我们要求完全而公正，显明的，须就每一场合，把失败与成功并列起来。但这种工作太专门了，太单调了。要这样做，所需篇幅必甚大，普通读物没有那所要求的1/20的篇幅。任何发凡论著的作者，如果使他的读者们相信，他那论著可以代替专门与精密研究的工作，那实是一种犯罪。我们的目的是鼓励研究，而不是阻挠研究，对于我们涉及了的每个论题，都任人公开去研究。

本书的底稿，有几部分曾经由许多学者批阅过，或者，由他们提出许多问题，花费时间讨论过，他们的姓氏虽都没有列入，但盼望不要以为那是不知感激的表示。爱芬斯教授（Prof. Austin P. Evans）批阅并评论过中世部分的初稿。北卡罗莱纳大学（University of North Carolina）教授柯尔德威尔（Prof. Wallace E. Caldwell）批阅过古代各章的底稿，并且这两部分所有的贡献，不能不说是由于他的批评。至于本书的编者杨格教授的评议，那都是颇费过考究的。因篇幅的限制，我们应对其他许多匡助者表示歉意，并且为了减轻诸位的责任，我们无妨承认，我们并未遵循他们的启示。

译 序

亚南译乃特《欧洲经济史》历时一年余，至第二篇第十一章，将出国，嘱我将未译的四章续完。我把它译完了，乃为之序。

《书洪范》八政，"一曰食，二曰货。"《汉书传叙》亦云："厥初生民，食货为先。"这样看，经济的问题，并不是自古以来就为人所轻视的。徒以历来士大夫奉传统的儒家思想，讳言利，经济的历史，才几乎没有人过问。

鸦片战争终于把中国旧思想的堡垒摧毁了，国人始渐觉有讲求富国策的必要。经济上种种新的设施，先后模仿着成立了。斯密的伟大著作亦很典雅地译成了汉文。但当时的人都把这些当作"危败之后"的救亡策，学的研究是谈不上的。斯密虽处处告诉人有研究经济史的必要，但这种研究迄未能发达。

在我国，经济史研究的发达，严格说，是唯物史观思想流入以后的事。按照唯物史观的说明，适合于物质生产力一定发展阶段的生产关系的总和，是法律政治与思想那种种上层建筑的真基础；前者的变化会使后者或速或徐地发生变化；所以，社会的意识形态，须由物质生活的矛盾，由社会生产力与生产关系之现实的冲突来解释。这种思想，以最大的冲动力，要取一切旧有的思想而代之。在这种思想的冲动下，经济史的研究能为人所深深注意，乃是当然的。

人类社会历史的进行有一定的法则与顺序，这已经成为一个没有疑问的真理。因为历史是循多方面进行的杂多的事实之系统的记载与说明，所以历史研究者应具有一种确定的历史哲学，亦是人所共知的。只知搜集事实而不能探明历史上各种事实的关系的人，严格说，不能说是真正的历史学家。

但我并非说，这种搜集者，对于历史的研究没有贡献。他们的功绩和历史哲学家的功绩是一样的。我只是说，他们若能具有一种历史哲学来贯通那零碎的历史事实，他们所能有的成功，必较大于他们现今所有的。

不仅如此，我还觉得，一个没有公式的内容，从许多方面看，都比一个没有内容的公式更有价值。自唯物史观的经济进化的公式输进以来，研究者们太注意公式了。他们把经济现象看得太单纯了，把经济的发展看得太机械了。似乎经济史研究的工作，就止于套现成的公式，而表面上与公式不相容的事实是无须过问的。这是一个何等重大的误谬。不幸，这个重大的误谬，便发现于我们以求真为职志的人中间。中国经济史的研究尚不能有可观的成绩，固由于研究时间的短促，但套公式的习惯不除，研究的成绩绝不会有可观的一日，我们应注意公式，尤应注意表面上与公式不能相容的事实。合于真理的公式，必能合于事实。注意表面上不与公式相容的事实，不是背叛公式，其结果乃是加强公式的力量。

总之，无论作为思想的根据抑或是当作未来行动的方针，经济史的研究都是重要的。任何一种学问的目的，皆在于使表面上无关系的事实关联起来，使表面上不连贯的事实连贯起来。经济史的研究目的亦是这样。一种确定的历史哲学，进言之，一种有概况性的历史进化观，当作贯通历史事实使它们发生关系的手段是必要的。但我们直接所求于历史的，不是这种手段，而是历史的本身。我们若以历史为预料未来的手段，历史哲学便不过是手段的手段。

像著者序中所自白，这部《欧洲经济史》的目的，不在于介绍任何一种根本新的哲学。著者虽承认历史的连续性，知道工具是进步最重要的动力，大体来说，不能说没有历史哲学，但本书最重要的特色，还是对于数千年以至今日欧洲经济生活上的事实，有扼要而精密的叙述。

"他山之石，可以攻玉。"这部《欧洲经济史》对于以不同方法研究中国经济史的学者，或不止有仅小的帮助吧！

郭大力
一九三四年十二月

第一编

古代与中世

第一章　欧洲经济生活之基础

经济史　我们解析诸般问题所用之历史法，就是探究过去，寻出决定那些问题发展历程之诸种原动力。人类文化之积累甚缓，而其在短时期之变化极微，所以特别适于用历史法来研究。就是当前为适应新环境而行的种种改革，那亦与我们由过去承续下来的主要文物制度紧密关联，改革云云不过是就已有者加以修正罢了。历史原本就是我们积累起来的思想、制度、工具、货品之记录。

由过去积累的思想当中，有许多与经济生活直接关系。经济史家把这些委之于从事思想及文化的著述者。他的主要工作，是探究人类谋生之组织与技能的发展，至若艺术与政治的发达情形，那是要在直接而明显地影响其主要工作的限内，方始论到的。不过，我们须牢记一点：生活（aliving）这个语词，因人因时因地而异其意义。在物品的种类与数量上，一个人日常消费的，他看见别人消费的，或依其自己消费及看见他人消费的经验，而设想要消费的，都各个不同。

如其没有变动发生，我们的文物制度，将常在产生这些文物制度之同一环境下运行。那一来，历史就没有何等必要了。反之，一种突变，或一种彻底的变动——如其有可能的话——势将切断我们与过去的联络，致使历史没有何等用处。然而事实都不是如此。事实上，小的不完全的变动，是继续地发生着；而我们每天所见的古旧社会机构，都是数千年演化来。我们经历相当时间所成就的若干改革，必得与那些遗留下来，而且尚在作用的旧的机构相协调，并且，要理解那旧的机构，我们只有借助于那机构所由产生，然一部分已归消灭的环境。我们现在所能做的，要受限制于过去许可我们做的，这种限制，就是所谓"历史之联锁"（continuity of history）的产物。

发生什么，或能发生什么，那都要看已经发生了什么。哪怕是想象，我们所想及的任何事，至少，当与我们已经知道，已经看见过的，有一点疏远的关联。一个原始的野蛮人，就令他禀赋有两倍爱迪生（Edison）的智力，他亦绝不会发明留声机或电光。因为他的环境不能对他有所启示。耕犁原是一种颇简单的农具，但不是那种社会已有了垦植，有了适于使用那种农具的牲畜，那亦断然不会发明出来。

进步 在过去数年间，进步一语的全概念，早为许多哲学家解释得朴素而漠然不定了。但以此语指明那由人类精神促成的社会发展（别于单纯的生物进化），仍是非常便当的。人类能运用思考，能使用器具。与其他生物比较，人类心灵是复杂而机变，而且能以更错综的方法，把更多的单位会通。它有一种奇妙的性能，借着时间与空间，确确实实地处分事物哪怕实际并无其事，它亦得离开实境，由幻想联成一些新的境界。

其他一般动物不然。动物是为事物所驱使。只会做某种定式的学习。其动作全无目的，一味趋就快乐，避离痛苦。人类的本能，虽亦是好逸恶劳的，但他的想象，欲敦促他尝试痛苦的经验，以期达到一个完全新的目的。其结果，它的实验所得就与动物之被动的、无目的的"尝试错误"之摸索大有出入了。不但如此，因为他具有一种分析事理的能力，对于行之成功的事体自会继续；对于行之失败的事体自会避免。又，因为他具有与其同胞交通的优越手段和较胜于动物的模仿本能，所以，为少数人所成就的有关幸福的发明，就颇容易传递于全体，一面传播，一面保存。这样，人类社会的变动就远较动物群为迅速了。进步一语的意译可说是"向前移动"（moving forward）。在实际历史上的"向前"，就是加大对于自然的控制，增进组织上的错综，并加多能使土地供养他们的人口。

在使用劳动剩余上，人类早就表现了他自己的智慧；像松鼠之储藏剩余或蜜蜂之分殖，都不能与人类相较量。粗糙的武器或器具，那可说是这种劳动剩余或"资本"之最原始的形态。在先，那并不是由人手所做成，仅是由人类所选择——选择硬棒或尖石——既经选定后，乃一而再，再而三地使用。猴是最有智慧的动物，它凭一时的需要，也会拾起一根棒，一个椰子，但如果它没有经由人类脑筋的训练，它是立刻就要丢掉的。人类为适应各种特殊的需要，他把诸般器具或武器，都施以矫造，就这样，他对于征服，对于储积，对于组织，乃成就了可惊的业绩。人类的手，就是无数特殊器具的柄。有些，如像长矛，如掷棒，如开弓，都是延长手的伸度，其他，则是集中其全部精力与机变于一点。脑又以无数的工具给手，于是，本来在一个时候只能使用一种工具的手，就因有脑之故，变成了一百只特殊的手了。

语言对于人类的种种创建，所关至巨。那可以说是增进组织之效率与体制的工具。人类关于好恶，乃至时空之类的关系的判断，都整约而为语言。他不像动物那样，动物以喇叭似的呼叫，为其本能的争斗或攻击的表示，而人类则对于这类动作或其他动作，都能借语言或姿势，详细表达其在一定时空上实现的意图。这样，一种完全新的协同动作就有可能了。在人类未有文学记载以前——就人类史之漫漫长期而论，那个时期，俨如昨日——语言已产出了人类组织之成果，我们称之为文明的结合。这种结合，开始似见于西部亚细亚或尼罗河流域。而这些地域在能实现此类结合之前，武器与器具亦有相当发达，人类最恶的敌人，有些已被征服或消灭，动物植物亦早开始由人所养，由人所植了。"文明化"（civilized）一语暗示政治组织进入国家阶级，特国家之成立，大有赖于一定限度的经济组织，有如生产物之运输交换，乃至赋税制度，等等。

人与自然 要把这新的具有思考且能使用工具的人类，与其余自然品类之关系弄个明白，我们必须回想道人类智慧尚未施其作用的境界。在那种境界中，每种生存方式所能养活的种类，乃受限制于食物的供给和与其他对敌物的竞争。大树的繁生，一视其能获得所需的适宜土壤与适度阳光。此外，并要能避免那些吸食其细胞组织的寄生物。较小的树和其他植物，则相与竞取那些余剩的阳光与肥壤，为避免动物的侵害，它们有的具有较好的保护机能，如苦味和刺之类。鼠之繁衍，是看它避鹰的能力如何，而鹰之增殖，又看它捕鼠的能力如何。任何种类的动物，一方面是受着以它为食物的动物数所限制，另一方面又是受着它所视为食物的动植物的数量的限制。至若获取食物与避免仇敌的方式，有的用强力，有的赖敏捷，有的做呼叫，更有的装假眠。而其结果，却是达到数目之确切的平衡。

人类也参加了这样生存竞争的舞台，并且，也完全树立了以前人食食人之相抵的平衡。为什么呢？要探求其究竟，我们必须除去在那种环境下——有许多年代蓄积的经验——文明人将怎样活动的看法。原始人应付他们的环境的做法颇与我们不同。起初，他们在实际上简直是反抗一切其他的生物。他们与那些威胁其生存的动物斗，并不分青红皂白地虐杀那些可供其食用的生物。以后，他们又由此进入另一阶段，即剪除自身所需的动物植物的仇敌。

在人类灵巧而机变的脑中，基本的经济观念逐渐形成。对于动物和植物，哪怕是食用所需，他们亦不像以前那样任意摧杀，他们并知道保护若干动植物的利益了。在他们与其他各种仇敌竞争的场合，其食物由豢养家畜供给，比较由碰机会捕获野禽野兽供给，那该是何等的便利啊！

　　动物植物当初是怎样由人驯养只能由暗示的神话和明显的事态得知。原人想在长期储存动物性食物或植物性食物之唯一方法，就是把它养活。捕获的生物的繁殖一定曾引起其注意，并刺激其思想。无论如何，亦有少数专靠从自然采集或占取的社会曾经被传述过，不过那是零碎的或原始的罢了。在亚洲大平原的人民，他们就是以畜牧来辅助其狩猎。北美洲是没有特别适于畜牧的动物的，但那里生长有一种称为玉蜀黍的植物，于是，土人们于渔猎以外，也开始这种植物的种植。

　　无论是畜牧，抑或是锄耕（hoe-culture），起初都与地理大有关系。植物的种植，需要一个稳定而安固的社会。哪怕有其他仇雠部族危险的压迫，尚在成长中的收获物，亦是无法移动的。在另一方面，有许多广大幅员的土地，其气候土壤不宜于农业，只宜于成就一种惨淡经营的畜牧文明。最后，如像白令海峡一带的捕鱼民族，他们不觉发展了一种社会秩序，那种社会秩序的形态，比许多畜牧群或锄耕群的组织要高多了。因此，对于"经济阶段"（economic stages）的次第，有人再三主张把采集或直接利用（自然物）放在第一，把畜牧或锄耕放在第二，这种分法，与其说是根据历史的与年代的立场，毋宁说是根据社会学的立场；其极大的缺陷，就是忽视了地理学上的元素。

　　驯养动物与栽培植物之所以成了一件重要事体，就在那对于人类的工具与武器，增加了一种能动的、生产的剩余。人类对于繁种的家畜，备极爱护，他们所服用的，只是那些多余的头数，因此，这些附属于人类社会的族类，就在它们能被任意制驭任意聚集的地方，生长成育起来了。明确地说，它们成了人类的同盟——人类社会的联合分子。因为人类的保护，它们不致受瘟疫与毒草的伤害；它们的变种，亦由人类随其欲念而选择。人类已采行了世界裁判者之一般任务与方策。在羊与狼，角与刺互竞的场合，他们掌握着左右的权衡，投其所好，而改造了动植物（fauna and flora）自然的配列。

　　权力　像以上所述的进步，并不一定会产生繁密人口和变化地面的结果。要保证此说，我们只需注意白人到来时的北美印第安人或在这时期前后的中央亚细亚的蒙古游牧人便得了。他们那时的情景，较其原始状态无大变迁；设以现代欧洲人为标准而论，其人口更是极度稀薄了。

人类老早就认定：他们依着时间空间而设计的能力，是他们征服世界的真正锁钥。他们逐渐对于各种问题施以限制，而把其微弱的力量，集中于要点。预备尖削的武器所耗费的时间，使其能运用手臂之力，批刺那肉体抵挡不住的窄狭处。在十亩见方的地区内，他们于某年剪除或根绝所有的"害草"或麦之仇敌。以后，再在这施过人工的土地上播下麦种，麦子就能够好好繁生，并独自享有阳光与沃壤。到第二年，那就容易多了。麦子的自然滋生力，已经导入了那样一种境地，就是没有人在或者照护者睡着了，它仍旧是会生长的。

如其人们只在狼杀羊群时才杀狼，他就必须继续设法绝灭狼类的繁生。这种方法，比之狼类的其他仇敌所做的，没有什么出入。但人类并未如此做，他于一定时间，在一定地域内，集中精力来消灭狼群，并把那地域改变，使其不宜于狼的生存。在时间上注意将来，在空间上集中努力，他的精力就因而节省了。

照例的体力劳动是会使人厌倦的。为要一方面避免两手的使用，同时又可增加其欲得而甘心的物品数量，他乃从事脑的活动。不但如此，他还要求一定限度的权力——有的权力，似为其种族集中所必需。当植物一经开始栽培，人力马上就有以新方法组织之可能了。比如，对于捕获的俘虏，如给以武器，将发生危险；如使其采集野外，又势必潜逃。那么，最好的办法，是把耕锄放在他手中；俘虏只有一具耕锄，他在其捕获者的利器与严惩之前，便相对地没有何等抵抗，这样，俘虏就不但没有危险，而且还有用途。同时，因为俘虏没有逃脱的机会，锄耕这种业务，乃比狩猎或畜牧固定多了，集约多了。植物栽培使一种更错综的社会规律成了可能的。同时，一个脑子的指导力，又因此，较一双手，能成就多得多的工作。由是，规模较大，体制较精的社会与经济的组织产生。

如其我们不否认纺机、织机、小船一类创建之极大重要性，我们就不妨这样主张，说人类所用的最有意义的工具就是耕犁。设无文字的发达与耕犁的发明，古代伟大而极形安固的帝国，当难以出现。因此，我们可以说，人类在过去六千年或六千年左右所成就的变动，比之在文字与耕犁发明以前的整个无从征实的时代所成就的，要多许多了。这与其说因为在人身上，我们较优于过去一切人类，倒不如说因为我们有了长期的经验可做基础。

在人类历史上，耕犁是一种新的划时代的标志，是一种非人力（nonhuman power）的广泛使用。如把火与语言算作例外，那人类在机械时代以前的至关重要的成就，就可以说是耕犁的使用。耕犁就其本身说，那是够简单了——一个懒惰而有贪欲的人的耕锄，略加改变，便能用牛拖了。不过，由现在反观起来，那种为我们看得容易创造的牛拖利器，曾经破碎了一大部分地球，并曾在仇敌中间破开许多荒野。那在饮食的贡献上，不但能供给不断增值的亿万人类，同时还养活了偻指难计的家畜。在有历史记载的初期，或在此以前，地中海东部的某些地域，在既有耕锄，复有出力家畜的诸种人民间，耕犁是自行发明了。耕犁的使用，使原始的农耕过渡到正式的农业。就在这种生产力增加的基础上，树立了古代巴比伦与埃及的伟大文明。

原始的发明　原始武器和器具之尖与锋，在自然界是可以发现的。原人第一步只是拾集差可适用之石块，次则用其他石块，依人工做成石尖石锋；最后，更以火助成分解，于是乃产出了较为精细的武器和工具。火之为物，亦是存于自然。迹其因人工产生之方法，不外由于摩擦。

最初的衣物，大抵以皮为之，至处理皮之方法之发明，则为时颇早。小动物皮只要咀咬就行。较大动物皮必括之使光，晒之使干，然后，涂脂肪以揉之，借水分以润之捻之，或更依其他方法以制之，结果，乃有若干精制的成品产生。以树皮硝皮之法，在旧大陆应用颇早。在熟而干燥的气候中，生皮制造甚为简单，把皮硬生生地剥下来晒干就得了。骨针（bone needles）曾发现于历史以前的遗物中，证明了那时的缝缀。而其由自然所赋予的缝线，则是动物之筋与动物之腱。

早经实行之席与篮之编制，那是颇容易提示布之编织方法的。就在今日，热带房屋之墙壁，犹多用席，或树枝条编织而成。而其屋顶，则以草为之。在较冷的地带，人皆掘洞而居，或用兽皮防护冷风侵袭。在树皮编织墙壁上涂泥的技术，那亦是原始时代就有的，但今日世界许多缺少木材的地方，依旧是构造篱笆房屋。瑞士有史以前的湖畔住宅，通是编织的。而在有软石可用的地方，极早即以软石做屋。至晒砖与烧砖的使用，那亦是早为初期人民所发端的。

大部分的原始人民，似都发现了各种胶土与黏泥。葡萄藤是天然的绳索，把一些小的葡萄藤扭结起来，即可有较大的力量；并且，凡属具有柔韧性的事物，只要有所需要，它几乎都是会自己发明出来的。

关于动物的驯养，植物的栽培，前面已经讲过。这里还待补充一点的，就是驯养野动物的最初用意，似乎是为了玩耍，或者为了做伴。往后，有的用作狩猎，有的则仅仅留作肉食准备，因此导出了有一定规制的畜牧业务。

负荷动物出现得很早——以后许久许久，才有完全训练为拖犁拉车的动物。近东野生之麦，那是被采集为食物以后许久才从事栽培的。最初，谷粒颇像是不经意地坠落于人类住宅周围，因住宅周围没有其害草或害物存在，所以它就在那里好好滋生起来。

　　对于陶器，我们无从寻究其根源。但有些事实指明：在烧泥技术发明以前（这种技术的发明，大概是由于偶然把原始的锅钵落到火中去了），即有晒干泥具（sun-dried clay vessel）为原人使用。那类泥具，原是以手做成；为要求其略微匀整与容易制造起见，乃有陶工轮（Potter's wheel）的发明。轮盘与机械的旋转运动的观念，便是一切现代工业的基础。纺锤早就是应用这个旋转法则。最原始的纺绩形式，似乎是摩擦或卷动纤维质品，那种方法，颇类我们现在不时讲到的马具修理者的动作，他把蜡尖线放在中间，沿着腿子，用手来滚动。为了避免缠结，常有系以重物之必要，这重物以线旋转，最后便发达而成纺锤。纺锤连上纺纶干，就成功了两百年前通行的纺绩方法，这方法在今日所谓"后进"诸国间，犹是用得颇普遍的。

　　显明的，织布只是由草席过渡而来，而草席又是编篮的翻制物，是野蛮人用以避风、避日、避敌窥探之粗型编造墙壁的翻制物。树条野草为羊毛或纤维植物所代替了，织物就出现了。以原始的织机与两三百年以前所用的织机比较起来，其差异之微是可为惊异的。那种织机备有两个平行的横杆，经线则伸紧于此两横杆之间，有时，为了拉紧经线，防止缠结，一个横杆是挂在另一个横杆之下的。每隔一条经线（或隔两条或隔几条经线；其多少，视织机的模型如何），都当拉后去，以便引受交叉线或纬线。这样，有时竟成就了一种极其工精的图案。

　　直到最近以前，船舶是被视为远道运输的标准工具的；这种工具发达之早，殆难探得其最初如何创建之可靠记录。据我们的推测，大约在木造舟与独木舟创建以前，即已有了木块或膨大兽皮所成之筏。像这类载运工具，可以说是仅仅用于战争，不过，在许多场合，那亦指示了物品之大批交换。原始各集团间所行之贸易、在根本上自然具有"外国的"性质。因为，每个地域如果不是有其特别的资源与技能，从而在某种限度，产出了不同于其他地域的粗型制品，那么，它们之间的贸易，就一定无从发生。

　　初期贸易之存在，与若干集团之相互依存，使我们引起这样的疑问：即，那时的交换，究是怎样进行。物物交换的不利益，远在我们有了若干记载的当时，已经得到了救济，那就是在交换之间，使用某种标准，即使用一般需求的物品（如像贝、珠、谷，或家畜等）作为货币。货币对于一切物品为一种公分母（common denominator）。它是一种通货或交换媒介，亦是一种价值的尺度。就在没有实际货币流通的地方，物物交换亦因它的使用而标准化了，简单化了。初期人类缺乏金属，故它们的货币，不常常使用金属，而是使用那些比金属更不适宜的物品，即没有具备理想金属所具备的种种特性的物品；那些特征，就是统一性、可分性、易识性，以及供给状况有恒而又有限等。

关于古代金属制作的根源，现在无从稽考。据埃及发掘古墓的证实，则赤铜之采掘与熔化，那是纪年前四千余年的事。在那个时候以后不久，即，大约在六千年前，古铜曾为当时工业上的一个非常重要元素；因此，我们把它看成人类漫漫原始期或见习时期（apprenticeship period）的告终和人类文明社会的开始。古铜的广泛使用，那对于社会进步上的价值，可以与文字和耕犁等量齐观。就因此故，古铜与铁的产生，虽然其间相距没有很久，但这两者同被产生以后，古铜却独擅优势了一千多年——它的产生，原包括有一种比较复杂的程序。由略比亚（Nubia）以南，饶有铁矿，但初期埃及人似未发觉。他们在知道熔冶铁矿以前好久，即已获得若干的铁，不过，那些无须熔化的铁的供给是到处不多的。据现在爱琴海一带的考古家所确示，古铜时代（别于铜时代）实在是开始于爱琴海与地中海东部一带地域，并由那些地域向他处展布；最初的古铜制品，大约是由那种自然含有赤铜与古铜的混合金属矿物所做成。大规模的熔铁是见于小亚细亚的赫梯人（Hittites）之间，其时在纪元前十三世纪。而在这时以前许多世纪之古铜器具与武器，都用掺杂有赤铜的锡或其他混合金属造成。

财产与分工 血属关系对于原始人生活上的功用，常比对于我们现代社会生活上的功用大。在原始人的家族与部族之间，往往存有一个称为"血族"（sib）——与此相类的，有一个比较熟识的称呼，即"氏族"（clan）——的集团。这个集团的连束普通是完全依照父的系统，或者完全依照母的系统。不过，在我们今日所能注意到的集团中，即令其姓氏，其遗传，其血统依归，通是沿袭母系，而其妇人在社会上的地位，往往仍是低于男子。把那些未脱原始习尚的人民的情形，适用到我们远时代的祖先，那是绝不可靠的；人类学家早已一般的舍弃了那种曾经通行的观念，那就是说，母系血族的相传，乃是社会进化过程上，女子绝对支配社会之一般"阶级"的遗迹。

男女间的若干分工，那是各种社会都存在的，但分工所取的方式，则各个不同，从而，就显然没有一个全般一致的准则。繁衍子嗣的责任，几乎完全是由妇女担当，在死亡率颇高的原始人类社会中，这种责任非常繁重；因此，在分工的过程上，势必顾及此种事实：即，女子从事的工作，要对于其生育儿童没有妨碍，或不为其生育儿童所妨碍。究有那些工作应分配于她们，那要看许多社会要素——如战争的盛行、狩猎、畜牧、贸易、工业或农业等——而定，实际的情形，无从顾及任何一般准则的建立。而且，除了经济生活以外，还有一些参加决定男女分工的事体，如像地方的信念、仪式、传习、历史诸项，都有此种作用。在许多地方，凡属千篇一律的工作和卑贱的工作，都由妇女担当。在这些地方，我们须知道，这并不是对女子不公平或贱视女子。不过，对女子不加尊重，或轻视其能力，那并不是原始时代的事。男子要由拥有多数女子或维持如此的大浪费以显示其富有，那似乎非在饶有剩余的集团中不行。原始生活的不确定和男子自由的精敏的与人争斗且与兽争斗之必要，往往可以合理地说明那种分工趋势，甚至还可抵消女性资格不足的规定。假若男子比较女子少劳动些，则他那种工作亦比较女子的少安全些。

从许多载籍中，我们读到了原始社会有一种合法的共产主义制度；假如把那种制度仔细研究起来，就知道，那所谓共同所有（joint ownership）乃是亲属集团的共同所有。要加以假定，就是每个村落的居民，都确实是由有血统关系的血族或氏族的结合，他们共同保有那些可耕地或其他的土地。可是，在事实上，他们的实在结合力，虽然不外血统关系，但在受有合法观念的洗礼的我们想来，就俨然以为这个特殊村落是实行共产主义了。落伊（Lowie）①曾举出许多实例，证明类似私有财产的体制，几乎所在而有，即在那些看似典型的共产集团中，亦复如是。如像衣物、饰品、器具，乃至武器之类，尤易为个人或家族所拥有。在若干原始社会中，哪怕每棵有价值的树都有一个私主。魔术的要素，宗教的要素，都与经济的要素，同样在原始人所有观念中发生作用。

论到土地或不动产，我们发现了血族与部族保有的狩猎场所；但在这

---

① 《原始社会》（*Primitive Society*）第208—210页。

些实例中，有的氏族或部族的狩猎场所又配分于许多家族了。就一般说来，以土地稀少与土地丰裕的地方相较，前者是格外容易流于私有的。例如，柯尔克孜人（Kirgiz Peoples）在缺少冬日驻防土地的地带，虽保有私产，但在一望无垠的盛夏草原地带，欲不曾保有何等私有土地。而且，一件财产，哪怕是不变的由一个血族所保有，并不变的由一个血族所传续，那亦不能遽然说是属于那个血族的，而可说是属于那个血族间的各成员的——如像荷培的印第安人（Hopi Indians），就有此种情形。实行土地共同保有的部族，往往又在别种守业的形制上，做成了一种精密的个人私有组织。总之，建立于亲属关系上的制度与关系，往往被误认为共产主义。其实，原始人类所行的道地共产主义，通常倒只可视为是未发达的财产制度与观念之标志。据佛林德斯·培垂（Flinders Petrie）[①]所提示："侵入境界而受罚"，那是最古最古的法式，而且，"狩猎生活的第一个条件，就是某一部族对于某一地域，保有排斥其他部族的保留权"。就说是野兽罢，它们在日常猎取其他小生物的地段，亦反对其他野兽的侵入。依这位著者所说，部族之所以组成，就是为了保障这种权利。

现在，我们可以在这段文字里简单概述原始社会，或有史以前人类社会发达阶段，对于经济史究有怎样的贡献。造火技术发明后，由造火生出了不少的附随结果与力量。人类已经有固定居所了——有穴，有水陆上的棚居，有泥草房。他发明了机械时代以前开发自然的各种主要工具——如纺锤、纺纶干、织机、原始石匠与铁匠的粗型器具、耕锄、耕犁，以及其他各种防护自身（当其与人或与兽争斗的场合）的武器。我们现在所知道的大部分家畜，在当时都曾屈服于人类的控制，而在农业活动上，更有非常可观的发展。工业方面可以举述的，是燧石与铜矿锡矿的采掘。物品交换的规模之大，居然使相距数百里的人民发生商业上的关系。私有财产是颇见进步的；关于公私事件的法律，就令那是习惯的，不成文的，亦算收到了相当实效。况且，由国家施行公的统治的基础，那时已有所树立。就艺术一端而论，无论是表象的，抑或是实体的，都曾发达。在实际上，当时虽未发明文字，但因要维系复杂的经济、社会与宗教的关系，且要维系那些由我们证实其曾经

---

① 《古代埃及的社会生活》（*Social Life in Ancient Egypt*）第2—3页。

存在的组织，语言一项是一定颇有进步的。要而言之，一切物质文化与经济方术的基础，在当时都粗具规模了。而且，不待要到十八世纪与十九世纪的产业革命，我们对于物质文化与经济制度，早有了一种显著的贡献。那种贡献的形成，就是由于原始人类在十余万年间，以尝试错误的方法，徐缓的、苦痛的，成就了我们努力的基础。此外，还有一点值得注意，即，那种"原始的"社会，就许多不可捉摸的方面说，已显然"现代化"了，如像团体的经济利益观念，个人忠实的必要，以及对于突然事变的立施警告等，皆十分具有现代精神。

金属货币与文明 初期的埃及居民与米索不达米亚居民都是因农业关系，才由松懈的部落组织发达而为一种城市国家的。谷物是当时一般能交换的物品。以谷物为资本，就令在原始的条件下，亦能移动于数英里数十英里之间，并集中地储藏起来。尼罗河三角洲（Nile Delta）与米索不达米亚的初期首府，其间相距约二十英里，由是，彼此就需要拖载约十英里的路程。据佛林德斯·培垂所说："在这个时期，谷物的储藏是唯一能够用以支付合同动作（united action）的资本形式，并且，一个部落不能及的目标亦取偿于此。"如其"金属的通行，不够蓄积，不够用以支付劳动，那比较广泛一点的准则，是无从树立的"。把谷物送往远地纳赋或支付，那不但容积太大、太重，而且也太不划算了。

约在五千余年前，埃及统一了，它的统一基础，乃是建立在可供支付的充盈的赤铜上。此后经过三千年，或降至亚历山大第一（Alexander the Great）时代，虽然金银已通行许久了（金银在埃及通行，约在纪元前一千五百年），但价值仍是继续以赤铜为尺度。金银的铸币是约当纪元前七百年才一般使用的；至罗马人之确有古铜钱币，那还要迟四百余年。埃及与巴比伦用作交换货物的赤铜，原已造成了便于携带的圈形。但把这圈形的铜秤量起来，对于商业交换上，一定有许多烦累，从而，这就不够成为一种易于移转的理想货币金属。至贵金属的铸造，那是直到纪元前四百年亚历山大第一时代，方始完全实现的。

纪元前二千年地中海东部的经济生活 "文明化"（civilized）这个比较暧昧的名词，曾用来指明组成了某种国家体制的人民集团，那颇有些漠然不定之感；那种人民已谙熟于文字，已养有动物，栽有植物，有金属制品，并行着以金属为媒介的物品交换。在地中海东部一带，耕犁已与上述种种联同活动，不过，在有些情形之下，高度组织文明之发达，并不一定具有耕犁，如像在秘鲁的印加人（Incas）间，就是如此，我们前面粗略解释过的文明，在我们上面为迅速回顾而选定的那个时期以前，业已在埃及和底格里斯河、幼发拉底河流域（Tigris-Euphrates Valley）存在过一千五百年左右。

在爱琴海一带的克利特人（Minoan or Cretan Peoples）间，其文明存在的悠远，大约与埃及等地相同。达略比希腊人（Danubian Greeks）于纪元前二千年侵入后，原来居在本地的爱琴海人民一部分被消灭了，一部分被驱逐了，其余亦毫无组织，而那些侵入的希腊人却在那里统治了七八百年。因此，关于所谓初期文明的三角（civilized triangle-Egypt-Babylon-the Aegean）迤北一带，我们比较漠无所知。埃及人、巴比伦人及克利特人曾相互贸易，相互仿造物品，但因地理的不同，各个仍保有其特点。自克利特人为希腊人所代替，比较野蛮的主义就接着猖狂了几个世纪。大概我们可以这样说：希腊人那次的侵略，"几乎完全结束了米塞拉的文化（my cene an culture）"，而此后"文化的新鲜种子，则是由希腊人从其亚洲的邻人所输入"。[①]西欧是远较近东为落后的，文明化的经济生活的影响，缓慢地向西北扩张。欧洲的商工业组织，系由东南部一带所向导，那种事实，至少延续到了纪元后十三世纪。哪怕是有名的罗马帝国，亦非例外，它的商业组织与指导者，它的许多最精致的物品，都是由近东传来。

约在纪元前二千年的时候，前节论及的大部分基础的发明已被习用几个世纪了。埃及人用墨水在一种称为纸苇纸（papyrus）的纸上，写下他们高度发达的文字，到那时，已经有了一千多年。他们早知道实际计算与测量的数学——例如，在纪元前四二四一年，他们已在使用和我们现在使用的一样正确的日历。耕犁大概是发明于那个时候，而谷物的种植与家畜的蒙养，则为时犹早。就埃及及米索不达米亚所行的灌溉方法看来，那种社会体制，已早进于高度组织。

埃及人的经济生活，一方面是依靠尼罗河流域的沃壤，另一方面却大大地受了这条河流本身的影响，因为，这河流每年有一度泛滥。除了位置

[①] 培尔西（Gardner Percy）所著《古代铸币史》第27页。他参照了普尔森（Poulson）所著《早期希腊的技术》（*Frühgrie-chiesche Kunst*）。其他的学者，如像爱芬斯（Arthur Evans）之流，他们把希腊人所受克利特文明的直接影响，看得较为重要。但从西欧经济史的观点看来，这个问题是无关轻重的。

于地中海边的三角洲外，全河流域形成长约750英里，宽不过10英里的一条长带。埃及一年分为三个季节：（1）生长季节（growing），这季节起于十一月，那时洪水退落，开始播种；（2）闲居季节（house），从收获的春季起，直到七月初间洪水开始泛滥止；（3）泛滥季节（inundation），大约由七月到十一月。

灌溉行于九月、十月之间。尼罗河之水不经灌溉，即不能吸引到耕地去。那里对于水之吸引，不能应用重力，而是使用一种汲井水杆，这汲井水杆的样式，与那些到现在仍在英国偏僻地带使用的许多汲井机相类。其构造的轮廓是：于摇杆之长的一端，挂以吊桶，而于其短的一端，附以重力，使后者与前者平衡。而在引水附近数尺远的地方，另有一种发明，那就是把绳索系于一个平的斗的两端，由两个人匀整地摇动——各站在取水沟的一边——把水戽入上面沟中。

播种用手，垦殖则用耕锄与耕犁。割禾之镰刀，主要系用木做成，其上附有燧石薄片所镶之齿，结果，乃成功了一个耐用而有效的利锋。小麦、爱麦尔（emmer）、大麦以外，当时还种植有各种荚豆与蔬菜，如豌豆、扁豆、葱、韭、大蒜、黄瓜、西瓜、蒿苣、大根、胡麻等皆是。橄榄在埃及，只有若干地方生产。那是榨油的一种原料，除橄榄外，椰子、亚麻、蓖麻子，通可榨油。种麻原是为了织成葛布，但同时又收到了榨油的用途。马入埃及，那是直到纪元前二千年以后的事；因其为数不多，故主要只供军事用途与尊贵之行列仪仗。埃及人使用有两种母牛，还有水牛，有驴，有骆驼，有羚羊，有驯鹿，还有野山羊及羊。这些，有一大部分在纪元前三千五百年已经出现，到纪元前二千年，则有大大的改良。例如，那时为人类所抚喂的，则是一些无角的家畜。他们不但豢养鹤，豢养鹅，并且还使用了人工孵卵的方法。为了充当食品与扑灭飞蚊，他们还在池中养有活鱼。至于狗与猫，那是早就养成了家畜的。

收获以后，接着就要用连枷或木块在地板上锤禾了，他们所用的这类打禾器具，颇与今日比较后进诸国所用的相类。收获打禾的工作完毕了，以后便是苦旱与酷热的休闲季节（"house" season），这个季节几乎完全不能做事。有时，垦植的土壤，竟龟裂至1丈5尺的深痕。

至若在泛滥季节，除了注意防避水灾的堤防，饲养家畜，以及到后来从事灌溉外，他们的王侯贵族，就是把所有其余的时间，用以建造王宫、金字塔墓，以及其他许多为我们今日尚羡慕不置的伟大工程。洪水之大，各种材料都可经由水运；而在此闲散季节，更有充分可供利用的劳动力了。那些大工程，由规模广大而有高度组织的团体进行，那一定发生过甚深的社会影响，从而，进一步增大各种社会团体的体制，并增进其联络。至这时期由农人放下犁锄所编成的远征队，那不但会增加土地，增加战利品，且会由此促进社会的统一。

在工程上成就的工事，如金字塔，下方上尖之石柱，巨大的雕像，像庙宇、王宫、石铺路等，都达到了可惊的伟大与完全。大库佛金字塔（Great Khufu or Cheops Pyramid）是建立于五千年前（在纪元以前二千九百年），迄今犹被视为人类空前的最大建筑工事。其脚下基地，站有1方英里1/8的地面，而其高度，几乎达到了500英尺。虽然地面的不平，致使我们不能由一角望到他角，但这巨塔在各方面的最大差误，也不过其长度的1/14000。这种计算，说明了这巨大构造之设计是如何精确。

这塔的建造，用上了200万块以上的灰石。灰石有重到50吨或50多吨的，平均每块亦有2.5吨重。这些大石块是采掘自尼罗河对岸，由河对岸搬渡过来。用于下方上尖之石柱上的石块，以及用作巨大雕像［其一在提柏斯（Thebes）］的石块，比较大。显然的，对于这些大石块，首先须用石锥打出其粗型，以次再用较精的铜具石具，成就其全工；至边之直与面之平，那是非用墨线与图板不可的。此外，埃及人还使用了宝石的锯和钻，他们甚至有一种用碎末化合物做成的管形凿孔器，其所根据的原则，则是我们在近时重新发明过的。为帮助搬动石块，他们曾使用辘机、杠杆、以及根据绞轮原则所构造的粗型机械。对于使石块容易斜溜到金字塔，他们曾建筑有斜路或砖道，不过，那都在工程完毕后撤除了。推测起来，最大的金字塔，恐怕用了10万工人的劳动力。下方上尖的石柱，曾经过机巧的位置，那里有一条长而斜的道路，达到它的脚边。石块首先拉上斜道的底端，然后在另一端加以平衡的重力，使斜道的一半，抬高于空际，降落到适当的地位。

埃及人的手工制作，可以从较大的博物馆中见到；他们的艺术的图样，与完成的制品，均达到了空前绝后的精妙程度。若干王家用的亚麻之精细，要用显微镜，才能与丝区别。他们在各种织物上，染上许多颜色，用混合的颜料，显现精密的阴影，并且知道涂明矾加以固定。有些用白蜡接合的自然金的精致图样，已是五千年以上的作品了。他们还制有铜线与铜链。这类金属制品，显示了古代埃及的若干最精致的手工技巧。据培垂（Petrie）所说，埃及有一粗晶刚片石的古瓶，其直径为2英尺，其厚为1英尺的1/4。

埃及人的家具，精美，光泽，而且包嵌得雅致。经过12年或12年以上的"矫揉"（trained），木头即可形成有角度的器具。关于透光的玻璃制品，那在当时亦算精妙绝伦，不过，这方面的技术，不是发达于埃及本土，而是由叙利亚所输入。在皮革的制作上，埃及人也显示了他们极大的技能。埃及的纸苇纸（papyrus），那是最初发明的纸，那种纸的出名，致我们很可由此解明一件事实，即，中国用纤维植物与烂布一类东西做成的纸，那是到中世纪才由阿拉伯人传入欧洲的。埃及的手工业工人，大部分是自由的中等阶级出身，不过，有时奴隶也经过训练，而从事主要的技业。这些工人的作业，有的是为大贵族工作于庙宇或国家的工厂中，有的是独立工作于自己的工厂中。在纪元前二千年以前，他们通常是直接售卖其制品于消费者，但在以后，商人阶级发生了，这种分业的倾向，是到帝国时期（纪元前一千六百年）才大体成就的。

就在纪元前二千年，埃及人进行了颇为可观的外国贸易，例如，他们与克利特人通商，他们越过红海，采掘希拉伊半岛（Sinai Peninsula）的铜矿，差不多有1500余年。他们对于贸易有三个大分野，南向是努比亚（Nubia），东向是红海与蓬特（Punt），北向则是包括叙利亚在内的地中海区域。有史以前的花瓶涂色绘画，绘有长约100英尺的船，而在纪元前二千年所绘画的船身，则较哥伦布（Columbus）所拟想建造的还大。约在这时创建过的苏伊士运河，连接有一串内地湖沼，由红海向西奔肆，吐出那倾注于地中海的尼罗河之一口。亚历山大城的地位，在初期恐怕是一个大的口岸，但以后它颓落了，那缘由，大约是在地中海其他强国勃兴后，它变成了一个受攻击的大目标。后来，亚历山大把它复活起来了，它从此又成为一个繁盛贸易的中心。埃及商业上的主要进口货物，是叙利亚的毛毡与布，是腓尼基（Phoenicia）的武器与雕刻器具，是爱琴一带的饰品与花纹铜具，是色雷斯（Thrace）、小亚细亚和西班牙的银，是东方的香料、胭脂粉料，是南方的金与鸵鸟羽毛。而其主要输出品，则是小麦、金龟子（scarabs）、透明器、金器，以及亚麻布。他们这种商业，在水上，有巡防地中海的大队兵船的保护，而在陆地，则有兵士监护贸易的通道，防护之周，大非中世欧洲所能及。并且，那时的整个贸易，都是受国家的规制。海关设于港口和货物登记的地方，除了输归国王者外，一切物品皆须纳税。因此，对于帝国的国库，海关税收就是一项最重要的收入财源了。

我们已经知道埃及保留下的石建工程了，但在最初时期，他们埃及人还用砖与木头从事建筑。有如后来的希腊人一样，他们宁可作列柱，不愿建拱弧，不过，他们是知道建造拱弧工程的。设就纪元年前一千三百年以前而论，那至少可以找到一个例证。在底格里斯河与幼发拉底河一带，建筑的石材比较不甚充裕，其结果，那里的建筑普遍都用砖块，从而，其所建规模乃较埃及为小。用砖块建造的弧形工事是比较适用的，且为一般所使用。

就社会方面说来，埃及人的经济组织，无论是理论的，抑或是实际的，都与我们过于隔膜；如其对那加以详细地讨论，势必引起一些无益的争辩。他们经济组织的核心，有这样一种理论在，即，神权的支配者（divine-right ruler）是全国之主，全国之所有者。这就是说，整个埃及是他的"田园"（farm），所有埃及的人民，都当听他役使，他是埃及国家的化身。在他以下，有广大土地的贵族僧侣，有中等阶级的律师之流，有兵士，有行政官吏，有商人，有"自由"手工业者；还有农奴，有视为实际财产的奴隶与贱工。全国最多数的阶级，是农奴阶级。对于这占一国最大多数的农业人口的情形，最有含蓄的表辞，也许是"国家的农奴"（serfs of the state）。埃及社会经济的中心特征，就是巨大的庄园财产。关于这种制度，我们将有进一步讨论的机会，因为那曾为亚历山大第一以后的埃及诸王（Ptolemies）所引受，后来，又曾为罗马人所引受，但他们通常只加以很少的修正；实在说来，埃及帝国发展的历程，大大地受了这种制度的影响。埃及的国境，是极狭地向内陆伸展。它的经济生活，强固地被固定于农业的境界。而那农业境界，又受了尼罗河季节的匀谐现象的赐予，这样，它由农业的稳固基础，发达出了一种有类巴比伦那样错综复杂的商工业组织。

一种极其精详的经济秩序，曾见于纪元前二千一百年的汉谟拉比的《巴比伦法典》（*The Babylonian Code of Hammurabi*）。据法典所诏示，财产的关系，经过了精审的解释与规制。买卖必须有凭证与形式的契约——那种签字契约的形式，与我们今日所行的十分相似。关于工资，房屋费，船舶、动物、器具等财产的租金，佃人与地主的权利，皆分别有所规定。农业的重要，可由从事农耕及从事灌溉的地域巨大而征知。

财产的概念，与我们今日所具的，无大出入。对于租赁与债契，对于各当事人同意的规约，乃至对于遗嘱与相续，皆定有精密的方式。元首与行政者的权限，亦由法律所规定。至期票之发行，利率之高下，那都属于法律规制的范围。并且，当时除商工业的活动外，还在庙宇中进行现代银行所成就的种种功能。庙宇的工厂中，雇有许多工人——在某一个工厂中，雇用了

190个工人。巴比伦的工业，以织物制品与铜制品为最重要。工人除了作业于中心的工厂外，有时，在集中的支配下，还允许其拿回家中去做——这是欧洲近代初期之"厂外"（putting-out）或"家作"（domestic）制度之粗型。在巴比伦的手工业上，明白地证实了有一种学徒制度的存在。至巴比伦的国外贸易，大抵是由驴车越境进行，其主要的交易国，为叙利亚与埃及。输出的大宗是毛织物、生皮、谷物与铜器，而输入的主要品则是腓尼基与叙利亚的杉木（cedar）和金属器皿及埃及的透明物品和亚麻布。就普通情形说，输出工业的趋势，定会增加而复化经济组织，同时且要求最专门的财政指导。毛织品是最重要的产业生产物。

底格里斯河与幼发拉底河流域的经济生活，亦是受了这些河流的影响，但因这些河流的季节变动现象，没有尼罗河那样匀谐，从而，这一带人民的经济状况，亦没有埃及人那样固定。那些河流之较突兀的奇怪的暴涨，势不能不举全力去注意堤防、灌溉和排水布置。在地理上，巴比伦是比较埃及更不孤立的，这颇有影响其产业关系及军事组织。势力所及的原料与市场的参差较大，势将更努力于商业，并且要求更复杂的财政系统。亚西利亚（Assyria）是后来很重要的国家，它是文化之同化者与传播者，它亦是一个大帝国的组织者，但在那时候，它不过是一个农业国，于工业或商业都不重要。

前面所述及的文明的三角，大体上就是埃及、巴比伦，与包括有小亚细亚、叙利亚、腓尼基以及巴勒斯坦（Palestine）的初期爱琴海区域。约当纪元前二千年的时候，这三个地域的社会集团间，所存在的任何经济关系，都甚深地受了此后移民的影响；各民族的移动，大体上，使初期的爱琴海人归于覆亡，使希腊人变为北来的野蛮民族，更使犹太人定居于巴勒斯坦。人类早期文明上的成就，乃是在尼罗河与底格里斯—幼发拉底河两大流域，立下了深固的根基。布立斯忒教授（Prof. Breasted）关于古代东方对于此后西方文明显著的贡献，曾有下面这样一段精辟的概论。

"当他（现代的人）早起穿上织料衣服的时候；当他坐在早餐桌旁，铺开清洁敷布，排上光泽陶器与玻璃茶杯的时候；当他举手触到桌上任何金属器皿（铝器除外）的时候；当他吃小面包和饮牛奶，或者割取一片家畜的肉食的时候；当他在街上转动一辆附轮车的时候；当他通过一个撑有石柱的走廊，而进入办公室的时候；当他坐在书台旁边，伸纸，把笔，蘸墨，在纸上面戳下日期，写一张支票或期票，或者叫他的书记记述一纸租据或契约的时候；当他注视其表面圆周的六十分格的时候，他当知道，所有他吃的、穿的、饮的、用的这些物品，以及一个现代人日常生活中，必不可缺的其他许许多多的物品，都列入了古代遗传物的条目中；那种遗传物是当着欧洲为五千年前的文明所发现的时候，开始由东方越地中海东部而传来的。"①

文明传入欧洲 当纪元前二千年的时候，这种较高级的社会秩序，渐向西北传播，在全地中海区域——其东部乃至西部——坚固地建立起来。这所谓全地中海区域，就是指着整个巴尔干半岛、意大利、西班牙，以及连接这三个地区的欧洲本部南端。高卢（Gaul）与不列颠的被侵，虽是在纪元前，但前者那时仅有南部沿地中海一带的社会组织，发达到了颇高限度。

这两千年的岁月，大大发展了文明的经济生活，同时并使那种经济生活，在这新的大陆上，得到一个坚固的立足地。不过，我们在详细讨论其发展途径以前，最好是举述其中若干变动。第一，一种大的扩展，曾由近东商业所及的区域西向展开，而与此相伴的，就是殖民，特别是腓尼基人与希腊人的殖民。在那时候，埃特鲁斯坎人（Etruscans）对于把东部文明传入意大利，亦尽了不少的贡献。希腊人在地中海东部是新进的。他们的生活形态，不大像地中海任何殖民者或经商者，倒反像其西北部的欧洲人。在这种意义上，他们把文明欧洲化，并使文明更包容，更适合于西方人的口味。在这两千年的最后三百年中，铸币已经一般通行，这件事在经济生活上及帝国政治上的效果之大，那是难以预计的。最后，我们后来在罗马帝国饫闻厌见的国家组织及与此相伴的财政制度，那时，已经在亚西利亚人与波斯人的努力下，通过了他的试验阶段，在征服者亚历山大以后的国家中，近于成熟。罗马人之采行此种组织与制度，是在这时期之末。

商业扩张与殖民 约在纪元前一千五百年时，那是埃及商业的黄金时代。这事实，与爱琴海一带地域的极大繁荣相关联，那时诚为克利特文明的绝响。此后三百年，爱琴的全领域，都为粗野的希腊侵略者所占有。于是，克利特人散亡了，约在同时，埃及帝国亦失去光辉，这使腓尼基奄有大殖民地与大的商业势力——希腊人则有几世纪，实实在在的是野蛮人。

腓尼基为一窄条海岸，在地理上，与叙利亚的海岸后地及巴勒斯坦成

---

① 布氏著《新的过去》（*The New Past*），登载于1920年的《芝加哥大学校刊》第6卷第245页。

一单位。腓尼基人原属阿拉米人（Aramaeans）与叙利亚人，与较后到来的犹太人，亦有关联。所有他们这些民族，乃至小亚细亚的喜泰族，都大大受了其长期统治者埃及的影响。西登（Sidon）与台尔（Tyre），为腓尼基最重要的城市。把纸苇纸输往希腊人的地方，是摆布拿斯（Byblos），于是，希腊对这种纸，就称作"Biblos"。至英文字"Bible"（书籍或《圣经》）与"Bibliography"（书籍目录），通是由这腓尼基的地名导来的。

腓尼基海岸的诸港，都非常便于同埃及、小亚细亚及欧洲通商。对于底格里斯—幼发拉底河流域，它们亦进行有很可观的商务；这流域的商业对手，大部分是亚拉米亚人与叙利亚人，从纪元前二五〇〇年到五百年这个期间，他们是亚洲西部的大商业者和文明主导者。腓尼基的船舶曾驶入黑海，获取那经由（现在俄国的）河流装运来的波罗的海的琥珀，并还为了获取那现在属于亚拉米亚的喜泰族矿山的铁。因为，约在纪元前一千三百年，小亚细亚的喜泰人，已经开始熔铁。除此以外，腓尼基人并在西班牙采掘银铁，更由海运搬入不列颠之锡——据早前可能的假设，腓尼基人之锡，并非由不列颠直接运回，而是间接经由高卢之凯尔特人（Celts）那里得来。从一种有壳的颜色贝（Murex）取得紫色染料，那是当时的主要工业产品。金属品、布匹、玻璃品，亦有相当制造。对采集业而言，他们的农业资源，是微乎其微的，不过，黎巴嫩（Lebanon）所出产的有名的杉材，却博得了埃及人、巴比伦人、犹太人，以及其他各地人民的赞赏。

腓尼基人除了他们的工业和广泛商业外，他们还由殖民事业，在欧洲文明化的过程上，成就了一大业绩。当纪元前一千五百年，他们尚在埃及统治之下的时候，说不定他们已经在爱琴海有不少的殖民地了。此后大约两百年的光景，喜泰族势力高涨，腓尼基介乎喜泰族与埃及人之间，遂得利用时会，脱离埃及独立。腓尼基的拓殖地，一部分在马尔他（Malta），西西里（Sicily），撒丁（Sardinia），西向有西班牙之格兹（Gades or Cadiz），在大西洋岸则越过了直布罗陀海峡。在它的诸殖民地中，以迦太基（Carthage）为最大。迦太基的命运，较其母国诸城市为长，它并且还在地中海西部领有它自己的殖民地。

约在纪元前一千年，爱特利亚人已经定居于意大利（地在此后罗马之北）。他们带来了近东方面的文明，并与那些高度商业化了的区域，行着大规模的交易。他们的发源地未能确定，据事实推断，大约是来自小亚细亚某地方，因为当来到意大利的时候，那里还正发生一种新的侵略。喜泰帝国已经解体了。希腊人占有爱琴海的亚洲海岸，而所谓里底亚国家（Lydian），大概已经形成了。当希腊人文明化了的时候，所有向西北扩展的商业与殖民地区，都渐渐落到了他们手中。他们自己对于展在面前的东方文化是生疏的，并且，他们亦从未完全屈就东方文化，这事实，使我们有把他们的活动，当作一种新事象来讨论之必要。不过，这不是说，在扩展的性质上，有一种突然的显著的变动——起初，他们的活动，不过是那种情形下的一种无关紧要的原动力罢了。

希腊市府的勃兴　希腊人初到爱琴海区域，大约是在纪元前二千年。在此后七八百年中，他们继续成为其所驱逐流散的克利特族的后继者；他们曾与腓尼基人相往来，因为腓尼基人有些时候曾沿着这北方海岸一带从事商务拓殖。如其没有其他更可靠的证据，则克利特文明之渐归没落，就显然是由于希腊人与腓尼基人之侵略。

希腊人何时才停止其野蛮的侵略，何时才改变为文明的拓展，我们就连定出一个近似的期间，亦难做到。他们住得异常散漫，那原因，无疑有一部分是由于其先前的制度，但同时也有一部分是爱琴海与巴尔干一带的地势使然。单就这后者来说罢，山峰与水系的散布，已把它区分为无数的岛、半岛乃至流域了，而且，即令就希腊人占据了爱琴海区域以后的情形而论，它于此后几世纪中，究在近东文化史上扮演了怎样的角色，我们依旧弄不明白。约在纪元前九百年，腓尼基人曾教他们书写，但在以后许久的期间，那书写仍只不过是帮助商业上的算记罢了。希腊人与善于熔解金属的喜泰人为近邻，因此，在荷马时代（homeric times），他们就知道铁的用途。约当纪元前八百年的光景，他们已照着腓尼基人所创造的模型建造船舶。此后不久，冶铸的钱币开始使用了。至在商业交易上，使用以量计的贵金属，那时亦经由小亚细亚内地学会了；巴比伦的米拉（mina）或磅，就是那时贵金属的单位名称。

据普通的假定，铸币之法，系由里底亚传入，虽然有几位有名学者认定那是由小亚细亚的希腊人所发明。铸币的最大功用，就是不用秤量，只在上面附以刻印，表明政府保证其价值。当时曾用金、银及合金（金银两者的自然混合金属），在亚洲，金与银的比率，是 $1:13\frac{1}{3}$，在希腊较高，在埃及较低。自表面看来，合金似乎是一种别于金或银的金属，依亚洲的计算，合金对银为 $1:10$，合金对金为 $1:\frac{3}{4}$。有时，铸币内含之实在金属，其比率去

1∶3犹远。但在其组合成分未被发觉，且未加以人工的掺混的限内，那于合金用作铸币的功能，自然毫无影响。在意大利，在斯巴达，以及在其他若干落后的地域，即在纪元前七百年以后的数世纪间，犹是以铜与铁为价值的标准。

政府铸币制度，无疑是大有造于商业，但其即时的效果，亦自不容过于夸张。在我们所知的最初里底亚人使用铸币以前数世纪间，埃及即有定量的金圈与银圈。如加德勒（Gardner）所说，①圈子是圆圆的，几乎不能有所"擦耗"（sweat），所以在实际上，那已是当作金币而使用。《旧约·创世纪》篇有云，阿伯拉罕（Abraham）的仆人，以重半雪克尔（shekel）的金圈，给予了勒比喀（Rebekah）。雪克尔是巴比伦的重量名称，为其米拉或磅的1/60。腓尼基人曾用过银雪克尔。荷马时代的希腊人的金雪克尔，似乎是与其原始的价值尺度（即牛）同等看待。雅典的德拉克马（Drachma），为1银米拉之1%，大约与现今的法郎（franc）、里拉（lira）、克朗（krone）或德拉克马相等。那个字的原意是"一掬"（a handful），即普通人所用的小铜片或铁片之一掬。加德勒说："欧洲首先造钱的，是希腊从事行商的亚吉拉人（Aeginetans）。"在后好久，这种发明方为腓尼基的诸大商业城市，如台尔、西登所采用。有一种与亚里士多德（Aristotle）所见相反，而且现仍流行的意见以为，铸币对于小商或行商，较之对于那些在一时做大量交换的大商家或大贩运者，要更需要得多。

希腊人之为欧洲人，那在我们是看得最寻常不过的，但他们在商业上有大成就的最初城市，却是在亚洲边境的米里塔斯（Miletus）；而沿着这亚洲海岸的希腊其他极早城市，则是士密拉（Smyrna）、柯洛芬（Colophon）与福西亚（Phocea）。不过，希腊所有的，只是小亚细亚的边界，而小亚细亚的内陆，则受了强有力的里底亚王国与强大的波斯帝国的阻制。

希腊人开始在近东生活上成为一个显著的元素，那是由于他们已经是爱琴海的商民。人口逐渐增加到了他们那些小岛小流域不能容纳，于是就迫着他们从事拓殖，拓殖的路线，是沿着西北没有抵抗的区域，一直前去。直到亚历山大摧毁波斯帝国的当时，他们还不曾东向亚洲扩展，这事实，对于欧

---

① 《古代铸币史》第22页。

洲通史有非常重大的意义。这些初期爱琴海的希腊人所处的地理上的位置，异常便当。立在东方的门限上，他们可以直接与最古而最繁昌的文明接触，但同时他们这自由岛的本居，又使他们一方面不受劫掠的游牧民与军队的扰害，另一方面也不受东方政治专制主义的麻痹。

远在纪元前七〇〇年以前，米里塔斯就是一大海港。沿黑海岸一带，它找到了许多殖民区。当纪元前八〇〇年的时候，在西西里希列柯斯（Syracuse）之柯林底（Corinthian）属地之拓殖，那是希腊西向扩张的大指标。希列柯斯非常强盛，它击败了爱特拉斯卡人（Etruscans），但不久失掉了地中海西部的统治。有如腓尼基人、迦太基人，乃至爱特拉斯卡人一样，希腊人的殖民地，在西方过于分散，以致罗马人在门前集聚了无数的教师，使他们自己不需要创造什么。在罗马时代以及在这以后，罗得斯（Rhodes）在商业和殖民上，亦有重要的权利，这是应当提到的。

最后，在经济史上，雅典的地位，很宜于放在早期希腊诸社会之上，纪元前五百年，它就战胜过波斯帝国。它总制了希腊其他城市所拓殖的属地，甚且总制了如米里塔斯和爱斐萨斯一类大的母市，约有半世纪的期间。它继续为一个头等商业帝国，不过，它的崛兴，虽只限于短促的期间，但其关系却非常重大。它在爱琴海中战胜波斯，使它在这些流域，乃至在黑海和地中海，没有商业的敌手，亦没有海军的敌手。它对波斯侵略的防卫，无异于在欧亚之间划一道鸿沟，使欧洲人有时间完成他们自己的制度，并在以后的熔冶时期，取得先导的地位。

雅典虽予波斯一大打击，但波斯仍继续为一大强国，它协助希腊及其他雅典的敌人，促成雅典纪元前四〇四年之没落。雅典的本土太小，其经济资源太穷，致使它没有力量并合整个近东——自然，也由于它铸成了大错。它使埃及在实际上，不为其名义统治者波斯的助力，但它自己究不能征服埃及。它对于征服希烈柯斯的努力，全归惨败，结局，它在与那些受了波斯人帮助的其他希腊人的竞争当中，失掉了它的海军优势。雅典这个国度每年不由外国输入谷物及原料，便难维持其人民的生活，海军失掉优势后，它的命运，就完全操在海军较强的国家手中了。

希腊人的倾覆，大部分原因是他们缺乏政治的统一，而政治统一之缺乏，又关联于其向经济方面活动的若干性质。如像那些雇佣的兵士，他们结局在近东帝国的党争与军事纠纷上，扮演了一个重要角色。依他们的帮助，萨马梯克（Psamtik）取得了埃及王国；于是，他们大多数乃于纪元前六百六十四年，被安置在三角洲之略克拉梯斯（Naucratis）和达佛拉伊（Daphnai）。富有冒险精神的这些人民，乃从事于商业。一世纪后，在达佛拉伊的一群，横被驱逐，而居于略克拉梯斯者，则成为希腊之一大商业的前卫。他们这般狡狯的外国人，除了经售谷物及其他埃及物品外，并学制造输往北地的假埃及金龟与小玩具——他们颇像其现代的后裔，乃至德意志人，这般人曾把冒牌的东方货物，充满君士坦丁堡的百货市场。希腊受雇于人的兵士，就是波斯军队的核心，在马其顿王亚历山大以其他希腊人征服波斯的当时，尤为显著。这些冒险的个人主义者，与一切军队作战，到一切地方经商，但他们仍是希腊人，仍保持其母市的传习，保持其对于母市的感情。在战争中，他们像近代爱尔兰人；在商场中，他们像犹太人；而在殖民上，则像英国人。他们在本国的城市生活，可说是无与伦比。

商业是希腊扩大其城市的唯一途径。它没有东方诸帝国，如埃及、巴比伦、亚西利亚或波斯那样的广大农业基础。它要使它的商业得到支持，就只有提倡工业。雅典恰好是一个典型。为要使其国内超过自然资源的人口都有舒适的供给，它就不能不把输入的吨数增到多于输出。为要使对外贸易上保持平衡，那输出每吨的平均价值又必需大于输入每吨的平均价值。实现这种目的，计有两个主要的经济方策：其一是发展手工的技能，使雅典工人能由制造大大增加原料的价值；其二是发展运输事业，特别是海运，使这种劳务提供，在结局能取得多量原料。此外，我们绝不要忽略了一种均衡经济的非经济的方法，那就是采取某种方式的强制征税。在古代，这种方法是广泛施行的；但，假如施行这种方法所用的威力，如告失败，那么，哪怕是在一个短期内，亦属危险异常，其结局会导于倾覆。

希腊市府的经济要素至为强韧，它的整个繁荣就是建立在它所提供的货品与劳务之公认价值上。"价值"（value）一语之简单意义，即为容受可能性（acceptability），申言之，就是一物或一种劳务所具的品质，使人愿意以他物或他种劳务与之交换。然而，在强敌波斯乘间窃发的情形下，经济的稳定，是不能完全与政治军事势力分离的。希腊实际形成过的较大结合——雅典帝国其尤著者——遭遇有一个致命的缺点，即，它们包含有许多商业地域；对于爱琴海的贸易，彼此都想垄断，从而，彼此都猜忌任何一个城市的政治势力的膨胀。无论在希腊联邦中，抑或在波斯帝国中，希腊诸城市的一般倾向，都是看重各自商业的独占，而不大着意于希腊团结一致的模糊感情。希腊米里塔斯市反抗亚历山大之希腊同盟，其强烈程度，并不让于波斯各市，这原因，就是它所见到的，是它的商业特权会受到那种同盟的损害。

雅典的工业　希腊地方的土壤条件，不像埃及或米索不达米亚那样适于大开采业（农业）；那里没有尼罗河为它定期提供肥料。在他们历史的初期，有些希腊人不得已乃设法肥田，或者采用休耕法即把一部分土地暂时开着不耕，使其恢复。休耕之法，比较一般人所采行的人工施肥法，还要便当。土地生产力如此，而人口又不断增加，于是希腊人乃不能不从事拓殖。殖民地与母市的通商，自然会促成母市的工业发展。到了各种手工技业有很好的成就，并且，自国产品的对外贸易亦经确立起来，那时，殖民事业就要受到限制了，希腊不能由本地农业供养的过剩人口，现在可由本地制品换回的必需品与原料而得到救济。而且，在这种对外贸易本身上，亦可消融大批人员；如其犹有过剩，他们要出雇于东方各国的君主，亦正多的是机会。

希腊主要输出的农产品是橄榄油与葡萄酒。它在欧洲方面的土壤特别不宜于谷物栽培。冬季如注的大雨，继以夏季长期的烈炎。致松土地积不能保持。古代希腊人往往利用冲毁的斜坡或山崖，作为羊与野山羊乃至其他动物的牧场。为要由较大规模的商业弥补谷产上的缺陷，当然是把较多土地用于从事橄榄与葡萄种植划算得多。劳动用在葡萄园与橄榄林中，大大地受季节限制，埃及农人需要把逐年几乎整个时间用于灌溉方面，但希腊却没有与灌溉相关联的活动。总之，希腊的自然禀赋不宜于农业，从而就不宜于像埃及那样，把有力而有效的专制主义建立在农业上。自然，希腊除了为输出而培植的产品外，也还有若干的谷产，并还有供内地消费的普通菜蔬、果实与动物。

奴隶劳动在农业上也许是颇为通行，但那种奴役并没有特别出以强制。业产相对少，收获季节对于自由劳动需要格外大，以及像埃及那种统治者主其土而奴其民的神权观念之微，都是当时不致任意苛加劳役的主因，哪怕是名分上的奴隶，亦得享有某种自由，不致受专断的限制。加之，就工作的性质讲，过于残酷的奴役，确难存在于城市生活乃至商工业占有优势的社会中。古代希腊的残留奴役，只曾加之于那些在银矿中劳作的奴隶们。

希腊的制造工业，是在家庭与集中的工厂两方面进行。工厂大都是小规模，一个厂中有20个工人，就视为颇了不得。工作几乎全是用手。要摹想那种工厂，我们绝不要想到现代所用的发动机、机轮、通风筒，以及像织机一样的自动机；我们甚且不要想到像现代胸锥（breast-drill）那样简单的装置齿轮的联动机。亚洲与非洲的奴隶，都异常容易获有手工业品与农产物。因之，希腊的市民，就很可不要从事又难又脏的工作，他们轻视机械的发明，并感不到机械技术的兴趣。这样说来，希腊人或罗马人在工业的方法与工具上，究否有可观的成就，就颇是一个疑问了。它们的人工都异常充盈。正因为如此，才减杀了它们发明机械的刺激。至关于手工业的方法，则常采取精细的分工。据色诺芬（Xenophon）所说，制鞋的分法是若者主切，若者主缝；而男女之鞋，又是分别制作。他如陶器之制形、烧坑与装饰，亦皆各由专人分任。

奴隶往往是精于技艺的工匠，他们与自由人取得同样多的报酬，与自由人比肩而制作。其制品在技术上的成就，今人亦殆难企及。如像雅典之"黄金时代"那些大雕刻，大多是成于那些实实在在的或地道的工匠之手。一个人的手艺，很可说就是他的"艺术"（art）。许多自由的不自由的工匠都在公共场所或工厂中，直接为国家制作。使自由人与奴隶从事同一工作，那自然会有两方面的问题。假如是要使奴役特别妥当而有效，那又会制约自由工艺组织的发达，并妨碍工业阶级的勃兴，而工业阶级在现代国家所享有的品位与优势，将莫由实现，那一来，奴隶就不绝解放了，如自由人一样，他们自己会成为工厂的所有主，有时或拥有自己的奴隶。自由工人与奴隶相竞争，他们的地位，就颇有致疑之点，但关于这点，我将在论究罗马经济秩序时从长讨论。

雅典制造上的活动，大抵是为了惯常的贸易，因此，他们的制品，就不像现在专供公共市场的需要，而是由顾客直接向制造货品者的铺店中提取。那些在公共市场中出售的货品，例皆陈列于沿街建立的货摊。政府除了监督一般买卖情形外，并不企图规定货物的价格。像这样一种制度，显明的，可予个人创建以活动的机会，较之一个巴洛（Pharaoh——译者按：指埃及之暴君）的专横干涉，不知要胜过几千百倍。

商业 把对外贸易的道程与货品，作一个概略的考察，那或者是了解希腊市府经济生活很好的指标。大体上，我们可以把那种商业分作三个部分——东部、西部、南部。雅典继米里塔斯控制着爱琴海与黑海的贸易。柯林底以及它的殖民地在西部贸易上，占有最大优势，同时，卡尔息狄栖人（Chalcidians）亦在这方面活动颇力，他们在西西里的殖民地，只不过是较柯林底之希列柯斯为次要罢了。在亚洲方面的福栖亚（Phocea），那时已殖民马舍力亚（Massilia），即现属法国之马赛（Marseilles）。向南扩展的第三个重要道程是经由罗德斯、塞浦路斯（Cyprus）、腓尼基而达埃及。在这个道程一带，有许多市府——雅典亦在内——参加商业活动，那种情势，是到雅典帝国没落后才改变的。波斯曾短期间在这方面占有优势，继波斯而起的就是罗德斯了。罗德斯岛的殖民由来已久，但市府的建立却是纪元前四〇八年的事。市府建立后，它立即就变成了一个最重要的希腊城市，一直到罗马时代。

从黑海之第尼珀尔（Dnieper）海口，乃至从马尔摩拉海（Sea of Marmora）运来的，是大量的腌鱼，腌鱼为雅典日常食物中之主要货品，其重要仅次于面包。面包有一大部分是西徐亚的（Scythian）谷物所做成，经由黑海北部的平原地带而输入。西徐亚人除谷物外，还有若干家畜输出。雅典对于国外输入的这些物品是用油、铜，特别是葡萄酒去偿付。西徐亚人虽然异常嗜好葡萄酒，但他们的气候不宜于这种耕作。除了大宗的贸易，西徐亚人的墓，还提供了雅典陶器的精致模本，珠宝以及其他的艺术品。他们还供给了雅典大批的奴隶。雅典由黑海输入的其他物品就是亚麻、苎麻、木材、柏油、木炭。希腊是缺乏木材的，它这方面的需要，大抵是由小亚细亚之比徐尼亚（Bithynia）和达略比河流的森林，而得到供给。

南部商业道程之开拓主要是为了埃及贸易，同时也为了由阿拉伯、底格里斯—幼发拉底河流域，乃至东印度运来的货品。在亚历山大第一以前，那些地域的货物已主要经由腓尼基而入希腊。那些货物中，包有地毯、粗罗纱、珍石丝、象牙、乳香、香料。更加上腓尼基人自己出产的有名的紫色布、檀香木，以及储油药的大理石匣。此外，由塞浦路斯提供铜与织物，由栖伦拿（Cyrene）提供羊毛。埃及是最大的谷物来源地，而实际上，亦是唯一的书写纸料（即纸莎纸）供给地。由纸莎植物造成的精美织料，也有相当输出。象牙是非洲内地运出的转口货；至白瓷的工业与商业，那是早前就异常兴旺的。

希腊人由地中海西部贸易所输入的是西西里的谷物与牛乳制品，是南意大利的羊毛，是西班牙的若干金银。至高卢经由马赛所提供的各种物品，这里无须道及。同时，为偿付这诸般货物，由希腊输出的，则不外希腊生产的那些物品，特别是葡萄酒、陶器、铜器、银饰品，以及各种制造的玩具。油之需要，地中海西部大半可以自给，但无花果树、蜂蜜乃至家畜，有时却要取给于希腊。

希腊对外的贸易并非完全经由海运。远在北方的普鲁士，亦曾发现有希腊之货币与装饰品。由亚速海（Sea of Azov）北向，以至金之产地乌拉群山

（Ural Mountains），有一条定期的贸易通道。直至波斯没落时止，希腊向东方经营贸易的商队，虽然为数无几，但不能说是完全没有。

在亚历山大第一以后的希腊时代，希腊的贸易额是有若干的增加，而在罗马最强盛的时代，那也许更有相当的扩大，然而希腊人民以及其生活的方法，实在与纪元前五百年没有什么差别。以现代的规模，现代的技术，去衡量雅典当时的对外商业，那实是一件非同小可的错误。雅典对外商业的大部分，都是由一些小商业经营者，个人的，或单独的沿着地中海及其接近诸海的周围冒险进行。他们做小规模的买卖，由一个口岸到另一个口岸，最后，乃装载谷物或奴隶转回雅典。有如论到工业场合一样，我们所得的印象是，希腊商人所享受的自由，较之东方旧帝国统治下的商人所享有的自由为大，这件事，在商业上留下了有利的影响；但直到亚历山大应用希腊式方法，改组古旧东方的当时，那些方法的优越性才充分显现。

雅典在经济方面之失败 雅典如其没有其他严重的妨碍，它对于其食物与原料资源缺乏的困难，也许不难克服。克宁汉（Cunningham）及其他著者曾这样主张：雅典在公共方面的改良进步，都是集注在纪念物上，那就经济的意义说，为不生产的消耗。对于这么小的国度，那些纪念物在人工上物材上，实未免过费。自然哪，这类工程耗费了，就算耗费了，很难在其完成后期待何等收入。不过，作如是主张者，如果不能提出强有力的证据，使其他比较严重的经济问题有所释明，则这样一种理由，亦就不会何等使人动听。即令退一步说，那在经济政策上是一种错误，但也不过雅典人所铸成的错误之一罢了——事过以后，自可明白见到。例如，他们往往没有相当的充实军备，或坚决的继续海军与军事的努力，以致那些都成了财政上的损失或恶害。

试一考察雅典对于国外贸易的依存性，就知道它在地理上是处于一个颇不安定的地位。黑海的控制，那是使它成为一个大国的绝对必要的条件。可是它所管辖的，只是守护拜占庭（Byzantium，即后来之君士坦丁堡）海峡那个地域的极其窄狭的部分，而没有真正到达其控制全黑海所必须到达的陆地。唯其如此，在亚洲方面的波斯，或者任何伸足于彼岸的欧洲强国，都能威胁雅典的生存。它如不能向北方与东北方扩大其征服与统制的领域，它的存亡所系，就只是海军了。

控制柯林底海峡的柯林底，掌握了西方贸易航路的锁钥。当时小小的船舶，为避免庇洛崩尼萨斯（Peloponnesus）之南的水道危险，都通过这窄狭的要隘。但要使这条航路确实安全，那在实际就有统制整个希腊之必要。至吸收埃及与东方货品的南部航路，亦同样非有海上实力不能开放。波斯对于南北两部航路，都是一种危害，而在它援助反抗雅典的希腊与腓尼基诸商业城市时，尤其是这样。雅典没落以前，波斯帝国早就式微不堪了；但假如由雅典以外的其他国家来倾覆它，则在东方贸易航路末端的诸城市，就颇好利用其地位，来控制地中海东部的商务。亚历山大城的出现，在比较后期，当时居于理想地位的，就是安蒂奥克（Antioch）与尼罗河三角洲。拜占庭的位置，很有希望成为一个帝国的首都，但那必须要等待其海岸后部的欧陆一带，有了发展，而且布有人口。

在事实上，没有一个纯粹的希腊集团，有力量利用波斯覆没的机缘，建立近东帝国。那些受雇于波斯的希腊兵士，是为数颇多的，他们也讨论这件事的可能性，但结果还是让一个半开化的马其顿王来完成此举，他并还更进一步了。

帝国政治之发展　当欧亚之交的海滨人民，已经在西向拓殖，已经依着个人的企业心与货币经济，在发展商业与城市生活，并且，已经不期然而然地成就了一种地方政府的基础的时候，古旧的东方，亦经完成了它自己的一种贡献。自喜泰人、腓尼基人以及其他民族相继脱离了埃及的统治后，文明之经济的统一，就相因而破坏了。里底亚人，特别是希腊人在商业上的跃起，更加重了经济不统一的趋势。新兴的亚西利亚帝国在纪元前七百年吞并了叙利亚、腓尼基、巴勒斯坦与埃及，但里底亚与希腊这两个民族，却不曾由它支配。

希腊人之海滨的商业的文明，与亚西利亚人以农业为主体的社会秩序，是向着不同的途径发展，而在后来产生了极大的效果。亚西利亚人的商业，大部分都掌握在叙利亚——其文化集中于首府大马士革（Damascus）——之阿拉米人手中，而亚拉米亚语便迅速地成了商业上通行的语言。以当时与纪元前二千年相比较，那是有成立更广大土地之帝国的可能的；马与马车的使用，增加了军队的可动性，使其能在远地发挥有效的威力。建筑道路的制度也较以前完善了。陆地运输之改良，致一大领域之经济问题的处理，趋于简单。依着由喜泰人那里传来的铁武器与盔甲，亚西利亚的武力，几乎在陆地上强莫与敌了。亚西利亚人老早就企图实现一种理想，把全帝国的军事与行政组织都统制于一个主脑的手中——这样一种观念，是为波斯人、马其顿人以及后来的罗马人所扩大了的。

亚西利亚帝国崩溃后不到几个世代，波斯帝国接踵而起了（约在纪元前五三〇—前三三〇年）。与希腊人相同，他们是起自北方，仍带有其游牧与农耕的遗习。但他们亦有与希腊人不同的地方，就是，他们承袭有极肥沃的广阔土地，这土地上，存有尚可实行接触的古旧而高度的文明，并有大大超过征服者本民族的人口。而且，波斯不但承袭了亚西利亚的全部产业，他并还扩增了小亚细亚以及现在君士坦丁堡后部一带的广大欧洲领域。在东方，它的边陲已达于印度。当这居民语言复杂的领土，尚未发生分裂以前，波斯曾继续发展亚西利亚所创制下来的帝国组织，那种组织，已经预示了此后为我们所熟知的罗马帝国的前形。

波斯人创建了军事道路网与邮政事业。他们重开了苏伊士的旧埃及运河，沿着亚洲海岸东向探索到了印度，并还企图建立印度与地中海间的海运贸易。他们本身是战士，是农民，不是水手，但他们以极大的注意，配布腓尼基人与其他被征服的海滨人民，因而集成一个地中海的舰队。设置地方政府或小诸侯的精密制度，亦是始创于波斯帝国。当时无论在政府方面，抑或在帝国西半部——包括埃及乃至邻近欧洲的地域——的个人交易方面，都是通用亚拉米亚语，以亚拉米亚语为官话。铸币在西部是一般通行的，赋税的征收，概用铸币，可是，在西部虽属如此，在帝国东部或波斯本地，却从未推行同样的铸币或货币经济。波斯大王本企图金币铸造的独占，但地方长官与西方海岸诸城市却铸有它们自己的银币。它们要求银币的铸造，颇可玩味，因为银为当时西方的标准货币金属。当雅典人需要金为雕像之饰，或用作其他目的时，他们是如像购买其他物品一样购买金。金之多寡以量衡，金之价格则以银币支付。

在波斯专制组织下，眼见发生了一种经济上的裂痕，这裂痕不因救济有所弥补，反而与日俱增地扩大了。专制政治建立于主要以农业为基础的经济形态上，本来非常适当；无奈波斯西部各省区与滨海各城市，都有它们自己的语言与通货。同时，它们与那些异乎波斯本部经济生活的城市，又颇多接触。这一来，波斯大王对于其西部小诸侯的控制，就一天一天地感到困难了。他通常养有许许多多的希腊佣兵，以致使他不能不采取一种策略，就是与其使用威力迫令他们就范，倒不如收买他们，或者资助这些仇敌。因此，当伪王被刺，波斯弱点益形暴露后，色诺芬（Xenophon）乃于纪元前四〇一年，率领1万希腊佣兵，安然离开帝国中心地带。此后41年，腓力（Philip）为希腊北方农民王国马其顿之王。他渐渐想到，假若他能控制希腊，他的军事上的资源，就足毂侵略波斯帝国。

马其顿为农业国家，它的谷物出产自给有余，它还有若干很好的金矿。它的语言虽与希腊语为同源——那与英语之于日耳曼语或丹麦语，有几分相像——但不能为希腊人所了解。经由商业和马其顿上等阶级与希腊人之接触，他们已有几分希腊化。腓力拥有农民军队，积有金资国库，在极短期内，他就把整个希腊（仅斯巴达除外）征服了。他在庆祝其出发所举行的宴会的当日，被卫弁刺杀了，其子亚历山大第一（纪元前三三四—前三二三年）缵承王位，迅速征服全波斯帝国。

亚历山大之征服的经济影响　自动的希腊贸易城市文明，与官阀的东方专制主义，那是一个再无以复加的尖锐对照。亚历山大的政治上之野望，是企图把这正相反对的元素结合于一个较大的全体中。而由此企图所生的乡村与城市之利害冲突的遗骸，迄今在现代欧洲各国犹灼然可见。在埃及与东方，私人财产随时可提供国用，生产是国家化与社会化。权力集中于一个有神权的支配者，他御居中央，总揽全国的军事政治。国中社会各阶级都固定化了，大多数人民有如绵羊一样的驯服，睡眠一样的呆笨。在经济生活中，农业最占优势；地方贵族帮助国王统治国家，其关系与其说是金钱的——即是当时仍有劳服与实物的贡纳——倒毋宁说是个人的。宗教与僧侣，要不外对于这整个社会的组织，造出一种超自然的信念。而在另一方面，选举的自治政府，一般的普行于典型的希腊市府中。个人在事业上的活动，既无拘束，个人之私有财产，复为其经济生活之基本原则。当时货币经济是普遍通行的，唯其如此，一切关系乃可定立于非人的基础。哪怕是对于奴隶，亦大抵用货币报酬其劳力。希腊经济生活的特征是城市规模的完成，与广泛的对外贸易之工厂生产之树立。雅典全体人民——包括最下层的阶级——所享受的自由，在二十世纪的美国人看来，虽然不值得怎样羡慕，但与埃及人比较起来，就不可同日而语了；在埃及，社会的地位与权利大多与其土地有不可分离的密切关联，但在雅典不然，雅典地方自治区（Demes）或地方政府的登记是准照其住宅，而不是准照其职业或土地所有权；并且，雅典服役军务者，大部分是自由农民。

左右现代欧洲生活的政治制度，那是植基于一种文明组织上，这种文明组织之产生，与其说是由于那两种不同的社会关系之融合，倒不如说是由于那两者的互让与调解。罗马帝国把这两者都承袭下来，由是，它有了一种长处，但亦有一种弱点。埃及被奥克塔菲阿斯（Octavius）所征服，系当纪元前三〇年，此后三年，罗马帝国建立；它的组织形态，一天一天地更与东方社会相类似了。

亚历山大把他掠取波斯人储藏的贵金属用作流通工具；货币采用金本位，当时中央国库的储藏额计达200吨——约合1.4亿美元。这个数目5倍于现代有名的德国军资金额，并且表示了古代社会之一巨大经济力量。

由埃及至印度，建立了许多希腊式的城市。在亚历山大的原来帝国政治组织没落以后许久，其后继者犹继续亚历山大这种政策。商工业城市的增加，与更多铸币之导入，致早期农业的停滞状况大有改造；而在各市府本身，亦因其对于较大帝国组织的关系，以致发生了微妙的变迁。至于那些大大的商工业化了的亚洲西部滨海之区，其变动乃较埃及等农业国家为小。

在较新的重建的城市中，商业区与住宅区通是彼此分开的。特别区域对于船舶及运输道路都有所设备。城市卫生一项亦开始讲求。资本与劳动所投用的实际公共事业，有水池水井、灯台、船厂等。在帝国建立以前存在的窄狭城市的爱国主义，大多渐形消灭，由此产生了许多坏处，但亦相并地产生了许多好处。当亚历山大侵入的灾难之日，希腊城市生活已经趋于没落了，如其说亚历山大对于那种生活有了实质的改变，那至少是赋予了它一种新的生命，使成为新帝国雄图的一种底力。

在被征服领域的帝国行政，一秉其由亚西利亚人与波斯人所建立的东方传统，除了由希腊人增进了经济的效率外，实在不曾借助些什么。征服者承续了亚洲的大王领地、小贵族领地，乃至城市区域。在埃及，他们成了巴诺制度（pharaonic system）的继承者，亚历山大很快就扮演着所谓神王（God King）的传统任务，并为全国土地财产的所有人。不论是亚历山大，抑或是他的后继者埃及诸王（the Ptolemics），都没有决意要传入希腊的土地财产制度。希腊人移入埃及的，最初设有居留地。对于土地——特别是菜园、葡萄园，与建屋用地——有所改进的人，得有较永久的租地。希腊移民居留了几世代，渐渐东方化了，他们才对国家提供颇为有限的劳役。埃及与亚洲的大部分土地，都是属于国家，或属于国家之化身的国王。

国家本身是许多希腊市府的集合体，每个市府，又都有其支配的领域。在实际上，自然经济已为货币经济所代替；哪怕是在税取实物的农业地带，政府征税吏亦是把实物换算为货币。前期希腊的赋税包征，为一种私人企业；而亚历山大以后的希腊的赋税征收者，则为一种国家官吏；这种官吏须以其私有财产作担保，向政府负责，若有亏空，政府有权处分其财产。在波斯帝国中，城市成了一种不投合的妨害的元素，但在后期希腊国家与罗马帝国中，那却成了它们那种政治制度的必要成分。欧洲市府与东方农业专制主义不曾真正的融合，那由以次的事实可以显现，即在中世纪时代，东方尚是迟迟不进，无论何地何时的统治都是显得无力的。

由后期希腊埃及到罗马帝国 所谓后期希腊时代（Hellenistic Age），就是指着亚历山大第一死后（亚历山大死于纪元前三二三年）的那三个世纪。他的帝国被分解为三大部分：一是埃及，一是亚洲之色略栖德朝帝国（Seleucid Empire），一是欧洲之马其顿帝国。此外，还有小亚细亚的许多政治单位，许多希腊市府，以及由那些市府结成的若干联盟组织。罗德斯为一独立的岛上共和国。帝国内外的诸城市，都于商业、工业、科学、建筑有所贡献，而对于罗马帝国所有接渡并移殖于新境地之智慧生活，亦多造就。罗马原来对于城市生活的贡献就是微乎其微的，我们也许不妨这么说：罗马不但没有促进科学的、艺术的和智慧的进步，却反而把那种进步阻挠了。罗马所有的是帝国理论、组织，以及那组织对于其领内农业的关系，此外，它就是以极大信心去采行埃及诸王所遗下的制度。

后期希腊城市生活是历史上的高潮记号之一。就是帝国的诸城市，如像亚历山大里亚与安蒂奥克，亦大部分不受那日益增进的政府控制的固定影响。在罗马征服的前与后，印度与阿拉伯的货品、宝石、织物、丝、香木、粉料等，有如潮水般的涌向亚历山大里亚，而在那里交换其银、葡萄酒、琥珀、金属器皿，以及布帛之类。谷物由船舶运到地中海东部的诸制造业与商业的城市，而运到那普尔湾（Bay of Naples）之普蒂奥里（Puteoli），以供罗马人之消费者尤多。所有已知世界之货物，由中国之丝，以至不列颠之锡，都堆积于船舶码头；照射港口诸码头的，置有高达370英尺的灯台。而在这高炬烛照下进行的商业、智慧与科学的生活，不但当时罗马望尘莫及，就是近代以前的西欧，亦难以并驾齐驱。

如其我们把有识者所具的哲学观念（那时，支配欧洲的宗教与政治传统，已具有一定形式），以及对于现代教育异常重要的经典编辑，抛过不提，我们将会发现一种事实，那就是我们近代的科学乃开始于后期希腊所遗下的科学。地理材料搜集的探索队早达到了已知世界以外的境域。爱列托斯拯斯（Eratosthenes）编纂的精确地理，已显示了经纬线的分野。他所计算的地球体积错误极微，与一千七百年后的哥伦布的观念比较起来，却足以显示后者的粗疏与虚幻。不但如此，印度可由大西洋西航而达到的信念，他亦先哥伦布而有所阐述了。萨摩斯（Samos）之亚里斯塔切斯（Aristarchus）曾由研究达出地球及其他行星绕日而转的灼见，但可惜当时无可资利用的精确仪具，使他不能叫人心服。喜帕尔切斯（Hipparchus）作成了天体之图，且发明了昼夜平分而运行的事实。哥伦布的地理，乃取材于亚历山大学园之地理学者克洛底阿斯·普托勒米（Claudius Ptolemy）的著述，由那著述多少精选过的译文，曾用作中世诸大学的教本。至哥白尼（Copernicus）之天文学，乃成于纪元前三百年，其去亚里斯塔切斯尚远。

亚历山大城内有一个大博物馆，这博物馆的规模，俨如古代一座大学。关于建筑及其他土木工程都有科学的指导。在数学方面，有欧几里德（Euclid）的几何学，他那部几何学的精密完善，致现在欧洲许多学校犹用作教本；丢番图（Diophantus）是被称作"代数之父"（father of algebra）的。阿基米德（Archimedes）于静体力学及高等数学都有深的造诣，惜其高等数学之著述后来失传。此外，他还根据杠杆与滑车的原理，建造成有名的机械，并计算多数物体之精确的地心引力。当纪元前二百年时，亚历山大城之英雄，创建了一种类似蒸汽机关的玩具。但那虽只是一种玩具，却能改变气压，使其轮回转动。生物学上的进步异常显著，且还施行精密的解剖。希腊后期在医学上的初步科学造诣，曾由阿拉伯人导入中世纪，以后乃成为近代医学所由创立的基础。关于外科方面，亚历山大学园的外科学者，曾行着种种困难的手术，他们常用茄科植物为麻醉药品。至于其他许多实际的发明，在后期希腊各城市中，都有活跃的发端，但罗马帝国之政治的社会的环境，一定有许多阻害那种精神——即不然，亦算把那种精神枯竭了。当时使用过蒸汽与气压，创造有水车、洗刷机、自动开门机。如像阿基米德一流的机械实验者，他们还使用杠杆、螺旋钉，乃至齿轮。

后期希腊诸城市的上等阶级，如同在罗马帝国的上等阶级一样，他们是离开了田庄的领主。埃及的农耕者，不论他由大地主所租得的一部分土地有如何长的租期，也不论他所租的土地是否王田，他终归是一个实实在在的农奴。在某种限制的意义上，他的住宅与他的工具，可以说是属于他的财产，但他有耕种上峰所指定的土地的义务。并且，他所有的任何物品都得为出租或纳税而变卖。政府可以任意驱逐一个王田耕种者，而另指一人替代。就说他豢养的家畜，那亦不能算是他的财产，因为国家随时可以把家畜征集去。赋税与地租未纳前，他的收获不能说是属于他自己所有。而且，付纳租税后的余剩，国家得随其所欲，而以一定价格购买。这就是说，油为国家的一种专利，亚麻、苧麻，乃至羊毛，抑或为国家的专利。牧场、草原、木材，通为国家保有的财产，不过，租地人有一种习惯上的权利，得在牧场上放牧一定数之劳动家畜。看守木材与采伐木材，均由农民负责，因为这是政府规定他们的强制劳役或苛尔法（corvée）——此为一个希腊字，指东方的一种公役制度——的一部分。

在农业方面是如此，工业亦正相似，所有的工业，几乎完全受政府的支配或监督。原料全属政府，由政府实行统制所有的买卖。油、织物、纸、矿、石坑，通为国家统制或独占的企业。强迫劳役不但征集于农民，且强加于手工业者。贸易商都是政府的代理人，他们依政府规定的价格——此价格照例附入了政府百分之若干的利得——售卖各种货物。希腊人在他们去埃及以前实行的私人贸易，不到几个世代，就完全消灭了。罗马国外贸易的大部分，均由地中海东部诸城市的人民进行，他们的贸易方法，残留到后期希腊时代的人民了。罗马时代的许多手工业，乃至从事那些手工业的工匠，全都是由近东移殖于意大利。至罗马国家存在的其他工业，亦非罗马所固有，而仅是因为它的国境向东扩张，包括进了那些工业者的故乡。

自然哪，像这样一种完全发达的制度，其服务公家的官吏，将无虑无数千人。除行政本部的员司外，远在各地方的人民，亦不得不从事公务的活动。在先，实行服务的，只限于较低级的人员，后来较高的社会阶级，亦逐渐波及。有钱的人是能够负担责任的，从而，对于有钱的人，就特别要倚重。但政府的工作，颇为有钱人所嫌恶；忠实干去，既无报酬；一旦失败，又须赔折。最后，一种所谓"国家社会主义"（state socialism）出现了，这种主义之严酷，与波斯暴君（pharaohs）治下所行之方策无异，而其复杂则过之，因为希腊的经济生活，是远较波斯为进步的。那种主义实行的结果，有产阶级如欲迁徙，即没收其财产，无产者则降为农奴。如不堪农奴的待遇，那就只好陷于没落的泥涂了。埃及土壤的生产力异常之大，埃及全般人民异常之穷，而埃及政府则异常之富有，哪怕在克里阿帕特拉（Cleopatra）之末期，政府依旧是不感到财政困难的。

罗马帝国的组织，以及其发展乃至崩溃的历程，都有可惊的相似。罗马人找到了一种实际与西西里之埃及人的土地制度无大出入的土地制度，这种制度是于纪元前二〇〇年由希烈柯斯人与迦太基人那里接承下来。他们仅仅把那些隶属于希烈柯斯政府下的租地人及农耕者，改隶于罗马政府，使成为"罗马人民中之土地劳动者（coloni）与农民"。迦太基与欧洲本部希腊是于纪元前一四六年征服的。罗马政府无论是在柯林底，抑或是在其他任何地方，都孜孜于成就一番大业，使自己如一个在东方的后期希腊的领主。迦太基亦有一种有名的东方经济秩序的体制，它曾把这种体制传播到撒丁岛（Sardinia）、科西嘉（Corsica）、西班牙，乃至西西里西部。纪元前一世纪，亚洲西部被罗马人征服了，埃及亦被罗马人征服了。在纪元前二十七年，罗马已经成了后期希腊整个领域之极重要部分的所有主。它接受了东方老早确立的传统，并成为了一个一人主宰天下的帝国。

把地中海东部的土地结合起来（如像在当时更前三世纪一样），那于经济上是大有裨益的。但在罗马侵入的那时，被征服者在商业上，乃至在工业上，都是征服者的教师。约在那时三世纪以前，在东方基础上，所成就的一种东西联合，似乎已完全实现了东方化的效果。而且，罗马人就在建立其帝国以前，亦曾在这方面做过初步的努力。他们曾用奴隶开垦非洲与西西里的土地，曾在收获繁忙期，使用一些浮动的自由劳动者，并且，当东方制度扩展时，自由小农民与劳动者都已经在开始向城市移动。使被征服者的土地变为国家财产，那在过去不过偶一为之，到了罗马帝国，却竟化为固定的政策；而所谓"王田"（crown domain）的扩张，遂为罗马史中之一决定的要素。

进一步研究的参考书籍

注意：下面附有星标（*）的著述都是十分简单、明了，而且可靠的辅助读物。全书各章所列的参考书，其用意皆在使读者受到实益，而不使读者感到困累，虽然，间或也列入了几部非常难读的巨著。这一章的辅助书物的第一项，即关于经济之起源者，仅列举了一些初步的、简单的读物，这类读物的取材，大部分是得之于历史领域与经济领域以外。

第一　关于经济之起源者

*Breasted, J.H. "The Origins of Civilization", Scientific Monthly, vols.9, 10. A series of articles covering primitive life and also the ancient Near East.

Bücher, Carl. Industrial Evolution, chs. Ⅰ-Ⅳ.

Chapin, F.S. Introduction to Social Evolution, ch.Ⅲ.

*Goldenweiser, A.A. Early Civilization, chs.Ⅶ, Ⅷ.

Gras, N.S.B. Introduction to Economic History, chs. Ⅰ, Ⅱ.

*Lowie, Robert. Primitive Society, ch.Ⅸ.

Marvin, F.S.The Living Past, chs.Ⅰ, Ⅱ.

Marshall, Alfred. Industry and Trade, Appendix B.

*Marshall, L.C. The Story of Human Progress.(Quite elementary, but well done and readable.)

*Müller-Lyer, F. History of Social Development.(Probably the best discussion of "economic stages")

Myres, J.L. The Dawn of History, chs.Ⅰ, Ⅱ.

Osburn, H.F. Men of the Old Stone Age.

*Petrie, W.M. Flinders. Social Life in Ancient Egypt, ch.Ⅰ.

Quennell, M.and C.H.B. The Old Stone Age. Also a volume on: The New Stone, Bronze and Early Iron Ages.

Schurtz, K. Grundriss einer Entstehungsgeschichte des Geldes.

*Thomas, W.I. Source Book in Social Origins, Part Ⅲ.

Tyler, J.M. The New Stone Age in Northern Europe.

*Usher, A.P. Industrial History of England, ch.Ⅰ.

Weber, Max. Wirtschaftsgeschichte, ch.Ⅲ, sec.6.

第二 关于古代东方者

Breasted, J.H. A History of Egypt.

*Breasted, J.H."The Eastern Mediterranean and Early Civilization in Europe". Annual Report of American Historical Association, 1914, vol.Ⅰ.

Charles, B. B. Article on "Hittites" in Hastings, Encyclopedia of Religion and Ethics.

*Cunningham, W. Western Civilization in Its Economic Aspects, vol.Ⅰ, bk.Ⅰ.

*Day, Clive. A History of Commerce, ch.Ⅱ.

Evans, A. J. "The Minoan and Mycenaean Element in Hellenic Life", Annual Report of Smithsonian Institution, 1913, pp.617-618.

Goodspeed, G.B. History of the Babylonians and Assyrians, partⅠ, ch.Ⅲ.

Hall, H. R. Ancient History of the Near East, chs.Ⅴ, Ⅷ, Ⅹ, Ⅻ

Harper, R.F. The Code of Hammurabi.

Jackson, A.V.W. Persia, Past and Present, ch.Ⅳ.

*Jastrow, M. Civilization of Babylonia and Assyria, pp.5-11, ch.Ⅵ.

Maspero, G.C.C. Life in Ancient Egypt and Assyria.

*Meyer, Eduard. Article "Persia" in Encyc. Britannica, 11th ed.

*Myres, J. L. The Dawn of History, chs.Ⅲ-Ⅶ.

*Petrie, W. M. Flinders. Social Life in Ancient Egypt. ch.Ⅴ.

Petrie, W. M. Flinders. Arts and Crafts of Ancient Egypt.

Rogers. R. W. History of Babylonia and Assyria, 1915 ed., vol.Ⅱ.

Speck, E. Handelsgeschichte des Altertums.(A monumental but prolix work, suitable only for advanced students.)

*Usher, A. P. Industrial History of England, ch.Ⅱ, pp.24-38.

第三 关于希腊人与后期希腊时代者

Beloch, Julius. Griechische Geschichte(3 vols.).

Böckh(Boeckh), August. Die Staatshaushaltung der Athener, 3d ed.(English translation of First and Second Editions—Second as The Public Economy of Athens. This book is old, but it is still in a class by itsef.)

*Botsford, G. W. Hellenic History, chs.Ⅳ, Ⅻ, XXⅣ, XIXⅡX, pp. 490-496.

Botsford, G.W., and Sihler, E. G. Hellenic Civilization, pp.156-160; 180-183; 203-208; 360-362; 426-430; 488-522.

Bury, J. B. et al. Hellenistic Civilization.

*Cunningham, W. Western Civilization, vol.Ⅰ, bk.Ⅱ.

Ferguson, W. S. Hellenistic Athens.

Francotte, H. L'Industrie dans la Grèce ancienne.

*Gardner, Percy. History of Ancient Coinage, Introduction.

Glotz, G. Le travail dans la Grèce ancienne.

Gulick, C. B. The Life of the Ancient Greeks, chs.Ⅴ, Ⅺ, ⅩⅦ, ⅩⅧ.

*Hogarth, D. G. The Ancient East, chs.Ⅳ-Ⅵ.

Holm, A. History of Greece, vol.Ⅳ.

*Marvin, F. S. The Living Past, ch.Ⅳ.

Meyer, Eduard. Die Wirtschaftliche Entwicklung des Antiken Welt, and Die Sklaverei in Altertum.(Essays in Kleine Schriften.)

Neurath, Otto. Antike Wirtschaftsgeschichte, 2d ed., 1918.

Rostovtseff, M. A Great Estate in Egypt in the Third Century, B.C.

*Rostovtseff, M. "Foundations of Social and Economic Life in Egypt in Hellenistic Times", Journal of Egyptian Archeology, 1920, vol.Ⅵ, pp.161-179.

*Usher, A.P. Industrial History of England, pp.38-47.

*Westermann, W.L. "The Economic Basis of the Decline of Ancient Culture", American Historical Review 1915, vol.ⅩⅩ, pp.723-743.

*Zimmern, A.E. The Greek Commonwealth, parts Ⅰ, Ⅲ.

第二章 罗马的经济生活

罗马农业的特殊性 地中海东部的城市生活——其渗入意大利，不问是由初期伊特拉斯坎亡命客与殖民家，抑或是后来由贸易与帝国主义的潮流——在西部农业区，始终未找到竞争的对手。罗马帝国本部较富有的一半地域——东部与南部——自后期希腊以来，就承续了它的制度。在伟大的雅典时代以前好久，伊特拉斯坎人即已从事熔冶伊尔巴（Elba）的铁矿与意大利本部的铜矿物；他们的青铜器与宝石，在近东最文明区域，获得了颇高的价格。腓尼基与希腊原始的物品，曾发现于他们古墓中。我们知道希腊化了的南意大利与爱琴海诸城市之关联，又知道腓尼基迦太基人之影响，那么，再要说意大利诸镇市的商工业乃导源于近东方面，那就几乎是一种废话了。

不过，从石器时代以后，意大利就知道培养谷物与家畜，而这半岛上高度发达的农业，更自没有城市商工业那样容易受到影响。气候与土壤的特殊性，对乡村生活所加的限制，要大过城市生活所加的限制。例如，普梯阿里（Puteoli）为意大利之一大商埠，这个商埠中的商业工业，大部分都是由那些近东方面的移殖者所经营，他们经营的方法，依旧是在其老家所用的方法；但我们要把亚彭尼纳的斜坡地（apennine slopes），按着耕种尼罗河流域那样来耕种，那就绝对不行了。罗马帝国越向欧洲大陆的北方扩展，那东西两部分的分野，就越其要显得分明。古代欧洲西部是比较趋重农业而不趋重工业的。它的农业方法与传统——在高卢，在不列颠，一如在意大利——都极其古旧，而且证实其极为坚持。罗马人所统治的地域，虽不到欧洲的1/3，但他们西部的土地面积与人口，已足够阻止这个帝国的完全东方化。

希腊与意大利的东部，很接近的互相平行。与希腊比较，意大利的良沃耕地是多多了。它的人口虽相当稠密，但可不仰赖进口食物而维持。就放牧的土地说，意大利亦比希腊多得多，好得多。不过，在另一方面，意大利没有好的海港，它所有的海港，几乎都在西南海岸。东方海港之缺乏，与土地之一般的向西向南倾斜，那证明了意大利在经济上，是转向东部（turned her back to the east）。设就巴尔干半岛之地形来比较观察，那将更为明显。巴尔干半岛在意大利之东，隔亚德里亚海与意大利相望；它沿西部海岸，有一长山脉相绵延，而其地势则一般的向东向南倾斜。因此，这两个半岛的地形，就无异彼此以背对背了。意大利半岛北部，长约650余英里，最宽地带达125英里，形成一大陆区域，其间波河（the Po River）及其支流东向漾流，倾注于亚德里亚海。宜于农耕的海岸后部地带，与宜于商业的地位，在这里虽有了适当的联结，但无奈过于接近初期欧洲中部的部落民族，而且，罗马之发展，又使其淹没不彰。意大利半岛的矿产，与希腊同样感到贫乏。希腊有较意大利为多为好的商场，而意大利则有异常优裕的农业资源。罗马帝国的机构，一天一天地增大其农业基础，它的危险与困难，也以同一程度而逐渐递增。

农业与扩展　早期意大利的农耕，似乎已达到了中国那种强度。一大部分由火山灰烬积成的土壤，那无疑是特别容易浸蚀的。不过，这在当时不算是一个严重问题，山上布满的森林，阻止住了浸腐土壤的潮湿。罗马初期的土地经济，似乎是一种类似庄园式（quasi-manorial type）的主佃关系（a landlord-and-tenant arrangement），那在许多方面暗示出了中世纪农奴身份的前形。贵族与伊特拉斯坎商业绅贵之间的长期明争暗斗，农耕者似乎得到了两方面的垂青，——无论如何，他们是逐渐解放了。由伊特拉斯坎诸王时代，直到纪元前五〇八年专制的罗马共和国之建立，那显然是一个商业大有发展的时期；至那时货币之普行使用，也许于促成农奴身份的倾颓，与有大力。

罗马共和国几乎存在有500年之久。这个长时期的史实，大多极其暧昧不明，我们除了能够举述若干关于土地问题的暗示外，再也无从努力了。在最初，介乎比较文明的伊特拉斯坎人与希腊人之间的地域，是由许多农业集团所占据，罗马人不过是那些集团中的一分子。他们采行一种强迫联盟的政策，就是企图脱退自愿缔结的契约，亦认为是战争行为；就这样，他们乃能驱使弱小的人民，以反抗强大者。在纪元前二六五年，他们已经征服了意大利半岛。除了军事的品性（希腊人亦具有这种品性），他们还有无与伦比的自由精神；对于移殖者或联盟者，他们几乎都不惜予以市民阶级所有的特权。特权中至关重要的就是所谓经商（commercium），即某城市民在完全法律保护下，与他城市民交易之权。因为每征服一个地方，几乎都要没收若干土地。所以他们的政府就获得了一种处理大批公共领地的习惯；对于那些领地，有的是分赐于私人，有的是分租于私人。当侵略实行开始施及于希腊土地时，罗马国家就自然而然地担负起了一个大地主的任务。

意大利人口增加的结果，山上的森林稀少了，一大片轻松的土壤，有的已被侵蚀，有的行将侵蚀；并且，许多地方的谷田，都改作牧场、橄榄地，或葡萄园了。有如在早前的希腊一样，小小的保有地，都并合于那些有钱豢养家畜，有钱等待橄榄葡萄几年后收获的人手中，而成为较大的农场了。征服地日有增加，谷物亦增加新的来源，而那些不适于树艺五谷的土地，就移作其他用途。

罗马为恢复小耕地制度，曾下过无数次的努力。例如，罗马北部淮安地方的土地（veian lands），就是按亩分给一切市民，每个市民7朱杰拉（jugera——约合5亩）。然而像这样一类限制，并未阻止土地集中的倾向。战争与军事殖民地之垦植，势必使人口大批向外流出，而当时兵士的需要，那是可由他们授与外来的舍拜奈人（Sabine）与皮生梯奈人（Picentine）以市民资格而征知的。

在纪元前三百年，罗马因与迦太基斗争，而获有西西里；西西里的获得，使它每年取得了100万布奚（Bushels）[①]小麦的贡品。罗马每年所需的，只够这个数量的一半。其余则为了充实国库而发卖。小麦在市场上与意大利所产谷物发生竞争，于是半岛上的农业，就大大受到损害。这算是谷物收获以外的人为刺激了，农村人民乃益加紧向都市移动。因此，从许多方面说来，西西里的征服，为罗马历史上的一个转向点。自此以后，它在食物上，再也不是一个自给的国家了。在前，它为诸集团之联盟的中心，现在，它逐渐变成贡品享有者，征服领域之领有者与开拓者了。它承袭了西西里的东方土地制度，这在它转向后期希腊帝国主义的过程中是一个重要步骤。

与汉尼拔（Hannibal）发生的几次战事，致罗马因生命财产的过大损失，而立即陷于崩溃，陷于人口突减之困境。为图善后的补救，国家曾以意大利的大块土地租于有足够资本并能支付特权报酬的人民。人口的减少与西西里贡品之继续提供，起初对于谷物生产不能有大的刺激。许多颁给的大段

[①] 布奚现通译为蒲式耳，是一个计量单位，1蒲式耳在英国等于8加仑。——编者注

土地都用作了牧场。殆后人口增加，那些牧场才再渐渐改作耕地。大牧场变为大耕地——大地产（latifundia）——其中大部分是由那些从东方输入的奴隶耕种。连续不断的战争，以廉价提供这种不幸者。一块大耕地上，有时使用了四五十个奴隶。这些奴隶的监督者，往往就是他们中间较优越的一分子。地主几乎照例是离开他们的农场，因为那时罗马的上等阶级要处理国事，要维持其高级文化的生活，至若农业，那不过是社会一般人乐于从事的一种谋利事业罢了。

大耕地制度之被人攻击，那实在不止一次了，有些领导者如弗拉米纽斯（Flaminius）将军，如克拉库斯兄弟（Gracchus brothers），都曾痛烈攻击这种制度。这种制度之实施，势将在人口上产生一些混血的奴隶，而非纯粹的罗马人，其结果，军队固会受到不好的影响，政治生活亦会受不好的影响。可是，对于恢复由自由人耕种的小耕地制度的种种努力，都只收到极其平常的效果。许多新的租地人，皆为产生于外国的兵士和城市的无产阶级，他们通没有农业的知识。况各处的土地，并非完全适于小规模的经营。从而，许多田产的割裂，就难免弄到不利于耕植了。同时在另一方面，奴隶劳动亦逐渐趋于衰颓，那原因，可以说是由于奴役在经济上的不合算，也可以说是罗马扩大征服，以致减少了适当奴隶之供给。当西西里谷田因耕作过度与管理失当，而低减产额的时候，正是意大利人口增加，需要较多谷物的时候。奴隶劳动不宜于在意大利松疏的土壤上，从事强烈的谷物耕作，同时，且有害于最优秀的军事阶级——自由人。在朱理亚·恺撒（Julius Caesar）时代，这种情形已达于极点，仅在三数十年中，"土地劳动者"（colonus）——即"农民"或"耕作者"——这个语词，就已经附有普通"租地人"一语的含义。此后，当帝国已经趋于东方化，并且，地道的农民，只享有埃及诸王治下那种农民的自由的时候，那同一语词，又被解作"农奴"。

罗马帝国的建立，早就是一种既定的事实。它由希腊南意大利之征服，承袭有一种参加地中海东部贸易竞争的利益。经过这种变动，它与亚德里亚海东部希腊诸统治者间，必然会引起政治上的纠纷；特别自迦太基战争促成罗马在海上的强权以后，那种纠纷就更加严重了。为获取东部商业优势与海军优势的竞争，老早就存于后期希腊的三个重要国家——埃及、叙利亚、马其顿——之间。罗马海军势力之胜于希腊，那是它与汉尼拔的战争结束后好久的事。罗马人攫取亚德里亚海东部伊利里亚（Illyria）的土地，并与那些敌视马其顿的希腊小市府结成联盟，马其顿人早就怀有怨恨。因此，马其顿王腓力第五（Philip Ⅴ），遂愤而与汉尼拔缔结同盟，在迦太基没落以后，这个同盟马上就展开了罗马与马其顿之间的不可避免的战争。有如瑞普·凡·温克尔（Rip Van Winkle）的酣饮一样，一种征服引起另一种征服，更引起第三种征服，以至于无所底止。有一位著者曾说过，罗马帝国之发展，就如像连续铲平其边陲障碍的一种前进序列。它之征服巴尔干，乃是与叙利亚发生冲突，因为叙利亚王是具有同样的野心的。那些较小的独立集团，如像希腊的诸市府，乃至小亚细亚的帕加姆斯（Pergamus），都是招引罗马人行劫的对象。在纪元前二十年，它攫取了它在近东的另一个连接物，那就是埃及。那时君临于埃及本土人民之上的，是一个希腊的专制君王，所以，仅是统治者的变更，没有引起任何波折。马克·安东尼（Mark Antony）曾作过郑重的考虑，认为埃及是地中海帝国的核心，在他以前，似乎还有其他的人（包括朱理亚·恺撒），亦曾对埃及作如是观。在纪元前二七年，这个预期的帝国是建立起来了，然而首都不在近东，却在遥远的罗马。同时，被征服的埃及，不过做了新罗马帝国的一个王领罢了。就当罗马帝国建立的时候，西班牙已被迦太基强夺过来，而连接西班牙与意大利的大陆一带，亦由朱理亚·恺撒大加扩充，致把整个高卢全都括入。

罗马帝国在名义上是"罗马的"，但其经济生活，却一定不是罗马的（意大利及欧洲其他若干区域的农业，也许应是例外）。况且，意大利的农业劳动组织，已深深受了与东方接触的影响，而在罗马的政府，则更十分濡染了东方的土地国有观念和企业国家干涉观念。同时，在欧洲边境上，克勒特与日耳曼的农业，虽不免有几分罗马化，但那无疑是颇不完全的。

高卢的征服　　在纪元前半世纪，高卢为罗马所征服，且为罗马所合并了。罗马政府之出此断然举动，那与其说是有所需要，或视攫取高卢有何代价，倒不如说是因为它那时在亚洲无从活动，欲借某种军事胜利，以适应政治上宣传上的要求。况且，高卢的南部边境，是早为罗马所占据了的，如其留下其本部不予征服，那边区就会时常感到危险。此种情形，在罗马受日耳曼西向侵迫，因而出动其远征队的当时，格外明显。罗马出征高卢的军事领袖，为梅特鲁斯（Metellus）；梅特鲁斯暴卒后，即由执政官朱理亚·恺撒继掌军符。此后的结果，那是每个学童都会知道的。

在恺撒被刺以后的内战当中，罗马人实在把这个新征服地置之度外了；但高卢被征服后三数十年间，却不期而发展为一颇能提供赋税，以充实罗马空虚国库之外府。那里广大的资源，自然的水道，以及比较文明而勤奋的人民，致此前视该地为蒙暗荒野的罗马人，至是乃惊讶其为一真正的金矿了。人们在这边境地带迅速成为富有。当地亚麻织物立即可与埃及的同类织物抗衡，其陶器则为意大利陶器之致命的劲敌。

在前，罗马的种种侵略，都使它日益化为东方的国家，对于东方的伟大，它无形丧失其欧洲强国的声威了。然而高卢的征服，却使它在欧洲方面添加了一个新的巨大的重力。文明坚固地建立在于北欧广大的平原上（如我们后来所见到的），那里依着自然的赋予，特别宜于成为一个极伟大的物质文化的重心。

因此，从经济观点看来，一个罗马形成了两大分野，即东方帝国与西欧领导者。欧洲大陆大部分在政治上是立于超然的境地，不过罗马武装并训练了它的许多人民，同时那些从事商业者，则是在它的保护下，改变其法制与观念。最后，欧洲的边境终于分解了，东方帝国失去了它在亚德里亚海以西的势力。

农业的方法　论到罗马人对于农具或技术的贡献亦颇不足道。同时，他们又散布在世界已知的广大新领域上。他们普通出产的五谷为小麦、大麦、粟及豆类。为豢养家畜的，有若干马铃薯；为人类食用的，有各种蔬菜和水果。在那些蔬菜和水果当中，主要的为苜蓿、圆头菜、韭菜、葱、红萝卜、龙须菜、蓟类、黄瓜，以及西瓜。橄榄、葡萄的产额，极其丰盈。

谷物的播种是于春秋两季举行，而大部分则在秋季。果园是于冬季剪取，蔬菜植于三月，草袜割于五月，谷物收获于六月七月。葡萄与无花果摘晒于八月，酿酒亦在八月。橄榄之摘取与干压，例在秋季。

罗马的家畜，较希腊要丰盈得多，但其主要用途是用之于负荷，而不在于食肉取奶。他们也做干酪，可是，于牛油则实无所知。普通的家畜为马、驴、羊、山羊及猪，家禽是颇多的。蜂蜜有大规模的生产，故当时以蜜为糖。

在若干世纪之间，农具全无进步。耕犁依旧不外一种翻土不深的弯棒。因其无效，故有时需要两三个十字形的耕犁。罗马人割取谷物用刀镰，锤打谷物用连枷。欧洲有一大部分地方是无须灌溉的；在地势斜陡与土壤松疏的南部诸半岛，灌溉尤其困难。至当阴雨季节防护禾苗浸腐的排水工作，那有时在意大利行之颇力。

罗马人曾行轮流耕种之法，茄科植物亦非例外。为保持土壤的肥度，他们往往使耕植与饲养家畜妥为变易，到以后，人工肥料由高卢传入了。用人工肥料栽培的方法，本非新奇，不过那要土壤的性质、人口的密度、农产品的价格，都用得着它的地方，才可以使用。埃及诸王治下的主佃之间的书契，就其涉及农业上之根本问题而论，那是颇有"现代"精神的。在帝国建立以前，有名的罗马学者发洛（Varro）曾写有一篇关于农业的论文，那篇论文经历一千余年之久，犹未损其权威。

当我们论到农村衰惫这个问题时，我们切不要忘记一件事，那就是意大利曾维持过稠密人口几世纪的舒适生活。历史学家有主张帝国的崩溃，完全由于农业的衰敝，而农业之衰敝，则是由于帝国行政下的难堪担负者，但坚持此说的，只限于少数人罢了。

帝国与农村凋敝 关于意大利的农业衰退，我这里只能举述其最普通的特征。城市无产阶级的不断增加，那时已达到了使政治上、经济上两感困难的极限。那些无产者终归是非养活不可的；意大利既没有充分的谷物，也没有从事大输出工业，以期补救五谷匮乏的充分原料。于是，政府就觉得它自己必须以低于成本的价格出卖谷物于城市居民，或竟无价施给他们。这种大费用，不加担于赋税，就要加担于国有土地的收入。无论加到哪方面，总归要大部分出自农业。不但如此，这里还有一种颇堪注意的情形，即意大利农耕者的谷物必须与进口的谷物——往往是在较好的土地上生产的——相竞争。此外，那些农耕对于城市消费的进口谷物，还要帮同支付价格。农民在维持中央政府机关的必需限度内，他固非负担不可，但这时负担的大部分，却都用在那些于政府于工业两无实效的人民身上去了。

在帝国各时期，许多美观的公共建筑物，如像圆形游戏场、浴堂、皇宫等，似乎原来都是为了利用闲着无事的劳工而建造的。有如埃及的金字塔一样，所有那种种，都不外当时社会秩序之自然产物。它们对于人类辛苦的教训，对于人类促进社会联锁与公共道德之伟大共通事业的仪表，均有所贡献。可是，我们绝不要忽视了这件事实的另一方面。它们无论如何，只能算是社会的与政治的秘方，这秘方虽可减少经济病的征候，却未能治好经济病的实体。如其社会或政府大规模地推行这种救济政策，势将不免与经济上生产的事业相竞争。况且，对于都市与农村两方面的种种设施，政府往往是趋重前者，使其失去均衡的，设更在都市大兴土木，那将进一步促成农村人民向都市的迁移。

意大利许多谷物要仰给于输入的危险，统治阶级当然看得分明。而且，从政者往往总是注意当前实际问题的，对于非常紧急的关头，他们自不能不倾注全力,并希望,关于远的将来,即或计虑较逊亦不致不足。所谓小土地保有之纲领,在推行此纲领的政府,尚未显示其全无能力以前,仍不曾完全抛弃。直至涅尔发(Nerva)与图拉真(Trajan——纪元以后九六——一一七年)时代,还做过种种无效的努力,那些努力是想确立一种农村信用制度,对于母金,予以6%的额外津贴(bonus)。然而农村移徙者,仍络绎不绝,种种的补助,都无救于乡村人口之衰减。

有些时候,许许多多的土地都废耕了。有几位著者,如著名的辛克诺维奇教授(Prof. Simkhovitch)者流,曾力说那是由于土壤失去肥度,但其他著者,却说肥度的消失,是不重要的、暂时的,或者,仅是由于深刻经济不况的征候,即不然,亦仅是不良气候变迁的征候。据现代最有名的经济学的学理所诏示,废耕的土地,都是一些限界的(marginal)土地——即在有利条件下,亦是白费经营的土地。例如,我们知道,新英格兰(New England)许多农地之废耕,那是为了土地肥度之减退,也同样是为了都市职业之引诱,与西方较优良的产谷地之竞争。无论就哪点说,这同一经济法则,是很可适用于古代意大利的。

意大利的情形,越变越加严重,到结局,农民都附着于土地;农耕者(coloni)虽非奴隶,却已变为农奴了。用法律强制耕种得不偿失的田地的政策,并没有收到我们料想以上的效果。当纪元四世纪末叶,帝国领内的任何阶级,实际都不能自由合理地搬开其原来住地。哪怕是奴隶,亦不能与土地分开。埃及自身是一再重演其社会史,且一再受到了不良结果的;在地理条件比较不利的意大利,当然要蒙受那种社会制度更坏的结果。意大利的土壤,与那永远由尼罗河更新其丰度的埃及土壤,固判若霄壤。同时,意大利大多数人口,不能由半岛上取得生活资源,那更与埃及截然两样了,因此,前者发生的破产状况,就比后者严重得多。在中世纪初期,意大利的相对过剩人口,曾一度由战乱与困苦减少到半岛能够供给的限度。那时,它曾进入一个新的繁荣时期,这种繁荣,因得与北欧的新市场相通,而逐渐推广。

大地产的扩展与政府干涉权限的增大,都为罗马农村衰敝的显著特征。远在尼禄(Nero)时代(纪元后五四——六八年),政府曾由剥夺公权没收财产获有许多土地,此种土地之取得,以埃及为特著。多米西安(Domitian——纪元后八一——九六年)深知埃及农业对于意大利农业竞争的危险,但他企图保护后者的种种努力都归失败了。非洲有一种薄层土地,由政府出租于人民,如人民自计无力担负高率赋税,因而恐恐然以租地权交还政府，帝国便马上下一种饬令，使他们与他们的后裔，都附着于那种土地。换言之，就是使成为农奴。在意大利的小有自由的人民，亦往往觉得他们的赋税或地租过于苛重；因此之故，有时又因战乱相寻，惴惴无以自保，他们有许多都自愿投身于僧院，或委身于大地主。他们变成了附着于土地的农耕者了。关于农耕者附着于土地的最后正式法令，那是由君士坦丁（Constantine）公布的。

政府尽管制止，承受保护（patronage）的风习，依旧日益通行。保护者（patrons）是操纵地方事务的人，他们保护其依赖者，就是由政府所不赦的罪犯，他们亦居然保护；他们干涉司法行政，并一般的侵越国家的权威。那些为苛重赋税负担所压伏的独立中等阶级都渐趋消灭；有如在埃及诸王的治下一样，他们的后继者，一部分被吸收于政界，其余挤不进政界的一大部分，就相续没落于低级的社会阶层。由帝国政界排出的旧时元老阶层的大贵族，普通皆转回他们的田庄，他们的田庄有许多日益扩大，并且他们这般所有者，几乎都获有帝国之免税或公然拒纳的特典。这些大田庄即枋达斯（fundus），特别是末期边境的沙尔塔斯（saltus），都获有特别的司法权与特权（往往不受地方自治体"civitas or municipality"之行政支配），在许多点上，颇类中世纪之庄园。佛斯特·达·柯伦基斯（Fustel de Coulanges）及其他著者，都忽视中世土地制度中之日耳曼的要素，而主张中世庄园之直属系统是导源于后期罗马之枋达斯即大田庄。关于这个问题，后面将要论到。真正的封建制度是不曾在罗马帝国存在的。比较后期的采邑（feudum）主要是饬赐于有功军务的人，那些罗马贵族并不属于武士阶级。

我们顶好是记住这件事，所谓日耳曼的要素，当五世纪他们所有集团定居于罗马帝国领域时，已经掺入了罗马农业与土地保有权的种种关系中。并且，除意大利外，所有被征服的民族，决未完全受到罗马的同化。自罗马中枢权力显有衰落以后，那些在帝国边境上，部分的受过同化的许多种族集团，乃又开始自作主张，并遵循他们自己的风习。

大地产或大田庄（由附着于土地的农耕者所耕种）制度，一方面使政府简单化，一方面削弱政府。那些田庄是为利润而经营，且为较少的人所保有，对于征收赋税，实便莫大焉。特这里有一种主要的困难，就是田庄所有者，因收效过大，权力增强，以致不肯缴纳中央政府的赋税。而且，农村人民不绝化为农奴的结果，一向提供有效军队的唯一罗马人阶级，就随着消灭了。城市贱民是从来不曾具有军人的性质的，这时甚至更坏。当局因没有办法，只好由日耳曼人当中征集军队，于是罗马国家的实力，就被掌握于他们手中。带有日耳曼军队的日耳曼将军的暴袭政略（coup d'état），这里是无须论到的。总之，罗马是由一个具有自由民之优良军队的农业共和国家，发展而为一权威的帝国，这个帝国的真正财富与实在力量，不在其发祥地的意大利，而在近东。

罗马的工业与商业　罗马人由东方输入了许多工匠，并连带输入了他们所有的设计及工业观念——或者严格地说，在罗马时代以前，那许多已经由东方人输到了西方。大部分的罗马人都愿意他们的外国贸易，为希腊人、叙利亚人以及其他的近东人所操纵。科学史黯淡无光了。对于土木的与建筑的工程，虽亦有若干系统的进步，但就在这方面，他们依旧没有何等初步的创见或发明。曾住在地中海东部的统治者，他们脑中印象最深的是希腊本土文化之优越，并尽可能地设法使其输入意大利。这可以哈德利安（Hadrian，纪元后一一七——一三八年）皇帝为例。他在位之日，恐怕是帝国物质文化的高潮时期。他曾经在叙利亚逗留过很久，而他全时期的建设者就是一位叙利亚人，这件事是值得我们注意的。

罗马人的工业生活，显示了一种有组织的规律严整的风仪。但他们用以从事业作的，却仅是一些极其简单的器具，我们现在所谓机械，完全没有。工作的大部分都由奴隶去做，与奴隶相竞争的自由人则无特殊的社会地位。假使一个职工蓄得有钱，他通常是用以购买土地，投身于为社会所尊敬的农耕职业。因此，像这样配置的工业，即令有助于发明或发现，我们亦难期待那大部分为奴隶的小工人成为发明者或发现者。

在现代经济状况下生活的我们，已经形成了某种成见，对于罗马人的观点，那是很难予以公平批判的。罗马帝国是发展于农业基础之上，在它这种社会构造的中心，就是受支配于一种土地的贵族政治。他们由东方，特别由埃及导入的帝国体制，并不着重自由企业，换言之，就是不改变其着重土地之倾向。帝国是建立于严格之规律上的，所谓企业之自由，它似乎要视为仇敌。在那时，大规模的工业组织，几全不可能，那一部分原因是有钱人都用钱购置土地，或承领政府颁给的土地，另一部分原因则是大而且久的金融组织，通常要经过国家的认可，与国家立定契据；而非贵族统治阶级握有大的金钱势力，又将视为国家莫大的危险。奴隶劳动既允许应用于工业方面，自由劳动者就往往要比奴隶还要倒霉了。失业为罗马经常无法解决的问题，机械进步之被阻害，实际也还是为了怕增加这个问题的困难。曾有一个人，以所发明的机器，献给维斯帕先（Vespasian）皇帝，这位皇帝感谢他，但把那机器抛在一边了，那原因，就是他认为那会使许多工人没有工作。这样下去，结局，罗马帝国在近东方面的成功，就破坏了它在工商业上成为领导者的任何机会。地中海东部诸区域的统一，帝国领内即相因卷起了一大经济竞争，地位较劣、资源较贫的意大利，是无力与之竞争的。

秘密的工业组织，当时定有若干存在，不过国家未颁发特状或保护商标罢了。如像现代合股公司一类结合，对于赋税包征或国家特许权之经营，虽允其施行，而在工业上则迄无所见。大规模贸易之禁制，不但会阻害各地区间相互交换货物之发展，并会阻害适当商业银行利益之发展。因为社会有能力且有野望者之一般要求，都是想由土地露其头角，由土地成就其社会的荣达或政治的权能，所以上面那种种妨害，就多少是永久的，无从克服的了。乡土人与外国人的志望，也许有些许不同，并且，在人口非属罗马种的南意大利地方，对于城市经济活动表示非难的偏见，似乎要和缓多了。然而，任何带有政治性质的活动，都有没收财产的可能，凡属成功的商人，是不能不对于其企业有所戒备的。像这样经营业务者由政界偏颇的排斥，从而政者又偏执地不肯经营业务，于是两者交受其害了。

因为经济环境的独特要求，有若干工业是有相当的发展了——阿雷蒂姆（Arretium）与普蒂奥里的陶器，即可为例。那时，极精致的泥土，只能求之于极其有限的地方。一种企业所费虽过大，如由许许多多的出品分担起来，其价乃较廉。如在砖之制造上，其最好原料的产地，原属有限。自尼禄之火以后，罗马城中对于火砖之空前需要，乃使多米尼阿斯（Dominius）及其儿辈能扩大其制砖工业之规模。由一个古提尔人（Tyrian）发明的光泽玻璃的塑造，亦是当时数一数二的工业，据我们现在推测，那大概是秘密进行的。被称为工业中心的卡普亚（Capua），于铜工业备有颇大的工厂。不过，那里铸造的，不是增加人类生产力的生产机械，而主要是一些艺术制品。

论到铁、钢及织物一类的基本工业，那些技术都粗简得令人吃惊。熔铁的方法是直到第四世纪以后才发现的。没有采行这种方法，铁造物只是一些极小极小的东西，并且所费不赀。特在风箱中所安置的呼吸瓣的发现，那为这种工业转形之唯一要键，因为较强烈较持恒的炉风，是熔铁所绝对必要的。然而，对于奴隶或贫苦的自由工匠，那是怎么也不能刺激他们，使他们贡献一点创造的反应的。是的，当时曾依经验法（rule-of-thumb methods）产生了很好的小钢片，但在矿物之化学分析未弄明白以前，那种方法多半是侥幸的。钢之冶造，是由铁中槌去其混杂物，然后再以木炭之火加热。木炭这种原料是含有多量之炭精的，于是由纯铁加热，发现了制钢所必需的炭精。假若就全般考察起来，像我们现代制发条及其他器具之钢，那时即令已有，亦仅有极小量的存在。甚至在此后许久，即能应用较大热的时候的有名大马士革与托莱多（Toledo）钢刀，亦不过徒托虚名罢了。我们今日能依极精细的分工，制成更好的钢刀。我们价值1元的警钟的大发条，在品质上，在形式上，都绝非罗马人所能模造。

像以前所述的铁工业的集中——特别是在普蒂奥里大海口——其原因在于有充木炭的良木和有船舶往来的便利。那里也有若干颇大的中心工厂，但不过是为了铁匠集聚的方便罢了。若说到大的生产的机械，那就连相当于制陶工厂的大搅和桶（great mixing vats）的工具，亦找不出。至羊毛制布的家庭工业，大部分是由奴隶利用正式工作的余暇进行的。

在希腊与其他地中海东部领导下的商业，那是大可翳被帝国的。它们有120只船舶，定期来往于红海与印度诸口岸之间。以其载重与现代海洋轮船的积载相比较，它们的货品是颇有价值的。约在纪元前五十多年，米特拉达梯王（King Mithridates）曾目睹有8万来自意大利的商人。

然而，古代水陆运输的迟缓与困累，足可为我们反对以次假定的注脚，那种假定就是说：那时各地区间所行的贸易，仿佛尽了我们现代贸易那样的相当任务。其实，就是偶然指示极大规模的商业的数字，亦当就那数字在一大帝国之经济生活上的"相对"重要性来考虑。各地区都是尽可能地求其自给，它们关于量较重而价较廉的物品，特别是如此。就早前的埃及与米索不达米亚说，它们虽有运河与石路助其解决运输问题，但其船舶与荷车，却就粗简极了。

由意大利输出的主要商品是光泽陶器、意大利酒、橄榄油、金属制品，以及若干木材与布。至其输入物品则为数较多，其品更杂。东方的主要来路货是食品与制造品。谷物来自亚洲与包括埃及的北非洲——有时也来自下达略比河流域（Lower Danube Valley），来自黑海区域，来自高卢。染料、宝石、织垫、绒毯，以及玻璃品来自安纳托利亚（Anatolia）与叙利亚。亚麻与粉料，亦来自叙利亚。丝则来自中国。由印度及其接近领域运来的，为棉花、珍珠、象牙与香料。由阿拉伯运来的，为香料、末药、脂粉与五香。由埃及与埃塞俄比亚（Ethiopia）输入的为细布、玻璃制品、纸苇纸、象牙、奴隶，以及罗马人竞技所用的野兽。由西方所输入的原料多于制品。西班牙

51

与高卢，供以大宗的亚麻布，西班牙北部则供以钢制品。高卢除亚麻布与前面已经讲过的谷物外，还供以生皮、羊毛、腌肉与干酪。贵金属与用作艺术品的金属，以西班牙供给为特多。锡则由英格兰所供给。

没有人能够这样假定，说那些在莱茵河东部、被罗马人称为"野蛮人"与"日耳曼人"的部族，是过着近似野蛮的生活。他们饲养家畜，栽培草、谷与杂菜，采矿，熔冶金属，他们有一部分人还进行可观的商业与工业。罗马人输入他们那里的，有石碱、脂粉、布、蜂蜡、琥珀、毛皮，以及许多其他物品。就罗马军事被掌握在日耳曼人手中的失算，以及罗马逐渐向日耳曼人表示让步的情形看来，我们对于那被呼为野蛮人的部族，就可得到一个正确认识，即，他们并不是没有组织，也并不是没有差可人意的军队。至若他们没有进步到高卢之克勒特人那种文化程度，那是无可讳言的。

在第一世纪中叶，凡运往帝国首都之货，均在普蒂奥里起卸，普蒂奥里距罗马尚有150英里。由是，在台伯河（Tiber）河口的奥斯提亚（Ostia）口岸，乃经疏凿而改良，不过，它仍无法吸收一切的贸易。普蒂奥里有一种大的便利，就是它为一制造业的城市，可提供输入者的回头货物。据我们的推测，每个主要口岸，大概总会有一个批发的市场。

在冬季诸月份，地中海是绝少航行的。这原因，并不只是冬季极少货物装运，而主要是由于那时所用小船，没有罗盘针，从而，怕遇到海浪的危险。圣保罗（Saint Paul）赴罗马的有名航行，大概是没有驶过覆没与搁置的危险领界。在罗马时代以前，希腊商人很少确立一个常规航路，这时，一切遂为独立船主的马首是瞻。至航行的补助与政府的整理，那是首府仰赖谷物输入之自然的结果。在政府监制之下，势必造成一些较大的结合，并确立一种多少定期的航行。但"不定期船"（tramp）或由未加入任何结合的行商船，仍包揽了全贸易的大部分。

手工业与劳动 手工业可以鉴定的有80余种，举其著者而言，则有屠业、炕饼业、染业、皮匠、铁匠、泥瓦匠、船夫、药师，以及理发匠。在帝国时代，一切手工业都有其"卡勒基亚"（collegia）或工人组合。此等组合之原来性质是社会的与宗教的。政府对于在生的穷人，用面包与竞技场使其安静；但对于死者，却未备置何等可敬的严肃的葬仪，就因此故，于是乃有成立"卡勒基亚"的要求，在这种意义上，这所谓"卡勒基亚"就是一种送葬会（burial societies）了。据他们当时的信念，一个未经适当殡仪而解体的灵魂，势将踽踽前行，力图趋避一件可怕的或将出现的事体。像他们这样一种手工业组合，往往要在公开仪式或行列仪仗方面，取得组织的权利。在戴克理先（Diocletian）皇帝治下，即在第三世纪时期，政府曾禁止一切职业的变动，并利用那种组合，以辅助其行政与征取赋税。虽有一大些手工技业，一定是直接经由罗马所属高卢，而传入中世法兰西，但我们仍难得有可信的证明，说那些组织本身依旧继续存在。

西塞罗（Cicero）时代的罗马劳动者的工资，每日大约是由20分到30分。依戴克理先皇帝所定的等级，非技术劳动者每日10分，绘画师32分，其余大部分手工业者则约为21分。这种工资，有时包括食宿在内。我们试一考察其货币购买力，当知那时劳动者的生活不会较现代的工人困难。他们每月房租所费不过12元。国家备有免费的浴室与娱乐场，并给予低价或平价的谷物。他们日常食品中没有肉类，其主要肴馔为麦羹、干酪、蔬菜、橄榄油以及葡萄酒。他们每人每日平均所费大概是由6分至8分。布匹极便宜，两件羊毛里衣值50分，皮鞋一双亦值50分。总之，在平常时候，工人的收入支出足可抵偿，但一旦遇有特别开支，如像要费他10元左右的葬仪，那就实在使他感到困难了。

奴隶劳动停滞罗马经济生活，阻碍罗马社会进步的影响，那是难以估计的。

罗马经济生活之固定化是由于奴隶劳动；罗马社会进步之停滞，亦是由于奴隶劳动；奴隶劳动之弊害那是难予估计的。因为要与奴隶竞争，任何自由劳动者都不能由组合完成其独立性或增大其购买力。这般人既不曾做过奴隶，亦非奴隶的后裔，但他们依旧是一无所有。改善其状况的机遇那是颇难碰到的。重要的指导地位，如像管事者或监视者的地位，大多是委之于各人所属的奴隶，而不肯信任自由人。要说罢工，那在实际行不通，奴隶会替代他，使他去挨饿。在这种制度下，既无从改善个人的经济生活，亦无从刺激个人的发明心机，无怪机械上的技术，老是没有一点改进。

罗马的财政资本与铸币 罗马人不曾使资本与资本主义的发展，超过它由东方诸帝国与后期希腊诸城市所移来的。即令有这种贡献，那亦一定很小。罗马贵族的资本，都宁愿投在安全而简单的实在土地上，而不肯投在那使其社会地位降低的产业经营上。当西塞罗时代，公共契约上投资额为土地投资额的1%。罗马可供利用的资本，究有多少，殊难估计。特当时最富的两位贵族议员的资财，据说达到了2000万元。从事公共业务的最大合股公司的资本，很少能达到100万元。至私人企业（包括股份经营）上的投资额，那就有限得很了。

大部分的银行，均为私人投机事业或合伙经营。其业务有储款、贷款、抵押，以及经营地产等项，现代所行的折现办法，当时亦显示有些许的端倪。若干较大的银行，曾在外埠设有代理店与支店，这种支店具有国外汇兑机关之雏形。现在纽约每个大银行所经营的业务，大概较全罗马帝国最繁荣时期所有业务的规模为大。当时有确实担保之贷款的利息率，通为4%到6%。

　　合伙公司为商工业上允许私人经营的最大组织。公司之取得允许，只限于那些国土所有者或国债所有者。每个股东对于公司负有无限责任。营业团体的规模，实际受限制于彼此相知且互相信任的人数。股东越多，由若干股东之死亡或引退所引起的分解危险就越大。大银行的建立固不可能，而同时流动资本之蓄积，亦受有阻制。社会比较重要的业务经营者，就是所谓"伊昆特斯"（equites），由"伊昆特斯"区分为两个大的阶级，一是"蒲柏里卡里"（publicani），一是"里果西厄托尔"（negotiatores），前者的语源为"蒲柏里卡姆"（publicum）即公家业务之意，后者的语源为"里果西阿姆"（negotium），即私人业务之意。帝国的大军务与其他重大事务（包括征收赋税在内），需要极大的组织工作，如建造道路，建立建筑物与沟渠，以及由海外运回谷物。行政者以契约发交承办公家业务的公司，限定期限，注明金额，使其成就某项特殊工事。

　　直至纪元前三六六年，罗马开始有铸币。这种铸币迟现于罗马的原因，大约是因为它那简单的农业经济，用不着铸币流通。罗马开始用作货币的，为重1磅之铜"哀斯"（as）。此后，通用银"狄拉姆"（didrachm），与"哀斯"之比率约为120：1。罗马既采行此复本位制，它就须得克服复本位制的普通困难，即使那两种金属彼此保持相当的比率。亚历山大第一征服东方时，他把许多新的金银放在社会上流通，那些金银的实际价格，就在意大利，亦增加了一倍。大约因为铜对金银的相对价值倍加了，所以"哀斯"的重量减半了。当沙姆尼特诸战役（Samnite wars）时期，铜颇难得，"哀斯"与"狄拉姆"之比率，降为20：1，迨和平恢复，铜之需要减少，于是两者的比率，又于纪元前二六九年，还原到120：1。

　　此后，两盎司的战时"哀斯"（two-ounce war-time as）仍照旧通行，不过，一种新的4个"斯克纳普"的"底纳利"（four-scruple denarius）变成了标准银币〔"底纳利"之语源为"底纳西"（denasius），因值10铜"哀斯"故〕。除零碎的铜钱外，还发行有一斯克纳普的银币，因其值两"哀斯"半故又称为1色斯特梯（sestertius）。当世纪末叶与汉尼拔战争时，银铜价值再又发生极大变动，为了防止估值过轻的货币之由流通界消失，政府曾重新发行，并重定评价。

就在这时期前后，金币开始铸造，它与银的比率是 $1:16\frac{2}{3}$。不过当时希腊之金银的比率为1∶12。贵金属，特别是银币，很易为支付入口货而流往东方，并且，过去常是如此。为此之故，尼禄把金银币实值减低25%；此后两百年中，这类铸币仅较罗马初期价值减低2%。

论到货币金属的购买力，显明的，在一个奴隶、剥夺公权的农民以及无产阶级居大多数的社会中，主要由劳动费用生产的物品，自然是低廉的。铁制品之昂贵，那是由于制铁工业的简陋。至当时输入的奢侈品，至少总是不会较现在为更贵。

罗马最繁荣期的年收入总额，绝不能超过3000万元以上好多——这个数目，少于今日纽约市每年度预算的8%。纪元前一六七年，直接税停止。当罗马与汉尼拔诸战役的存亡危急之秋，收入上的附加税大增特增，公家建设物的征抽，公家土地的债券，此外，甚至还有市民自由的乐捐。

在帝国时代，维持政府的收入，为国有矿山、国有土地、罚款、贡品，以及战利品——末了，又益以地方税、国家专利、遗产特税、奴隶赎身价格税，乃至出进口关税。政府除了由这小小收入维持政务进行外，还得以面包施给首都的无产阶级，还得维持那多额军队的设备费、伙食费、薪饷和退伍恩给，更还要开支多费的竞技、庆祝与各种公共的建设。首都由罗马退往君士坦丁堡以前好久，帝国的金融状况，已濒于可怕的绝地。大地主，最富有的阶级，照例不肯纳税。而所谓"苛利尔"（curiales）与"第柯利昂"（decuriones）的中等阶级，则因负担不绝增加而渐归消灭。

"罗马的没落"　　我们动辄称说"罗马的没落"（fall of Rome），其实这种说法是暧昧而漠然不定的。"罗马的没落"，不是指罗马帝国的没落；设以"采矿"（mining）为喻，与其说帝国是猝然终止，毋宁说它是"采掘已完"（petered out）。恰在纪元后三三〇年，君士坦丁大帝（Constantine the Great）再造罗马帝国，定都于君士坦丁堡；三三七年，由他的儿子分割为三个部分，三五七年，重又统一，一三九五年，仍割裂为比较确定的两部分，就中、东部较为重要，其政治史直延至一四五三年。在第六世纪时期，君士坦丁堡帝国还恢复过意大利与非洲北部的统治，不过，随即丧失其大部分了——这一切都是事实。

因为如此，我们这里只要涉及意大利与欧洲西部诸地域了。在纪元四一〇年，罗马城为阿拉里克（Alaric）率领的西部哥德人（West Goths）所攻陷劫掠，但未为他们所保有。而在这以前8年，那已不是帝国的首都了。在第五世纪全世纪中，帝国西欧方面的许多领地，都零碎分割。四七六年，意大利本土为日耳诺将军奥多亚克（Odoacer）所占领，他被其同盟者认为半岛的统治者（但未称王）。而罗马帝国的皇帝，则在君士坦丁堡。

  如其一个颇有学识的人称说"罗马的没落"，他所指的，不是任何剧一般的事变，而是指着罗马西部的衰亡；早在第三世纪，那里已显有衰亡的征候，至第六世纪，则全归没落了。早前，罗马政府不能扩展到的欧洲中部，即其东北的边境，现在被那些未经征服的人民移占去了。因此，欧洲文明的领域，至是大有扩展，特与此扩展相随而至的，就是统一上、组织上、文化上的破裂分歧。"罗马的没落"这个问题的核心，即在究问帝国政治何以不能维持其在西欧的存立。

  能够这样观察，那问题就容易解答多了。帝国的行政机关，在东方继续存在了许多世纪，在东方展开了其全历史的大部分。从而，就知道它是适于那里的地理环境和人民的心理习惯。它越近于东方的模型，它在意大利就越加要动辄得咎。罗马帝国隆盛期的经济生活的复杂异样，颇不宜于成就一个固定的社会组织，那种社会组织在比较单纯而自给的埃及是非常妥当的。意大利在经济上未免过于不能自立。罗马城很快地就成了帝国一个无以自给的大寄食都市。罗马人复兴了近东方面的繁荣，但近东繁荣的商工业却成了阻害意大利商工业的致命竞争者。乱杂无章的滥施慈惠，虽一部分由于政治的动机，一部分由于经济的需要，但结局把人民的创作精神全都破坏了。不自由的劳役，在自由劳动的生产力与独立性上，发生了致命的恶影响。被称为国家之中坚的中等阶级，几全为赋税的重担所压毙。社会由是分化为两个阶属，其一是占有人口大部分的奴隶与半自由的土地劳动者，其一是少数有力对抗政府的大地主。

  将军们为争夺王位，用其军队破坏帝国领土，颠覆公共秩序，以致让敌长驱直入无保障的边境。自由人的数目既逐渐减少，军队不得不由奴隶与农奴补充，结局，军队的中坚，只好征集那些日耳曼人；日耳曼人之日益增移于帝国境内，那都是由于帝国的招请。所以，到末了，那些北欧人在实际上既成了帝国的真实保障，在名义上就算负了西部统治的责任。

  经济的强点弱点以及其永远的贡献 试一考察全帝国时期，我们将发觉，罗马的社会，是在东方的影响下，"由个人自主的制度，转化到身份的制度"。在共和时代，个人的地位与行动，大抵是取决于其自己的志愿与努力。迨至帝国时代，人民被分解为许多等第阶级。每个人的地位，乃取决于其父亲的地位，并且他在公私生活上的任务，亦固定不移。有如在早前的埃及一样，人民负担日益增加，为避免负担，他们只好逃往"军队，公共服务机关，教会，或者荒野之境"。关于此点，波克教授（Prof. Boak）分说綦详。

帝国是拥有广大而杂多的领土的，在其创建的过程当中，他已经常常要依赖优越的创造力。这就是说，帝国之存立，必待其对于所属人民的繁荣有所贡献，从而使其有剩余生出，以维持帝国的存在。否则，它一时纵能单借强力搜括，但强力所能搜括的至为有限；压迫的强力愈加大，企图颠覆那强力的反动势力将更增加。

罗马所以能维持这长久的岁月，乃因其有极大的贡献，其贡献虽比较过于倾向消极方面，但我们不能因此就减低其评价。它着重规律。法律、秩序、和平，以及广大领域上之商业交通网，通为罗马之所以成为罗马的特点。那一切，解放了生产活动方面的广大原动力，在以前，那些原动力，不是为局部的争斗与竞争所毁灭，就是因无所致用而流于全无报效的腐坏。产业经营非有保护不可，非要社会稳定不可，因为能这样，个人创建经营所获的酬报，乃不致任意为人所侵夺，而他自己乃不致视此为畏途。像一般所称为"和平罗马"（Pax Romana）的那种大和平，把那些自相残杀的军队，变成了一大警备力量；而这一大警备力量的主要军事活动，使边境动乱的部族趋于"和平"，或者把它们逐出和平领域以外。这除消灭障碍商业的永久危害，还大有影响于经济。

要推重罗马人的贡献，我们还应知道，所谓和平，并不仅是指着没有争乱。财产关系之复杂纠纷，以财产特多地方为尤著。在许多个人与许多集群之中，关于财产这个问题的意见，斑然杂出。许许多多的意见，势将导来混乱与破坏，于是这里就要求一种复杂的法典，以期一般的产业，能充分受到道德的支持。整个合法制度，必须视为"公平"（just）。要使一般人把他们心目中所谓"公平"看作"神圣"（sacredness）法律的制定，就必须精审周详，并辅以普通常识与实际经验。一个初学者如把罗马法中包列的商业案件一加涉猎，他对于那些惯例与我们现在惯例之类似，定会感到惊诧。并且，他开始大概会发生一种不愉快的感觉，以为那都是昨天才发生的，控告者与裁判者都是他的邻人。此外，我们还得记忆一点，罗马人的文字，也就是西欧中世的文字，然而，那些法规从没有完全散佚；我们如其忘记了罗马法在后来一切经济史上的极大作用，那就是非同小可的错误了。

所谓"杰斯·简梯阿姆"（Jus Gentium）或"全民法"（law of all peoples），影响极大。这种法律虽为现在国际法所由发展出来的核心，但迹其原始，却是处理私人利益受有两国抵触法律之影响的一种私法。此种私法的产生，乃由于罗马人与许多外国人进行商业之实际要求。在起初，这原是一种即时成就的实际法，最后却竟成了有类法典的东西。常时罗马的裁判官吏，往往发觉有既不能适用罗马法，又不能适用外国法的案情。于是，他们把许多国家间相类似的案情，与调解各国法律抵触的无数折中办法，纂录起来，成功了一种"全民法"。这种法律虽不能像罗马民法那样确切地适用于罗马市民，但在商业世界上，亦一般承认它是简单、普遍而对各造都很公平的法律。我们后面要论到的中世商人法，那亦是起于相类似的商业需要，并且，重新指明了国际商业的往来，作为法律惯例的来源，是很重要。

在公共秩序上表示的绝对优越，就某一种意义说，便是罗马人之无为。权益保护仅解放了商业经营，但没有创造一些什么，要说有，那就是人类精力所由表现的规则。规则过于严密，势将阻害其所企图保护的权益。罗马的规律，早已达到了个人全无自由创建余地的极限。由是，科学或技术无进步可言，工业上的方法与手段，一仍后期希腊时代传习之旧，许多科学实际都湮没不彰了。不但如此，哪怕对于战争的武器，亦全无所增进；罗马军队之优越，专靠规律——即靠严整之组织罢了。日耳曼族人民与罗马人同样容易训成军队；当罗马人最后征练日耳曼人，以代替其本国人为兵时，它的末日就随即到来了。

对于经济学研究者，以次的事实，将予以深刻的印象，那事实就是：政府赖以维持，是向生产阶级勒取苛税，但当时所行的制度，却不许生产阶级有担负那种苛税的剩余，换言之，就是渐渐使他们对政府不能有所提供。官僚界寄生于非官僚界，少数有特权者寄生于多数无特权者，城市寄生于乡村。维持这种制度的负担，也如其他一切经济负担一样，结局会落到生产者身上，他们的手与脑的产物，都要被剥削去。到那时，赋税已经不是一种支付政府费用的方法，却成了任意分配财富的一大手段。根据人类的经验，任意分配财富，绝不能使人民创造多的财富。

当罗马帝国退往君士坦丁堡时，它留下了1/4的欧洲，连同那伟大法律体制的遗骸，那奢侈与秩序生活之记忆，并留下了一种教会、一种语言，大有造于此后国际交际与合作。无疑的，他还有若干手工技术永远传渡于西欧。而且，不管此后怎样混乱，我们总不能相信罗马在农业上的创建全归消亡，罗马由近东传入西欧的商业方法与观念，没有永远的效果。

进一步研究的参考书籍

Abbott, F.F. The Common People of Ancient Rome, pp.205-234.

*Boak, A.E.R. A History of Rome, chs.Ⅰ, Ⅲ, Ⅺ, ⅩⅩ, ⅩⅫ.

*Breasted, J.H. Ancient Time, pp.484-499; 553-577; 605-607; 626-649; 667-672; 679-687.

*Carlile, W.W. The Evolution of Modern Money, passim.（The treatment of bimetallism in Rome is particularly suggestive.）

Cunningham, W. Western Civilizations, vol. Ⅰ, bk.Ⅲ.

Davis, W.S. The Influence of Wealth in Imperial Rome.

*Dill, S. Roman Society from Nero to Marcus Aurelius, bk.Ⅰ, ch.Ⅲ; bk.Ⅱ, chs.Ⅱ, Ⅲ.

*Fowler, W.W. Rome, chs.Ⅴ, Ⅸ.

*Fowler, W.W. Social Life at Rome in the Age of Cicero, chs.Ⅱ, Ⅲ, Ⅶ.

*Frank, T. A History of Rome, ch. ⅩⅪ.

Frank, T. Economic History of Rome.（Readable and suggestive）

Frank, T. Roman Imperialism, chs.ⅩⅣ, ⅩⅥ.

Friedländer, L. Roman Life and Manners under the Early Empire, vol.Ⅰ, ch.Ⅲ.

Huntington, E. "Climatic Change and Agricultural Exhaustion as Elements in the Fall of Rome", Quarterly Journal of Economics, vol. ⅩⅩⅪ, February, 1917.（See Usher title below）

Marvin, F.S. The Living Past, ch.Ⅴ.

Meyer, E. "Wirtschaftliche Entwicklung des Altertums", in Kleine Schriften.

Munro and Sellery. Medieval Civilization, pp.18-43.

Myres, J.L. The Dawn of History, ch.Ⅹ.

Neurath, O. Antike Wirtschaftsgeschichte.

*Oliver, E.H. Roman Economic Conditions to the Close of the Republic.（University of Toronto Studies）

Peet, T.E. The Stone and Bronze Ages in Italy.

Rostovtseff, M.I. Economic History of Rome. (Forthcoming—will be an extremely important work.)

Simkhovitch, V.G. "Rome's Fall Reconsidered", Political Science Quarterly, June, 1916.

*Sohm, Rudolf. The Institutes: A Textbook of the History and System of Roman Private Law. (By all means, read some of this book, or another good manual of Roman Law.)

Thorndike, L. History of Mediaeval Europe, pp.22-39, 66-74 and ch.Ⅷ.

Tucker, T.G. Life in the Roman World of Nero and St. Paul.

*Usher, A.P. "Soil Fertility, Soil Exhaustion, and their Historical Significance", Quarterly Journal of Economics, vol. XXXXⅡ, May, 1923. (This careful review of all the evidence should be used to check up explanations such as that of Prof. Simkhovitch, above.)

Vinogradoff, Sir Paul. In Cambridge Mediaeval History, vol.Ⅰ, ch.XIX.

*Westermann, W.L. "The Economic Basis of the Decline of Ancient Culture", American Historical Review, July, 1915.

第三章　中世纪之欧洲地中海沿岸

中世纪的意义　即令不许用任何时期来指示中世纪，一个受有些许教育的普通人，对于"中世纪"的意义，亦能给我们一个满意的定义。中世纪（middle ages）或中世时期（mediaeval times），就是罗马政治组织，连带经济制度破没后的西欧历史时期。这个时期延续了将近一千年。罗马帝国确定的定鼎于君士坦丁堡以后，西欧不曾建立起一个像样的中央政府。保障既无，法纪又乱，于是帝国各地区的商业，乃在帝国凌夷过程中，趋于断绝。这时，每个社会，都在尽可能地努力保障自己。在此种情形下，即令有维持通货制度地中央政府存在，亦不需要一种安固而统一的通货。衰落的全过程是每况愈下地推移下去。商业制度与货币制度既无形消失，领饷的军队与俸给的行政人员，实际均不能存立。罗马以前宏壮的道路系统，原是为了军事政治目的，亦为了商业的目的。现在，那都归于破碎支离，而且无所用了。许多中心市场，都是发展于大营舍周围，于是，所有的道路乃一般的荒废。

　　除了极短距离的限内，交换几乎停止了，那些数量较重而价值较低的日常生活物品，特别没有交换。欧洲中部与西部，全者成了地中海东部在某一个时期的景象，那个时期，就是腓尼基与初期希腊商业社会，持着极其有限的工具，而获得了令人可惊的优势的时期。腓尼基人与希腊人的伟大时代，是当着一种帝国初现曙光的时期，是在埃及与巴比伦没落以后，在一种新体制的大国家出现以前，这种大国家，辽视阔步的由波斯到亚历山大以后的后期希腊，而在罗马达到了登峰造极的境涯。同样，帝国的伟大机构，由欧洲中部退往其原产地近东以后，一种商业市府（commercial city-state）的新兴盛时代到来了。在这时候，城镇商业（其制造工业的状况，可由其商业程度指示出来）的联系，由地中海越水峡，沿内河而扩展至北欧各地。这两个大时期各市镇之经济的社会的相类，许久不曾为人所注意，因为历史学家们都过于注意那时候散佚的艺术与理智生活了。

中世西欧的居民，只有极少的一部分，是生活于那样的农村中，那在实际仅生产他们自己需用的物品，而不生产自己所不需用的物品。特别是在中世初期那时基督教化的西欧北部大多数市镇，都是从周围各地区取得其生活品的大部分，它们所能享有的，不能多于其本地所能供给的。至南部比较纯粹的市镇生活，则颇近于高度文明化了的君士坦丁堡与同样承袭有旧文化之萨拉森诸邦（Saracen States），在后面这诸邦中，包括有摩尔人的西班牙（Moorish Spain）。

以一个现代学者，突然设身处地于典型的中世社会中，那使他感到最奇异的，怕是劳动制度。那时大部分贸易是限于地方的，而许多铸币亦是限于地方的。对于主要为直接需用，而非为发卖生产的物品，货币是颇不关重要的。在此种情形下，工资亦扮演了一个小的角色。劳动分工的基础，不是依着报偿，而是依着社会阶级上之个人的义务与特权。那时候，哪怕在欧洲中部北部的大农村社会中，亦有若干必需品不能由本地方供给。远隔区域间的有些贸易，是非发生不可的，而在实际也往往维持着那种贸易。然而，运输的困难与破费，致把那些生产其他地区之必需物品的普通刺激，都钝减了。诚如基利（Giry）所精巧而正确说明的，"中世纪是商业支配着工业"。关于这种重要之点，我们须有全般的认识，所以下面要把它概述一个轮廓：

各大领域之不统一，有组织的保障之缺乏，行政系统与货币制度之丧失，几使各地区间之相互交换，成了绝对的必要了。地方商业既如此重要，而当时又无较大与较有组织的商业起来竞争，于是一般商业的镇市，就形成了非常有力的地位，此种情形，在地中海沿岸一带，尤为显著。镇市商业发展的结果，制造工业渐渐勃兴起来了，然而，一般说来，那时亦还只制造那些非常必要的物品。

不论在什么时候，亦不论在什么地方，只要是这被若干贸易所改变了的（那种贸易，又是为若干制造所改变）"经济地方主义"（economic localism）一经消去，那种情形，就再也不能算是地道的"中世的"了。可是，"经济地方主义"之为若干贸易所改变，那在各地域间行之颇渐，其时间至不相同，就因此故，我们要确定"中世纪"是起于何时，止于何时，那就几乎全不可能了。

特关于"近代时期"，我们都有一个十分确定的观念，我们颇能认知那先于这个时期的一列相关的变迁——自然是结束中世时代的变迁。我们就一五〇〇年前后来说，那时，各地域间所行的货物交换，已经具有一个相当规模，旧来基于社会阶级与个人义务的那种经济，已显然由货币支付的交易所替代。强有力的中央政府亦发达起来了，它有俸给的行政官吏和雇佣的军队。中世纪旧来贵族骑士阶级的权威，迅速为新的火器所覆败。印刷书物亦逐渐普遍通行了，于是，人类历史上乃开始有实施平民教育的可能，有使大多数社会集团具有共同思想、共同感情，并表达共同意志之可能。到美洲以及到东印度的所有海道航程都发现了，并且，欧洲大西洋海岸的人民，已取得了确切的领导权——这日益成了现代的特色。

在此，我们应注意一点，就何事、何时、何地来解释中世纪的简单定义，其意就是说，君士坦丁堡，以及依君士坦丁堡为首都的帝国，绝不曾通过实在的中世时期。事实上，这新起的，或如一般常呼的"东罗马"帝国，那曾恢复其西欧支离破碎的大部分领地，并享有几世纪的繁荣。不过，就语词之论理的意义讲来，这帝国的本身，虽不含有中世的意味，但因欧洲代表"中世纪"的许多地域，曾受过它极深的影响，所以这里须加以简单的叙述。西班牙是另一个非常特殊的事例。它受日耳曼西部哥德人（Goths）的统治，约有两世纪以后（大约在六七世纪），又开始为回回教人（the Moslems）所掠夺。回回教人由模仿地中海东部的萨拉森人（Saracens），而建立了非常高度的文明。这，后面将详加叙述。

在西欧方面的罗马的组织之分解，实非一朝一夕，而有些地域之全分解历程，是在其他地域以前许久就完成了。罗马是从未领有欧洲大陆1/3的土地的。那些保有其余土地的诸民族，普通，在其侵入的长时期以后，有许多场合，在帝国领内半消灭的北欧文物制度残存的长时期以后，他们还是与帝国诸领域隔离的。对于如此长期、如此积渐、如此复杂的一种历程，要用一个年月时期指明出来，不犯论理上的错误，我们唯一要牢记这件事，即罗马帝国的衰落，极显明的是在纪元后二七一年，那时德西亚（Dacia——现今罗马尼亚地）既被日耳曼部族夺去，且又受到东方的牵制；不过，西方这种衰落状况的完毕，实际是在日耳曼伦巴德人（German Lombards）开始定居北意大利的纪元后五六八年。

约在中世纪初期，有一件至关重要的事实值得记忆，那就是莱茵河与达略比河流域的沦亡，这沦亡的地域，有1/4已经罗马化，有3/4尚未罗马化。此后，欧洲社会的各部分，全都是日耳曼民族与斯拉夫民族。在"中世法兰西"与"中世日耳曼"之间区划的种种分野，那大部分是出于近代人的想象。就经济制度上说，那特别不符事实。实在的分野，倒还是南欧与北欧——前者接近君士坦丁堡与萨拉森人，后者则远离君士坦丁堡与萨拉森人。

实行定居于前帝国领内的日耳曼民族，也许遥少于罗马时期以来之残存者。然而，我们无论怎样考量这两者对于当时所行新制度的相对影响，总不应忘记日耳曼人是属于社会支配的成分。况且我们根据当代许多可靠的零碎材料，知道那时对于旧秩序的破坏，定然非常彻底。在北高卢，乃至在不列颠，尤属如此，在这两处地方，我们不能证明有一件与罗马制度相连续的事体，那是可以断言的。

本章后面所要论到的，是以次两点，即，古代经济生活的消散余烬，何以重又在南欧煽起火焰，为拜占庭人（Byzantines）及萨拉森人所增益补充；又，这种物质的文化，何以会向北扩展。当我们想及欧洲南部的市集时，一定不要忘记了，自罗马时代以来，北欧广大的农业地域，已因种族的混合与旧时帝国边境撤废，而大有扩展。

君士坦丁堡 建立于普斯破鲁斯峡（Bosphorus）上的新罗马，承续有旧罗马的许多缺点，如以面包与演技场供给京都内的社会贱民，以巨额费用从事不生产的公共建设，皆为旧来的遗习。陆军与海军是颇具规模的，但仍无补于巴尔干半岛之为斯拉夫人所蹂躏。政治与军队都过于官僚化，过于离开了民众。可是，自我们看来，拜占庭的文明，却似乎比欧洲大部分的真正中世秩序还要类似于近代。那里已建有一个秩序的中央政府，有一种适当而标准化的金币，有一种银行制度。法律与财产制度，都系采行罗马之旧，与我们现代实行的没有什么根本不同。制造业与包括有国外贸易的商业，均颇繁昌。

查士丁尼（Justinian）的御世（在纪元后五二七—五六五年），表明了新兴帝国之好运的开始，不过，对于意大利与非洲旧领域的再征服，不旋踵间得而复失了。罗马法在查士丁尼之世曾重新编纂，所有纪元后五二八年以前的帝国法制通通纂集起来，而删去其重复与抵触之点。浩瀚的罗马法律典籍之精审摘要，已把那300万言的巨构，缩减为15万言了。通过的新法律，对于以前明显的缺文，都经修正增补，对于法律研究者，且还备有称为《法律纲要》的简略教本。这一部民法的重要，不独对于东罗马帝国本身的法制，就是对于西欧的法制，亦有同样的决定作用。在西欧有一个时期，曾把各种残缺不全的拉丁文的日耳曼法典与罗马法之摘要译文，兼收并用。有时，又把这两者混合起来——特别是对于不完全的日耳曼法典，加以罗马法的增补。一千一百年，查士丁尼法典曾再现于意大利，此后，由大学传播于西欧全部，成为中世后期法律与近代法律的基础。由此可知，我们现代对于财产与契约关系，其所以本质上倾向罗马，而不倾向日耳曼的，那并不是出于偶然。

查士丁尼一方面竭力防备其边境的日耳曼人、斯拉夫人以及其他民族之侵攻，一方面在公家支出上，从事经济、节省与秩序的运动。他停止了一向由公费支持的自由竞技与谷物的自由分配，停止恩给金，组织一种有效的警查制度，绝灭京都及其他大都市之暴动恐怖。他建有一些非常出名的大建筑，特别是君士坦丁堡的圣沙菲亚（Saint Sophia）的教堂（现在改为回教教堂）。

当罗马人口缩减到不过几千人，西欧的市集生活几乎是一般趋于消灭的那时候，这里首府的居民将近有100万了。高卢虽由日耳曼的法兰克人（Germanic Franks）所统治，其商业却是操在东罗马帝国的商人手中，那些商人的商业根据地为马赛、波尔多克斯（Bordeaux）、奥尔良（Orleans），为近于现代特鲁瓦（Troyes）之沙佩斯（Chappes）。帝国与哥德属之西班牙间的商业，乃道出巴塞罗那（Barcelona）与卡塔赫纳（Cartagena）两地而进行。君士坦丁堡的货币，为所有地中海各地域之标准，并为其他未行使货币者所仿效。过去曾一度属于罗马之埃及的谷物贸易，现在转移到了君士坦丁堡、安蒂奥克以及地中海东部的其他口岸。那时对于商业的大阻碍，就是新兴的波斯帝国之出现，它阻止东方的原丝运往君士坦丁堡，而企图由它自己来独占这种贸易。查士丁尼虽企图经由尼罗河、埃塞俄比亚（Ethiopia）、印度或锡兰，与中国通商，但他这种企图，与他同波斯进行的战争，同告失败了。此外，他更努力由队商在黑海岸之切尔森（Cherson），建立一通达亚洲乃至中国的陆路，但也许是因为长途陆路之过多费用，以及中央亚细亚地方时生扰乱的缘故，这企图亦归于失败。后来，中国蚕毕竟输运到西方了。在希腊，在叙利亚，乃至在帝国所属各部分，丝工业都非常发达。集约的农业，亦臻于非常完全的程度。

巴尔干半岛，那时在大体上重又殖民地化了。除了斯拉夫人、保加利亚人，以及其他尚无自己的国家组织，而隶属于罗马皇帝的侵入者外，许多其他的拓殖民，都是由君士坦丁堡政府使其定居于半岛的。就中，把帝国通常的兵士除外，还有闪族人（Semites）、埃及人、阿拉伯人、阿米尼亚人、波斯人、彻尔克斯人（Circassians），其主要系统，乃属于斯拉夫。所以，马其顿（Macedonia）被称为"斯洛文尼亚"（Slovenia）；据一个第十世纪的皇帝所记述，摩里亚（Morea）完全斯拉夫化了。那些拓殖者与侵略者，系采行正统的宗教（希腊的加特力教[①]），而受支配于拜占庭的经济统治。约在第十世纪以后，一种高度的文明，曾繁殖于这个领域，不过那种文明，既远非纯粹希腊式的，亦远非纯粹罗马式的。

在纪元后六三〇年与八七五年之间，由穆罕麦德（Mohammed）建立了一个新阿拉伯帝国，埃及被割裂，波斯被扫荡，君士坦丁堡政府之亚洲属地，亦被削减而止于小亚细亚。底格里斯河上的萨拉森首都巴格达，那已与博斯峡上的君士坦丁堡市并驾齐驱了。无论在经济生活上，抑或在一般文化上，这两个国家都有颇高度的发达，都非当时基督教化的欧洲西部所能望其项背。

在十一世纪时，拜占庭人与萨拉森人的政治势力，渐趋衰落。十字军兴，西欧半野蛮的人民，重又就教于近东，而学得其较文明的生活方式。希腊与阿拉伯相互通商，两者都为中国与东印度资源之泄口。较华丽的丝、珠玉、香料、谷物、金属、兽毛，均为商业对象物。奢侈品运往现在俄罗斯，或经由俄罗斯，那不但是为了换回谷物与其他商品，且为了获得北欧高价的奴隶。

所有古式的手工业，乃至一些新的手工业，均凑集于君士坦丁堡。大的丝制造业，成就了希腊与叙利亚的产品。此外，数千手工业者，制出了第一次使欧洲人注目的奢侈品，坚实织物制者、金属品制者、武器制者，以及其他各种货品制者，不一而足。制造业发达的结果，货币经济自然产生。银行业者组成一个有力的基尔特[②]——实际就是一种公司。经济生活在商业上、工业上，均有强固的基础。纪元后八四〇年，国家的储金计达2700万元。至第十一世纪，每年度国家收入已达到5亿元。

拜占庭的基尔特组织，与意大利诸城市从事东方贸易的基尔特组织极其相类，所以这里只要略微提及就行了。那种组织，实际就如同商业手工业上的阶级制度；金融业者、商业、法律人员，居于首位，以次是较大规模的工业家，而较严格较窄狭意义的手工业者，则降处于底层。主要的差别点是：

[①] 即天主教。下同。——编者注
[②] 基尔特是英语"Guild"的音译，即"行会"之意。下同。——编者注

在君士坦丁堡有一个有力中央政府能授与更广的独占权、特权与免许权，并能强制实行较大与较包括的规程。这在意大利诸市，便不曾有法制过于严格，势将引起种种不利，维持多额官僚，更不能不增大负担，所以结果弊窦丛生，以致腐败不堪了。

就基尔特生活的情谊方面说，那与此后见于意大利诸城市者，颇相类似，这里亦无须详细论及。至手工业上的严格学徒制度，彼此殆无大出入。生产、价格、工作方法，都经严密繁琐规定，个人的创作精神，实无丝毫活动之余地。

关于"基尔特"，我想顺便略加说明，这个语词的含义至为空泛，那曾适用到各种远隔时代与远隔地方人民，依商业、工业、职业、宗教，以及其他社会目的而结成的种种组合。像这样因某种公共目的成立的人类团体，殆可发现于所有那些人民间，那些人民虽早有了一种纯血族关系的结合，但还没有形成一种比较人为的、非人属的经济组织，政府监督的限度，自然会因中央政府的性质，因某种基尔特的活动，以及因人民所受传习的不同，而大有差别。在极早的时期，来自斯堪的纳维亚（Scandinavia）的诺尔斯瓦兰吉人（Norse Varangians）间，曾有一种非自然的协会。至少，他们曾在第九世纪，或者远较这时为早的时期，与拜占庭人、波斯人行过交易。他们那种组织——即此后见于北欧的商人基尔特——究是他们应经商上的需要而独自发达起来的呢，抑或是从那些与他们行过交易的高度文明的近东人那里模仿过来的呢，因为他们没有留下可资参政的记录，我们几乎永没有方法可以解答这个问题。至若近东商人对于意大利的基尔特制度，乃至对于欧洲西北部的基尔特制度，究发生过怎样直接影响的问题，那是另一个有趣味，然而几乎同样无法解决的历史问题。

可是，堪资信赖的证据，即令完全没有，我们总不能不作以次的假定，即，为了经济目的而形成的典型的组合——即往后在西欧达于大成的那种组合——那是有许多根源的。把诺曼（Norman）的制度除外，把地中海东部各地域，依经济关系发达的制度也除外，西欧中世基尔特的可能的来源，依旧可指出两个，那是我们采取任何简单的历史解述时所当特别留意的。第一个来源，即比较不甚重要的来源，就是在西欧本身所残存的旧时罗马制度的遗骸；另一个非常重要，然而比较难以探索的来源，则是如像北欧那种边境地方的实际商业上的需要；那种地方的希腊人、叙利亚人、阿拉伯人、犹太人、意大利人，以及本地商人，必得在彼此相互交易上，使用其天禀智慧，以解决实际困难问题，或统制那些促进商务的工业。

君士坦丁堡之悠久的优越势力，显然是存于其产品，或运往欧洲的奢侈品，以及它本身便于商业的地位。它的商业，都操诸那些居于特别区域，并在政府监督之下，享有大特权的外国人之手。外国人中，有阿马尔菲人（Amalfians），有威尼斯人（Venetians），有热那亚人（Genoese），还有其他意大利人，他们这般人，实际上是必须把欧亚之间的有利贸易，转往他们的母市。叙利亚人与闪族人，为来自帝国本土的大外国商，他们丝毫不受帝国的牵累，只要商业上有利可图，他们即可自由地向西，并向西北移动。因此，来自近东的叙利亚人和犹太人，乃成为意大利诸城市财政上的开创者。

由拜占庭人完成的航海法，以及防避海盗的保护制度，曾为意大利的亚阿马尔菲并与特拉尼（Trani）诸市所择效。往后，商业上的领导，便确切然而是缓慢地在由拜占庭帝国向着意大利推移。

关于君士坦丁堡的记述，可一般的适用于萨拉森人，他们由中国边境输入了纸，由中国本部输入了罗盘针，并制造了当时世界最精致的钢。这种近东文化，关系至巨，当它外受中央亚细亚新牧羊民族之蹂躏，益以内乱之纷扰，致陷于撕灭之顷。十字军的从役者，把它输往西欧去了。实际上，第一次十字军（一〇九六年）掠取安蒂奥克及耶路撒冷（Jerusalem）的暂时胜利，那是由于回教徒间发生了一种三角战争，那种战争使其领地完全失去了保障。萨拉森文明的前卫乃见于西班牙，关于西班牙，我们在后面要详加叙述，所以这里无须对于那种文明的发源地多费笔墨。

自君士坦丁堡于一二〇四年经过威尼斯人与十字军的掠夺，以及此后世纪拉丁族之占领，拜占庭帝国永远不曾恢复过来。它的整个商业，都交代于新起的威尼斯，不过在后被热那亚分享去了一部分。在同一世纪，鞑靼人席卷俄罗斯，更进而危害拜占庭向东向北的贸易。一二五八年，这同一民族（亚洲称为蒙古族）占有了并实行破毁了报格达。向与拜占庭人为敌的两个集团，即小亚细亚中部的塞尔柱王朝的土耳其人（Seljuk Turks）的集团和君士坦丁堡邻近的奥托曼人（Ottomans）的集团，自经特罗姆兰（Tamurlane）率领蒙古军于一四〇二年，加以新的猛袭之后，两者都横遭蹂躏，几乎全被消灭了。蒙古人的这种侵略，实际上是完成了亚洲西部的荒废，并使那依旧时东方旅程进行的商务，逐渐增加困难。可是，亚洲西部虽逢此大劫，而欧洲西部在这前后三世纪乃至三世纪以上，却有机会与东方较高度的文明接触，且学得其生活方法。一四五三年，奥托曼人掠夺旧希腊帝国在君士坦丁堡的支离破碎的残骸，但他们由那里取得的，却只是一种虚影，因为君士坦丁堡自经一二〇四年的破毁后，它在地中海与黑海的商业领导权已经移交于意大利诸市了。

君士坦丁堡对于西欧的经济大贡献，我们可以概括地说说。意大利的繁荣，乃建立于其与东方行使贸易的机构上，那种贸易曾为拜占庭人所维持，为拜占庭人所扩大，且进而把它推行到欧洲边区僻壤了。意大利诸市由东方输入的贸易，在先宁可说是由拜占庭诸公司进行的输出贸易。往后，许多商人、财政家，特别是犹太人与叙利亚人，都把他们的商业知识与财富移到意大利来，基于拜占特金币（Gold Byzant）的健全货币，曾为此后西欧的弗罗林（Florin）、达克特（Ducats）以及格尔登（Gulden）诸币提供了模型。如像汇票和信用期票一类商业券，那是拜占庭人与意大利行使交易时用过的，往后，这类券票就在意大利确立起来，意大利金融业者更由市集、市场、贸易港口的媒介，而向北方寄递。阿马尔菲与意大利其他诸市，均为拜占庭领内之儿童。接近君士坦丁堡，且由君士坦丁堡享有特殊贸易特权的威尼斯，它翳蔽了其邻近的拉文纳（Ravenna），由一个渔村发展而为"亚德里亚海的王后"（Queen of the Adriatic）并成为欧洲中世后期的大商业帝国。至拜占庭对于热那亚与其他意大利北部诸市的影响，那亦是同样不可忽视的。

西班牙　在第八世纪之初，阿拉伯人及其他更为多数的北非联盟，代替了西班牙纷乱不堪的西土耳其的（Visigothic）统治者。这后起统治者之所以能征服西土耳其人，那不能不归功于西班牙当时内战中失败的党派与被迫害的犹太人之帮助；这些人断定，他们在回教人的统治下，会受到比较好的待遇，事实确是如此。回教徒既确定了征服者的地位，丝毫没有表示宗教的狂热，他们唯孜孜于获取其古代近东回教兄弟们的文化。当时最好的农耕方法被移植到西班牙了。在格兰拉德（Granada）、穆尔西亚（Murcia）以及瓦伦西亚（Valencia），灌溉皆颇发达。米与糖，都由东方输入了，饲养家畜、采矿、制造，亦颇见进步。与东方回教国以及拜占庭帝国通商的结果，他们把东方的建筑、科学、数学、医学，以及商业知识输入了西欧。那包括有算术上应用的阿拉伯记号，似乎也是由他们传入欧洲的。

诚如达斐斯教授（Prof. Davis）所说："当查理曼朝的帝国（Charlemagne's Empire）破灭前的那个灾难时期，回教治下的西班牙，很可说是西欧统治最良而且最文明的国家。"那时宗教上的顽迷，势将使世界分裂为许多部分，但西班牙的回教徒却是采行与此反对的政策。他们的统治者与法兰西南部的统治者们互通婚姻，并把他们的文化北向推行于其边境以外，科多巴（Cordoba）渐渐成了犹太文化的大中心区。基督教的僧侣得向海外游行。当时外来的参观者都可以自由来去，由是阿拉伯科学知识的种子，乃撒遍了不大有开明容受精神的欧洲。那些使现代研究者感到惊异的罗哲尔·倍根（Roger Bacon）的观察，殊不知早在西班牙成了陈腐议论，并且早为十三世纪的其他许多欧洲人所深悉。

这个国家系由输出输入的关税所支持，那表明它有了大规模有组织的商业。塞维利亚（Seville）为一大海港。如一位著者所说，科多巴是一大城市，那里有20万住户，600个回教堂，900个洗澡室，此外还有大皇宫与大公共建筑。最大的回教堂将近有1300条云斑石与碧玉的长柱，那在欧洲确是一大奇迹。当欧洲人正在括垢磨光无价的古典，用羊皮纸记录那由蹩脚拉丁文缀成的幼稚纪略时，摩尔人（Moors——按即回教徒——译者）已经制造有纸，并对亚里士多德及其他希腊思想家的著作加以有研究的注释。

西班牙由北方比较属于欧洲传统的人所再征服，那是行之以渐的，再征服的完成，乃在一四九二年——通常称此为"中世纪"的最后期。十字军的无数次的出动，必然要引起某种破坏，引起封建化与军国主义化。迫害一天天的增加，犹太人与摩尔人都实行驱逐了。十字军的从役者，一方面尽量吸收了彼欲起而代之的人们的文明，同时并吸收他们的人口。在西班牙东北部的城市生活与经济活动，实质上，殆与法兰西南部和意大利没有两样。

由此看来，伊比利亚半岛（Iberian Peninsula）——有许多世纪被视为思想事业以及科学研究的自由之乡——在探险上、殖民上、海外贸易上，以领导者的资格，而开始现代局面，那就不能说是偶然的了。至那种优势之早就丧失，那大体不外乎建立此优势之政策的抛弃。

意大利 伦巴德人（Lombard）于五六八年侵入意大利半岛北部以后，南意大利与西西里就是继续被统治于君士坦丁堡政府。在八二七年与九〇二年之间，西西里为回教人所征服，但他们想把那意大利加入阿拉伯版图的努力，却终归失败了。直到十一世纪，南意大利与西西里同为诺曼人所灭亡为止，至少前者在名义上是隶属于拜占庭的。

南意大利一直是使用希腊语；早在有名的然而是不正确的所谓"文艺复兴"（Renaissance）时代以前，那些由君士坦丁堡迁居南意大利的希腊学者们，就企图予那种文明以新的生命。阿拉伯属下的西西里，为一次于西班牙的中世欧洲之科学与知识的大源泉。犹太人对于传播阿拉伯文化——尤其是医学知识——于北方，特别努力。位居那不勒斯（Naples）南端的希腊阿马尔菲（Greek Amalfi），那为中世初期东西汇合的一大海港，研究经济学者都当着意此点。

阿马尔菲与威尼斯把欧洲的奴隶，运往君士坦丁堡。前者并有船舶行驶埃及、叙利亚与希腊。在十一世纪之初，阿马尔菲显有领导的势力，由它的法律学校，根据拜占庭法典编成的商业航海法，曾为地中海全领域所遵行。但比萨（Pisa）、热那亚与威尼斯勃兴起来，它那种优势随告失坠了。比萨不久又为热那亚与佛罗伦萨（Florence）所支配。佛罗伦萨与米兰（Milan）两地的商业，虽颇称发达，但它们本来与其说是商业地带，却不如说是工业地带。

意大利城市与乡村的对抗　日耳曼的侵略者是农耕者，不是市集居民。但他们对于意大利的城市生活，并不像其从兄弟在欧洲西北部所行的那样，任意摧毁。伦巴德人是没有侵及南意大利的。米兰为罗马时代的一个重要城市，那里成了地方人围攻的众矢之的，故设有防守的堡垒。热那亚是另一个继续存在的古市。当第五世纪社会混乱时，由意大利本土逸出的市民，建立了威尼斯市。此外，还有许多其他的市集，但就上述各市而论，已可概见其特质了。

地中海若干市集的残存，以及若干市集的逐渐建立或再兴，那可以归因于由海道继续与文明的东方接触。新来者——"野蛮人"——在人数上，没有在北方那样压倒的多数。他们远离旧时故乡，在一种新而奇异的环境下，与那些具有可羡慕的文明的原来居民相周旋，虽然是侵略者，终不能过于坚持其本有的习尚。

在意大利的情形就与此不同。当罗马帝国日益凌夷时，教会渐渐即起而执行政府的职权。第六世纪时代，西方异教的哥德人，即为查士丁尼之军队所驱逐。到第八世纪，其后继者伦巴德人，又被那应法王（Pope）请求而举兵的法兰克人所征服。就在这时候，回教徒因基督教堂中奉有偶像，乃诋毁君士坦丁堡皇帝的偶像崇拜，于是后者企图以饬令铲除那些招致反对的成因。此事为罗马法王所反对，接着，所谓"破坏偶像的争论"，遂成了教长们联合法兰克王培平（Pepin）与查理曼，以反抗伦巴德人的机会。在八世纪之末年，查理曼实行称为"皇帝"了。于是皇帝有两个，一在东方，一则在同样远离意大利的阿尔卑斯山的那边。

七九九年，法王里奥第三（Leo Ⅲ）为罗马市民所驱逐。此后两世纪间，僧侣与市民间的倾轧，屡屡发现于意大利北部。为争取市民自治，对僧侣与封建权势所行的一般抗争，至十一世纪愈演愈烈，那曾扩展到整个意大利北部，扩展到法兰西，更扩展到法兰西以北。教长们在实际上虽掌握着罗马城市的治权，但商业工业的市集，却一致兴奋起来，使他们在可能范围内，完全脱离教会与两帝国的权势之争。自法兰克国被分裂为两个对敌部分——往后成为法兰西与德意志——有一段时期并分裂为多个部分后，自治团体的工作，乃愈益趋于单纯化。初期市民抗斗之大众的、"民主的"现象，实伴随有许多纷扰。

有一个时期，那种情形是异常扰乱，异常混淆。在土地领有者方面，他们竭力想造成一种封建势力当权的局面。他们那种努力没有成功，使我们了然于南欧的中世制度与北欧的中世制度之截然不同。北欧是采行一种土地的贵族主义，它由此形成了地方的大体上自给自足的单位，以抗拒拜占庭与阿拉伯势力的掺入，于是在实际上，乃发展出了一种与旧时迥不相同的社会秩序。在意大利，市集居于领导的地位，新起的商业贵族颇能操纵贵族、僧侣、君主、市民，使其互相排挤，因而乘机攫取实权。此种情形，九七六年，曾见于威尼斯，稍后，又见于米兰，更扩展到克雷莫纳（Cremona）、博洛尼亚（Bologna）、帕维亚（Pavia）乃至热那亚。

在这里，我们必得顺便论到封建制度，封建制度是不容易解作经济的语词的。它的前提，要有一个较弱的中央政府，一种农业占优势的文明。此外，并还要军事活动居于非常重要的地位，要促成货币经济的人与地域的经济分工，比较不发达。即令在这种制度中，有对军队给饷，有对行政官吏给俸的情事，那报偿的取得，与其说是金钱的关系，却毋宁说是人身的关系。希望维持一种军队与宫廷的领主，必定是要使其助理者即臣下，对他保持主从关系——宣誓在战争场合捍卫他，每年在一定期间，提供他许多有适当装备与训练的兵士。称为"采邑"（fief）的土地的颁给，就是在上者为了使其臣属能够维持必要的军备。

采邑（这有时包括有土地以外的种种收入与赐予），并非臣属所"私有"。我们所理解的所有关系，如一般通行，则封建制度不能存在。当臣属死去，名义上采邑仍归其家族；不过，新保领者须付纳一种赔偿金或让渡金，以示先前那种个人义务的更新。哪怕在这种封建社会中，也常有若干货币流通。假若贸易的发展，有利于此种形式的交易（有如在欧洲所行的），那么，这让渡金、补偿金，或义务金，就会逐渐递增，以致成形为赋税的性质。这就是说，向之人身制度，乃渐趋重于金钱制度，于是封建制度本身，亦日即于沦亡。财政的基础，既不够组织一种如我们所熟知的俸给基础的政府，所以，此前只担当主要的作战义务的封建臣属，现在又须负担行政与司法的任务了。

封建制度从不曾在意大利立下极深的根底，显明的缘由，就是因为那里有过多的贸易（国外的与国内的）；过多的工业，过于浓厚的市集生活，以及使用了过多的货币。一种封建制度的组成单位，要求较为寡少而稀薄的人口，因为这种制度，有根本的农业性质，而在这种制度下非有大量货币，即不能有大规模与结束巩固的组织，并且，假若缺乏经济与财政基础以行广泛的生产物交换，就必得比较的是地方自给自足。

罗马法律观念之深深持续于商工业市集，以加重契约的与金钱的关系，那使真正的封建制度——即我们将待考察的北欧的封建制度——在意大利实行起来，加倍困难。那里是永不会忘记东方的奢侈物品的。他们只有由国外贸易可以取得那些物品。而国外贸易又不能够封建化。意大利贵族不肯散处于乡村的田庄或庄园，而都聚集于财富及奢侈品集中的市镇。其结果，哪怕是传袭的贵族，亦乐于征逐城市的财源利益——特别是国外贸易——并且，意大利的上等阶级生活，就不大像农业的北欧生活，倒反像君士坦丁堡乃至文化的东方的生活。

意大利与北欧 在中世纪，不但意大利把东方的货品，不断转运于西欧，同时，普行于各地的教会组织，亦把古代那种经济生活的遗物，一点一点的输往法兰西北部、尼德兰（Netherlands）、日耳曼，乃至条顿文化开始在那里占优势的英格兰。法王的赋税，由所有这些地带输来罗马。因教会的政府是设在罗马的北方的。僧正与俗界的大领主都知道了南部的奢侈品，从而希求那种奢侈品，且有若干限量的输入。这些输入品的要求，法王的赋税制度，乃至罗马中心地的甜蜜记忆，均使北方的统治者不得不尽可能地迅速输入货币，迅速从事那种贸易。

特别是在第十世纪专制君主兴起以后，法兰西南部之深深影响其北部，那颇类意大利之深深影响其北方诸地域。就在这同一时期，日耳曼因努力再建西罗马帝国——现在所称为之"神圣罗马帝国"——与意大利有紧密之接触，这时帝国的首脑为日耳曼人。在十一世纪，征服者威廉（William the Conqueror）由南法兰西人主英格兰——在实际，他带来许多犹太人，希望建立一种可以取得收入的经济生活的体制。

意大利的市集与十字军 意大利诸城市在欧洲经济发展上所尽的功

能，自经过十字军运动的刺激与增进以后，那更是灼然可见了。实际，在一〇九六年以前许久，那些城市已显然在扮演着颇类似此后的任务，但早期的情形，全没有使我们作概括讨论的区划轮廓与显明倾向。

在第四世纪与十一世纪之间，日耳曼的漂泊社会群，曾大大扰乱欧洲的经济生活，他们带着其家族与所有物，各地飘游。有时，他们的人数非常之多，以致定居下来，能成为一大领域的支配者。他们实际上的目标为地中海沿岸，因为那里的气候与生活形态，俨然是一种乐土的引诱物。

他们那些社会群中，以法兰克人为最重要。阿拉伯势力之侵入西班牙与西西里，意大利法王权势之强固，以及对于君士坦丁堡皇帝之恐惧，法兰克人乃不能不向北扩展，以避免与那些势力冲突。在查理曼死去的八一四年，他们击败了意大利北部的伦巴德人，但他们与法王所成立的协定，却大大地增加了他在政治上的力量，新法兰克帝国的所在，是远在阿尔卑斯山以北的亚琛（Aachen），那里到后来建立了德意志。

法兰克帝国不久就分裂了。其西部因新条顿民族即北欧人的袭击陷入了可怕的混乱。于是，此后企图统治意大利的东部或日耳曼（几乎没有拉丁化）部分的日耳曼王奥托（Otto），乃于九六二年被法王称之为"皇帝"。约在一世纪以后，十字军运动开始，而决定究应由日耳曼皇帝，或法王，或意大利诸市自行治理这半岛的猛烈斗争，亦已开始了。在具有活跃的商业与相当的工业的意大利诸市，已经由北欧那些贩运东方货的中间商人，取得有颇重的通行税。法王企图建设意大利的那宗收入，亦是出自其北方的邻人。而在日耳曼皇帝看来，意大利的商业诸市又似乎是一种有希望的收入与实力的源泉。北欧人是难得与日耳曼接触的，唯其如此，所以，像法兰西由北欧人侵略，而分裂为许多封建单位的景象，日耳曼大体是避免开了。可是，经过再度混乱以后，所有北欧全部，几乎都充斥了那些需要已经减落了的军队。以前名贵的武士们，除了在邻近战争中蹂躏乡村，除了从事喧闹与马上比武乃至竞技一类游艺外，再也不能有所作为了，他们离开土地，过着像蝗虫群一般的生活。

日耳曼的诸皇帝，并未忘怀于建立一个罗马型的中央政府。他们包摄法兰西封建制度及其较小单位的阶级政治与较松懈的组织已颇费了周折。因此，日耳曼想把意大利诸市囊括于帝国领内，乃是企图以帝国官吏来分途统治，可是，这样一种尝试，是直接到十字军兴的时期，方始实现的。意大利的市民，乃至法王，都强烈憎恶北欧人直接干涉他们那比较高度发达之经济的民治的制度。

就在这时期，法王不但是一个欧洲的精神主宰者，且是大的政治人物。欧洲大部分的土地都是握在教会手中的。无奈当时除了意大利直接受日耳曼的军事威胁外，罗马法王还难以行使其在北欧各地之教产的管理权。欧洲的诸君主，特别是日耳曼的诸君主，都坚决要由他们委派寺院长与主教，因为这些寺院长与主教的大部分，一方面是法王治下的行政首长和宗教头目，另一方面却又是俗界统治者的封建隶属。一一二二年，宗俗两界成立一种所谓"渥尔姆斯的协定"（Concordat of Worms），此事乃得到一有利于皇帝们的解决。法王承认在日耳曼领内的寺院长与主教，须遵从皇帝意旨，构成皇帝之经济制度与政治制度中之人的单位。他们的选出，须经皇帝临场，由皇帝赋与以在圣式前供奉的俗界特权。

同时，法王乌本第二（Urban Ⅱ）描拟出了一种光辉的意象，驱使那些可怕的北欧兵士直接去抗拒巴勒斯坦、叙利亚、北非洲以及西班牙的回回教人。对于他们那种宗教的热忱、好战的精神、冒险的爱好，以及到达繁华南方的欲念，这算提供了一个出口。

十字军运动之宣传，在一〇九五年，而其发动，则在一〇九六年，就全般看去，那是太无组织的。生命的丧失虽至为可怕，而对于这种运动所由发作的直接目的，除西班牙外，可以说是全归惨败了。将近有两世纪之间，人类如潮流一般的，一次一次向东南涌去，由欧洲而入近东。那历次浩浩荡荡的人波，猜想起来，真数也许有100万乃至100余万。他们在日耳曼，在匈牙利，在巴尔干，在亚洲西部，（在西班牙与北非洲）尽量屠杀其同胞人类，而这些地方的同胞人类，亦尽量屠杀他们。他们有的被役为奴隶，有的丧身于疠疫，有的则改变动机，纯然作军事与商业的冒险，像西西里的战争和君士坦丁堡的劫掠，都是如此。不错，他们有的也曾实行占有圣地的一部分或全部，并在那里建立起封建的政府，但那不过暂时昙花一现罢了。

波舒哀（Bossuet）有一句名言："人类所为，非其所期。"十字军不曾保持圣地，不曾改变异教徒的信念，也不曾永远增强法王势力，但却成就了一件事，即改造欧洲的生活。十字军暂时得到的胜利，那是由于回教徒的分裂。而拜占庭帝国之为基督教徒所侵覆，却无异削弱了基督教反回教的前卫。可是，就历史全般看去，十字军运动，又算是最值得庆幸的一件事体。近东文明之精华，通由十字军输入了欧洲，并散布于欧洲各地，而在此以后不久，中央亚细亚就发动了一列新的侵略，使近东受到了普遍的蹂躏。设十字军不兴，那里的诸般文明，也许是永没有移植于欧洲的希望。

由十字军受到最大商业利益的要数威尼斯。热那亚与比萨海军，曾参加第一次十字军。往后，威尼斯人击败比萨人，由是获取了过往者大部分买卖，担当了运食料品往巴勒斯坦的大部分责任，并把他们所占领的各市集，成为他们自己的市场，作为劳务之报酬。一二〇三年，他们操纵第四次十字军，借这次十字军的力量，惩治在扎列（Zara）之基督教的匈牙利人，往后，又直接用以反抗其大的商业上的敌人，即在君士坦丁堡的希腊基督教徒。君士坦丁堡被劫夺了，那里建立起了一个"拉丁帝国"（Latin Empire），这个帝国继续到一二六一年，始为那些得到热那亚人与奥援的希腊人所倾覆。威尼斯回避了对这个帝国政府的责任，而它丝毫不肯放松的，则是黑海的贸易。

威尼斯、热那亚、比萨以及其他意大利诸市，实际受到十字军利益的，不但是由亚洲获得了一种有效贸易独占，并还使他们那种贸易有更大得多的价值。北欧人因为与萨拉人接触，发觉了文明的舒适。他们习于剃头、洗澡；穿精致而有花纹的软布，用奢侈的器具，如地毯、窗帘。此外，并食香料的食物，佩戴珍珠。

十字军末期的威尼斯　在十字军发动之初，意大利北部有一种普遍的现象，就是市民实行叛乱。主教都被选举的"执政官"代替了，执政官为诸政府之行政长官。此外，以前的大领主小领主，普遍市民——他们是那些曾经帮同组成原来自治体之自由民的后裔——都有选举权。所有这三阶级之选民的总数与大多数市集的全人口比较，那不过是一小部分罢了。执政官仅由他们选出，通常每年选举一度。供执政官咨询或为政府立法的，普通有一个上议院，或评议院，比较有名的"大评议院"（grand council），其议员有时达数百人。当情形非常危急时，一切代议权概行弃置，而在公共方形广场中，开一巴勒门托（Parlamento）或全体市民大会。这种集会，动辄酿成巷战，酿成贵族诸集团，或市民诸基尔特，或这两方面的内讧。诸城市之间，或一城市之内都发生战争，贸易与境界为互相敌视的大根源。

威尼斯的地位与其北意大利的诸市集比较隔离，其初没有受到伦比德的影响，站在查理曼帝国以外，而与君士坦丁堡有较密切的接触。因此，在十字军以前，它获得有黎凡特（Levant）地方贸易的特殊利益。依着一〇八二年之免许证，威尼斯在100年内，有在拜占庭帝国进行贸易之完全自由。这一来，威尼斯乃愈益与君士坦丁堡立于竞争的地位了。它享受特殊贸易那一世纪之末,距第四次十字军仅21年,这次十字军,简直变成了威尼斯与君士坦丁堡之间的商业战争,其结果,君士坦丁堡倾覆了,而威尼斯则成为欧洲海上的第一强权。

就在这当中,威尼斯除了选举权的规定过于狭隘外,其余所有组织均颇有现代精神。民选执政官(doge),有六个评议员与一个上议院所监视,而议会或下院议员480人,则由执政官所任命。赋税制度不但精审周详,且颇有现代德谟克拉西①精神。例如纳税的能力与征税的简易等问题,均经非常看重。附息的市有债券,亦曾在市面通行。在另一方面,封建制度这时在法兰西北部刚好达到最高峰,而日益集中化的日耳曼,则在迅速地倾向于完全的封建化。这与威尼斯恰好是一个对照。

威尼斯人由近东输入了拜占庭帝国在那里经营的丝工业。丝的文化曾普被于意大利,甚且扩展到南法兰西。新染料也输入了,欧洲人并还知道了以明矾定色的技术。大麻、亚麻、甘蔗,都经移植过来。不过,欧洲第一次的糖工业,不是设置于威尼斯,而是因为斐列德第二(Frederick Ⅱ)与萨拉森人有亲密接触的关系,乃于一二三九年设置于西西里。玻璃的吹制,系由叙利亚那里学来,为威尼斯之一重要工业。

威尼斯的大贡献,与其说是工业,不如说是商业。它有许多商船队,到黑海及埃及,到阿勒颇(Aleppo),到小亚细亚,乃至到非洲北岸。那些船舶装出欧洲的矿产、木材、织物原料,而换回香料、丝棉花、象牙,以及其他稀少的商品。威尼斯的输入品与制造品销售于日耳曼全土,销售于法兰西的大市集,特别是在东北部那些香槟区(Champagne Distric)的市集。约在一三〇〇年以前,欧洲北部的需要,尚不容许建立永久的大市场,于是有一种开设数星期的市集产生。一个地方的市集闭市了,那些商人又往其他的地方。把货物送往北欧,由海运是比较便宜而安全的。所以,这种途径一经发觉后,佛兰德(Flanders)的商船队就由威尼斯航行西班牙、葡萄牙、法兰西西部,乃至英格兰了。

英格兰是一个位于文明之极边的海岛,其人口稀薄,但它迅速变成了一大羊毛输出者;其所输出的额数,不亚于数世纪以后的美洲西部与澳洲。由

---

① 德谟克拉西是英语"democracy"的音译,即"民主"之意。下同。——编者注

是，那时通常在海峡分驶的佛兰德的船舶，就有一部分直航英格兰了。意大利人〔此后佛兰德人与日耳曼汉斯人（German Hans）亦属如此〕曾建立其贸易外府于各地，特别是英格兰。此种事例，充分表明了外国贸易在后进国家的侵透性；意大利的商人们，甚且不服从不列颠的简陋法规，而一味遵守其自己本国的法律。

威尼斯人除了上述的玻璃与丝的制造外，还有棉花与羊毛的织品，有纯质的布，并且有铁与铜的许多铸造厂。他们不但自己模仿东方的制品，购买他们制品的其他欧洲人亦开始仿造。例如，波斯的毛毡，曾为远在北方的巴黎所模制。

像在君士坦丁堡的政府，虽密切地规制着海航，但实际的贸易，却是操之于那些组成了商人基尔特的个人。意大利很快变成了一个商业国，而不是一个农业国；它的贵族，有一大部分是住在市集中，像输出输入的商业，那都是颇有可观的。哪怕是贵族系统的人，他们亦作商业经营。商务需要大量资本，需要优越的指导能力，并且需要一种有训练的力量来做那些比较机械的工作。因此，意大利诸市的商业基尔特，就欠缺近代意义的德谟克拉西精神，而比较其在君士坦丁堡的原型，或比较其台伯河河岸之古罗马的更旧的体制，却又较为民主化了。

各个人既以自己的资本，在基尔特与国家的规定下，从事经营，那他们的基尔特结合，就颇类欧洲东北部后来著称的"规约公司"（regulated companies）。大工业上的基尔特，有如一种贵族政体，其治理权操诸指导的资本家阶级，里面雇有实同日佣的"职工"。实际上，我们使用"职工"（journeymen）一词，原意就是说以日计资的工人，不过，在一般英国著者设想，那又有一部分暗示了已完成学徒期限之手工业者的"散工时期"（wander-year）。

意大利促进工商业的银行业者的基尔特，那与上述的基尔特完全是一样的贵族化。实在说来，只有在不需要何等资本，不需要行政监督的零星买卖和较简单的手工业上，才看不出雇人者与受雇者的显然区别，才有学徒变为职工，职工变为老板的事。

当北欧"后进地方"的商人行往威尼斯时，他们会受到严密的监视与限制。一个日耳曼的商人，必须住在日耳曼商人的会馆中。他不能携带兵器，他随时都有一个威尼斯的监视者伴随着，并且，除威尼斯人外，他不得同任何人行使交易。他所携带的东西，必得是由日耳曼或欧洲东北部运来的货品，那货品必得完全在威尼斯市中变卖掉，不能更运到其他地方。所有这些，以及其他繁其规条与无谓诛求的制度，无非是要保证威尼斯贸易乃至利益的独占。

近代商业国家赖以争霸世界的给煤站，在威尼斯是不感缺乏了，它由繁市以至勒芬特（Levant），一路都有安全的海港。那些海港是：进贡的拉格沙（Ragusa）公共市，在希腊本土及其海岛的许多港口，沿地中海东部与黑海一带的无数贸易区和居留地。在当时，船舶是沿海岸而行驶。那原因，与其说是由于船身之小，倒不如说是由于航海方术之简单。设冒险远离港口，其势将不免发生危险。

伦巴德联盟 不管十字军远征的如何牵制，日耳曼诸皇帝，仍旧为获有富裕的伦巴德城，与更南的托斯卡纳（Tuscany）和中央意大利诸市集，而继续斗争。由是，由威尼斯、威诺拉（Verona）、斐森萨（Vicenza）、培多（Padua）、特利斐梭（Treviso），于一一六四年形成了一种抵抗日耳曼侵略的联盟。这个联盟在倏忽之间，又加入了许多会员市，如米兰、克利摩拉（Cremona）、门托（Mantua）、摩得拉（Modena）、波洛格拉（Bologna）以及亚勒山得利里（Alessandria）新市——这个新市之设，原因阿尔卑斯之某一径路之南端，没有一个屏障的市集。在十二世纪中叶，罗马法律之研究，对于罗马人的永远尊严的皇帝陛下——在德意志——之集中计划，已很可给予一种新的理论力量。可是大帝国的缺点，殊太局限于事实的境界，对于再生的理论，只不过有极其漠然的符合罢了。自皇帝斐列德·巴巴洛萨（Frederick Barbarossa）在勒格拉诺（Legnano）受到惨败以后，诸市集乃于一一八三年康斯登斯和约（Peace of Constance）得到了实质的独立。

在同一个时候，刚好在伦巴德之南的道斯肯诸市（Tuscan towns）——其要者如佛罗萨伦、比萨、锡耶纳（Siena）以及卢卡（Lucca）——亦完成了它们的自治。它们是于一一一五年女伯爵死去时，遗予教会的。当时日耳曼皇帝曾名正言顺的宣称，采邑须复归于至上的君主，故遗赠为不法。在实际上，意大利并未封建化，那种理论终没有发生何等力量。帝国政府与法王长期的斗争，结果是两败而俱伤，以致产生一些实行独立的市府。

货币兑换与利息 意大利的银行与信用制度，通是在君士坦丁堡影响下发达的。在先，西欧一切财政的活动，均由那些来自黎凡特的犹太人与叙利亚人所进行。这原因，大部分是基于一种事实，即西方或罗马的教会，颇有能力实行禁止放款取息，而在东方或希腊的教会，则屈服于一个强有力的中央政府之下，无从阻止民法认利息为合法之规定。东西两教会反对贷款取息的偏见，盖皆受支配于古代的箴言，那是说，货币在本身不能生产，不能创造财富。此种主张，因贷款利率过高，且大多用于不生产目的而益加有力。罗马教会对于财政的支配权，对于货币或资本之某种使用视为不当，从而加以限制的决定权，那是大大地阻害了西欧的商业。但从全体看去，那种态度所酿成的恶害，也许没有其所成就的利益那么多，那曾导出一种审慎的研究与多方的考虑和经验，最后乃综和理论与实际，对于生产资本之贷借，附以合理的利率。在教会坚持利息一般禁制当中，货币兑换与贷借的大部分的事业，都是委之于那些被视为永难解脱的犹太人与其他非基督教的闪族人。

西欧政治单位的错杂和社会不常的骚扰，特别不宜于搬运贵重金属；为救济此种困难，那些犹太人，如像在君士坦丁堡的希腊人，就惯用信用期票与汇兑。在林立的市集和封建领主们，都能随意铸造一种宜于他们自己的铸币时，那一切铸币的重量与成色，将至不一样，在这种场合行使货币兑换，就是一种高度而繁难的技术了。直到十字军末期为止，本位金币是拜占庭的和萨拉森的。佛罗伦萨之"佛罗永"，至一二五二年才开始铸造。这种金币，是依其表面所刻的市花而得名，迅速成为货币标准。一二八四年，威尼斯开始铸造金"杜克"，因此币附有其执行官或公爵之像。北欧诸市随着铸有适于他们的"格尔登"，意即金币。迨后君主势力扩展起来，封建的与公爵的通货日渐废止，而代之以王家铸币。

就在这时期，意大利本土的人民逐渐侵蚀犹太人在财政上的优势；法王再也不能使用异教的犹太人征取收入了。远在十二世纪时期，佛罗伦萨人已获得了法王之货币兑换者的权益。不旋踵间，大宗的货币，又使他们在财政上占有优势了。不过，法王之征收者的权益，却还有其他诸市的意大利人参加。

那些深入于北欧之极遥远区域的法王征收者，却并不是南方财政思想的唯一传导人。意大利商团之行商于北法兰西，日耳曼与英格兰的巡回市或定期市，往往也从事货币兑换者的若干任务。他们既被假定进行着艰苦的买卖，所以被称为"伦巴德狗"（Lombard Dogs），虽然他们来自托斯卡纳与来自伦巴德一样的频繁。北欧人往往又呼普通货币兑换者为"克奥西尼"（caorsini）。克霍尔斯（Cahors）为南法兰西一镇市，去道洛斯（Toulouse）不远。用"伦巴德"和"克奥西奈"（caursine）这类语词，来表明可以互相交换，那除了上述意义外，还指证了欧洲地中海区域商业之发达，已经达到了大体的一致。中世纪是商业支配工业，而商业制度之扩展，则是由南方伸到北方。

当民法与教会法继续排斥"高利贷"的时期中，高利贷的习惯，却仍在巧妙地变相实行着。第一，用作商业上生产的资本额的增加，那种禁制就越发可以避免。设借贷两方串通作弊，那就更加容易欺瞒了。例如，两造先前不立债据，固然可以免除纳费，即立据而假书债额，亦同样可以包入利息。有时，他们两方面都同意预先定下一种罚金，表面上的理由是不能在一定期间内偿还本金，实则他们都不要在那时清偿。又，就贷者方面说，他可以证实他的那宗货币，先前是用作其他有利用途，所以现在出贷于人，必得征取损失补偿。在有些场合，债款对于借款者分明有利可图，他并且会分享贷款者的利润。据神学教师（教会哲学者）所说，贷款取息之所以一般视为"不正当"，其理论根据是，货币不像活家畜那样自己生产，要使货币成为生产的，那就必须在使用劳动的场合。因此，使用劳动的人——借款者——自应享有全报酬。但像上面所述的办法，越来越普通，渐至标准化，而在实际上等于利息率。

从十三世纪以降，因着大货币兑换基尔特之活动，渐渐地把高利贷的罪名，限用于为消费者或利息率过高的借贷。法王因洛森特第四（Innocent Ⅳ）于一二五四年，承认那担当了损失危险，与利得牺牲的商工业资本之提供，得合法征取额外偿金。在同一世纪，法王政府将意大利银行业者，置于自己的保护之下，允许他们使用教会法庭，依宗教的惩罚，[①]而强调迫其负债者偿付。

在重利盘剥法律尚未公然轻视的期中，法王对于生产资本的这种宽大，

---

① 重利盘剥与利息（usury and interest）的问题，乔治·奥伯林（George O'Brien）曾在其所撰《中世经济教义论》一书（一九二〇年）中（第三章，第二节）有正确的讨论。重利盘剥虽为教会所禁止，但利息是往往被承认的。特利息之支付，不是为了货币之使用，而是为了赔偿贷款者因贷出款项蒙受了一种损失。对于实际的损失（Damnum emergens），通常都认为应当赔偿，但对于贷款者（Lucrum cessans）所失利润而行的偿付，则多所疑难。由此逐渐推移，遂至把早前利息项下的若干偿金，看为是非法盘剥。在十二世纪时期（法王亚历山大第三），利润之可能损失的偿付是被承认了，这种承认，乃是向着"利息"一词扩充，与向着"重利盘剥"一词减缩的一大进展。在商法与商业习惯上的这样一种变更，那与其说是由于教会方面之理论认识的改变，却不如说由于法王在这些事务上之支配权力的丧失。

遂导出了特别适于商工业贷金的种种新形式的发展。伦巴德人与其他基督教徒，乘机起而担当生产贷金的业务，而把那些较小规模的个人的与典质的贷借，委之于犹太人。从十三世纪起，南欧的商业标准利率为10%至17%。经过许久以后，此种趋势始渐见诸较后进的北欧——在法兰西北部与英格兰的利率，实在颇高。

个人的乃至特别危险的贷金，其利率仍极苛重——有时为60%，有时为80%，有时甚且超过100%以上，一视当前情形如何以为断。自教会与政府两方面赞助基督教徒，使其进行那些渐渐得到道德允许的较大与有组织的冒险事业后，商业银行日益发达，而那种高利贷金，乃渐渐成了犹太人的事业。

犹太人与叙利亚人在欧洲财政上形成领导势力的经过，那殊需要特别的解释。这些近东的财政能手，原先定居于意大利诸市的殖民区，有时取得了市民资格。在十字军发动以前，他们在意大利不曾因宗教的理由受到歧视。宗教的憎恨与迫害，尽管在西班牙，在北欧，在巴尔干的通史上，占有不少血染的篇幅，但意大利却没有表现这种狭隘精神。西西里斐列德第二对于回教徒的亲善举动，那已构成了中世史上有名的——如非滑稽的——篇章。例如和西班牙裁判所比较起来，法王之异教徒裁判所，总算公公道道的了，这件事，在排挤迫害之本来目的，是政治的，不是宗教的那种思想，未经提醒那些历史学家以前，那是会使他们感到莫明其妙的。如汤蒲生（Thompson）教授所说，在第九世纪以后，意大利本土的人民，就渐渐在法兰西东部迁帕安（Champagne）代替了叙利亚的商人。这一切是怎样发生的呢？

北欧宗教的极端排外，至十字军时期，已达到了异常的热烈；此种风气，已渐传入了意大利地方。住在意大利诸市的叙利亚与犹太市民，或受到优待的移民者，他们渐感到要意大利化，否则就会遭受某种利权的剥夺。而且，因宗教排斥影响，意大利商业基尔特，都宁愿遣送基督教徒于北欧，而不欲派遣那些闪族人，这样，后者在北欧方面，就受到了非常的不利。在另一方面，地中海东部之商业机会的新收获，又使那些熟于该方面之人情与语言的叙利亚人、犹太人，回向其故土移动。

热那亚的历史，亦可提供相似的实例——虽然在其他诸自治市的情形，比较不大分明。在十二世纪中叶，热那亚的五个主要意大利家族——都属于维斯康帝世家（Visconti）——共同组织一独占近东商业的新组合。在这新组合中，他们引进了两个握有旧时财政权力的领导者——一为叙利亚人塞列斐亚（Ribaldo di Seraphia），一为犹太人布兰卡多（Blancardo）。这两位人物的引用，自然而然的，使他们从叙利亚的要求来监视商业，任用大批的叙利亚与犹太的代理人，协助他们。自欧洲方面看来，这种亲善的分工，把那尚未严格受到事实辩证的非基督教之暗云，概行扫去。特别是布兰卡多，在意大利北部商业上，他那名字简直视为不可思议了，但那与严格的犹太企业，究不是常有何等联系。

在结局上，这种结合与分工的结果，却相对地增大了基督教徒的权势，那是有种种原因的。欧洲的商业与工业，较亚洲发展为更快。在十三世纪时期，勒芬特的商业中心已显然在向意大利移动，但是那些优秀的犹太人与叙利亚人的头脑，却仍是倾向亚洲或失败的这一方面，他们留在欧洲的少数人，在那孕育于有利历史环境下的基督教徒的才智与其财政力量萃聚之所，从事竞争。当十五世纪之末，犹太人由西班牙驱逐出来了，这是一个非常的打击，他们再也不能在那里经营什么了。世界经济活动的中心，愈向北向东移动，即愈移往那受制于社会上宗教上比较好排外的人民的地域，他们就愈加不能有所活动，直到近代部分的宽大精神之复活，犹太人才在某种限度恢复了他们从前财政上的优越。

由一三〇五年到一四一四年，那是一个多灾多难的时期，法王的王座开始迁往到法兰西之阿维尼翁（Avignon），并在那里演化为三个对敌的党派，于是，教会一向对于商人和俗界法庭，企图使商业利益合法化的努力，虽痛加反对，但这时已颇难为力了。法王政府由其传统地位的罗马迁移，意大利人特别受到冲动。欧洲最富庶的社会，不但不再成为法王收入的一大来源，而宗教上关于经济生活之诰诫，亦不大受人重视了。

意大利诸种同业组合者都坚决主张，货币金属即令在铸成以后，其本身依旧不外一种商品，这种商品的使用，如获有利润，即就没有理由说它的所有者，不应该在那利润中享有一个份额。我们现在把利息与重利盘剥分开，说前者是对于他人购买力之贷金的合法偿付，而后者或苛索，则是利用借款人之紧迫需求，但在法王教庭的裁判官们，却常视此种区别为没有意义。他们有一位曾恐恐然作这样一种报告，说锡耶纳（Siena）之某派特诺君（Ser Pietro），不但是一个重利盘剥者，并主张贷金业不是罪恶；有不作如是主张者，即认为"不知道他们所说的是什么"（nesciunt quid loquantur）。早在第十三世纪时期，意大利有某种民法已开始主张，放款不妨取息，但放款者必须为有名望而负责的人，并且，其利率不得失之苛索。在实际上，商人对于货币使用之报偿，已渐知道区别为三个部分，首先是本有的利息——其率低而比较标准化；其次是对于可以预知的危险之补偿，后来渐渐演化为保险金；最后是商人因必须担当种种危险，而取偿于利润；贷金者以货币借给商人，当然不免要分摊那些危险，从而，他就不得不要求较高利率，而分享企业利润。资本一旦普遍的为取得利润而使用于贩运业或制造业上，如像十字军末期的意大利那样，利息的规制化，就是一种必然无从避免的事体了。

在中世纪的经济生活上，宗教的与类似宗教的团体，曾尽过相当的任务，我们现代的研究者，如不牢牢记住宗教之极大的政治势力，与其在生活各方面之无与伦比的道德权威，那是不免要减低那种任务之评价的。国际资本主义之开始其序幕，所谓护法武士（templars）实与有大力，虽然他们在不久的期间，即为我们在下面要论及的基尔特或商业银行公司所代替了。柏勒底克廷教派团（Benedictine Order）的势力，足与典质业者犹太人相抗衡。一四六二年，佛兰西斯可教派的托钵僧，开始建立庶民动产银行（montes pietatis）于奥尔维耶托（Orvieto），以合理的利率，贷款于贫民。哪怕在今日，波斯的庶民动产银行或国家典质业的经营仍是保持那个名称，并还承袭了那些佛兰西斯可派创建者所树立的若干规模。可是，如果不能除去犹太人在经济上资格不足的规定，亦就不能够阻止或救治重利盘剥的恶害，但一般的基督教徒，却多太拘泥于宗教的门户而不肯做到这个地步。所以，这就成了一种罪恶的连环。因为在紧迫急需的场合，大有犹太人那种贷金方式之必要，犹太人遂受到了一种些微的不可靠的宽大；因为重利盘剥有被控告与没收的危险，他们的利率又不能不高——高利率与被控告，相为因果了。

佛罗伦萨——工业与基尔特　　威尼斯在大体上是一个农业大陆的商业贩运者，那与佛罗伦萨不同，佛罗伦萨是意大利的一个典型工业市镇。因此，它的基尔特组织就值得比较详细地介绍。

依着强制与劝导，那些附近的贵族，早抛弃其荒瘠的封建生活形态，而参加城市生活了。道斯克里虽非羊毛产地，但佛罗伦萨人却由撒丁（Sardinian）、西班牙、法兰西、英吉利，以及其他外国的原料，建立了优越的毛织物工业。佛罗伦萨织工之手艺是颇为优良的，所以在短期内就促成北欧粗织品的输入，经过精制、洗染后，又复输出。这种有助于毛织工艺的事业，即世所著称之"克里麦那"（calimala），克里麦那是以从事此种事业之铺店所在的偏街而得名。

第一编　古代与中世

　　第三种重要的手工业（如其我们不观察其工作，而观察其组织，则可称为手工业基尔特），为丝的制造，这是西西里之罗哲尔（Roger）于一一四八年由东方输入的。因为有这几种重要工业，于是货币兑换基尔特，或银行业者基尔特连带发达起来。

　　除了以上四者，还有三种附加的"较大基尔特"——严格地说，就是基尔特集团（gild groups）。药剂师们开始与医生们有一种结合，外科医生与产婆，则为这种结合的隶属者。就社会的地位讲，外科医生要低于内科医生，这原因就是由于手的使用没有脑的使用那样受人尊敬。在实际上，药剂师成了大的批发商人，他们觉得，与外科医生内科医生相结合，多少还玷污了他们那商业者的品格。这时，还有贩皮业者，末了，有判官，有胥吏。

　　胥吏或司法者群，虽出现在最后，但在大部分基尔特的表上却还列在首位。有如武士阶级一样，裁判官通例冠以"麦色"（messer）的称呼，哪怕对于胥吏，亦通呼为"色尔"（ser），以示与普通人不同。佛罗伦萨是没有大学的。在大学所在的市镇中，教授们通常有裁判官一样的品格，甚或较裁判官更受人尊敬。

　　上面一共有7个较大的基尔特了，此外，还有14个较小的基尔特，其中，属于中等的有5个，属于"小民"（little people）的9个。如制麻业者、屠业者，为前一类，如泥瓦匠、木匠、烙饼师，为后一类。就一般而论，在阶级制度中的一种工业的地位，或者，在基尔特集团中的一种手工业（就较狭的意义说）的地位，那要看它古不古、获利多不多，或者看它在传统上的势力如何。其实，依这三个标准来权衡，仍有许多异例。基督教的神学，把"精神"置于"物质"之上，因此，需要脑力的"自由"职业，就比那"奴役的"或手工的职业要名誉得多了。

　　在一八二八年以后，市政当局都由基尔特所任命，这一来，如其说基尔特与佛罗伦萨政府之间实有区别，那区别就难以分辨了。在先，把持操纵一切的，是那7个较大的基尔特，后来那些较小的基尔特，亦渐与前者跻于平等的地位。阶级斗争的结果，一种窄狭而有效的寡头政治发生了，迨寡头政治推翻，代之而起的是美迪奇家（Medici），他们是富有的银行业者与政治领袖。美迪奇家实行专制的统治，一直绵延到了通常所谓"中世纪"时代的末期。佛罗伦萨的全人口曾达到9万的最高率，但实在的市民却从未超过4500人以上。在佛罗伦萨的全盛时代，大多是由寄居贵族与商人阶级出纳赋税，由他们享有政治权利，至其余在市在乡的人民不过是农奴或劳动者罢了。

85

在欧洲的经济生活中，大商业——间或为支持那种大商业的大工业——的支配地位，以及像佛罗伦萨，威尼斯南部诸市在商工业活动上的优势，渐渐促进了资本主义和自由企业。

严格地讲，所谓资本就是一种剩余，那是由工具、船舶、原料，以及用以增加生产的其他物品的形式体现出来的。它的用途，乃在使生产成为一较长的、较复杂的，然而是较为有效的行程。可是，生产品由生产者转到消费者，那要费相当的时期，或经历相当的路程，个人劳动要等到货品脱售后，始取得报酬，那是颇难做到的，换言之，他必得有每天能够换取面包的某种物件。这物件，就是通常具有内在交换价值的贵金属（或代表贵金属之一定数量的纸币或信用期票）。因此，在存有相当剩余的人类社会中，那剩余就自然会由这些能够交换的金属、纸币或信用所代表。谁有这些可以交换的通货或信用，谁便要求做点使用它的事体。假若持有购买力的人，现在不用以换购货物，而用以从事工具的创造，或剩余食物和原料的蓄积，他们便可由此要求报偿。这么做，他们不但不用担心无从获取消费品的危险，同时还可对于等待取得一种报酬。他们就是所谓"资本家"。所以，被称为资本家的人，就是这样一种人，他们不用其剩余来换取可供目前使用的物品，而用以生产可供将来消费的更多物品。在现在与将来的差额中或增加额中他们要求一个份额。

资本主义——这是我们以后必须常用的名词——可以简单解作一种经济体制，在这种体制中，资本的所有权与较广泛方面之管理权，是和生产之特殊部门分开的。有时（如像在近代合股公司中，有股东，有执债券者，有给薪的管理者），所有与管理亦判然各别，不过这不是定然如此的。无论在中世意大利，抑在是其他地方，特殊化的资本家都须在利润与利息的形式上取得其报偿。

由经济的贵族政治，与持有小单位和个人关系之基尔特制度，渐进而发展至资本主义经济，那在意大利是显而易见的。在生产主要是为了国外市场的地方，其工资就往往倾向于资本主义和个人主义。如其那地方早前的工业活动，散分为一大些手工业，则那些手工业将渐进于综合的完全。管理一集中，所有个别的手工业势必失其孤立与独立。像佛罗伦萨的羊毛工业，就是一个例证。那里的毛织业行会（the Arte della Lana）渐益分化为几个社会阶层，有钱的家族居于上位。它购买羊毛、油一类物品，由批发分配于各老板，通常不取利润。它为老板们设置有货栈、铺店与染坊，它的基金，往往用以通融于那些老板。最后，新的制造业输入了，视同其低等阶层的外国工人雇入了，这，通是为了上层阶级的利益，而使用共同基金。到后来，它自己购置有船舶，已在实际上成了一个"托拉斯"（trust）。在佛罗伦萨的其他基尔特也有类似的情形，于是就相因惹起阶级斗争，惹起前述银行业者美迪奇家的独裁。北欧基尔特发展的一般趋势，由其他未见于意大利的种种原因复杂化了，那后面还要讲到。

商业组织与方法 股份公司的发端，可以说是见于中世纪意大利之市府公债经营。为了方便的缘故，那种公债分成了许多成数额（round sums），有如现代的股份。对于债本债息支付的保证，普通是授与债权人以一定限额的待征赋税。由是，那些债权人就不得不成立一种合股形式的组织，使用代理人与会计等。

股份公司之实际过渡形式乃见于十四世纪的热那亚。热那亚政府曾举债征服奇奥斯（Chios）和福雪亚（Phocaea），那是明矾（用作洗染之用）与黏性植物（用作染色和涂饰之用）的产源地。因为当时无直接可资利用的收入，划作那种债务偿付的准备，乃将明矾及其他工事本身，让债权人利用经营20年。债项是分成了许多股份的。后来20年限期届满，政府仍无力偿还，于是明矾公司就保有那种财产，某股份得让渡转移于他人。一世纪后，公司由热那亚之圣乔治银行（Bank of Saint George）所购买。古罗马是不允许私人合股公司的，这表示显有一大进展，但与现代限制责任之精密组织相较，则又不可同日而语。

当时结合的标准形式，为私人合伙公司（普通都是一些有关系的人），为各个人在团体规约下，以自己的资本从事自己的经营的基尔特，并为一称为"康门达"（commenda）的新奇的公私混合物。在这康门达中，由所谓"康门达特尔"（commendator）提供资本，经营贸易远征一类冒险事业；那些"群克忒特尔"（tractator）或经营者，则取利润1/4，以为其服务的报酬。经营的人往往亦提供若干资本，不过，这样一来，经营与利得分配就稍有不同了。

在十三世纪的意大利，通常用船舶装载流通铸币的事，就已经大部分为汇兑所代替了。那种汇票，仅为一债务契据。假如，在热那亚之甲，该付在佛罗伦萨之乙，在佛罗伦萨之丙，该付在热那亚之丁。设甲欲付丁，丙欲付乙，则两方面输运货币的事，就可以避免。此种抵付方法，乃由意大利银行业者与法王征税代理人传入北欧。在缺乏货币的各地域间，特别是欧洲北部那些地域间，对于货币的输出，早有一种精密的法律限制，所以远距离的债务，普通仍旧是输出哪种生产物，即推想哪个地方需要的生产物，以资抵偿。

由货币兑换业者，发展到真正银行业者，那不是一蹴而就的。为保卫其储积的货币，与用作债务担保的高价物品，他必得有一个坚固的小屋。支票制度（system of checking）渐渐行使了。在先，该付乙款之甲，只需交代其债务人丙，间接付乙就行，不过甲乙两者必须当面。交易上书写的领收（acknowledgement），自然具有支票的性质。不久以后，这种支票的交易就开始经由银行业者代庖了。货币兑换者之坚固小屋或保险物屋（well guarded house），自然而然的，使它成了一般人之贵重物品或剩余货币的储藏所在。当两个商人在同一银行已有存款的，那他们彼此之间的债务关系，只要由他们的凭条或支票，在存款簿上转移一下就可清偿，并无须当事人统统到场。至个人彼此支票在银行之间的抵付制度，发达极为迟缓，就在今日的法兰西，依旧没有达到十分完善的境地。

支票的方法一经通行银行业者就有超过其日常交易所需的大宗货币留在手里。如是，他们遂开始贷出货币，或自己以货币经营贸易。结局，他们对于比较长期的存款，开始给予若干利息。这样，殖利的银行因以实现。

热那亚之圣乔治银行为中世纪之一最有名的银行组织。究其原始，那是由国家债权者之各团体——就中，我们已解述其一了——混合而成。其确定的形式，是建立于一四〇七年。它经理国家某种收入与国外占有物，进行银行普通的业务，吸收存款，投放资金；它有常使其纸币维持信用的准备，政府不加干涉。银行内部的业务经营，由那将近500个股东选出的委员们负责。圣乔治与"坚实"（solidity）为同义语。此种组织继续存在至一八一六年，始由拿破仑战争破坏热那亚之独立而解体。

海上保险业务之出现于意大利，那是十四世纪中叶的事，在不久期间，就扩展到陆上贸易了。在开始时，那原具有货币贷借的特征。它通常以一定额货币，贷于船舶所有者，由他们于船舶下次安全到岸时，加息偿还。仿佛在莎士比亚（Shakespeare）的《威尼斯商人》（*Merchant of Venice*）一书中，载明了安东尼奥（Antonio）以其大商船保险的事，但对于一个十六世纪的不列颠编剧者，我们殆难期望其能把握住意大利经济生活的症结。

在欧洲经济发展当中，伦巴德、道斯克里与科西奈（Caursine）的银行活动，至关重要。实际上，约在一二〇〇年以后的300余年间，如其没有那些资本家，如利西亚狄（Ricciardi）、巴尔狄（Bardi）、帕剌兹（Peruzzi）以及斯卡里（Scali）等的支持，恐怕任何特殊的事业，都无从进展了。那时，由小亚细亚以至佛兰德斯与伦敦，都散布有他们的银行支店。除了供输出输入以金资外，对于法王、皇帝、君主、贵族，它们都增进了巨额的收入。一三四〇年，英格兰爱德华第三（Edward Ⅲ）荒淫无度，致负债达1200余万元。意大利银行业者帮同整顿诸王国财政，于是把南部实施的方法传播于全欧。那种方法得到实施的地方，那里就有了一种集中的余剩，余剩振兴了科学与艺术，剩余亦造出了生活上的奢侈与安逸。

簿记之术在意大利，亦有相当发达。因为大规模的货币交易是需要此种方术的。在十三世纪当中，阿拉伯数字始一般通行。而在此种改革实施之前，所有账目通以罗马数字累加而成，其困难自不难想见。况由那种核算所得结果，颇不明白，即熟于数学方法者，亦难以鉴定。若阿拉伯之符号记法，极为便利。法王的收支账目，为我们现代簿记术提供了一个最早的样式。北欧商人曾遣送其子弟至意大利学习会计术，而关于这门学科的最初教科书，亦是在意大利出版的。

商业一经广泛的扩展，工业就开始要为远地市场而生产，而这时精密的会计术乃成为必要。手工业者再已不是为其熟知的消费者而制造货品，那种货品在未开始制造以前，就往往是预定了的。大的工业基尔特配布生产，其所制造的物品，乃销售于那些预想的购买者——他们往往是要在较远将来才得购买的。因此，在日常工作的这种交易上，固需要错杂的记录，而主要由过去商业数字来推量未来需求的事，那亦是刻不容缓的。

勒芬贸易之兴盛与衰落 中世意大利之兴盛与衰落，那与东方贸易保有至密切的关联。最繁盛的时期，大约是起于十五世纪初叶。威尼斯有人口19万，其每年收入超过了250万元。它维持有4万人的军队；它有45只战船，36000海军，保护其3000只船舶的商船队。

至那些船舶的大小，我们颇难以确定。据十字军的记载，曾有1000～1500个圣地朝拜者被载运在一艘大船中。这似乎近于夸张了。我们知道，有些船只的载重约有三四十吨，而其他的船只，则又说有四五百吨。就一方面说，那要大于北欧当时船舶许多倍；就另一方面说，现在普通的不定期航船的吨数，却又要大于那种船舶之最大吨数的上10倍。船舶的推进，一般都是用桨，虽然有时也用风帆。

在一三〇〇年左右，罗盘针已经在一般地使用了。简陋的航海图或"航行指南"（sailing directions）随即发现，那里面述及了海岸线，也述及了海底、海潮，以及风向，等等。至航海图与活的测程法（依星宿为准），直至中世纪末期，始达到充分正确程度，自是海航者始能大胆驶出远海。然而海盗之多，更坏的是，敌市战船对于没有充分保护商人所加的突然袭夺，那在海运上成为一致命的阻害。况船舶本身之简陋，往往是不能耐受波涛的。航海有如此困难，如此危险，无怪运费奇重，而往来贩运，便不得不限于那些容积小而价值高的物品了。哪怕是香料那种商品，在布鲁日（Bruges）的卖价，要比在威尼斯多两三倍；羊毛在佛罗伦萨的卖价，有时要比在产地英格兰多10倍乃至12倍。

把所有南部诸市，都一一简单叙说，那是可以不必的。佛罗伦萨的人口将近有威尼斯的一半。它的财富，可由以次的事实征之，即在一三三八年，它会借给一笔1365000金佛罗永的债款于英格兰王爱德华第三。在城市中流通的金币，计达5000000元。一三三四年，阿维尼翁（Avignon）法王庭的财富，据斐勒里（Villani）的估计，那是达到了60000000元以上的。如其可能的话，把上述的贵金属数量，还原为当时的实际购买力，则其所代表的财富额数，势必较我们一眼所见的数字，要多得多。例如，在爱德华第三治下，一布奚（Bushel）的小麦，所值约18分一只牛约值2元。

在现代初期（十六世纪），经济领导地位由意大利移到欧洲大西洋沿岸的国家了，那种理由颇不难解述。与其西方与北方的邻人比较，意大利是贫于食物产品和原料的。自其大部分的优越经济组织，由其邻人效法去了之后，它所恃以维持其优势的，就是经由黑海、叙利亚、埃及，通达东方的三大航线的独占。这种独占，乃由一大些互相敌视的小市府所把持，就土地面积与实力相对讲来，它们的富有，是够引起邻近新起国家之征服的。

威尼斯的商业之兴盛，部分地是依着一二〇四年那次君士坦丁堡之征服；而一四五三年奥托曼土耳其人之劫夺君士坦丁堡，对于威尼斯权势，亦为一大打击。土耳其人首先原决定开辟大居留地，期使那增进其新京价值的贸易得以发展；但他们由此要求一个收入的份额，致使威尼斯立即感到海峡边有这个强大势力存在的不利。较新的、较广泛的游牧群之滋扰，经历中部北部的队商贸易，横被阻害了。所以，当欧洲对于东方货品需要增加时，其供给至不稳定，并且，要增加供给，就不免要更加多费用。

在一五〇〇年左右，意大利曾因法兰西、西班牙以及哈普斯堡（Hapsburg）之军事干涉，惹起异常的扰乱。奥托曼人之前进侵略，其损害特别以威尼斯为至大，且至严重。但影响意大利人，也同样影响土耳其人之最有破坏性的打击,却是由印度以至西欧之世界周航的发现。此种航路完全避离地中海。日耳曼南部就几乎受了一个打击。

意大利之东方贸易的独占,不但是由此被破坏了,并且,新航线之运费的低廉,在某一个时候,简直使地中海航线全归惨败,后者所能运转的,不过是那部分已趋于毁落的近东商业罢了。陆上长途而多费的旅商既被排斥,于是乃有若干贩运者联合之必要。较廉的运输,与运行大量货物之新便利,致使商业性质发生一种变动。而容积较大、价值较低的货品,亦渐由水道从东方输入了。在这种运输变动上,意大利即使能够与土耳其人交易,且能使陆上旅途开放,亦完全不能竞争。设使土耳其人与威尼斯协同再开苏伊士运河,使世界史大大改变过来,以成全他们的利益,那原大有可能,但竞争者的憎恶,以及宗教的种族的障碍,都使那种合作无法进行了。无论如何,当时贸易变迁的实在焦点,并没有人见到。法兰西与西班牙继续为意大利与欧洲中部之压榨过的柠檬而斗争,便是一个例证。

进一步研究的参考书籍

Babelon, E. Commerce des Arabes dans le nord de l'Europe.

*Boissonnade, P. Le travail dans l'Europe chrétienne au moyen âge, chs.Ⅲ, Ⅳ, Ⅴ.

*Byrne, E.H. "Genoese Trade with Syria in the Twelfth Century", American Historical Review, vol.ⅩⅩⅤ, pp.191-219.(January, 1920)

Burckhardt, Jacob. The Civilization of the Renaissance in Italy, ch.Ⅶ.

Cambridge Mediaeval History, vol.Ⅳ.(Scattered materials, Consult Index and Table of Contents.)

Cambridge Modern History, vol.Ⅰ, pp.253-287.(Venice)

Chapman, C.E. A History of Spain, chs.Ⅴ, Ⅻ, ⅩⅤ.

*Cheyney, E.P. European Background of American History, chs.Ⅰ-Ⅱ.

Cunningham, W. Western Civilization in Its Economic Aspects, vol.Ⅰ, bk.Ⅲ, ch.Ⅳ; vol.Ⅱ, bk.Ⅳ.

Davis, W.S. Short History of the Near East, ch.ⅩⅣ.

*Day, Clive. History of Commerce, chs.Ⅸ, Ⅹ, Ⅺ.

Doren, A. Entwicklung und Organisation der Florentiner Zünfte im 13. und 14. Jahrhundert.

Goldschmidt, L. Handbuch des Handelsrechts.

Gross, C. Gild Merchant, vol. I, Appendix F, pp.282-289.

Hazlitt, W.C. The Venetian Republic, vol. I, chs. VIII, XI.

Heyd Wilhelm. Geschichte des Levantehandels im Mittelalter, vol. I. Also a French edition, Histoire du commerce du Levant.

Hodgson, F.C. Venice in the Thirteenth and Fourteenth Centuries, ch. VI and matter scattered through book.

*Hutchinson, Lincoln. "Oriental Trade and the Rise of the Lombard Communes", Quarterly Journal of Economics, vol. XVI, pp.413-432. (1902)

Hutton, E. The Cities of Lombardy.

Lodge, E.C. The End of the Middle Ages, chs. II, VIII, XXII-XXIV.

*Lunt, W.E. "The Financial System of the Medieval Papacy", Quarterly Journal of Economics, vol. XXXIII, pp.251-295. (1909)

Lybyer, A.H. "The Ottoman Turks and the Routes of Oriental Tarde", English Historical Review, vol. XXX, pp.577-588.

Machiavelli, N. Florentine History. (Everyman's Library)

Nys, E. Researches in the History of Economics.

*O'Brien, George. An Essay on Medieval Ecomomic Teaching.

Paetow, L.J. Guide to the Study of Medieval History. (Bibliography.) Part II, ch. XXVI (Economic Conditions).

*Perrens, F.T. La Civilisation florentine du XIIIe au XIVe siècle, chs. I, III.

*Pirenne, Henri. Medieval Cities, ch. I.

*Renard, Georges. Guilds in the Middle Ages. (Extremely useful, but material scattered, and no index.)

*Schevill, Ferdinand. Siena—The Story of a Medieval Commune, ch. IV.

Staley, E. The Guilds of Florence. (1906, London)

Thorndike, L. History of Mediaeval Europe, chs. XVIII, XXXI, XXXII.

Villari, P. The First Two Centuries of Florentine History.

Williams, E.R. Lombard Towns of Italy.

第一编　古代与中世

第四章　北欧经济之勃兴

西欧之低原地带　试展开一幅凸凹形的地图，那将证实我们以地理学家有时所称的"西欧低原地带"（Western European Lowland）：那包括有西奥地利与捷克斯洛伐克、德意志的大部、波兰、新波罗的海诸国、丹麦、斯堪底拉维亚南方一带、荷兰、比利时、英格兰，以及法兰西的大部分在这个地域里面，现在存有世界亘古未有的最集约的经济。那里的气候温和而有生气。有丰富的精良农耕土壤，有终年调匀的雨量。有繁茂充盈的木材与矿产。其平原张布有网状的可航河流，并且特别侥幸的是随在都有港口。论其面积，那不过欧洲全境1/7，且尚不够世界陆地1%。但在这小小面积之上，却占有世界超过10万人口城市的1/3以上，并进行有世界制造业商业之异常大的比率。

阿尔卑斯朱拉（Jura）、色芬勒斯（Cévennes）以及奥弗涅（Auvergne）诸山脉，把这个平原地中海或近热带气候和雨量的地域分开了。因为这种自然的特征，在深海航业或铁道发达以前，低原地带与地中海区的运输，就呈现了一种显明的困难。平原之极西南的手臂（为阿启特尼亚"Aquitania"之罗马领地与那邦奈西斯"Narbonensis"之一部分），在那邦奈（Narbonne）之两边，都伸到了地中海。龙河（the Rhone River）之较低部分，亦可供利用。高卢南部有一广大区域，接近地中海滨，所以那里的商业运输费用，尚不致高到运输禁制的限度。固然，假定那里的人口，有罗马时代意大利那样稠密，或有意大利那样发达的商工业，那不免是一种错误，但高卢南半部的制造业规模与贸易性质，却表明了它的经济之充分同化于罗马；把它放在北欧制度一方面地研究，那不是无理由的。

现在德意志东部，即西欧低原地带，仅以那以普莱帕特（Pripet）区域为中心的一大些沼泽，与大俄罗斯平原相隔离。在低原地带与大俄罗斯平原

93

之间有许多通道，在初期时候，那些通道与其说是用以行使交换，就不如说是用以从事偶然的移植。接近黑海一带的希腊（此后的拜占庭），在高卢南部的影响，其重要殊不亚于罗马的影响。

与地中海区域的土壤比较，欧洲北部一带的土壤，一般皆较沉重而肥沃。五谷之大规模耕种是更可实行的。气候、地位和土壤，指示了一种极其相异的利用方法。因此，我们须得论到的全欧洲大陆人民，在相距颇远的时期内，其文化方面虽极相类似，但古代近东对于希腊罗马之大大影响，却使南北两部族在文物制度上，判然各别了。

各种族的人民 我们所要述及的北欧人民可分有三大集群，自东部数到西部，那就是斯拉夫族、条顿族（或日耳曼族），以及凯尔特族。所有这三大族人民含有各种混杂的生理特征。当南部诸民族已经充分发展到开始书写那些传给我们的贫弱记载时，北部这三大民族却在放牧他们那里现在所有的大部分家畜，在树艺若干谷类，且还知道制造包括有铁之类的金属。适应他们那种土壤所用的笨重耕犁，为易于翻土犁沟起见，普通还附有一种铁制的苗尖。从此，我们看出以次事实的一种缘由了，即，在地中海诸领域，田亩都为四方形或矩形，那里只需轻便耕犁，搅动那较松疏的土壤，且有横犁（cross-plowing）之必要。而在北部的可耕田亩，则都倾向于长而窄的条形。至若耕种条形田地所用的笨重耕犁，究为此三种民族间之哪一民族所发明，则不明了。普通有归功于日耳曼人的——那也许是由于现代日耳曼历史学家们，首先企图把这种荣誉归属于本民族的缘故。一个法兰西历史学家却说他们的耕犁是获自斯拉夫人。哪怕完全缺乏原初的证迹，我们确有十分的理由，揣测到色勒特族人，因为，当我们开始接触这些民族时，色勒特民族的耕犁，比较那种民族集群，都要较为阔大。那种耕犁的拉拽，普通需要耕牛4匹乃至8匹。

在朱理亚·恺撒时代，色勒特人与日耳曼人都耕种谷物，但其规模却以前者为最大。这两种人民的主要职业，都是从事牧畜，并且，都是由打猎、捞鱼、养蜂，以补足其食物的供给。在高卢的色勒特人间，商业、工业与城市生活，都有一种可观的开端，且还大规模使用货币。特别是他们发展了一种制作船帆与麻布的繁盛织物工业与一种重要的畜牧工业。他们与北方的商业关系，大有可观，他们的造船技术，非常进步。色勒特船沿大西洋岸往来，那为当时世界数一数二的最大船只。

原始的生活，显然是建立于血族关系基础之上，但随着人口的增加，社会事象的复化，复伴以财产的蓄积和贸易的发展，所谓民族与部族，就在罗马人出演于世界舞台的时候，逐渐失其家族的特性了。据当代著述者的主张，在日耳曼人间，尚未形成一定量土地的私有财产，虽然这种财产在色勒特人间已有相当的发达了。所有权之成立，只是在最好土地感到缺乏之后，在相当劳动量永远投用在可耕田地之后，更显明的，是在交换经济已经达到了一种可观的程度之后。

血族之强固结束，虽到后来渐渐弛缓了，但仍不允许形成任何坚实的社会阶层，不过，酋长是有了，甚至还有为罗马人视为君主的少数个人。农奴、自由佃农、自由所有者间的区别，并不严格；或者说，以次的障碍，还不能通过。他们这般人，都须付纳维持酋长君主的食物贡奉，至使一个阶层，勤奉其他较高阶层之照例服役的相关体制，那是没有形成的。

农业的社会 不幸，对于以后诸世代，凡属最平庸、最熟识的事体，往往因为那不够掀起惊奇，或诉诸想象，而不曾留下记录。正因此故，不但许多罗马人日常接触过的色勒特社会，就是中世达于极高度的田庄或庄园，亦都成了大惑不解的问题。可是，在帝国殖民地的色勒特人之社会的经济的制度，自罗马人看来，那虽只是一种平庸的、繁琐的、实际的行政问题，但对于日耳曼，却就完全两样了。日耳曼人是一种半野蛮的、未经征服的外国人，他们有的是丰盈的活力，在其边境上，常须配备许多军团。亦就因此故，对于他们乃发生兴趣，乃有所评述与论列。关于描述日耳曼人的许多著作中，照样保存下来，未经删易点纂的唯一著述，就是罗马历史学家塔西塔斯（Tacitus）的《日耳曼》（Germania）。

在这部颇为琐细、暧昧与论辩的著述中，那位历史学家预想到十八世纪对于他本国文明的弱点（与外国文明对照而见的弱点），将施以阴险的攻击。例如，设想中的日耳曼家族观念之严格——虽适合于他们那种社会的亲属基础——就被用来和罗马上流阶级放佚的现象，作为对照。大约塔西塔斯是从未到过日耳曼的，而许多著者的著作[①]又业经散佚了。由是，我们在大体上，乃不能不依赖一种副生的虽然是当代来源的精选译本，不能不依赖一些限于极后期残遗的，特别是限于由拉丁文编纂的日耳曼法典的零篇断简。

---

① 例如，大普林尼（Pliny the Elder）与里费（Livy）的著作。

那些法典是以后许多世纪写成的，其中并显示了拉丁文的影响。对于初期的色勒特社会，我们就连塔西塔斯那种著作也没有，连那种系统的法典也没有，且又加上罗马人与条顿族之侵略影响，于是我们乃更无法指示其真相了。至关于早期斯拉夫人，那尚有阿拉伯与希腊著者的片断记载，以及景教徒（Nestorian）或基辅（Kiev）的编年志略。

放牧于寒冷的北欧地带，生活是须在某种限度保持固定的。家畜全冬所需之干草，致牧场与牧草地成为必要。由牧场或牧草地进到产生谷物之田畴，那显明的是由于人口的增加，也由于南欧思想的侵入。牧场对社会的存立，颇关重要，就在中世纪的盛期，尚被有视为有超过可耕地段的价值。迨土地开始感到稀少了，于是牧草地的便利部分，乃被区划为暂时的耕地。当那种耕地，经过几次谷物收获而逐渐贫瘠时，一块新耕地被分划出来，旧的耕地则移作牧场。

据恺撒与塔西塔斯所说，日耳曼村落民每年重分牧场的旧来习俗，也曾适用于耕种地区。对于这种习俗的间接说明，都不过偶然的罢了，那时个人的固定保有地，也许在若干地方已经实现过。就经济上讲，色勒特人是比较进步的。那里山坡上的夏天放牧地仍为集群所有，不为个人所有。不过，在永久农耕的定居之所，在土地已有相当改进的所在，个人土地所有的开始发生，那是必然无从避免的。在高卢之色勒特人间的农业，已经达到了这样一种阶段，恺撒能向那里要求一定量的谷物，他并且还提到专业的贸易者。

到中世纪庄园时代，每年重新分配土地的习俗，只继续行于牧场的场合。有时，村落民还举行抽签，但诸家族轮流管业的制度，亦颇通行，究其目的，无非是要使大家对于较好的地区，都有平等机会，并使土地的积量，与家畜头数，保持相当的适应。然而，耕作的条形地（tilled strips）之每年再定，那证明没有实行的可能，当农业已变为相对重要时，永久保有地的趋势，已不许可逐年分地制之存在了。

自然哪，村落民之对于其土地制度，不是一下子就全行改变过来的。每个广大的垦地，包含有一大些分区或"分块"（shots），分块的大小与形式，因土地的地位而不同。在每一个分块中，又划分为许多条形地，普通条形地的面积为1英亩，长1英里之1/8，宽4英杆（译者按：每英杆合16.5英尺）。要想不每年更换农耕者而能保持平等，那显明的方法就是使肥沃地、贫瘠地、中平地，在各家族间妥为分配，指定每个家族永远分占那广场之许多部分的条形地。①如其耕作起来分开着，比联合着更要困难，那么，这些零散的保有地，就颇为有限了。从任何方面讲来，耕作必须要合作：每个村落民所保有的牛数，不过一两头罢了，而耕犁则非有耕牛4头乃至8头不行。至于收获，亦顶好是大家合同动作，把那些先成熟了的条形地，先行采割下来；若每个村落民，只采割他自己地面上的收获，那他在某一块条形地上待刈以前，与既刈以后，都非费去许多待候的时间不可。对于干草，其理亦正相同。至放牧的劳动，那自然由全村落行使了最经济的管理。

高卢直接受到罗马影响而发生了种种变更，那姑且不论，日耳曼因为人口的增殖，因为其东部斯拉夫部族的前进，且因为其西向扩张部分地受到了高卢与罗马境界已满布居民的阻止，它的人数过多的压迫，一天比一天强烈了。日耳曼的村落或马尔克（Mark），徐徐有了形态上的变迁。顶好的地位，都被占用了。他们再也不能自由地求得牧场与草原，或任意抛置那些渐变贫瘠的耕地。较密的人口，由畜牧业支持，就不如由农业支持，所以，在农业与畜牧参杂的制度中，其重心渐由动物的饲养移到植物的栽培了。由是村落各集群乃采行一种同土地能反复使用的制度。

据当时的考究，假使每隔一年耕种收获一次，则田地可以无期限地耕作。当着复耕的年度，田地可以在某种限度（如在耕作之间），用作牧场，由家畜排泄的粪液，助长田地的肥沃。这就是说，当时有两种永久可耕的土地，其一是耕作的，其一是在一定期间休耕的。这具有两种田地的村落，除了永久的草原、牧场与森林外，还有如沼泽或崖石山坡一类的无用废地。

田地三耕制与两耕制不同的地方，仅是追增田地的产量。在这种场合，每块田地接连收获两年，到第三年则任其休耕。此种制度，是把两耕制度之1/2的耕作时期改增至2/3，不过，其施行只限于那些较肥沃的土地。而且，某时某地之人口未增加至相当稠密的限度，亦就没有采行此种制度之必要。对于某种土地之典型的三年轮耕的循环，是于第一年冬季收获小麦或黑麦，次年春季收获燕麦、大麦或豆类，而第三年休耕。因为三耕制较之两耕制更能加紧地使用土地，于是，经济史学家就据此断定三耕制在中世农业达到极高度的期间，几乎是广泛的通行。但事实上，如格雷教授（Prof. Gray）所

---

① 就现代欧洲东部大耕地的情形来判断，那每个家族分有各种不同的土地，就特别适当。"价值"是依存于季节——如干、湿、早、迟，等等。

说，在整个中世纪中，两耕制似乎是一般的存留着。凡属在一定年限可供耕植的土地，普通是分成两个部分，一是从事秋季收获，一是从事春季收获。

农业进化的这种简括说明，使我们认知了法兰西东北部与北部第十世纪的境况——且认知了英格兰与日耳曼本部第十世纪以后的境况。中世村落组织，即普通称为村集（vill）或庄园（manor）的体制，曾成长于日耳曼人所侵略的地域，而不曾成长于其本土，这件事，是颇可玩味的。我们由此知道那种村落组织的体制，并不纯是早期条顿村落逐渐演进的一种产物。那不曾具有那些特征，即我们借以认识罗马人往来侵占后的这种村落组织的诸般特征。可是，所受罗马影响最大的高卢南部，这种组织从未通行。在留有色勒特人的布利塔尼（Brittany），原散布有可以称为庄园的许多田产，但统一的制度却没有形成。有如克勒特一样，英格兰与威尔士的许多部分，实在从未施行庄园制度。因此，庄园既非一种罗马或高卢罗马（Gallo-Roman）的发展物，亦非纯日耳曼的土产。在日耳曼中部的大地块上面，只是由其原始的社会组织，过渡为一种个人的私有的制度，而不曾发展为庄园。至人民纯粹属于条顿族的斯堪底纳维亚地方，所谓庄园，以及通常伴随庄园的上流阶级的封建组织，更不通行。北欧早期的村落，似乎远较原先假定的为更近似庄园，特确定的庄园组织，则是此后许久才形成的。

把一切事实总括起来，加以判断，则实在的庄园制度，是从未存在的。属于小领主（lords）的个人庄园，也许所在皆有。有时，一大些集合的或分散的庄园，乃属于独一领主，独一治理者，或者属于像寺院一类的联合体。把广大地域的许多单位结合起来，有一种独出心裁的制度，那就是封建制度。封建土地制度所由成长的地理环境，以及其所由建立的经济与社会的实质，均为此种制度之必要的背景，但主要的事件，却是使这一切因素得向新的途径展开的那种实际情形。

罗马人占领的影响　罗马人所占领的，只限于前述大欧洲低原的西部边境，这件事，我们必须牢记。除了接近地中海的领域外，高卢、低原国度与罗马帝国控制下的不列颠，均为边境地方。那里富于家畜，且富于广大农业之产物。许多上流阶级之殖民者，保有大的田舍产业，有高大宅第，有精修场所，其生活颇为豪华。异常光泽而有价值的奢侈物品，都自由输运到这些北方的地域来。有如在一切新辟的境地一样，甫经开放而定居，其生活较为容易。多余的动物、谷物、原料，甚至许多制造物品，都如洪水般的流注于罗马。可是，北向之增大运费，从而，阻止笨重或廉价物品之交易，自然会使其经济完全同化于罗马之不绝增加困难。

拓殖者罗马之成功,一方面固得力于其组织的天才,另一方面却也同样得力于其对于隶属者之习尚、幻想与偏见之可惊的忍耐。最进步时期之各地方政府,除了赋税、国防、输出输入诸要政外,其余所有一切事项,差不多都是不问不闻。各地方的法律与习尚,只要没有直接抵触既定原则或某种直接目的,则概不干涉。所以,边鄙地域的罗马化,每每审慎周详,与实际政治极少形成一致。

帝国克勒特北部边境,建筑有市集、营堡,以及若干主要的道路。许多罗马型的村落或田庄,都相继成立了,政府对于它们是另眼相觑。我们无须说那些村落是否与地中海区域的村落完全一致;气候、土壤、环境是彼此不同的,而且当地人民的许多经验,更不宜忽视。大抵在他们那种大田庄的四周,环绕有许许多多的小地产,那些小地产有的是属于个人的(特别在远的边境是如此),有的则是属于比较原始村落的。设就罗马人侵占的那个长期来考察,我们就不妨这样断言,说协作的保有法,曾严重地受了罗马人关于土地财产私有观念之侵入的影响。就在他们那种地产上,罗马人自然会小心地实际地从事耕作制度的改革。与南方较轻的耕犁比较,北欧那种笨重的耕犁,是特别适于北欧那种土壤的。由此运转不灵的翻犁工具,可以得知那里田地之细长配列的根源,而田地之细长配列,又可说明其他许许多多的事项。总之,这种存续实际习惯的结构,把北欧大部分的经济与社会的传习,都保留下来了。

在纪元第三世纪之初,政府渐渐变成官僚主义,且失去其宽容的耐性了。它企图打破旧的习尚,而创出一个表现奢靡的新习尚,这件事,触怒了它的隶属者,并损害了它自己的权威。它的许多灾难,都是开始于这个时期。根据若干佐证,它甚且企图打破北欧之条形敞地制度,而代以不照土地位置配列的矩形围地,并且,其土地保有法之严格体制,就是罗马之一切学校教师与军队,亦不能采行。治理的天才,仿佛在大体上就含有那样一种非常能力,举其要点,妥为组织,凡属于主要目的无直接关联之细节,则概置不理,以免纠纷。

罗马人为了征收赋税,使所有社会单位联结起来,那对于北欧私有土地之广行分配,亦未免留下几分障碍。日耳曼在实际上是没有受到罗马新官僚主义之支配的,所以那里原始的共同体,乃渐破裂而成为个人的自由保有地。

在不列颠诸岛上，罗马人统治之主要实际成果，就在撤去、镇压、更换或征服克勒特社会之自然领导者。罗马制度的浅淡敷施，克勒特社会的人口与经济繁荣是增进了，但必须相应增大的社会的完整与防卫的能力，却受到了妨阻。当华丽的罗马外观展拓开来，并在第五世纪初撤去之后，当地的土人们，乃变成了培克特人（Picts）、萨克逊人、朱特人（Jutes）、盎格鲁人、佛利森人（Frisians）、丹麦人（Danes）的牺牲品。许多布利东人（Britons）相继逃往高卢西北部，即其同胞的所在，那里后来称为布利坦尼（Brittany），正由此得名。布利东人逃去后，留下的克勒特人，又几乎恢复了其早期之畜牧与农耕的生活形态。侵入的盎格鲁-萨克逊人与其他日耳曼部族之制度，虽略有出入，但其差异不致引重新调整的大问题。

对于意大利削弱的中央政府，施以集中与小心规制的努力，已经有两世纪了，而其实效，却只是加强了地中海区域与北高卢之间的差异。地方的行政官吏，实际上已经渐趋于独立。大田产的执事们，早把地方大部分的法律强制权与处决权握在自己手里。罗马政府因为不能阻止法兰克人对于莱茵流域低洼地方的侵占，乃为顾全面目起见，称呼那些法兰克人为"同盟者"，并任其统治向西南远及索姆河（Somme River）流域的地带。栖亚格利阿（Syagrius）为罗马官吏的儿子，由四六四年，到他被法兰克之克洛维斯（Clovis）击败乃至杀害的四八六年，他就是统治着由索姆河至罗亚尔河（the Loire）的北高卢的残余部分。他与罗马的关系纯是名义上的，谁都知道他是"梭伊森斯（Soissons）之罗马的国王"。就因此故，北高卢与莱茵地域乃成了拥戴一个日耳曼王的法兰克领地。在结局，罗马的统治，竟变成了既无能力且肆横暴的混合物，致使许多臣民都自动投向日耳曼人，他们之出此下策，不过两害相权取其轻者罢了。在那种情形下，只有大的田庄能够自行防卫，或者保留某种限度的繁荣。侵略者日耳曼军队之恣睢放纵，又益以高卢本地下等阶级之扰乱与劫掠，社会乃酿成一般的混乱与一般的破坏，既有任何秩序的政府，亦无从治理。

日耳曼侵略之经济影响 日耳曼几度侵略之纯粹破坏方面，那是凄怆而有类戏剧的，但无须我们详为描述。斯拉夫人之进逼，日耳曼迫而西向易北（Elbe）移动，可是，日耳曼中部之重新调整，却缺少许多足使更向西部迁移发生扰乱的成因。日耳曼本部所受罗马人的影响，比较不甚直接，其制度之演化，比较迟缓，从而较为自然。对于环境全般变动的适应，一个单纯组织的农业区域，往往要比人口较稠密，而且更有赖于蓄积物品、工业乃至交易的社会，来得容易。况且，高卢的侵略者通是外来人，他们在大体上已与其习惯了的社会环境，断绝联络。

不列颠因侵略受到的破坏，较为高卢为轻。那里的盎格鲁-萨克逊的侵略，至为有力，那与其说是一种长期的痛苦的冲突——设人民各部分不调和，生活方式不调和，这种冲突是必然会发生的一则不如说是一种日耳曼制度①的移植。

高卢的受害，要算最大。生命是不值钱的，一种残破文明之庞大的捕获品，落到强者手中了。被罗马人称为城市的112个地方，以及经过建筑的许多营垒（castra）——其中有些实在是市集——大部分归于消灭了。现在法兰西奄有500个城市，但其中仅有80个能由高卢那种城市或营垒探索其遗迹。况且，上述的数字，尚不足以代表中世早期荒废的全体；因兹所举述的，往往是那些被压服的重要地方，而今日许多最大的中心城市，在罗马时期并不存在。

不过，高卢这一切的破毁，并不能完全归罪于日耳曼的侵略。早期许多集群，都是农耕者，无所助于市集，那是真的；若干为我们所不知道的罗马式的好地方的所在，全归湮灭，那也同样是真的。可是，我们即此就高跃地达到一种荒谬的结论，说日耳曼人因其乖误的顽梗，以致塌毁城市，扫穴犁庭，那亦很可不必了。政府既不存在，隐蔽政府保卫者之营垒，当然没有存在的理由。同样，集中于罗马之贸易结构既已榷亡，许多地方的商业城市乃全无作用，归于荒废，因为那里是再也无法生活的。加之，高卢工业的性质，大都是为了军事的消费，或者，为了那些不复能自行养活的上流阶级的奢侈享乐。大的引水沟、浴堂、圆形戏院，乃至其他类似的建筑，都只有用于一般麋集于城市的人口，他们为帝国制度所支持，且依帝国制度而存立。一旦这些人民分散于土地上，而在新的情况之下谋生，那建筑石材的需要与时间的耗费，就会依着精密的设计，撤去罗马各时代的许多遗迹，正如各该时代依着精密设计，建筑那许多遗迹一样。

有一个时期，农村的经济生活，仿佛同样走上了破坏的途程。广大的土地，实际多归于荒废，先前人口稠密的地方，现在杳无人烟了。这是自然

---

① 并且克勒特制度之残余，在那里不曾受到罗马制度根本的倾覆，故其混合不是怎样的难事。

的，此前为输出而生产谷物或原料的社会，都因城市生活的毁弃与贸易的枯绝，而受到了致命的打击。可是受此打击的，不限于村野，由许多市集展拓的广阔郊外地，半城市与乡村，都同样惨遭损害。它们现在都失其存在了；在许多场合，那些建筑的石材，大抵用以建筑那围绕颓落市集之牢不可破的墙垣。专门栽培菜蔬的菜圃，仍旧恢复了它们许多世纪以前的景象。一般的耕地，不外生产生活上最必需的物品。

当时存在的这种经济的与社会的秩序，因各地域而大不相同，每种不同的人民，都依他们自己的法律而生活。有时，彼此各不相同的种族，也常活动于同一地域。但一个法兰克人，或一个勃艮第人（Burgundian），都有他自己部族的法律；一个高卢罗马人（Gallo-Roman）亦有其罗马法之野蛮化了的法典。由是，罗马法律制度之非人属性，平等与统一，通失其效能，而可观的商业或可观的蓄财，就没有成就之可能了。

罗马集中的政权与货币经济，不但有助于私人企业的发展，甚且在牺牲北欧原来之协作的村落制度下，有助于其农业。迨货币经济消失，有力的中央政府瓦解，于是对于企业乃至农业，竟演成一种正相反对的倾向。到这时，利之所在，又在采行一种组织，能够产生地方的实际的为日常生活必需的物品。在当时那种情势下，为图维持并防卫自己，那些小的自由保有地，自然而然地会结合起来，成为较大的单位。这些较大的单位，既不类自由保有地，复不类那刚在此前形成的村庄。在耕作的便利上，他们大都包括有一些农民村落。其耕作制度与前罗马时代颇相类似。建立于这再生的北欧村落农业基础之上的，是一种上流阶级政府的新机构，这个新机构颇异于原始的，亦颇异于罗马的。

封建制度之根源 一种日耳曼的扈从（gefolge）或护卫（comitatus）或志愿军队（voluntary warband）的变形体制，曾被采行于衰落的罗马帝国，它的军事领袖们，曾征用日耳曼的兵士。日耳曼的那种护卫制，因为在帝国之内与帝国之外，都与罗马有长期的接触，故其所受影响颇大。在亚瑟的野史（Arthurian legends）中，对于此种体制有颇好的说明。青年的武士们，由其领袖予以武器，供以给养，普通且与领袖同居于一室之中。领袖担负他们一切的装具，他们死去，则装具仍旧返还。

当第五世纪时，日耳曼的领袖，终于获得了帝国西部的控制权，于是他们的扈从或直接跟随者，乃变成了一种特殊的官僚阶级。他们的任务，不但是做贵人的警卫，且如征税官吏之属，他们是监察行政事务之特派员与传谍者。有如一般显贵的代表人物一样，他们不受普通法律的制裁。他们有许多都钦赐有各别的田庄，同时还在王廷中保留一个位置。然而护卫的组织，却无从证明其能受到这样的优遇。

在罗马帝国崩溃的时期，一般田地所有者，都把他们的田产让渡于寺院或俗界贵族，寺院或贵族允许让渡者为了生活使用田产，而他们则享有所有者的名义。他们这种让渡关系，立有契据，其保有则称为一种特典（beneficium）。同时与此相并的，有一种所谓不确定权（precarium），对于这种权利的保有，使用者没有合法的或契约的权利。[①]就论理上来讲，无论在什么时候，至少这种不确定的保有法，不妨消除，而保有者则当排绝。

法兰克诸王惯于治理一个较为简单的社会秩序，他们自始不曾认识日耳曼扈从之个人关系的结合，要维系一个有相当财产的社会，那是过于无力了。他们怀抱着一种做罗马式的皇帝之漠然的幻想，而全不了解罗马财政制度之衰落，已经撤去了它那种组织之经济的基础。货币大半消失了。赋税的征收，已不复能维持必要的行政费用与军事人员。贵族与僧侣阶级原系由君主提拔起来，但他们现在不复支持君主，而反联合对抗国王了。当墨罗温王朝诸王（merovingian kings）连特典契约（beneficium contracts）保障未曾获得，而舍去其良好土地时，他们遂变成了其宫中宰官手中的傀儡。至于那些宫宰，则不过是王廷主要的出纳簿司和私人钱囊的处理者而已。

这种经济职务，在培平族（Pepin Family）中成了世袭。查理士·马忒尔（Charles Martel）为培平族中的一个私生子。他集合人与物资，使自己成为宫宰，他击退了某些粗野的日耳曼部族，结局并在七三二年迎击且驱逐了逼近普瓦捷（Poitiers）的摩尔人的侵略。先前墨罗温王朝未得相当保障，而让渡许多土地的失算，他乘此机会予以补救了。为了募集骑兵，应付摩尔人侵略的危险，许多田庄，特别是教会的保有地，都予没收；他并以那些土地，依家禄的名义，再颁给其扈从者，由他们出纳赋税，担任军事服务，而那些颁给的田地，且得由国王收回。他照这样做去，自然要惹起法王的反对。但幸而当时罗马要求由反对伦巴德人得到保证，于是成立了一种谅解的协定。查理士·马忒尔之子培平，因取得了法王的允许，废黜最后的墨罗温

---

① 哪怕是为了生活，亦没有法律的保障（没有过渡于其承继者的权利）。

103

王，而建立一个法兰克统治者的新王朝，那些统治者中最著名的人物是查理曼（Charlemagne），以后则是加尔林格诸王或加洛林吉诸王（Karlings or Carolingians）。

早期著者[①]论述拟想的加洛林吉朝之繁荣的再生，往往夸大其词，那是最近路易·哈尔芬（Louis Halphen）及其他学者都注意到了的。查理曼于纪元后八百年获有大皇帝（Imperator）的堂堂尊称，这尊称会授予以神秘庄严的图像，这虚幻的显达，甚至会使当世的经济论文，着上色彩，那都是够自然的事情。这个朝代的多次战争与多次征服，以及有类虚构之中央政府的回复，也许在某种限度，阻止住了那几乎继续到第十世纪的一般经济的衰落。然而，实在的与连续的物质进步，不取决于恢复西部罗马帝国的努力，而决于西部人民由定居而成就自己的制度和命运。这时，拜占庭人与萨拉森人坚固地支配着地中海东部，即老帝国最富裕的部分。西班牙土地的大部分与非洲土地的全部，都分崩离析，意大利已难得保持其先前经济繁盛的残影。查理曼帝国的首都，是亚琛（Aachen）的一个日耳曼城市，拥戴它的势力，与其说是罗马人，就不如说是日耳曼人。至恢复商业的大动力，那则是出于此后的北欧人。

直至查理曼死去的当时，那曾被适当定义为"草率组织了的混乱"的封建制度，尚未完全树立起来，但自经查理士·马忒尔从事再组织以后，社会一般的情势，确已在向着那个方向迈进。教会由虔敬的捐赠，由被没收地产之返还，其所有地之增加，几乎达到了全土地的1/3。然这不过是大地产发展，与小自由保有地被侵蚀的一个方面。在那种社会中，货币是颇为稀罕的，所以从那些地产获取的收入，大部分是采用服务与款待的形式。对于自由保有者所课加之军事的与宫廷的服务之苛刻，致使他们往往舍去那种繁衍累，而自行投效于其邻近大地产之僧界或俗界的保有者。小土地保有者情愿效劳纳金，而不肯战争，于是当军事势力占有决定作用时，这个集群竟抛弃其军事势力了。查理曼的目的不是一种封建制度，而是一个强有力的中央政府。显然决定诸般事实之倾向的事体，就是第九世纪下半期的那一列新的条顿族的侵略。侵略者为法兰西的北欧人，为英格兰的丹麦人，他们十分倾向

---

① 例如，因拉玛·斯特勒格（Inama-Sternegg）所著之《德国经济史》第1卷。

海航事业、贸易，乃至市集生活，而与早前日耳曼的农业移殖者，恰成一个对照。那时的航海事业与贸易，包括有我们现在所称的海盗行为。在莱茵河西部的法兰克领域上，有一个时期几乎完全陷于无政府状况。

在这一列新的侵略当中，我们找到了关于领地或采邑之最先的文书的参证。采邑具有前述"特典"与"护卫"两种性质，此外，它还含有承袭的要素。有如护卫制中之武士一样，受领采邑的家臣，须宣誓忠于主子，爱护主子，那种宣誓的仪式，称之为"臣服之礼"（homage）。如在所谓"特典"中，采邑也包含有一宗实在的财产或让与地，但所不同的，是采邑的特权与义务，可由父亲传给子女，不过须遵照那颇费了推敲的条件，条件的命意，无非是重申授与者的权利，并保证受领者之义务的继续履行。例如，对于未成年的继承者，在上的君主有保护之权；对于女性的承继者，在上的君主有为其择夫之权。

封建土地制度　法兰西的村落或庄园，这时已迅速确定了它的若干明确特性。当第十世纪时，法兰西北部已经脱逸了的大部分土地，渐渐收归那些封建家臣或采邑领有者管治。在理论上，每个村落或每块土地，必须有它的领主。然揆诸实际，毕竟有若干土地未曾归入封建领地的范围。那些已经是协同动作的村落，单把领主给它位置上来，就会变成庄园。类型的较小村落，则成为庄园的附庸。许多较小规模土地的自由保有者，通转化为村落民或隶民，他们对于领主负有贡纳劳动与实物的义务。在开始时，有些极其重要的自由保有者，例能成为小领主，拥有他们自己的农奴。而其余比较不甚重要的自由保有者，大抵编组入庄园的村落，有时尚保留其"自由人"的身份——那在实际并非我们今日所谓自由，不过仍然免除了一些比较苛刻的义务，免除了功果金，以及对普通隶民（农奴）[①]所施的剥夺。居于低下阶层的所谓无产农民，他们就连养活一头耕牛的土地都没有，这样，他们只好为其他阶级工作，为村落全般的农耕事业效劳，为领主卖力。

庄园的组织将由专章讨论。从封建政府的立场来讲，庄园单位的配列，是为了便于支持贵族和从事战争的骑士阶级。例如，一个村落民的保用地，

---

① 法兰西的著者，通常是把"隶民"（villein or vilain）一词，单单表示村落民（villager），并区分有"自由的隶民"（free villeins）与"农奴的隶民"（serf villeins）。

为包括30条块的一标准威尔格（virgate），外加2头耕牛；4威尔格（即120英亩）为1平均海德（hide）或1赋税单位；4海德提供1楯，或1骑士的费用——其额数须能维持一个妥为武装了的战士。不过，大体的轮廓虽如此，我们要想对于所有的封建土地制度，统示以任何"平均"的数字，那就错了一个地域的情形，与其他地域大不相同。有些小的庄园，仅能维持一个骑士，而每个大的庄园，有时能维持许多骑士。

在理论上，法兰西社会渐形阶级化了，任战争与统治者为贵族阶级，从事劳动者为微贱阶级。亲身耕作土地的，被视为奴役职业；像这样的农耕者，不许携带武器。[①]在最富有的农耕者与最卑下的贵族之间，是一些略有土地，且有颇类现代厩舍之小屋的农民。全社会划有颇相悬隔的鸿沟，一方面是贵族，另一方面是普通人民。不过，"无一土地没有领主"的理论，实际从未完全实现。私有地或非封建的保有地，是往往而有的。

英格兰向着建立封建制度——具有隶属的与供亿的庄园——迈进的最后步骤，乃是于一〇六六年以后，由侵略的诺曼人（Normans）所完成。在当时，与法兰西北部比较，英格兰是更其严格的农业地域。罗马上层建筑移向原始村落的事实，那里已经更有成就了，早期日耳曼农业者侵略英格兰的影响，亦大有助于此种趋势之形成。不过，依诺曼人实施的土地户口调查簿的指示，那里仍有许多自由人，有如当时日耳曼本土一样。在诺曼底（Normandy）的"自由人"的身份，并不像在诺曼人未侵入前的英格兰那样惹人羡慕，而且征服的结果，这一阶级的社会地位，乃一般丧失了。转落在社会底层的一大集群，都被诺曼土地户口调查者解作奴隶。

君临英格兰之威廉王及其后继者，均视法兰西封建制度之若干特征，太有害于他们统治者本身的利益，所以他们都小心翼翼设法避免。他们赞成采邑的分散，而不乐意采邑的联合，因为要这样，大贵族结合反抗国王，就更加困难了。法兰西对于僧俗两界大领主，授予王家税吏与司法行政专员免予视察之特典——那是国王当危急时期出卖的或迫而授与的——但这种特典的颁给，却使纷扰没有底止。英格兰之诺曼统治者，利用此种经验，不肯颁给这类特典，并树立一个精密的王家法庭制度，以阻止地方独立趋势的发展。

---

① 通常在某些场合，非贵族的自由人，得从事战争，不过，他们很少是具有全副武装的实在兵士。

为了维持中央政府的权威，他们那些君主都阻碍采邑的再行分封，最后且禁止采邑的再行分封——即是说，由采邑分出的隶属，须得直接向国王行"臣服之礼"而不受其直属领主的支配。这样一来，国王就能够嗾使小贵族，反抗大贵族，并实行利用普通人民之较高程度者反抗大小贵族。

封建制度之流布于日耳曼，至为迟缓，那里的封建主义实际，从未达到法兰西北部那种程度。查理曼死去以前，大日耳曼"国民"——法兰克人、斯瓦比亚人（Swabians）、巴伐利亚人（Bavarians），以及萨克森人——之转化为分封地，那与其说是实在的或永久的，就不如说昙花一现的幻景罢了。第九世纪的日尔曼，曾形成了一种非法兰西所夸胜的实力。北欧人破坏了法兰西的中央政府，并颠覆其封建制度，但日耳曼却抵挡住了那些北欧人的侵略。

出现于加洛林吉帝国废墟上的日耳曼大分封地，是受支配于那些老贵族。公爵的乃至以后王室的权威，大有赖于一大些耕种自己土地的自由人，并且，那里不曾碎分成法兰西那样的小所有主。世禄之制，在日耳曼实无所闻。伯爵就是政府之地方官吏，名为"家臣"者，亦无关于封建，因其大抵没有受到采邑。领有地在法兰西是军事的关系，而在日耳曼则至第十二世纪止，主要是经济的关系。在法兰西的边境，如洛林，如勃艮第，逐渐采行封建制度了，但其权力与发展，却受到了伯爵、大僧正、宫宰伯（counts-palatine）即严格的王官的阻制。

日耳曼"诸皇帝"为实行统治意大利[①]之徒然的努力，以及由是伴随而起的几次内战，致皇家势力大为削减了。最后至十三世纪中叶，那已归于崩溃。一一八一年猛烈者亨利（Henry the Lion）没落以后，中世日耳曼想建立一个有限制的联合的专制政体之努力，乃显然失败。自是封建分裂的局面，迅速展开。小贵族因为不愿以主要市民或邻人的资格，与自由人一块生活，遂毅然推行庄园化的程序，在日耳曼各地剥削自由人，并导入一种颇类法兰西北部那样的农奴制。村野的木屋，渐不通行了，大家都粗简的仿造法兰西那种石砌住宅。虽然如此，日耳曼的封建社会，仍没有法兰西那样严格。长子相继权在采邑直系相传上，至关重要，但日耳曼从未一般通行。法兰西法

---

① 此点已在前章述及。

律上全无限制的再分封地，日耳曼开始颇迟，而且没有何等的进步。公务登记簿所载，同样正确。当十一世纪中叶，法兰西之私人争斗，极其普通。教会为图制止，乃倡议所谓"神之休战"。每星期中，由星期四到星期一不许争斗，或者，所有教会的节日不许争斗，这样限制下来，每年就只有80日便于争斗了。日耳曼的亨利第三反对此种规定在其领内施行，他的理由是日耳曼无须出此，即其中央政府有力维持法律与秩序。然而，仅在伴着亨利第四与法王抗争的扰乱开始后，仅在国内内战发生后，这所谓"休战"运动，就在一〇八五年扩展至日耳曼全领域。

最后，农奴制在日耳曼西南部——包括有现代的巴登（Baden）、腾登堡（Würtemberg）及巴伐利亚国——已渐广泛通行。地方法律与习尚之愚妄地摆布，自由人都相续变为农奴了。长子相续法并不成为一个定则，而地产则由相续细为剖裂，在包括有威斯特伐里亚（Westphalia）与下萨克森州（Lower Saxony）的日耳曼西北部，情形却是两样。迟至一二一四年的布汶（Bouvines）的战争中，我们发现萨克逊之自由耕作者，在奥托第四（Otto Ⅳ）军队里面从事战争。那事实，确使来自斯瓦比亚与洛林的封建骑士，感到非常惊异。由意大利经由奥格斯堡（Augsburg）及纽伦堡（Nuremberg）而到日耳曼北部，须取道于此。加之，那里与汉撒诸市（Hanse cities）接近，且与尼德兰（Netherlands）和莱茵诸商业市集接近，于是，一种阻止农奴制发展之经济环境产生了。其实，荷兰的拓殖，亦有影响于日耳曼西北部那种趋势。至一般大地产之保持原样，那与其说是由于相续的习尚，不如说是特别普行于那个领域之一种终身租借制度的产物。

低原地带之早期商业与市集生活之恢复，对于农业组织发生了根本的影响。这个领域部分地也受了当时北欧人侵略，以致掀起法兰西扰乱的波及。市集的勃兴，贸易交通网的辏集——由意大利，经由法兰西与日耳曼，由波罗的海乃至英格兰——早把那里已经成长的封建与庄园的单位弄得弛懈了。其经济生活之类似意大利，较之北欧任何地域尤甚。许多领主都定居于一大些市集之中，那些市集之密切相关联，甚至使一大部分农民，不居于村野，而居于这些市集。欧洲农奴的地位，以这个地域为最坏。这里特别设有保护农奴的法律。自由民是颇多的。他们负担有各种赋税与义务，但享受有自由移动的权利。在农业人口过于拥挤的尼德兰，这个阶级有许多向东乃至向东南移动的拓殖者，把他们的耕作体制推行于日耳曼本部。他们居留地的遗迹，通全日耳曼可以发现，甚至可以发现于日耳曼人渐渐阻制斯拉夫人前进的易北之东。他们早经放弃了那附带有散分的条形地，共同草原与牧场，以及联合耕作的敞地制度。每个人都是耕作那适于他自己的田亩。日耳曼人特别看重荷兰那些在沼泽地带，或滨河滨海地带的拓殖者，其实他们拓殖这种地带，乃因其与本国的情形相类似。

简而言之，附有庄园的封建土地制度，乃出现于法兰西北部和日耳曼边境。诺曼人曾把这种制度略加改变，推行于英格兰。这种制度也曾渐次向东展布，并以低的程度推及南部，但很少能保持其原形。在法兰西北部与英格兰以外的境地，其推行甚缓，而且遇有制度抵触的困难，由是，此种制度因根本受到影响，乃形成了一种掺和的复杂的性质。唯其如此，我们已经论及的庄园或典型的田庄，就只能算是封建制度的一种偶然的特征。在下面一章，我将专门把它看作一种农业制度来讨究。

市集生活的复兴　罗马统治之至关重要的残存物，也许就是某种安适品与奢侈品的记忆，以及对于这些物品的继续要求。东方的各种物品，从未完全中止其经由地中海诸市集，进而输供北欧大僧侣贵族的活动。早期中世的各种著述，实满布了对于这些物品的暗示。

罗马的手工业组合是由高卢消失了，——实际并非完全消失——但手工业技术本身的遗迹却还保存在。高卢曾经是罗马至关重要的一个商工业地方区域。其工业还继续或残留于大寺院及若干大田庄中。有些较大的寺院，实际就是市集。在第九世纪，圣·利魁厄尔修道院（Abbey of Saint Riquier）的居民，竟达到了1万人的多数。各工匠依其职业，定居于各街区。据当时留下之记录所示，那些居民中，有批发商人、铁匠、楯装制造者、马具师、面包师、皮匠、屠户、皮毛商、漂布匠、葡萄酒商以及啤酒贩卖者。据圣·芬森特（Saint Vincent at Le Mans）第十一世纪之记录，亦谓其中有木匠、金匠、银匠、裁缝、绸缎商、皮匠商、盐商、玻璃商，乃至织布匠。以时考之，至少后者所示，较胜于一种罗马的工业遗迹。意大利当时的市集，已经在商业上工业上活动，若干大的定期市场，亦经相续树立了。

在大的田庄上，有许多房屋都移作工业用途，那暗示了古代的集中铺店。另一种古时的遗迹，可以说是妇女工作房，即特为妇女工作建立的房屋。在有些场合，那种工作房中雇有20个，乃至20多个女工，其主要业作是织布与成衣。监视他们这种业作的，大概是主人之妻。较早期的工匠，是自由民，是奴隶，而这时大部分则是农奴——半自由民。

查理曼曾发布一种精密的宣言，讲明农业工业应如何进行，簿记之术亦包括其中。他曾与外国人协议通商条约，曾再整理赋税与司法，据说，他还计划开凿一条贯通莱茵河与达略比河之间的运河。他知道日耳曼诸部族所忽视的城市生活之重要，并且实行建立许多市集——汉堡即其中之一。他这种努力，大体是失败了，但并不是没有永久的效果。

关于第九世纪下半期，北欧人侵略法兰西所演成的破坏记载，乃显然被教会的编年者夸张过火了。北欧人是由俄罗斯地方到大西洋岸的经商者。据圣·柏尔丁（Saint Bertin，861）年报所载，行商、正式商人，乃至一般冒险者，通是尾随北欧军队之后，而在当时其他著述中，亦有许多间接谈到他们商业的暗语。无疑的，大部分战利品一经掠得，马上便会出卖。汤姆森（Thompson）教授有云："近年的经济史，已指示了一种事实，那就是，在十字军以前的北欧人的侵略，对于中世贸易为一极其有力的刺激。"关于他们侵入法兰西之实际结果的这种判断，并不必与历史学家的普通意见有何抵触，历史学家的意见是说，那种侵略的直接而极其一般的效果，就是唯一瓜代专制主义之封建制度的勃兴。

前章已述及接近现代特鲁瓦（Troyes）之克帕斯（Chappes）地方的商业，至少，直到查理曼时代，那里是被视为把勒芬特货品输入北欧的中心地点。此种商务掌握在"叙利亚人"手中——其实，除叙利亚人外，还有埃及人、亚米尼亚人、波斯人、希腊人，以及其他近东人，不过一般概称叙利亚人罢了。克帕斯这个地名，在希腊语为Kapélos，其义为"商人"（Merchant），故一变而为叙利亚的Kapîla与拉丁的Cappas。查理曼时代的克帕斯的踪迹，我们无从知道，但在北欧人的侵略以后，大香槟定期市集（great champagne fairs）出现了，其著者在特洛耶斯，该地去旧克帕斯不过二三英里。那时的贸易者为"意大利人"。在实际，他们这般人在性格上究有如何的改变，那是可疑的，无从确定。君士坦丁堡与罗马之间的破坏偶像的分裂，曾鼓励若干意大利市集定居者，开始获取公民资格，甚或使他们的名字意大利化。这些市集之重要性的增加，也许会有那种影响，或者，有改变意大利本地人之商业的影响，或者两者兼而有之。十字军一旦兴起，意大利公司中之叙利亚人员，一般皆转向东方，而意大利人则转回西方。

定居于法兰西将近一世纪的那般北欧人，于一○六六年征服英格兰以后，在旧诺曼地方与新诺曼地方之间的商业，乃大有可观。商人们由卢昂（Rouen）向英格兰输出法兰西葡萄酒、布、兵器，而输入羊毛与金属。丝、葡萄酒与水果之属，大批由地中海区域向北输运，而巴巴利

（Barbary）马，则是由西班牙运来。英格兰王亨利第二（Henry Ⅱ，1154—1189）自与阿基坦（Aquitaine）之伊里亚勒（Eleanor）结婚后，所有西南法兰西全领域，都成为他的采邑了。在此后数世纪中，这个地方与英格兰间的葡萄酒贸易，犹颇称重要。

南欧商业生活之开始广布于中世北欧，那是经由一些大的定期市集。原来所谓定期市集，就是一种暂时的市场（德语为Jahrmarkt，可译作"年市"），在这市场中，远近各地方的居民，可以相互交换其货物，但此种交易的限量，不够经年维持那个市场。

据传，巴黎圣·得尼斯（Saint Denis）之定期市集，乃建立于第七世纪中。依着许多地方名称的指示，定期市集与市场，往往是在宗教保护之下产生的。宗教信仰者每当节日，则群集于某种有名的圣地。大约在开始的时候，远隔地域的居民，都利用此种集会，以交换其物品。朝敬者往往为交易商人，而交易商人又往往成为朝敬者。对于这后来变为商业定期市集之宗教集会地，教会大都能保障其和平。当时严重妨害商业与旅行之道路通行税，对于朝敬者常有所折减。迨朝敬地已经变成了定期市集和平、保护与大大减免税捐的传习，仍旧保持下来。定期市集的领有者，凭其特权，征取赋税，但他对于来此贸易者之保护，道路通行税之免减，以及定期交易的保证，往往要大费周折。这种市集之特殊权利当中，举其要者，就是封建或个人的法律之停止，而由南欧贸易者，使用他们那种颇进步的商业法典——那后来渐发展为"商人法"（law merchant），为"中世私人的国际法"（private international law）——之一种实用的翻译。至于香槟定期市集之类的最大市集，那可留待后面关于商工业之专章详细讨论。

北欧在历史上至关重要的商业市集，皆见于低原地带。这个地域大体上包括有现代荷兰、比利时，以及其东部、南部、西南部若干属于现代德意志与法兰西的地域。东部在散漫的日耳曼帝国或"神圣罗马"帝国境内，其西部则常为法兰西王之封建属领。荷兰与佛兰德，通是使用日耳曼语言，不过，在其西部边境，有一种讲法兰西语的瓦伦斯人（Walloons）存在，在今日亦复如此。

在罗马人统治下的低原地带，乃只是帝国的边区，而不曾具有何等商业重要性。自法兰克人把欧洲文明的边境移往莱茵河以东地带，于是，介在拉丁人与日耳曼人之间的这个地域之自然利益，乃立即呈现出来。如皮冷涅（Pirenne）所说，那是查理曼在亚琛之皇宫的前房。其境内河流分布三个方面，而其余一个方面，则正向海洋，构成来往英格兰之出入港口——往后，航业改进，且成为波罗的海、北海、地中海之出入港口。不错，它早期在商业上、工业上、财政上建立的基础，被北欧的侵略者一扫而光了，但一种较新的，较永久的经济生命，却随即成长起来。大僧正管辖区勒基（Liège）之再度显现，乃是在第十世纪的时候。乌特勒奇（Utrecht）与侃伯列依（Cambrai），亦为大僧正管辖区，而根特（Ghent）、布鲁日（Bruges）、伊普勒斯（Ypres）、福尔涅斯（Furnes）、里勒（Lille）、布刺塞尔斯（Brussels）、洛斐因（Louvain）、斐冷西安涅斯（Valenciennes）以及其他许多较小地方之商业市集，那都是在第十世纪乃至十二世纪形成的。哪怕在佛兰德斯（Flanders）控制了意大利北部之前，意大利依着诸香槟市集，而倾向城市自治体的运动，已经达到佛兰德斯了。在佛兰德斯北部，主要的牧民者，普通是称为郡守，而不是什么公爵，或罗马那种执政官。斐冷西安涅斯与圣·奥麦尔（Saint Omer）两地，十一世纪以来，就有了商业基尔特，其他类此的地方，一定还有，特记载阙如，无从稽考罢了。商业基尔特在先是为了队商经巡各定期市集、各市场，而行使保护的组织。在极短时期内，那即在繁昌的市集建立起根据地，而成为自治城市生活之重要的因素。

上面对于城市生活与商业，似乎已有了相当的发端的叙述。然而次章就盛极一时的庄园，详加讨论，那在那些读者，即不曾留意到贸易之流，已在某种限度贯透于农村，并渐由农村增涨起来的读者看来，那是不免感到几分迷惑的。以人数而论，从事农业的人民，占有压倒的多数，贸易商与手工业者，实为数不多；但就社会变革上立论，商工业这种因素，却就远较任何图表——假如能够编列的话——所暗示的，要更其有力得多。

全章概略 以上面有限的篇幅，论述这个长期的，这么多错综复杂的因素——几乎常把几个因素掺在一起叙述——那是用得着简括举述其要点的。北欧耕作之根本要素存续到了罗马人占领以后，并且变成了一种迄今尚能见其遗迹之新制度的基础。那些根本要素是翻沟的耕犁，是敞地之分成条块，所有权分散，使每个实际耕作者，都获有极其平等的份额（那有一部分的原因，或者是这时在社会关系上，亲属至关重要，并且草原、牧场与可耕地都是协同处理的）——是这整个制度，特别宜于一种环境，从而，由此发展出来，在那种环境中，强有力的中央政府不存在，货币无甚用处，或者，为远地市场而生产的事情又很少。罗马人暂时建立起中央政府、市集生活、货币经济，以及为买卖而行的大生产。他们的统治，刺激了私人企业，并发展了包括有自由保有地与贵族大地产之土地私有财产。这种制度的崩溃，更有影响于（它所增益于北欧社区之）繁杂的政治与城市的表层，更少影响于根本的习尚与观念——在实际上，那还有许多，因比较适于它们之环境的再生，而再生起来。当日耳曼行使侵略时，高卢人口低减——依乌雪尔教授（Prof. Usher）的估计，那在第九世纪为550万人，或者，比较其在征服者恺撒时代减少100万人以上。维持或再建中央政府与贵族阶级的努力，导出了封建制度；那是一种罗马习惯与日耳曼习惯，更益以各时代各环境产生之许多要素之混合体。封建的土地制度，由法兰西北部扩展到了英格兰与日耳曼。北欧在全中世纪都保持着农业状态；它的贵族大抵住在乡村，而不像意大利贵族们之舍其田地，定居于商业市镇，这是一件重要的事实。低原地带的市集，在这点上，与意大利的市集，尤为类似。这个区域的农业，亦不同于其邻近的区域，其庄园早经一般弃置，而倾向于个人的拓殖。

进一步研究的参考书籍

Below, G.von. "Das kurze Leben einer viel genannten Theorie", Probleme der Wirtschaftsgeschichte.

*Blok, P.J. History of the People of the Netberlands, vol. I , chs. III-XIV.（New York, 1898）

*Boissonnade, P. Le travail dans l'Europe chrétienne au moyenâge, livre I , chs. I , II, VI, VII, VIII; livre II, ch. I .

Brunner, H. Deutsche Rechtsgeschichte, vol. I .（Leipzig, 1906）Scattered references to economic matters.

Calmette, J. La société féodale. Magnificent general introduction.

Déchelette, J. Manuel d'archéologie préhistorique, celtique et galloromaine.

*Ferrero, G. Characters and Events in Roman History, pp.71-99.

Fustel de Coulanges, N.D. Histoire des institutions politiques de l'ancienne France, vol. I .

Halphen, Louis, Études critiques sur la règne de Charlemagne.（Revue Historique, 1917, now in book form.）

Haskins, C.H. The Normans in European History.

Hayes, C.J.H. Introduction to the Sources Relating to the Germanic Invasions.

Holmes, T. Rice Caesar's Conquest of Gaul.

Jullian, C. Histoire de Gaule.

Inama-Sternegg, K.T. von, Deutsche Wirtschaftsgeschichte, vol. I, 1909 ed.

Kluchevsky, V.C. History of Russia, vol. I, for early Slavs. (vol. I of Mavors Economic History of Russia is based on Kluchevsky, as is also, more strictly, Mr. Baring's The Russian People, London, 1911.)

Kovalevsky, M. Die ökonomische Entwicklung Europas bis zum Beginnder kapitalistischen Wirtschaftsform, vol. I.

Lamprecht, K. Deutsches Wirtschaftsleben im Mittelalter, vol. I. (Leipzig, 1885)

*Lapsley, G.T. "The Origin of Property in Land". American Historical Review, April, 1903, vol.VIII, no.3, pp.426-448.

Levasseur, E. Histoire du commerce de la France. (Paris, 1911) vol. I, early chapters, for origins of feudalism, town life, etc. Also vol. I of his Histoire des classes ouvrières et de l'industrie en France avant 1789. (2ed.1900)

Lewinski, J. de St. The Origin of Property and the Formation of the Village Community, London, 1913.

Luchaire, A. Manuel des institutions françaises. (Paris, 1892)

Myres, J.L. The Dawn of History. ch. XI.

*Pirenne, H. Belgian Democracy; Its Early History, ch. I. (Manchester, 1915)

Ross, D.W. The Early Histoy of Land-Holding among the Germans. (Boston, 1883)

Sée, Henri. Les classes rurales et le régime domanial en France aumôyen-âge, chs. I-III. (Paris, 1901)

Tacitus, Germania. Various English Translations, e.g., Translations and Reprints, University of Pennsylvania, vol.VI, no.3. Also references to Caesar. Completely analyzed in Ross reference above.

*Thompson, J.W. "The Commerce of France in the Ninth Century", Journal of Political Economy, November, 1915, pp.857-887.

*Thompson, J.W. "German Feudalism", American Historical Review, April, 1923, pp.440-474.

Thorndike, Lynn. History of Mediaeval Europe, chs. III, V, VII.

*Usher, A.P. Industrial History of England, pp.52-58.

*Vinogradoff, P. Growth of the Manor, especially chs. I, II.

*Vinogradoff, P. In Cambridge Mediaeval History, vol. I, ch. XIX; vol. II, ch. XX.

Waitz, G. Deutsche Verfassungsgeschichte, vols. I, II, passim.

第五章 庄园

庄园的轮廓 要略略知道敞地村落的配列，可参看下图。假若有一个飞行员腾飞到此种村落上面数千尺的空间，他便会看到这个形象。此种村落现仍在欧洲东部许多地方存在。它们已不复是庄园，仅是一种老式农耕制度——那已曲尽其功能，但结局竟存续到失去效用以后——的强固挣持的躯壳。

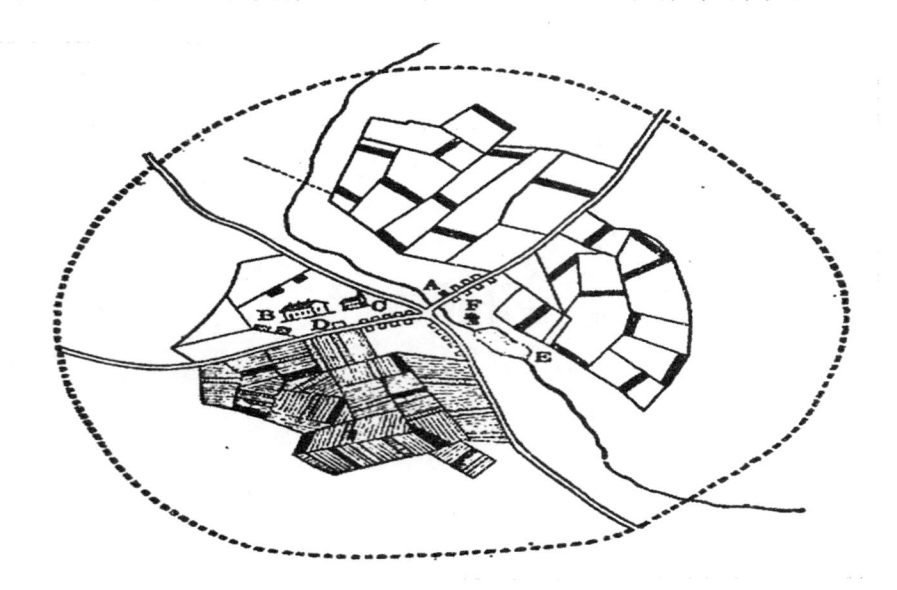

（A）是一个村落的地段，有屋有园。这同一农民A在那三块敞地里面的30块条形地，亦是示以黑色。

（B）为大住宅，或领主之庄园第舍与外屋。

（C）为村落教堂。

（D）为教堂区牧师住宅。

（E）为池。

（F）为池下边之磨车。磨车常依风转动，而是设在庄园之边的高处。

所有的条形地，只显现于南面的田地中。村民A之条形地为黑色；领主的条形地，画以横线；供给牧师与教堂的条形地，则以细长线区别。东面北面的田地，亦同此形相，但除A之条形地外，其余均未标明，因为要这样，才更能表现A之保有地的分散。领主不仅在敞地内有其条形地，普通还有若干围地，或有不时为人所称的围场。假定这时是一二五○年的五月罢！南面田地中于去年秋季时种的小麦与黑麦，其收获已届成熟。东面田地已经在春季种下了燕麦、大麦与豆类。北面的田地这一年无何等收获，但用以充当牧场。那在前一年产生了一种春季收获，更前一年产生了一种秋季收获。

村落在中央，主要道路两旁——在此种场合，有些列置在边道之旁——茅屋栉列，附以小园。中世纪没有村落仓库。人民皆属务农，其房屋位置于旷野者极稀，即是说，每个村落，都只是以耕作与牧畜为生的人民之联合定居地。有如在今日欧洲东部一样，村落与市集的区别，以职业为准，在前一场合者为农业，在后一场合者为工商业。

图之左端，为所有者或领主之"大住宅"。在其周围相去不远的地方，为各种农场建筑、教堂、牧师住宅。离这些房屋不远，更绕以围地，此等围地，乃领主或其执事，或其管理人（我们不妨说是他的监工者），从事适于他们之栽植的耕地，不过，他们不是自行耕作，而是由村民提供劳动。在溪流之两旁，展开一广大的草原地带，此为庄园之最好土地。

特别自一个现代美国的观察者看来，此鸟瞰图所示之最显著事件，就是那包括有犁耕土地之大部的三大敞地。它们所含的条形地之错综的排列（在图内只有南面那块敞地明白显示了），他以为有加以解述之必要。条形地的长度与阔度，颇不相同，有的甚且此端宽阔，彼端尖细，或者，因迁就山坡、沼泽、溪流，而盘弯曲折；然而对于大小和形态，毕竟有显著的一般的一致。其标准的大小——一依地方的便利为准——大约是40英杆长，2～4英杆宽。40英杆为1费浪（furlong——此字为furrow-long之省笔），在传说上，假定为一驭牛者能曳一犁前进，不用中止之距离。土地之积量，或以亩计，或以路得（rod）计。一路得长40英杆，阔1英杆，为1亩之1/4。①

每块条形地，以一陇畔，即以一犁沟草泥筑成之脊埂，与其相邻的条形地区别，其相邻的条形地亦复如此。较宽的陇畔，则为各组条形地即分块，费浪等之区划线。在理论上，一分块为40平方英杆，然揆诸实际，那不过是一种大致不差的标准罢了。一个简单村落家族的条形地，并非彼此相连，而是分散在那三大敞地里面，大约其全土地在每块敞地内占有1/3。据前图所示，农民A之耕地份额，即那些黑色的条形地。他有两头耕牛，其保有地为一准威尔格——在此场合，约计30亩。②A之邻人B，仅有耕牛一头，其保有地为A之一半，即一波非特（bovate）或一奥克斯根（oxgang）。领主在敞地里面，亦有其条形地。此外，有时还保有敞地之外的若干围地。

为了简便的缘故，图中未显示出畦角之地。一列长条形地之末端，在可能范围内，即留作一横条形地，犁耕则自前者开始。至畦角地之从事犁耕，自然是留在最后。实际的田地，倾斜不一，而且因自然地形关系，诸多破折，故图中所示，条形地殆有各种的方位。假如一个人的条形地，在右角或左角突入了邻人的条形地，那犁耕起来，就不能不转到他人的地上了。由是，对于规定谁的土地应当先犁这个问题，乃有极错综复杂的地方惯例产生。依古代的惯例，若干条形地之保有者，得在他人条形地中保有畦角地权利，即是先犁和把耕犁转到他人田地中的权利。

图中画有细线或附有黑点的条形地，乃提作供给教堂的寺领地。此是普通的形式，但教堂有时另行保有分离的圈围地段。特别受到特惠的自由民，亦往往保有围地。

在敞地中为领主保有的，为教堂保有的部分，必须与其周围之农民保有地，采行确然一致的方法耕作。其犁耕，其莳种，其收获，乃至其放牧，均当按照村落的惯例。但是，耕作的方法，虽彼此相同，而提作别用的目的，却使村落保有地与领主领地或寺领地，发生本质的差异。

开垦的方法　我们一论及开垦的方法，庄园这种组织的两重性质，就显而易见了。一方面，那是一种村落的农民组合，农民为了谋生，相与从事一

---

① 　杆为英制长度尺寸，1英杆等于16.5英尺。——编者注

② 　在英格兰，确确实实的30亩，似乎还没有28亩、32亩、24亩，乃至36亩来得普通。威尔格则大体是12亩到60亩以上。

种开垦某种土地的联合企业。这企业中的各股东共同选出领导者，以便强制实施那几乎遇事皆有规定的古代惯例。假若这些惯例在新的环境下须得再行解释，或者，假若实行起来遇到了困难，那将由大会或评议会作最后决定。庄园也许可以完全从这片面的观点来论述，果其如此，那领主就要视为一个不幸的附属物，他依实力居于上位，要求农民组合生产其需要以上的产物，以便维持他社会的、宗教的、政治的关系。设我们在另一方面，从领主那个直角来观察，那庄园就无异他的田庄，如其他保有多个田庄，那则为其诸田庄之一。在他看来，庄园为其采邑的一部分，其目的在以物资供给他、他的家族、他的随从者，使能维持其对于封建社会与政府之适当关系。他或他的代理人，为庄园评议会的主席，评议会指派各种农民领导者，处理交易事务，并行使裁判。

　　农业定著的这两个方面，实系多少相异的因素，它们有时协同一致的动作，有时又尖锐的相互对立。领主的那个观点，乃是受支持于一部笔之于书的法律理论，那种理论往往是建立在没有基础的历史假定上，以为粗野无文的农民，不会有辩驳的余地。例如，根据某种理论，则所有一切的保有地，原来通是由领主颁给的。僧俗两界的领主，往往要求草原为他们的一部分领地，并竭力使村民依照他们的意向，利用牧场、森林地带与荒地。对于既经在耕的土地，那些法律理论亦是一视同仁，不加轩轾。一个威尔格保有者（一个普通的半自由村民），通常对于其2头牛与8匹羊，获有传习上的一定积量的草原与牧场的权利。他继续依照惯例，伐薪，掘取泥草，并使其家豚在森林地或荒场放牧。但是，在那种场合，领主能因缘种种变动，取得利益，村民却不能够。最大的变动，就是用作耕种或畜牧的新土地的开垦。其次要的机会，随时代有，像保有一威尔格土地者之绝子灭孙等，领主皆得因缘为利。把封建观念，适用到庄园之主要而一般的限制，就是领主之经济利益。一方面，惯例在各方面限制他使用土地，另一方面，又复提供他以劳动与种种义务，使他所役用的执事与管理者，受有限制。假如农民的权利，薄弱而漠无一定，一个无能的或者不名誉的执事，就可把农企业全般毁坏，那种情形，农耕者固不乐意，领主亦岂甘心。

　　在英格兰，乃至在中世纪后期的法兰西，其中央政府都颇关怀于庄园利益。领主过度的侵蚀，特别是对于自由民——他们有庄园法庭以外的法律权利——的过度侵蚀，中央政府曾加以某种限度的保护。当时的教会，亦起而对正义与人道，作相当的维系；因此，在王田与寺产上的农民，一般皆受到最优的待遇，而政府与教会在其直接领地以外，且还在道德上、法律上、政治上具有极大的势力。他们的较良方法的例示，因为他们随时可吞没那种人的私有权利、名号与权势（如果那种人不能符合繁昌与适意的标准），故尤有势力。

由二月或三月初以至刈草之期（约在七月初），草原地都围障起来。在若干老式而且富裕的社会，围障虽用石材，但以篱笆为最普通，小树枝、劈柴，乃至草泥，亦经常使用。草原地通常隔成半亩一块，由诸家组轮流保用，或者大体依着比较原始社会的方法，抽签分配。每一份额通常配以一威尔格；有时特殊地段，则配以若干威尔格，由是，农民乃一年一年的获有草原之同一部分。不过，此仅为庄园之原始协作村落组织之中心，即草原发展的一般倾向——即是倾向特殊的永久的权利。刈草期以后，围篱撤去，草原用作放牧地，其时期大约是由七月到二月。

公共牧场上的种种权利，同样与其可耕的保有地的权利相连。一个完全耕作者或一威尔格土地保有者普通有放牧两三只公牛、母牛或小牛以及大约8只羊的权利。如其他的家畜多于此数，即当受罚。村落牧牛牧羊者，每早驱其放牧畜群于公共牧场及晚而归。除冬季诸月外，羊皆圈入休耕地，或既经收获地。如其领主享有特殊的羊栏的权利，那羊还可圈入他所指定的围场中。此种权利特别宝贵；因为畜羊的价值，往往是为了粪其土壤，羊毛不过副次的功用罢了。

有时，还有所谓特殊限制的牧场，在那种牧场上，哪怕有了普通牧场权利的村民，亦不得放牧其家畜。那仿佛是特地为了那些必需的人民（非一威尔格保有者），如牧师、铁匠之类而设的。在中世纪末期，在条形地允许变迁，因而能够交换，且能够联结的场合，有许多可耕地改作有所限制的牧场。然而在这以前，对于处理干草这个问题之比较科学的方法，乃有探索之必要。因为草原既常感缺乏，家畜就要限于冬季能养活的头只。解决这个问题的要着，乃是采行优于中世盛时那种自然草之干草的收获。这一来，干草缺乏，家畜不足，肥料欠缺，土壤贫瘠，剩余谷物短少的这个致命的循环，遂得以停止。收获于一定年度的田地，收获以后，即开放为公共牧场。以休耕地为牧场，那是没有何等用处的，因为那通常在春季秋季犁耕过两次——第三次刚好在秋季莳种以前。

每当初冬时节，大部分小牛与无甚出息之牛类，均予屠杀，其尸体或悬之使干，或腌之以盐。这悬者腌者节留下来，那全冬的半饿状况乃得勉强度过。补助干草不足的，还有从森林或荒地割取的嫩条与树枝。橡子可以采集喂猪，可以充当农民自己的燃料——农民往往还由领主课加了提供燃料的特殊业务。猪肉在暖阳月份本是比较低廉的食品，一到冬季，这猪的给养，亦颇困难。给养的问题，对于家禽是同样的严重。在一切主要的豢养物中，只有蜜蜂不难照料，有些地域，间或以捕鱼为生，但到了严冬时节，就是捕鱼亦颇不容易。冬季食品的缺乏。更益以户外运动的爱好，于是乃促成了一般注意狩猎与获物保存。因为这个理由，成千的鸽或鸠，亦经常豢。所谓鸽棚的特权，竟成了农民反抗领主的一件主要不平事件。村民通常禁止杀戮捕获的野禽兽，就是那些禽兽损害他们的收获，亦复如此。

我们前图所示的南面田地之小麦或黑麦（或两者掺杂）的秋耕，有时是在八月下半月播种，有时是在九月或十月播种。每亩条形地所撒播的麦种，约为2布奚——就平均而论，也许可以少于2布奚。每亩能有10布奚的收获，就算顶多，其净收获不过8布奚罢了。这是三犁、几靶（拖拽小树或巨枝，以加压于土面）、播种、去草、收获，乃至打禾的小报酬。

春季的耕犁播种，是在二月、三月进行。如种大麦或燕麦，每亩需种4布奚，如种豆类，则只需种子2布奚。前者通常每亩可收获14布奚以上，除种子而外，可得净收获10布奚左右。就食物价值之一定单位讲，春季种植所需劳动较少。大麦、燕麦、黑麦，为农民之日常食物，而对于这任一种麦之特重，则一视地方情形如何。

村民除种植并收获自己的条形地外，且须为领主之条形地及其围地种植收获。他们是成群成队的工作，故困倦之情，因以大灭。为便于实际的收割活动，他们那种大群，往往细分每五人一组。

领主及其领地耕作 耕地领地——条形地、围地、草原——的劳动，均由村民提供。一个不自由的威尔格土地保有者，每星期须提供领主若干日劳动。有时他们每星期虽提供二日、四日，甚或五日，但以三日为最普通。这种特别的义务，被称为"星期工作"。对于这"星期工作"，没有报酬——而是假定伴同每斐格推土地的一种惯常的义务；且并不是唯一的义务。依惯例的规定，农民为领主耕作，还须携带他自己的牛、自己的犁，或者自己的农具。

假若单单一威尔格土地，每星期竟要提供四日乃至五日劳动，那就表明，那一威尔格的保有者，显非一个农民。威尔格在英格兰，尤其普通的在法兰西，与其对于领主的连带义务，不能分担，但家族的增大，却是自然无

121

可避免的。一个儿子也许可以完全担任起提供实物、劳动与金钱的义务，可是，其他两个或三个儿子及其家族，却往往要由那同一保有地谋得生活。我们必须记着，像海德与斐格推之类的分划，那不过是留于庄园记载上的一种矫造的标准罢了。有时斐格推，远较30亩为大，而当作120亩课税的若干海德，实际竟包含有180亩。生产的阔量或亩位（acreage）都是为配布地方的种种输纳与国家赋税而加以考虑的。

除"星期工作"外，每当收获季节，还有称为"奉献工作"（boon works）或"奉献日"（boon days）的特别勤务。领主特别看重这"奉献日"，在"星期工作"已经折合为货币支付以后好久了，"奉献日"的义务，犹在许多场合继续履行。农民在自己农务最为紧张的时期，为领主服务，领主认知到此种特殊性质，也往往依着惯例，赐予农民以饭食、葡萄酒与啤酒之类。关于奉献工作在不同季节，须受到不同款待的事，有许多记录是记载颇详的。

村民提供领主的劳动，并不仅是用在田地上。庄园住宅与外屋的修理，围篱的建筑与修葺，以及其他许多类似的工作，通是假手于村民。在法兰西，战争是频发的，故石堡的建造，壕沟的清修，都成了村民普通的业作。而且，在保有一大些有如采邑的田庄的封建贵族，在其本庄园上，亦有此类石堡。至他所属的其他庄园，或则由其雇用的随从管理，或则再行分封于较小的贵族，这些小贵族由是变成了其所管特殊庄园的领主，不过，因他们隶下更无贵族，故不成其为封建制度中之严格意义的"领主"（lords）。他们都是绅士，在封建的阶级上，是当作隶臣看待，但他们是立于贵族范围外部的边缘。于是，在封建的与庄园的关系之间的系属是：由庄园领主以上是封建的，由他以下是庄园的。

除上述诸项勤务外，还有许许多多的特殊勤务。村民须担当保卫工作。就一般而论，奴役的或半自由的人民，是不许从事战争的，但这个严格的原则，亦常未遵循。隶民对于领主的勤务，并不全是以日计算，有时，他是指定一项工作，如犁耕、播种之类，命其完成。以车输运物品，那亦是一项重要的勤务——是领主到最后才取消的诸勤务之一。

领有地为一"农场"（farm），此字之现代的限制的意义，与其原来较广泛的意义，颇不相同，法文ferme（即"定居地"之意）一词，现仍保留下了那种含义。那不但是开垦土地，而且包含有劳动与社会组织全体。不论是直接强征，抑或是出自农民的义务，领主终归是奴役了村落中的下等社会阶层。对于领主，半自由村民是比奴隶更为有利，因为后者须要负维持的责任，而前者则必须一切自行处理。领主寄生于其下层阶级之剩余劳动的法律根据，乃建立于一种虚构的假定上，说是村民由他取得了耕作土地的特权，遂为其劳作，为其曲尽各种义务，以资报偿。其实，领主因为具有组织的实力与权威，他尚在继续垦殖村落（"垦殖"一词，是由庄园秩序上沿袭下来的）。对于行使保护所需的军事实力，那恰好是中世秩序的基础。

除劳动义务外，领主还由村落"征取"（farm）各种食品。斐洛格列多夫（Vinogradoff）曾举述拉姆塞（Ramsey）寺院的庄园，以为例证。每两周间，那些庄园须提供12卡德（quarters）面粉、2000块面包、24加仑啤酒、48加仑麦芽、2塞斯特（sesters）蜂蜜、10长条咸肉、10瓶干酪、10只极好的小猪、14只小绵羊、14只鹅、120只小鸡、2000个蛋、2桶牛油，以及24加仑淡麦酒。当着四周斋节（lent）时，咸肉与干酪以折付。

在我们往往述及的封建制度下的那种款待负担，大都是经由领主，加担于一个村落或多数村落。有些贵客的来临，往往带有必须受款待他的权利，对于款待他的方式、款待他的期间，以及他在习惯上必须带随的扈从，通有一定，在此种场合，村民负有贡纳实物的特殊义务，把实物送往"大屋"中，此外，并还有直接招待贵族随从的膳宿。

阶级与村落的组织　由前所论，庄园在大体上既是由习惯的人属关系的组织所开发，而不是基于我们所熟知的非人属的货币与信用经济，或者公开市场上的相当买卖，那社会阶级的问题，就颇关重要了。庄园里面最显著的阶级，我们已经详细论过——那就是不自由的斐格推保有者，或半斐格推保有者，他保有条形地30亩左右，而要担负星期工作、奉献工作、特别勤务、金纳义务，乃至物纳义务。

自由人与借地人（有时，这两词可以交互使用）不但免除了非自由人的若干义务，且还保有某些特权。就语词的意义讲来，借地人［sokeman or socman——须服从领主的裁判权（soc）或司法权］，没有控诉于王家法庭的权利，而完全自由人则有此种权利，不过，法律的情形，至为不同，而且至为复杂，此两者的区别，殆无何等意义。设加以唯一而可靠的概括之论，就是那在当时当地视为奴役保有法的条件，自由人或借地人是免除了的，至于最普通的观念，则以为"奴役保有法的某种标志"（certain mark of servile tenure），尚未十分除掉，此说阿什利（Ashley）与赛格诺博（Seignobos）大体同意，足征法英观念无大出入。就一般而论，不自由人嫁女固要征求领主的同意，即卖牛卖马亦须取得领主的同意；但是，无论对于这原则，抑对于其他任何定立的一般原则，都有许许多多的例外。

从纯粹经济观点来立论，自由人普通免除星期工作，雇人代行奉献工作，乃至一般支付确定地租——法定地租（rents of assize）——那是比较重要的事体。凡在货币经济堪资注意的地方，那里村民对领主要的种种义务，就会以钱折付，或在一定价率上，提供鸡蛋等物作钱。自由人往往免除了功果金或相续金，或者两者全免。功果金（heriot）为一种代偿，包括有物故的借地人之最好的动物或者其他财产。此种制度，系导源于早期日耳曼之所谓护卫制（comitatus），首长平常供给护卫者以战具，迨护卫者死去，乃将其战具收回。有如在封建制度中一样，相续金（relief）是相续人已届成年，在接受其遗产时，付给领主的一种偿金。这两种费用的免除，特别是功果金的免除，表明了保有法的古旧，与领主同，并非导源于领主。

自由保有地的种类既繁，大小各异。一个自由人也许为颇大的借地者，他手下有若干依他为生的普通农夫，他甚至和领主一样，保有围地。其他的自由人，也许仅保有一斐格推，或一斐格推之若干部分的土地，他住在村落中，与不自由的居民，颇难区别。自由人在经济上的真正重要性，就是对于领主为一种特别收入源泉。他们付纳的固定地租，于领有农场之组织，至关重要。他们使领主的执事或管理者，能由收支获取利润，能役使一群仆役、书记以及若干劳动者，并且为保持一致，能在某种限度使领地成为高临村落的一部控制机器。

田庄上的经理、管事，或驻在监督者，往往为农民系属中的能干人。他们这种地位，有时在家族中成了世袭。一个领主如保有许多田庄，而这些田庄又彼此接近，他就往往需要一个代理人或监督者加以监视。驻在管事承揽领主的许多专利，如磨车、制酒场、市场等，而以之出租于那些要请者。他征收租税，征收种种偿金，监督劳动义务的实行，并一般的经营领主及他自己在领地上的利益。他通常不领固定的薪金，但视他的位置较胜于一种征收的特许权。

次于自由人的，为一种准村民，即半自由的隶民，或斐格推保有者。有些著者，把他们指作农奴，但他们实际所享受的自由与特权，似乎较大于此一语词所暗示。十八世纪日耳曼东部的农民，乃至十九世纪俄罗斯的农民，都是屈从主人意向的家奴与个人的仆役。他们的勤务，从无酬报，且不曾由习惯加以限制或界限。这与纯粹奴隶不同的，只是主人无权别开土地加以变卖，然而在俄罗斯，此点亦且实行做到了。把"农奴"（serf）一词用来描述俄罗斯的农民，那是过于普通了，我们要把它引用于中世庄园制度下，却未免纳凿不入。

庄园上的所谓家奴（house servants）往往为一个各别的阶级，由领地农场所维持，且有其自己的身份。当村民要求他们的个人勤务，超过其习惯所定限度以上时，他们或许还另有报酬。庄园的规律是建立在一种阶级制度上，各个阶级是由担负特别义务，或免除特别义务，而彼此区划，但在同一阶级中，每一个人的权利，却都有妥当的限界与保护。所以如果领主要增加隶民的义务，隶民虽无法律上的支援以为反抗，但除了这点，就其他关系说，他却被认为是自由的。

为了不使庄园为管理人与执事的苛索所毁坏，领主与耕作者乃共同要求把习惯上的义务，仔细加以限界与解明，从而，由此导出了精审记录的编纂。此外，使那种义务与惯例笔之于书的另一个理由，就是中世后期农民运动的继长增高，致口头的约定更难为凭了。庄园的法庭记录亦提供了我们不少极有价值的报告。那些记录的抄本，后来竟被视为土地保有权的证约，英国曾有一大批农民，根据此等记录，而要求其权利，他们由是被称为"卡毗霍尔德"（copyholders）。

在隶民之下，还有一个参杂的阶级，就是所谓小屋人之流（cottagers，cotter，crofters，bordars）。他们没有耕牛，由轻微的劳动义务取得附有小块地段的小屋，被佣于上层阶级而苟延其生存。据一〇八五年英国的土地户口调查所示，小屋人或佣耕者占32％，而隶民则占38％。在数十年内，9％的奴隶消失了。

小屋人这个集团之至关重要，乃在他们是被佣劳动的源泉。当中世将逮末期的时候，围地运动普遍通行，大多数小屋人乃失所依归，趋于浮浪，他们有的挤向市集，形成工业无产阶级；有的集注于农场，成为农业工资劳动者。他们这个不适合于上层阶级，由上层阶级所排斥的阶级，乃是居于封建庄园社会的下层，而度着可怜的、不确定的、几濒于半饿的生活。

在日耳曼与低原地带，其自由人较英格兰乃至法兰西北部为多，因为后者之封建制度的早速勃兴与结束，几乎把所有一切都联系于土地了。低原地带之市集的格外发展，致其封建实力异常薄弱。在那里，自由人的实际与其名义相符了——他能够移动。日耳曼在受到封建制度东向发展的胁持之前，其情形亦正相同。法兰西有一个略蒙小惠的"自由隶民"阶级。照着一种极

125

其精细的法律的辨别，"自由村民"（free villager）实际没有移动的自由，不过，他被假定享有一种荫庇的"个人的"（personal）自由，他的保有权立有契据，不得领主的允许，不能取消。此种事实，复伴以他亲自耕作的事实，使他的身份低落，实际上他是立于一个普通村民或庶民（roturier）的地位。但在另一方面，他又被视为一个契约租地人或租地保有者——即是说，从形式上讲，他的保有权不是奴隶式的。他固然必须付纳现金地租和提供实物，但除此以外，生产物全归他所享有。他的承继人，须输纳一种相继税，或者，只要支付一种称为 lods et ventes 的赋税，保有权就能够让渡。此种以 lods et ventes 见称的手续费——直至法国革命为止，尚不曾消除——也还适用于贱民财产之转移或变卖上。泰理税（taille）是对于住户课加的规定的与特殊的货币赋税，那是一个更普通的名词。与前述现金地租比较，泰理税更不确定，更可依领主的意向为转移，领主如非自行限制，由合同注有定额，他就可任意增加其征收的数量与次数。逮中央政府随时代演进而强固，泰理税乃变成了近代意义的土地税，由国王征收，而"现金地租"一词，乃用以指称对于所有者所课之地皮租（ground rent）。人头税极不普通，那为农民所热烈反对。例如，一八三一年英国农民的叛乱，其直接原因就是为了征收一种国民的人头税。道路工作，以及其他类似的群集劳动，通称为劳役义务。

若干不正当的义务，正所以表示封建制度的影响。在封建制度中，为领主所享有的监护的权利与婚姻的权利，在庄园里面亦可发现。对隶民阶级的妇女所要求的结婚费，那是他这一阶级在古时与同庄园男子结婚所应尽义务之残留。假若他与村落以外的男子结婚，则此种结婚费课加特重，因为本村落由此损失了彼女的劳动，以及他的子嗣的劳动。一个人工作于庄园以外，那亦要课加一种偿金，那偿金称之为奇非吉（chevage）。无直系继承者之隶民死去，其保有地将为领主收回，领主的此种绝嗣没收权，称之为摩尔特麦因（mortmain）。假若领主允许此保有地由远离的直系承继者相续，或由近在的非直系承继者相续，那均须征取一笔重税。设所征为货币，则此税确类似一种封建的相续金；所征为某种财产，则又确如一种功果金。相续的惯例依各地域而大不相同。但迹其开始，无非是努力使适合于实际环境。长子相续法为劳动感到需要之地域的产物。长子或承继者，在其父亲放弃其斐格推以前，他自己或已成人、结婚，并生有像样的儿子。假若荒地尚可继续开垦，那次子、三子、四子等，乃至他们的眷属，将留在村落，或耕凿新垦土地，或由原保有地度其生活。设土地稀少，人口颇感拥挤，则那些绝非庄园所能容纳的小儿子们，就会鼓励其并合新殖民地或移居市集。末子相续法（或最小儿子的相续），特别适用于人口拥挤的区域。在此种场合，较长的诸子，将在成年时分出，承继者当受领斐格推时，其家族人必少。

中世农业上的开垦与拓殖的地位，那简直是全般的被庄园论者所忽视了。新的领域在不断继续地开垦。日耳曼边陲的东向扩展，已由易北进至斯拉夫人移殖时所蹂躏的地域了。僧侣为大的土地开垦者。僧院之扩大与增多，那不只是由虔敬的捐赠，且由于更旧庄园社会之过剩人口的大批向着新地域移出。旧庄园之向着周围的荒地拓展，往往伴有一种领主对于耕作者之原来权利的侵害。我们试一考察英国较旧王家庄园的农民优越地位——那里的变动，较在领主所支配的庄园的场合为少——就不难想见耕作者那种原来权利被侵害的程度。

教会领地的农民命运是至可羡慕的。他们完全不会受到蹂躏农业的战争的灾害。僧侣在欧洲北部成了一个普通的知识阶级。如卡陀（cato）、发洛（varro）、科仑麦那（columella）以及帕拉底阿斯（Palladius）等关于农业之拉丁著述，不但保存着，且在某限度应用了。耕作的方法一般皆比较开明，饥荒的危险颇少。有时用以表述那利用无助普通民之无情自私自利精神，大体上是不存在的。

领主与农民之共同治理，曾见于公共集会或评议会中。有些著者从形式上把庄园的评议分为三种：第一，封建土地保有之领土的贵族评议会，第二，单属农民之旧来的惯例评议会，第三，诺曼庄园与英国教区的人民评议会。第一种评议会乃处理遗产、土地之让渡或赐予、破坏习惯之科罚，以及选举官员等；第二种评议会乃处理纯粹的农民事体；第三种评议会则是处理小的错失、契约与法定价格（即是关于面包、淡麦酒等之数量与品质所规定的定价）的破坏，或者，连带责任集团之规定。这集团中之任何人员，皆须对于其他人员的行为负连带责任；村民的这种强迫的组织乃是村落的一种制度，不过这村落不是庄园的，而是当作国家的一部分看待。

在实际，通常单有一种评议会，定期召集，以处理那些需要处理的事务。如监视罚金、相续金、功果金、重新颁给，以及村落官员的推定等——在我们早期新英格兰（New England）的市会中，亦系处理这同类的公务。评议会的主席由领主或其代表者充当。不过，代表者并不一定是领主的雇员。有许多庄园实际是由庄园评议会，在租地人中选出之村长管理。也往往由一个执事或领主的监视者管理。对于小的庄园，有时由一人兼理村长与监视者的职务。

由同一评议会选出之其他重要官员，为"干草守护者"（hayward），他对于干草原无事可做，实际不过一围篱管理者（warden of hedges）。他的任务在监视围篱及其门户的修葺，并在犁耕时禁止畜牧，在秋季例期开放为公共牧场。那例期在英格兰称为八朔节（Lammas Day），村人往往举行宴会庆祝。"市集"（town）一词之原意，即是所谓"围篱所在"。

科征一定额罚金之权利称为"裁判之权"（right of justice），那仅是领地农场的一个有利可图的职务。不过，自由的及半自由的租地人亦得以陪审者（jurors）的资格，参与此种事体。此类集会之开始化分为比较专属的司法、立法与行政三个部门，那是中世纪比较后期的事。我们只需回溯三个世纪，就可探知"court"一词，是用以指示村民的、市民的或多数家畜所有者的一种全体会议。

当作一个经济单位看的庄园　以时期而论，以环境而论，敞地的庄园，总算是一个从未曾有的有效的农业单位。假如说它的构造，乃至它的依赖传习，有碍进步，那它在另一方面，亦阻止了衰落。从我们现在的眼光看来，它的最大缺陷，与其说是关联于庄园本身，倒不如说它是附着于一般的环境。在当时的那种情形下，没有够保护生命财产的中央政府，亦没有允许各地间行使货物交换的良好道路。一旦由降雹或大旱引起了灾荒，就是由邻近丰收地域取得救济，亦苦无适当组织。各地都没有很多的剩余产物。在实际上，几乎所有的庄园，都是从手到口，仅够生活。它们的产量之少乃是资本与贸易缺乏的必然结果。除了距离市集最近的地域外，几乎没有一个地方能够专门生产那些特别于它适宜的产物，因为生产出来的那些产物，既无由卖出，而所需的其他物品，又无由购入。

庄园的经营，非为利润，乃为生计，故与后期相比较，特别困难。它没有维持稠密人口的可能，但也没有维持稠密人口之必要。隶民的住宅，污秽而可怜，其家具非常缺乏。就这方面讲来，其现代的后裔大体较为舒适。与现代劳动者比较，其衣着当更粗恶——也许更不适体。至于食物一层，大约隶民与现代欧洲无技术的劳动者相当——纵或不较优于后者——而与现代欧洲的技术劳动者略逊。中世村民与当时存立的中央政府无何等关系，不过，治理之责，主要都是属于地方，故失之于彼，大体尚能取偿于此。村民对于村务和教区事务的发言权，至少不亚于其现代欧洲的后裔。诚如基本斯（Gibbins）所说："所得者也许可以偿其所失。"

物资的增加，往往能引起一种更大的需要，所以，对于欲望的满足，每不免相对减少。一种严酷的生活本身，会产出支持那种生活的刚毅精神；一种等级的制度，并不特别苦恼那些于外事一无所习的人民。村落生活的交谊关系，那是一种实实在在的幸福源泉。凡属与今日东欧农民有密切往来的人们，殆莫不大大羡慕其个人的品质。他往往在艰苦工作中发出欢唱。星期日、例假日的团体跳舞，以及其他的社会集会，都是异常欢乐而幸福。

庄园的衰落不是由于它不能应付产生它的环境，而是由于产生它的环境已经改变了。在一种社会尚能成为比较完全的单位，且能自给自足的限内，各地域的分工，固不成问题，即一村落中的精细专业，亦全无必要。专业或分工，在能够推行的地方是非常有利的，那不但能开发地方的特殊资源，且能发展个人的特殊才干。因着暗中倾覆庄园组织之运输、财政，与政制之改进，分工或专业之倾向，乃日益显现。

庄园之变迁 考察庄园内部的变迁，我们须得常常牢记一件事，那就是要区别关联于此种制度的各种要素或成因。第一，那有敞地村落；第二，有支配领地农场的领主；第三，有农耕隶民——农民全体对领主保持着半自由的习惯关系；第四，有普被于庄园的封建关系的组织——那只是在形式上，关涉到领主——那组织所提供的大部分系统与规律，使庄园成为一个值得研究的充分综合的制度。

在十九世纪以前，敞地耕作只有一部分归于衰落。一七九四年，英国坎柏兰德（Cumberland）州有一半的地域，尚未圈围。至大革命之顷，法兰西北部的敞地耕作法，还极其通行。俄国哪怕经过一八六一年、一九〇六年乃至一九一七年以后的强烈变革，其敞地耕作仍未完全消除。领主只是逐渐由一个领地的收税人变成了地租征收者。经过了中央政府的逆袭、农奴的解放、市场的发展，以及供应那种市场——那改变了歪曲了庄园，使一种综括的制度不再存在——的特殊农作的增进，封建制度崩溃了。当十四世纪时，英格兰的农耕奴民身份已显有衰落，而此后则徐归消灭。法兰西王领的农奴，在一三五〇年左右，即完全解放。其私人田庄上的农奴，那有如在英格兰一样，有的是由个人获得自由，有的是由团体获得自由，他们都能使自己脱弃特别奴役的桎梏，至一七八九年，所有最后的残习皆一扫而空。日耳曼的隶民，系由拿破仑战争时的法令所解放，但其见诸实行，则是此后数十年事。俄罗斯隶民之解放，原在一八六一年与一八六六年之间，不过领主之利用他们，虐待他们，却并不因那时的解放而完全终止。

庄园自经一般的改变后，接着就发生分解，那种分解是开始于低原地带。低原地带包括有许多沼泽和半沉陷的海滨低原。要使那种地方能够耕作，只有投下极多量的劳动，并且，那有一大部分自始就不适于庄园组织。历次可怕的洪水——由十一世纪至十三世纪，将近经过35次大水——曾冲决开了须德海（Zuyder Zee）、多勒特（Dollart）以及其他许多较小的海湾，要对这些海湾，施以海坝、堤埂、运河、汲水设备一类工程，非支出极大量的资本不可。在那里再开发的肥沃土地上，发展了长方形围地的集约耕作。早期在海港与沿通航流域一带的商业市集的勃兴，使市场生产成为可能，从而使专门生产更为有利的产物亦有可能了。这时，货币广泛通行。市集不仅是低原地带贸易的要地，且成了法王税吏在欧洲这部分行使兑换的银行总部。英格兰提供罗马的赋税，主要是羊毛与其他原料，此等物品运经尼德兰，即换为货币。

尼德兰农民既处在这特殊的生产与交易的情形下，他们遂不能使用庄园那种三耕制度。他们有许多土地，从未配成条形。与人口相对而论，土地是稀少的，这事实，使他们寻求生产的与不虞枯竭的耕作循环，并改进肥料之科学使用法。庄园的三耕制是第一年秋耕，第二年春耕，第三年休耕，三年休耕一次，他们则是五年、七年，甚至十一年休耕一次。英格兰的金花菜与豆科植物，都是由低原地带传去的。

低原地带这种集约的个人的耕作体制之存在，对于其邻近法兰西，尤其是日耳曼的土地农业，发生了极大的影响。荷兰与佛兰德的拓殖者，一方面因本国人口的拥挤，一方面因国外自由土地之诱惑，遂相率东向东南向开发北海低下的边境，并联合萨克逊人垦殖拓展日耳曼的低原地带。荷兰式的居留地之极东南境界，止于杜塞尔多夫（Düsseldorf）；过此以往，则个人的农场消失，三耕制村落特占优势。在东面，荷兰的居留地通过了布勒门（Bremen）一带的低洼地，东北面更经由易北，达到了荷兰斯坦因（Holstein）与希勒斯维克（Schleswig）。由此扩展的核心，他们更东向定居于普鲁士本部，东南向定居于布兰登堡（Brandenburg）；凡在有海岸，有沼泽，有迂缓河流的地带，那里就特别宜于尼德兰式（即荷兰）的耕作方法。荷兰的拓殖者中，掺杂有日耳曼人，在东部边境，还掺杂有斯拉夫人。他们这些移殖者之所以受到特惠与劝诱，那是由于日耳曼统治者之传统政策。他们历来就欢迎外人移殖，直至近代。日耳曼东部农业的进步趋势，始终未完全丧失，虽然在三十年战争（thirty year's war——一六一八—一六四八年）

后，个人相对的自由，结局是被最悲苦的农奴制度所牺牲了。

莱茵河西部的大部分地域，至少在后期罗马时代已经开发了。至其人烟一向稀薄的东部，大部分土地都满布着森林、莽原或沼泽，间或有点缀一两处开垦的地段罢了。法兰西的广大地面，在中世纪已为寺院与俗界人民所开垦，所以那里大部分地域都显得有复兴气象；但日耳曼则实实在在是开始拓荒。迟至十一世纪时，宣教师行经日耳曼森林者，往往若干日不曾遇见一个人影。不过，那里虽是空旷的荒野，设以中世的农耕方法耕作起来，每方英里却能维持100左右的人口。散在各处的拓殖地，特别是僧侣的拓殖地，开始是沿着河流、大道，或森林边界。在300年间，那里已点缀着商业市集，并满布着庄园、农场与寺院的组织。那一部分原因是由外人的移殖，而主要的则是人口增加，由北海以至阿尔卑斯高原，由莱茵河以至维斯杜拉（Vistula），甚至维斯杜拉过去，起先原是森林与沼泽地带，但现在展开了一种新的文明，各处都散布有畜牧村落，那些村落大抵还附有一块半可耕的土地。在日耳曼这广大地域上，农业制度是极形复杂的，究其原因，不外那些拓殖者各有其不同的来源。

法兰西（在其一九一四年的国境内）在第九世纪时代，大约有五六百万人口，至中世纪之末，那已实在增加到了4倍，并从此停滞着，每方英里约计百人——这是所有中世农业所能支持的限度。人口4倍的增加，那使我们知道开发与移殖之大进步的经历。寺院的殖民与普通移殖者，是来自旧社会，他们把旧社会的制度，再现于新的地域。至旧制度应用于新地域之保持大体的一致——那比美洲西部之郡区（township）与州区组织之类似其大西洋岸之母国社会的组织，犹过之而无不及那是用不着惊异或奇怪的。

英格兰的开发与移殖，是依着类似的程序进行。那里的森林采伐了，沼泽与荒野开发了。人口渐向西北移动——因为在诺曼人征服的时代，靠近大陆方面的人口已经非常稠密。然而，直至中世纪末叶以后好久，英格兰尚是比较后进的地方。按照大陆方面每方英里百人计算，英格兰应该可以维持500万，乃至500多万人口，但这个数字，是到十七世纪才达到的。由诺曼人征服以至现代黎明期，英吉利人大约增加了1倍。一〇八六年清查户口的人数计约180万。

在十一世纪初期，欧洲低原地带已经开发了、耕作了的土地，大概没有超过1/4。至十四世纪之末，凡属可耕的土地，实际皆进于耕作，并且许许多多的居民都向外移殖了。当地市集与村落的极大部分，皆是形成于这个时代的末期。果树园、牛乳农场、市集蔬菜园，以及若干的葡萄园——若干地方的气候土壤，宜于葡萄种植——显示了专业努力和技术知识的进步。各种家畜，各种谷物，各种果木，都斑然杂殖起来，外产的动物植物，亦渐习惯了当地的气候。因着家畜的比较严重的病疫的研究，一种经验的兽医科学产生了。耕地可迅速改作牧场，牧场亦可迅速改作耕地那种转换，一视当前的需要和市场而定。耕作上至关重要的事体，就是家畜饲料种植法的输入，依着那种饲料种植法，近代式的轮耕，乃有可能了。土地的开发与耕作的改进，无论在市集方面，在寺院方面，亦在君主方面，都有利可图。任何国家之经济集结的决定标志之一，不外是资本蓄积、分业，以及农企业上营利生产之商业观念的应用。在中世纪以前，尼德兰已显示了此种现象。那些在市集上发给了的商人，都向田舍购买地产，并以公平而敏睿的精神，开垦地产，他们在早期的竞争活动中，能够成功致富，那不能不说是得力于那种精神。

法兰西中部的制度掺杂有商工业化的地中海区域的性质，以及比较典型农业化的北欧的性质。我们关于南欧的农业，原不曾多费笔墨，但切不要以为那是不重要的，那是停滞的。西班牙北部或基督教区域，土地都在开发中。那里的农耕方法，渐渐与摩尔人之进步的方法完全一致。在意大利诸市府，大的灌溉工程颇为发达。有如在尼德兰一样，市自治团体和君主，与僧侣争先恐后地建立蓄水池，疏凿限制河道，且开掘运河。伦巴底大运河创建于一一七九年至一二五七年间，因其通达马焦雷湖（Lake Maggiore）、故亚达河（Adda）、奥略河（Oglio）以及波河（Po）流域的8万余亩的土地，皆得灌注。

封建制度和随伴人口增加而扩展的庄园，那对于北欧农业上的制度与统一形成的，实为非常有力的因素。特兹所谓"统一"云云，就其发展讲，是社会的，且在极实质的意义上，是有机的，我们绝不要过于重视。寺院、领主，乃至自由农民之从事拓殖，并不是确然采取同一的途径，他们原来各地方的制度，亦显非一致。不错，地方的自给自足和无须进行相当商业之一般趋势，那是会形成各种农业单位的统一的，但一地与其他地方之经济的相对独立，却又是使那些单位彼此不能统一的实在动力。在若干接近城市的地方，货币经济已渐通行，自给经济早已削弱，故形成统一的诸般因素，都无由施其作用。加之，较大的市集，已能依着权利的买卖，依着实力，乃至依着它们与中央政府的联合，严重地削弱封建领主的权威。此种关于贸易与市场之重要性的差特，致使格拉斯教授（Prof. Gras）有田舍的村落与市集的村落之区划。属于前一部类的，只是那些全无机会交换货物的偏僻庄园。

庄园之衰落　形成庄园的统一的诸要素，仿佛在十三世纪左右还有势力。庄园愈是与北欧一般的经济发展相符合，那就愈会渐形丧失它本身的一致。庄园所由崩溃的主要经济事实，就是分业的实行，分业实行后，接着就发生了其他密切关联的种种变革。至分业局面之所以造成，那不外是市场发达与贸易发达之必然结果；关于此点，我将在次章叙述。

个人勤务改由货币支付的转变，在北欧系开始于一千二百年左右。那时许多较优裕的租地人，已经在开始雇用小屋人，以履行他们对领主之奉献日或收获期服劳的义务。在领主自己，他们亦于收获时期雇用特别工人。哪怕是在中世纪的极盛期罢，有些较小的庄园，早已不肯维持终年的长工，而开始雇请不定期的工匠了。人口逐渐增加的结果，领主们都不禁为以次的诱惑所驱迫，即，开拓荒野地带，使圈入其领地，或用以出贷于自由农民。东方的或欧洲南部的货物之使用，那在十三世纪已成为高等社会地位的标志，并且这类的货物，必须用货币去购买。至货币的获得，那有三个显明的途径：第一，变卖栽培的生产物；第二，由那些为市场生产的租地人，取得金纳地租；第三，接受货币支付以代个人勤务。

此外，人口的增加，还会惹起其他许多经济问题。如公有地或公共牧场，即是那些经济问题之一。有若干这类土地，实际已需要犁耕，且照此下去，亦比较不能尽地之利。特在许多情形下，村民对于此种土地的权利，颇为暧昧，而且依照十二世纪所复活的法律理论，他们的权利，就尤其没有保障。许多英吉利人，自经法兰西西南部的阿基坦（Aquitaine）被占领（在一一五四年以后），以及由是与西班牙诸君主发生了关系，他们乃积渐习知了欧洲南部的围地。至关于围地利益之更加接近的教训，那是得自低原地带。领主们依着交换与合并，继续取消了他们大部分分离的敞条形地。他们的围地之增加，相因而要求更多的雇佣劳动，并且，那种劳动更当以货币支付。

劳动以货币代替一经开始，在遇事趋于固定化的中世，自会渐形执着，以致成为惯例。在先，领主往往要保留其要求劳动的权利，不肯由货币代替。有些较早期的代替契约，都限制为固定期间，如一年、数年，乃至终身或两世。但领主的那种保留，实际上全无用处，时代在不断倾向于其反对的方面，他们所保留的权利，渐归消失了。至"黑死病"（Black Death）发作的当时（一三四八年），法兰西北部或英格兰的农民，在法律上虽然依旧受着以前同样大的束缚，但实际上他们是一天一天地趋于自由了。依据法律，他们的保有权是"基于领主的意志"（at the will of the lord），其实，这个语词，还受到了"根据庄园习惯"一语的补充。所谓"庄园的习惯"，曾载在当时评议会的记录，而由后来的王家法庭所追认。约在十五世纪末叶，英吉利的"卡毗霍尔德"（Copyholder）[①]已与自由的保有者，取得了同等的保护。

农奴制的衰落和契约租地法的发展，暂时为"黑死病""百年战争"，以及相伴而发生的种种情形所阻制了。不过，诸如此类的因素，却并不曾限制市场的发展，不曾阻止住农业倾向营利的一般趋势。以货币代替劳动，在先领主与农民都有利益：就前者言，他在其领地雇佣劳动更有效用；就后者言，他不必要在农耕十分繁忙的时候，为了履行劳动义务，而离开其农场。但后来货币逐渐增多的结果，农民虽能更容易偿付其固定义务，而领主则不能以同额的货币，代支其所必须的劳动。此种利害相反的情形，因"黑死病"而益增加其严重。小屋人与普通劳动者，都要求较高的工资。尽管有国王的训令，尽管有劳动法，尽管有领主方面的抗拒，他们的工资仍是增加了。许多劳动者，斐格推保有者以及租地人之由"黑死病"而死去，其余一大部分人之由畏惧"黑死病"而逃亡，致劳动突然减少了一半。

当"黑死病"蔓延最厉害的时候，农事与手工业工作，都有一部分的停歇，由是物品缺乏，物价抬高。在此种情形下，劳动者既不能以原来的工资而生活，主人就只好增加其报酬，报酬虽然增加了，在生产未复原状以前，他仍旧只能维持其生活之习惯的水准。此种乖戾的循环，在现代货币膨胀时期，是司空见惯的。

领主临着这种关头，除了企图借法律力量低减工资外，更努力恢复那许多尚有法律权利的劳动义务。可他们所凭借的法律权利，往往在实际弃置太久了，任何恢复的努力，即不惹起暴动的骚扰，亦难免引起阶级的憎恶。大约领主设法避忌或消除货币代替劳动契约，很少得到成功，但代替的趋势，确是因此受到了阻止。为了更严格地强制履行那种未经货币代替的义务，法兰西与英格兰有许多年间都是闹着社会的斗争。一三五八年的法兰西的农民暴动，那是经过了两方面大流血与大破坏之后，才镇压下来的。英格兰的农民，往往干脆地"取消"那些年久失效，同时还损及普通人之人格与权利

[①] 译者按：关于这个语词的含义，本章第四节"阶级与村落的组织"项下，曾有详细说明，读者可以参阅。

的劳务。暴动是到处发生的。一大部分贵族化的僧侣都为此灾变所驱逐，代替他们的，是游方僧侣，或如约翰·波尔（John Ball）之流的通俗僧侣。他们对于神学的修养既浅，对于传统的信念亦薄。他们继续加诸特殊恶弊的攻击，致促起一般大众对于社会秩序之整个基础发生疑问。当时流行有以次的平民诗歌：

当亚当锄掘，夏娃纺织，还有谁作绅士？

他们所要求知道的是：为什么生产物品的劳动者，受困乏的磨折，不劳而获者，反有丰裕的享受。约翰·波尔对于社会何以只酬报那些拥有所有权的人的疑问，那不亚于近代任何激进主张之论调的尖刻。当时激进主义之发作暴动，一方面是由于较早期的《农民讽刺故事》（The Vision of Piers Plowman）的翻译，另一方面却是由于约翰·威克里夫（John Wyclif）对于高级僧侣及其赋税的排斥，为一般庶民自由应用于俗界的上层阶级了。愚妄的人头税之课加，致使一三八一年的动乱达于顶点，但在极短期间内，那种动乱即由狡诈与恐吓兼施的手段平定了。

老早就在尼德兰确立了的营利农业，在十四世纪英国的情形下，竟成了一种非同小可的要素。羊毛供给为一大市场的产品。那不仅大批地输往佛兰德斯，并且爱德华第三还开始竭力使佛兰德斯的纺织者，携带织机，定居英国。农耕劳动之缺乏与昂贵，遂相因造成一种特殊刺激，使耕地保有者，把耕地改作畜羊的牧场，这一来，劳动需要缩减了。灾难之后的土地所有权的混乱状态，又使许多旧来的农民土地，有改作牧场的可能。于是由两方面增加阶级的倾轧了：农村劳动需要既经缩减，而耕地缩减又会引起生活费用的抬头。被摈斥的斐格推保有者与小屋人都退出村落，挤入那些在发达中的市集。这时，为供应市场的生产，以及相伴而生的货币的使用，故迅速发达，特别自美洲发现与外国贸易展开以后，那种趋势就愈发不可遏制了。

货币与贸易之非常发展，致使传统上对于个人劳务的权利，更加不能一般地回复。凡在那种劳务未完全被农民否认，或者未曾因领主觉其不利而取消的地方，那通是改作货币支付。村民向市集的移动和相伴而生的工业的发展，一种对于剩余谷物的新需要产生了。此种需要阻止住了一般趋于畜羊的倾向。早期的围地运动，至一六〇〇年止，大约直接影响到了英格兰不到一半的土地。然当时的间接影响，亦同样重要。大的领地农场，在继长增高的工资制度下，显然无利可图，于是乃相率解体，分租于此前的执事，或优裕的农民，由他们雇佣劳动耕作。在先，耕作的资本，大抵皆由土地所有者提供，但后来租地人自己渐渐积有资本了。

就北欧一般情形而论，严格的中世庄园体制，分裂为四种各别的土地制度。第一为农民所有权制（peasant proprietorship），在此种制度下，隶民阶级脱弃领主，成为土地——这土地在前为其惯常租地的先祖所保有——的所有者。在法兰西中部与北部若干地方，此制度颇为通行，而在日耳曼西部则比较不大普遍。第二为麦太耶制（metayer system），麦太耶之意义为半分，即租地人以半分收获付于土地所有者，特在实际并不限定是半分。在北欧地方，此种实例随在可见，不过那具有更多的南方性质罢了。第三为大农场制（great farms），那在日耳曼北部通行颇广，以梅克伦堡（Mecklenburg）与波美拉尼亚（Pomerania）为特著。其标准面积，大约是由700亩至1500亩。第四为英国的佃农制，那是形成于现代初期。租地的平均面积为200亩，约6倍于以前的1斐格推。

在农民所有权制度下，土地上只有一个阶级，所有者，耕作者，劳动者，合而为一。就大陆方面说来，所有的情形，似乎有利于这种制度，而不利于其他三种制度。自十五世纪以来，欧洲土地保有法的历史，已经是极其错综复杂了。但无论何时，外来的任意限制——非直接导源于农业经济学的要素——既经撤除，一种小农庄制度乃渐立于首要地位。这时，租地人与劳动者成为新的阶级。早前农民阶级——除了偶然的成为租地者外——的后裔，都被驱逐了，或降黜而为劳动者的身份。

任凭哪个时期，都不能像一四九二年或一五〇〇年之北欧繁杂农业史那样的重要。封建的土地制度，由大陆西北部的一个较小的核心，时而缓慢地、时而迅速地扩展。它继续其东向扩展的步骤，超越了一二〇〇年以后五个世纪。（那时货币与贸易的推行，已显然颠覆了这种制度的土地基础）因此，在十七世纪中，它已开始在日耳曼东部获有极大势力。俄罗斯农民在同世纪的罗曼洛夫诸皇帝（Romanoff Tsars）治下，渐渐的，由一些法令束缚于土地上了，那种法令以彼得大帝（Peter the Great，一六八九——一七二五年）治下所颁布的为达于登峰造极。像这样想产生一种大体类似西欧庄园（附有隶民关系）的政策，那是直到一七六二年以后，方始察知其全般效果的。根据同年由彼得第三所颁布的不高明的法令，食茅胙土的贵族，乃弛缓其对于中央政府的严格责任——那曾为彼得大帝计划中之一重要特征——

了。农奴益发要受地方领主们的任意支配。像一七七三年由流血压服下去了的帕格奇夫（Pugachev）的农民暴动，究不能抑止住当时农奴制的高潮。在喀德邻（Catherine）在位的34年（一七六二——一七九六年）中，有80万自由农民降为农奴；此后5年（一七九六——一八〇一年），他的儿子保罗（Paul）更曾把35万农民，连带颁给的国土，赐予私人。

因此，无论是探究庄园农业的勃兴，抑或是探究庄园农业的衰落，地方关系与时间关系，有同样的重要性。货币、贸易、与国民政府勃兴——早在十二世纪末叶，此诸般事实，已十分显现于低原地带、法兰西北部，以及英格兰历史中——的各别效果，必须由两个不同的途径去探索：其一是扩展于西欧农村生活上的效果，其一是东向扩展的效果。十字军在欧洲经济生活的扩展与统一上，颇见效果，那种效果，逐渐的，不知不觉地，与那至十六世纪始见功效的海外扩展的效果相调和了。从经济上立论，它们是同一运动的连续现象。第一，地中海商业发展之影响于欧洲中部，那几乎与其影响于西部边境者相同。第二，大海洋之被征服为贸易与殖民的孔道，那给予了大西洋海岸诸国——部分影响欧洲南部与中部——以极大的经济刺激。但全部商业之层叠扩展的效果，与其说是革命的，则不如说是逐渐的、积累的。我们要使自己相信此种事实，只需考察人口之徐缓而适度的增加就够了。我们将探索到由十三世纪至十八世纪（这时在技术上、组织上，开始了革命的变动）的同样一般的历史趋势；所谓"产业革命"的影响，那在当时欧洲中部与东部，犹没取得何等势力。

在一千六百年，英格兰的庄园组织已实行消泯了。不过，间还残下一些重要的中世技术的遗物。至它们这些遗物的湮没，那则是一七五〇年以后之工业技术与商业方法之大变革的结果。劳务由货币代替的运动，因美洲之货币金属的新供给而加强，因对于展布欧洲文明之商工业的新刺激而加强；但农业上的资本主义化的趋势，却在十六世纪有一段起伏变化的历史。农业资本主义曾在英格兰遭到了托马斯·摩尔（Sir Thomas More）与约翰·赫尔斯（John Hales）一流人物的强烈反对。由一四八八年至一六〇七年的这个期间，反围地运动不断续发。至一六〇七年以后的100多年，农业形态变动的迟缓，乃显而易见。如其我们说农业变动迟缓的真正阻力，是经济的、政府的法令，不过是偶然的，我想这种提示，大体无可非议。单是组织上的变迁，决没有维持较多人口的可能，所以在技术上需要一种革命。

我们试一考察法兰西的土地制度史，则上所云云，尤信而有征。法兰西十四世纪的人口，已经达到了当时农业技术所能维持的最高限度。直至十八世纪，那种技术的改进甚缓，而人口的增加，亦极其有限。此种长期的安定，相因而在农民的繁荣上有一种迟滞的发展，所以十八世纪的法兰西的农民，较之欧洲其他地方还要小康。农奴制度的遗习，逐渐消泯，至一七八九年的最后清算时期，那已毫无所见了。

上述那种长期安定的不幸结果，就是对于十八世纪产业革命所造成的机会，无论在本质上，在形式上，只能作极缓慢之反应的传统社会秩序。法兰西人口由每方英里百人的适当密度时期，以至于海外有实行大规模殖民之可能时期，其间经历了三个世纪。在十七世纪中，法兰西已经发展了，并成就了一种相对固定人数的社会经济秩序。至那种固定人数的秩序之形成，乃有赖于一大无意识的机械活动，此类机械活动为一切人口问题研究者所熟知，而且在同一地域定居久远的大多数社会中，皆大体类似。结婚的年龄哪，嫁奁的配合哪，遗产的分配哪，以及其他动以千计的规制人口更其错综的事体，均相率变为习尚；人口增加既被视为幸福之累，阻止人口增加，自为幸福的保证。像这样传统化的社会秩序，当然会减少集团生活的倾轧，使个人由习惯与情感附着于社会，从而，安土重迁，厌恶分离。法兰西的一般农民，皆不大热心于殖民事业。若干愿作拓殖先锋的胡格诺教徒（Huguenots——大都为属于中等阶级之新教市民）往往又为政府所沮阻。因此，法兰西的人口与社会秩序，就比较没有为海外的拓殖所动摇了。

英格兰的情形，正相反对。十四世纪法兰西那样的人口密度，它差不多是到十七世纪末叶才达成的。在那个时期，它的殖民事业与海外贸易事业，都非常重要，人口滞钝的倾向，社会秩序固定化的倾向，皆被阻制住了。英国政府不阻止其宗教的分离者与社会的不满意现状者，向外移殖。在形式上，在本质上，英格兰之不安固的状况，那是无怪其能强烈反映十八世纪的产业变动的。商业上的便利地位，与早期工业的发展，使一部分尼德兰斯（后来为比利时）脱去了社会固定化的桎梏。就这样，自由的尼德兰斯，乃得与英格兰分有大殖民事业的利益。

在中世纪末期，日耳曼为欧洲的一个最繁荣的领域。它的贸易在现代初期所遭逢的若干恶运，那将在本书下编论及。农民的不断暴动，部分根源于宗教的内战，以及西班牙、瑞典、法兰西，乃至哈布斯堡（Hapsburg）的军队的侵略，都深深地影响了日耳曼土地制度史的程序。

日耳曼的庄园秩序实现较迟，而它在十五世纪末叶的衰落状况，亦不若其在低原地带，在法兰西或在英格兰之甚。可是，十六世初期的迫不及待的分解，那却是彼此同时遭遇的。在庄园秩序分解期间，日耳曼农民颇为不幸，那在一方面是由于尽量采用罗马法律，另一方面是由于追踪宗教叛乱而起的纷扰与内战。日耳曼旧法律颇能保护下层阶级，并注意其习惯上的权利，但此法律为新兴法学者所嘲弄。据他们这般罗马法学者的高见，法律的制定，须基于君主的意志。在短期内，普通的法庭就掌握在贵族手中了。这一来，领主遂得依法律付与自己以罗马主治者的任意权力，而各级得有部分自由的农民，则被品列被待遇为农奴或奴隶。因此，除了以自己利益为前提，对新法律系统行使支配的小集团外，所有日耳曼人都结合起来，斥罗马法律学者为强盗，为卑鄙的讼棍。

　　罗马法律的采用，特别会使领主捧着法律，掩饰其对于村落普通人民的侵夺，因为罗马法典是仅仅承认个人私有财产的。功果金不复能受到习惯的保护，增加了。有时，领主掠去了死去农民之物品的一半——假若他无妻子，甚且要取得其全部。在那种相续金已改作货币支付的地方，其额数将如其他的金钱义务一样，任意增加。封建的保护，为那种苛索的主要理由，比较强有力的，且能征收赋税，保全秩序的政府，既经成长起来，那封建的保护就没有需要，从而，那种没有理由的苛索，就尤其会招致怨谤了。

　　由一四七六年至一五二五年的日耳曼农民暴动，偶然的，与路德（Luther）的反抗教会的叛乱，混在一起了。这全体运动称为鞋结同盟（Bundschuh），因为在一四九三年以后，他们所标揭的旗帜上绣有农民的花鞋。由一五二四年至一五二五年的最后大暴动，最为严重。有一个时期，那简直要颠覆整个社会秩序了。这次暴动开始于黑森林之斯塔林根（Stühlingen），旋即扩展到南日耳曼全部。在先，暴动者还借用路德的若干口号，但不久，路德脱弃此种运动了，自是日耳曼南部农民，乃一味揶揄路德，至称之为"撒谎博士"。

　　有如在早前法兰西的农民暴动中一样，日耳曼的贵族与农民，都不免干犯了通例的屠杀和不名誉的残忍。因为无力抵挡职业的军队，农民显然是被粉碎了。继鞋结同盟运动而后，到处曾发生同样不好的纷扰。奥地利亦有零碎的暴动。一五一四年，匈牙利在乔治·多佐（George Doza）指导下，发动一大叛乱。大多数农民原系集结起来，作为反抗土耳其人的十字军，迨领主力图解散他们，于是乃转而演成一种社会战争了。在这可怕的战争中，以及由是而引起的可怕的报复中，大约有6万农民牺牲了生命。通哈布斯堡帝国的农民的义务，较之过去繁重多了，领主更能任意苛索。日耳曼农民的最大部分，曾为合利吉（Hörige），他们类似于前面解述过的法兰西的自由隶民——身体有自由，但其保有的土地须担当种种义务，那些义务当中，有金钱义务、物品义务，并还加上身体劳务，但其额数都由习惯规定了。各种义务得由领主任意变动的纯粹农奴，那比较极其有限。然自罗马法盛行，鞋结同盟运动失败后，合利吉的身份，在实际已变成农奴的身份了。

日耳曼是荒废了帝国的权威，已由30年战争，由最后那一长列宗教的、内政的、对外的斗争，而降落为一虚影。最坏形态的庄园农奴制，开始一般的通行日耳曼东部。村落各家族皆课有不给报酬之近卫勤务（household service），村民欲移住市集者，则有严格法律的阻制。直至十九世纪初期，日耳曼尚不曾完成对其农民的解放。最后并合于奥地利、匈牙利的哈布斯堡本土，那是更为后进的。俄罗斯至十九世纪下半期始开始解放其农奴，而庄园经济的遗迹，则一直淹留至二十世纪罗马尼亚的情形，恰与俄罗斯相类似。

进一步研究的参考书籍

*Ashley, W.J. English Economic History and Theory, vol.Ⅰ, ch.Ⅰ.（London, 1913）

*Ashley, W.J. Economic Organization of England, chs.Ⅰ, Ⅲ.（1914）

*Bax, Belfort. German Society at the Close of the Middle Ages, chs.Ⅰ, Ⅶ, Ⅷ.（London, 1894）

Bland, Brown and Tawney. English Economic History, Select Documents, pp.56-113.（London, 1914）

*Boissonnade, P. Le travail dans l'Europe chrétienne au moyenâge, livre Ⅱ, chs.Ⅰ, Ⅱ, Ⅷ, Ⅸ, Ⅹ.（Paris, 1921）

Cheyney, E.P. Industrial and Social History of England, chs.Ⅱ, Ⅴ, Ⅵ.

Fay, S.B. "The Roman Law and the German Peasant", American Historical Review, vol.ⅩⅥ, no.2, pp.234-254.（1911）

Gras, N.S.B. An Introduction to Economic History, ch.Ⅲ.（1922）

Gras, N.S.B. Evolution of the English Corn Market, pp.24-31.（1915）

*Gray, H.L. English Field Systems, chs.Ⅰ, Ⅹ especially; all good.

Hone, N.J. The Manor and Manorial Records.（London, 1906）

Irvine, Helen D. The Making of Rural Europe, chs.Ⅰ-Ⅲ.（1923）

Janssen, J. History of the German People at the Close of the Middle Ages, vol.Ⅰ, bk.Ⅲ.(1896)

*Lipson, E. Introduction to the Economic History of England, vol.Ⅰ, "The Middle Ages" chs.Ⅱ, Ⅲ, Ⅳ.(1915)

Maitland, F.W. Domesday Book and Beyond.(1897)

Meitzen, A. Siedelung und Agrarwesen der West und Ostgermanen, vol.Ⅱ, ch.Ⅶ.(1895)

*Meredith, H.O. Outlines of Economic History of England, bk.Ⅰ, ch.Ⅱ; bk.Ⅱ, ch.Ⅲ.

Ogg, F.A. Economic Development of Modern Europe, ch.Ⅱ.(1918)

*Prothero, R.E. (Lord Ernle) English, Farming, Past and Present, chs.Ⅰ, Ⅱ.(1912 and 1922)

Rogers, J.E.T. History of Agriculture and Prices in England, vol.Ⅰ.(1860)

Schapiro, J.S. Social Reform and the Reformation, chs.Ⅱ, Ⅲ.(1909)

Sée, Henri. Les classes rurale set la régime domanial en France aumoyen âge.(1901)

Seebohm, F. The English Village Community.(1883)

*Seignobos, C. The Feudal Régime, ch.Ⅰ.(English translation, 1804)

Simkhovitch, V.G. "Hay and History", Political Science Quarterly, vol.ⅩⅩⅧ, pp.385-403.(1913)

Usher, A.P. Industrial History of England, chs.Ⅳ, Ⅴ.(1920)

Vinogradoff, P. The Growth of the Manor.(1905)

Vinogradoff, P. Villeinage in England, Introduction.(1892)

第六章　中世纪之北欧商工业

定期市集　当欧洲对于东方物品的需要，受到十字军的刺激时，首先大获其利的，是意大利的输入商和分配者，以后则渐渐唤起了仿制东方物品，或制造交换东方物品之其他物品的工业。手工业者所制造的，都是供地方需要的物品，知道外国市场的只有商人。供地方消费的手工业制品，一般都是由制造那种物品的手工业者自行销售，而制造与变卖，则通受地方的法律与习惯所规制。

外国商业是建立在极其不同的基础上。由欧洲南部与东方的输入，大部分是由外国人主持，他们纳费取得了在定期市集与市场上的贸易特权，但贸易的方法，却颇有通融的余地。如像在香槟州（County of Champagne）那种国际定期市集的场合，所有贸易的集团，实际彼此都是外国人，其交易则受支配于广泛的"国际"商业法、商人法（law merchant）。中世的欧洲，尚未形成近代这样的大国家。一个普罗旺斯人（Provencal）或勃艮第人（Burgundian），对于一个佛来铭人（Fleming）、诺曼人、布列东人（Breton）或"法兰西人"［即中古时以巴黎为首府之伊尔·德·法兰西州（Île de France）的土人］，都为"外国人"。甚且由各地方辏集的意大利人或日耳曼人，他们亦还是穿着不同的衣服，讲着不同的土话，并且彼此都不认为是同国人。

大的定期市，原为进行外国商业而设立。辏集于所谓"国际"定期市的商人，都不是购买他们各自本地生产的物品。他们由大定期市购买的，更由较小的地方定期市去发售；大部分的市集，通有其为同一目的而安排的地方定期市。在更小的定期市中交易的物品，多半不是由远地输来。参集于任何定期市的人都须有饭吃，有屋住，并受到款待，仅是这样，已会要求一种地方贸易的体制，不过那是大家集聚之副次目的罢了。定期市都有其宗教的仪式——许多定期市的发生，原来就是由于信徒们之朝敬圣地。

在开始时，因为北欧生活之特别趋重农业，且因为贵族都住在远离市集的田舍，于是市集的地位比较薄弱，外来者乃得在封建贵族保护下，支配着输出输入的商业。迨商人基尔特或地方职工会逐渐形成，此种由外人支配市集的趋势，乃被阻止。北欧商人的种种联合组织的地位，是到他们所属市集取得了特许状的时候，才特别强固有力的。

香槟诸定期市（champagne fairs）的繁荣时期，是由一一五二年到一三〇〇年左右，那时香槟实在还是极小的一州。它的组织是弛懈的，是典型封建的。在十二世纪末期，伯爵有2017个隶臣。其中有158位，还是受封号于将近85个其他的领主。而在伯爵自己，他有26个不同的领地，是受封号于10个各别的最上君主，就中包括有皇帝，有法兰西国王。至关重要的特鲁瓦（Troyes）定期市集，那仿佛是受勃艮第公爵（Duke of Burgundy）的支配。

香槟这样小的地域，由其国际定期市吸收全欧的贸易与酬金，那是当然要大富特富的。意大利的门诺宰（Menozzi）说过："法兰西的小贵族们，允许意大利商人的公司，以商务买卖的形式，特别是以货币利贷的形式，榨穷其人民，那一定不是全无所为的；因为他们利用那种情形，还取得了利益。"事情的真相是这样：以酬金形式，流入香槟伯爵之金库的富裕收获，那取之于其人民者少，取之于远地人者多。在香槟诸定期市相互交易的商人，都须为取得此交易特权，付伯爵以酬金，但当他们再卖其货物时，此酬金将转嫁于其本地人民。领有香槟州的伯爵，间接由其他四周所有伯爵、公爵、君王领下的人民，征取酬金，那自然会引起他们的妒忌。不过，他们亦有自慰的地方：定期市集的领主们，为要使各方辏集于市集的道路，免除通行税，免除拦路盗匪，以及免除封建的劫夺，他们亦得输纳那些妒忌者以相当货币。

在一三〇〇年左右，法兰西之腓力·提·费尔（Philip the fair），已大大增加其对于诸伯爵的权利，那一个地域实际就是由他所控制。因此——一部分由于强固化的赋税、酬金，与种种规定——大部分的贸易，乃越境投向佛兰德斯、日耳曼，以及勃艮第的市集。至若这种贸易迁徙的其他缘由，本书第三章已经指明了。那时，佛兰德斯、日耳曼与英格兰的市集，已颇为发达；深海的航行，亦大有改进，致使意大利诸市府觉得，使"佛兰德斯商船队"（Flanders fleet）绕航布鲁日（Bruges）与伦敦（在布鲁日与日耳曼贸易者相会合），较有利益。

香槟的定期市每年有6个迭相更代，故实际终年在继续开市。每个定期市继续6个星期至10个星期。在一年的开始，货摊是设在拉尼（Lagny），以次是设在巴尔·沙尔·亚比（Bar-sur-Aube）。至普洛芬斯（Provins）与特洛耶斯之各个的两个定期市，则相续完成此一年之循环。

大规模辏集于这里的原材料和制造品，那都由西欧低原地带与地中海区域所输出。叫卖那些货品的人民，是各种各色。其中以法兰西、佛兰德斯与意大利的商人最占优势；此外还有日耳曼人、英吉利人、西班牙人、荷兰人、瑞士人，至散在各地的犹太人，那是更不待说的。地中海东部，斯堪底纳维亚半岛，乃至俄罗斯的货品，一般皆是在途中进行交换，主要由意大利人与日耳曼人输入。在这每个定期市中，我们可以找到种种的货品，如织物、药材、香料、珍珠、金属、盐、皮革、毛皮、家畜，乃至奴隶；此外，还有食品，有饮料，有由负贩或担商直接发卖于实际消费者的零碎制品。据一个十四世纪的鲜明的手本所描画：当负贩躺卧于树下时，其包裹中的发卖物品，至小猴所分散，那些物品中，包含有衣物、小帽、手套、乐器、钱袋、围带、小刀、锡器、陶器等。

在这样的国际集团中从事买卖，那遇事是非用货币评价不可的（即使在很少或者完全没有实在铸币兑换者的场合）。当时的货币，有封建的，有市集的，有国家的，种种色色，令人昏眩，但一到这诸般货币需要处理，那些伦巴德、科尔辛（Caursine）以及犹太的银行家与钱商，遂显露其头角了。他们为便利贸易的进行，对各种货币行使兑换，并对各种货币评价其相互的比率。借款利率极高，各地都是由20%以至60%以上，而且担保还要确实。标准的铸币，为地方的银普洛斐西诺（Silver Provisino），或香槟之伯爵的便士（penny of the count of champagne）。12便士为1先令或苏勒德斯（solidus），20先令为1镑（libra）。

意大利狡黠的钱商们，深深了解此后许多世纪的所谓格勒善定律（Gresham's Law）——劣币驱逐良币的定律。伦巴德人开始自行铸造便士，但其中掺和有黄铜。他们以此掺铜的劣币去掠取香槟的银币，更将此种银币再铸为劣币。这一来，其他的银便士——包含有法兰西王家的底尼尔（Denier）——亦相因低减成色，于是货币极形混乱，致使佛罗伦萨人考究金本位，并开始铸造十足成色的佛罗林（full-value florin）。

要充分了解十三世纪的商人们，在他们往来于定期市的水陆道上所遇的困难与危险，那须披览一大些关于当时社会情形的文献。当时的道路崎岖，桥梁缺乏，河道湍急而危险。战争往往阻害贸易道程，或者使贸易长无保障。匪贼成群结队，到处游荡，特别是把守山径，劫掠那些没有充分保护的队商或孤行旅客。小封建贵族往往勾结匪盗，实则他们早与匪盗相差不多。对于每个桥头，每个渡口，每个市门，都须输纳通行税，此外，道旁河岸，又满布着封建领主与君主，队商或商船，每行不到几里就须停下来。税金在名义上说是为了保护，但我们认为那实在甚于贿赂。在罗安内（Roanne）与南特斯（Nantes）之间的罗亚尔河（Loire River）上，或者，大约在每60英里之内，计共有通行税74种。在伦河（Rhone）与梭恩河（Saone）上，有60种。意大利人到佛兰德斯所取的海道，亦有其本身的危险，如船舶之小，船具之粗陋，灯塔之缺乏，以及海贼之巢穴等，但以之与陆路旅行的恐怖与苛索比较起来，我们却宁愿冒这海道的危险。

佛兰德斯每年有6个循环定期市，那与香槟极相类似。香槟的定期市的衰落，对于低原地带的市集虽有所促进，但却不如其在北欧的市集生活上开一新纪元。定期市是开设在市集之中，或开设在接近市集的地方，与市集大有区别。在一三〇〇年顷，贸易的限度，已保证了国际货物交换之永久市场的确立。意大利人开始建立本店与支店，或者在北欧市集留驻长期代表。一二九二年，巴黎一市有16个意大利公司，在佛兰德斯的诸城市，乃至在伦敦，他们也建设有同样的经营组织。

一种大体类似早前曾显现于意大利诸市的情形，这时在北欧诸市集中，具有一定的形式了。以前叙利亚与勒芬特商人经商于意大利，惹起了意大利的对抗的公司组织，现今北欧贸易商人团体，却又为了分享输入贸易的利益，再接再厉地与意大利人拼命竞争，这该是如何类似的对照！北欧在不久的期间内，即迅速由一个垦殖的边区，发展而为贸易中心地点——那里有永久市场的镇市。当秩序的政府一经结束起来，各地方即舍弃其原始自给自足经济，开始专门生产那些最宜于生产的物品。基尔特与汉撒（Hanses）的勃兴，那是早在十一世纪就灼然可见的，所以，在这新的组织荫蔽了旧的大定期市的组织以前，它们还同时存在过两个多世纪。

大约在一三〇〇年以后，大定期市在国际商业中扮演的任务是渐不重要，但它并没有消灭。比较小的定期市，还继续开设于加罗内（Cologne）、美因河边之法兰克福（Frankfort-on-the-main）、日内瓦、里昂，以及其他更偏僻的地域，如像英格兰、日耳曼东部、俄罗斯。英格兰的商业发展，

145

较大陆方面为落后，并且那里逐年循环的大定期市，亦比较不大重要，不过其组织非常类似。最大的定期市是设在圣艾夫斯（Saint lves）、波士顿（Boston）、温切斯特（Winchester）、北安普顿（Northampton），而同一巡回商人亦往往参集于诸大市集之间的小市集。

每个市集，甚至许多村落，都有它们的周市、半周市或日市，那些市中所交换的，不外是像土制品与食物一类的必需品。在更道地的乡区，大都是借此诸定期市为乡民相互交换必需品的机会。这些定期市，把市集或显然城市化了的村落和其周遭的乡村联结起来。在此类市场中，输入品几乎完全没有。地方的生产与交换的系统，与各地域间的或国际的经济活动的系统，判然各别。后面这种商业体制，原本是属于商人基尔特的公司业务，那还控制着当时的输出工业。

商人基尔特与汉撒的勃兴　　"基尔特"之原来的意义似乎是一种偿付，特别是为宗教目的的一种偿付；但此字后来又应用到一个折本贱卖的地方或组合。"汉撒"（hanse）之原意为堆积或集聚。以后转指一群人、一个组合，更进而特指一种商人组合。有时，"汉撒"一语与"基尔特"交互使用。但自经"汉撒"应用为一种离开本土的商人组合，更由是而应用为一种以商人为代表的市集的同盟，于是此两者乃渐有差别。

在查理曼时代的法兰克法律中，互相保卫的商人组合，有时被呼为gildonia或geldonia，其义与"团体"（confratria）略同。在十一世纪的喀姆布来（Cambrai），此种组织始称为基尔特，不过当时在其他地方又称为慈爱团体（charitas or amicitia）。北欧自十一世纪以来，曾增加过颇多的商人基尔特，主要都是在一个市集中。它们虽有某种社会的与宗教的作用，但原来却是为了贸易的目的。它们早前的收入来源之一，是对外取得贸易特权者，课以酬金；这件事，已经使他们关于市集组织，有许多事情要做。

关于商人基尔特之确实前身与其最初活动的问题，那曾在历史上惹起了极形热烈的争执。幸而，对于这种问题的判定，我们还可忆起当时产生那诸般组合之环境中的一些显著事实。依照皮伦内（Pirenne）的确然主张，低原地带之特殊贸易的最早的核心，那就是第十世纪或者更早的商港或货物集散地——与当时军事驻屯地，或位置于此驻屯地旁之监督市相区别的市场。此等商港主要以商业为生。其居民为冒险者、亡命者，以及其他脱去了遗传的和习惯的羁绊的人。他们这种集群的活动，大抵由其邻近的领主与寺院长得到了默许，因为由他们所推进的贸易，那是非常必需的。他们所处的商业地位之优越，对于定期市颇能左右；他们亦在定期市中贸易，但仍保持其独立局面。

这些早期的市集民或商港居民是自由的。他们有许多是由农奴制下逃出，在他们仍保有这样的来历，同时又脱去其早前的羁绊的限内，谁还要求召回他们呢？加之，他们有的是人口实在拥挤的社会所挤出，有的是因为破坏永恒习惯为庄园所驱逐，还有的就是饶有企业精神，而敢于自行冒险的行商，此外，更加一些船夫、码头工役、劳动者、手工匠，以及其他为各商港贸易者服役的人。这种商港或永久市场，有它自己的草率而便当的政府，这政府恰好能适应其特殊需求，并治理那些不循常规的定居者。其法典系商人法或关联于定期市之商业法的一种根源。有如在其他任何社会一样，他们有领导者，那就是那些进行商务，并保有财富全部的冒险商人。

在先，这种胚胎的市集，没有何等法律身份存在。其所在地域的俗界或僧界政府，忽视它们的特征，在可能范围内课以赋税，并还竭力强制推行那些关于农奴制一类的常习。例如，在这样性质的居留地中，男子自然较女子为多；但是，假如一个商港的自由人，要由某某庄园娶一个农奴身份的妇女，那么，按照庄园的习惯，他的子女就不免是农奴——或如有时所解释的，其子女至少有一半是农奴。此种习惯，颇为贸易的社会所反对；它们这时已经获得了一种公认的地位——有保证的特权与适当的市集——它们的自由传统亦十分确立了。照它们的常规，假若一个人居住市集一年又一日，没有任何人抗辩其对于个人自由的权利，他就被视为自由人。继续生活于低原地带之市集的许多农民，他们都是为其领主而工作，从而，他们那种隶民的社会地位依旧没有变更。

正如在早前意大利的情形一样，低原地带的市集居民的叛乱主要是反对僧正，不过连带也迁怒于骑士和伯爵。他们这种叛乱活动，得到了以次事实的支援，即商港、市郊或商业郊外，已较避难所的城堡与寺院有更大的发展，在十一世纪之末，前者早经囊括一切，并合全体而为一实在市集。有些商人已经富有了，其中有一位还于一〇四三年在圣·奥麦尔（Saint Omer）建立一座教堂。凭借实力与金钱，市集由最上君主取得了特许状，从而取得法律的地位了。此种特许状的显著特征就在司法权与赋税权，即市集得制定自己的法律，并施行自己的法律；它对君上的赋税，见总缴纳，超过此总额的部分，则用以供应市集本身的需求。市集虽仍是封建的阶级体制，但却具有一种团体的外观。征集金资与兵士以从事战争，那亦是往往而有的，但伯爵们早失掉了指定谁应当作战，谁应当输金的权利。在法兰西与英格兰的市集，都非常宁愿获有君主的特许状，而不欲取得小封建领主所发的特许状。凡属住在市垣之内，受有团体特许状保护的完全市民，即称为"公民"（burgess）。

商人基尔特的历史，通常比较受有特许状的市集的历史为长。这个商业领袖者集团之往往提供资金，不外是为了买取赋税与司法的权利。基尔特人员与公民或市民，并非彼此一致的集团。有些邻近庄园之长期寓居市集的领主，虽属市民，但于输出输入贸易上无何等关联，故不属于商人基尔特；在另一方面，遵从寺院法，不能成为市民的长期寓居市集的僧侣，却又往往属于商人基尔特。若干重要的手工业者在开始就被承认为基尔特的组成分子；有时，外国商人，其他市集的市民，都可参加基尔特。大部分的公民都是基尔特人员；大部分的基尔特人员又都是公民。特别是在这两者几为一致的场合，此种重叠关系，在实际定会常常使两集团的行为发生混乱，并且，关于商人基尔特与市政府之间的区别，在记录上有时是模糊不清的。

汉撒的发展与定期市和商人基尔特的发展紧密关联。汉撒之最重要者，为伦敦之佛兰德斯汉撒（Flemish Hanse of London）与条顿汉撒（Teutonic Hanse）或汉撒同盟（Hanseatic League），亦名"伊斯特林"（Easterlings）。

最初有确定组织的汉撒为佛兰德斯的或伦敦的汉撒。那在先仿佛只是佛兰德斯之最重要城市布鲁日的一个商人基尔特。就某方面说，那是诸城市的同盟；就其他方面说，却又更像诸城市的商人的组合——甚或一个商人基尔特的组合，因为汉撒中的每个人，他起先必须是他所属市集之商人基尔特的一员。而且，所有市集的较高官吏亦非汉撒中的属员不可。在十二世纪的下半期，佛兰德斯汉撒逐渐结合起来，支配着对英格兰的有利贸易。它以后由17个市集扩展到57个，就中有许多是不属于佛兰德斯境内的。最重要的市集，是伊泊尔（Ypres）、里勒（Lille）、根脱（Ghent）、杜亚（Douai）、阿拉斯（Arras）、喀母布来（Cambrai）、亚贝威勒（Abbéville）、圣·奥麦尔、波未（Beauvais）、康延（Caën）、特洛耶斯、亚眠（Amiens），以及理姆斯（Rheims）。输往英格兰的，为布、铠甲、玻璃一类精制品，而羊毛则是由英格兰输出的一项最重要的货物。

这个集团曾在香槟诸定期市集进行大规模的贸易，它对于英格兰的商务独占已达到那一种程度，那就是官吏有权没收任何违章的非属员的财产。不过，独占并非汉撒之唯一目的。除此以外，它还着意在使货物标准化，并防杜欺瞒。

佛兰德斯的伯爵对于汉撒没有直接支配权。其主官称为"汉撒之伯爵"，由布鲁日商人所选出。其次要官吏称为"标准责任者"，通常由伊泊尔所提供。在汉撒司法范围内审理案件之法庭，计包括有布鲁日裁判官8人，伊泊尔裁判官4人，其他各市集各1人或2人。

英格兰经济发展的结果，一群英吉利的"分销商"，或"分销者商人"乃开始一部分独立的输出贸易。它们起初以公司的形式显现出来，系在一二六七年，其名称则是得自四个分销市场或分配站，那是它们分别设立在大陆方面的卡力斯（Calais）、布鲁日、安特卫普（Antwerp）与多德勒喜特（Dordrecht）的。在十四世纪时，英吉利除羊毛外，并还输出大宗的腌肉、牛乳制品、生皮、锡、铅等。有时，分销者团体与佛兰德斯汉撒携手合作，前者控制主产品的输出，后者则监视对英格兰的输入。合组佛兰德斯汉撒诸市的内部，在政治方面，在社会方面，都陷于极其严重的困难境地。经过长期衰落后，这个组织渐归消泯，而由后来者居上了。在一三五四年，分销公司另行组织，担负起输出输入两方面的任务。统制着海峡每一方面之10个乃至12个分销市场的，有一位由英国本地商人及外国商人共选的"分销官"。这分销官除了维持秩序，实施法律外，他还以中间人的资格，一方面监护英王及国库的利益，另一方面也注意外国商人的利益。

时势的改变，此分销者最后亦临到其消泯的命运。英国羊毛制造业的增加，致对外输出贸易的性质改变。在一三六三年以后，大陆的分销市卡力斯，于一五五三年为法兰西人所掠取了。自是分销之推进，乃由一市集转至其他市集，至十七世纪时期，那已失其效力，无足轻重，于是分销者商人渐为冒险者商人所代替。这后者全为英国人，他们所贩卖的是以制造品，特别是以布匹为大宗，原料品不过附带经售罢了。他们不拘限于任何一个分销的或分配的中心。

在早期以来——甚至在佛兰德斯汉撒出现以前——科伦（Cologne）的商人，已经在英格兰进行贸易。他们在有分销者商人组织之前，就在伦敦设有一个颇兴旺的贸易场所或代理店，后来称为"斯体尔雅德"（Steel Yard）。在第九世纪初期为查理曼所建立的汉堡市，当十三世纪时，已与英格兰进行着广泛的贸易。律伯克市（Lübeck）建立于十二世纪中叶，在不久的期间内，已发展而为波罗的海岸的重要商业区。歌特兰岛（Gothland）上的维斯比（Wisby）老早就成了俄罗斯对日耳曼贸易的中心，它并且还在诺弗哥罗

（Novgorod）有其支店或代理店。日耳曼诸市的许多商人曾定居于维斯比之老北市，他们在外国土地上的合作经营，渐渐把他们所代理的诸市集结在一起。汉堡与律伯克曾有一个同盟组织，其年月不详，但仿佛还存在于十二世纪，布勒门（Bremen）后来加入了。汉撒同盟的开始参加者，为这海岸诸市集团，由科伦领导的莱茵省诸市的集团，以及伴有其诺弗哥罗代理店的维斯比。岛上诸市集因为有最大的维持法律与秩序的机会，且因当时的帝国极度削弱，它们于是逐渐成立同盟。在此同盟中，不伦瑞克（Brunswick）居于领导地位。东部的但泽（Dantzig）乃最后联合律伯克，荫蔽维斯比①那个集团的中心。所以，汉撒同盟极盛时的四个分支，系分别由律伯克、科伦、但泽以及不伦瑞克所统率。

汉撒同盟诸市与意大利相接触，那是经由阿尔卑斯山径，特别是经由布鲁日的大市场。那有商业组织的西部一带，除此大市场外，还在比较后进的伦敦、卑尔根（Bergen）与诺弗哥罗三处，各有一代理商场或贸易所，更加将近28个小商业驻留地。海盗与劫贼通被严格禁制了，对于所有属员都加以极严格的训导。敬神为汉撒同盟市市民所通行的——至少也许因为那是一部分的正事，且是外国居留地的素朴的规诫。他们建有规模宏大的教堂，勒令其代理者严守独身主义，并以极其严厉的惩罚，压制船上岸上的种种亵渎行为。

汉撒同盟在组织上、在运用上，都含有我们无从探悉的大秘密。同盟诸市的数字表从未公刊过，但我们现在知道在某一个时候，将近有115个地方与汉撒同盟有关。同盟中的显然行政部是没有的，可是对于其不服纪律的顽强属员，它却能发动大队人马，予以极迅速的惩治。丹麦诸王曾被其击败过两次，同盟的势力实际曾遍及于斯堪底纳维亚半岛南部，日耳曼北部以及波罗的海。因为不守规定，哈伯司达（Halberstadt）的四个镇长官被处极刑了。其军队计达12000人。律伯克为一主要城市。在一二六〇年以后，那里常开着三年一度的立法会议（triennial diet）。

汉撒同盟之财富与实力的三大来源，为英国的贸易，为对俄罗斯的贸易与对瑞丹海峡（Sound——在瑞典与丹麦之间）之渔业的两种独占。由十二

---

① 日耳曼市集居民，渐渐蚕食了波罗的海与黑海之间的古代北方贸易的独占，最后且完全取斯堪底纳维亚人之地位而代之了。

世纪至十六世纪中叶,鲱鱼大队经由窄狭的瑞丹海峡,东南向波罗的海产卵。瑞典南部之斯侃尼亚(Scania)凸出的弯形,正是捕取鲱鱼之理想地点。同盟之与瑞典丹麦连续激成战争,不外是要保留这个锁钥之自由的控制。瑞丹海峡是难以航行的,运往波罗的海的货物,乃经由汉堡,更从汉堡与律伯克间之运河转运。

十六世纪初期的宗教叛乱,损害了鱼、琥珀和制烛蜡线的市场。约在同世纪中叶,鲱鱼突然在北海产卵,而没有移向波罗的海了,由是,日耳曼人与斯堪底纳维亚人之长期争斗,乃西向移动,演成了英吉利人与荷兰人之间的争斗。这时,俄罗斯的统一,已在伊凡大帝(Ivan the Great——一四六二——一五〇五年)的领导下开始了。日耳曼人的商业独占,既在俄罗斯皇帝方面直接受到侵害,更迅速地被英国与荷兰的贸易者所倾覆。诺弗哥罗在一四七一年被伊凡大帝占领了。那个市集的居民因与恐怖者伊凡(Ivan the Terrible)之仇敌波兰人成立秘密协定,有数千人被屠杀了,放逐了,结局乃还原而为一个村落。维斯比是实行废置了,那现在不过一荒废的堆积。

在卑尔根约有3000日耳曼贸易者定居着,他们实行享有挪威之木材、生皮、鱼类之输出贸易的独占。又卑尔根为一城堡,由那里可以攻袭北海的海盗与商业上的敌人。到冰兰、格林兰与北冰洋的船舶,普通都是由这个口岸出帆。当汉撒同盟因现代国家的勃兴,海外贸易的扩展和新贸易方法的推行,而渐归削弱时,卑尔根亦自行独立起来。在四大国外市场或贸易根据地中,只有它还保存其中世的面目。

斯体尔雅德(Steel Yard)为前述分销者商人在伦敦所设之贸易根据地,其地筑有围篱,正当伦敦桥之西,面临泰晤士河(Thames),长达200余英尺,由泰晤士河岸向里走之阔度,约400英尺。在波斯顿,在林尼(Lynn),乃至在其他英国市集,亦有类似而较小的若干贸易根据地。爱德华第三(一三二七——一三七七年)在借款上,在反对法国的战争上,均须大大求助于汉撒同盟市市民,同盟利用此绝好机缘,进一步获取了许多让与权与免许权,这一来,日耳曼人就与新兴的英国商人阶级发生了尖锐的抗争,在十五世纪时,同盟所输出的英国布匹,较之由英国船舶输出的,有40余倍之多。它把资本投在各种商工企业(如采掘锡矿等)上。日耳曼代理店对于自国的人民,有一种设在外国境内的司法裁判权,此种权利极类似今日欧人在后进诸国如土耳其、中国等国境内所享有的领事裁判权。英国商人为了此点,为了他们不能参加波罗的海的贸易,为了同盟市市民不时凭借实力妨阻英国商业的扩展,且一般的为了同盟所享受的特殊权利,他们往往大鸣不平。同盟与英王在一四七五年所成立的《乌得勒支条约》(The Treaty of Utrecht),对于特别地域的司法权问题,虽有一种互让的妥协,但却使代理店的所在地成了同盟市市民的绝对财产,并且国王对于同盟的债务,亦决定其额数为5万元,由赋税项下扣还。

一五五二年,同盟的特许状由爱德华第六取消了,但此后两年,玛利(Mary)又予恢复。最后,路德福(Rudolph)皇帝于一五九七年驱逐英国的冒险者商人,而女王伊丽莎白(Queen Elizabeth)则于次年封闭斯体尔雅德以资报复。在十五世纪时,布鲁日的商业因海港的淤积与贸易航路的变迁而渐归衰落,于是,那里为同盟所设的贸易根据地乃大受损害。一四三八年律伯克与荷兰的战争使它们暂时退出同盟,但在同世纪之末,它们终于永久脱退了。

当中世纪末叶,日耳曼曾有一个非常繁荣的短期间。如富格尔(Fuggers)那样的大银行,在日耳曼各市中皆有设立,并且,若干商人已在专门从事我们所谓批发贸易。日耳曼人,特别是依着汉撒同盟代理店而行使活动的日耳曼人,他们在欧洲边境建立起最好的贸易方法上,无疑是扮演了一个极重要的角色,但他们的强大势力大部分是建立于他人的弱点之上。他们的组织是有效果的,但他们一般的政策却是窄狭的。许多市集之隶附于同盟,不过是两害相权取其轻罢了,当时日耳曼帝国的权威实际已经薄弱到了近于消灭之点。为日耳曼人所利用的各国人民,立即就学会了日耳曼的伎俩,汉撒同盟之权威所系的诸种独占,已实行受到破坏了。同盟的伟大业绩因愚昧的战争与顽执不变的政策流为虚影,当三十年战争时代,它已在日耳曼繁荣之一般破坏中而趋于覆没了。

汉撒同盟在前除了经售南欧的葡萄酒、盐、油、水果、丝、糖,以及通常日用的东方货品外,在实际更还贩运着北欧所有的货物。搜集于诺弗哥罗之兽毛、生皮、革皮、谷物和蜡,那是取自俄罗斯中部;而同时输入那里的,则为羊毛、麻布、金属制品、盐、葡萄酒,以及啤酒。由斯堪底纳维亚半岛各地输入的物品,为木材、铁、铜、兽毛、家畜、海蜇、鱼、肉、谷物等。与这些物品交换的,则为比较制造过的食品、布匹、葡萄酒、啤酒、制造物,以及通常的南欧输入品。羊毛、皮革、生皮与锡,为英格兰之输出大宗;而制造品、鲱鱼与蜡,则为其输入的重要物品。同盟市市民以所有北部与东部的原料品、制造品,倾注于尼德兰,而其所交换的,则是那里地方的原料与制品，再加由佛兰德斯商船运入的地中海的货物。

商人基尔特的功用　几乎存立于前述每个贸易市集的商人基尔特，那与各该市集的市政府是判然各别的，但在那种政府下，它扮演了极其重大的功能，它对市政府的官吏——特别是镇长官以及那渐被派充财政处理者的监誓人——具有极大的势力。我在前面讲过，许多市集的此种官吏必须为汉撒的属员，或市集同盟的属员，而那种属员的资格又只对于商人基尔特的属员开放，因此，他们遂具有两重的权威。商人基尔特注意外国的商业；在诸种手工业发展到能够形成自己受有特许状的组织以前，它对于手工业立于监督的地位。手工业所制造的输出的产额必须受支配于独占输出贸易者之要求，并且，就财政上来讲，许多从事输出品制造的手工业者根本就是依赖那些输出商人。

手工业基尔特（craft gilds）最后在地方的种种条例规定上获得有颇大的选决权，那原因，与其说是由于它们对于商人基尔特的反抗，就毋宁说是由于一极大部分的、烦累的业作之分工。手工业者对于他们的特殊制品的制作，不但有比较精细的知识，且有比较敏捷的技巧。商人基尔特除了纯粹的经济功用，且为完成那种功用起见，它对于其自己的属员，特别是商务人员，取得有一种准法律的立法权。

在北欧商人基尔特组织形成的当时，那里的市民社会规模狭小，且须依赖其四周的乡区为生。教会、俗界政府以及农村组织，均较市集的历史悠久，均与市集判然各别。诚如皮伦内（Pirenne）所说，市集之最显著的经济特征就是它的不生产性。它是要靠土地生产物为生的，但它没有农奴，没有地产，引起其对于土地生产物之直接要求。它的食物的取得只是靠制造品或输入品，与领主或农民交换。为要低减食品的价格，且为要支持交换食品之货物的价格，商人组合不能不阻止独立的中间人之出现。农民搬运其农产品于市场，直接售卖于市集居民。在地方需要未得到供给之前，不许任何人保有剩余或整买零卖。许多市集是输入谷物或鱼类一类的食品。对于输入品价格的控制，比对于地方生产品价格的控制，要困难多了。阻制输入之个人独占的方法，就是使同基尔特人员，分享输入者所购来之物。在这方面，市民有了若干保护，是不会受到过高价格的压迫的，但农民因过低价格而吃亏的事，却没有何等保护的规定。

对于食品以外的其他输入品的交易，大体上亦是采取同一方法。买占——如在货物尚未上市以前，预先至中途整批购买——是不许可的。囤积居奇或贱买贵卖，均在禁止之列。禁止的方法，不但是对违犯者课有罚金议处的规定，并且同基尔特人员还有分享其利益的权利，这一来，犯规就加倍困难了。在许多地方，此种分享权利，只限于那些到场从事预先购买的基尔特人员，但在其他地方，即未到场的同基尔特人员亦得分享。至如此规定的动机，要不外维持低贱的价格，保证机会的均等，并阻止不生产的中间阶级的勃兴。

中世的"正当价格"（just price）的观念，那与我们现代的生产费的意义没有多大的区别。例如，面包与麦酒之审定权量价格——这类主要食品之重量或数量与价格之确定——至少每年举行四次，如有所需，或举行四次以上。此种任务，通常由基尔特之主导者担当，更辅以其他基尔特的或市府的官吏。他们参照供给变动和其他特殊情形，努力达到当时那种经济环境下所许可的公平价格。

像这样一种独占制度，供小地方的要求是颇好的。在商人基尔特组织的初期，北欧所有的市集，主要都是依赖其周围的乡村为生，它们大抵不外以地方的手工业制品，去交换食品和原料。那时输出输入贸易的规模极小，至使一个简单万分的基尔特，还有时间去从事其他监督手工业一类的事情。然至有2万、3万，乃至4万居民的市集出现的时候，情形就不复是那样简单了。贸易性质的改变姑置不论，仅是贸易数量的增加，那亦就会使其蒙到非常的困难了。货币的使用渐由市区传及村野，采掘与贸易增加了贵金属的供给，且促进了贵金属的流通。勤劳义务改作货币偿付了，利润与剩余的观念积渐侵入农业方面，于是交通亦因而颇有改进。农民的购买力随其囊中货币的增多，市场的选择，以及市集之不绝增大的需要，而续有增加。货币的数量的加多和流通的加速，都会促起物价抬高的结果，而身受其利者，则往往为村民，因为他们偿付其代替劳务的金额，那是在货币较为稀少且较为难得的时候就规定了的。谷物因输出而增多，其售卖则是经由那些必然相互竞买的中间人。

市集发达的结果，手工业集团的人数既有增加，其关系亦渐趋复杂。一个地方只有两三个织工，那是非常容易监督，且用不着要组织的，但有40个、50个织工聚在一块，情形就颇不一样了。为商人制造输出品的手工业者，虽然逐渐变成了雇佣劳动者，而那些生产行销本地市场之货品的手工业者，却自行组织起基尔特，以避免商人基尔特的监督。在北欧大部分的市集中，本地市场异常重要，从而，为本地市场生产的手业者，乃比较繁多，而他们为规制产品与售价而合组的基尔特，遂成形为一种典型的组织了。可是，像在佛兰德斯那样高度工业化了的地域（特别是当十五世纪的时候），许多市集的工银无产阶级，依旧非常之多。输出的制造业，也如输出输入的贸易一样，非有相当的资本，是无从进行的，因此，有钱的贵族们，亦继劳动阶级而分化为特殊的集团。在这类市集中，有类意大利诸市的那种政教团体的错综基尔特组织出现了，且还发生了争夺市政支配权的类似阶级斗争。此种趋势，在英格兰是不甚显著的，因为英格兰在中世没有大规模地输出工业，并且，它的大部分外国贸易，几乎都是由大陆方面的商人进行。它在当时对于佛兰德斯与日耳曼诸市集的经济关系，仿佛类似二十世纪巴尔干诸国对于德意志的经济关系。

北欧强有力的中央政府乃是受支配于土地利益或农村利益，正唯其如是，它阻制了市府的形成。在这方面，佛兰德斯较之欧洲任何地域，更进一步。那里的中央权威，最后甚至使佛罗伦萨之麦第奇家（Medici of Florence）那样的大资本家的优势受到妨害，并且，若干在一个单位组织下形成的诸市集之初步集团都归分解了。北欧既缺乏形成地方寡头政治的机会，于是那里许多市集的富裕的人选者，乃使市民的身份，较之基尔特属员的身份，更为人所敬重。北欧诸城市因为控制不了其他市集或广大的乡村区域，它们遂自行调整起来，构成较大的国家中之协作的单位。它们的市民，自是不再在地方竞争中耗费其精力，反之，他们努力于其阶级在国家议会中之地位的高扬了。可是，论到这里，我们不应忘记：汉撒同盟的活动，实大有造于北欧人民之协作习惯的养成。

手工业组织的发展　在十一世纪以前，欧洲西北部的大部分手工业者，都还是农奴：他们有的是在自己小屋中，为僧俗两界的领主劳动；有的则是在俗界领主的家庭中劳动。那时所生产的各种物品极其有限，其中一大部分是供地方的消费。

市集在由特许权取得公认以前，依旧是当作经济事实而存在的。若干工匠曾集聚于这种雏形的城市社会中，开始在非奴役的条件下从事交易品的制作。市集法律地位的取得和商人基尔特活动的增加，那在前述的手工业上形成了一个中心的倾向。由十字军所惹起的商业刺激，立即北向施其作用。手工业者不绝增加起来；他们仿造商业上输入的物品，不久就发觉了，有许多物品他们能够自行制造，并且其价还较低廉，其质还较精美。

典型的工匠都自备有工作器具。家内工业——由不自由的手工业者所进行的——破坏后，自由人的小工场盛极一时。有时候，是工匠购买原料制作，有时候，是消费者提供工匠以制作的原料；其方式随手工业的特殊性质与地方情形，而互有不同。往往同一手工业者，因顾客的不同要求，而采行两种制作方式。例如，一个制烛匠，有时可以用自备的油膏，为他人制作定货，更利用零碎的时间，制作他人所提供的油膏。这与一个近代裁缝业者所采行的制作方式正同：他可自备衣料制作，同时，更接受顾客的衣料制作。

老板（master）是一个小规模的企业者（entrepreneur）。他有小的工作机具，他维持并训练学徒，他雇有职工或有训练的助手，他出卖其所制的物品。预定制作是一种出卖货品的方式；除此以外，他有时还可把货物陈列在工作房——他大约是住在这上面或后面——前面发卖，有时自行携货往市场发卖。哪怕就是制烛匠那样的手工业者，他所制作的，如果主要是为供地方贸易的要求，他便可经由商人，把他的货品投售于定期市或外面的市场。

迨需要加大了，变复杂了，技术有进步了，手工业乃积渐分化而为一些专门的部分。例如，一个手工业者，也许只作20种的羊毛织物之一，或者只在纺、织、染等不同的许多部门，从事一部门的业作。然而，这种趋势，除了使某些地域之少数制品，专为输出生产外，那并不曾如现代这样，导出大规模的工业的集中。就一般而论，那种分工与再分工，不过是增加了一些小企业经营的数目罢了。

在欧洲北部，低原地带算是一个特殊的例外。那里直接受了像佛罗伦萨之加里麦拿（Calimala）——它购入佛兰德斯之织物，往往更加以精制——那种较大工业的影响。自十三世纪以来，伊泊尔即有140个毛织物批发商人集中力量，统制毛织物工业。它们统制着较小工厂的产额，并建立起到现代才通行的那种家内或厂外工作制度。然而，集中的大工厂是极少极少的。资本家有时亦保有生产工具，但只要稍有可能，他们就宁愿以此交付于其小地方的工人，而仅由一集中的机关，统制着生产物的买卖。像这样，那只能算是统制的集中，而非工业行程本身的集中。此种组织的榜样，不但可以发现于低原地带，且同样可以发现于莱茵区域和法兰西北部。不过，它们并不算是典型的。我们只要不忘记它们在那里的长久历史，那暂时就无妨按下不提，留待探究中世制度之崩溃的缘由时再从长讨论。

在商人基尔特组织的初期，手工业者常是允许参加的。有些地方在某种时候，手工业者甚至占有全团体组合员的一半或一半以上。那时所谓"商人"（merchant）并不曾含有其现代的意义。他往往与一个行商，一个负贩，或者一个自买自卖于远地的企业老板的手工业者，没有多大的区别。中世纪时代的自由企业精神异常缺乏，凡属有能力、有智巧从事贸易的人，他立即就会专门经营那种业务。由是，商人变成了一个不同于手工业者，且在社会地位上优于手工业者的阶级。

当同胞市民中从事一种手工业（技术、业务）者的人数达到了相当多的数目，他们就会有一种不可抵抗的倾向集结起来，以图增进他们那种特殊手工业的利益。此种倾向，卒至形成了手工业基尔特之各别的组合。在极短期间内，工业行程之详密规定乃异常错综，异常技术，商人基尔特照顾不得，于是手工业基尔特起而担当此种任务了。

手工业基尔特与一般商人基尔特之间的关系，各地颇不一样。在有些场合，仅仅是重要的手工业，由商人基尔特分出，但其全般的历史程序却并不常是那样简单。商人因专门从事贸易，积有资财，他们的组合，乃愈益流于贵族化。此后日益增加的手工业者都被排斥了。手工业之极度扩展，复伴以在商人基尔特全属员中之相对数目的缩减，于是手工业组合应运而生。大部分手工业基尔特的免许状，不复是由商人基尔特所派分，而是直接由市政府或其他政府所颁给。这样一来，就颇有引起职权上之争执的可能了。假若那里的市民政府，一如在意大利那样，则为夺取市民政府之支配权的类似的斗争，将必无从避免。凡在中央权力薄弱的地方——特别是在佛兰德斯与日耳曼的若干地方——那种倾轧是颇为热烈的。

学徒制度 理解手工业组织之唯一妥善的要键，那当求之于工业的、社会的教育制度中。就社会的效用讲，就个人的技能讲，学徒制度是一种实在的训练。一个充当老板的手工业者的儿子，无疑赞承其父业的权利，但他仍非经过预备的阶段不可。他可以在其他老板门下充当学徒，亦可以在他父亲店中从事训练。在某种场合，即令他的年龄，他的经验，不能使基尔特的监护者表示充分的满意，他如辅以适当的工人，亦得继承其父业，或自己另开铺店。但此种试练的老板的职位，不过例外罢了。一般的老板，必须有23岁乃至24岁，他的学徒期间，依地方的情形与学习的难易而各有不同，大抵是由3年以至12年。英格兰最普通的学徒期间为7年。巴黎的玻璃匠为10年，念珠制作者为12年。依字面讲来，一个人的手艺，就是他的技术——所以他被称为"技术工人"（artisan）。

学徒的期限，一见，似乎太长了，但那主要也许是由于要保证熟练。经验的方法，使学习的历程与工作本身，都迟缓而定着。中世的手工业者，普通都须制作他的工具，制作他最后的产品。例如，金属的冶造与掺杂，乃是缓慢地依着概测法而进行。贵金属之大的用途，不是用作铸币，而是用作器皿，所以，除非把那器皿破坏后，加以考验，其掺假或混杂是难以发现的。通常以金银制造器皿之被禁止，盖不外由于此种原因。金属之确实成分，只有靠老板之正直与技术才能确定。而同样的问题，在亚麻或羊毛与丝所杂织的织物上亦曾发生，故通常禁止此种织物之制作。手工业者即使无意于欺骗率先的购买者，以颜色玻璃替代珍珠，仍不许可。关于在骨制品上，禁止镶嵌金银的记录，那是屡见不鲜的，那原因就是怕把骨片冒充象牙。

在生产规模不大，生产品未经品列，其发卖非依样本的地方，货物的品质，只有从生产者的某种道德上的品性得到确证。故学徒制度，每视此为一积极方面；基尔特监督以为要保证此点，唯有限制实际的业作与产品。因为技术上与道德上的训练，要期其彻底；产额要期其适度，老板收留的学生数目，通常是设有限制的。时期不同，地域不同，业务不同，一个老板的最多学徒数，亦不一样。有时，特别是在中世纪后期，学徒数目渐至没有规定了。

学徒与老板及其家族，一同生活，一同工作，他们之间，立有一种契约或合同。契约的规定，大概是采用以次的形式。如约翰·戈斐（John Goffe）于一四五九年拜在康瓦尔州（Cornwall）盆赞斯港（Penzance）之约翰·基柏斯（John Gibbs）门下为徒，学习渔业，任期8年。戈斐应为基柏斯及其妻室忠实工作，保护其利益，务使其物品不致浪费。同时，基柏斯夫妇亦当教以业务，供以适当衣食，必要时"给以适度叱责"，最后，且当付与20个纯先令，"不得欺瞒"。假若学徒半途脱走了，那可将他带回，加以惩罚。如其动辄不服教训，则永远不许其从事那种技业。反之，老板如任意驱使虐待学徒，亦当受罚。在更坏的场合，同业者可以挈走横受虐待的学徒，甚或科老板以罚金。不是自由让渡，不曾对已经施过教训的学徒，予以适当报偿，且未得基尔特的允许，任何老板不得任意诱去其他老板的学徒。

就一般而论，限制学徒之最重要的原因，固在保证精良的物品与适当的训练，但也还参有其他的因素。在老板方面，在职工（已经完结其学徒期的工资劳动者）方面，他们自然而然有一种要求，希望减少同业组合中登录的人数，避免同行的竞争。在后来基尔特愈趋于独占的时期，老板资格的取得，有时非费去一大笔费用不可，这样一来，老板的儿子与他人之间就存有大大的区别。依着个人品性上的挑剔，日耳曼诸市集普通都禁阻私生子为学徒，至若彰明较著的卑劣言行，那在任何地方都被视为充当基尔特中之后补者的有力障碍。有时，特别在中世纪末期，各种技业之老板资格的后补者，都须生产一件"杰作"（masterpiece），以证实其充当老板的合宜，不过，那种"杰作"，通常并不是怎样困难。修鞋匠只要熟练地修理3只鞋子就行，马具师只要制造1套价廉而适意的马具就行。至于像镶嵌宝石之类的技业，其学徒期间虽长，其艺术标准却甚高，要想制出一件出色的杰作，那自然是比较困难的。但如把一切例外抛开不管，我们就不妨这样说了：当中世经济制度达到最盛阶段时，对于各种手工业基尔特的加入，并无若何限制，极其限，不过是要斟酌斟酌后补者的名誉罢了。北欧的中央政府，颇不乐意任何地方趋于独占的倾向，因为那会抬高物价或者限制产额。像苛取老板资格取得者之格外费用的事体，那渐渐任凭王家法庭的裁断了。

职工 法兰西学徒在经过了必要的训练期间，且其技能与品格，又能使基尔特监护者满意时，假如他能筹集资本，他便能取得老板的资格。如其他是老板的儿子，他立刻便可投入其父亲的铺店中，或者接受其父亲的铺店。造工业进步必要资本量增加，那些学习期满的后补者乃继续从事工资的劳动，以便蓄积资财并增加经验，此种期满工作的事例积渐成为一般的惯习了。在英格兰地方，期满的学徒，还须强制从事此种工作；后补者即令学徒期限完毕，如其未经过两三年的实习仍不能取得老板的资格。实习之期，在德文中称为犹豫期间（wanderjahr），期满学徒在此期间可以集取其他地方乃至其他老板的一些秘诀。此种的工作者，在英文称为"职工"（journeymen），法文有种种称呼，如同伴（compagnons）、如侍者（varlets）、如见习（locatifs），等等。

手工业制度之崩溃的种子乃是撒在老板与职工之间的关系上。一个老板愈有企业精神，他便愈想扩大其业务，于是这里便往往存有一种危险，即，老板变成了单纯的雇佣者，而把较低级的生产者掩蔽了。他们再也没有适当的时间训练学徒。然而，自他们的眼光看来，此种困难，有两种方法可以克服：其一是雇用已经训练过的学徒；其一是进一步分工，使每个工人只需理解其工作的一个部分。但这任一方法的普遍采行，势将造成一个永久以工资为生活的阶级——永久不能变成老板的职工集群。拥有生产工具，而且发号施令的阶级，定然会使其社会地位，驾凌于其他专门从事工作的阶级之上，这样一来，基尔特的平民主义瓦解了。

在中世纪盛时，老板与职工之间没有阶级的区别。他们共同从事同一工作。基尔特规定了他们各别的报偿。例如，十四世纪的一个伦敦瓦匠老板，每天可取得5.5便士或4.5便士的报酬，而充当其助手的职工，则可取得3.5便士或3便士。这样，在两三年之内，职工自己亦会变成老板了。自此升跃常例破坏以后，老板与职工之间的阶级区划才开始显现出来。适当地说，社会的阶级至少有一部分是建立在遗产的法则之上。旧商人基尔特人员早经变成了狭隘的、传统的贵族。一个儿子承继他父亲的连带财富的社会地位，恰如一个乡村名贵家族之传袭其连带土地的社会阶级。当大量资本开始流注于工业境界时，一个新的工业贵族发生了；也如其他的贵族一样，他们是建立在财产支配权上，特别是建立在那种支配权之相续关系上。在手工业基尔特的盛时，一个新的特殊雇佣者的儿子，与非老板儿子的职工两样，他不但要向监护者们证实其技术上与道德上的造诣，便可接受他父亲所经营的业务，因为他有门第的关系就够了。至于一个普通职工，无论其技术怎样高明，其道德怎样超洁，他终身难得积聚充分的资产，就终身没有变成雇佣阶级的希望。这种职工既不能取得老板资格，以为其辛勤努力之自然而确定的报偿，他们遂不免陷于永久以工资为生的低下阶级。大约在输出工业开始时，这已成为显然的事实，此种事实仅随贸易的增进而扩展。所以"中世纪时代是商业支配着工业"。

国民政府与基尔特的演进 巴黎的6个基尔特所占的地位，仿佛和佛罗伦萨之七个较大基尔特所占的地位略同。北欧较大诸城市的其他许多基尔特，乃至巴黎这六大基尔特，通通具有同一的趋势，那就是和在意大利的基尔特那样，倾向于僧侣政治。至中央政府如何限制这种倾向，那说来是饶有兴味的。

一二三三年在波未（Beauvais）爆发的平民与富人之间的阶级战争，立即惹起了法王路易第九（Louis IX）的注意。为了制止那斗争沿袭着意大利所经历过的旧路，国王委派去了一个非本地的地方长官。当这长官受到了无礼的待遇时，国王即发动军队，破坏所有领导者的住宅，并下1500人于监狱。结局，国王乃得成就其永久要求，使国境内所有的市集——无论是否在领地以内——均成为国王的市集，直接效忠于国王。在一三五七年，巴黎之商人监督者（provost）亚田·马尔赛（Étienne Marcel），几乎完全支配着法兰西政府，但国王的长子（Dauphin）脱走了，他在康派泥（Compiègne）

召开一个对敌的国会，并利用地方贵族反对城市基尔特。伦敦诸基尔特曾在一三八一年的农民暴动中大露其头角，但他们的效忠之心是分散的，故从未酿成夺取市政府之支配权的严重危险。

英国诸市集之于中央政府，往往总维系着从属的关联，但法兰西国王要使其所属诸市俯就范围，却不免要玩弄一些狡黠的诡计。市集与贵族间，资产阶级与教会间，乃至各市集中之诸社会阶级间，都发生争斗，而大部分的争斗，则是由诸国王所促成。在一二九四年的隆市（Laon）中，僧侣往往联合俗界贵族，反对市民。结局，两个贵族及一位有名的僧侣，被市民通街拖拽，并横受殴打，迨下入监狱后，有一位且因伤丧命了。一三〇五年，波未大僧正因与市民发生争斗，乃愤而利用其御用军队，焚毁并屠戮他自己的城市。至索以松（Soissons）市集的历史，那是全都充满了市民与僧侣团体斗争的事迹的。

法兰西国王为图支配其市集，往往当贵族与市民交证时，他不是站在前者方面，就是站在后者方面。如其社会战争爆发了，他则临机应变的，或袒护富者，或袒护平民。而教会的参加，更使他陷入进退维谷之境，最后他是不能不毅然有所抉择的。僧正与市民动辄发生冲突，为政府的利益计，他们原是愈弱愈好，但国王无论袒助任何方面，其结果总不免加强一方面的势力。

当十三世纪末期，英王爱德华第一与法兰西之公平者腓力（Philip the Fair），开始在教会财产上课以赋税，对法王的经济地位作正面攻击。法王邦里斐斯第八（Boniface Ⅷ）遂在一二九六年的有名勒状 *Clericis Laicos* 中，痛加驳击，并禁止僧侣付纳国家的赋税。这样一来，爱德华乃以剥夺僧侣之民权相恫吓，并宣称，僧侣如服从法王的状，则国家不予保护。腓力所采用的方法是没有这样令人惊心动目的，但却更为便利，更有效果。他禁止王国内之货币、珍珠、食物以及军用品的输出，同时并命令一切外国人离其国土。这样，法王在法兰西就无从征取收入了，许许多多的意大利富人都不能带其珠玉金钱返国，他们的债务者，他们所经营的业务，通要抛弃了。法王知道这是对于他的致命打击，乃迅速以说明解消状中之最遭反对的部分，与腓力暂时和解下来。

往后，腓力王运用其敏捷手腕，完全脱开教会反对，而进行其国民统一政策。与此直接相连的是那旁子爵（Viscount of Narbonne）不隶服于那旁天主教，而隶服于国王。在这同一年度（一三〇一年），爱德华第一召开国会，排斥法王在苏格兰境内所发的抗议书。此种主张，颇为腓力所赞赏，他于是在一三〇二年，召开第一次全般立法会议（公民亦有列席的）。在此会议中，他既取得有道德的支援，乃派遣一代理者赴意大利之阿喃泥（Anagni），对法王邦里斐斯横施凌辱，甚且企图将其架走。法王这时虽由阿喃泥之市民援救出来，但在一月之后就死去了。一三〇五年，腓力乃进而掠取法王所辖的领地。一个法兰西的法王被选举出来了，法王驻地移到了伦河（Rhone）之滨的阿维尼翁（Avignon）；正道学院（College of Cardinals）充满了法兰西的袒护者；此后70余年来，教会变成了所谓"巴比伦的幽囚"（Babylonian Captivity）。新法王允许腓力摧毁骑士团（Order of Knights Templars）——此为当时一大财政组织——并没收其在法兰西的财产。教会自变成"巴比伦的幽囚"，且由是分裂为三个宗派，其势力是极度削弱了。依据一四三八年之"部耳日的国本令"（Pragmatic Sanction of Bourges），法兰西僧侣都取得了选举自由的保证，而此前申诉于罗马的种种权利，通由法兰西法庭取消了。但关于此点，英格兰老早就由法律与训令，予以裁撤。国家政府对于教会政府之优越经济势力的扩展，那在欧洲西北部之发达过程上，成了一种极其特殊的倾向。

允许市民参加国会，那不过国王用以毁坏市自治团体的一种方法。当时一般人民对于金融统治阶级所抱的主要反感就是财政上的紊乱。诸市集日复一日的加重其债务负担。许多由当时遗下的预算都显示每年入不敷出，并且，其债务总额常是非常的繁重。各地方的经济状况已够困难了，中央政府却更由以次的诸般事实加重其困难，即，第一，中央允许地方处决的事件，可上诉于国会或中央法庭；第二，干涉地方的行政与选举；第三，对于极轻的过失，课以极重的罚金。各市集既疲于债务与罚金，毁于阶级的倾轧，又益以大批王家官吏的剥削，于是乃逐渐招致其旧自治体制度之一般的破产。在近代初期，一个实实在在的法兰西国家，终于在市集经济与封建制度之废墟上建立起来了。

在佛兰德斯诸市中，基尔特的争斗，由英法之百年战争赋予了一种政治的国际的范畴。根脱（Ghent）由芬·亚特斐尔德（Van Artevelde）领导的布匹商人，与英格兰相结纳，而由那里输来羊毛与尚需加工的布品。同时，佛兰德斯诸伯爵，则逐渐倾向于法兰西。于是，佛兰德斯市民与法兰西国王之间，乃长久表演流血的悲剧。一三〇二年，法兰西军队曾进行"马刺的战争"（Battle of the Spurs），其结果，胜利的市民竟在战场上拾得了700个金的马刺。新的伯爵们与法兰西的贵族交互联姻，于是在转瞬之间，就失去其胜利的果实了。一三二八年，伯爵路易曾招请法兰西军队，帮助其镇压新的暴动，结局，民兵全归覆灭。因为这时足与武装骑士抗衡的民众武力，是尚未形成的。

在实际，法兰西王与佛兰德斯市民，都是畏惧战争的结果的；如其伯爵不曾逃往法兰西，佛兰德斯定然会在迫在眉睫的英法战争中保持中立。市民的实在目的，不外要求保证他们对于英格兰之商务的继续，因为没有那种商务关系，佛兰德斯诸市就一定会遭受失业与饥荒的痛苦。至爱德华第三的目的，也许不是那么简单，或者，不是那么辩解可以了事。伯爵的逃脱，芬·亚特斐尔德及其随从者皆陷于进退两难的绝地。他们知道，法兰西之"合法的"统治者是不能靠下层阶级支持的。于是，一种类似战争的宣传品发布出来，劝请英王爱德华掌握兵符，并承担法兰西的王位——对于此点，爱德华在女系方面还有一种不大明白的请求权利。——他们以为爱德华做了法兰西的国王，自能使芬·亚特斐尔德的政府合法化，自能指斥伯爵路易为卖国贼，从而能够维系住下层阶级的忠顺之心。他们进行一种运动，请任英国的王子，充当佛兰德斯的伯爵，但此举为立意独占经济利益的富有基尔特人员所强烈反对。

芬·亚特斐尔德新政府是建立于以次三个经济集团上：（1）"旧市民"（old citizens）——包括有富裕的基尔特人员与旧家族；（2）织工，一个新组织的、有力的中世工业集群；（3）较小的基尔特。这三个经济集团的分野，充分暗示了意大利诸市集之社会阶层。

在佛兰德斯与不拉本（Brabant）诸市中，不仅如前面所暗示的，存有两个极端不同的经济制度，并且，那两种制度往往还相伴地存在于同一地区。那里为本地市场生产的手工业组织，与北欧各地的组织颇相类似。至本质上显有差异的输出工业，那是以金属制品与毛织物为大宗。而此两者中又以前者为特著。金属在地面的分配最不均匀，不论在经济组织如何停滞，如何限于地域的时期，由金属制造的物品，往往是必须输出输入的。

中世欧洲北部谬司河（Meuse）及其支流松布耳河（Sambre）流域一带，金属贸易颇为发达。这一带为了输出狄兰特（Dinant）的铜器制造业，以及铁制用具和军器的制造业，其组织基础与那些专为地方生产的五金匠，是完全不同的。设把佛兰德斯与不拉本之大量输出的布匹商业，与其地方的布业比较起来，其情形恰好是一样。

在这类输出业务上，雇佣者与劳动者的区别，十分显明。被雇者往往与雇佣者，同样有基尔特的组织，那是不错的，但实际的工人都是日佣劳动者，他们除身上所穿的衣物外，一无所有。他们租住在以每星期计租的茅屋里，挨饿，求食，或到处寻找工作；他们随时都在困迫中，随时都遭逢不幸，故工作的条件是非常恶劣的。他们整日劳苦工作之开始与告终，皆以铃声为号；每星期六晚上取得工资。比较富裕的阶级，动辄轻侮他们，视他们为"蓝钉"（blue nails）。雇佣者给他们以原材料，往往并予以生产工具，只有他是知道物品上市的一切情形的。现代若干市集所采行的那种不名誉的"以货代金制度"（truck system），间或在当时亦可发现，至工人们所取得的货物的品质及其所定的价格，则通由雇主片面决定。十九世纪初期之工厂制度的最大的缺点——中世纪末期的低原地带，无此缺点——就是那些大工厂之趋于集中。

严格地讲来，雇佣者就是资本家。铁之来源，是由那慕尔（Namur）采掘，但也由日耳曼、法兰西、西班牙及地中海之易北诸岛输入。原铜是来自日耳曼、西班牙、意大利或英格兰之德彼州（Derbyshire）。英格兰除铜之外，更为铅之大来源，佛兰德斯之全部织机的羊毛，亦由其供给，不过在锡的输出上，它却遇到了波希米亚那个对头。低原地带的资本家，合组有大独占基尔特，他们输入原材料，运出制品，在价格与数量上，几乎完全不受政府的限制。制作物品的劳动者，虽其本身非商品——那即是奴隶其劳动为商品，但他们在实际既没有取得政府的保护，这种区别也就微乎其微了。他不愿挨饿，就只好工作，工作的条件，通通取决于那些获有原料、市场，乃至生产工具（特别是在使用水力，或铁制生产机具昂贵的地方）的雇佣者的组合。在悲惨状况下挣扎的劳动阶级的人数一流于过剩，他们的劳动就成了滞销的货物，而他们为要提高工资而结合的事，自然受到严厉禁阻了。

较大的基尔特之对于市政的支配，往往会由基尔特商人输入货物，与本地土货竞争，故比较民主的地方的组合，都非常反对。佛兰德斯之汉撒诸市的统治者，是富有市民之小寡头政治家，他们预先知道在此种情形下的社会分裂趋势。为要阻止地方生产者组合，与被压迫的无产阶级或顽固的封建贵族相结讬，他们给予了那些组合一些权力。至当时有搅扰社会秩序之可能的另一个要素，那就是较大市集企图统制较小市集、村落，以及接近村落的边区。然而，使事势愈形恶化的，却是那些有同等社会权势之基尔特的动辄互相内证。而在这一切错综矛盾上面，更还有统制全领域之公爵的与王家的复杂机构。

要在可能范围内，使这冗长而错综的故事，加以简短的叙述，那就可以说是，一切冲突的集团，或潜在的集团之纠纷混乱，正是芬·亚特斐尔德政府所由建立的基石。一三四五年，支持此政府之下层阶级动摇了，于是，英王爱德华突然承认伯爵路易，路易随即取得了一般大众的拥护。芬·亚特斐尔德为大众所袭击，所杀害了。商业官僚政治崩溃，市政逐渐落到了小组合的手中。这些小组合对于贸易没有多大兴趣，所以在一三五〇年前后，佛兰德斯之汉撒解体了。而在这前四年之一三四六年，伯爵路易已被杀于克勒西（Crécy）。经过一三五六年至波亚叠（Poitiers）的灾难以后，所有的法兰西人都由佛兰德斯清除出来。更后25年，芬·亚特斐尔德之幼子又发动一次新的群众暴动，结局失败了——那次暴动系发生于一三八一年之英国农民暴动的同一年度，并且后者同样参杂有基尔特斗争的暗影。

欧洲的低原地带逐渐为勃艮第之大公所控制，一世纪后（一四七七年），哈布斯堡人（Habsburgs）由结婚取得了这个领域。一四九二年，长期的市集战争停止下来，优美者腓力（Philip the Handsome）以皇帝马克西米连（Emperor Maximilian）与勃艮第玛利（Mary of Burgundy）之子的资格，成为一国的君主。这一来，市自治体的时代终结了。

布鲁日的不幸由其港口之逐渐淤塞而增大。它的商业领导地位移往安特卫普（Antwerp）了，一世纪后，西班牙宗教的迫害和短视的经济政策的实施，终使这领袖的地位过渡于荷属尼德兰诸新兴都市。

因此，在每次转变上，北欧诸市的狭隘政策都被隔离开，而其在民众方面资本方面的活动，则为民族国家的勃兴所限制，且为其所向导。在中世纪末期，日耳曼的情形是多少有点异样的，原因乃是哈布斯堡帝国或神圣罗马帝国之统治的漠然不定。在那个领域中，有若干有力的君主政府、公爵政府、选民政府，乃至大主教的政府。汉堡、布勒门、律伯克为三个自由市，它们虽然长久继承着汉撒同盟的传统，但却不曾继承其繁荣，因为那种繁荣逐渐为民族国家所分享去了。

比利时土地上新起的资本主义与被压迫的无产阶级，那是具有国际的意义的，值得一述。大多数的工人，都逃出国土，把技术输往英格兰、日耳曼，特别是输往荷属尼德兰。他们在那里制造羊毛与金属一类原料，使这类原料不致输往佛兰德斯诸市，同时并霸占住制造品的市场，使佛兰德斯的商品莫由侵入。英王爱德华第三对于安插佛兰德斯之织工团体于其王国境内，是特别努力而且特别收到了效果的。那种政策开始实行时，对于英国本地的织工甚是难堪，他们且有许多大鸣不平，但结局毕竟大有造于这个国家的经济束缚的解放。

独占制品与价格　手工业基尔特所努力的，在维持它们各种技业之地方的独占，在保持制造品的品质，且在规制价格与工资。地方独占局面之维持，必须各地域之分工甚不发达，每个市集主要只为本市及其四周之乡村而生产。保持物品之品质所收到的功效，那并不若现代使我们必信的关于基尔特制品之浪漫的论文与绚烂的广告，所传之甚。手工业者都只能在他窗下工作，使外边的人可以明白看见。夜工普通都是禁止的，那有两种理由：第一，中世人为的光亮颇弱——精细工作与适当监督，都难在蜡烛光下进行；第二，基尔特同行者的竞争，一般都视为是可悲的事。中世手工业者，既不欲竭力求富，且不欲分裂到其他社会阶级。他们一切人的利益，就在好好的对于各种企业的规模与产额，设定限制，并维持一个近似平等的状况。设允许夜间工作，那定会予愿从事那种工作者以特多利益。

当时对于制作品虽设有各种限制的规定，但制作的粗疏潦草，依然是很普通的。据我们现在还保存的记录所载：用劣金属制造的锅具，一放在火上就熔化了；布匹异常粗疏，皮革制品差不多是千篇一律的。一个伦敦面包师尽管在其顾客眼前从事工作，他的小孩却惯于由搓板上的活机盖去偷窃顾客未完成的面包。英国西部的布匹之粗劣，那不但使贩运海外者有丧失名誉的危险，有时甚且有丧失生命的危险。

基尔特（商业与手工业）的特许状与定期市的特许状，常相抵触。而在诸种有密切关联的诸手工业间，更不断发生争执。鞋匠阻止修鞋匠制造新鞋，修鞋匠反对鞋匠修补旧鞋。一套衣服要经过多长时间才算是旧的呢，这问题，在巴黎的缝衣匠与旧衣商之间争闹了几个世纪。一个法兰西的皮革匠，如其他经营鞣皮，他就必须在这两种手工业中选定一项。在基尔特诸组合中，布业是最有势力，而且最不可一世的，它与漂布业、染业的争执，从未休止。巴黎旧衣商一开始买占并再制旧鞋，就和鞋匠与修鞋匠发生冲突。制橱木匠对于锁匠从事各种配锁木器的制作，常相诘难，至于把旧锁配在新橱上，那是在所必禁的。马鞍师不得制作鞍镫，而人马全盔甲制造者（harness-maker），又当然会同马鞍师争论制作相同装具的权利。

在制造品的种类不多，且能维持严格一致的限内，价格的规定是简而易行的。为要阻止物品之庞杂歧异，凡在方法上、工具上，乃至原料上的任何革新，都在所必禁。如其一个手工业者发明出了一种优良的工具，那不但使技术的规制统一没有可能，同时还会使发明者有胜过其同行的利益，从而破坏他们那种组织所由建立的平等。哪怕在资本的蓄积，已经破坏了早期手工业基尔特的实在民主主义以后，对于生产上任何方面的改革，犹碍难进行。自市民独立运动崩溃以来，法兰西国王已不复畏忌基尔特了，但他仍努力使全王国的基尔特保持一致，使那些会导来技术改进的地方差别归于消灭。然而需要的不绝增大，终于招致了物品之新种类与新品级的出现。方法上的若干改变是无可避免了，工业单位的规模亦相因而增大起来。因此，生产于不同条件之下，且往往消费于远地的各种各色的物品，要想按照定规，衡以价格，那在实际上是颇难做到的，价格统制上的弛懈，此为其主要原因。

至工资的规制，原为手工业基尔特之任务，自职工取得老板资格的门径闭塞，从而固定工资劳动者阶级出现，手工业基尔特已渐失去其规制工资的资格了。正如早前商人基尔特的狭隘，致激起各别的手工业组合一样，手工业组织对于职工的排挤，又激起了工资劳动者之新组合。有时，职工亦派代表出席于手工业的组合中，有时又没有代表，但在他们企图变为老板或完全基尔特会员时，无论怎样，都是无关紧要的。

职工组合 安置职工的普通方法是把他们集合在像某种公共场所或十字路头那一类的地点，需要他们的老板们就在那里寻找他们，雇请他们。此种聚合，不期然而然地会在劳动者间引起一种阶级团结的情绪，从而导来某种组织。罢工与暴动发生了，劳动者往往不许聚合于他们惯常聚合的地点，如在一二八五年的卢昂（Rouen）就是如此。劳动者们的结合与罢工，至少是远在一二八〇年就司空见惯的，因为同年度由法学者波玛洛伊（Beaumanoir）所撰的 *Coutume de Beauvoisis*，曾显明表示那种行为是非法的，是触犯刑典。

英格兰之被雇者组合强迫抬高工资，破坏十四世纪"黑死病"后所制定的劳动法，以致常常惹起雇佣者的不平怨诉。其实，他们的冲突，还不只于计较工资与时间，新劳动阶级之愁苦，却在那些未受学徒训练的、非严格职工的雇用。雇用者出此的口实"黑死病"后的劳动者的一般缺乏。在各市集中，此种劳动缺乏情形特别强烈，因为下层阶级都由精细的法律限制于乡村了。如像英国一三八八年的法律，就禁止12岁时曾经务农的人们充当任何技业的学徒。有些完全未经学徒训练的假职工，亦常变为老板或雇主。在雇有大多数职工的手工业上，雇佣者与被雇者关于雇用外国人的倾轧，那是非常激烈的。

在老板方面，他们往往采用政治的与经济的两种压迫。由他们与职工连同酿集的基金，完全是受手工业基尔特的支配。而手工业基尔特又完全是受他们这新兴的雇佣阶级的支配，在他们的怂恿下，市政府对于那些会反对既成秩序的、"年轻而无恒心的"人们所组成的团体，或加阻止，或予破坏。在十五世纪时期，职工自设小厂并招收学徒，那是曾经受到了有组织的禁制压迫的。至正规雇佣的职工之从事家内或厂外工作，在当时亦引起了不少的纠纷。

在大陆方面的同行团体或职工的松懈组合，那是较之在英格兰方面要更为普通，更加有力的。法兰西之此种组合直至一七八九年大革命以后，始初露端倪。那与所谓共济会制度（freemasonry）有紧密的关联。据一般推测，共济会制度系导源于中世大教堂的创建者，即令琐罗门（Solomon）庙宇的创建者与此无关，终当溯源于那些共济组合社员（templars）。具有这种根源的组织，它的秘密规约是颇为复杂的。

工人组织之根深蒂固的缺点就是缺乏有能力的、不屈不挠的领导人物，职工组合正是如此。当全体人员都归失败了，一个劳动的领导者往往因受贿而滑入上层阶级，他自己的经济机会与社会权威增加了，对于其此前的随从者，则听其好自为之。

基尔特之社会性与宗教性　人类使其自身与团体保持着一致的要求，那仿佛是根于其合群的天性，在"基尔特"一词下团结起来的古代、中世，乃至近代的疏松的组织，都有其类似之点，而所以形成此种类似之动力，那与其说是经济的，却不如说是社会的。在古代的同业组合与葬仪会（burial societies）中，人们有了一种集体的认识，那种认识是个人单独所体会不到的。劳动者个人之意识到社会的仪品与价值，那是由于他使其个人与全体之光辉的壮观，保持一致，且由于他自己在较大实体中所处的地位。试就葬仪会的情形来说罢，在这种会中每个会员都有一种确信，以为当他自己死去时，他定会享到某种限度的华饰葬仪和旁人对于他个人的纪念。所有这些观感都错综地关联于其形式上的宗教信仰，且也关联于他自己对于宇宙——那较大于任何社会团体，甚至较大于一个帝国——关系之极深的情感。无论在哪种同胞会社中，宗教几乎都扮演过一个重要的角色。古代同业组合在形成上,即令有的是出于强制,但仍有其自发的、纯粹社会的作用。这类永久不变的社会的要素,直接联系于安全的基尔特,以及中世初期的各种有保护功用的结合。当经济环境使商业手工业大占优势时,以前的那种种结合,乃转化而为商业团体与手工业团体。银行家、钱商、批发商,乃至大制造家们,都利用他们的经济地位,使他们的团体,凌驾于其他团体之上,但我们不能即此就说,那种对于优势的欲求根本上是经济的。巴黎的六基尔特曾享有一种配用蓝色华盖(当王室或教廷中人庄严入城时,往往张盖这种东西)的特殊权利,亦显然不能说是含有何种经济的性质。要把经济决定论(economic determinism)的理论,故作可笑的引申,那么,中世教授们享有(像贵族一样的)步行于铺道旁之官壁的权利,那也可以用经济去解释了。

有些手工业基尔特,似乎是导源于宗教的社团,其他发达起来,渐形重要的手工业基尔特,那则是取了宗教的或其他各种结合之社会的功用。某种同业组合的人员,同时又为友谊会或弟兄会的会员,那是非常普通的事。这类弟兄会往往有颇费考究的宗教仪式,以敬奉他们各自技业的保佑神圣。——圣约瑟(Saint Joseph)为木匠的保佑者,圣彼得(Saint Peter)为面包师的保佑者,圣斐克尔(Saint Fiacre)为园丁的保佑者。他们尝组成各种行列,作大众的集会,以适当仪式安埋死者,且集资帮助那些患病的或不幸的会员。此种团体往往形成极大的势力,教徒们疑虑它们,动辄斥它们为异端。它们因受到压迫,遂有许多转形为秘密的社团。在那些没有取得公认的职工团体,尤易形成此种现象。

手工业基尔特与各种的社团都有其重要的社会贡献,而那诸般贡献之一,就是它们的神秘剧或奥妙游戏。《圣经》上偶然事迹之绘描为轮换的戏景,那颇有助于戏剧之发达,宗教之世俗化,且使中下阶级之社会团结有所增进。

诸市集的人口 中世纪是缺乏确实的人口统计的,但由税簿与基尔特表册一类材料,还不难求得一个近似的估计。在十五世纪时期,巴黎有30万人口,那时它是北欧一个极大的城市,但佛兰德斯则是异常高度城市化了的地域。伦敦约有人口4万。其他英国市集假如说有15000人之多,那就不甚可靠。大约英国有12个五六千人以上的市集。法国除巴黎外,其余较大市集的人口,是由5000人到25000人左右。日耳曼的努连堡(Nuremberg)与科伦有25000多人,但像法兰克福(Frankfurt)与巴塞尔(Basel)那样有名的城市，却还不到1万人。布鲁日、根脱、伊泊尔约有10万，甚或倍于此数，但皮勒内（Pirenne）不相信它们任一城市的人数，实际常超过了5万以上，大部分的城市，哪怕是有名的，其人口差不多是在5000人与2万人之间。佛兰德斯是极度城市化了的，它在当时被称为"一个继续的城市"（a continuous city），但住在市内的居民，至多也许不过占有其全人民的25%。除比利时外，北欧人口的过半数，都是住在300人或不到300人的村落。英国各州人口的2/3是定居于人口不到120人的村落。城市生活之历史上的极大重要性，不是因为当时住在城市状况下的人口占有百分之几十的比率，而是因为那种生活所必然要发生的变迁。

许多市集是由农村发达起来，其地位颇宜于贸易。北欧许多市集的完全市民或公民的大部分，原来都是农民。毕雪教授（Prof. Bücher）对于科伦与法兰克福两市，曾列举数字，分别标明其市民之来自其他市镇和来自村落或小村庄之百分比率，见下表：

市名	时期	来自城市者	来自村落者
科伦	1356—1479	37.4%	62.6%
法兰克福	1311—1400	28.2%	71.8%
法兰克福	1401—1500	43.9%	56.1%

就上表关于法兰克福两个时期之数字加以比较，我们知道，该市来自乡村者之百分比率，至中世纪末期，已显然低落了。那位教授为要证实此系一般的事实，他还进一步列举了一些证明。①

货币 当北欧因十字军的刺激而引起对于南部与东方之货品的需要时，商业上最感棘手的，就是通货之混乱状态。查理曼曾再建立起政府铸币的独占，但封建制度兴起，他的前功尽弃了。一大些极小的封建领主都临时以随便哪种材料鼓铸通币，其重量与价值，则任其意向决定。在十一世纪的日耳曼，那是曾由奥托大帝（Otto the Great）再建起了中央权威，并且封建制度还未确立的，但是，就在这种地方，许多领主仍保有铸币的特权。粗野的北

---

① 见《产业进化论》第375页。

方，对于交换其渴慕的南方的奢侈品，是提供一些非常笨重的货物，那些货物输运起来，大都是所费不赀的。因此，北欧人民对于地中海诸市，就必然要该负一个差额。地中海区域是比较富裕的。它的经济制度有较长的历史而且较为成熟，它是欧洲北部的极大债权者——欧洲南北两部的关系，即是旧商业区域与新农业区域之间的一种普通关系。

淘金于阿尔卑斯、色芬尼斯（Cévennes）及庇里尼斯（Pyrenees）诸山脉间之河流（包括莱茵河与伦河），那是收到了几分效果的。各处都在熔解银矿物与银铜矿物，在日耳曼的诸山脉一带，尤属如此。锡、铅，以及铁之输往南欧，那在某种限度降低了贸易上的差额。然而，在经由近东的贸易道程，尚保有其重要性的限内，北欧的矿业与制造业，仍不能完全倾覆地中海区域之商业的与财政的优势。试一比较当时地中海的商业与我们北大西洋的贸易，此种情形，是显而易见的。像伦敦、阿姆斯特丹（Amsterdam）以及纽约诸地方之所以保持其财政的优势，那就是因为它们享有中世末期威尼斯或热那亚所享有的那种利益。

中世末期的欧洲货币金属的一般增加，就全般讲来，那与其说有利于债权者，毋宁说有利于债务者，从而，债务者地域所受利益，就比较债权者地域所受利益为大了。在另一方面，北欧经济的进步使许多南欧投资者大发其财，而输往意大利或信用话寄于意大利的寺院赋税，益加使北欧的财政依赖于南欧。如其我们假定北欧这时的货币缺乏，或者至少以为那里的货币周转不来，那就未免是一种错误。意大利商业制度发达的结果，像汇票之类的信用工具到处通行，诸市集不论有多少金银，那都是无甚妨碍的。而且，只要信用十分稳固，现金的数量不过次要问题罢了。

中世欧洲——南欧与北欧——对于其各种政治单位之狭小或无秩序，势不能不支出一部分的代价。铸币既随政治单位而异常繁杂，要禁止钱商不输出，或不熔铸较重的与较纯的正货，那就困难了，——正货虽日趋低贱，政府却得不到利益。所以熔铸与输出，通常皆由法律禁止。而此种法案的主要动机，不外是防护造币局之铸币利润（铸币税），并给予它们以低减成色（当采取此手段时）的独占。

意大利之铸币方法较之北欧是更有秩序，更有事业精神的。南欧商业之向北方侵入，无疑会使后者渐渐认识货币为一种极有用之商品。后来，这单看作一种极有用的商品的货币，又认为是交换上之一切商品的公分母，于是，为要成就此交换媒介的目的，乃有进一步使其标准化之必要。不错，在北欧诸统治者心目中是不一定存有此种特殊目的的，但他们所采行的实际方法，却必然会导来较大限度的标准化。在十三世纪中，法兰西之圣·路易（Saint Louis）禁止任何铸币（除王家铸币外）流通于他自己的领地（仅仅现代法兰西的一部分）。他并使其诸大封臣，如香槟之伯爵、土鲁斯（Toulouse）与勃艮第之公爵，行使王家铸币，不过，这诸封臣在他们自己领地内的封建通币，他是无从禁制的。英格兰较之法兰西为统一，其国王颇能控制诸贵族，故禁制封建通币流行的大业，早就完成了。

圣·路易之货币政策的主要目的，实不外取得一种铸币税收（即由铸币所得的利润），至中世以后，此种税收犹为法兰西王家收入之一重要来源。实际上，所有北欧的一切政府，殆莫不低减它们的铸币。低减铸币已被视为一种合法的征取赋税方法，这方法"是比较迅速、容易，而且于人民负累较轻的"。铸币的低减，有三种普通方式：第一是仅仅改变正货与计算货铸（money of account）之间的法定率，那在实际上与现代纸币发行之膨胀政策，有同样的影响。第二种与第三种方式，往往连带施行，那就是铸币在重量上或在成色上分别低减。

中世视低减铸币为一种赋税方式的思想，那是不失为正确的。就这方面讲来，此种敛财方法，与现代增发纸币，而不加相当预备金额的膨胀政策，原无二致。中世著者如奥勒斯姆（Oresme），如皮耳·豆·波伊斯（Pierre du Bois），曾斥此方策大反经济原则，他们以为价格水准的任意变动，将使外国贸易破坏，使市民阶级全体趋于贫乏。当时商民极端反对此种破坏政策；为求通货的健全，十三世纪诸市集甚且情愿提供苛重的税额。

由低减铸币或膨胀纸币所获的收益，政府是只能享有其中一部分的；购买力减退，与基于同额贵金属之货币数量的增加，保有相当的比率。负担既然加担在一切货币上，政府对市民的货币课税，也同样对它自己的货币课税。而且，国内所有偿付既通用低价的通货，国家其他一切的收入就只具有较小的内在价值。当十四世纪时，公平者腓力（Philip the Fair）在一方面虽低减法兰西铸币，但当铸币开始返还的时候，他却采行正相反对的政策——暂时实行增加铸币的标准。他这种殖利的方策，由其后来诸王更加改进了，他们在每一年中，几乎都把货币率突然改变几次。香槟定期市在法兰西治下的衰落，法兰西王国在百年战争初期的分裂瓦解，那都是用不着惊异的，因为那正是实行殖利货币政策之最后结果。照原价格兑回低价通币的场合，是少有的，但就在这少有的场合，那种通币的保有者，并不一定是原来付纳赋税的人民，而自然是那些封建的隶臣。

然而，这课加在一个重要经济阶级身上的负担，无论怎样难堪，但那虽说是那种方策之最严重的恶害，却并不能算是唯一的恶害。那种方策实施的结果，所有一切人的财富，几乎都强制重新分配了。一切固定的收入（包括薪金），皆缩减了购买力。债务者是占了便宜的，但债权者却受了牺牲。劳动工资的增加，照例总较物价增加为迟缓，故劳动者通常是要蒙受损害的。总之，低减铸币与膨胀纸币之错综复杂的结果，远非我们这样匆遽的解释所能尽。试就一个大家熟知的现代例证来说罢，在南北美战争时代，美国政府购买需用物所用的金元，每元仅值35分。那时的物价水准过于反常，而且过多变动：有的人瞬忽变为富有，许多靠物价稳定的经营，或者由名义价格固定的收入，都大吃其亏，使那些经营者、收入者陷于失败。到后来，那低贱的金元是由每元值100分的价格"换回"了，但换回了又重新发行出来，所以在政府方面实在是毫无损失。显明的，对于由这种发行物而购买的货物，对于这种发行物本身的收回，曾有些人有所支出，但其结果（设计到的与未设计到的），错综复杂，任何人都无从测知受影响者为谁，并按如何比例受其影响。加之，要计算这样一种赋税对于社会之直接与间接的损费，那是很不可能的。在中世公开的低减铸币，在近世公开的膨胀货币，皆不免遭人反对，因为那是以欺骗的方法，取来某种个人或经济集团的财富，而给予其他的个人或其他的经济集团。

南欧经济在中世居于领导地位，那主要是基于三种事件：第一，古代经济事业之比较丰富的遗留；第二，比较先期的开发；第三，与东方密切地接近。要探究第一、第三两者的功用，只好求之于它们给予北欧组织上的大部分影响。北欧对于东方许多生产品的仿造，使它不复像以前那样依赖意大利诸市了。丝的栽培方法传入法兰西后，至中世纪末期，丝业的兴旺，竟远及于北地之都尔（Tours）。生丝以外的许多制造品，亦复如此。诚然，有些物品是不适于北欧气候的生产的，但在这方面要打破地中海区域的独占，只有期待于新贸易道程的发现。意大利之相对的财政上的优势，与其说是由于它接近贵金属的矿山，却不如说是由于它的经济生活之一般性质。北欧以农业著名，它没有多少轻易而有价值的物品输出，但却异常富于自然的资源。这是在最后要开始谈及的。当中世纪末期，欧洲最富的银行业与投资业公司，大约要算奥格斯堡之富格尔（Fugger s of Augsburg）。此公司为日耳曼之大佛刻族所建。百年以前，这个大家族的创始者还是一个乡村的织工。后来佛刻斯公司的资本（就现代的购买力来说）竟达到了2500万金元。当时任何意大利公司似乎都不能集资到这个额数的1/3。

在一五〇〇年，汉撒同盟实际仍有其登峰造极的势力。由律伯克到易北河之间的大运河，有它的货船行驶，那在西欧是海船行驶内河的创举。较小运河是各处都有的。水闸为中世意大利的一种发明。大航业公司改进了自然的水道，一种极大的河系商业发达了。在十四世纪时期，路易尔（Loire）一个公司每年贩运的商品，约值900万法郎。当时的道路颇有增加。仅就法兰西而论，那在十五世纪已有15000英里。总之，北欧的地方主义破坏了，一个大量投资于普通事业的金融组织出现了。在十五世纪中，货币经济不过占有欧洲交易的1/3，而一五〇〇年之西方铸币总额，却估计有2亿金元。刚好在美洲发现以前，银的大来源地为波希米亚、萨克森、亚尔萨斯，以及提罗尔（Tyrol）。而当时在采掘中的最富的金矿，则是在德兰斯斐尼亚（Transylvania）、喀尔巴阡山脉（Carpathians）、克伦地亚（Carinthia）和波希米亚。欧洲中部与北部之货币金属的产源地，实多过它们所得的份额。

安特卫普是没有受到中世布鲁日传统的桎梏的，它最能表现资本主义黎明期的特色。它的工业领导者，显明的抛弃早前基尔特的观念，在同一个时期，接受数千捆布的订单。中央的工厂比以前加多了，工资制度不复是例外，而成了定规。在基尔特限制尚牢固支持着的英格兰，以及低原地带的某些部分，工业已经在转移市集的地位，使其自行建立于不受桎梏的乡村。安特卫普之证券交易所（stock exchange）的创建，那只等待着完全推翻中世商业惯例之探险与冒险时期的到来。汇票、期票、支票依样发卖，乃至送货交价等交易方式，那时都已分别采行了。

发明与科学 基尔特组织是排斥一切变动的，在中世基尔特网遍布的社会状况下，我们所可期待的技术上最大的改进，只有三点。布业与输出的五金业，其本身即存有资本主义的根基；此外，还有一项磨业（milling），磨业在大体上系由庄园中之受有特许者（concessionaires）进行，庄园中是不允许手工业基尔特存在的，所以这种技业大有改进的可能。水车开始应用于磨、捣，并其他调制食品的方法上。在布业上是用以漂布，在矿业上是系以唧筒，汲出矿坑之水。设系于起重机及其他有创意的机械上，那可抬升、配分、洗涤，并压碎矿物。有些关于制作并研磨工具的机械，往往是用水车转动，硝皮与制纸，同样可以利用水车之力。当时的风车，是已经达到了相当完备的程度的。但其使用，通常却只限于需要自然力，而水力又难以利用的地方。

埃及纸（纸苇纸）的制造实际已经停止；用麻烦手续，由羊皮制成的羊皮纸，本来就是稀罕的。中国纸那时已经一般通行，那是于纪元后六二五年左右输往阿拉伯，一世纪后，更随阿拉伯人之西向征服，而传入西班牙。制纸的原料，中国通用桑树，阿拉伯人与摩尔人则用棉花、亚麻与烂布。在一二〇〇年顷，制纸业已传入法兰西及意大利，至中世纪结束前100年间，所有西欧全部，皆在经营此种制造事业。自此种低廉而充盈的物质传入后，印刷乃有实现的可能，果然不久就实现了。

人工制纸，实大有助于商业生活与知识生活。欧洲因缺乏书写的材料，大体上区分了许多社会，它们许久都不能在社会的、科学的、政治的思想上，形成一共通的源泉。在整个中世纪中，各地域都不乏有科学头脑与精深知识的个人，但他们的真知灼见，没有传播的机会。第十世纪时的法王西薇士德第二（Sylvester Ⅱ），曾就学于哥尔多巴之大摩尔大学（Great Moorish University of Cordoba），那个大学里面，当然设有阿拉伯的各种自然科学。当时阿拉伯的化学知识颇为奇特，那颇重视流行于西欧大部分之愚妄神奇的定式。基伯（Geber or Jeber——纪元后八〇〇年左右）曾创出强烈的矿物酸质，他能分解几乎所有的物体，他还了解蒸馏、炼精，乃至氧化物的调制。他的论理虽不免流于粗疏，并且往往错误，但仍不失为一个完全实际的无机化学家。西薇士德自己是好为诡辩的，他对于当时的原始迷信，未加何等非难。当时除僧侣教士外，根本就没有多少人能够阅读，而这能够阅读的宗教信徒，又无从训练其思考。况且，书写材料的缺乏，更使任何限度的知识活动，都莫由发挥其活力。

一二〇二年，比萨之利奥那多（Leonardo），曾使基督教的欧洲，注意印度阿拉伯（Hindu-Arabic）数学（包含有零的使用法）。而这种知识活动之主要的实际的效果，就是计算法上的大改进。在同一世纪中，阿拉伯之亚尔赫拯（Alhazen——纪元后一〇五二年）之科学著述，乃为一般人所熟知。亚尔赫拯略有光线曲折、放大，乃至三棱形之色学的知识。有的人——大约是萨尔斐洛·杜麦托（Salvino d'Armato）——曾应用其放大知识于眼镜上面。此种发明，有时又归功于罗哲尔·倍根（Roger Bacon），倍根为一佛兰西斯可教派僧侣，他有一种引人疑惑的博览、实验与批判的嗜好。约在一二六七年，倍根因应法王克里门特第四（Clement Ⅳ）之请求，写出其著述，他为补充权威教本，关于观察、比较、批判、实验，提出了聪明而温和的议论。但这议论的许多地方，都由转译或复写弄出错误了，因为两个人书写的抄本，决难确实一样，而当时许多抄写者，又远不如近代速记者之能了解原文的意义。

在论及"自然之潜力"（hidden workings of nature）的有名文字中，倍根论证了种种发明，如机力船、搬运车、飞动机（flying machine）、起重机、吊桥以及其他非科学技术有更大进步莫由创造的各种设计。有些人还以为他是显微镜的发明者。在他当时的科学家，如坡尔·斐特洛（Pole Vitello），如亚巴诺之彼得（Peter of Abano），都臆料化学"元素"（elements）之存在，但没有把握住其存于实体之量。就说中世的炼金术士之流罢，他们是知道一些关于金属之实际的作用的，但在我们看来，他们那种观念都模糊而难以理解，因为他们相信亚里士多德，以为一切实体都实在含有其属性（如热、冷、干、湿之类）。科学上有比较精细的工具应用，那是十七世纪时的事，直到这个时期，许多科学家方始认定：一种物质的元素，仅仅是一个不能更分裂为许多相异部分的实体。像以前斐特洛一流人物，对此虽有若干漠然的观念，但他们没有保证那种观念的充分材料，所以关于先哲的物性的思想就无法摆脱了。在当时阿拉伯人与欧洲人间，一定还有许多名氏不传于后世的科学家。今日确然知道罗哲尔·倍根的人，都以为他在当时，比较设想其在三数十前，还不稀罕。我们所探索的，多半是关于中世后期的思想与活动，至若那些流于粗浅，流于虚幻，且涉及"来世"的更旧的假设，那早归消失了，我们都是要把他人看得极类似于自己。

约在这个时期前后，在中国已经有几百年历史的铳药，开始应用在欧洲火器之上了，这一来，中世的军事制度，就受到了致命的打击。欧洲人一般的把粗型罗盘针用作航海工具，那是在一三〇〇年间，而中国人之使用这个器具，却仿佛是在这以前1000多年的事。有如中国纸一样，罗盘针开始是传入阿拉伯，八五三年，更由一位回教徒治下的西班牙诗人加以提述。针在球点（ball-point）上的平衡，那是由一个欧洲人或阿拉伯人所改进——中国原来的工具，却是把浮物置在水上或油上，使其活动。这非常直接而显然有助于现代欧洲的三件发明——纸、罗盘针、铳药——居然都是成于中国人之手，吾人观察及此，自不能不感到惊异。

十三世纪中，由微纳尔·德·宏勒科特（Villard de Honnecourt）发明的时钟摆轮，实不啻为那第一个正确的测时器具，辟了一个途径。因此，这同一世纪，竟把古代科学与现代科学，显然划分两个不同的分野：罗哲尔·倍根成了注重实验知识，应用于实际目的之标志；而时间之确实测量，又成了一个新的标志——科学立即关系到运动、速率，乃至现象的因果关联（有时称为进化）了。希腊人在科学上缺乏的是适当的工具，而这种工具的发明，又为其鄙视手工业者与鄙视机械技术的成见所阻挠。罗马人是比较能实行利用其所有的科学知识的，但他们对于正确学问既漠不关心，故亦无所裨益于应用科学和发明。

手工业在中世欧洲是独立的，它并受到了从未受过的尊敬。其结果，那些在旧的、固定化的手工业中，几乎受有极端禁制的可惊机械技术与发明天才，却在这较新的手工业中显然毕露出来。不论是谁，只要他游览过在伦敦塔中，或在德勒斯登（Dresden）所陈列的兵器，他对于那种连发枪（repeating musket）——大约是创造于火药传入欧洲后不久——的创造技巧，一定会受到感动。不错，那些制作并不是实在的，但实在枪械之没有造出，那是因为缺乏适当的材料——如坚硬的钢，如做药筒的铜片，如做爆管的有效炸药——而不是因为设计那种机械的头脑，不若今人的机智。基尔特限制的破坏，那对于民主主义，对于当时下层阶级的福利，无疑的是一个打击，但对于这方兴未艾的个人主义新时代，却招致了可供利用的极大机械技术的泉源。诚如奈斯（Nys）所说，中世市集"甚至做了古代所不曾做过的事体——它们尊重劳动"。

自极远的古代以来，纺业与织业的技术，都无大变更，但降及中世末期，其组织体制乃变为更有弹性，更有效果——它们使用自由工人，并促成技术的发展。染色化学是远较古代为优胜的。在若干生产行程——例如漂布——上，且还借助于机械的力量。五金业有极大的改进。铜铸品的变动虽微，但因为风箱与火炉改良了，熔冶更易，故有远较以前为大的铁器铸造出来。精炼的钢器与铁器的制造，那都比较罗马时代迅速多了，有效多了。日耳曼人发展了一种刀具制造（edged-tool-making）的新科学，改进了制造钉头的方法，并还考究怎样制作铁丝。钢与铁能够范以定型，叠成薄片，那颇得力于一种新的水压力锥（hydraulic hammers）。玻璃窗为中世欧洲的一项革新，那在建筑术上开启了一个新的锁钥。不过，当时那种窗户除富有者的第宅外，其他私人房屋嵌用颇稀。中世大礼拜堂之颜色玻璃窗户，洵为空前未有之伟观。

在中世最后两世纪中，地理学知识颇为扩展。北欧亦有其探险者与旅行者。一二五三年，法兰西王路易第九派遣佛兰西斯可派教徒，即剌伯剌魁斯（Rubruquis）之威廉，前赴鞑靼。这位僧侣之小心谨慎的记载，大有影响于罗哲尔·倍根。被派赴印度之法兰西黑衫派教徒（Dominican）约丹努斯（Jordanus），亦同样写有他的旅行杂记。《约翰·德·曼德维尔之旅行记》（Travels of Sir John de Mandeville）于一三五七年公刊于法兰西。其中所有记载，大抵取材于早期的著述（包括有马哥孛罗之著述），那是一种通俗的旅行随笔与旅行指南的合璧。此外，还有一种流行颇广的旅行记载，即但吉尔（Tangier——一三〇四—一三七八年）之《易逢巴塔达》（*Ibn Batuta*），著者曾在亚非两洲漫游75000英里，他记述其所经历之地，翔实而生动有力。

约在一四五〇年前后，活字版的印刷发明了，这种发明所给予知识上的刺激，实非笔墨所能形容。同一个人往往精通一打的技术与科学，他凭其惊人的博识，由一种科学转向另一种科学。例如，利奥那多·达·芬西（Leonardo da Vinci——一四五二—一五一九年）是唯一的大画家、大雕刻家、大建筑家、大音乐家，但他同时又热心研究植物学、剖解学、物理学，并且他还在数学上有无数的发明。他像工程师那样，做出了隧道、堡垒与水道的图案。他并设计了榴霰弹、飞机、汽船与后膛炮（breech-loading cannon）的雏形。他以十分类似现代的心情，做了一些讨论化石的潦草记录，由那种记录中，大可窥见其地动观与地球非宇宙中心观之端倪。水之化学的成分，几乎由他发现出来。他的科学的与实际的作品——如艺术品——大部分虽未完成，但他确发明了一种大理石锯和一种制绳机。他有此进步思想，而未遭当时的迫害，那也许是由于他的记录，都是成于晚年，刊于死后许久，而且，要在他生前辨认其原稿，那是非有明镜帮助不可的。

印刷破坏了欧洲的地方主义，并撤除了南欧北欧的知识障碍。欧洲最初用活字版印刷的，且注有年代的古籍，为《缅因兹的诗篇》（*The Mainz Psalter*），那是公刊于一四五七年。在这以前，也许还刊印过谷腾堡（Gutenberg）的几本小册子，乃至某某的一部书籍。在一五〇〇年左右，单在日耳曼就有值得登记的一千部大印刷机具，而其他各国人民，亦颇热中于这所谓新"日耳曼技术"（German Art）——更确切地说，那也许应称为"中国的技术"。知识与观念是立即趋于国际化了，但这种新的公开宣传手段却只用来加强了各民族间的差别意识。日耳曼人把他们自己看为是皇帝与意大利人的牺牲者了。在他们同时开始反对这两者的斗争当中，印刷品立即显示了它那伟大的确实的力量。真正的舆论，实在是随印刷机的诞生。

就在这当中，斐斯可·达·加玛（Vasco da Gama）经过半世纪以上的准备，卒绕航非洲，达到印度，而此前哥伦布之冒然西渡大西洋，即认他曾达到那同一目的地。自此东西两印度之发现，有识者乃不复辩论地球之为平形。当同世纪的末期，对于奇异国土的好奇心，对于新经济机会的追逐心，有如野火般地蔓延于欧洲，于是一个新世纪由此展开了。斐斯可·达·加玛初航印度那次的利润，竟达到了60余倍之多。社会上与政治上的忠顺之心，都根本改变——那虽是无从测知的，但却是非常确实的。那些已经发生了忠顺之心的对象，乃至所有社会政治制度本身，都改变了旧观，至若究竟会变到怎样的田地，那还是不大清楚。技术、发明，乃至集体的社会力量的整体，乃是从中世的躯壳中脱化出来，它受了那躯壳的促进，但亦受了它的阻制。

进一步研究的参考书籍

Adams, G.B. Civilization during the Middle Ages, ch.XII.

*Ashley, W.J. An Introduction to English Economic History and Theory, vol.I, chs.II, III.

Ashley, W.J. Economic Organization of England, Lecture II.

Bax, E.B. German Society at the Close of the Middle Ages, chs.V-VII.

Bland, Brown and Tawney. English Economic History, Select Documents, part I, secs.V, VI.

*Boissonnade, P. Le travail dans l'Europe chrétienne au moyen âge, livre II, chs.IV-VII; livre III, chs.I-III.

Briggs, M. Economic History of England, chs.II, III. (London, 1914)

Bücher, Carl. Industrial Evolution, ch.X.

Cheyney, E.P. European Background of American History, chs.I-III.

Cheyney, E.P. Industrial and Social History of England, chs.III, IV, V.

Cunningham, W. Growth of English Industry and Commerce, vol.I, pp.434-456; 506-525.

Cunningham, W. Western Civilization in Its Economic Aspects, vol.II, Introduction, and book IV.

*Day, Clive. History of Commerce, part II.

Evans, A.P. "The Problem of Control in Medieval Industry", in Political, Science Quarterly, 1921.

*Gay, E.F. "Hanseatic League"—art in Encyclopaedia Britannica.

*Giry et Reville. In Histoire générale, vol. II, ch.VIII, ("Émancipation des villes"); ch.IX, ("Le Commerce et l'industrie au moyen âge"). To be had in English translation, (Holt).

*Gras, N.S.B. An Introduction to Economic History, ch. IV.

Green, Mrs. J. R. Town Life in the Fifteenth Century, vols. I, II.

Gross, C. The Gild Merchant, vol. I.

Haskins, C.H. Studies in the History of Medieval Science.

Janssen, J. History of the German People, vol. II.

Kötzschke, R. Grundzüge der deutschen Wirtschaftsgeschichte bis zum 17, Jahrhundert.

Kötzschke, R. Allgemeine Wirtschaftsgeschichte des Mittelalters. (A 1924 work which deserves translation.)

*Lipson, E. An Introduction to the Economic History of England, vol. I. "The Middle Ages", chs.V-VIII.

MacDonald, G. Evolution of Coinage, chs. I, II.

Monroe, A.E. Monetary Theory before Adam Smith, part II.

*Nys, Ernest. Researches in the History of Economics, chs. III-X.

Ogg, F.A. Economic Development of Modern Europe, ch. III. (Bibliography)

*Pirenne, Henri. Belgian Democracy, Its Early History, chs. IV, VI, VIII, IX.

*Pirenne, Henri. Medieval Cities, chs.V, VI, VII. (1924, Princeton Press)

*Renard, Georges. Guilds in the Middle Ages.

Renard and Weulersse. Le travail dans l'Europe moderne, Introduction.

Salzmann, L.F. English Industries of the Middle Ages. (1923 edition)

*Schevill, F. Siena, pp.96-100; 107-110.

Schulte, A. Geschichte des Mittelalterlichen Handels und Verkehrs zwischen Westdeutschland und Italien, vol. II.

*Shaw, W.A. The History of Currency, ch. I, pp.25-60. Also sketch histories by countries in Appendices IV-VI.

Thorndike, L. History of Mediaeval Europe, ch. XVII.
Unwin, G. The Gilds and Companies of London, ch. I.
*Usher, A.P. Industrial History of England, chs. III, VI.
Zimmern, Helen. The Hansa Towns.
Weber, Max. Wirtschaftsgeschichte, chs. II, III.

第二编

现代

第一章 欧洲扩大之开始

现代社会的起源 关于欧洲的扩大，以前都探源于剧一般的事实，如一四五三年君士坦丁堡的没落哪，如普通称为"文艺复兴"与"宗教改革"的大文化运动和大宗教运动哪，但现在的趋势，则颇不着重这些方面。君士坦丁堡在它最后为奥托曼土耳其人劫夺以前，早就是萎靡不振。它的衰落，主要是由于欧洲经济组织上之迟缓的然而是极大的变更，那种变更，减缩了它的市场的独占。此外，亚洲方面的某种军事活动更影响到了它的供给品的来源。文艺复兴或十四世纪乃至此后诸世纪的知识的觉醒，从现在一般人看来，那不过是对于那远在中世纪就已经发轫了的运动，有了一点促进力量罢了。当时在经济上、社会上，乃至知识上的景象，其所导源于欧洲环境者，至少有导源于古典复活（此为文艺复兴时期之由来）那么多。把古典复活当作现代史上的一个原动力来看，那绝不能与支持那种原动力，并围绕那种原动力之诸般重大事实分离开。如意大利，城市的经济生活，如印刷的发明，如欧洲经济接触，开始由十字军运动的扩大——海外探险、殖民企图，乃至地球上后进诸领域的开发，都与此扩大相混合——那都是当时数一数二的重大事实。

欧洲此后生活上的大变动，文艺复兴和新教徒的背叛，都不能说是真正的"原因"——那两者在一般的情形当中，不过是戏剧般的、偶然的动因罢了。关于宗教改革之历史学家们自己所越发感到兴趣的，是商工业迅速地发展，对于农民生活，对于政治问题，乃至对于欧洲人一般的观点上的影响。其实，宗教上的背叛，与当时印刷的书籍与小册子的流行，从而，与前世纪印刷机的发明，不能分开来看，或者说，没有认知那些印刷物所由发布的经济事件的推动力，对于印刷物本身，根本就不能浏览。诸市集之商工阶段，或企业的中等阶级，乃至民族政府，这时已经完成了一种潜在的势力，这势力是老早就自行确立起来的。不论何时，只要这种势力一经产生，则由它发动的种种作用，就必然要促成中世制度的崩溃。由十字军以至现代，真不知道经过多少变动，而在那些变动上之最令人惊心动目的、最持续的原动力，则是贸易的扩展。在中世纪时代，贸易主要是活动于内海、内河，乃至队商所经巡的旅程。在现代初期，即在铁道出现以前，海外贸易始非常显著。商业上之累积的成长，其意义远非单纯的数量变动可比。那除数量外，还迅速改变了性质，并逸出旧组织的束缚，结局，它自行建立起了一种极其异样的商业体制，这就是我们所知道的现代资本主义。

现代资本主义的发端 被一般定义为由人类创造之生产剩余的资本，那几乎是在人类有始以来就存在的。铸币发达而后，它即在流动的、可以相互授受的形式上蓄积起来。

所谓资本主义，远非资本单纯的积聚所能尽其含义。例如，企图破坏资本主义组成的社会主义者，通常亦承认在他所鼓吹的制度之下，颇有大量生产资本的必要。资本主义之为资本主义，那不是说首先必得有生产剩余或资本，而是它有一种实在的标志，那标志是存于资本所由蓄积所由使用的体制中。

古代亦有不少私人营利的商业与金融事业，但与现代情形比较，那是大受限制了。这种资本主义——姑比如说——颇难触到工业。那原因，可由奴隶制度与家内生产制度之通行，而得到部分的说明。加之，古代帝国的政府都非常嫉视大规模的纯粹私人事业，以为那种事业会危害国家政体的生存。流动的或可资授受的资本大部分是由公家的或半公家的事业所积来。罗马之银行的与信用的组织，与我们所知道的组织，殆同日而语。就当时广大的地域与众多的人口而论，它那全部商业的与银行业的可欢的活动，那是怎么也不能使我们忘记其相对的轻微性的。

当西罗马帝国崩溃时，那些不妨称为资本主义的公家的或半公家的事业，一时都归于消灭。土地的财产，几乎成为独一的投资形态了。南欧再开始资本的蓄积，那是由于与东方交互贸易。中世也如古代一样，其资本是投在大规模的商业上、金融业上，而不是投在工业上。至若那些沿着贸易路线而发展的输出工业，那则是决然由商业的组织所支配。

例如，佛罗伦萨之亚提・第・克里麦拿（Arti di Calimala），一方面贩卖北欧的布匹，一方面更对那布匹加以精制。基尔特的老板们实在就是批发商，他们往来于北欧和近东，以贩运货物。他们对于支付，不是搬运贵金

185

属，而是使用一种有考究的银行技术，即汇票。

在中世的意大利，亦有专门的银行家与钱商。这些金融业者（如同在古代一样），特别注意公家事业。他们在北欧建立有许多支店，取得有征收法王收入的特许权，并还兴建一些金资出入川流不息的普通事业。有时，他们贷款于国王，而取偿于独占权和特许权的利用。佛罗伦萨的银行家，曾在那不勒斯（Naples）王国进行此举。热那亚之圣乔治大银行，亦有同一的根源。

教会反对私人营利与私人利益的偏见，大部分是由古代沿袭下来。后来，中世欧洲有罗马所占领域两倍以上了。到勒芬特的贸易道程的重要和中世政府之松懈无力，那对于大规模的商业，与相伴而起的大规模的金融活动，就特别显得难以规制了。在中世大部分时期中，法王政府与商业诸市，乃至与孱弱的神圣罗马帝国间，常相倾轧。诸小市府与封建通货的极度混乱，那不独增大了钱商的必要，并还复化了控制钱商活动的问题。为地方市场生产的小工业，虽动受束缚，但为输出而生产的工业，却分享了商业基尔特——那些工业的主顾——的若干权力与特典。

民族国家勃兴的结果，那成长于意大利北部的金融资本主义，乃开始不大类似古代那种形态，而积渐类似我们现代这种形态了。法兰西诸王，如像公平者腓力（Philip the Fair）之流，曾利用当时金融上的势力，并利用那般银行家如彼西奥（Biccio）和谬西爱托（Musciatto）的丰富经验（他们俨然是他的意大利的顾问）。那距我们习惯上称为"现代"的时期，将近有200年的岁月。

大的贸易市集——有的在一五〇〇年以前，就从事相当规模的制造——如其取得了权势，它对于由教会束缚解放商业，就甚至比民族国家，还要来得激进。民族国家一旦确立了它对于诸市集，对于那已趋颠覆的中世制度的权威，它马上就会感到这解放过来的分裂势力，将予它以反对。

所谓加尔文主义（Calvinism），就是发端于当时那种城市环境中，它所主张的为一种新伦理定律，这定律曾被解作是：变中世贪欲的罪恶，为现代"为储积而攫取和为攫取而储积"的经济原理，这是它特别受人指责（和赞赏）的地方。但对于早期的加尔文主义者，那却未免失之公平了。有如商业社会的人员一样，他们自觉较单纯的社会既已不复存在，则对于为那种社会所定立的严格法则，当然有许多无须遵从。他们英雄般的由一种严格的贫富规律，争求保持旧制度的善举——那也许说是基督教义。由他们解放的经济动力，证实了不是他们那时仿佛能够控制的那样容易驯服，然而，在实际，那些经济原动力是远在加尔文主义以前，就已经发生作用了的。

路德对于教会的背叛，那只是偶然有助于私人企业之新精神的胜利。他自身有农民的本质，他是一个新教派的建立者，这个新教派的社会基础，不是商业市集，而是乡村。无论加尔文派与路德派的主张如何，一个新的经济秩序终于出现了。加尔文是一个顽固的城市律师，他认定变革是既成的事实，他所努力的，只是要使那变革与他所视为基督教义上之根本原则相调和。路德是农民，是有几分神秘的人，他所见到的，只是发生大变革会惹起的可怕的损耗，他与那威胁既成阶级与乡村的经济革新相搏斗。

像这辏集于某一时期的诸般大动因，自会产生一种任何人无从预知的变革，从而，我们尚论这些大动因的人，就往往做了一些非其所期的勾当。例如，纸（一种低廉而充盈的书写原料）的使用，在西欧已经普行200余年了，我们总以为那主要是与印刷机相关联，因为要印刷机才能使用纸料的。此种习惯，会使我们在某种限度，忽视纸料输入在商业与金融交易上的重要性。由印刷物宣露的宣传与反宣传的力量，那是谁也不会怀疑，或者谁也不能怀疑。路德是一位开倒车的村落集产主义（collectivism）者，他对于民族主义和经济的个人主义的发展，竟偶尔给予一大刺激，要不外由于反宣传的作用。加尔文之反对中世贪欲的罪恶，其真挚不亚于路德，但他的大名却与中世思想家视贪欲为主要特征的经济伦理学体系连在一起了。他们对于依赖人类天性，发现一种会创造我们这样公道而适当的新社会的手段，原不过抱有模糊的观念罢了。如其他们任那一位，能看到四个世纪以后的情形，即十九世纪工厂立法刚刚开始时的情形，他将会辩解其预言的正当。

在现代的初期，股份公司不过略具雏形罢了。如佛刻斯（Fuggers）那一类的金融铺店，资金是够多了，但大体上不外一个家族的店号。当时从事海外贸易与海外探险的大企业，资本已不成问题。不过在开始时，那些冒险事业的组织太坏，金融上是全无保障的。然而，一种别致的现代资本主义体制，终于在这被称为欧洲扩展的大运动过程中出现了。

新资本主义的显著特征，就在使用那种在大企业中代表资本的可以转授的股份。就企业的规模讲，就投资的永久性讲，这都是必要的。贸易一旦在各地域间（如在东印度与西印度间）确立了，并且其流通已十分规则了，则为聚散商品所需的资本，将为非常的巨额，要指定特定的让渡途径，那就不但难能，而且简直不能了。有了合股的组织，参加的人数乃能较多。股份能更自由地转授，势将使组织的持续性，超越于任何特定个人或特定家族的生命财产以上。

关于现代资本主义的来源，曾惹起多年的争执。我们只要遵循商业组织进化的线索，而不着重那比较暧昧，比较于我们不无重要的资本本身蓄积的线索，则那种争执就不难化除至极小限度了。资本主义无疑是有许多根源的，没有哪种简单解释能够完全包括得了。国际商业哪，普通利息与高利贷哪，采矿业哪，乃至地产上的收入哪，所有这一切，都分途尽了它们促进资本主义的任务。但我们这里所应注意的只是一种主要的事实，即十六世纪初期存在的资本的形式与数量，能使"事业冒险者"大抵是自立的人——取得它，并使用它于新的机会[①]上。"商业革命"（commercial revolution）是怪多的，这每种革命，又与其他的颇不相同，对于它们的表述，其本身就是相互抵触；但有一件为人们所认知不到的事实，即是：商业资本主义的发展——随伴近代最初两世纪欧洲扩大而来的——改变了中世经济的秩序。

海外扩张的动机 由十世纪中叶至十八世纪末期，那是欧洲社会以发现与殖民著称的大时代，对于这个大时代的出现，曾被指定有四个普通的缘由。第一是当时有一种强烈的经济冲动，想与东方物品的来源，做更多的更有利益的接触。商业的发展，在刺激需要上，有一种积累的影响，从而，会增加对于供给品之较好来源的要求。第二是除商业利得之一般动机外，在西欧诸城市方面，还有一个特殊的念头，那就是企图打破意大利人对近东直接贸易的独占。第三是在经济领域内如此，在政治领域内，亦有向海外扩展的强烈冲动。欧洲较大的诸国家都觉得，在海外获得有领地，将会大大增进其欧洲本土的权势；至由黑暗中拯救原人与异教徒的宗教动机，那是永恒存在的。最后，包含有好奇心与冒险精神的心理作用，那对于赌生命冒实在危险，而征服自然障碍，乃至征服无边海航之更可怕的危险想像，都是不容忽视的。

当这诸般心理作用已经从事活动时，航海科学上的某种改进，乃能做远海非常成功的航行。堪称为航海科学上最重要的改进，当然是海员所用的罗盘针。有了罗盘针，再辅以观察日月星辰，以定海行地位的粗陋器具，于

---

① 参照次章末尾"现代资本主义勃兴之注释"。

是，一个一五〇〇年的海员，哪怕离海岸航行许多日程，依旧不难确定其航行的方位。至航深海绝对必要的工具，当时是已经发现了的。

据普通的说法，海外扩张的要求，是由土耳其人劫夺东方贸易航路所促成，但此说已经受莱比尔教授（Prof. Lybyer）的反驳。依十五世纪与十六世纪的欧洲贸易与价格的统计，证明了土耳其人并没有怎样干涉贸易的旅程。在实际，他们对于那已经日渐崩溃的贸易，还英雄般地尽过挽回颓势的努力。一五二〇年，那是哥伦布已发现美洲和斐斯可·达·加玛经由非洲好望角而达到印度后的一个世代，直至这个时期为止，土耳其人尚没有占据那经由非洲与红海的南部航路。而且，想确立与东方做海外接触的最初企图，那甚至是在一四五三年君士坦丁堡被劫夺以前就开始的咧！

就通常而论，真正的解释，无疑是一种混合的解释。航海的改进与地理上的知识的增加，对于冒险精神，对于长期布道的渴慕，乃至对于有利贸易之新机会的要求，都给予了一个使其自行发露的机会。土耳其的扩大，虽然不曾严重阻断欧洲之间的大量贸易，但我们必须牢记以次诸点：欧洲人的需要是增加了，队商的运输是太昂贵了，最后，那昂贵价格的原因，大部分是由于意大利人的独占。就在发现与拓殖的时期，欧洲大西洋岸的诸国家诸城市都勃然兴起，取得独立与繁荣，同时意大利半岛与地中海东部的商业上和经济上的重要性，则相因而渐趋衰落。

海外发现之一般性质　西欧最初由海外探险受到了利益的重要国家，即是葡萄牙国。在十五世纪中叶，葡萄牙水手们在航海者亨利王（Prince Henry the Navigator）的保护下，开始发现并探险到离葡萄牙海岸，与离非洲西北海岸的大西洋中诸岛。一世代后，地亚兹（Diaz）沿非洲西岸，发现了刚果河（Congo River）口，往后，更发现了非洲大陆南端（包括有我们现在所呼的好望角）。到末了，在一四九八年，斐斯可·达·加玛终于实现了一世纪来，想由外海直航印度的愿望。他绕航好望角，航渡印度洋，于同年五月到达加尔各答（Calicutta）。此后两年，加柏拉尔（Cabral）发现巴西，在新世界树下大葡萄牙帝国的基础。

至于在西班牙王庇护下所成就的发现，那甚至还较为重要。克里斯托弗·哥伦布（Christopher Columbus）为一勇敢而有自信力的意大利人，他的探险企图受到了西班牙王后的支助，在一四九二年，他竟达到了他设想中的东印度若干外岛。此后的航行，他不但发现了更多的岛屿，且触及了西大陆的本部。西班牙人是够幸运了，他们在墨西哥，在秘鲁，都获取了大批的金银，但北欧人不同，他们在此后几十年中，还以为北美大陆是西向东印度航行途中的一个有刺激性的障碍。沿大西洋岸大部分的可航河流、海口，以及海湾，都由一个或若干个欧洲航行者驶入了，他们的希望都以为若干日的航行，说不定会示给他们以到达目的地的途径。西班牙最著名的探险乃由麦哲伦（Magellan）所进行，他于一五二二年完成了最初绕地球一周的航行。他虽在菲律宾被杀害了，但其返到西班牙的若干水手却带回了一个无可争议的地球为圆形的最初证明。继麦哲伦而做地球周航的（一五七七——一五八〇），为佛兰西斯·德雷克（Sir Francis Drake），他是英国太平洋探险队的队长，但因为西班牙人的阻碍，致不能由规定的航路回来。

继葡萄牙人与西班牙人而探险的，有法国人、英国人、荷兰人，其结果，欧洲人对于南北美东部海岸的知识，对于非洲与亚洲南部海岸的知识，乃至对于东印度群岛的知识，都显有增加。自然哪，探险不过是殖民的初步。每个国家对于其航行者所已经到达的领域（哪怕是仅仅接触一下），都作广泛的要求。在许多场合，那领域的土地的真正性质与限度，实际上经过一两世纪还没有弄明白。这种初期要求权之极度广泛与漠然不定，我们由一件有名的事实可以表明，那就是法王亚历山大第六于一四九三年为葡萄牙人与西班牙人划分世界。

约在这同一个时期，俄罗斯人亦开始越乌拉山脉，而入西伯利亚大原野，不过，他们完成西伯利亚的占领却是十九世纪末叶的事。他们一方面经略西伯利亚，另一方面更转向东南进出，而重振其500年就已经开始过的达到地中海的企图。那种企图被前由拜占庭的希腊人阻止了；此后与奥托曼土耳其人（为君士坦丁海峡之拜占庭人的后继者）的斗争，一直延续到了二十世纪，因为那种斗争中有世界各大强国的参加，故俄罗斯始终未能攫得其所欲得而甘心的君士坦丁堡市。俄罗斯是重要的，但有如合众国一样，它的领地的扩张，主要是限于陆地，这事实使它直到海外大冒险的时代过去了，还只挣得一个次等地位。

相互竞争的诸商业帝国之一：葡萄牙　由十五世纪中叶至十八世纪末期的欧洲通史与世界通史，那很可编作克宁汉教授（Prof. Cunningham）所谓"西欧相互竞争的诸商业帝国"之勃兴、发达，乃至衰落的故事。这些西欧国家首先跃为帝国的是小小的海滨国葡萄牙。它由斐斯可·达·加玛及其后起的探险者，在商业优势的竞争上，取得了极大的优先利益。它在东印度与南美洲的占有地是远非其竞争者所能企及的。但它那种权力所由建立的基础却就未免过于脆弱了，不够支持它那过分伟大的建筑。葡萄牙人没有统治殖民地的经验，且没有训练好殖民的官吏和管理者。营私舞弊与施惠主义会牺牲国家的利益，而对于待遇土人的短视的恐怖政策，更在东印度惹起了无限的，然而是不必要的困累，这样，当然是会招来竞争的。况且，他们对于供给品的来源，很少有全盘的规划。

至于贩卖东方货品于欧洲市场的大困难，他们同样是听其瞎碰运命。里斯本（Lisbon）与欧洲其余地域的土地关联甚是薄弱。葡萄牙人没有一个分配生产物的组织，也没有做过创建那种组织的努力。其结果是：来自北欧的购买者，把里斯本的货物运去充实低原地带那些城市的旧市场。这一来，不但利润的可能性受到妨害，同时且会危及其独占。有一个时候，北欧人定然要航经里斯本，而企图吸收东方的供给品的资源。葡萄牙人的独占是建立于其航海的优势上，但其人口与资源的稀少却又不够维持那种优势。当时一般的习惯，每视商业竞争者的攫夺行为，如同我们现在所谓海盗的劫抢。老早以前，东印度贸易的主要源泉的涸绝，开始在水手的缺乏上就感到了。派送到海上的农民必得以非洲的奴隶来替换，而且，这时葡萄牙的人口，已实行进于衰落的阶段了。在一五八〇年以后五六十年间，葡萄牙竟成了西班牙王的属国。当时西班牙为要实实在在成为新世界的主宰者，它大大忽视了东印度方面的机会。荷兰这时是刚刚完成其实行独立的大业的，它于是乘机攫得了由东方输入香料的领导地位。

西班牙 当腓力第二于一五五六年，继父查理士第一（即神圣罗马帝国之有名的查理士第五）为西班牙王时，依各方面来推测，似乎西班牙仍会保持其现代国家中最强而有力的地位。就向非洲美洲的海外扩张来讲，它在地理上处境极佳。它保育的水手在世界发现上扮演了一个重要的角色。它并保有了极其广大的领域。在本国，因着腓力先祖，特别是斐第兰（Ferdinand）与伊沙柏拿（Isabella）的努力，全国至少在名义上是统一了。然而，它所包含的诸王国，都拼命固持其旧来的特权，想创建一个国民赋税系统的任何努力，那是几乎常要惹起内乱的。不过，一种实在的统一，似乎总有一个时期实现过。

腓力除西班牙外，还统治着欧洲最富的尼德兰，那包括有今日比利时与荷兰两个国度的地域。因着历史与家世的关系，他与欧洲中部的最大的政治组织，即神圣罗马帝国缔结联盟。就在这时期，西班牙并还保有欧洲最强大的海军。在一五五〇年，它由新世界取得的金银收入，已经超过其旧世界的收入总额以上。日耳曼人当查理士第五（即西班牙的查理士第一）辞职的一五五六年，提出西班牙分离帝国的主张，那实是西班牙的天幸。当着新教徒背板——那于前年度在奥格斯堡（Augsburg）成立一和平条约——的时候，日耳曼的土地已经成了西班牙一个非同小可的负担，它须抽出军力和收入，以应付这尚有极大待决的内在问题的新联合国家。其实，如腓力的祖父斐第兰，他就曾用尽了方法以阻止西班牙与帝国之本原的结合。

在一五五六年，西班牙的势力异常雄厚，但实际上，那是不如其表面有力的。要使那种势力能够安全发动，在先一定要有一种巨大的经济团结的机构。查理士与土耳其人，与法兰西人，乃至与新教徒的战争，都是所费不赀的。斐第兰于一四九二年驱逐犹太人，那使西班牙失去了有经验的金融家；对于摩尔人的不断迫害，那又无异毁坏其重要的工业阶级。不过，在一六〇九年以前，摩尔人尚未受到最后的放逐，腓力迫令他们离开繁荣地域，那与其说是使他们更无用于国家，却不如说是使其更有害于国家。阿拉贡（Aragon）是贫困而好犯上作乱的地方，一五九一年，由卡斯提尔军队（Castilian Army）征服了。葡萄牙于一五八〇年变成了西班牙王的属领。但那里从未提供收入、军力，或对西班牙发生何等影响。第一次想实行统一全国各地的努力，竟导来了一六四〇年之葡萄牙的成功的叛乱。

西班牙的三个重要收入来源是：卡斯提尔、美洲与尼德兰。要想在卡斯提尔维持住犹太人与摩尔人的那种贡献，那是需要长期的有耐性的经济建设的。那里从未组成一个商业帝国的中心。由美洲搬回的财宝，大部分没有流入国库，却饱了个人的腰包。腓力与其父亲完全两样，他生长在西班牙，他自视为一个西班牙人，他在尼德兰是不负众望的。他之热心于宗教的迫害，至少意识到了种族上的西班牙的团结，不过，在城市化了的低原地带应用西班牙之宗教裁判，那对于横被重税与愚笨的外国律折磨了的、自负不凡的商业人民，却是最后的一线希望。当地方贵族与公民于一五六六年向法庭请愿时，他们是由一位顾问向统治者（即腓力之半姊妹）的愚昧陈述，而借用"乞丐"（beggar）的名义。这在后来成了民族感情的标语，并且，城市中的人民更扮出乞丐之行囊与碗钵之类似物，以为徽号。此种运动，起初为民族的与经济的，其后渐至不可收拾。乌合的新教徒们，开始粉碎了宗教的遗物，侵占大寺院，迫害那些热忱的加特力教徒。结局，腓力派亚尔发公爵（Duke of Alva）率兵去恢复秩序，惩罚异端。

这时，西班牙的经济已开始陷于困境了。亚尔发在尼德兰南部（那是高度工业化了的区域）的活动，毁坏了那里的繁荣，并驱逐数千亡命客于海外。他那繁重而不加思索的赋税，与他所采行的迫害政策，同样弊害丛生。收入锐减了，乃不得不增加卡斯提尔的赋税。半年俸制（half-annates）——官吏付出第一年度薪金之半——的一般采用，致本国政府亦弄得腐败不堪。卖官鬻爵是公开的，官爵由父亲传授儿子亦须纳税。铸币低减了。由教会提供的大宗罚款（在一五六一年以后，每年竟达600万金元以上），表面上说是为了充实对土耳其作战的海军军备。许多人民都用钱贿作下级贵族的免税阶级，重要的政府收入，都永久为现金而让渡。买卖税让渡了（这使无数商人陷于倒产歇业），印花税让渡了，假定反对宗教的没收权益让渡了，其他如售卖嫡子权于私生儿一类的若干娱乐收入来源，亦让渡了，不够，还益以国王的赈济金（limosna al rey），这充分暗示了政府之致命的困窘程度。宫廷的绅士们，曾进行一种挨户的检查，而陪伴他们检查的还有一位教区的牧师与僧侣，他们每见一个公民，就探问他究能够给予多少，物价迅速地提高，使这个国家所处的地位颇不像一个金窟，那里的金银财宝虽容易耗费，但却更不容易获得。

在一五六〇年，西班牙所负佛兰德斯、意大利，乃至日耳曼银行家的债额，共约1亿金元。普通的利率是由15%至30%。西班牙政府因为不能按期偿付，它的借款利率有许多甚且还较普通为高。结果，腓力第二不能偿付到期利息，意大利银行家停止通融资金了；当他让渡出西班牙国家的某种特殊收入时，热那亚银行家又大动其慈悲。西班牙的军队是长久不发薪饷的，他们动辄发生叛乱，以导致非常不幸的事故：一五七四年，安特卫普、马斯特里赫特（Maestricht）、根特（Ghent），以及其他许多城市，都被劫夺了。腓力的愚笨金融政策，一任荷兰人所播弄。法兰克福（Frankfort）、热那亚，乃至其他诸地域，开始蒙受了安特卫普没落的利益。约在半世纪后，热那亚定期市衰落了，法兰克福逐渐屈服于阿姆斯特丹的统治下。阿姆斯特丹市在实际上颇承袭了旧时佛兰德斯——特别是安特卫普金融上的权势。

西班牙无论是赋税制度，抑或是政府一般的经济政策，都有涸绝其财富源泉的趋势。腓力发动的各种战争拨去了大批水手，且损害了渔业。麦斯他（Mesta）或取得有特权的羊毛业者基尔特拥有700万只的羊群，这羊群的大部分都提供了外国的工厂——西班牙全土所出产的毛织物，还没有布鲁日一市之多。在数十万摩尔人被放逐以后，西班牙就在农业上亦不能自给了。许给麦斯他的特权，妨害了农业上之深度与扩度的增加。法律居然强制以前用作牧场的土地再恢复为牧场。劳动是稀少的，工资之高致使法兰西的大多数农业劳动者都相率迁入。这种纯粹暂时的移居，对于那些需要强度耕作的区域［如像格拉那达（Granada）］，仍没有多大的帮助。西班牙在工业上是落后的，从而，法兰西的手工匠也就大批迁来。他们同那些农业劳动者一样没有定着性，由工作积得有钱，就转回去了。关于西班牙这时的基尔特与定期市的描述，那会使我们想到老早以前的法兰西北部的情形。

十六世纪时代的西班牙还是一个畜牧的国度，它的农业是不完善的，工业是落后的，增加极其缓慢的人口，不过700万左右，它没有一个作为永久大帝国之核心的金融上与工业上的组织。其人口不够建立殖民地，不够供应那保障如此大规模之殖民领域的海陆人员。在十七世纪时，它的人口减少了，有如早前的葡萄牙一样，全西班牙社会的机构，开始显露了分离的征象。当时有不少的著作者和政治家看出了它那种困难，但从物理上讲，从道德上讲，都不能由当前的手段予以解决。在殖民地迅速积聚来的财富（那使本国需要更缓慢而且更恒久的劳动），似乎惹起更多麻烦了。军事功绩的引诱，提取去一大宗款项，并且全都用尽了。手工劳动颇受轻视，那是由于封建的传习，由于西班牙有自罗马时代以来之极悠久的奴役历史，且由于种族与宗教的混合。当时有成千成万的劳动者转化为江湖浪民，还有成千成万的劳动者流入宗教团体。

与欧洲任何其他国家比较，西班牙重商主义（那包含有国家对于一切商工业生活形态的统制），是更其发达，而且更其悖理的。它的商业受到了本国最彻底的统制和最严密的监视，那一部分的原因是当时一般的理论，以为国家应严厉统制经济生活，并在最大可能范围内维持国家财富上的平衡；另一个部分原因，则是有防止英国及其他私船之必要。商人不许随时任意出卖其货品。他们的商船，由西班牙出帆到美洲，或由美洲殖民地出帆到西班牙，都须伴随一大舰队，都须按照规定的时期。在若干场合，那种航行隔年一次，甚或隔数年一次。后来，这种制度虽略有变更，其所监视的贸易，虽有大规模的偷运以资补充，而西班牙与新世界之间的商务总额，依旧是颇不完全的。

西班牙商人既受了这种制度之束缚，他们与那些有相对自由和勇敢的尼德兰或英国商人竞争起来，就特别显得无力了。西班牙的全副精力都用在贵金属的采掘上，对于殖民地之健全的经济生活是很少留意的。殖民地不许生产那些与母国货品竞争的货品（如葡萄酒之类），但母国货品在数量上又不能满足有效的需要。有如其法兰西的从兄弟和同宗教徒一样，西班牙人在社会上、在种族上，与土人实行混合的程度，原较英国人、荷兰人在美洲所行的混合政策更进一步，但此种同化并不阻止他们利用土著人民。

西班牙与英国在美洲的冲突，那较它与任何其他国家在美洲的冲突更形尖刻。一五八八年，伊丽莎白的水手，破坏了西班牙之亚尔麦达（Armada），这对于西班牙的欧洲权势的衰落，有时被视为是一件严重的事体。英国在大陆汉塞德人（Hansards）的保护下，早已发展了一种牢固的经济组织，那种组织在环境的改变上，尚不是过于古旧，过于复杂，或者过于失宜。英国人在言语上、习惯上，都十分统一，无须经过那丧失了西班牙之有价值的经济要素的洗炼作用。加之，英格兰的地位，邻近大西洋和西欧的外海与河口，那给予了它一种自然利益，而成为其海洋航务发展的最好说明。

西班牙不曾注意到它那伊比利亚半岛（Iberian peninsula）之地理上的不统一，且不曾注意到自然资源的相对贫乏，是它经济迟迟发展的要因。建立内部交通线的困难，妨碍了民族工业的发展；地中海的海口，由邻近的山脉阻断了；大西洋海岸诸城市，又过于离开了欧洲的大市场。英格兰之孤立海上和它比较不易受到攻击，那当它在经济上实际能够自足自给时，是特别重要的。在另一方面，西班牙由美洲贵金属招致的暴富，使它特别成了受人攻击之的；在一种大变革开始发动的当时，欧洲其他国家在发展海军上，都表现了更大的创建力，这对于西班牙尤为不利。因为货币金属本身增加的过于迅速，欧洲实实在在显示了膨胀的现象，以金窟见称的西班牙，那自然是更要充溢的。

殖民地的开发政策，当时原是一般通行，所以我们不必由道德的理由来批评西班牙政府。这个政府的失策，是在它那惹人注意的经济制度——其结果虽不能完全察知，但亦不难窥见其梗概。西班牙的殖民地，既被拘束于种种规制，复由母国舰队曲尽了不适当的任务，于是，殖民地的人民，乃与欧洲西北部的商民，建立起了一种极大的、相与为利的秘运贸易。

西班牙的殖民贸易组织，我们是常常提到，而很少加以描述的，这里来作一概括的观察，那也许不是无益的事。那种组织的最高机关，为克沙·第·康特拉特西昂（Casa de Contratación），创建于一五〇二年，其总部设在塞维尔（Seville），一五一七年，移往加的斯（Cadiz）。它的活动，是采取一种商业的与政治的奇异混合形式，不过商业方面假定为较有优势罢了。由西班牙出帆的货物，乃至由殖民地运归母国的货物，都课有重税［即亚非利亚（averia）与亚尔摩加利法戈（almojarifazgo）］。殖民地总督（captains-general）享有一种司法权，有的人把那种权利忽视了，其他的人又把那滥用了。教会在殖民地，如同在西班牙本国一样，其权力颇大，它保有颇多土地，它耗费巨额的资金，在一般异常贫困的中部，建立起规模宏大的建筑物。当时宗教团之故意助长那些妨阻经济发展的愚行，阻止异教徒扩展的野望，曾引起了拉丁美利坚（Latin-American）历史学家们（其本身完全为名贵的加特力教徒）的责难。

　　凡在这新奇世界自然发展的事体，殆无不受到统制；但这统制分裂了，由一些冲突的与层叠的统制主体所执行。由佛罗里达（Florida）或加利福尼亚（California），经全部热带，以至好望角（Cape Horn），其情形各异，故适应亦自不同。任何官僚制度——大体上是力求行政与政策的统一——都是不会有好结果的，但这种制度的弊害，却也颇有可观。西班牙在新世界的若干领域的人口，已经是十分稠密了。而其他领域在气候上、在土壤上，更具有导来奴隶的条件。奴隶的输入，那对于到处不相谐协的混杂状况，又添加上了非洲的疾病和若干习惯。与法兰西人比较起来，西班牙人之对待奴隶并不怎样苛刻。在西班牙的圣多明各（Santo Domingo）地方，许多奴隶都被解放了，余下的奴隶，实际亦失去了他们非洲的宗教与习惯；但同时在法兰西的圣多明各（Saint-Domingue）地方［即现今之海地（Haiti）］，迄今仍有颇多非洲主义的遗迹。圣多明各不付纳什么，那在殖民地中是一个例外，但西班牙人也没有尽到他们自认为对于比较原始人民的义务。

　　每种殖民政策在应付不同的环境时，必须具有相当的伸缩性。不列颠注意相当程度的自治——主要是由其特殊性质决定。法兰西的殖民地，没有西班牙那样广阔，并也没有大不列颠那样容易制驭，在这后者的场合，那大部分是因为气候、土著民的比例，以及其更不接近北美洲本部的关系。法兰西的工业比较西班牙进步多了，其本国的资源亦较后者为大，并且，就关联于北欧的市场讲，它所处的地位更较为有利。就因为这些原因，以及其他的原因，法兰西的行政组织较西班牙为好，且远较西班牙为强固，但是，其官僚化的程度，虽不若西班牙之甚，实亦相去无几了。从纸面上所见的西班牙制度，似乎不能见诸实行，但那有一种伸缩性，那种伸缩性，大部分即令不是由腐败留下了漏洞，毕竟是由腐败软化下来的。

第二编　现代

　　在理论上，贵金属是留供西班牙国王使用的，而在实际，这种收入的大部分都由政府骗取去了。那设想由克沙·第·康特拉特西昂（Casa de Contratación）征取的重税，通有输出入货物的精细账簿可查，那也是无可否认的，但官吏因舞弊未登录的货物，其额颇巨，并且，早在一六六〇年，赋税已由一定额的支偿（计79万杜克）所代替了。

　　原先，西班牙的大帆船，例由加的斯（Cadiz）驶往卡塔赫纳（Cartagena）——在今之哥伦比亚——在卡塔赫纳停留四月左右，更开往巴拿马土腰上之波托韦洛（Portobello）卸载往来于南美西部之秘鲁的货物。约在二月以后，它们更取道卡塔赫纳而驶往哈瓦那（Havana）。至往墨西哥之委拉克路斯（Veracruz）的旅程，可由哈瓦那去，亦可径由加的斯去。当有危险发生时——那是常有的事——西班牙即在哈瓦那与加的斯之间，派遣极有力的护船队，以资保护，因为回头货是异常值钱的。

　　西班牙诸殖民地间的这种假定上的密切贸易循环，几乎随在都有外国——特别是英国、法国、荷兰、热那亚——的违法偷营者的掘入。他们在西班牙各殖民地之间，往来贩运禁货，并且也在他们母国各口岸之间，往来偷运。在和平时候，金银船和商船队，往往横受攻击与强劫。而至关重要的漏洞之一，就是西班牙在加的斯的官吏之腐败，他们私许那些由欧洲西北部运往西班牙各殖民地的未纳重税的货品。依据塞教授（Prof. Séo）[①]所引述的一六九一年的记事录的估计，当时由加的斯装运的货物，有90%以上是来法兰西、英吉利、荷兰、热那亚以及佛兰德斯，它们都是以西班牙的名义通过的，或者由西班牙的官吏放行的。

　　上述这个时期（一六九一年），自然是在西班牙企图举全力降服荷兰，并粉碎英吉利以后100多年。女王伊丽莎白对于腓力王之背叛的荷兰新教徒，多少是做过公开援助的。英国的偷营者，曾如现代海盗般的侵害西班牙的商船队和贸易场所。如其说要有所借口的话，那腓力以被憎的罗马教会之王家的支援者自居，就够使它们振振有词了。

　　当英国与荷兰实行对西班牙船舶封锁海峡，从而，障碍那唯一可通尼

---

　　① 见《近代资本主义之来源》（Les Origines du Capitalisme Moderne）第57页。西班牙殖民贸易之唯一的最好参考书，大约可求之于克拉棱斯·赫永（Clarence Haring）之《哈布斯堡人时代之西班牙与印度之间的贸易与海军》。

197

德兰之航路时，腓力乃集合一大舰队即所谓无敌舰队强行通过。他的计划在确立与佛兰德斯军队之联络，然后发动大海陆军，以攻击英格兰。一五八八年，西班牙的远征舰队惨败了，其败因乃由于军略的失算、气候的不良，以及英国舰队的速率较大和活动能力较强。西班牙的这次远征，不但不曾粉碎英国海军，推翻英国政府，却使本国降为次等海上强国，使其殖民地与商业受到更大蹂躏，并还实行保证了荷兰独立斗争的成功。自此以后，需要海军强力与本国有创意的经济组织为支援的海上商业的领导地位，始渐移向英国与荷兰了。尼德兰南部虽仍掌握在西班牙手中，但却大大受了战争的毁坏。西班牙的失败，相对地增强了法兰西的实力。许久以来的西班牙的南欧经济领导优势，至是始告终结了。

荷兰 鲱鱼业由波罗的海撤往北海，那对于汉撒同盟虽为一大打击，但同时却有助于建立起荷兰大商业规模的基础。在这种工业上，荷兰与英国由地理位置关系形成了竞争的对手。北海渔业与各贸易公司间的竞争相比较，虽在诉请上，更没有那样紧张，那样热闹，但直至克伦威尔（Cromwell）时代诉之于战争以前，北海渔业终究是两国国民之间的主要争点。北海渔业与波罗的海贸易之间的不可避免的关系，那在此两方面对于日耳曼汉塞德人为承继者之历史中，是灼然可见的。

在十七世纪的大部分时期中，荷兰人是处于商业领导的地位。虽然他们有强而有力的竞争者——特别在这世纪的初期与末期——我们仍避免着，不要使其勃兴与衰落之过于戏剧化。在新教徒所属的尼德兰地方，有许多城市在前是颇关重要的，虽然那曾为佛兰德斯诸市所翳蔽了。在腓力第二御世时，尼德兰南部为西班牙所蹂躏了，那种蹂躏，实大有造于其北部或荷属部分。手工匠不必说，就是商业家、银行家，亦带携他们的业务，由安特卫普布鲁日，迁来阿姆斯特丹和鹿特丹（Rotterdam）。在一六二五年，后面这两者列比于欧洲主要的商业城市，与半世纪以前比较，真不可同日而语了。更后25年，这两者简直压服了所有与他们竞争的诸市。

因此，从历史的观点来说，开始引起我们注意的荷兰人，是北海、波罗的海、白海的贸易者，并且如前面所说的，是西班牙殖民地贸易上的偷营者。三十年战争（一六一八——一六四八年）摧毁了日耳曼汉撒同盟诸市，从而给予其竞争者以莫大利益。英国对于波罗的海贸易的竞争，如其不是因为首先那两位斯图亚特（Stuarts）及其国会的困难［那往往总是吝惜"船钱"（ship money）］，也许更要严厉得多。一六五一年的克伦威尔的第一次航海法令一为实际冲突的导火线——实在就是一个公司,并且是查理士第一之商业海军政策的机巧运用。这由国王推行失败,并由大内战延未推行的政策,终竟实现于狄克推多之手了。

荷兰与英国除了在北海、波罗的海以及在俄罗斯相互竞逐外,更在勒芬特(Levant)做冒险竞争的活动。最后,在东印度与在美洲方面的有名斗争,逐渐重要了。荷兰东印度的冒险事业,系开始于一六〇二年,由许多城市共同组织六个半独立的团体,而结合这些团体的,则是一个松懈的、有几分漠然的普通管理组织。直至一六五二年,那些团体始组成一个名实相符的单纯"公司"——因为它们之间的相互竞争,招致了价格的惨落。阿姆斯特丹在这新的东印度公司之中,提供了一半资本,占有了管理指导者的1/3。最重要的殖民区,是在爪哇、望加锡(Makassar)、德拿特(Ternate)、安波衣拿(Amboyna)以及锡兰。对于印度本部的竞争,最后只限于英格兰与法兰西,但荷兰人在诸岛的香料贸易,则奠定了不易倾覆的坚固基础。在我们这世界贸易、蒸汽输运与冷藏法非常普遍的时代,对于胡椒这种产物之实质独占的重要性,是颇难领会的。英格兰为一主要竞争者,在十七世纪末叶以前,它已开始放弃了在诸岛上的竞争。那是存有经济以外的原因的。英国与荷兰多少是站在新教徒的同一立场,它们联合反对法兰西,在杰姆斯第二于一六八八年由英格兰逃走以后的某一时期,它们两国国王甚且是相互携手的。

为了分途集资航行,曾经过数十年不满意的努力,最后,一个实实在在的合股企业出现了,那种企业是采行合资经营的形式,是由继续协同管理,并且,其作用在永久地、适当地促进双方所营的贸易。从许多方面讲来,荷兰的东印度公司,是十七八世纪其他国家的大多数有特权的贸易公司之模型。它有股份,亦有我们所谓债券或有担保的债务,债券附息3.5%。有如股票的市价一样,股息的变动极大,其报酬有时达到25%,往往又为15%。股票上的投机颇为通行;虚伪消息之巧妙制造,意在影响交易,使价格上下变动;经营我们所谓先物契约(futures)的人,只需同意在将来买入或投出一定额数就行,而无须在手中把握何项实在的资财。就一般情形而论,要继续从事这种错综的赌博行为,毕竟是非具有相当的能力与知识不行的。因此,投机就不但没有搅扰价格,却反使价格相对稳定,全年过去了,价值上的变动,竟没有超过2%以上。在十七世纪末叶,60万佛洛永(Florins)的原投资额，已经在市价上增加了10倍有奇①。东印度公司的组织，俨然是一个国家的组织，它有管理者，有17人的立法会，有进行当地事务的印度总督，此外，还有俸给颇优的官吏与职员——这般人尽管丰厚的报酬，往往犹滥用公司的基金。

阿姆斯特丹银行建立于一六〇八年，其性质不是发行纸币的。严格讲来，虽然它对东印度公司，乃至对阿姆斯特丹市融通相当额数的资金，但仍非一个信用的组织。它是一个至关重要的储蓄银行，每个商人要想维持其最大信用，就不能不在这里立定账簿，以便其收入支出在存款项下转账。"银行货币"在铸币上获有一种报酬。那报酬有一部分是自然的，因为铸币大抵重量轻减；有一部分是人为的，因为报酬又取决于以"银行货币"买卖铸币的价格。写支票者——如其为私人——要不寄渡其支票于领款者，便须亲至银行，或派其代理人至银行转账。这个银行经营外国汇兑，并处理东印度公司之偿付事项。在十七世纪中叶以后，该银行还做贷款经营，显著是贷款于东印度公司，以后更贷款于阿姆斯特丹市。这些贷款都是秘密的，结局乃使银行陷于前功尽废的境地。在世界已经存在的银行中，这个银行算是至关重要的。它与荷兰海上商业保有彻底的联锁。结果，近代资本主义大多数特有的现象，如像股份公司、证券投机、先物契约经营，买卖商品只看货样不看实货的办法，都在以这个银行为中心的制度上出现了。

荷兰的西印度公司，同样是开端于一些不相连属的冒险事业。亨利·汉德森卿（Sir Henry Hudson）是于一六〇九年由一个冒险事业团体所派出的。新尼德兰公司（New Netherland Company）于一六一五年取得特许状，它的特权是在独占新世界的兽毛贸易，不许所有其他的荷兰人染指。那些活动于好望角西部的团体，都在一六二一年融合西印度公司中了。为了征服巴西与西班牙在南美洲的诸领地，西印度公司曾浪费了一些徒然无益的努力，不过，它毕竟保有了圭那亚的一部分和库拉索诸岛（islands of Curacao）——后者对于公司和西班牙美洲的违禁贸易，提供了一个异常有用的基础。

荷兰的主要财产就是它在地理上的地位。而助成它这地理上之优越性的，无疑还有一列奇特的历史上的偶然事件。前面讲过，英国的竞争，曾经

---

① 有奇出自《核舟记》，表示还有零头。下同。——编者注

缓和了将近半个世纪，因为那时正是早前两位斯图亚特王与其国会倾轧的最危险期间。在一六六七年以后的一列战争中，法兰西王路易十四终不能征服自由的尼德兰。这就是说，荷兰哪怕在贸易上迭受英国的袭击，并由英国夺去其若干殖民地——其中以新尼德兰即纽约为最重要——其海军上与商业上的势力，犹能成为法兰西征服尼德兰失败的一部分原因。英法在自然资源上是远较荷兰为丰富的，荷兰迭经这两强国的攻击，而尚能长期维持其商业的优势，那一部分的理由是可由它们互争雄长来解释的。英国是一个新教徒国，亦是一个商业国，就这两方面来讲，它都不能让法兰西处于征服者的地位。加之，法兰西这时又与西班牙发生了争执，西班牙颇乐于让荷兰人获有极其有利的贸易。因而予法兰西人以打击。在同世纪末叶以前，英格兰与法兰西即已发动猛烈的斗争。那斗争时断时续地延至一七六三年。荷兰除了在英法斗争开始时，为英国的同盟外，以后直至斗争末尾，它是多少在平安里进行其商业，且有时受到了战时中立者的实在利益的。它在南欧谷物贸易上的优势，正是它的经济构造之最有力的一个支柱。

直至一七三○年，荷兰商业仍继续维持其繁荣，甚且还增大了规模。但自此以后，则实行陷于停滞状态。可是，在荷兰方面，虽然没有显示绝对的衰落，而英国贸易之迅速发展，终竟使其在一七五○年处于领导的地位。如其我们不忘记尼德兰之经济衰落是相对的，那么，环绕于此一问题上的许多神秘疑团，便可涣然冰释。在十七世纪当中，英国与荷兰的人口数字并没有多大的悬殊。荷兰有一半以上的人口是住在城市中，而英国住在城市中的人口大约还不到全数的1/4。这事实似乎确然表示了，在经济组织上，荷属尼德兰尚比英格兰的先进。可是在另一方面，那又表示荷兰的人口已颇接近其最大限度。仅就英格兰（不列颠其余诸岛不计）而论，其领域计有尼德兰的4倍，其自然资源更远较尼德兰为富厚。

加之，英格兰的海岛地位，节省了它许多军事费用，给予了它一种避免侵略的保障，且获得了一种大陆诸国所享受不到的发展的自由。在大陆方面不能享有此种自由的诸国中，尼德兰算首屈一指，它在海上陆上都是处于没有防护的地位。单就荷兰来讲，它之过于依赖海上交通，那是一个弱点。在英国的场合，在它因为没有危险的陆地边陲而能自给自足的时候，此种弱点足可得到抵偿而有余。最后，荷兰的那种实际等于诸市府之松懈的结合，那是无论在政治上、在经济上，都缺乏一种统一政策的，在它与英法形成三角斗争的场合，竟没有运用统一的政策，那自然会使它处于异常不利的地位。

它在本国缺乏自然的资源，大可为其缺乏统一政策的说明。它至今日尚能继续，甚至尚能再兴它那经济的重要性，那是由于先前殖民帝国的有利残余。由于其高度发达的牛乳业，由于其在十九世纪的海运贸易的发展，且由于若干重要的能够自行维持的（虽然要仰赖外国的原料）制造业者。

尼德兰人曾实行努力建立工业，使其和商业的发展并驾齐驱。呼格兰（Huguenot）资本家与手工业者之受法兰西的迫害而迁入，那于他们的努力，当有所帮助。他们之所以终于不能有很好的成就的，无疑有一大部分缘由是由于其自然资源之相对贫乏。换言之，荷兰的资本主义过于纯粹商业化了，势难在工业方面与其他比较迅速工业化了的国家，较其短长，那是千真万确的，但我们不能由此就说，那种情形，是起于他们的短见。他们的经济组织是易于评判的。由松懈的母国政府取得了过大权力的特许公司。一般都规避着，不想在母国与殖民地间建立一个妥当的政治联络。因此，政府过度地屈居于经济学的下位了。国家的政策，不能使殖民地人民受到何等利益，他们对于政府的忠顺感情或责任心，就完全没有。其结果是，在阿姆斯特丹的荷兰人，迅速屈服于不列颠的舰队，而忠于荷兰政府的，就仅是那些食禄受俸的政府官吏与职员。

后来，荷兰东印度公司愈发变为腐败，变为不进步的组织了，它在实际是借拉债来掩饰其破产的局面。它分配最后的股息是在一七八二年，当它在一七九八年解消时，其债额已超过了5000万元。在拿破仑战争后半世纪中，所有荷兰在此大斗争进行中被占的失地——除锡兰与开普殖民区（Cape Colony）——都由大不列颠返还了。在十九世纪时期，东印度的贸易与殖民制度曾经详细改造过了。首先，那是一种政府的统制独占形式，往后则给予了私人企业以较多的自由。

在海外领地的竞争上，大陆方面的其他条顿民族，皆远较荷兰人为落后。假若大依勒克特（Great Elector，一六四〇——一六八八年）的一群后继者，都有他那同样的眼光，则普鲁士在俾斯麦与威廉第二之觉醒时代以前200余年，也许会发展为一颇为重要的殖民与商业的强国。大依勒克特曾在非洲之几内亚（Guinea）海岸，建立一小殖民地，以奠定德意志海军的基础。然而他的后继者，竟于一七二〇年出卖其小殖民地于荷兰，对于普鲁士的海军，毫无增进。

英格兰与法兰西的斗争　英格兰对于荷兰之决定优胜，在我们看来，那虽是十分确立于一六六〇年之斯图亚特的王政复古（Stuart Restoration）

第二编 现代

时期，但我们不要即此就断定：英国在海外领地上，在商业优势上，制胜了它所有的竞争者。依近代人观察起来，拥有广大殖民地的英帝国，似乎远较法兰西为强而有力，可是，揆诸十七世纪之实在情形，却适得其反。法兰西是一个富裕的、有力的、颇集中化了的国家，它的人口约有1500万，而同时英国却不过是一个有人口六七百万的小国。英法殖民帝国的竞争，相持了整100年，最后法为英所彻底击败了。英国胜利的这种事实的解释，必须求之于其最初表面势力与物质资源之比较以上的原因。哪怕是一个受过训练的观察者，当他观察到工业发展的基础时，他十有八九会把法国的工业地位置诸英国之上。在同世纪末叶遍访过西欧各国的俄国彼得大帝（Peter the Great），他是没有弄出这种错误的，但他并非一个普通的研究者，英国的政治制度，由其结果证实为较适于一种扩展的程序，那曾发展到海外领域之殖民行政体制，那是证明为更其切要，而且更其妥当的。英国当时的社会状况与其发达的程度，已早产生了一种农业者和手工业者的剩余，他们都愿意率其家属，永久移往新奇而有希望的领域：这事实虽然比较暧昧，但却是大可说明英国海外拓展的趋势的。

英国脱去中世经济与政治制度之束缚，比较欧洲最大部分的其他国家为早。蔷薇战争（Wars the Roses）实行结束了封建制度，早在亨利第七建立其都铎尔王朝（Tudor Line）的一四八五年，一个强有力的民族君主出现了。封建秩序之经济的与社会的基础，已经陷入了支离破碎的景象。城市的勃兴、羊毛贸易的发展、黑死病在各方面的影响，以及英国谷物市场的繁昌，都有助于庄园制度之彻底倾覆。庄园制度崩坏了，于是自由农民与自耕农时代——一直延续至一七四〇年以后的大围地时期——乃因以形成。当百年战争时，曾有许多佛兰德斯的织工移来英格兰，并奠定其大羊毛工业之基础。自此以后，英格兰遂在布匹商业方面成了大陆上的一个有力竞争者。

在十五世纪、十六世纪时期，英格兰的基尔特制度异常孱弱无力，它对于新兴工业的发展不能有丝毫的反抗，在某种工业部门上，且出现了一种组织不同的制度，那就是著称的所谓"家内"或"厂外"制度。此种新工业秩序体制，于手工业者与消费者间的资本家或组织者——他保有原料，且往往保有工具，他雇佣工资劳动者，由变卖货物，取得利润，以维持生活——有所妨碍。不过，有了此种新制度，更益以织布工业的发展，饲羊业务的大大增进，遂因而形成了英格兰十五世纪、十六世纪时期的一种较早的"工业革命"（在商业支配下的）。英格兰的这种革命，应归功于其当时在织物上之优

203

势的开端。在十六世纪的下半期，英国的商业与海上事业均有更进一步的发展。受命巡弋之私船业发达的结果，个人企业固受到刺激，同时，私船业者与王家宝库都获得了致富的实效。

英国除了商业工业的发达外，其有关大陆战事的政策，是比较法兰西、西班牙，乃至神圣罗马帝国的政策，要有利得多了。在百年战争以后，英格兰大体上依其外交与财政的帮助，很少直接参加大陆的战争。因此，其竞争者在人与金钱上虽颇有浪费，它却好好节储下了这些资源。大陆诸强国之所以没有采行英国那种政策，那自然不是它们有什么道德上的缺陷，而是在英国方面擅有地理上的孤立的幸运。这种孤立，使它能超然保持战守自主的原则，能在经济上专业化，且能合理的避免大批工业人口突然失去工具或市场的威胁。加之，依未来的证实，英国对于每项物品，是都能够以最低的利润的价格，在市场上大量投卖的。这种程序，须有以次诸点为先决条件，那就是：极其多量的工具，所需技术之广泛的分配，以及长时期的和平和稳定，以蓄积工具与技术二者。

当法兰西显得远较英格兰为强而有力的那个期间，它的政治与工业的情形，都于未来没有何等希望。就政治方面来讲，封建制度在法兰西的权势，那是直到它于十七世纪中叶，降服于黎塞留（Richelieu）和马萨林（Mazarin）的攻击时，才开始动摇的。而且，就在这个时期以后，它还有许多经济的与社会的要素，残留到法国大革命的当时。加之，基尔特与独占的经济制度仍广行于法兰西，虽然独占的性质因国家对于若者加以创建，若者加以保育，而有所改变了。在同一时期的英国企业上所享的自由，法国的个人制造业者与商人是梦想不到的。

法兰西的许多精力都专门耗费在王统与领地的争执上了。诸大臣们尽管屡屡忠谏，波旁王朝的诸君主（Bourbon Monarchs）犹立意要降服与其竞争的欧洲中部的哈布斯堡人，他们并不肯专心致力于改进法兰西之经济生活和其殖民制度的问题。尚武的社会秩序，"大君主"（Grand Monarchy）的传统，以及位于国民生活之中心部分的极度奢华的宫廷生活，使法兰西的工业天才，不适当地转用于奢侈物品的制作上面，不论其在手艺上有如何的成就，想借此由经济方面使本国与海外草昧的地域相连属，那是万难做到的。

就海外的政策而论，英国在程序上，在成果上，都显示了一种相当的优越。法兰西在北美的发现，开始是限于圣·劳伦斯（St. Lawrence）、大湖（Great Lakes），以及密西西比河流域，这事实，就是使法兰西容易侵入美洲大陆中部，并获有大领域的一部分缘由。法兰西是不愿，或不能遣送大多数法国人到新世界去的，因此，它的殖民政策，就在以稀少而分散的人，占有一个广大的领域。在十八世纪中叶，居留于加拿大、大湖，乃至上密西西比河流域一带的法兰西人，总计不过9万罢了。

法兰西人依着一串施过防御工作的地点，维持住了北欧中部之统治的外观。在北欧本部之典型的法国居留者，不是兵士，就是猎人。在西印度某些围绕着黑奴群的市集中，则为种植者，为工匠，或为商人。想在这种环境下，建立一个实在的新法兰西，建立一个永久而安固的社会，其可能性是少极了。况且，英国许予其殖民地人民以相对大限度的自治，法兰西却连这种聪明也没有。远居法兰西之最聪明的统治者，他们不但缺乏刺激，缺乏企业精神，而新世界那种环境下，急需解决的成千累万的实际问题，他们根本就不能想见。

阿帕拉契安（Appalachians）大山脉的障碍，结局竟证实为英吉利居留民的一件幸运的事体。那障碍使他们不能过速的向西发展，并且使他们结集在大西洋海岸的窄狭的平原一带。地积的限制，以及其本国促成他们大规模向新世界迁移的条件，终于成就了一串颇相联络的、颇有组织的英吉利殖民地。在十八世纪中叶，其人口约有150万。法兰西殖民地是不能夸称他有这么多人数，这样联结或者有这样永久性的组织的。加之，英格兰在开始时——特别是在一六八八年的革命以后——即设计了一种有考究而又非常聪明的殖民地行政制度。此种制度，后来更在地方自治与帝国管理之间形成了一种著名调解办法。此外，英法两国的商业政策，亦反映出了英国人的优越智慧。法兰西的重商主义，与西班牙所采行过的，相差不多。其较为彻底与较为严格的限制，与其说是鼓励了商业精神，却宁不如说是压抑了那种精神。从当时的记载看来，英国的许多规制，原不比法兰西的规制和缓，但直至一七六三年，那大都没有见诸实行。事实上，英国的商业，不但不曾阻制母国与殖民地的商业，且对于那种商业有所促进。最后，在当时欧洲所有的国度中，只有英国成功了一种领土扩张与商业利得之间的幸运平衡。这种趋向，给予了它在政治领域与商业领域上的两种优势。

显明的，当英法之间发生了大的斗争时，法兰西虽有优越的国力，亦不能不虑及英格兰之比较有弹性的商业与殖民制度。自十七世纪末期以来，两国曾经过了多次未分胜负的斗争，而最后的决定的斗争，则是于一七五六年爆发的。

法兰西始终保有其早前政策的弱点。它的全副精力，都集注在战胜欧洲的军力上，而对于其驻在印度与美洲的海陆军大将，都不大予以适当的援助。法兰西与英格兰在印度的移殖民，都没有多少。法国的度普雷克斯（Dupleix）与英国的克里佛（Clive）都颇有能力，并且都缺乏资源，他们率领着大部分由印度土骑兵或士兵充当的兵士，在印度斯坦大做军事活动。但在他们两者间，克里佛由本国政府取得了比较充分的物质接济，其结局，英国人就得永远保有印度。关于大陆方面的斗争，英格兰除了以金钱与资源接济法兰西的仇敌外，它是立于旁观者的地位。它把全注意力都集中在东印度与新世界，借着非常有效的殖民地军队的帮助，遂能完全摧毁法兰西的强力。一七六三年的和平条约成立后，法兰西在实际已把它所有海外的殖民地，割让于大不列颠。一个殖民帝国，屈降于第三等地位了，直至一八七一年以后的第三共和国树立起来，它还未脱离那种地位。

　　想把法兰西人由西印度逐出的努力是失败了。他们在圣多明各（今为海地共和国）的殖民地，至法国大革命时，尚是世界最大的产糖区。大规模的灌溉工作的遗迹，今仍历历可见。石砌炮垒的残块，仍旧可以发现于莽原之中。开普海地安（Cape Haitien）是一个曾为名贵城市之惊奇的遗体。糖税——为后来美洲独立革命的大动因——之课加，一大部分是由于不列颠政治家们认识得不够，他们以为法兰西与英国13个殖民地间的贸易，为不当的贸易，而法兰西西印度又是他们曾经封锁无效、征服不得的。哪怕是在十八世纪时期，欧洲人对于那些由他们自己的活动所解放了的商业势力，犹有许多要领教的地方。这种待经验的教训，使他们在新世界丧失了一大部的领有物。

　　英国的贸易公司　　英国的贸易，有如尼德兰的贸易一样，受了汉撒同盟之衰落的利益。同盟最后在一五九七年由伦敦驱逐之后，冒险者商人乃保有了制造布匹输往尼德兰与日耳曼北部的实质独占。我们该记得，中世纪时代的分销者商人，主要是英国羊毛、锡、铅、皮革一类原料品的输出者，他们首先是与佛兰德斯汉撒合作，至十四世纪中叶以后，则是独立经营。英国一天一天地变成了制造的国家，其贸易的性质，亦相因而发生了变动。最后，当金银大规模由西班牙殖民地开始新的流布时，当中世纪种种传习由近代资本主义迅速倾覆时，分销者商人全归消灭了。就从事大陆贸易的意义上说，冒险者商人可以说是他们的后继者。

　　早在十六世纪亨利第八御世的时代，英国即有变为头等海上强国的梦想。亨利第八为许多其他的事故——如脱离教会羁绊等——所纠缠。其女玛利又与西班牙国王联姻,以致暂时中止了违禁贸易,而把英国努力改向其他方面。一五五三年,莫斯科维公司开始派遣旅行队往白海,年余以后,即获得有正式的免许状。它享有俄国贸易的重要份额,并且,以第一大合股公司见称于世。在同一方面活动的另一个公司,为东方公司或波罗的海的冒险者商人,它之获有免许状,系在一五七九年。最后,荷兰的竞争,使它处于不利的地位。

就在这同一时期,伊丽莎白女王(Queen Elizabeth)已经殿登王位。她不像玛利那样,要顾及西班牙的利益与愿望。所以这时英国对于主要捕获物的争夺,乃表现了空前未有的气力。伊丽莎白自己的能力不论怎样,有了诸大臣的襄助,她就大可有为了。她加紧努力发展新的经济资源,特别是想在可能范围内,从速使英格兰的造船材料与军用品船舶不要仰赖外国。对于海港加过彻底研究后,乃着手修理与疏浚的工作。后来柏力(Burleigh)见到,海上强国的唯一大需要,就是有经验的海员。为要准备这种人才,于是设法奖励渔业,赞赏劫夺西班牙的一切行为,并且拥护例禁的奴隶贸易。

政府对于在海外贸易上的新冒险,所予的免许状与鼓励,止于上述的条项。然而,为了不使这故意促其发展的情形,看得过于重要,我们应当不断提醒自己,认定那整个事实,为诸般新机会的一种产物。这样,私人的冒险精神与国家的政策,乃由一种较大于它们本身的力量所结合,欧洲一般的扩大,与各该本国的所谓"商业革命",那正同样的,是同一运动之相异的,然而是相互依存的事象。

在伊丽莎白晚年所建立的一切英国贸易公司,全都是采取一五五四年之莫斯科维公司那样的模式。荷兰公司的数目较多,在后一世纪,它们即完成了一种股份公司,那与东印度贸易有关。一四〇〇年以后,分销者商人团体曾经短期出现过,但那种团体的组织,与其说它像近代商人的经营,宁不如说它像基尔特。他们每个商人自备贸易账簿,没有集合的资本。组织的好处自然是因为定有贸易规约,且还有行使保护的可能。直至一五五三年,冒险者商人团体还不曾建立一个真正的合资公司。贸易的发展,已超越了个人所能经营的限度。前面所说莫斯科维公司,是于一五五四年取得免许状的。它以240个股份开始,每股25英镑。每次的航行都是分别集资,股东在航行终了,按其投资额分配红利。其他同一体制的公司为前述的勒芬特或土耳其公司,以及汉德森湾公司(Hudson's Bay Company)。霍金斯(Hawkins)以三只船搜寻奴隶，系在一五六二年，所谓非洲公司，就是在这时由一群各别的探险队所组成。25年以后，它开始取得了免许状。至若实际上为了规则奴隶贸易的几内亚公司，那是到一六一八年才出现的。

拉尔佛·斐奇（Ralph Fitch）曾为经营勒芬特公司，向印度做一个长途的重大的旅行，他于一五九一年转回英国。他的观察与接触的效果，以及他这旅行所给予英国人民心理上的无限的感想，致使他归国以后9年，就出现了大不列颠的东印度公司。在开始时，这个公司也与当时其他公司一样，其组织松懈而拙劣，每次航行都是分别筹集资本。它逐渐发展，它的那些弱点也逐渐消失了。

不列颠的东印度公司成立于一六〇〇年，在翌年，它即派出其第一次旅行队，经往爪哇。这次的航程需要8年之久的岁月。在此旅行队出发之后，又组织了许多其他的旅行队，每个单位都是自筹资金。有时，一个人可以同时在各别的几个航行上投下资本，而那些各别航行之间的唯一关联，就是在开始时通过普通评议会或管理局，这种机关有权维持免许状下的若干规定。对于大不列颠东印度公司成立后半世纪或半世纪以上的荣枯变动，即令是作一个概括的说明，那不长到非本文篇幅许可，就会简单到流于谬误。因此，我们的叙述，必须限于那几种观察，那是解释同公司此后与荷法斗争所必须提到的。

在开始时，东印度公司与诸岛——大部分在印度斯坦半岛之极东南方面——间的香料贸易，被看为至关重要。荷兰的竞争，异常严重。但它终于在实际上得到了胜利，由是，大不列颠原来冒险事业的性质全部改变了。英国的制造业，仅仅是随其贸易而扩展，就因此故，它须得在印度斯坦本部采集各种货物，如原丝，如棉花，以及其他为香料诸岛岛民所需的物品。一六〇九年，一个贸易驻在地在苏拉特（Surat）被发现了，至一六一二年，更对那个地方作较永久的组织。为要维持那种集聚的组织，且为要处理那往往需要许久期间才能运回欧洲的货物，相当的资本——别于任何特殊航行所需的资本——是必要的。在一六二二年，东印度公司变成了一个实实在在的合股公司。再经过半世纪，组织上之极端粗率的地方都被消除了。

对于处置公司以外的、越规的例禁贸易者，颇费了一些周折。他们实行组织起来，航行印度。他们这般人不大顾及未来的成果，只要即时有利可图，他们便不辞与土人与竞争者从事争夺。十七世纪初期与荷兰人在香料诸岛上的斗争，那是两个敌对商业国家之间的颇广泛斗争中的一个斗争形态。

英格兰在东印度贸易上的实在希望，与其说是寄迁于诸岛，毋宁说是寄托于印度本部。它与荷兰的这种"分工"。至一六三〇年已灼然可见，不过，在此"分工"变为确定的与完全的形式之前，它们之间还多事了半个世纪。

商业帝国是一种在外部与中央组织相连的制度。我们无论注意它的任何部分，都须看为那是受了其他诸部分的影响的。布匹与靛青在工业金融上的反作用，对于前述本国"商业革命"的促成，演了一个重要的角色。反之，英格兰经济的发展，又大有影响于其对东印度的商业。哪怕看来是怎样错综复杂，我们总必须注意到，英国同时期在新世界的冒险事业，曾由其本国的组织，影响到了东印度贸易，而后者也同样通过本国，影响到了新世界的冒险事业。在十八世纪中，东印度公司曾经大大改造过，至一八五八年以前，它还没有具备最后的定型。

英国在一六〇五年占领巴巴多斯（Barbados），一六一二年占领百慕大（Bermuda），一六二二——一六二四年占领启兹（Kitts），一六五五年占领牙买加（Jamaica），而在它进行这些占领以前，它还企图夺取西班牙在新世界最老的殖民地，即圣多明各本部，但没有效果。在美洲历史上至关重要的伦敦与普里毛兹公司（London and Plymouth Company），都是合股的企业。在一六二四年，英国开发北美殖民地各公司的资本总额，约达30万镑，就中弗吉尼亚（Virginia）一州冒险事业的投资，就几乎占有全额的2/3。

西班牙政治家们，对于弗吉尼亚居留地之经济的企图，并不看得十分严重，他们所当心的，是那种居留地，有作为反对其国家运金船舶与领土一类活动之基础的可能。杰姆斯第一在先竭力回避保护那个殖民地的责任，他把英国人民在那里的经济活动，当作是纯粹私人的，以避免与西班牙发生战争。西班牙人也不愿激起战争，所以没有对弗吉尼亚作任何公开的对敌行动。把三十年战争及其他在欧洲方面的纷扰除开不讲，英国在新世界所表示的不欲穷兵黩武的意向，使它在美洲的殖民地，异常自由，不受当时所行的种种规制的束缚。将近到了本世纪末期以前，大不列颠母国还不曾对于其美洲殖民地作过彻底的有组织的干涉。

英国的这种倾向和在进步的商业组织下受到庇护的英国殖民地的根源，对于脱离中世欧洲政治经济制度——受到那种制度最严重的妨害的，是西班牙，其次是法兰西——之积习的无上的自由，大有贡献。在麻萨诸却湾（Massachusetts）殖民地的场合，普通评议会（照现在的说法，就是指导部）移来美洲了，并且，股份公司之较新的经济伸缩性，部分移入了政府的领域。至英格兰之由荷兰夺取纽约，那使它立于非常强固的地位。政府的统制，也许会导来一种不合地方情形的跛形统一，但开始即缺乏有组织的政府统治制度，在结局上，却并不是衰弱的原因。

进一步研究的参考书籍

Beazley, C.R. Prince Henry the Navigator.

— "Prince Henry of Portugal and his Political, Commercial and Colonizing Work", in American Historical Review, 1912, vol.XVI, pp.252-267.

*Beer, G.L. Origins of the British Colonial System, chap.I.

*Bolton, H.E., and Marshall, T.M. The Colonization of North America, 1492-1783.

Bounne, E.G. Spain in America.

Brentano, Lujo. Die Anfaenge des modernen Kapitalismus.

Chapman, C.E. A History of Spain, chap.XXI.

*Cheyney, E.P. The European Background of American History, chaps.I-III.

Cunningham, W. An Essay on Western Civilization in Its Economic Aspects, vol.II, bk.V, chap.III.

—The Growth of English Industry and Commerce, during the Early and Middle Ages, part V.

Day, Clive. A History of Commerce, part III, chaps.XV, XIX-XXVI.

Ehrenberg, Richard. Das Zeitalter der Fugger.(2 vols.)

Fay, S.B. "The Roman Law and the German Peasant", in American Historical Review, 1911, vol.XVI, pp.234-254.

*Haring, C.H. Trade and Navigation between Spain and the Indies in the Time of the Hapsburgs.

Hauser, Henri. "Les origines du capitalisme moderne en France", in Revue d'Économie Politique, 1902.

Jacobs, J. The Story of Geographic Discovery.

*Jayne, K.G. Vasco da Gama and His Successors.

Keller, A.G. Colonization.

*Klein, Julius. The Mesta.

Lingelbach, W.E. The Merchant Adventurers of England, pp.XVII-XLI.

Ly byer, A.H. "The Ottoman Turks and the Routes of Oriental Trade", in English Historical Review, vol. XXX(1915), pp.577-588.

Merriman, R.B. The Rise of the Spanish Empire in the Old World and the New, vols. I, II.

*Muir, R. The Expansion of Europe, chaps. I-III.

Scott, W.R. The Constitution and Finance of English, Scottish and Irish Joint Stock Companies to 1720. (3 vols.)

*Sée, Henri. Les Origines du Capitalisme Moderne, chaps. II-IV.

Seignobos, C. History of Medieval and Modern Civilization to the End of the Seventeenth Century, chap. XVII.

*Shepherd, W.R. Latin America, part I.

Sombart, W. Der moderne Kapitalismus. 4th ed., 4 vols., 1922.

Strieder, Jacob. Zur Genesis des modernen Kapitalismus.

Tawney, R.H. Religion and the Rise of Capitalism.

Thacher, J.B. Christopher Columbus.

Thwaites, R.G. France in America.

*Weber, Max. General Economic History (English translation by F.H.Knight), part IV. Weber's famous study on Die protestantische Ethik und der Geist des Kapitalismus has been reprinted (1920) in his Gesammelte Aufsaetze zur Religionssoziologie.

Zimmermann, A. Die Europäischen Kolonien, 5 vols.

第二章　商业革命

变动之一般性质　假如对于一列需要数十年完成的变动，可用"革命"（revolution）一语来指明，那我们在这里所要论到的"商业革命"，也许就是其中实例之一。不过，这种革命倾覆了什么，引起了什么，我们必须予以充分的确定。我们在前章指明过，近代资本主义的种子，在一五〇〇年时代，已在各处撒播了。其实，如其我们观察一下早在这时代以前的意大利与低原地带的特殊商业，乃至那时的市集，那在许多方面都可看出其现代化精神。就商业支配工业而论，现代资本主义，早就与中世相类似。当真正的工业资本主义，已发达到能推翻全局，使贸易立于附属地位的阶段时，商业革命过去了。这是十八世纪时的事。

就界说一字加以直解与确解，它的主旨，只是立定限界。要在时间与空间上描述一种运动，总宁可论及那些产生变动与继续显现的积极动因，而不要徒徒举述那些曾经看为重要，——或者也许实在重要——然而已归消失了的动因。唯其如此，我们就能够从缓定立当时"商业革命"之前进的限界，而仅仅注意那在西方社会经济发展上，翳蔽了更严格之商业事象的另一个步骤，那就是仿佛确定化了的所谓"产业革命"。

怎样来限定商业革命的时期，那无关紧要。时期的限定，不过论述上的方便问题罢了。而且，哪怕我们把那个时期定得颇长，大约说它是一五〇〇年到一七五〇年，但仍有现代资本主义之根源的研究者，以为有许多事象，至少要回溯到十字军运动。而其他的研究者，又主张在一七五〇年以后和在机械工业与其相伴的商业组织实行占有优势以前，其间有一个长时期，要算为是商业革命时期。还有的人——这一种人是日益加多的——又指出，工业机械是由商业组织所导来的，而不是商业组织导来工业机械。并且，他们以为，若干至关重要的动因，早在一七五〇年以前好久，就已经在施其作用。

所有他们这些人的主张，都不能说有错误，而在他们彼此之间，也并不是有实在的冲突。

不过，对于商业与金融组织上的变动，要机械地指称是欧洲扩大之原因或结果，那就错了。他们是互为作用，是同一经济进化行程上的并行的方面。如其我们要稍微任意地加以区分，那就只能说是为了论述上的简便。我们要有了这种认识，才不致流于曲解或误解。论到所谓"商业革命"，我们必须着重商业组织上的变革，那种组织，是存于前章略略解述过的历史事件之轮廓中的。

在航业上与在制船业上，有继续不断的大改进。航海工具范围的一列发明，是由早期的罗盘针天体观测器，以至十七世纪的航海测程仪，与十八世纪的时间测度器的改进。四分仪、六分仪、望远镜，以及其他辅助工具的配备，使航海者能在海中做极安全而且极有效的航行。地图、地势图表、表解等续有改良，灯塔建筑了，海港航行障碍清除了，领海业务开始了。民族政府的兴起，正是中世搁浅法律（strand laws）的终结，那种法律，实际赋予了各地方以劫夺搁浅船舶的权利。伴随这种种的改进，较好的，较宜于航海的船舶亦发达了起来。被称为格里昂（galleon）与克拉克（carrack）一类的大船——那备有两个乃至五个甲板，有袭击巡海捕敌船与海盗的武器——出现了。迨这种船舶证明过于笨重难行，荷兰与英国乃专门制造一些较小的，但是比较颇为迅速、宜航，而又稳当异常的船只。北欧的航行方法，早就不大相同，那一部分是由于特殊情形，——如气候——一部分也由于较新的制作者，没有旧式制作者那样被拘束于传习。威尼斯仍旧是一个大海军国，土耳其帝国也迅速地变成了一大海军国。西班牙假如已有所企图，它当然不能忽视地中海的情形。所有这诸般海上的发达，与相伴而生的商业组织上的变动，是有其关联作用的。由地中海的商业优势，转到大西洋岸诸市集与国家的优势，那与简单而直接之海运上的优越的低廉运输，保有密切的关系。

就这种优胜点来说，我们已能见到商业革命之显著特征。欧洲的贸易额迅速增加。照普通的定例，贸易额增加，其性质是要改变的。这种贸易之地理范围的扩大，那是其性质变动的一个主要动因。在先，欧洲人自然会寻求那些已经在需要中的物品。那些物品之较低廉的运载，将增加数量，并与其他物品相对地减少价格。这样，新的需要发生了。以前专由富有者消费的品类，开始能扩大消费于下级的社会阶层。由东方输入的额数既增大，相

213

因而有发展一种新的支付方法的必要。在这当中，美洲贵金属的新供给，遂扮演了一个非常重要的角色。有如中世十字军，对于东方物品，引起了极大需要，从而，在欧洲方面多所仿制，以致招来新工业的抬头一样，当时为满足对东方物品与对新大陆物品之需要，亦开始制造各种货物。海运既变为更有效而且更低廉，在重量上价值较小的物品，乃能搬越过长的距离，而在两方面变革贸易的性质。关于欧洲人与欧洲产物在发展新世界文明上的影响，我们是相当知道的。与西方比较起来，东方的世界，自然有较多的人口，有较好的组织，并且较为固定，但那里亦发生了深远的，虽然是比较迂回的变动。

欧洲物价的动摇不定——在十六世纪，特别有此现象，——只有一部分是由于美洲贵金属供给的增加。十六世纪下半期的物价迅速抬高，那是特别惹人注意的。当时没有完全而可靠的指数，但大体上为一般人所同意的大部分的变动估计，是由100%到200%，如其可以在这种变动结果中，求得一个平均数，那就大约是在150%以下。然而那是实在的动摇，而非一致的提高，有些物品在价格上的变动，简直失去了他与其物品之间的正常比例。银行与信用方法的增加，证券及物品交易所的发展，运输事业的改进，全都是物价变动的动因。欧洲逐渐达成了一种真正的价格经济。价格的增大，投机与独占要负一大部责任。

关于这些现象，波丁（Jean Bodin）[①]也许是当时的一位最精透的分析者。过细阅读起来，他的著作只能惹起多数近代经济学者的批判。用他种货币来分析某种货币的价值，那是异常聪明的，然而，他却未免过于重视了贵金属的数量，他简直把那看作了价格与其相伴现象的一种"原因"。信用的扩张，与其他金融和商业制度之效率的增加，很可使同量的金属，从事更多的交易，在此种场合，实际的流通量虽有所增益，而价格上的一般效果仍没有变易。

应当在详加论列以前提到的商业革命的其他显著特征，就是重商主义制造的刺激和社会阶级的变迁。对于最后一端，那总是难得加以充分的分析的。前者在当时那种有利的情形下，有它自己独特的意义，不过，这意义，

---

① 特别是他于一五六八年出版的 *Discours sur le rehaussement et la diminution des monnoyes*。破坏的宗教战争，在某种限度，使法国成了一个特例。

往往被那些不很留心历史背景的后期著者们，所忽略了。所有这一切，都颇有贡献于个人主义的新时代。我们不妨说，大有助于个人主义发生的人们，决没有预先见到他们所努力的成果——个人主义。波苏厄特僧正（Bishop）有云："人之所作，反其所期。"

商业革命所倾覆的对象，是中世社会的制度，以及与这制度相关的基尔特体制，多少分开着的庄园与村落，商业上的市集单位，正当价格与轻视利润利息的观念，乃至一般沿着南北路线——金融上是地中海岸势力，北向行驶支配——而进行的小量贸易。而其中至关重要的，也许是固定的社会秩序的摧毁和千万个有野心的人的创造力，可加以某种统治的认识。有如其他的大动因一样，这种野心是危险的，在下层阶级，往往总是如此。近代欧洲人的社会，已逐渐把这种野心解放了，并在其有约束而可赞成的形式上，称其为个人创制力，并企图加以规制。

新物品的需要 在一五〇〇年以前，欧洲与世界其他部分的贸易，差不多是严格限制于东方的那些货物，主要的，如香料、生丝、花毡、宝石、香木，乃至如此一类的物品。除了著名的香料一宗外，其余多半不是供普通的用途，而为奢侈的品目。迨新领域扩大，特别是在新世界与东印度通商后，供给大增，而全部新商品的种类加多。欧洲这时需要的物品，迅速增加起来，其品目是茶、咖啡、可可，其他如葡萄酒、甜酒一类非酒精的饮料、糖，以及各种植物性食物。在这类食物中，有马铃薯、里马豆、扁豆、芋薯、薯粉。此外，还有热带的果物，如香橼、柠檬、橘子、香蕉、波罗蜜等，亦逐渐增加输入。至其他所需物品，则为地毯、粗罗纱、壁纸、东方家具、瓷器、东方新式的衣物与饰品、驼羽、较寒带的羽毛和外国产的药材。在一个相当长期之内，烟草为由新世界输入之唯一的最大宗的货物。

关于近代初期的贸易统计，没有一种是包摄到了广大范围，经过周详审慎的编制，而可资参引的。我们要察知当时经济进步的程度，主要非借助于其他方法不可。在近代最初两世纪中，欧洲消费的习惯，因新物品流入而大有变更。上等阶级的生活是早在一六〇〇年就深深受了那种影响的，但一个地方与其地方之间的变革程度，则大相悬殊。诸国家还不曾成功一种高度组织的，或统一的经济制度，并且，内地的交通线大部分都简陋不堪。在一七〇〇年，欧洲，特别是英格兰、荷兰、西班牙、葡萄牙和法兰西等的中等阶级，已改变了他们生活的样式与标准——劳动大众则比较没有多大的改变。商业革命之影响于欧洲社会基础，从而，助成所谓"产业革命"，那是十八世纪的事，那种革命所改变的人类生活条件，那比历史上任何其他相同时期所成就的为多。

在十七世纪时期，英格兰与新英格兰和西印度之间，已进行有大规模的渔产贸易。前者与其美洲南部殖民地间还有高度发达的烟草与米粮贸易，并为一种繁荣的旧船具（naval store）商业，定下了基础。它向北大西洋岸殖民地和加拿大输出皮毛，同时由这些地方输入铁、木材、鳖鱼和油，输出输入通有利益。对于西印度，它进行了大宗的糖、糖浆、甜酒、染料、香料、棉花、热带木材以及烟草的贸易。它在非洲西岸和美洲殖民地之间，与荷兰平分黑奴贸易。非洲西部还提供它以金、阿拉伯甜酒、乌木、稀罕的木材、驼羽、象牙。由远东与东印度输入的物品，为数颇多，照当代一位历史学家[①]所举述的，有以下这多项目：

> 书籍、甘蔗、药材、树胶、油、大量的靛青、洋红、中国墨水、五倍子、姜黄、粒状雷克、壳状雷克、棒状雷克［译者按：雷克（Lac or lack），为类似假漆的一种颜料］、象牙、扇、蔗席、肉桂、丁香、豆蔻、肉豆蔻、胡椒、辣椒、生姜、西米糖、茶、米、咖啡、罐藏水果、贝母、母贝制匙、硝石、烈酒、棉花、棉纱、孟买与中国的生丝、棉布、细棉纱、肉桂树、乌木、拖鞋、光泽而白质的木材、瓷器、日本式的碟、柜、彩饰的家具、虎皮，以及宝石。

为抵偿这些海外所输入的物品，英国所输出的，是小麦、毛织物、棉布、铁器、铳药，以及与后进国人民交易尚可销售的小玩具。

十八世纪初期的情形，顶好是以咖啡为例来说，咖啡在这以前50年的欧洲，尚很少为人使用。在一七一〇年与一七二〇年之间，咖啡的消费，增加了一倍。此后十年，又增加了一倍。但更后五年，即由一七三〇年至一七三五年则几乎增加三倍。这种商品的大量消费，是为了中等阶级在早餐上要使用它。我们举述咖啡，不过是要由此例示当时一般情形罢了。在实际，布匹远较咖啡更为重要，因为那已由输入而进于制造。布的制造，那是

---

① 波特斯福德（Botsford, J. B.）著：《十八世纪之英国社会》第34—35页。

使铁与煤居于首要地位的大原因,并且这两者已改革了现代的世界。

在欧洲海外扩展的过程上,西欧一带的商业,已由沿海的,主要是沿着内海的形态——曾延续了将近5000余年——而过渡到海洋的或广大世界的贸易。早前探险者所达到了的地方,虽只是世界可居地的一个比较小的部分,但他们大大扩充了欧洲地理知识和地理上接触的范围,并为十世纪的殖民与发现,立下了基础。四个世纪的全时期,无疑是相对短促的,可是,在这个期间之内,全世界的陆地实际都为西欧开放了。我们这广大世界之运输与相互交通体制的速率与效率,那是现代文明最有物质特性的一个方面。

大量新商品的导入,全社会的嗜好与习惯,都有一个大的变动。需要之心理的作用,那在经济活动上虽然是微妙的,但却颇关重要。社会各阶级人民觉得他们有资格消用的物品之种类与数量,在形成一个社会之物质构造与精神外观上,近似一个根本的要素。在商业革命终结以前,中等阶级对于房屋未嵌上玻璃窗,未配置木的或瓦的屋顶,未铺好地毡与粗毡,且未备置各种各色的家具,则感觉不舒适。壁纸是由中国输入,漆器由日本输入,吊床则是来自印度。以低廉棉布麻布制成的各种舒适而耐用的布料已一般通用。棉花特较亚麻为多。由这类材料做成的里衣或被单,现在虽视为社会一切阶级的必需品,但在商业革命以前,却尚未普遍通用。中世纪由东方传入的培丝业,这时在意大利北部与法兰西南部,都有极大的发展。

模仿东方的遮阳伞和折扇出现了,在先,遮阳伞的主要目的是作为装饰——在其产源地方,且为名贵者的装饰。当十八世纪时,为防雨用的可折伞发达了,于是前者不专作遮阳之用。像香料、皮毛、驼羽一类奢侈品,那只需提到就行。房屋的外观及其里面的设备,都经考究革新了,对于花园,自不能不加以相当注意,于是,由远地运来的新树木、丛林、花卉,都好好培植起来。在这些花木之中,有弗吉尼亚爬藤、紫苑花、天竺、牡丹、荷叶莲、葵花、木兰树、龙舌兰、胡椒树、珊瑚树,以及延寿树。欧洲用这些花木之原产地的栽培方法来栽培它们,那对于研究生物学之新的态度,为一主要的动因。

欧洲所消费的食物的范围,在这时大有增加。香料有较大量的需要,哪怕是低层阶级,亦实行使用。马铃薯是十六世纪传入欧洲的。在十七世纪末叶,有少数较贫穷的人民用作食品,而它成为人类之一大宗食品的价值,则仅仅是实现于拿破仑时代。糖在近代以前是当一种药品,一种稀罕的奢侈品。在十八世纪时,西印度的甘蔗栽培已成为一大规模的产业,而对于糖的

217

需要，则是受了茶、咖啡、可可输入的刺激。印度的谷物或玉蜀黍，也如同马铃薯一样，它在欧洲成为一般人的食物，至为迟缓，并且，从未达到其在美洲那样受人珍重的程度。土耳其鸡是一种美国家禽，它取得这个称呼，大概是由于它那奇异外表的缘故。

咖啡店和使用烟草的功用，是使家庭不再成为社交上及政治阴谋上的秘密室，使家庭不再成为商业与文学事业的集会处。这是世所周知的，无需详细论述。甜酒、柠檬饮料与茶，和咖啡有同样的关系。在药品中，金鸡纳霜与鸦片，当然要居于首要的地位。

在这将近250年的时期当中，欧洲社会阶级的结构有了十分彻底的改变。要比较精细的解析此种变动过程，应当牢记着欧洲扩大那种单纯事实之必然结果。新的贸易引起了本国经济组织的一大改进，那两者的密切合作，使欧洲能以较高的而非较低的生活标准，维持较多数的人口。欧洲这时也还有许多人民移出，特别是移往美洲。移出的人民，有些是被诱拐去的，有些是犯罪者与契约奴隶，被派遣去依某种途径取得自由的，要以自愿离乡背井的为最多。欧洲人民曾经这样继续不断地流出。一个社会的好动者能够投身海外，且能由成功回国，而争取得相异的社会地位，那么，社会阶级的秩序，就实在没有固定化的可能了。在实际，欧洲确有许多人发财返国，而此返国者，以在西印度与东印度者为特多，因为白色的欧洲人是不愿终身留在那些地域的。欧洲人口的增加——往往有人以为那是由于产业革命，未免过于严格——在这个时期的初头，早已开始了。

欧洲历史上比移民还显著的——虽在实际不是更有意义的——事体，就是中等阶级或市民阶级之人数、财富与实力的增加。除了从事贸易、金融业与工业者外，中等阶级中之自由职业者团体，亦增加了人数，增加了势力。新国家之律师阶级，那是君主们所信赖以保障专制之主要堡垒（其反对旧制度中的传统的特权阶级，比较其反对前期的民主的趋势，还要热烈）。市民阶级之兴起，我们必须看为是反对欧洲扩张之一般背景的，但那顶好是就欧洲本身的经济变动来解释。那是现代资本主义发达的一个产物。母国市场的大改进，对于由商业资本主义到工业资本主义之实质转变上，为一个重要的动因，并且，那与社会阶级的转换，保有紧密的关联。

贵金属与价格　在现代的初期，欧洲西北部对于地中海区银行家之金融支配，已热烈憎恶过200余年了。在地域的安排上，差不多一切时期——包括我们这个时代——都是一样。此种憎恶事实之发生，一般人总以为是有更多货币之必要。较多的贵金属是存在于欧洲，抑或是存在于欧洲地中海区这一部分，那是颇有区别的，要解答这个问题，虽非绝不可能，但却困难极了。就一般而论，货币的数量是足够周转交易的，在它十分安定的限内，绝不致引起多大的问题。供给流向某一方面的强烈倾向，自然不免招致某地方之过剩或不足的现象。

在另一方面，制成一种金或银的通用商品，即增加可以交换他种货物之物品的供给，那无疑是有利益的。当中世纪时代，南部与东方货品之向比较原始经济社会的输入，法王赋税之南运，以及意大利金融家之剥削，使北欧颇有缺乏货币金属的可能。而同时这种"缺乏"，又仅仅是其经济的依存性与不完全的表现。中世欧洲全部吃亏的地方，就是要偿付东方输入的商品。距离之远，旅行上驿站之多，以及运费之昂，越发增加了一种需要——那就是单运那些在重量上有最大价值之商品的需要。

在中世纪末期，欧洲中部采掘了一些金银。这种财富的新源泉，特别是流动财富的新源泉，使日耳曼人在金融上，相对抬高了他们对于意大利人的地位。除了要反对一种实在而且极其普通的趋势，那一大些阻止铸币输出的法律与规定是难以产生的。人们因有所迷惑，有时竟忘记那般中世商人和从政者，不是活动于现代环境之下，从而妄加他们以非所应得的愚昧的罪名。北欧要挣脱于其南部的金融支配，只有蓄积适于投资的资本，而在反对既经确立的贸易与投资的场面下，从事此种资本的蓄积，那是需要某种技巧，而且不用横加干涉的。

欧洲人在复制东方输入品或发现其代用品的努力上，在为交换东方输入品而增进其自己制品的努力上，乃至在采掘与冶铸货币金属的努力上，都着实收到了效果。在十七世初期，货币已有了些许的改进。欧洲每年产出了值50万金元乃至于值75万金元的贵金属，而其由非洲西部海岸输入的，亦大约相当于此数。[①]假如我们承认欧洲在一四九二年或一五〇〇年的流通铸币的普通估计为由1.7亿金元到2亿金元，则在一五二〇年的可能数字，就该是2.5亿金元了。不管铸币每年流入东方多少，欧洲的蓄积总额尚递有增加，而

---

① 这些估计是由欧洲许多大抵一致的材料选出的。依照下面引述的苏特毕尔（Soetbeer）的估计，那就低多了。这是一个颇有技术性的问题，数字的正确与否，于我们这里的目的，无何等重要。

且，欧非两方面贵金属的生产，还受到了极其有效的激励。贵金属产额加速增加的趋势，将近继续到了一六〇〇年，在这时以后，缺乏的程度已没有先前那样厉害，而金银由美洲大陆的流入，更使物价与工资增加过速，致许多欧洲旧矿皆无利可图。在实际，一五二〇年的金银除了用作流通铸币外，还有相当的额数范为盘碟，制为其他艺术品，且有许多还以金条银条或铸币等的形式而埋藏了。这样，对于金银的总额，我们就只好瞎猜了。

在一五二〇年以后不久，西班牙人由阿兹特克（Aztec）与印开（Inca）国库劫夺了大量金银，并还由采掘秘鲁、玻利维亚（Bolivia）及墨西哥之矿山，而增进其贵金属之不断流入。在一五〇〇年与一五五〇年之间，世界贵金属之产额，计约增加三倍。一五五〇年之美洲的产额比世界其他所有各地的产额合计起来，还要多多了。金银产额增加三倍，自然不是说，欧洲的全供给额亦以同一比例增加。金与银两金属是极有持久性的，一五〇〇年的总蓄积，那是过去数千年积储下来的结果。

然而，就当时的情形讲，这样的生产率是近于事实的。在一五二〇年与一六〇〇年之间，开采出来的新货币金属，约值十亿金元以上；与早前积蓄的贵金属比较起来，这种新的货币金属，当有较大的部分，用作流通界的铸币。新货币流通的结果，究在某种限度，使旧来制成器皿的或窖藏的贵金属，亦加入流通界中呢，这，我们只能测度一个大概，而且，由欧洲流往东方的银额，亦无可靠的数字。通常的估计，大都是非常拘泥的，他们以为十六世纪的欧洲铸币，将近增加了12倍之多。由美洲发现以至产业革命开始的一七六〇年左右，贵金属增加的巨大数量，我们可以由下面所表列的数字而征知。①

关于下表所列的数字，立即有几点引起我们的注意。第一，那所表示的，只是当时的增加额数，而非其供给全额。第二，在开始的时候，银的增加额数，远较金的增加额数为大。第三，商业革命全过程的蓄积，实在加成了一个可惊的数字。即令当时信用上的便利，没有何等增进，那在物价上的影响——在商业组织与财富分配上的影响——仍旧颇费我们的测度。我们应当注意：下面的数字，是对于生产的，不是对于流通的。

---

① 那是就苏特毕尔氏刊载于造币局指导部年报中的估计压缩而成的。

由1493—1760年的世界金银产额

（除了第一期外余皆40年为一期）

时期	金产总额（其价值以金元计）	银产总额（其价值以金元计）
1493—1520	107931000	54703000
1521—1560	204697000	297226000
1561—1600	189012000	597244000
1601—1640	223572000	678800000
1641—1680	239655000	584691000
1681—1720	313491000	579869000
1721—1760	580727000	801712000
总额	1859085000	3594245000

一五〇〇年前后的平均年积蓄约在500万金元。而此后半世纪，则增至三倍之多。在十六世纪的最后20年中，其平均数已超过2210万金元。再过半世纪，虽微有减缩，而在一七六〇年的期间，又复增加起来，在这个时期的最后20年，其平均数竟超过3800万金元以上。十八世纪七十年代，正当产业革命之前，那时金与银之相对增加，与在商业革命初期之金与银的相对增加，恰成一个反比。例如，由一五六一年至一六〇〇年所产出的金的价值，为银的价值之31.5%，而在1600年以前的40年中，则前者的价值，为后者价值之72.5%。这两种金属之产额比率的变迁，当然不免要在其本身上产出一列金融的搅乱，其结局，乃渐渐促成了一种单本位制，或金单本位制。在一七六〇年以后，情形又变了，银对金的产额，有一个长期间复占有优势。假若我们认定产业革命的期间，是由一七五〇年到一八三〇年，或由一七七〇年到一八三〇年，那显然可见的是：那时金银数量上的增加，并没有达到由一五〇〇年至一七五〇年的那个程度。由一七五〇年至一八三〇年的平均年产额，仅约4000万金元，那与其此前40年比较，不过略有增加罢了。而在实际，由一七五〇年至一八三〇年的80年中，后40年的平均年产额，较其前40年为少，而与产业革命之前的40年略等。

货币金属在供给上的可惊增加，我们即令不把它当作伴随欧洲扩大之大经济变动的孤立"原因"，而对于观察那些变动，仍不妨把它当作一个便当的指标。金与银都是商品，它们同样要遵循供给需要的一般法则，供给增加了，其本身与其他物品的相对价值，就要因而减少。这种减少从其他的角度看，就是物价的抬高——须通过一个错综复杂的历程，而且，并非严格按照其供给增加的比例。货币金属之量的增加，没有一年一年的，或每十年的，与物价和工资的抬高保持确实的平行或相对关系，我们用不着惊奇。一切经济的趋势几乎都需要相当的时期才能显现出来，并且，那些趋势，往往还受到了其他动因——在此种动因中，人类经过了多方计虑的目的，常占有不少的势力——的抵消、阻滞或促进。

十六世纪的情形，正是如此，巨额的货币金属，减缩了一定量的金或银的购买力。但在一方面，政府一例如依利萨伯政府一使工资任意减低的工资法律，亦收到了相当的效果。同时，私人贸易公司与国家两方面，都是利于海外输入的，它们对于怎样抬高物价，可以说是用尽了心机。至外国贸易之规制方法，不外是在如何吸收贵金属，如何保持贵金属。

凭借这种方策的重商主义者的哲学，有许多地方与现代保护贸易的议论，正相符合。在非难他们那全部规制方法之前，我们应当记忆着以下几种事实：（1）当时的金银，实际上是唯一的货币；（2）获有货币经济之完全利益的国家，那时颇不多见；（3）这两种金属总数量的变动，是极其迅速的。不错，当时也还存在有若干信用的手段，但与现在较论起来，那就颇不足观了。西欧所有的国家，都保留下来了一大些庄园的与非货币经济生活的余习，唯其如此，它们所能吸取的大量贵金属，仅仅用以过渡到货币经济，而不曾在物价与工资上产生任何相当比率的变动。设就此种情形的一个方面来说，那就是，随货币供给增加而引起的现金买卖的增加，必然不免要抵消前者在物价上所生的影响。

我们现在所保存的，由十三世纪至十六世纪末期的材料，虽然是断缺不全的，但物价变动的一般趋势，仍不难明白看出。十三世纪佛里塔（Fleta）著者所指示的英格兰小麦的平均价格，是每布奚6便士或12分左右，此种数字，与罗哲尔斯（J. E. T. Rogers）在他所著《农业与价格史》①中列举的数

---

① 乔治·得亚芬勒尔（Georges d'Avenel）所著：*Histoire économique del a propriété, des salaries, des denrées et des prix de l'an 1200 à l'an 1800*，共五卷，在法国完成了类似的工作。此外，还有许多关于此种价格变动的简括论著；如斯体芬（G. A. Steffen）之《德国与英国的工资研究》，那则是论及实际购买力之变动问题的著述。

字，颇相符合。在一二六一年与一四〇〇年间，小麦的平均价格，为每卡德（8布奚）5先令 $1\frac{3}{4}$ 便士，或者与上面所举例的，约高50%。把荒年或例外收获的时期除外不算，则价格至一三八〇年止，都是逐渐增高的。一三八〇年以后20年中，价格虽然表示下落的倾向，但仍没有复原到十三世纪那个水准。在"黑死病"发作的时期，物价自然暂时有过非常猛烈的变动。

刚好在一四〇〇年以前，小麦每卡德的价格为5先令有奇，此后一直上升至一四七〇年，始经过25年以上的下落期。罗哲尔斯所引据的由一五〇〇年至其翌年的小麦价格，大部分是在6先令和8先令之间。此种数字，后来递有增加，至一五五〇年，已增至9先令6便士，乃至16先令1便士，而许许多多的记录，且还是接近这较高的水准。据同氏所述，由一五七五年至其翌年的市价，变动特大——由10先令8便士以至29先令4便士——其大体的平均价格，约在15先令。由一五八三年至一五八四年的牛津的平均价格，为18先令。至于由一五九一年至其翌年度的那12个月的期间，他定为是平均价格在20先令以下的最后一年。一六〇〇年至其翌年的大部分市价，都在30先令与40先令之间。以早前一世纪的7先令和十三世纪的4先令，与此种数字比较起来，我们就知道这几世的价格该有多大的变动。在小麦如此，在其他物品如鸡蛋和家畜等，亦表示了同一的趋势。夏庇洛（Schapiro）对于日耳曼诸地域之食物、衣物和香料，举述了一个价格增加的轮廓。例如，在一五〇〇年与一五二五年间，牛肉增价15%，衣物增价50%，小麦与燕麦增价100%以上，而许多香料则有更高限的增价。

十六世纪初期价格的变动，除了美洲金银的流入外，还有其他的动因。其中定有些事实是由当时著述者们——马丁·路德亦在内——观察到了的，如广大专利事业之存在，如一般社会尚不曾学好应付较新的商业方法——那是早就摧毁了中世主义之残余的等。加之，在十六世纪初期，美洲还不是唯一的贵金属产额增加的地方。

价格上的这种大增高，连同资本的蓄积、资财与产物之交换的增进，早前经济限制的削弱，使贸易与投机大受刺激。商工业阶级的利润增大了。如其基尔特限制的遗习，在职工工资上没有影响，工资劳动者无疑要较其过去有利多了。收取物纳地租的土地贵族，比之那些收取金纳地租的土地贵族，要蒙到很少的不利影响，因为农产物的价格抬高，而一定额货币的购买力却减少了。至那些自己保有土地，且自行耕作的人们，他们一般都在其出卖的农产物上分享了高价格的利益。长期租佃者与农夫所纳的地租，如已改作现金支付，则他们所得的好处，就是其地主所受的牺牲。在许多场合，政府把握着价格变动的审理权，并企图加以规制，但是，有如在旧的劳动者规章中一样，对于一般经济趋势所加的抗议，往往总是没有结果的。

重商主义的抬头 近代初期的一切重大事体，几乎都可由中世纪探其根源，被称为"重商主义"（Mercantilism）的这种国家政策，也自不能例外。如其我们要在一切动因中，选取一个比较中心的、切要的动因，则由牺牲市集、贵族，乃至教会权威而形成的民族国家的发展，就算首屈一指了。在市集、贵族与教会三者中，特别以前者为最足惹起吾人的注意。诸市集实际是自治的，它们彼此都有相互抵触的规制与野望，国家的中央政府，并不仅仅是居于它们那种混乱的场面之上。它必须把它们编组在它的统治下，除去其绝不相容的要素，尽可能地使其他的要素，协调于它自己的目的在开始时，实不过使其协调于它自己的生存。如其我们能记住此点，我们就不妨忽视那些对准重商制度下的批评。

规制的独占，渗透了整个中世制度，在其中央如此，在其四周亦如此。中央政府之削弱那种独占，主要是由其确立了对于市集与基尔特的优势，在实际，它简直做到其所期待的程度以上了。新的动因在发生作用，那就是长途运载的低廉和货币经济的发展。这两者首先导出了地方的专业，往后又使远离各地域相互依存，这一来，比较古旧而且狭隘的独占制度，就全归覆败了。一个国家的至关重要的大事，就在维持它对于其所属各地域的权威，从而，由那些地域征取收入，以维持其军事实力和行政机关。假如不是征取赋税之市集自治体已经失去其功能，致为商业的发展所倾覆，那中央政府的成功，就大是疑问了。

中世对货物征收税款，是由一个市集到其他市集，由一个地域到其他地域，此种方法，中央政府并未一概撤除。市集仍非有收入不可，国家在可能范围内，保留此种源泉，并相机取得一个份额，那是没有什么不上算的。对海外输入品课加赋税，虽属中央政府的权能所在，但海口的市集，亦往往对同物品课取特别费用。此种地方特税，就在当代的世界，亦并不是全然没有。例如，在二十世纪中，西印度圣多明各港口的输入者，就曾对此种特税而大鸣不平。在西班牙的加的斯（Cadiz）地方，货物无论输往海外，抑由海外输来，都课有重税，而外国货品，又较西班牙货品担负更重。关税的主要目的，在前原是收入，但自中央政府逐渐代行了以前市集的职权而后，始觉关税要由外国竞争上，保护本国的商工业着手，因为中世市集对于此点，曾尽过更大的努力来的。

　　对输出输入两方面课税的办法，英格兰在实行上既没有大陆诸国那样严格，而其撤废亦较其他国家为早。合众国一般的观念那无疑是起于我们一致的政策都以为，输出税在某限度，应该不要按照常规。可是，受合众国保护的海地，就是以对咖啡所课之税，为其主要收入源泉之一。不论经济上反对之理由如何，政府需要进款的时候，他总归是要课取的。英格兰没有内地关税制度，但法兰西至一七八九年，尚在赋税系统上受到此种制度的搅扰。无论为收入的目的，抑为保护工业的目的，输入税要比输出税更为实在，关于此种原则，英格兰是法兰西之前发现的。英国政府对于赋税的规制，是把它当作阻止必需原料输出的手段。

　　重商主义者的政策，原是要完成种种的目的，而其中最惹人注意的，则是贵金属的蓄积与保留。西班牙在十六世纪时的财力与权力的可惊发展，一般都相信那主要是由于它从新世界搬回了大量的金银。如其说这种解说不够正确，我们将进一步探究其缘由。它之努力实施对于其自己殖民地之供给的独占，那自然要算是促成其发展的一件事实。北欧经营例禁事业者，劫夺西班牙装载金银的船舶，或者与西班牙殖民地人民暗中进行贸易，他们之从事此种不法活动，亦无非是为了金银。把国力大部分归之于作为财富之贵金属的蓄积，无论会惹起理论上怎样的反对，但国家须用金银偿还其对伦巴德人或佛刻斯公司的债务，须用金银购买货物，且须用金银为资本主义勃兴场面下之保证与信用的基础，那都是事实。

　　在欧洲开始扩大的当时，没有一个商业强国，是结成了坚固组织的。中世地方自治体的遗迹到处存在。例如，像尼德兰那样没有组织的中央政府，居然能够存在——那是现代研究者所难以置信的。金融上的监督，为摧毁地方特权的一种武器，且为保障国家收入的一种手段。在国家组织不完全的时期，在货币经济只有部分存在的时期，国家依赖其自己生活的地方，就远较后来为多了。它们彼此之间，哪怕在"和平"时候，亦往往互相敌视（尤其是在海上）。通货与价格的激烈变动，国际间正货支付之自由移动的停止，那在今日已算厉害了，但似乎仍没有一九一四年以前那样使人感到离奇。

　　此外，还有一件惹人注意的事实，即重商主义的时期，差不多与贵金属供给迅速增加的时期，确然一致。如其法兰西用作铸币流通的贵金属，在商业革命开始时只值2亿美元——甚或倍于此数——则在十六世纪十年内增加的额数，就要占其全额的一大部分。在一七五〇年，贵金属的产额已达到了极限，每年增加之数，约值4000万金元，但以之与一四九三年以来之总蓄积额50亿金元——原有的供给额，不算在内——相较，那不过占有其极小的百分成数罢了。资本主义的发展，甚至比贵金属蓄积增加所指示的程度，还要迅速，因为当时的信用制度展开了，特别是在重商主义时代的后期。制造业的发达，欧洲市场更加变为重要，货币金属之总供给的增加率的停滞，已有储积额之购买力，乃更趋稳定。不曾按一般的增加率加添铸币的国家，将看着其现有的总供给额的购买力减低，已经不复是一个预定的结论了。重商主义制度所由发生，所由繁兴的环境业经过去，它自然而然要归于死灭。我们对于重商主义之经济背景的描述，也许是过于简略了，但即此简略的描述，仍可同样当作限于篇幅的简括定义看，仿佛要简括的定义，才比较不易流于粗疏和虚构。

重商主义登峰造极地被认为是一种制度，系在十七世纪，而其衰落，则是由十八世纪以至十九世纪。民族国家的目的，乃在可能范围内，使国家府库中，使其市民私囊中，都吸收和保有大量的贵金属。战争的技术，在效率上、在强度上，都有捷足的进步，任何国家一有危难，皆是不免应用此种技术的。因此，在紧急时期可供利用的资源非常必要。一国与军火，与运载，乃至与衣物相关的若干制造业，必须竭力维持，那可使它成为强大强国，甚或可以维持它的独立。海上的强权，须在海外作破坏的活动，或须支持其破坏活动于海外，故颇易造成国内的缺乏。商业国家主义之强烈化——只有海滨国家，才能在战争的时候，发挥其海上势力——此其缘由之一。此种趋势，对于和平的基础，固需要训练海员和建筑海港，而其专用以从事海防的战舰，亦渐渐代替了以前改用的商轮。然而，就在这种变迁以后，巡捕敌船之私人船舶的活动，犹不免予商业以打击。

军事势力的扩张，是不会餍足的，经济权力的扩张，亦是同样不会餍足的。在扫除所有地方限制的过程上，诸民族国家必会感觉到，它们所待采行的一种新的规律制度，不但要能保障其收入和经济的稳固，同时且要能保障其军事的安全。早在伊丽莎白御世的当时，保护一项，已在税务表册上编列为一个明认的目标。当大不列颠东印度公司开始受到弹劾时，他已颇有难以着手之势，那种弹劾所根据的一部分理由，就是说，英国为输入印货而运出的金银，比由输出英货而运回的金银还多。一六二一年，托马斯·曼（Thomas Mun）以一种整个贸易平衡的研究，来答复这种控诉。他并主张，单一的东印度公司的事件是不宜于分开来考察的。一六二八年托马斯·曼这种申辩，被精审地做成一种请愿的与抗辩的公文，由公司提交国会，而他那一六六四年所出版的有名小著，即《英国由国外贸易致富论》（England's Treasure by Foreign Trade）更特别表证了那种主张。他以为，贸易平衡是一种错综复杂的经济事实，那包括有一大些借方贷方的项目，金银的支付不过其中之一个条款罢了。对于入超所负的额数，有些部分由运输的报酬抵销了，而实际要付出的若干金银，在后来输入品再卖的场合，也许会数倍于原额而收回来。对于输入品所负的额数，那在关系诸国之间，将会由各种直接的或迂回的方法得到偿付，如所有各种的汇款哪，旅行者和大使们的费用哪，甚至战费和赔款哪，都包括在内。

英国一六五一年实施航海条例，翌年更进行比较有名的保护税则——此为法国路易十四之财政大臣柯尔贝（Colbert）所创设——特后者的开始实行，系在一六六四年。英国羊毛工业上之不况的征象，在斯图亚特王政复古（Stuart Restoration）时期（一六六〇年），已经表露出来。那种困厄，在先是归咎于法国的竞争——法国当时因为宗教事件与民族事件，颇有不孚众望之处。萨缪尔·福特利（Samuel Fortrey）氏根据此种观点，写出的小著，一时曾脍炙人口。然而，主要困难在于英国毛织物受了东印度与波斯织物竞争的事实，不久就彰明较著了。后来，投资当事人之间，发生了争斗，羊毛工业大声急呼要排斥东方的布匹，东印度公司则发行小册子，运动国会，更暗密疏通政治当道，以期保持其已经列入准许输入表目内的输入品。更后，介乎此两个斗争壁垒之间，又由日益发展起来的棉业当局，组成一个第三的派系。

一七〇二年，在英国与葡萄牙所订的《麦泽安条约》（The Methuen Treaty）中，英国斗争的诸经济集团间，实现了一种妥协。葡萄牙是一个重要的毛织物购买者，而它所有的殖民地，更加使它成为一个特有价值的主顾。加之，法兰西的两重打击，是世人皆知的，对于继承西班牙王位的苦斗，这时刚刚开始发动了。法兰西已经是葡萄牙羊毛市场的定购者，而这次《麦泽安条约》，又因英国承认低减葡萄酒入口税1/3，而大有利于葡萄酒贸易。不过，英葡之间的此种互惠协定，实足以招致大量的秘密输运，因为，英国人宁愿饮法兰西葡萄酒，而不欲服用葡萄牙的较强烈的饮料。一般下等阶级对于这两地的产品，都不能消受，但他们亦习于酣饮——如所谓"沉醉若王"（as drunk as a lord），其所饮者，为甜酒，为荷兰杜松子酒（Gin）。《麦泽安条约》之另一目的，就是吸取巴西之金的供给。

一七二一年的《棉布条例》，禁止使用涂色的、编花的或染色的棉布，但白布为例外。在一七三五年，棉业者异常兴旺，他们同业的团体，居然能够强制通过《曼彻斯特条例》（The Manchester Act），使禁止使用花纹棉布的规定，由一七二一年之《棉布条例》中除去。此种事实，使我们进入了工业发明时期，英国棉业在数十年之内，即已无须政府的保护。由此看来，所谓重商主义，并非有时表现于概括叙述中之关于金银和贸易平衡的简单公式，而是关于国外竞争和国内经济团体抗斗的一种异常错杂的政策。

英格兰、法兰西、尼德兰，都是自国缺乏相当的金银矿产的，它们之企图由西班牙、葡萄牙吸收若干新流入的贵金属，都有其充分的理由。西班牙的经济弱点，异常之大，所以当时的竞争，主要是存于北欧那三个缺乏贵金属的国家之间。在西班牙所实施的重商主义，颇与他国异样，那一部分的原因，就是因它富于他国所缺乏的金银。英法诸国为要吸收西班牙多余的贵金属，乃牺牲西班牙以建设其制造业和商业，但西班牙在同一方面努力的刺激，则缺乏了直接性和推动性。

英国一六五一年航海条例的主要目的，是为了对付荷兰。根据此种条例，由亚洲、非洲、美洲输入的货物，必须用英国船舶，或有大部分英国船员的船舶，运到英国；并且，由欧洲输出的货物，必须用英国船或原产国的船舶装运。一六六〇年的新条例，规定英国诸殖民地的产物，如糖、生姜、烟草、棉花、棉布及染料等，只能输出于各该殖民地间及母国。至一七〇六年与一七二二年，此种不能输往他国之殖民地产物的种类，又有增加。同时，依据一六六三年的条例，凡欧洲输往英国殖民地的货物，皆须经过英格兰。此种规定，使法兰西与尼德兰同受影响。

西班牙的权力，是依存于印度的宝库，此点，柯尔贝与托马斯·曼，同样相信得过。柯尔贝曾说："制造业会产生货币的报酬，货币是商业的单纯目的，是增加国家之威势与权力的唯一手段。"他于一六六四年建立了东印度公司与西印度公司，一六七三年，更建立塞内加尔公司（Senegal Company）。因为在集资上遇到了极大困难，其结果都平常得很。路易十四在大陆方面发动的多次战争，以及由这诸次战争所蒙受的物资物力的损害，那虽为那些公司筹资困难和效果平常的一种原因，但在柯尔贝辞职乃至极大破坏的争斗开始以前，其失败的征象，已灼然可见了。不过，在西印度方面——圣多明各、马丁尼奎（Martinique）和加达洛普（Guadaloupe）——总还算是有了差强人意的结果。一七〇一年，法兰西之几内亚公司（Guinea Company），取得了对西班牙诸殖民地之奴隶贸易，但在此后12年之《乌特列奇条约》（Treaty of Utrecht）中，那种权利被收回，且被让渡于英国了，随此条约断送的，还有每年一度运出货物的特权。直至一七六三年止，法兰西与西印度的贸易，不绝受到了与大不列颠交战的阻害，并且，它这大部分的贸易，还移到了大陆上的英国13个殖民地，而促成它们此后与母国之间的纷扰。

　　就这方面来详细论列重商主义的衰落势将使若干历史动因的导论，轶出其适当的程序。我们这里须得补加说明的，就是，重商主义的衰落乃是由于资本主义的发达，贸易的扩大与加强，以及培育外国贸易之工业的逐渐变革。欧洲克服它实在的或想象的货币金属之枯竭，一方面是增加供给，另一方面则是改进资本蓄积与应用之其他辅助手段。在此种情形下，要应付战争之可能的急需，就不必定要在"金库"（treasure chest）中多储金银了。无论哪一两个国家，都不复能在十数年内，把已有现金的大部分加入流通。北欧诸国都工业化了，它们在集中注意力，去找寻容受其制品的市场。在某种意义上，欧洲市场是再被发现了，各国都相互签订条约，以增进彼此之间的有利交换。保护税则仍是继续实行的，但那是更有理解，并且更加合理了。人民政府的兴起，使一般消费者，立于一个新的地位，他们关于价格的意见，大可左右立法上的种种规定。

　　银行，信用与交易　在商业革命的初期，利率仍是苛重而不规则；适当保障的问题，残而未决；并且，金融的活动，受了旧来传习与惯例的束缚。许许多多的银行，都因权力过大的君主们的任意挪用，而陷于束手待毙。其他由家族支配的银行，则随家族的衰落而衰落，因为那时的合股公司，是还不够导来一种新样而经久的法制的。

　　十四世纪之秘鲁拯斯（Peruzzis），有资本50万金元，十五世纪的麦狄西斯（Medicis）约有资本750万金元。一五〇〇年，远在阿尔卑斯以北之奥格斯堡（Augsburg）的佛克斯（Fuggers），为欧洲最富之家族银行。它们大部分依着波西米亚、斯提利亚（Styrian）与加林底（Carinthian）之金的帮助，已经建立起了可观的业务。在一五一一年，即在它们欧洲那个部门，已经严重陷入了海外冒险事业旋涡之前，其资本达到了196760格尔登（Gulden）[①]，一五二七年，则增加到2021202加登。在这个时期，它们每年

[①] 换为我们的货币，将近有2000万金元的购买力。其实，在它们的繁荣达于极端的一五四六年左右，其总额必倍于此数。

差不多以其总金额55%，用之于各种投资上面。

在欧洲扩大的第一个世纪中，西班牙人所进行的银行活动，主要是取得了低原地带、意大利乃至日耳曼旧家族行店的帮助。商业的发展，正货之巨额的增加，结果自会导来汇票之非常广泛的使用；加之，信用范围的扩大，在许多场合，皆不免给予旧式银行组织以严重打击，甚或促成其分解。股份公司之最初的形式，是特别不宜于经营银行事业的。安特卫普（Antwerp）是国际交易的中心，而其最有名的金融业者，则是玛列人（Marans）或改宗的葡萄牙系犹太人。在一五三一年，那里建立了交易所或股票交易所，那是欧洲资本主义史上值得大书特书的一件事。

如果我们能记起十六世纪合股公司是如何的简陋，我们就不会弄出错误，以为这安特卫普的交易所，与我们今日的股票交易所，有何等的类似。有人品评那是"一个继续的市会"（a continuous fair），那可以说是恰如其分。当时在实际尚没有投机的股票存在。赌彩（betting）——有许多活动，实无异于赌彩——在有价物的价格上、在交易上、在保险上都很盛行。公断业（arbitrage）或公定各不同地域间之价格与交换率之差异标准的业务，最好投机。那曾行于中世意大利诸市集，但从没有达到安特卫普这样的盛况。海上保险亦曾见于意大利，往后，更见于葡萄牙。可是安特卫普的保险业，却竟发达到了非常可惊的程度，在一五六四年，有600人在从事这"发财的买卖"（fat living）——某著者曾如此称呼。保险公司是没有的，但许多人往往为保证赔偿同一船舶，而立约收费。保险费逐渐趋于标准化了。欺骗的盛行，以致一五五九年有用法律加以规制的举动。生命保险亦有端倪，不过其时期大都没有限制，如海上陆上旅行期间之类。这样，亦是不免有欺骗甚或犯罪的情事的。

呼吸在这样的空气中的人们，都想做上进者、冒险者；做工业、金融业，或商业的领袖。赌彩是特别风行的。任凭什么都被人们作为赌彩的对象，未出胎的儿童的性别亦拿来作赌。若干可以转移的"债票"，开始用以代表资本了，商品排列出售，甚且不用样本。然而，股票之可以变卖，并不先于交易所，反之，是先有了交易所，股票才可以变卖。早期的交易所是颇多的，这些交易所中经营的业务，导来了现代式的债票的发达，而此现代式的债票又转过来，使十七世纪的现代式的股票交易的制度成为可能。商业与信用的迅速发展，益以汇兑业务之日益繁昌，新式银行的需要增加了，但是，银行之最完备的形态，那却有待于政府的助力和合股经营事业的发展。

第二编 现代

早期投售股票与债券的努力，是没有特别交到好运的。大多数的银行都只从事储蓄，同时，政府对于银行业者之利用基金投机，又很少予以法律的制裁。有名的霍奇斯特（Höchstetter）事件，就是由于霍奇斯特氏企图买占水银市场，结果，使他的储蓄者们大倒其霉了。加的纳·德·陀伦（Cardinal de Tournon）曾经集中里昂（Lyons）市所有银行的存款，作为维持公家信用的基金，他虽允许附以10%的利息，终未见诸实行。一五五四年，同市发行债券，由各交易所承销，并由私人认购。据说，接受这种债券的，甚且有奴役，有外国人。此种事业，结果证实为一种真正的"泡沫"（Bubble）。那是"南海"与"密西西比"溃决前150年的事。

在十六世纪，欧洲一般的利息，皆经法律规定。腓力第二曾定西班牙的利率，为12%。亨利第八发布法令，定英格兰之利率为10%。此种法令，为玛利治下之加特力教的反动势力取消了，至一五七一年，又经盎格里教会（Anglican Church）之强烈反对而恢复过来。大陆方面对于安稳事业的借款，只要6%的利息，甚或更低。这表明，在十六世纪的末期，资本已颇充盈了。柯尔贝以及当时英国政府的目的，都是想在可能范围内，减低利率。

第一个近代的大银行，就是阿姆斯特丹银行，关于它的兴起，前章已描述其梗概了。它其所以具有极大的权力与威势，一部分原因，是由于它是实实在在的公家组织，由市会所设立，在市厅中尽有任务。在阿姆斯特丹市之债券的使用，比较在半世纪前的安特卫普，要普通多了。据桑巴特教授（Prof. Sombart）所说，那里的信用，开始变为真正"非人属的"（impersonal）了，那里的经济生活，已经"商业化"，并且，其资本主义精神亦充分表现出来。不过，在阿姆斯特丹的交易所，也如同在早前安特卫普以及其他地方一样，那与其说是现代式的交易所，就宁不如说是一个有永久性的市会。以经营股票为中心思想而设立的第一个交易所，是于一六九八年出现于伦敦。而英兰银行则是此前4年而建立。这个银行的建立，原来在维持威廉与玛利治下之改造政府——由一六八八年之未经流血的革命所产生——的信用。当一七二四年巴黎交易所建立时——这在开始即为一真正股票交易所——阿姆斯特丹的交易所，已经在逐渐进步中，成就了同样一般的机构。直到法国大革命为止，这种阿姆斯特丹的交易所，仍是远较巴黎交易所为重要的。

一七〇〇年左右的股票交易所，与旧来交易所——那在大体上是进行物产的交换——不同的地方，就在它吸引大众来注意新的投机可能性。至十九世纪，运河公司、铁道公司开始在市场投售股票以前，公债是颇受一般人欢迎的。许多贸易公司都宁愿售掉它们私人方面的债券。

在十七世纪末期，英格兰、苏格兰共有140个合股公司，其总资本额为425万镑。就中，有3/4的资本，是属于6个公司，即东印度公司、非洲公司、汉德森湾公司、新河公司、英兰银行，以及米里温银行。它们有些公司的股票价格，变动极大。东印度公司的股票，一六九二年为200镑，至一六九七年跌至37镑。在同一时期，非洲公司的股票，由52镑跌至13镑，汉德森湾公司的，则由260镑跌至80镑。许多经营股票的人，虽定以投狱之罪，仍无补于价格之变动。一七〇八年，继投机与膨胀时期以后之另一种危机出现了，大多数的公司都告失败。刚在这种危机以后，最有名的"泡沫时期"展开。英兰银行的资本，原定120万镑，至一六九七年，增至220万镑，至一七一〇年，更加到555.9万镑。十八世纪的这种金融上的变动，我们必须探源于其战争的背景，特别是当时商业之可惊的扩大。

南海公司建立于一七一一年，其名义资本为900万镑，以8%的利息贷于政府。英国由一七一三年的《乌特列奇条约》，取得了一种对西班牙美洲殖民地之奴隶贸易的专利，并还获有每年运出一次货物的特权。英国政府的此种权利，都让渡于南海公司了。南海公司除了经营这些事业外，更进而从事捕鲸业和其他合法的冒险业务，而它贡献政府的，则是以更低的利率引受国债。各种股票所有者，都以他们所执的股票，来交换南海公司的股票；迨大众对此股票引起了异常的冲动，以致抬高其实在价值10倍了，大家都似乎走了顺风。价格如此飞涨，自然会伴有，更确实地说，就是自然包含有一大些虚伪的股票投机。人民购买公司的股票，是为了要做成永远活动的机器，为了要在商业基础上，定下点金之术。而彰明较著的，就是"为了在相当时期内会显露出来的一种保证"。

一七二〇年，南海公司的股票，由一月至五月，抬高36%，在五月中，达到600%，由六月至八月，竟超过1000%，在十二月中，竟又跌落至121%。在此最后一期中，英兰银行的股票，由265镑跌到132镑，东印度公司的股票，由449镑跌到145镑，非洲公司则由200镑跌到45镑。不过，在数年之内，英国金融即由此破产状况恢复过来，并还继续其发展。在法兰西，它就不是这样轻易逃脱其同时代的"泡沫"状况，因为那是与苏格兰一位金融家，即约翰·洛氏（John Law）的名字有关的。这位金融家，对于整顿法兰西银行与公家金融，有一个耸人听闻的计划。不幸，这计划和发展法国与新世界之间的贸易的冒险事业，发生了关联。此后，俨如疯狂般的投机时代的到来，法兰西乃因为以次事实受了两重打击，那事实是，由银行发行的30亿纸币，竟与贸易方面的事务，结下了不解之缘。约翰·洛氏公司的股票，在大破局光临前，抬高到了900%。此后许久，法兰西的大众，都不大信这仅称为"纸"的可以变卖的股票，于是，信用的发达，就无疑归于停滞。法兰西的"旧统治"，连带其包征赋税者、特权阶级、国内关卡制度，以及非议会政制，构成了一个单位，这个单位对于后来的经济困厄的动因，简直增添了使我们难以置信的特殊力量。

产业革命的前夜　关于十八世纪初期之欧洲生活现象的研究者，除了注意诸大强国为争经济优势和军事优势而发生争斗的纠扰事件外，更当注意其他若干方面之比较一般的发展。一直延续到一七六三年的现代可怕战争，不是无所为而战的，不是毫无目的而战的，推厥原因，不外是欧洲财富的过速增加，大家都想从中争取可能的最大的份额。破坏尽管破坏，扩张依旧扩张。当着"泡沫时期"，最流动的纸据形式上的资本及纸据本身的使用与滥用，不过是一种大蓄积的表面现象罢了。

十八世纪外国贸易增加的百分比，较之在商业革命之初的那个短期间，是略有逊色的，但其实际的吨数的增加却是空前未有。在贵金属的增积上，在许多其他类似的经济扩张现象上，我们常须想到所谓增加率的"率"字（rate）字，要由两组不同的数字去认识：第一，如若干元、若干吨，或其他测度上的若干单位；第二，如全体中之百分之几——在这两方面，须附加一点，说是在一定时期之内。关于经济发展的数字，还有第三个要计虑的地方，那就是地域。例如，今日大不列颠、俄罗斯与合众国之小麦生产，或小麦增加的比较，可以就两组数字来说，一是每亩生产的数量，一是每人生产的数量。用这种方法，现代统计学家是能够于量的不同外，更显示其质的不同的。若旧的统计，那不但难以置信，往往甚且显不可靠，因为那般旧统计学者所搜集的材料，多未顾及经济科学已渐趋于高度发达时的可能用途，从而，把我们乐于知道的成分都予遗脱了。经济学者所以不肯轻易引用旧时的统计数字，这大概是一个缘由。

英国对外贸易之输出的吨数，至一七〇〇年，将近达到了317000，一七一四年，增至448000，一七五一年为661000，一七八三年为959000，一八二一年为1958000。就此等数字看来，我们对于那开始于一七五〇年、一七六〇年或一七七〇年的产业革命的直接影响，就显然不致惹起痴心妄想的头晕。以价值而论，英国出口货，在一七〇〇年，约为其入口货的5/6；在一八〇〇年，则为其入口货的3/4。我们不能得到英法确然同一年度的数字。就成数讲，英格兰一七〇〇年的贸易总额，约值6000万金元，一八〇〇年的贸易总额，约值3.64亿金元。而在法兰西，一七一六年约值4300万金元，一七八七年，则值2.31亿金元。法兰西与北美大陆的贸易额，原不甚大，所以，它于一七六三年在那里丧失了领土，却并不曾对于其商业有何等严重的打击。约翰·洛（John Law）之制度崩溃后，法兰西的东印度公司于一七二三年再建起来，在一七四三年与一七五六年之间，这个公司每年的利润，约达1450万金元。迨最后的斗争，即有名的七年战争爆发，公司业务因而停止。一七六八年，其报酬仅达360万金元，翌年，公司即横被阻制。在开始于一七八九年之大革命时期，法兰西的海军解体了，这个时期的许多事实，都使大不列颠在牺牲法国的条件下，增大了自国商业的利益。英国进口货在一七八五年为8000万金元，至一八〇〇年，则增至1.5亿金元。

这种产业革命的实在背景，应该使我们对于那以机械发明为其主因的说法具有戒心。在一七一六年与一七八七年之间，法国对外贸易的价值，虽只增加五倍有奇，但英国同时期的贸易增加额，亦并不多过法国好多。照普通的解说，一七五〇年的大不列颠是比较法兰西为更其工业化的，现在有许多权威学者在对此从事争论。我们要过于相信官府关于商业的数字[①]，就请注意十八世纪大规模的偷运贸易罢。

曼托克斯（Mantoux）在他所著的《十八世纪的产业革命》（*Révolution industrielle au XVIIIe siècle*）中，曾给予了我们一个极好的证明，说工业的刺激是来自输出商品。我们必须记着，十八世纪英格兰的输出，逐年皆超过其

---

① 吨数的统计，比较以价值表示的统计，要较为可靠，因为那个时期的价格是在继长增高中的。物品不同，其价格变动，非常悬隔。农产品价格有最大的增涨，若干制造品，实际且还缩减了。就全欧洲而论，一般价格的腾贵，平均约为50%，但任何估计都是近于臆测一样的不可信赖。本书所引用的数字，不过借作大体的比较罢了。在物价继长增高的市场上，一切增加率的货币估计，自然相因而扩大起来。英国主要产品的价格，几无所增涨，这，我们是不免要看轻其经济上的成就的。

输入，而在最近，则正相反对。商业仍然是支配工业的，就外国贸易而论，其事实尤为明显，在英格兰所消费的物品，大部分是由那里生产出来——我据霍布生（Hobson）的估计，则仅为15/16。至棉业与丝业之所以发展，盖不外由于从东方输入了原料。

新的商业中心地兴起了。在十七世纪不过一渔村的利物浦（Liverpool），至十八世纪则已变成为一大海港。它在一七〇〇年的吨数是27000，至一七七〇年则增至140000。其人口在同时期，由5000增至34000。南特（Nantes）、波尔多克斯（Bordeaux）以及法兰西之勒哈佛尔（le Havre），都有类似的，虽然不是那样显著的进步。当时的马赛（Marseilles），不仅为地中海贸易的中心，简直是世界商业的中心。里昂是相对地减少其重要性了，特别是在约翰·洛的制度破产以后。重商主义无论是"好"是"坏"（假如这类语词，在经济学上说得过去的话），其影响是不可忽视的。例如，主要进行信贸易而自己缺乏充分自然资源的荷兰，它就相对衰微了。荷兰的衰微，一部分原因，是由于各地施行保护政策，另一部分原因，则是由于非人属的经济作用的增进。

制造业在利物浦一类港口发展起来了。那里不但气候宜于纺织工业，且靠近水力和有充分矿产的供给。是商业发展"招致"（caused）工业的发展，抑或是工业发展"招致"商业发展，那不是怎样重要的问题。我们所敢于断定的，是它们互有关联，并且，经营输入业者之商业资本主义，远在制造工业发生以前。

除了信用交换的发展和股票形式上之资本的移动，我们还可在保险业的发达上提出其他证明，保险业的发达，显示了商业经营上之损失与危险的逐渐安定化和组织化了。我们前面讲过，海上保险是早就有了的。与海上保险相并的，就是把损失分铺于一大些人之集团事业的一般发达，这样，损失不会令某一个人破产，而使大家分摊了。完成此举之简单方法，就是在协作的诸商人之间，同意分担其中任何人所发生的损失。一切人都须在此协定下签署其名字，这就是"签名"（underwriting）一词的由来。较大的专业与组织乃是商业更趋复杂之必然结果。商人们增进了集会的习惯——例如，在伦敦，特别是在鲁意（Lloyd）的大咖啡店——并准备船舶的保险。第二个步骤，就是组织公司。在一七二五年，英格兰大部分的海上事业都把握在两个大股份公司手中，其一是伦敦公司，其一是敕许交易所（Royal Exchange）。自一六六〇年的大火以后，经营保火险的日火公司（Sun Fire Company）于一七〇六年出现了。朋友会（Friendly Society），即一种互助的生命保险组织，组成于一六八四年，但最大的火险公司为和睦公司（Amicable，1706）和平等公司（Equitable，1762），那都是颇有历史的，现还继续存在。

法兰西的海上保险公司成立于一七五〇年，至一七五三年，乃扩大为一般保险公司，房屋的火险亦包括在内。不过，房屋中的家具不在保险之列，这是非常奇怪的。一七八六年新设的火险公司，虽然对于家内种种的设备保险，但珍珠与债券则在例外。这个公司一七九三年倒塌了，那是因为做了大革命环境下的牺牲者，特别是做了一种愚昧而过时的计划——即国民会议所拟建立的一种社会保险制度——的牺牲者。股份公司的竞争，使个人保险者的业务大受影响。在十八世纪中，危险的系统表册还没有广泛通用。比较合法的业务许久都没有发达起来，那原因，就是因为它们那种事业与投机和彰明赌博的勾当发生了传统的关联。

在十八世纪全时期中，物价水准都是向上的，特别是在这个世纪的下半期。物品的种类不同，其变动率非常差特。各国在效果上或在性质上，其所受影响之所以各不一样，这显为一个原因。制造品价格之稳定，甚至在某些场合之低减，我们敢相信那是由于工业的进步。不过，农产品价格提高起来——土地本身的价格提高了——这些特殊情形受到了阻制。关于一般价格的提高，有许许多多的解释。亚塔尔·杨格（Arthur Young）看到法国刚好革命以前的情形，他认定物价一般提高是由于人口的增加。还有主张那是由于贵金属量的不绝增多的。至现代经济学者所认定的主要动因之一，当时几乎没有人猜疑到，那是伴随实际资财蓄积的信用功能之增大，使一定量的货币能进行更大量之交易。所有这些动因，都广被于那整个世纪，都表示不能单单归因于产业革命；产业革命以后的经济，与其说是加强了一般价格的趋势，却毋宁说抗拒了那种趋势。

旧统治与新思想　对于法国革命之剧一般的兴趣，曾导出了一种关于革命前之法国"旧统治"的详细研究，并曾导出了读史者心目中的一种倾向，断定在那种表题下，活跃描述出来的情形是过于限制在大陆方面了。农业条地制度的重要遗迹，与这种制度相伴的村落组织的重要遗迹，以及市集中基尔特限制的重要遗迹，甚至到十九世纪还残存在英国。古代阶级的特权与禁制，在名实相符的"改革"完成以前，还曾演着重要的角色。人们惯常的说法，虽在便当与简洁上，具有颇大的利益，但我们必须牢记着：那些限界，是划得太过严格——即是说，这种方法，是不免惹起某种差误的，有如准确罗盘针之错误一样，使用者不加提防，往往就会弄出灾害。

在十七世纪下半期和十八世纪上半期的法兰西的国会或立法议会，必得视为是那种长存政治制度中之一种古旧而简短的插话。要解明此种事实，不妨讲到一七一三年的大不列颠，因为我们须论及《乌特列奇条约》的批准。在那时，条约主文不曾规定99年。法兰西是受统治于有特权的、分有阶级的官僚政治。英格兰在这方面虽亦无大出入，但它的制度，使那般新的经济领导者——在国民生活中非常重要的人们——获有颇大的势力。法兰西之封建制度的残余，是比较英国有力的，但它的农业繁昌，其农民之顺适境况，不亚于欧洲任何其他国家。一切苛敛滥用的黑暗情形，这里无须予以罗列，总之，那都与多费而相对不适宜的行政制度保有某种关联。国库逐年感到困难，在军费浩繁，与由一七六三年之破坏条约，招致其极度的厄运以后，其穷况就尤其不堪闻问了。

中央政府地方政府的司库者、征税吏、包征者（契约承征者），主要为国库垫支的金融家，都在力图充实私人的荷包，而不顾及国家，所以相率出于苛敛。党徒或图谋不轨者，均能要求征取某种赋税，且在必要时得参与垫支的权利。当收入不够支出时——此为司空见惯的常事——次一年度的收入，即将由折扣而取得现金。哪怕在柯尔贝时代，政府为对2亿金元的隔年收入获取现金，它由折扣所受的损失，竟达到了这个巨款的1/6以上；照部郎微耶（Boulain Villiers）所说，一六八九年与一七〇九年之间的2亿金元的垫支，使投机者截留下了5320万金元，或总额1/4以上。在军需品与其他战争原料上的乘机图利者，他们都由牺牲政府而大发其财。以生活收入或地租形式积得的巨大数量都由国库、教会，以及各州区支出了。在一七八九年，由国库支出的为1240万金元，由教会支出的为3000万金元左右，而各州区支出的则没有计算。

国家的官职，按阶级的地位来摊分，卖官鬻爵是通行的，而由此种方法获取的财富或收入，都是要由正常经济通路消失去的。极其富有的教会，不纳名义上的赋税，但常作种种"捐输"（contribution）。因为许多限制，有内地关税，有地方特权，货物就在一国之内，亦不能自由移向市场。这些往往是被认作失当的。但用尽力量想改正其中之一个弊端，总归会受到若干特权阶级，或有特权的个人，或者地方的抗拒的。这时，营业的社会，开始明确地感到它有"自然的权利"，这权利，是由普通常识与合理政制的若干原则所诏示的。人民现今对于已经膨大到达于破产绝地的预算，再也不能加以承认了。招致了普遍怨谤的"弊窦"（abuses），实际就是那些"特权"（privileges），那些特权使一群无知无识的人民——他们有许多是不理会什么行政原则的——立于国家和社会的首要地位。在资本主义扩张的时代，这样的政府当然是存站不住的。

其实，当时在大陆方面的大部分国家的情形，并不较法兰西为好。甚或还更不如法兰西，因为，它们都曾模仿法兰西的"大君主专制政治"（grand monarchy），但其中有许多国家，尚没有法国那样的财力。哪怕是英格兰罢，它的旧来的经济限制与偏见，也还是经过苦苦耐耐的争斗之后，才极其缓慢地克服下来的。在十八世纪时代，在证券交易所方面进行的预定或契约买卖——不用递送——屡屡在下院方面惹起非难。大卫·休谟与亚当·斯密之责难投机，那都不是有什么顽固成见的。

包括有广告在内的公布事业（publicity），在十八世纪已有捷足的发展。当这个世纪的末期，荷兰与英国即实行着小规模的商业广告。在前，像这样积极招诱的方法，普通都认为不是光明的竞争。推想起来，一般经商者都是要静坐在店中或业务室中，以等待顾客的光临的。然而，与此相反的方法，不绝发展起来了。对于竞争之被动的抵抗，逐渐皆趋于覆没，由是，商业伦理学之全部法典尽行推翻。经济史上的这个小小范围很可引起深切的、详细的研究。在广告的传布上，法兰西是远较英格兰、尼德兰为落后的。一七六一年，法国商人团体散发减价售货的传单，还由一种巴黎法令予以惩处。

重商主义所主张的一种保护的要求，由工业不绝的进步而渐成过去。例如，在十八世纪中叶，大不列颠的棉业团体开始发展到极难制驭，它们觉得，法律的限制与其说是有所益助的保护，就毋宁说是多所掣肘的妨碍。结局，要求取得较大的竞争自由者，得到了胜利。对于重商主义的反对意见，由法国"经济学者"，即由有名的"重农学派"（physiocrats），化成定式，使成为一种新的"原则"。杜尔阁（Turgot）为该派有名导师魁奈（Quesnay）之学生，他曾于一七七四年，充当路易十六的财政大臣。他们认定：政府的限制，只能严格地限于人类"自然权"之保护，使他们能在极大可能范围内，发展其能力。他们重视农业，以农业为唯一生产的产业形态，因为，那会增加本原原料之供给，不过，他们并不因重视农业就对商业制造业抱有怎样不可宽恕的态度。亚当·斯密之有名大著：《国民之富的性质及其原因之研究》，系出版于一七七六年，他不属于重农学派，但他的见解，却颇受了当时法国那些重农学者的影响。

亚当·斯密的那部伟大的论著，实在是过于广博了，过于详尽了，致不易遽作简括的概论。他对于重农学说，仅批论其矛盾不一致的地方，对于重商主义，则加以最致命的打击，而采取一种完全相反的、系统的，更适合于当时情况的经济问题研究法。在亚当·斯密看来，政府关于商业的规制，不是基于像正义公正的抽象原理，而仅仅是基于便利。他优于当时任何其他经济学者的地方，就是他认知了广大地域——超过国界——分业之实际利益，他以为，每个地域，或每个国家，都应当尽力地开发它自己的特殊利益。这样一来，假如货物的移动能有合理的自由，即是，每种货物都能换得其他最有利条件所生产出来的货物，则他国合理的发达，一定能在某些方面使本国受到实利。像这样的自由政策，并不必定要完全撤除重商主义者所树立的保护关税，换句话说，不过使其缩减到那些更狭的，暂时显然有利的诸般限制罢了。可是，后来宗奉斯密主义的曼彻斯特学派（Manchester school）却变本加厉的，几乎把自由放任（laissezfaire）之说，演成了一种狂妄的个人主义的政治教义，哪怕是国家阻止私人僭妄行为之必要干涉，他们亦概加反对。然在亚当·斯密自己，由其著作所见到的斯密自己，他明明是在小心提防，怕流于这样的极端的。

杜尔阁想温和解放法国国家规制的种种努力，迅即获得了退职的敕令——这个敕令，受了那些利用国家规制图利者的影响——以后，法国财政状况益陷于不可收拾的境地，旧统治的倾覆，此为其主要直接原因之一。一七八三年，大不列颠丧失了13个北美的殖民地，因了这个刺激，且还因了其他相关的许多刺激，它改变了一向的贸易政策。影响棉织品的一大部分的限制制度，已在美洲革命——那是工业主义者们，自己强求的结果——的前夜消失了。关联于产业革命之技术进步的效果，是到一七八三年才开始觉到的。各种关税取消了，在一七八六年，更与法兰西签订一种通商条约。大不列颠的毛织品、棉织品和铁器，允许以十分低廉的价格，提供于法国，而由法国取得低廉的葡萄酒、白兰地酒、油，以及其他的产品，以为交换条件。经济变动自身所要提出的论据，无疑是由重农学者和亚当·斯密加进了一番推动的力量。

许多关于法国革命的有系统的文献，都是在十九世纪中叶的经济自由主义——包括有热心争取贸易自由的风波——的影响下写成的。今日小心的研究者，当不会怎样确信一七八六年那种通商协定之实际利益。在法兰西北部之纺织物中心所酿起的大规模的灾难和失业，至少有一部分要归因于英国的竞争。英国的竞争，连带年成的荒歉和其他的动因，使无产贫民益发增集于巴黎，为国民会议方面之稳健工作，提供了一种不幸的空气。

对于现代资本主义兴起之注释 在上面一章中，关于资本主义之现代形式的背景与发端，曾有一个大体轮廓的描述。我们试一考察以次的事实，即对于资本之主要源泉和对于宗教的、民族的，以及其他在促成其现代组织上，最为活跃之集团的本体，曾经引起许多争论的事实，则我们前面那种形式的近似论，就存站不住了。要比较逻辑一点——特别是在可供利用的场所——似乎首先是在认定那些关于欧洲扩大的主要事实，并认定那扩大过程，影响到更大更有伸缩性的组织体制之研究的比较显明的途径。本章为要比较确切地论及此等体制之发展，关于资本的发达和使用资本之方法的变迁，曾经是着重那些争论较少的诸点。这个问题，是比较形式的，比较有社会学的性质的，每个经济史的研究者，都应当注意。因为是形式的，尚论那因时因地不同的现象的一般定义，就没有一个渊博的著者，与任何其他著者所表示的见解，确然一样。在他们中间，有些人在其各种著作中，展开了极其不同的态度，论及了极其不同的材料，他们似乎有时在反对自己本身。

今日"资本家统治"与其先前统治不同的地方，就在它那本质的特征，但什么是"资本家统治"之本质特征？从组织的视野来讲，关于此种特征之显著事实之一，就是"可变卖的股票"式的资本——看为是放取"利息"的一种"投资"——的存在。在这"可变卖的股票"、"利息"、"投资"一类名词本身，已经取得其现今的明确意义以前，强有力的民族国家兴起了，合股公司在国际贸易的空气中完成了。此外，机械的工业，亦有相当的发展。起先，国家的规制代替了地方的规制，到最后，政治上的统治复由经济竞争的发展与宽容，减弱为其前形的虚影。社会组成的最后单位，不复是家族与基尔特，而是个人了，同时，个人又被组织于较家族和基尔特为大的生产团体中。资本主义之现今形态的完成，那是直到十九世纪机械生产的最后胜利，已经改造了整个劳动组织，并形成了社会阶级机构以后的事。一考察到这如戏剧般的长期历史过程，势须举出其主要的表演者和其所表演的角色，这，曾经著者们做过种种努力。

伟尔纳·桑巴特教授（Prof. Werner Sombart）关于这个问题，曾在25年内写了任何其他著者所望尘莫及的数量，但一开始对于他之所谓资本主义，就弄得很不明白。在他那部大著《现代资本主义》（*Der Moderne Kapitalismus*）第一版（一九〇二年）中，他看似大大地属意于资本之单纯的蓄积，而在此蓄积过程中，地租为一个元素。往后，他又把那种研究扩大到战争，犹太人，以及企业者或商人，而在结局达到了一个多方面的折中的解释。他关于现代资本主义的发展，有种种理论，其中，为他所主张最力之点，则是犹太金融家之移入，他们在十六世纪移往阿姆斯特丹，稍后，又移往英格兰，荷兰与在大不列颠之兴起，在他看，应由此得到说明。他所举述的若干"证明"（proofs），非常流于奇想——例如犹太人在殖民上所演的角色的证明——所以一经小心探究，就根本推翻。

在马克斯·韦柏（Max Weber）设想，充实竞争的资本家精神或心理的，宁可说是大陆的加尔文主义者和英国的清净教徒。据道涅伊（Tawney）、舍伊（Sée）以及其他著者所观察，在犹太人及各种加尔文主义者团体①的态度上，有许多共通的要素。对于"经济势力"（economic virtue）克服中世以贪欲为罪恶的偏见的胜利，道涅伊认为英国清净教徒的贡献，比较大陆加尔文主义者的贡献，要大多了，为要维持这种论点，他对于那全般运动的历史背景，发挥了一些极其耸人听闻的议论。他以为，清净教徒不但是生活在高度商业化了的和个人主义的社会，并且，摆在他们面前的，还是一幅为他们所不喜欢的图画，那就是他们所由发动叛乱的查理士第一时代的"柯尔贝主义者"的国家资本主义。盎格里教会与加特力教会，通通反对个人主义的发展和经济竞争的原则。而促成清净教徒之见解之结晶化的最后反对对象，则是有爵位的、有土地的、有特权的贵族。往后，英格兰是处在产业革命先进的特殊地位。由此，如道涅伊所说，英国经济社会，就是向着城市利益方面发展，同时，在日耳曼，则是着重国家利益，而法国的思想，与其说是受支配于商业的危迫，就毋宁说是受支配于哲学者的投机。

相互冲突的"宗教团体"理论之尽量发挥，徒徒增加混乱，因为它们通是不尽可靠的。详细列举许多论及了资本主义进化的著者，以及他们的意见，那不过分散注意，使益离开所须简括举述的要点罢了。那些著者都或显

---

① 道涅伊在他所著的《宗教与资本主义勃兴》（一九二六年，伦敦）一书中，评述到了关于宗教团体所扮演的角色的论争。他这部当作不偏不倚的概要著作的价值，被著者自己所处的地位减低了。例如，他概述马克斯·韦柏（原著第319—321页）的意见，根本就不曾真正触到他那几部著述，如《经济史》和《新教伦理与资本主义精神》。乔治·奥柏利安（George O'Brien）在他所著之《宗教改革的经济影响论》（一九二三年，伦敦）一书中，亦达到了与道涅伊氏颇相类似的结论。

或隐地承认了其他团体,即民族国家的力量。英格兰、荷兰以及法兰西,不管其金融家与贸易者的宗教如何,都不能不说是借民族国家的力量,成就了其现代经济生活上之优势。略鸠·布伦塔洛(Lujo Brentano)根据他的连续线索说,远溯到十字军时代,更追寻到竞争的贸易之发展。

所有这些理论中之每一种理论,都不能不重视贸易市集,为近代资本主义的摇篮。特别是在那些市集同时又为重要的金融中心的场合。市集永远是有它自己的利益和自己的观点的,即令在其规制经济生活的权力,已为民族国家所剥夺了之后,尚犹如此,我们可以说,犹太人和加尔文主义者都是这种贸易环境下的一部分,而不是属于村落或乡野——前者因为是犹太人,所以必然是市集居民;后者因为——还有其他理由——首先为市民与贸易者,所以大都为加尔文主义者。经济竞争不是勃兴的"个人主义"的唯一表现,而舍伊却说"我们无论是考察资本主义之进步,抑或是考察文艺复兴与宗教改革之酝酿",都当视此为一个事件。

关于广泛的社会集团,与其一般经济哲学的思想连续,老是要回溯到那些传遗到现代之市集的地理上的和历史上的事实,这,往往不免使人玷污它们,仅把它们当作知识上的脱线运动。对于他们解释经济变动之基础的怀疑,并不曾因他们导入非经济的争论,而得到解消。在不同意见之间的争点,大体上,往往似乎是兴趣的问题。一个不赞成伦理学与现代竞争程序的著者,是大可为那些市集——在十字军及十字军以后的——之商业金融业进化上的趋势——当代资本主义之前导——而伤悲的。可是,这同一个人,要反对那种进化过程上,演有非常重要角色的加尔文主义者或犹太人,那亦是颇不稀罕。

这种道德裁判的要素的导入,正是一种混乱的源泉。较新的经济史著述之益加着重地理,一部分原因,无疑是要切近那些事实——能由衡量限制,而求其大体无误的事实。借宗教团体来说明现代资本主义之勃兴,结局,实足以导出一些已经证明全无效果的论争。例如,新教徒的背叛,究是一种对于完美的社会体制——沿着那已经安排的途径行去,有无限发达的可能——的攻击,抑或是对于僧侣专制的恶劣环境,所加的一种解放革命,关于这个旧的争论,曾有汗牛充栋的著作发表,如其我们要由宗教团体来说明资本主义的兴起,那是不免要重算这笔旧账的。而且,这一来,还会展开一列其他的攻击,这攻击,与其说是加诸现代竞争之经济学上的,就宁不如说是加诸其伦理学上的,彭梯(A. J. Penty)所著之《组合者史论》(*A Guilds man's*

Interpretation of History），鲜明地表现了此种情调。中世经济制度之迅速地推翻，颇像"善"（good）的观念也消失了，但把这点投入经济史中，那就是一个危险问题，因为经济史本身所关涉到的，主要是：实际发生了什么和那是怎样发生来的。

亨利·舍伊教授（Prof. Henri Sée）在他那有名的小著：《现代资本主义之起源》（*Les Origines du Capitalisme Moderne*）中，曾对经济史作了一种值得赞扬的贡献。他那著作，不是分析以前许多著者关于这个问题的理论，而是举述可以征信的历史事实。为要推荐这部著作，我敢断言，其中的大体纲领，皆十分正确。当我们探究资本主义的起源，由一个地方到其他地方，或由一种情状到其他情状时，其所着重的，当为那些地理的事实——在资源上或在地位上，有种种便利和那影响传习的经济社会构造与人类政策的一类事实。

如其采取这样的观点，那就容易找出前面批论过的那些议论的缺陷了。现在姑且把桑巴特教授那多方面的，有时略微流于荒诞的理论，留给专门家去批评。为图便利，且来考察一下前面述及了的道涅伊教授关于清净教徒之任务的议论。我们一开始这种议论，马上就有疑问发生，即在清净教徒兴起的时期，英国的市集社会，是否较大陆方面更加商业化，或者，更加个人主义化呢？过细地分析起来，查理士第一的重商政策所暗示的"柯尔贝主义"或"国家社会主义"精神，是否较克伦威尔（Cromwell）的商业政策——在克伦威尔的统治下，通过了第一次的航海条例——所暗示的那种精神，更为浓厚呢？至于盎格里教会与加特力教会的反对，它们是不是确然根据同一的理由呢？对于利息合法化运动，因为宗教的反对，在大陆方面较英国更为迟滞（或更不迟滞）的事实，我们无从提出可资信赖的证据。如其商业社会反对贵族的怒火，在英格兰更为激烈，或者，在英格兰更有力量，那不一定要是由于英格兰贵族的特权更大，也不宜随便说是那些贵族抗拒变革，从而加强了那种反对。清净教主义（Puritanism）是英国诸城市——它们有其商业、工业，主要的是有其城市观点——发展的"原因"，抑仅是那种发展中之一偶然事件呢？

就最后两项来把英格兰与德意志和法兰西比较，那也许是最为暧昧的解释。当德意志一旦在政治上形成了统一局面时，其资本主义的发展，与欧洲任何其他地方是一样的迅速，这件事，至少暗示出了它早前落后的实际理由。更就其宗教上的论争来说罢，现代德意志工业最发达的地域，似乎是照着自然资源与地位关系，区分为加特力教区和新教区了。同样，法兰西东北部的工业区，亦是信奉加特力教。比利时怎样咧！那里工业集中的景况，不是欧洲任何地方都难驾而上之么？至于说，法兰西的个人主义，没有英国那样厉害，那没有证明，且也似乎是难以证明的。在我们过于着重其受支配于哲学者之投机的关系以前，须得明定那些语词的界说，且须有对于事实之本质的证明。

进一步研究的参考书籍

Abbott, W.C. The Expansion of Europe, vol.Ⅰ, chaps.Ⅹ, ⅩⅪ.

Ashley, W.J. The Economic Organization of England, lectures Ⅳ-Ⅵ.

*Botsford, J.B. English Society in the Eighteenth Century as Influenced from Oversea.

*Cambridge Modern History, vol.Ⅰ, chap.ⅩⅤ.

Cunningham, W.Western Civilization, vol.Ⅱ, book Ⅴ, chap.Ⅱ.

*—— Growth of English Industry and Commerce in Modern Times, book Ⅵ, chaps.Ⅰ-ⅩⅣ.

—— The Progress of Capitalism in England.

*Day, Clive. A History of Commerce, part Ⅲ, chaps.ⅩⅥ-ⅩⅧ.

*Furniss, E.S. The Position of the Laborer in a System of Nationalism.

*Gide, C., and Rist, C. History of Economic Doctrines from the Time of the Physiocrats to the Present Day, pp.1-117.

*Gillespie, J.E. The Influence of Oversea Expansion on England to 1700.

Gretton, R.H. The English Middle Class.

Hayes, C.J.H. A Political and Social History of Modern Europe, vol.Ⅰ.

Hewins, W.A.S. English Trade and Finance.

Higgs, H. The Physiocrats.

*Hobson, J.A. The Evolution of Modern Capitalism(revised edition), chap.Ⅰ.

Levasseur, E. Histoire des classes ouvrières et de l'industrie en France, avant 1789, 2 vols., 1901(2d edition).

—— Histoire du commerce de la France, part Ⅰ.

Martin, G. La grande industrie en France sous le règne de Louis ⅩⅤ.

——"La monnaie et le crédit privée en France aux XVIIe et XVIIIe siècles" in Revue de l'histoire des doctrines économiques, 1909 vol.Ⅱ.

*Mims, S.L. Colbert's West India Policy. (In Yale Historical Studies)

Muir, R. Nationalism and Internationalism, part Ⅱ, chaps.Ⅰ, Ⅱ.

Mun, Thomas. England's Treasure by Foreign Trade. (Reprinted in Economic Classics Series, 1895)

Ogg, F.A. Economic Development of Modern Europe, chaps.Ⅲ, Ⅳ.

*Pirenne, H. "The Stages in the Social History of Capitalism", in The American Historical Review, April, 1914, vol.ⅩⅨ, p.494.

*Pollard, A.F. Factors in Modern History, chaps.Ⅱ, Ⅲ, Ⅵ, Ⅶ, Ⅹ.

Prothero, R.E. (Lord Ernle) English Farming, Past and Present, 2d ed., chaps.Ⅶ-Ⅻ.

*Renard, G., and Weulersse, G.Life and Work in Modern Europe.

*Schmoller, G. The Mercantile System and Its Historical Significance.

Sée, Henri. "L'activité commercial de la Hollande à la fin du XVIIe siècle", in Revue d'Histoire Économique, 1926.

*——L'évolution commerciale et industrielle de la France sous l'Ancien Régime.

——La vie économique et les classes sociales en France au XVIIIe siecle.

*——Les Origines du Capitalisme moderne, chaps.Ⅲ-Ⅵ.

*——Economic and Social Conditions in France during the Eighteenth Century, chaps.Ⅰ-Ⅶ.

Seeley, J.R. The Expansion of England, part Ⅰ, lecture Ⅴ.

Shepherd, W.R. "The Expansion of Europe", in Political Science Quarterly, 1919.

*Smith, Adam. The Wealth of Nations. Especially book Ⅳ, chaps.Ⅰ-Ⅷ.

*Smith Preserved. The Age of the Reformation, chaps.Ⅹ-Ⅻ, ⅪⅤ.

Tawney, R.H. The Agrarian Problem in the Sixteenth Century. (Also his introduction to Wilson's sixteenth-century Discourse upon Usury, London, 1925.)

*Thomas, P.J. Mercantilism and the East India Trade.

Traill, H.D. and Mann, J. S. Social England, vols.Ⅲ, Ⅳ.

*Unwin, G. Industrial Organization in the Sixteenth and Seventeenth Centuries.

Usher, A.P. An Introduction to the Industrial History of England, chaps.VIII, XI.

Wallace, W.K. The Trend of History, book I.

Weulersse, G. Le mouvement physiocratique en France de 1756 à 1770, 2 vols.

第二编 现代

第三章 产业革命

1750年的工业 我们对于一五〇〇年与一七五〇年之间的商业金融业，无论怎样重视，但总不要忽略了那时的工业亦有极大的发展。这种工业的发展，连带着，在组织上和技术上，发生了莫大的变动。就低原地带而论，那里的工业，已由市集扩展到乡区，在十六世纪时期，"制造业者商人"（merchant-manufacturers）并还进行了某种限度的资本主义组织。在他们制造的品目，有各种较低廉的地毯，有若干亚麻布与花边，还有以西班牙羊毛制造的轻软而低廉的所谓毛线布。乡村的手工业者，亦在从事小规模的制作，其产品，往往是经由中间人或经商者，售诸市场。那些"制造业者商人"或"布商"，亦往往提供他们以原料。刚好在一七五〇年的两个世纪中，所谓"厂外"制度（putting out system）完全发达了，那制度就是布商把种种手续分给各个不同的家庭，再把他们生产的物品收集，经由他送到市场去发卖。这种方法，在英格兰、低原地带，乃至法兰西的纺织工业上，通行颇广，而其他有重要布业为提供市场——的地方，亦属如此。

在家庭进行的制造工作，仿佛分有独立的形态与不独立的形态，但我们随时都应记着：那些形态，并不宜误以为是一般的"经济"阶段。例如，布列塔尼（Brittany）是一个贫穷的农业区域，没有极端活动的城市中心，那里的资本家商人（merchant capitalists），不用"拿出"原料，或一部分制作过的材料，而逐渐取得了对于工业本身的支配。爱尔兰北部之贝尔法斯特（Belfast）区，至一七五〇年后，尚是如此。在约克郡（Yorkshire）之英吉利州（English county），就是到了十九世纪，还显有许多实实在在独立农村工业。工匠们可以自由的在布拉德福德（Bradford）、利兹（Leeds）、哈利法克斯（Halifax）或韦克斐尔德（Wakefield）的市场上，购买羊毛，并出售其羊毛制品。在此种情形下，独立工匠可以或能够与布商竞争，或者说，工业资本家还完全没有存在，如是，此种家庭制度下的生活，就往往很值得羡慕了。在许多场合，这独立的工业是作为农业的副业，由那些佃户（甚或田主）在雨天或农事闲散时进行。

在农村，工业在其他地域的扩展，那又有十分不一致的理由。有些地方，土地肥沃，致使土地所有者想在农业上应用资本主义的方法。守土的社会遗习，使那些经商发财的人们，相率购置田产；并且，在某种限度内，他们还把早前的方法，用之于其后来的活动。许多农人与小佃户，都增加了他们所保有的田地。技术亦有进步了。杰泽洛·托尔（Jethro Tull——一六七四——一七四〇年）的名字与英格兰所采用的撒种机相联，自是农人无须用手撒播种子，而种植上乃更能够贯透了。就在同时，查理士·塘辛德（Lord Charles Townshend）成功了一种实验，验证金花菜、萝卜，以及其他的收获，能够轮流耕种，无须休耕一年。冬季食料问题的解决，大家乃愈益注意于有利可图的牧畜。像诺柏特·柏克威尔（Robert Bakewell）一般人在改良牛羊传种上的努力，结局竟导出了更新的围地制度——条地制度中的公共牧场，不适于特殊选种的纯粹家畜，这类家畜是必须分开饲育的。至排水施肥之法，亦有汤玛斯·柯克（Thomas Coke）等加以研究，许许多多的实验收到了可惊的成果。

潜伏在所有这些极其积极的要素里面的，就是市场的不绝扩张。一七五〇年的法国道路系统，使我们能够记起150年后的自国道路状况的美国人，大为钦佩不已。英国十八世纪的道路往往受到批难，那有一部分原因，是由于对道路有莫大的不绝增加的需要。像亚塔尔·杨格（Arthur Young）一流旅行家所撰述的若干脱线的论调，那有时把已经成就的种种改良的事实都抹杀了。

保有地之结合，与更有效的耕作方法之采用，致旧有村落制度逐渐破坏，使最富的地区留下许多无产的农民。特别在那些有此种情形，又益以相当城市化了的地方，农村的手工业者往往实行受了布商——他们变成了真正的工业经营者——的牺牲。如此相类的若干实况，在老早以前，就曾发生于佛兰德斯诸市，但这里在十八世纪由城市发展到村野的那种景象，佛兰德斯是从未有过的。布商往往分配原料，保有工具，控制市场，甚且敢于在某种限度监督工作。在大革命以前的法兰西东部，有时辄设置机械，进行这些乡村工业——例如，纺棉——其竞争予旧来既经成立的市集，以非常致命的打击。在发动机一般采用以前，英国与大陆方面，都有一种显明的趋势，把生产上各种行程，集聚在地方情形与工业性质所允许的同一建筑物之内。阻碍是颇多的——特别是在乡村工业的场合——往往由改良监督与节省运费所得的利益，还不足以偿其所失。

在一七四〇年以后英格兰之围地日益增加，仅及100年，村落制度一大部分归于消灭了。我们读到了许多关于都铎尔诸王（Tudor Kings）治下的围地故事，其实，在这整个王朝所圈围的土地，尚不若其下一世纪——前面讲过——短短数年之内所圈围的土地为多。这，可就以次的两个十年为代表来说明。在开始于一七九〇年的10年中，通过了469件围地案，其土地总数量为858270英亩；而紧接一八一〇年以后的10年中，通过了853件围地案，其并合土地为1590990英亩。在一八一〇年以后，私人要圈围土地，容易由当时驯服的国会，通过圈地法案，并且容易排斥那一向享受了某种保护的农民。法兰西的旧统治，阻挠了资本主义在农业上的应用——至若究竟阻挠到了哪个程度，那是难说的，因为，那种旧统治制度，并非始终保持一致，哪怕在一七八九年以前好久，即在它根深蒂固的时代，亦殆不免发生过若干变动。

评价一七五〇年以前的海外输出市场的影响，说那刺激了制造业，当无不可，但我们如说增加的工业产额，扩张了市场，那也许没有什么说不通。与本地人比较，殖民是更为重要的购买者。仅在一六五八年一年中，足有24000双皮鞋，输往维基尼阿一个地方。北美各殖民地带，对于织物的市场，虽颇为有限，但铁器的需要是日有增加的。在这器物中，有步枪、锄、钉、刀、用具、铅、白蜡器，以及锡器。就英国当时的制造业讲，羊毛与棉花制品一与东方交易——居于首位，而钢铁产物，则屈居次位。枪药工业，是重要工业之一。外国贸易的扩张，给予了造船业一大刺激。至欧洲人口的增加和货物需要范围的扩大，亦在不绝的建立本国的市场。

我们现在知道，世界市场所能吸收的货物之数量与种类，在一七五〇年是没有一个人梦想到，那能够有所扩充的。商业革命已经充分的开启了那个市场，指示了那种扩充的大大的可能性。当时发生的最重要的变革，也许是存在于观念、信仰和动心之事的领域——那里，除了头脑极简的人外，是没有一个人会相信其所用的尺度或量棒的。严格来讲，中世手工业基尔特制度，从未形成一个工业组合的形态，而仅仅是一种规制的方法。在禁压竞争的程序上，它曾阻制了个人主义、冒险事业，并在极大限度内，阻制了自动的需要。这种规制制度之缩减产额在种类上或数量上的变动，乃至使社会阶级的固定化，又曾减少需要之极度增加，因为，要求之来，如没有在市场上储物以待，则那种要求，一般的会变成无效，而增大要求的基础，亦会因而受到人为的限制。设竞争一般通行，要求得以自由表现，需要将会无限扩大，此为可以观察而得的事实，所以，就相因而成了现代经济思想上的定律。依此为断，要求必然会超过货物之有限的供给。要想要求供给完全保持平衡，那是不可能的，但实际上，一种人为的平衡，也可依照以次两种方法而达到：其一是制限要求，其二是增进供给。中世的制度，大都趋重前者，而近代的制度，则是竭力趋重后者。"精神"超越"现实"的中世政教体制一经推倒，竞争乃无所桎梏，财富的获取，成了可敬的事体，一种可惊的变动力，终至一往无前了。

这种中等阶级与下等阶级之需要扩张的背景，乃是产业革命前之农村工业发达的主要动因。厂外的制度，特别宜于本国外国市场上所需的比较粗疏而低廉的布匹。市场更迅速地扩大，那些生产此等布匹的地域，就更会受到利益。当新织机开始出现的时候，此种趋势更为显著。用机器织造粗疏的布匹，那比织造精细的布匹，还要容易。特别是在机器开始应用的场合。迨应用机器开始获得了利益，于是，乃有资金与经验，致力于机器的改良，机器改良的结果，对于制造较精良货品之手工业的独占，遂日益为其所侵蚀。与法兰西比较起来，英格兰在布匹的样式上，是更其专门化了，这件事，助成它从速采行机械的生产行程。

英格兰之政治的、法律的、军事的环境，都颇宜于新的个人主义的发展。它成就其代表政府与议会主权的基础，至少要比法兰西早100年。它的商人阶级已经能够左右政治上的政策，使国内的设施与国际的关系，适合他们的需要。对于经济活动与个人财产权利的横加干涉，在一六八九年，就完全宣告中止了。反乎选举阶级之期待的重税与不平等的税则，亦中止实行。至保护财产、自由与契约神圣的法律，那是早经通过了的。关于商工业上的活动，大体上都能自由。英国一般投资者，对于运用其商工业上的智慧与先见，也许比在任何其他国家有较大的自由，他们没有政治干涉的顾忌了。经过一六八八年杰姆斯第二被迫退位的革命以后，哪怕是英国的外交，亦是受决定于新经济精神。在十八世纪初期，瓦尔坡尔（Walpole）所导行的英国外交关系，大体上是以投资者与商人的利益为依归，他的这个成规，颇为其后继者所仿效。

最后，当法国旧统治崩溃时，产业革命已显然在进行中。大陆方面由法国革命惹起的25年的扰乱，使英国的工业在牺牲其竞争者的情况下，受到了利益。拿破仑实行大陆封锁政策，使英国货物离开欧洲市场，那一部分是由于他有见及此，想由经济方面来摧毁英国。

在一七五〇年，纺织工业在组织上、技术上，均有相当的变革。乡村与城市的厂外制度的发展，加以对于货物之新样式的着重，已经在本体与精神两方面，破毁了拘限的中世经济秩序，最后，这种秩序的残余，到处都由挣扎而惨败，而消亡了。我们试一考察对于机械之改进的急切，则十八世纪前半世纪（或半世纪以上）所出现的机械那样少数，甚且会使我们感到惊异了。

照现在看来，机械的发达——那在结局上会形成极大的差异——在当时并不是很惹人注意的。当十八世纪初期，织物为经济领域之王。假若我们把棉织物与羊毛织物的贸易，分别列为第一等与第二等，则整个金属贸易合并起来，不过在商业上居于第三等地位。无知的机械，用一些看似平庸极了的条索，像玩具工业那样——做着智巧的事体，那看来并不是怎样了不得的重要。就说在新的行程上，从事制铁与制钢的实验罢，在未达到高度实施阶段以前，依旧不能得到一般多大的注意。大家深深注意这些，那是正当纺织机械不绝发明，以致在机械制造上，对金属有了新的需要的时候。假若我们对于一七五〇年以后一世纪的机械进化，多少与其相伴而生的经济变动，分开来观察，那我们定会相信，这种进化的重要性，较之织布方法上的一列改良，要大多了。真正的进化，是人类克服自然，利用自然之力量的极广泛的增进。在此人与自然搏斗的场合，铁与煤具有决定的作用。

纺织机 "机械"（machine）是一个极不确定的语词，这里最好似乎是使用其有限制的意义，即所指为机械的构造，或对于运动所由转动的工具，从而与一把凿，或一柄斧那样简单的器具不同。产业革命以前使用过的纺轮，那无疑是一种机械。至若旧的手织机，只是当纬线横过时，把住其经线的一个框架，不配称为机械。严格讲来，这框架是附加上了约翰·克伊（John Kay）所发明的"飞梭"（flying shuttle）——于一七三三年取得专卖权——以后，才成为一种机械的。一个往来投梭的简单发动机具，要比以前织布所需的劳动减少一半，并还加速了那个行程。就在这个时期以前，织工还是为了纺纱而催迫纺工。英格兰的这种至关重要的整个工业，因为一个行程上的不能适应，阻碍发展了。这正是所谓"阻碍其本身的发展"。而潜藏于这全部情况后面的，是布匹需要日益增加的商业动因。

许多有野望的发明者，都努力发明一种比较简单之纺轮为佳之纺机，而由此取得报偿。在克伊之创作出现以后不久，崴阿特（Wyatt）与保罗（Paul）之发明问世了，那在我们今日看来，只要稍加完成，即大有效用。约在一七六七年，詹姆斯·哈格里夫斯发明了一种纺机，在实际，那是附有许多纺锤的一个纺轮。他发明这种机械的故事，据说是，他注意到了，纺轮一经转动后，即不绝旋转，因此，他知道，用带系多数纺锤于一个轮上，同样可以旋转起来。他最初的模型，有8个纺锤，但在他死以前，纺锤数已经增加到了80个之多。在开始，他这机械是轻便而且容易转动的。迄形体加大，即有动力问题发生。但就当这个时候，又有其他的重要发明出现。其实，一般所谓"纺纱机"（jenny），还有一个较大的缺点，就是，其所纺出者，仅为较粗而且较松的纱线，需要麻与棉花混织。

简单的纺轮与纺纱机，都是来回间歇的纺具。它们的活动，是使用纺工几世代前就附锤使用的手推机或足推机，其手续是：先抽出一束纤维，搓之成线，然后停着缠绕起来，再抽出另一束纤维。第一个实际继续不停的纺机，即所谓"水力机"（water frame），因其庞大而笨重，有借动力转动之必要。里柴尔德·亚克莱特（Richard Arkwright）的名字，曾与这个机械相联着，不过，他窃效了名为海斯（Highs）其人所制作的原型。海斯的模型，于一七六七年获取了奖赏，他曾应用了早前崴阿特与保罗之机械的一般原理，而这后者之失败，则是由于一种高的紧张力绷断了棉纱。亚克莱特之第一个机械，乃完成于一七六九年。借马力旋转。但其建立于一七七一年之克拉姆福尔轮机（Cromford Mill），则是利用水力。纤维系由相连诸组的旋轮所抽出，较后者转动更速，由是搓捻成纱。这种纺纱，较纺纱机所生产的为牢固，自是布之经线，无须以麻为之了。

特轮纺机制成之纱，虽能用以织成各种之布，但对于坚牢、精致、平滑等问题，仍旧没有解决。亚克莱特最重大的贡献，就在他大规模地应用动力。一七七九年，萨缪尔·克拉姆敦（Samuel Crompton）之杂合的骡纺机（spinning mule）发明了，他这种机械结合了所有早前诸种发明的特质，从而，它联同比较昂贵的英国劳动所生产出来的各种较精细的货色，乃能与东方相竞争。克拉姆敦之骡纺机的修正形式，直到我们这个时代，尚不失为一种最重要的而且应用最广的纺纱机械。

第一个成功的轧棉机（cotton gin）是在一七九二年由一个美国人埃里·挥特勒（Eli Whitney）所发明。那包含有一个长钉圆柱（a spiked cylinder）、圆柱旋转于钉有排钉的台板上，使棉籽与棉花纤维分离开。在整个棉花工业上,这机械俨然成就了一种革命,自后供纺绩用的大量棉净花,得以相对低廉的费用生产出来。如没有此种机械,其他关于纺织的各种发明,将会大大减少其重要性,而美国迅速增进的种棉事业,亦恐难以发生。美国出口的增加额,以成数计,一七九一年为200000镑,至一八〇〇年,则为2000000镑,并且,其数量逐有增加。至其对于南美农业的影响,实广大而且复杂。黑奴已经不大为人所热心利用了,但这种新工业在农业上促成那种热心的复活,那是比其他任何原因都有力量的。在棉籽的价值被认识到,而且形成了一种新工业基础以前,将近经历一个世纪了。

飞梭是一种相对有效的机械。在其他任何动力织机,已经十分完成为一种严重竞争者以前,纺绩上的大发明,已将近经过40年了。早在一七八五年,称为爱玛德·卡莱特(Edmund Cartwright)的一位英国教士,发明了一种纺机,并于一七八七年制出了模型,取得了专利。但他那机械异常呆笨,从未收到任何商业上的效果。后来,经约翰(Johnson)、拉德克利佛(Radcliffe)、霍洛克斯(Horrocks),以及其他诸人之改进,至一八八二年,始大有销路。至若制造细布之自动织机,那须得冶金术和一般精密机械,有比较高度的发达。出现于一八四一年之肯渥尔只(Kenworthy)与巴洛夫(Bullough)之模型,正好是过到现代型的一种过渡形式。

在纺织的范围内,还有其他机械上的革新,如在印花布上所使用的轮机,即是那诸般革新之一。一八四〇年以前之制布业上的总变动,其重要性是无从否认的,但我们愈加考察产业革命的全过程,就愈难相信那包含有这诸般机械的革新。我在次章打算说明的,有两件事,其一,工业资本主义在厂外制度下,已经具有端倪;其二,表现出初期织机之特性的,与其说是各个保有者或股东,就毋宁说是当时的合股公司。就令把产业革命主要看为是机械的——这是过于庸俗的见解——罢,我们依旧可以说,在制布业上诸般改良进行以前,它们早就要碰上关于动力、机械设计,以及为提供适当材料而从事冶金一类的问题。

铁与钢与煤 在这点上论到蒸汽机在商业上应用的推广,不断地迫着我们来说明制铁制钢的进步和对于那种进步的要求。蒸汽机之样式、大小与形体,显然的,都须由材料造出。瓦特(Watt)的困难,与其说是想不出他所要做的,就不如说是他缺乏适当的材料,并缺乏随心所欲的范铸其材料的方法。在早前若干年,要造出一定大小、一定品质与相当精密的范型物,尚不可能。最后,关于复杂机械的确定概念,终于处处完全显示出来。留康门

（Newcomen）之自动唧筒机（pumping engine）——瓦特之研究，盖由此开始——曾经发达起来，因为那为采掘煤矿所需要。

我们该记得，海外贸易上最小组织之用费浩繁，结局导来了合股公司之完全发达。我们也该记得，那种浩大费用，只有一部分是由于机械的设备。例如，长期的要求所关至巨，其活动要经历相当长的期间，开始的投资或准备的投资，乃不能不有巨大的额数。十八世纪的采矿工业，差不多要两倍于这些条件，特别是采掘煤矿。在一七五〇年，小规模的采矿一般都无利可图。采矿业上应有的种种设备，如通风坑、坑道、换气机、排唧、起煤于地面，以及相伴而应具的工程与工具，都需要投下大量的资本。它们并还需要科学的管理。应付这般问题的这般组织，在工业资本，乃至机械程序的发达上，为一个数一数二的动因。一七〇五年之留康门的自动唧筒机，乃于半世纪后才完成于采矿业上，瓦特之更有名的发明，即以此为基础。一七五六年，法国称为 The Société d'Anzin 之煤矿公司，计有1000矿工，而服务于其铺店者，亦达500。至一七八九年，其总数计达4000，并使用有蒸汽机一打。

约在一七三五年，用焦煤熔铁的工作，开始成功了，由是，在这种工业之前，展开了一幅完全的新景。当中世时期，对于熔铁炉的创制，已有相当进步，所谓鼓风吹火机，亦大大改进了。摩尔人为西班牙半岛上的统治者，同时又为有技术的工匠，经过宗教迫害以后，他们有许多或在名义上，或在实际上，改宗留下了。加塔罗尼亚（Catalonia）是钢铁的大产源地，托里多（Toledo）之刀，几与达玛斯卡斯（Damascus）之刀齐名。在西班牙通用的鼓风器是借一高升水柱，通过大管，促起空气。一直到十八世纪，技术的进步是继续着的。日耳曼人特别扩大了火炉，并改进其机构。他们的火炉，备有顶盖，并隔有气室，以防热气的逃逸。不过，仍旧有不易解决的两大困难：第一，其热还不够彻底熔化矿物；第二，对于铁与钢的化学，尚不能理解。钢，仅仅是加有极少成分炭精——在早前那种化炼方法上，往往残留下来了——的纯铁或可挠薄之铁。据我们所知，钢里面附有1%的炭精，以及其他各种金属。如钒（Vanadium）、镍、铬等。炭精过多——约2%——则成形为铸铁而非钢。铁与钢有不同的种类或不同的等级，其生产可由所采矿产而别开，至矿产的品性，则是当烧热时，依经验而测知，且依经验方法而处理。至其一般的解决，则有待于十八世纪和十九世纪之化验科学的发达。他若置铸铁于特别火炉中，由再烧与精炼而成钢，那亦是在十八、九世纪才发明的。

第二编　现代

　　远在十七世纪中，对于用焦煤或煤代替木炭燃烧，就曾经有人做过种种努力。杜德·杜德勒（Dud Dudley）为一位牛津大学的毕业生，他于一六二二年取得了一种专卖权，不过，这专卖权后来被取消了。他的竞争者迫害他，以前的机械设备既被水冲，以后的设备又遭破坏。至他所采行的方法，我们当然是难以详述的。对木炭所由烧成的木材的渐告缺乏，至十八世纪时期，遂又导出这方面新的努力。一七○八年，老达尔比（Darby）曾用焦煤做初步试验，至其子使用一种水轮风箱——用留康门之机械取水——在25年后，即获得了商业上的成功。

　　一七六○年，斯米登（Smeaton）在他设立于苏格兰之卡伦工作所（Carron works）中，曾用圆柱鼓风器，以代替风箱。他这创作对于瓦特之大发明的贡献，几与留康门之唧筒机，有同样的重要。这创作，还在制造圆柱、活塞、瓣盖、闭汽具等机件方面，导出了一些改良，并且对活动的部分，要求特别精炼的钢。在先斯米登对于其机械的运动，系借助水力往后，更使其与高的留康门机的桁架相联结。

　　斯米登之机械，大有助于制造铣铁问题之解决。可是对于制造大量的好钢，却须探究出一种除去较多炭精之方法。彼得·奥里昂斯（Peter Onions）在炼钢上完成了一些较小的改进，一七八三年，他发表其由铁炼钢的方法。这方法的全过程是：置铁于特别火炉中，使其烧到面糊一样的柔软，然后搅其匀和，并由冷空气供以氧气。这样，剥片或铁滓（炭精等）的残余，乃全行锤去。此后，亨利·柯尔特（Henry Cort）更改进他这炼钢的方法，当作专利发卖。可挠薄的好铁，由此法制造出来，其价异常低廉，于商业上有莫大的便利。至柯尔特与普纳尔（Purnell）所完成的旋轮机（Rolling mill），那不但节省劳动力，且能转出较锤击法所锤出者为大的铁块，此外，并还能制成扩大的薄铁片。蒸汽锅由此革新了。蒸汽锅的粗劣，加以制造业的困难，那曾为蒸汽机之商业建设的一大障碍。一种在本身上必须转动的机械，连带着它的汽锅（如在汽轮上那样），其体量是必须要异常简便的。汽船实行进于商用的阶段，那可说是一七八五年前后的事。在这以前，曾在这方面作过种种尝试，不到25年，居然有一种尝试成功了。最后，使旋轮机以廉价做成的甲铁板，渐渐用作铁——往后为钢——船构造的材料。而第一个铁船一种运河用船——实际就是建造于一七八七年。

　　制钢上的第二个主要发明，即亨利·比塞麦尔氏（Sir Henry Bessemer）的发明，系见于十九世纪下半期。在这同一个时期，对于制钢的方法，自

255

然有许多的改进。比塞麦尔氏的实验，盖由于其关联于其他发明的发现所促成，那种发现就是：机械技术上的大发展，已经大大地超越过了当时在必需的数量与形式上制钢所有的利器。

蒸汽力与精密机械 用昂贵的蒸汽力，来发动左右的或轮转的运动，那已不算是新奇的事体了。据说，早在纪元前两世纪，亚历山大城的英雄，曾经创造一具旋转的蒸汽玩具。发明自动唧筒机——于一七〇五年取得专卖——的留康门氏，他没有创出一种活动于圆筒上面之瓣盖，也没有新创一个分开生汽的铁锅。使用前者的，是德国马堡格大学（University of Marburg）的物理教授狄尼斯·帕平（Denys Papin），而使用后者的，则是汤玛斯·萨斐利（Thomas Savery）。与此有关的名氏与实验为数颇多，假如有充分的篇幅来论到，那也许是很有考古的兴趣的。前面讲过，留康门的发明，正好达到了其所由发明的目的，并曾广泛地应用于采矿的排水作业上。他那机械，还有一大具残留于海地（Haiti）之亚梯波尼特河（Artibonite River）旁的一座山上，那显然是在十八世纪后期，为若干法兰西耕作者，为灌溉而设置的。在他这全机械的构造中，没有弯轴，也不发动何等旋转的动作。其主要动力的来源，是应用真空原理，在抽送活塞下，凝结蒸汽，而把冷的水喷出。这种机械，需要大大的注意，且须耗费过多的木材。但我们应知道，耗费是一个相对的语词。那既曾在数十年内，与具有同一作用的机具和竞争，就充分证明了，它依着当时木材与劳动的帮助，确有其实际的效果。

杰姆斯·瓦特是格拉斯哥大学的一个工具制作者，一七六三年，他被命修理留康门机械的一个模型。他首先注意的是，其热的消失与力的消失，在于每度凝汽喷出之水加凉了圆筒。他以为要设置一个分开的凝汽室。往后，他实行一种革命的观念，完全废除真空原理，把圆筒的两端紧闭，并在这两端所备置的抽送活塞上，轮次加以汽压，使其来回运动。这种革新，免除了喷水加冷的浪费，且其速率又远较留康门之机械为大。他这新发明的构造，备有一个弯轴，一具飞轮，最后又为导入蒸汽，而安置了一组机械的随时启闭的瓣盖。

瓦特所遇到的种种困难，在机械革命的性质上，投放了一大光明，而他对于其机械之模型制作，还不过是困难的开始。把瓦特制作机械的便利程度，与此后70余年间比塞麦尔所遭值的便利程度，一加比较，那也许是怪有趣的。以我们现在这样的机械工程知识和这样的工厂设备，由小而软的模型——一个机械的意象具体化——到一种全形的能够实用的机械本身，其间往往需要一个长的期间。斯米登认定那种发明，"非常值得注意"，但他的意见却是说，那"永不能使其一般的应用"。他自身就是一位有名的发明者，并且颇与钢铁的事务接近，他居然作这样的判断，那是不无理由的，他说："机械的各部分，很难制得十分精确。"

当时的工具师没有圆钻机或旋盘，其所模造的工具，仍旧异常粗劣。替瓦特所制的圆筒，一端较其他一端宽一英寸之八分之一，并且，18英寸的直径，就弄错了一英寸的八分之三。通过圆筒之一端，而支负着抽送活塞之横冲力之杆，须紧密包塞起来，以阻止热与水汽的侵入。联结诸杆的部分，须有能够继续支持速率与压力之支持物，但那在当时几无所闻。在特别宜于热和其他特殊情形的石油发现以前，对于加油使滑一项，亦成为麻烦的问题了。

瓦特在他所经营的公司破产后，即开始交到好运，他得到马太·波尔顿（Matthew Boulton）为其同事了。波尔顿之金融资助和其对于制造并贩卖机械玩具之长期经验，真是得未曾有。留康门机械的构造是比较简单而低廉的。瓦特与波尔顿的制造品，要与其竞争，必须要可靠，要耐久，且要有节省木材的利益。留康门最后的机械的构造，究在何时，当然是一个疑问，但前述在圣多明各（海地）之法兰西殖民地所残下的一具，那显然在一七九一年奴隶叛乱开始的时候，尚没有设置。

另一方面，在需要轮转运动的那些工业上，瓦特与波尔顿的机械，又须与水力机竞争。他们的机械的最大利益，必定要在宜于制造业，然而缺乏瀑布的地方显现出来。而且，就在这种地方，有时——如在一七七五年以前的卡伦工作所（Carron works）中——还大有使用留康门机取水的可能——此机后来用以旋转轮机。可是，后面这种竞争，并不怎样严重，我们就斯米登在一七七五年，把他的风箱直接联系于留康门机的事实，即可征知。瓦特与波尔顿发明了一种调整器，由规制蒸汽的流动，以维持非常平衡的速度：当机械拉到节制速度时，即增加汽力；反之，则减缩汽力。瓦特汽机之优越性，凡在需要人为动力，以转动那些装有多数带轮之轮轴的场合，即可见之。它之初次见诸实用，系于一七八五年，应用于培勃尔维克（Papplewick）之轧棉机上。

在储积有铁和煤的地方——如英格兰的北部与中部——瓦特的汽机，即可解决其所需动力的问题。特别在一八〇〇年以后，机械制造工业上的各种新程序的鼓舞，愈益灼然可见了。机厂之设，原为投合其他工业的需要。所以，为要接近其他工业，而把机厂设立于远离自然水力的地方，往往还有极大的利益。

汽涡轮（steam turbine）是约在此后一世纪才出现的。而在这以前的瓦特汽机的改进，那与其说是在一般原则上有何等更张，宁不如说在性质上有所修炼。所谓混合汽机，不过加添了一个或数个利用耗损之汽的圆筒罢了。有更好可供利用的材料，在形体上、在动力上，当然要大大地增加。工程方法改进了，木材价格益加昂贵了，当然会有更好的设计，以增进其效率。

汽力机与水力机，对于铁的采掘，给予了一个新冲动。生汽的新需要，特别是熔铁所使用的焦煤，又颇刺激了煤的采掘。但煤的增加，毕竟没有铁的增加那样直接而显然。直至一八一五年以前，蒸汽机的使用，还不曾怎样扩展于大陆。那里的铁矿，一般仍是用木炭熔烧。特别是在德国，其矿物的熔解竟以使用木材为有利益。英格兰之铁的产额，在一七四〇年与一七八八年之间，大约增加了4倍。而在一七八八年之总吨数，约为68000。这种大量的增加，有一部分是由于代替了瑞典及其他地方之输入原料。在一七八八年以后的20年间，铁产额重又增加3倍了，这次的增加，又有一部分是由于英国较欧洲一般为进步，而法兰西战争所引起的输入困难，更加助长了即成的趋势。

在过去数年间，关于早期著者论及产业革命之变动率与变动量的议论，渐觉其夸张太过了。那些议论之过于戏剧化和其判断之认真的错误，有许多来由。而我们已经述过的那些来由之一，就是把一七五〇年以前的发达评价过低了。其他还有两个极普通的缘由——这两者都能各别的加以较详细地分析——即是：（1）在一七六〇年与一七八〇年之间，除了工业程序机械化而外，其他已经发生作用的动因，都被轻视或忽视了；（2）假定新方法占有优势的时期，远较其实际为早。

就前一点而论，我们不能忽略以次的事实，即由一七八九年到一八一五年之大陆方面之动乱与战争，复加以英格兰之海岛孤立的地位，那对于后者，不但不能使其技术上的种种革新，向国外传播，同时且会益加刺激其在国内的发展。在实际上，大不列颠很能截断其两个主要商业敌国与其殖民地，乃至海外市场的交通，并在某种限度内，自行占有这些殖民地和市场。至于法兰西，它的产业革命的程序，并非开始于大革命当时，而是开始于一七六三年，甚或更早的时期。而且，我们必须记着，法兰西发动拿破仑战争，最后是失败了，第一帝国曾集中其最大经济努力的比利时、尼德兰（Belgian Netherlands），亦在这失败的战争中失陷了。加之，就在这同时，一个新的竞争者——合众国——已经在商业上立定了脚跟，并还开始了它自己的小规模的产业革命。就大陆社会的全般组织而论，在一八一五年以后，当然比在一七八九年以前，更适于经济的变革，但这正好趁热打铁的良好时机，将近逸去25年了。最后一个长期的反动和对于过激变革的恐惧，使我们犹能忆起奥相梅特涅（Metternich）的大名与神圣同盟的组织，这些，都不是对于经济迅速改进的健全环境。大陆方面的反动局面，英国是比较少受到影响的，因为它的较早发达和一八一五年的和平，使它在那实际刚好开始的牌戏中，已先把握住了胜者。

上所云云，暗示出了第二个大错误，那种错误简直渗透了尚论产业革命的许多文献，而且现仍有作此错误主张的。种种的发明，如蒸汽机，如炼钢法，如展铁机，如自动纺机，都是诉之于想象，它们长时期的效果，至为可惊，然而，在当时，它们就连在自己本身的工业上，亦还不曾加以直接的改造。哪怕在英格兰罢，至一八一五年，机械的纺绩还没有占到胜利。大陆方面不必说，在大不列颠的整个纺织工业上，仍是由厂外制度生产大部分的布匹。战争上所耗费的金钱，多少阻止了产业资本的蓄积，而金融集中的趋势，尚是颇不足道。英格兰共计有150个乡村银行，本不算少，但其中大部分都是由私人设立的，或者由极小的公司设立的。日渐变改的社会构造，官方已有几分承认了。一八一三年和平的裁判（justice of the peace），已失去其规定工资的权利，在次年，学徒制的规约，亦经废除了。但这些，都算是战争时期的表现，很难说是有何等纯粹工业的动机存于其间。不错，较新式的火炉是应用颇广的，但英格兰到处都点缀着铁器及其他玩具制造者和手工匠们的铺店。

动力机在英格兰完成其实在的优势，是在一八一五年到一八四〇年的那个期间。其详细经过往后再说，但这里不妨把煤的产额作为一个暗示的指数。一八五〇年，煤产额为5600万吨，这个数字，大于一八一五年和平以后的产额4倍。哈姆佛列·达斐（Sir Humphry Davy）之安全灯，于一八一五年导入这个灯的围框，可以在矿坑中，阻止灯火与煤气接触。机械的设计与构造的材料，这时已大大地标准化了。一七八五年，圆钻机出现。旋盘因着材料的限制，虽然是经过许久之后，才能曲尽其精密的功能，但在十八世纪的终末，它已发展成为一种制铁工作的机械了。旋盘机的此种改进主要应归功于拉斯米兹（Nasmyth）和摩兹勒（Maudsley）两人。而今日所用的较简单的原型，那则是在一八一八年左右，成于克勒门特（Clement）之手。在此后数十年间，制钢的有效工具逐渐出现了。产业革命的此种特征，一方面固缺乏大众化的或剧一般的兴趣，同时于全般的变革，却至关重要。

对于一七七〇年与一八四〇年间的机械上的革命进步，乌雪尔教授（Prof. Usher）有一个详细的说明。在早前的时候，瓦特所用的铁制工具异常粗劣，此后视为毫不复杂的机械，当时竟以工具粗劣而失败。一八四三年，比塞麦尔及其表兄弟，曾装置一副机械，制造为刻字镀金的铜药，其方法是秘密的。那种制造的各部分，虽是分别存于不同的工作房中，但把这各部分拼起的人，却有一套工具。在实际，这机械工作40余年了，简直没有任何其他的人，有进入工厂的必要！恰如其分的所谓"新产业革命"的迫近，那在一方面是基于日益精进的"精密"机械，另一方面则是基于制钢上之大而新的发展，此种发展，与比塞麦尔的努力颇有关系。

运输的便利 若干地域工业的发达——哪怕是在厂外制度之下——乃所以供应其他地域的需要，由一地运往他地，由一国运往他国，都必然要引起运输手段的改进。我们无论把英格兰的产业革命，解释得如何简括，总须在这方面略加叙述。特别是在一八一五年以后的工业大扩展和加紧的机械化中，若干大发明之不绝在运输方面的应用，逐渐使人注意到以次的事实了，即货物之制造与移动，仅仅是地域专业之同一共通问题的两个不同方面。

一六六三年以后的一列"税道法令"（turnpike acts），显示了英国对于改进公路之决定的努力。私人也好，合作团体也好，各社会也好，都有权力把建筑税道，当作商业的经营。关于此后一世纪中的公路进步的程度，论说不一。就那些坐在马车中旅行的绅士们看来，显然是怨声载道。就那些无意使他们的货物，全行运载的贸易者看来，那亦颇不见佳。马皋莱（Macaulay）之过甚其辞的报告，全是根据亚塔尔·杨格（Arthur Young）关于十八世纪下半期的一些零碎的、颇不重要的材料，他引据这种材料的目的，无非是要证明那些道路实在不能通行。法兰西早有了表层坚实而又宜于排滤水湿的道路，那是难怪的，它老早就采用了修正过了的罗马方法，但英格兰的科学建造，却是开始于汤玛斯·特福尔（Thomas Telford，1757—1834）和约翰·麦克丹（John Macadam，1756—1836）的工程。

特福尔的方法与法兰西的方法相类似。他所打的基础，是把重石板相并排列，用柏油胶结起来。其表面则铺以经过拣选与碾平的较小石材。这样，道路固极堪令人惊异，但所费不赀。在马克丹，他只敷布一层石盖：首先，以极粗的材料垫底，并把这底材的表面，几乎凿成尘灰，然后再碾之使平使坚。特福尔与马克丹都颇着重道路底层的铺设，而适当的排水设备，亦包括其中。英格兰关于道路的需要异常紧迫，以致中央政府与地方政府合力经营，至一八五〇年，全国主要的道路网已经颇有可观了。

英格兰在运河建筑上的落后，那更是显然可见的。一七五〇年，法兰西已有一个相当的运河系统。至欧洲北部专为运输用的其他运河，那是甚至在中世纪时代就已经存在的。如联络律柏克（Lubeck）与易北河，从而与汉堡的那条运河，就是一个显明的实例。英格兰之笨重运载工业所以发达较迟，那无疑是有关于其以次的情形的。直至产业革命时为止，它一向是由瑞典输入大宗的生铁，且是在近海的区域加以制造。在其纺织物数量未过于增大以前，在机械开始导入以前，由包装负运者运往河边，或运往海运交通地带，亦颇称便利。然而，当时已有运河网之需要了。就此点而论，我们不信英格兰一七五〇年以前，在这方面有何等了不得的发达，那就不是全无理由了。

英国第一个运河是于一七五九年取得初步免许后兴工的，兴建这条运河的目的在于适应比较新的煤工业。全河仅长七英里。由伍尔斯勒（Worsley）之布里基瓦特公爵（Duke of Bridgewater）的煤矿，直达曼彻斯特。建造者为杰姆斯·布永勒（James Brindley），他不是受过训练的工程师，且也似乎完全没有参照大陆方面的经验。然而，其中困难的杰作——如水闸、高架桥、隧道，以及多费的坑洞——都做得非常完备。可是，他这种成就，与前一世纪路易十四督修的，长达148英里的法国密底运河（the French Canal du Midi）相较量，那就无足轻重了。在一八四〇年，这种运输形式的功用，已开始为铁道所翳蔽了，这时，在英格兰、苏格兰乃至威尔士，都广布了可观的运河网。单就英格兰而论，其运河总长度达3000英里左右，或者占现今所有全运河长度的3/4以上。在所有这些运河中，自然有许多是加宽加大了。

在好的道路或运河尚未发达以前，凡需笨重运载的地方，有时敷设所谓"车路"（tramway）。车路是把木材分两列作为轨道，往后，为图阻止过大的损坏，更敷用铁条。迨铁价日趋低廉，于是一般都以铁代木了。当时除矿山主、制造者，以及商人之私人车路外，公家亦修筑有若干车路，后者对于此种道路之运用，亦本其税道原则。蒸汽机的完成，特别是蒸汽机应用在汽船上的成功，致使许多人都想努力造出一种自行推进的货车。有若干机械，是设计用在道路上或铺道上，其他的机械，又是设计用在轨道上。但最后的成功，是对于车路的适应。里柴德·特列斐底克（Richard Trevithick），威廉·赫勒（William Hedley），以及乔治·斯替芬生（George Stephenson）都是关于这方面的创建者。

　　斯替芬生之第一个合理而成功的机关车，系完成于一八一四年。至一八二五年，斯托克顿（Stockton）与达林顿（Darlington）的铁道开驶，前者备有蒸汽动力，每小时约行10英里。此后五年，利物浦与曼彻斯特之间的铁道完成（线长30英里），并开始搭载旅客。斯替芬生之罗克特（Rocket），即其机关车之一，——成就了一种空前的业绩，在短的距离内，每小时能行29英里。一八三八年，由伦敦到伯明翰之新线，计长112英里，这新线的行车的时间表，规定每小时行20英里。一八五五年，全联合王国已经通车的铁路，计达8000英里以上。在先前一般人的想法，以铁道也能像税道一样的简单处理，谁肯纳税，就租给谁。不久，因着管理上的需要，对于火车的运转和通车权的维持，都由同一私人担当了，他们往往是组成合股公司来经营。

　　早前的铁道与我们现在的铁道是不大相同的。以前各种轨道的形式逐渐消除后，一种有韧性的路基出现了，这种路基排有横在基石间的枕木。在开始时没有电线。小摩托车主要是以木制成。如制动机、闭塞信号一类安全用具，通通没有。我们讨论的当时的大机械发明，没有大而直接的效果，——也许铁道的效果是实现得最快的。

　　汽船的想象，虽是一七〇五年留康门机发现后的一个显著想象。许多发明者虽都努力使此想象见诸实行，但在富尔敦（Fulton）成其有商业效果的创制以前，整整经历了一个世纪。在一七八五年，瓦特的蒸汽机已经被证验为一种全无缺陷的机械，并且，柯尔特（Cort）之改进了的展铁机，亦经造出了适于活动汽锅与火箱的铁板。这两种机械既发明出来，汽船的实现就是指顾间事了。约翰·斐奇（John Fitch）所创造之汽船，曾于一七九〇年在第拉维尔河（Delaware river）上实行搭载旅客，行驶数月之久。然而，就机械上讲，那是简陋不堪了。斐奇太穷，无法使其完成——他甚至连当世已有的最好材料，亦不能使用。结局，他没有收到商卖上的效果。他之失败，也许还是过早了一点罢，那时特别为他所需的机械，乃至一般的机械作业，都是需要较多的时间来完成的。例如，对于旋盘之滑面台（slide rest）之发明，乃是成于他这种冒险以后和有名的富尔敦的冒险企图以前。

　　斐奇的汽船，既不能由行驶获到利益，17年后，诺巴特·富尔敦乃使用适当资本来从事同一尝试，他成功了。他对于船身，系雇请特等的建造者建造，他并由英格兰输入瓦特与波尔登的机械。他的汽船造成，命名为克勒蒙特（Clermont），行驶于哈德生河（Hudson river）上，在一八〇七年，这船的航行，系由纽约以迄亚尔巴尼（Albany）。富尔敦与其同事者——里芬格斯敦（Livingston）——获得有美国一切河运上之运输事业的独占权利，此种权利，在合众国最高裁判所宣布其不合宪法以前，曾维持了多年。一八一九年，备有一种辅助汽机的帆船萨发纳（Savannah）横渡过了大西洋。但在此后许多年间，汽船最大的用处乃在行驶于内河，乃至其他水急波高以致帆船不易行驶的地方。

第一次真正成功了横渡大西洋航行，系在一八三八年，完成于叙利阿斯（Sirius）及大西方（Great Western）两条汽船，前者费18日，后者费15日。一八三四年，古纳德线（Cunard line）建立了，那是第一个横渡大西洋的大汽船公司。就在这个时期，哀利克生（Ericsson）成就了一种螺旋推进机。更后25年间，木的构造，一般都改为铁的构造，后来钢又渐渐代替了木与铁两者。此种转变之成为可能，只是因为在同世纪中叶以后，比塞麦尔制钢方法见诸实用了。

新产业革命——（甲）钢 这里所说的"新产业革命"（new industrial revolution），纯粹是为了便利描述，想由此暗示出十九世纪中叶以后所发生之变革的性质，与其在程序上之加速的情形。把产业革命的时期，局限于惯常限定的期间，往往虽有若干便利，但因时间与批判的关系，使读者不肯随便接受那些过于狭隘的定义和内容包蓄过多的语词，从而，这种革命，与其说是消退了，却不如说是发展了。就产业革命的三个主要方面——机械的发明、工厂制度的勃兴和相伴而生的工业资本主义的胜利——来考察，那把其终结期归之于一八五〇年也许比较归之于一八四〇年或一八三〇年，要少惹起一些反对。一八五〇年，正是比较重要的工厂条例宣布的年度，那一年，十分显示了过渡的趋势。在比利时地方，这时的机械工业与工业资本主义，亦有可观的发达，而新秩序展布于英格兰以外的若干重要事实，更灼然可见了。最后，无数小的工业场店，虽犹存在于英格兰本土，但萨伊教授（Prof. Sée）所谓："大规模资本主义工业，已扮演着重要角色"之议论，却几乎为大多数权威学者所一致首肯。产业革命之展播于欧洲大陆及其他地方——特别是在一八五〇年以后——对于此后欧洲之新情势的展开，为一有力的动因。此种事实，就其关联于组织方面来看，那是比其关联于进行程序本身来看，要显明多了，不过，这全般的经过，不是三言两语能够说明的，我们将留待后面诸章讨论。

机械上的新时期，系开端于比塞麦尔的制钢方法，他那种方法的实行，不但有大量的精钢可资利用，其费用而且还大大缩减了。钢是十九世纪下半期新工业发展的一个极其重要的锁钥。这个时期，颇着重较大的铸物、条块、杆、铁板、轨条，并还着重它们在铁道上、工厂机械上、构造材料上，以及在船舶上的效果。同时在另一方面，对于较小部分与较小工具的精炼，像自动旋盘一类的机械，乃能完成，由是，这同一机械，遂得产出确然一样的无数制品。以前从事配合的大部分劳动省除了，哪怕是错综复杂的各种机械，都能由一列工人集聚起来，他们每人依若干工具，在准确的一定时间内，完成简单的业作。收获机这时在制造方法上，成就了一种革命的过渡，低廉的摩托车，成了新技术之卓越的典型。钢工业的改进，正是变动之核心部分，那导来了机械之活动部分的精确，也导来了为截断金属用之可惊的耐久而精致的工具。自由动机所促成的产品的一致，已经在许多方面产生了结果，那些结果，又暗示出了印刷机之效能。

　　亨利·比塞麦尔氏早就是一个有名的发明者。当他的注意集注在精钢之缺乏与昂贵时，他曾留意到柯尔特之制造有展性铁的方法。他刚于一八五〇年以后制作的投射物，阻止了当时军事人物们进行的试验，不过，他这发明物，需要一种高的炮口速率，从而，要在炮腔中多装火药。这一来，枪火之多费，与其把握之须有充分气力，使他感觉到实用上的困难，而转换其注意于改正钢工业上的条件。他的许多尝试，以及其新化成器（converter）的技术内容，这里都毋庸细述，他所解决了的主要问题，就是使矿物中的非金属物（如硅矽之类）和炭精，通通以高度之热烧去，然后再加以钢所需要之炭精成分。而他的化成器，乃是借着吹入热气的帮助，俾其中有充分的热度，对铸铁或生铁加以内部的燃烧。实行他这种方法，会使每一吨钢之费用，缩减35金元，或较少于其先前价格的七分之一。

　　特比塞麦尔的方法，不能应用于含磷成分较多的矿物。这诚是一个困难，但这困难，终由所谓西门斯马丁法或敞炉法（Siemens-Martin or open-hearth process）克服了。此种方法，在一七八〇年前已经使用过，但后来由汤姆斯、基尔基督（Gilchrist）以及其他的人改进了。该方法之显著特征，在敷设一层石灰岩于里边，以吸收熔解过了的铁中之磷。上述两种方法现仍使用。有时，它们被联合在所谓"二重"法（duplex process）中，按照此种方法，铁是直接由风炉运到比塞麦尔的分器中，更由化分器运到较小的敞炉，更后，电炉广泛通行了。要求更精良之钢，特别宜于使用电炉。

现代城市在外形上由廉价之钢所造成的，最惹人注意的变革，也许是存于建筑物本身。所谓"齐天楼阁"（sky-scraper）非有钢做骨架，是不行的。就说地板罢，较好的建筑，通是使用钢铁筋的混凝土，必要时乃覆以木材。工厂、铁道的终端，以及桥梁，都表示了同样的影响。凡属注意到现代工厂、公事房，或百货店之建筑的人，类皆熟知许多附带物之发达，如有力的结合钉、起重机、热汽管，以及装扮成石制品一样的薄金类敷饰的门面，皆以钢为之。

一八五〇年以前视为异常大的船舶，至同世纪之末，就看得小了，到现在则看得更小。一八三八年的大西方号（Great Western）是当时被视为船身过大，不适于用的。按其长达236英尺，载重1340吨，马力440。但钢体构造对于形体和速率增大的可能性，我们是难以想象其极限的。不列颠人和美国人由德意志人取得的姊妹船，即麦杰斯替克号与勒维亚真号（Majestic and Leviathan），长达900英尺以上，马力100000，载重越58000吨。它们横渡大西洋的时间，虽定为6天，几乎延长了2天，但大西方号却要行驶15天。一九〇七年，留西塔尼亚号与莫利塔尼亚号（Lustania and Mauretania）的新式构造出现，自是，较大的船舶，都以气涡机代替往复机。气涡机在一八五〇年发明出来，没有何等用处，因为用当时通行的方法，制成其许许多多的部分，那是所费不赀的。

新产业革命——（乙）动力的新源泉 煤工业的本身——包括有采矿业与由水陆两方面的分配——已经在进行一七五〇年以来的所谓机械革命（我们不妨这样说）。在十九世纪最后25年间，石油工业跃居第一位了。自是以后，对于发光油（其所具光泽物，往往至关重要）的重视，渐不若其对于摩托燃料的重视。使用某种油料，结局，竟比当时航行远洋之定期邮船所使用的煤料，还要低廉。一切大军舰的航行范围较广，而其所用水手又较少，为节省给煤站口，故都迅速由用煤改成用油。在许多场合，铁道——特别是在出产油的国度——亦曾舍弃其燃煤车头。然而，汽油之用途的扩张，那并非本原的发达，而是偶然的由于一种内燃装置机，有对比较纯净石油产品的需要。挥发油消费量增加的结果，石油之底层的渣滓，乃不绝投市场，而其售价则使其足能与其他燃料之售价相竞争。石油这种产品，无论在陆地用管线与油池，抑在水上用汽油船与驳船，都是比较容易取得，而且比较由廉价取得的。

在一八七〇年之前十年中，鄂圆（Otto）与兰敬（Langen）开始投售煤

265

气机于市场。石油工业之发达，益以机械技术与科学知识的日益增进，这种机械的样式，亦时有更新。例如，脚踏车的广泛使用，颇有助于含气的橡皮轮箍、传送器，以及丝轮（备有省力的球形支持物）的发达，而所有这些，又于早前关于汽车的实验，大有帮助。着火的困难，在各种电气用具发达以前，似乎视为是无法可想的。这电气的发达，亦为日积月累使然：先前由使用显出构造上与设计上的缺点，缺点的改正导来了较广的用途，最后乃招致低廉的生产。

在一九〇〇年以前，德国科学家洛道夫·狄塞尔博士（Dr. Rudolph Diesel），曾经发明了且在大体上完成了内燃机关的样式。经过证明的结果，这机关是最宜于船上装置的。它使用一种较挥发油为重为廉的燃料，喷入圆筒，由压缩所生之热而燃着。狄塞尔机颇适用于较小的运载船舶——特别是一些在偏僻地方做长途航行的运载船舶。给煤站的困难消除了，航行的范围，固可尽量加大，而船上所用的水手，乃不妨尽量减少。至为给煤而停滞在恶劣寄碇处，或不良港口，所受的损费那是完全避免了的。可是，我们应当知道：世界上海运货物的大部分，仍是由万吨以下的燃煤汽船装载，其航行的时期没有定规——这就是说它们不是"邮船"。

欧洲自大战以后，空中的商务有了非常可惊的发展。由空中运载的货物，百万磅；由空中运载的搭客，亦不下数十万人。这些，与铁道、汽车、轮船所进行的作业比较起来，当然不是怎样惹人注意，但没有那种比较，其意义就无从十分确定了。因为这是一种新的企业，尚没有人能断定：它究在某种限度，为铁道、轮船等的竞争者，并在某种范围，为铁道、轮船等的辅助者，唯其如此，要返下一种批判的分析，那就所有未能了。特飞机在欧洲运输业上，成为一个实在有特殊效能的工具，许多技术上的改进，自势在必行：如机械本身，如天气预报，如飞机场的设备，如飞机场与诸城市的联络等，都属于这种改进的范围。现在飞机运载的是主要京城——并未包括所有重要的城市——之间的定数搭客与特急勤务。在距离广阔、载重轻便、重视速率的场合，航空是堪称独步的，因为速率并未加大陆上会加大的费用与危险。

在设想上，德意志是受了和平条约的束缚，关于航空事业，它已经挣到其所有对敌者前面去了。这原因，一大部分是由于军事的限制，使它只能扩张纯粹商用的飞机，同时，法兰西、大不列颠、意大利，则可自由从事军商两用飞机的制造。航空机具带有军用的性质，必然会阻害非常需要的国际规制。在另一方面，现在空中航线的大部分通要跨越国境。各国政府为奖励此种事业，都定有竞争的决胜点，它们心目中的成算，是借作战争必要的准备。假若铁道、汽车、轮船，都有那种便利，即在中途不停歇，只需于其终端作有效监视的便利，那么，飞机要失去其现在所担当的若干业务，那就是意中事了。

摩托车对于铁道的竞争，非常厉害。它的行驶，使它在已有公路与铺石道路的地方，得到一大利益，因为它所运载的货物，往往可以完毕其全旅程，而不用改装，不用在一定站口停歇。在欧洲较新的扩张上，摩托车实演过一重要任务。它不必支出多少开办费，就能够相当发展业务，并在凸凹不平的桥梁草率的低廉道路上，获取收入。如在北欧那种贸易盛行季节，天气干燥的地方，此种事业，特为显著。

关于水力之利益的更新，特别是在煤量不足、水力充盈的意大利、瑞典、瑞士以及法兰西诸国之水力利益的更新，我们将在下面诸章详细说明。这较新的发展是与旧来所循的路线，十分不同的。自然对于多山的国度，都曾给有大量可供利用的动力，但那里的制造业，会遇到运输上的困难。在那种场合，铁道不过能解决其困难的一部分罢了。迨关于电力发动机与发动机之完成的革命产生，动力遂能发生于容易传达的形态中，远在许多英里以外，亦可利用。铁道电化的一般计划，欧洲有些国家已经实现了。而这些国家，并不一定富于水力，缺乏煤矿。它们是想由汽机中燃烧煤料，发生电流。

十八世纪中叶以后的工业逐渐机械化，并没有一致的趋于集中，这事实，可由电力发动机作为一种例证。千千万万的物件的标准化，对于狭窄的专业者，创造了新的领域。有些专业者是制造业者自己所要的那些部分的物件。其他的专业者，则是直接售卖其货物于顾客：或者代换起破损的部分，或者当作附添物，以成就其若干特殊勤务。如留声机之圆盘，如高尔夫球球棒之头部，如安全剃刀之磨革，如摩托车的许多附件，都是属于后者的实例。事业范围之小，致使制作者不能设置电力发动机，从而，购买其需用的动力，那是没有的。哪怕是大工厂，在许多场合，亦曾废除高架的机轴，那机轴是当着全机械停歇一半时，尚能支持其运转的。电气发动机与发动机，是我们现代街市铁道系统的中心部分，这个系统里面包括有地下电气铁道、高架电气铁道，以及高大建筑中的电梯。所有这些事例，立即使我们得到一种暗示，即是：此外还有许许多多为一八五〇年所不能成就的事体。

电灯不是一种动力机，但它已经在不断地与其他机械的发达，保有密切关联。在一八五〇年，人为的光亮，以蜡烛与鲸油灯为最通行。那时在城市方面，已开始装置有相当规模的煤气设备。此后25年，一般皆使用煤油。实用的弧形灯，当时已经出现了，而光亮的球灯，则是刚刚在这不久以后，才发明出来。电灯——特别是在一九〇〇年完成以后——的经济效用，那是难以估计的。与它比较起来，所有旧式人为的灯烛，都不足齿数了。试想，法兰西北部11月下旬的下午，不过只有四点三分钟。要就暗地的工作讲来，早半点钟已经黑了，现在只把电灯的开关一扭，单是巴黎一个地方，就有数万机械，如在白昼一样的光明而柔和的灯下工作。有些机械，在更晚一点的时候，改换一班劳动者，彻夜工作。不到两个月后，日里的平均时刻更短了。我们今晨由无线电报知道：装载旅客与邮件赴巴黎的一艘轮船，现正在齐波尔（Cherbourg）停泊。这船是灯火齐明的，船坞是如此，海关是如此，火车也将是如此。把这某一种情形之有其来因的片段，移译为一八五〇年的语词，那将产生一种对照，那对照，如其我们知道旅客在巴黎城内由汽车一小时加速驶行的圈子，比较其祖先在一日内所驶行的还大的事实，则将更为显著。

论及电报之术，使我们想到，自一八五〇年以来，电气就已经在由其他方法改革我们的生活。那时，电信还是极其幼稚。海底电线还不曾建设起来。电话的发明，尚经过了25年的岁月。每过25年，无线电报虽仍是当一种科学的游戏，但电话却已通行于村野农庄了。在世界大战中，无线电话从不曾收得商业的效果，可是，这时国际间的海上交通，已经为无线电报所革新。

结论 我们想完全避免产业革命的戏剧化，那是不可能的。这个语词的本身就已经是戏剧的。但是，早前戏剧家们所弄出的若干最大错误观念，那已为后期的戏剧家们所指出了，就因此故，我们尚不致为其所蒙蔽。此种观察方法，虽近似人云亦云，但有其好处，因为那会诱导吾人，使对于那种事实，作某种猜想，甚或作某种批判的评断，猜想或评断虽不必定能中肯，总归是聊胜于无的。产业革命并不是突然爆发于一七五〇年、一七七〇年，或任何其他时期之固定而确执的世界。亚希勒教授（Prof. Ashley）曾称此为"迅速而无可抗拒的进化"（rapid and irresistible evolution），那是颇合于批判精神的。在过去，大家过于注意了若干纺织机械的发明。蒸汽机之出现，恰好投合了轧棉机的需要，于是，这种机械的本身，又往往被看为产业革命的动力。其实，这样的观察，结局是要忽视机械技术之一般发展的。在这简括的一章中，我们大体总算描出了以次的事实，即，得称为机械革命的，并不是一种在本身上自告段落的故事或戏剧，而是要探源于其实际背景之一种组织上的变革。为要在一方面避免分裂这经历一个半世纪的一种假定的"革命"，同时在另一方面，又不要破坏时间上的一切意义，或者，不把那种过程，看为是完成于一八三〇年、一八四〇年或一八五〇年的片断。我们曾经加述了一种新产业革命的轮廓，可是，我们对于这所谓新产业革命的探讨，甚且比对于旧产业革命的探讨，还要简略。例如，关于打字机，关于每日、每周、每月给我们以新奇广告的较新印刷机，简直完全没有提到。这种种运动是否应称为革命，虽是一个疑问，但它们终归是要有所称谓的。无论是谁，只要他肯稍用智力，把现在伦敦、巴黎或纽约的外观，其活动以及其所消费的物品，与一八五〇年的同类事体一加比较，他对于"革命"这个语词，就不致惹起怎样的反感。假使他经过这种比较后，不怕更大的困难，更把一八五〇年之实在而灼然可见的事实，与一世纪以前的同一类事实比较比较，他将会感觉到，那两者是过于相同了。凡属理解两世纪以前之信实文献，且于文化研究颇具兴趣的人，他对于这确实而枯燥的比较，乃能胜任愉快，否则，那就颇难得其真相。

进一步研究的参考书籍

*Ashton, T.S. Iron and Steel in the Industrial Revolution.

Baines, E. History of the Cotton Manufacture in Great Britain. Old, but still useful.

Ballot, Ch. Introduction du machinisme dans l'industrie française.

Bessemer, Sir. H. An Autobiography.

Bowden, W. Industrial Society in England towards the End of the Eighteenth Century.

Boyd, R.N. Coal Pits and Pitmen, chaps. Ⅰ-Ⅴ.

Briggs, M. Economic History of England, pp.93-140.

Cantrill, T.C. Coal Mining, chaps. Ⅰ, Ⅴ-Ⅹ.

*Chapman, S.J. The Lancashire Cotton Industry, chaps. Ⅰ-Ⅵ.

Clapham, J.H. The Woollen and Worsted Industries, chap. Ⅳ.

——An Economic History of Modern Britain, chaps. Ⅰ-Ⅲ, Ⅴ, Ⅵ.

Cleveland-Stevens, E. English Railways: Their Development and their Relation to the State, chaps. Ⅰ-Ⅴ.

Cunningham, W. Growth of English Industry and Commerce in Modern

Times, part Ⅰ, chaps. ⅩⅤ; part Ⅱ, chaps. Ⅰ, Ⅱ. (Also included in the partial reprint entitled The Industrial Revolution.)

——British Industries, pp.173-195.

*Curtler, W.H.R. A Short History of English Agriculture, chaps.ⅩⅣ-ⅩⅨ.

*Daniels, G.W.The Early English Cotton Industry.The Introduction, by the late George Unwin, is especially illuminating.

Forbes, U.A. and Ashford, W.H.R. Our Waterways, chaps.Ⅶ, Ⅷ.

Galloway, R.L. History of Coal Mining in Great Britain.

*Griffith, G.T. Population Problems of the Age of Malthus.

*Halévy, E. A History of the English People in 1815, book Ⅱ, chap. Ⅱ.

*Hamilton, H. The English Brass and Copper Industries to 1880, chaps. Ⅹ-Ⅻ.

Hammond, J. L.and B.The Rise of Modern Industry, part Ⅱ.

Heaton, H. Yorkshire Woollen and Worsted Industries, chaps.Ⅷ-Ⅻ.

Jackman, W.T. The Development of Transportation in Modern England, 2 vols.

*Jeans, W.T. The Creators of the Age of Steel.

Kirkaldy, A.W., and Evans, A.D.The History and Economics of Transport, chaps. Ⅰ-Ⅲ.

Knowles, L.C.A. The Industrial and Commercial Revolutions in Great Britain during the Nineteenth Century, 2d edition, 1922.

Lipson, E. History of the Woollen and Worsted Industries.

*Lord, J. Capital and Steam Power.

*Mantoux, P. La Révolution industrielle au XVIIe siècle.

Marshall, L.C. Readings in Industrial Society, chap.Ⅶ.

*Meredith, H.O. Outlines of the Economic History of England, book Ⅳ, chaps. Ⅰ, Ⅱ.

Moffit, L.W. England on the Eve of the Industrial Revolution, part Ⅱ.

Moss, K.N., and others.Historical Review of Coal Mining, chaps. Ⅰ-Ⅵ. Published for the Mining as sociation of Great Britain.

Pratt, E.A. A History of Inland Transport and Communication in England, chaps. Ⅹ-ⅩⅧ.

Preble, G.H. History of Steam Navigation, chaps.Ⅰ-Ⅲ.

Prothero, R.E.(Lord Ernle) English Farming, Past and Present, chaps.VII-XVI.

Smart, W. Economic Annals of the Nineteenth Century: 1801-1820, chap.I.

Smiles, S. Lives of Boulton and Watt.

——Lives of the Engineers.

Thurston, R.H. History of the Growth of the Steam Engine, chaps.I-VI.

Unwin, G., Hulme, A., and Taylor, G.Samuel Oldknow and the Arkwrights.

*Usher, A.P. Industrial History of England, chaps.X-XIII.

Webb, S. and B.English Local Government: The Story of the King's Highway, chaps.V-VIII.

Williams, J.B. A Guide to Some Aspects of English Social History, 1750-1850.

Wood, H.T. Industrial England in the Eighteenth Century.

第四章　工厂制度

诠释的问题　人类历史上的"工厂"（factories）究能探源到什么时候，那是一个论辩不决的问题，其答案则因对于工厂一字的解释而不同。关于工厂已经惹起的争论，与我们这里的讨论，没有很大的关系，因为我们要论及的是现代的工厂"制度"（system），这制度，不曾存在于十八世纪以前，并且，就在十九世纪初期的英国，亦还是幼稚不过的。如其我们把工厂解作一个工业经营，在那种经营中，至少有一人专精于管理、支配或指导，那么，在古代与中世都能找出这种榜样。我们亦承认这个普通界说合于理论，本书上半部其所以未提及"工厂"这个语词，仅是因为那会引起一种与现在情形的比较，由比较而导来混乱。我们如其对于早前那种工厂经营集中，仅称之为集中场店（central shops），那似乎是同样合乎理论，并还少有混乱思想的危险。

当我们使用工厂一语时，我们心目中的工厂轮廓，包括有动力发动之自动的或半自动的机械。哪怕仅是制造一件物品的简单模型，其生产曾分为若干过程，每种过程更分为若干作业。就一个小火炉的极简单的例子来说，那由铁板制成，附有铸铁的顶门、格子与底。截断、弯曲与可能的加以铸刻的铁板，完全与铸铁物分开。除了较大的铸铁物外，还有一些小的铸铁物，如对于炉格的震炉器和对于炉门的通风器等。把所有这大小的零件弄好了，更须加以钻磨、配合，与修饰的工作。

把这方面的机件问题抛开，我们已经要述及工人了。每个工人都有其业作。其所取得的工资，或以日计，或以件计。他们的编制，必然不是按照早期那种制造体系，从而监督者的权力与时间，就不至于滥用，而且一种作业过程，也绝不会落于其作业过程之后了。此种景象之最为显著的若干特征，乃发生于相对多费之机械的使用，使用机械所须投下的开办资本，只能获偿于工厂不断所产出的可卖商品。每一个部分——如像火炉之门——正如同其最后的和其次的部分。例如，工人用其特别构造与特别适宜之钻，以凿穿门之枢纽的洞，他可以一直活动下去，而不用停着思索。他对于作业过程，无须要经历七年的学徒期来学习，一天两天就几乎很够把它"训练好"（breaking him in）的，在磨尖他那细钻之高度技术作业，乃完成于工厂之其他部分的机械房的场合，他之学习此业，就尤其毫不费力了。

  关于这种钻的说明，使我们注意到当代工厂制度之其他方面。运行钻机之尖端的小旋转工具，不是由用钻者做成，而是由其他的工厂所产出。其他工厂以一定的大小标准，大量地把此种工具生产出来，然后投诸市场，以便各种制造业者修理业者去采购。火炉制造业者，亦不制作他自己的紧钉与螺旋钉套。他们是在市上购买标准大小与标准螺纹的这类机件。因此，不管在什么制造业上，对于标准尖钻所凿好的孔洞，总归可以在市上预先买到适于那些孔洞的紧钉和螺旋钉套。此种解说，仅在指示那潜存于整个制度——在没有正式考察到特殊工厂之组织与劳动分工时，那个制度是假定的——里面的商业组织。我们现代的火炉制造业者，定不会制作他自己所用的铁板，就是他所用的铸铁，亦说不定是由外面订购。就自动车工厂来说，它同样不制作它的轮箍。车轮、支轴、电器设备等，固当须购买，即车身，乃至其内部装设的汽机，亦往往是由外面买来。由工厂窗户，对于外面工业的和市场的组织，所加的这一瞥，也可以暗示到：完成品的处理，乃是采取与十八世纪颇不相同的方法。

  现代的工厂制度，显然不仅是一列机械发明的产物。要说有了那些发明，工厂制度始有成立的可能，那将不免招致这样一种反驳，即，那诸般发明之成为可能，在某几点上来说，却只是由于资本主义的发展和劳动的分工。但所谓资本主义，可以说是商业的、工业的、金融业的，或者包括所有这几项的。而且，资本可以属于个人或合股公司；那可由金融机关借得（如在早期纺织工厂的场合，通是如此），或由保有资财乃至参加那种金融事业之指导者，签名贷与。论及资本主义的勃兴，我们应常常有这样的清晰观念，即，看那是指着资本的蓄积，是指着那在后来占有胜势诸般组织形态之发展，抑或是指着其他的事体。

  最后使用"分工"（division of labor）这个语词，我们须得特别小心，特别严谨。专业的趋向日增，势将使一种工业分为若干特殊行业，如在中世佛罗伦萨之羊毛织造者的场合，就是如此。厂外制度的兴起，以及其向佛兰德斯，向英格兰，乃至好久以后，向欧洲其他地方的扩展，那又算是伴有"分工"作用之实际分布的另一模式。在另一方面，工厂制度的特征，则是人员的集中，是分工而非分业。在动力机出现以前，集中工人与集中生产行程的显然趋势已灼然可见了。机械的发明，虽然刺激了此种趋势，但我们如其认定此两者中任一事实，为其他一事实之原本的"原因"，那就必须拣取首先出现的那一事实了。各地域各专其业，那也算是一种分工，并且，通常还由此表示了其他分工的产生。

在工厂制度有两种其他的影响，足可表证对于"原因"一语怀疑的不错。桑巴特教授（Prof. Sombart）把现代资本主义最后的胜利，主要归因于欧洲人口的迅速增加，他这种主张，是十分正当的。欧洲人口的增加，至少是开始于现代的初期，而大大增进于十九世纪中叶以后。这是先于产业革命的另一个动因，这动因无疑促进了产业革命的发生，但同时却又受了新秩序的鼓舞。

应用于农业上的资本主义，其情形亦大概类似，在英格兰的这种资本主义形态被称为围地运动。旧统治的衰落，在法兰西是比较在英格兰为更迟的。但是，即使就前者来说罢，其布业的厂外制度，显然的，在那些无产农民颇多的区域特别繁荣。在产业革命开始以前，厂外制度已经超越过了增加分布的阶段，并且已经开始进于集中，那种集中，无疑是比较颇不完全的，但对于新机械却附加了一种刺激。一旦这刺激已经呈现其作用了，那日趋发展的工厂制度，乃反而在围地运动上发生影响。

现在，我们要来探究一下产业革命之过于戏剧化的根源了。产业革命这个语词，由布兰奎（Blanqui）所通俗化，他曾于一八三七年[①]使用过。这语词曾见于一列工厂法令中，那些法令在一方面固认识了事物之新的秩序，同时并企图对于那种新秩序加以若干必需的适应。在当时，不但工厂劳动者需要保护，而那些厂外的手织工匠，却在挨受着更低工资和更可怜的生活状况的待遇。试一考察那在成长阶段的工厂制度罢，它的最为显著的特征仿佛就是机械。破坏机械的暴动，在英格兰以一八一一年至一八一二年和在一八三五年，为最显著，而在这前前后后还暴动了若干次数。由一七八九年至一八一五年，法兰西的各种暴动似乎完全停止下来了，但和平以后重又开始出现，特其程度终不若在英格兰之甚。

[①] 见柏拯生（Cf. Anna Bezanson）著《产业革命语辞的开始使用》，载在《经济学年报》第36卷第343页。

第二编　现代

　　尚论产业革命一流的著者，动辄机械地，把那解作是工厂制度的"原因"。这两者之间，自然有鸡由蛋生和蛋由鸡生一样的不可分离的联锁，但在其中插入"原因"的观念，那就只好导来思想上的混乱。然而，对于工厂制度兴起的这种过于机械的解释，却仍不难发现于我们今日许多著者[①]之有名的著作中。

　　关于过去170余年前之经济变动的特殊解释，还有其他两个主要形态。如上面讲过的，由着重机械，以自圆其论理的说明。而后者则是特别注重经营与组织。这两者，都是在一个迅速变动朝代的新秩序中发展起来，在那新秩序中，实际的利害通是灼然可见的。它们在当时有一种知识的环境，不过，时过境迁，我们无从仿佛其实相罢了。在本章的末尾，我打算简单概述若干于现代经济发展程序有关的比较定式的学说。此刻我们所应留意到的，是在十八世纪的末叶，即在法国要求"自由"、"平等"、"友爱"之大革命的终末，所风靡全欧的个人主义的震荡和国家限制的反动。那里，亚当·斯密还生存着，他已有了信徒。迨至十九世纪的初期，那也如同其他的时期一样，它有它自己对于人类社会的想法。我们现在的思想方法。乃是竭力遵循一种推论的形式，那种推论，系在过去50年左右，由生物学证实其颇有效用的。一世纪前，关于社会的或经济的进步之思想，与其说是遵循实验室中之科学者方法，就宁不如说是遵循当时流行的哲学者的方法。在那些哲学者中，黑格尔（Hegel）是占有绝对的优势的。他颇尊重"进化"（evolution）——也许说"进步"（progress）较为适当——的观念，不过，这观念是指明：历史在"道德的"或"精神的"意义上，乃移向人类自由与较高的组织阶段的。这里我们不要说明当时如何重视思想体系之论理的完全性，亦不要说明思想历程（或观念）与实在世界之间，是怎样相适合。

　　在许多人心目中，自由与极端个人主义全然一致，此极端个人主义，更进而变为无政府主义。旧来重商政策之过于拘限，遂招致了放任主义或经济自由主义之过于走向相反的极端。"经济自由主义"（economic liberalism）这个名称，已经暗示了一个思想的学派，由这学派，引出了我们对于产业革命

---

① 乌雪尔教授（Prof. Usher）曾举出基本斯（Gibbins）作例。另一个例子，则是查理士·比尔得（Charles Beard）关于产业革命之艰深的著述，他那著述，虽是他初期的作品，与其后来之成熟见解不相符合，但迄今仍有广泛的销路。

275

之三个一般解释的其他派别。就"经济自由主义"之立场讲，所有关于私人事业之国家的干涉——关税的规制，亦包括在内——在原则上都当摈斥。不过，这种态度，往往由一种人道主义（humanitarianism）缓和了，此种主义认定在经济事实上，至少暂时用得着公家若干的干涉，如保护妇女儿童之工厂条例之通过，即其一例。可是，依据某种道德的论证，则进化的过程，总会证实经济自由主义与个人主义之真确，虽有暂时的障碍，但终归是会自然通行无阻的。有一种经济主张，说明历史的进步如何必然会导向放任主义，对于这种经济主张，产业革命便是一个显明的题材。图荫碧（Toynbee）氏关于《十八世纪英格兰之产业革命》讲座，便是使我们与晚近的在知识上有分量的此种见解相接触的一物，此种见解，系导源于克明汉（Cunningham）氏的，克明汉原来也是一位牧师。

对于产业革命之第三种的极其流行的解释，乃由德意志之社会主义者马克思所主张，可是，他这主张之真正的要点，却是为那些反对马克思之一般经济哲学的人们所发端的。马克思把产业革命解作资本主义勃兴的一种现象。他批评黑格尔[①]，说黑格尔假定了一种历史上神秘的指导精神，并说黑格尔对于此种精神的印证，不是根据历史之实在性的精密考察，而宁可说是根据他自己心理上所矫造的程序。显然的，马克思自己的体系，是强固的、单一的，建立在那种历史考察之上，而他这主张，正是由他所导来的一种新"唯物史观"（materialistic conception of history）的基础。哪怕是对于马克思学说表示怀疑的人，如其他肯小心地、公平地探究这方法，他就决难否认这方法所提示之进化程序的健全。不过，与那对于历史研究之实际指导方法相比较，马克思之唯物史观所包容的，是要多得多了。他反对黑格尔之道德的或"精神的"偏见固不必说，就是后者最有研究的论理系统，他亦概加否定，或者使其与他自己的系统，成为一个颠倒反顺的对照。他指明现代资本主义之勃兴，为通达产业革命之门径，这，不论其含有怎样的动机，也不论其会达出如何错误的结论，但其方法之异常的效果，却是由许多晚近学者们所证验了的。他那方法之受到如此的推崇，那不是因为它提供了一种特别解

[①] 见《资本论》第二版序言。马克思之发行黑格尔之"辩证法"的尝试及其"唯物史观"之胚胎，早见于其1843年出版之 *Zur Kritik der Hegel'schen Rechts-Philosophie: Einleitung* 中。

释，反之，如其认真地、彻底地说来，却是因为它所解释的，要比较其他方法，还少带有特殊的性质。历史的透视法既成为可能，那把产业革命与这种革命所由导来之环境分开的荒谬主张，就部分地可以避免了。

后之著者，如桑巴特、如曼多克斯（Mautoux）一流人物所受马克思的影响，实在比其表面所见到者为多。因为，主要的命题，如果是商业组织之发展，那就无须要把飞梭的发明、纺纱机的发明，或者，蒸汽机的发明，作为产业革命之开端。如其这任何发明之一，或者，所有这些发明，实在为工厂制度出现之"原因"，那就势必要解析原因之"原因"，否则其所说明的事实，就颇缺欠历史精神。反而言之，凡属一个略能理解早前欧洲扩大时期的人，他对于资本主义在工业上占有极大优势以前，须经过长期发达的事。对于那种过渡，非突然发生的事，应当是清楚明白的。

工业资本主义兴起之历史的解释，在过去若干年来，已渐渐为人所重视，此种倾向，虽颇得力于马克思之中心观念，但并非完全由于马克思之主张。放任的个人主义之兴起，乃至其后之没落，已成为摆在我们面前的事实了。我们虽不能忽视机械发明的效果，但机械进步之完成，也并非与其背景无关，而转化为自演其历史的"活动手指"。这即是说，历史的解释是多面的，是经过拣选的，但不是特殊的。如其他为通过丛杂事实之迷途，而在许多路径中选取一个路径，那就仅是因为那一个路径最为便利，而且在全体上说，还可提供最好的见解。

工业资本主义之兴起　从组织的立脚点看来，天然产物工业与其他工业之间的区别，大都是由人类所设定，并且，时代不同，其区别亦大为异样。例如，煤矿的采掘，虽然一大部分是由机械所进行，但并不称为工厂。我们在前面讲过，当大多数纺织工厂尚未进于合股经营的时期，许多采矿业因为需要大量开办资本，已经成为合股经营的事业了。在工业资本主义的发生上，需要大量开办资本与重大费用，是一个有利因素，这因素在纺织业上尽量发挥其作用，那是直到动力机已经在效率上成就了压倒的优势——开始威胁其竞争者的利益，以后更威胁其竞争者的生存——以后的事。工厂上的集中，不是由于飞梭促成，亦不是由于纺绩机促成。这两者在城市的工业上，在乡村的工业上，都有其用途。水力机或骡机，虽与那两者不同，但在开始时，亦并不曾怎样影响于羊毛工厂。羊毛工业之一般的集中，系发生于数十年以后，特别是在动力织机已经在商业上颇著功效以后。

马克思颇重视制造业者在资本主义兴起中所演的任务——由今观之，

那是过于重视了。查理士·巴洛特（Charles Ballot）曾显明指证此点，以为柯尔贝对于饬许的与特权的制造业者所加的宠惠，并没有怎样导来工业的集中。哪怕就在那个时期，里昂（Lyons）丝业上的手工业老板，与包发其工作于一般手工业者之商人老板间的区别，犹分划得明白。一六六七年是一个特别的年度，这一年的限制条文可以作为证明。在将近一百年后之一七四四年，给资的手工业者之依赖于商人的事实，已经取得法律的根据。就棉业的场合而论，市场的扩张，对于那些与市场接触的人，固有利可图，对于那些能够集得所需资本的人，亦有利可图。因着便利的关系，这两种业务，渐形集结于同一人的身上了，至生丝市场之危害手工业者，那却是采行另一种方法。样式上的不绝变动，使那些小有资本、不够担当危险的人，越发难以从事此种经营了。

动力机在纺织业上第一次大规模的应用，乃是用之于由茧抽丝之缫丝工厂中。据柯克·泰伊勒（Cooke Taylor）所说：约在一七一五年，约翰·洛姆比（John Lombe）由意大利携此缫丝机入英格兰，他自行建立一个工厂，那工厂在德文特河（Derwent）岸上延长 $1\frac{1}{8}$ 英里，每天产出丝织品300万码。就机械上来讲，丝也许同棉花一样，其本身促成了机械的进步，但对于丝的市场，却无从证明其有这大限度的销路。我们比较可以相信的，也许是这样：生丝的供给，更有限制；取得生丝，需要更多劳动。于是，要与棉花在产量上相竞争，其价格必然过高，在此种情形下，机械乃处于优越的地位。其实，法兰西的大革命，亦颇伤害了像在里昂那些地方之丝业的大集中。

一七七〇年之亚克莱特的第一个水轮机，显示了动力机之集中棉业之影响的开端。这时，在玻璃业上，在纸业上，都在小规模应用动力，斯米登之圆筒风箱——燃烧焦煤——已经在制铁业上，开始加以集中的压力。至一七七〇年以前之大部分集中现象的发生，则显有其他的理由。颇惹人注意的铺店，已有相当的数目了。萨伊教授（Prof. Sée）告诉我们，莱姆斯（Reims）有一半以上的布业，是由集中的方法进行，而在路维尔（Louviers）地方，则更为普遍。像这样趋于集中的主要理由，要不外是节省运费与便利监督。依此等理由而行使的集中，既非由动力机所招致，亦并不曾直接导来动力机的用途。那般经营者，主要仍是商人资本家。包发制度异常通行，就是基尔特的组织，亦还在某些地方存在。

在包发制度下，自行显现的某种棉织物工业之技术特点，大有影响于资本主义方法之迅速发展。这些特点本身，乃至由其所刺激的组织形态，都有产生集中的倾向,并且,在此种集中过程上形成的整个情形,都颇利于动力机时代之降临。对于当时实际市场所需的棉织品之印花、漂白与干晒,都不能不有相当大的场所,以及相当多费的设备。加之,所有这些作业,均少不了布匹与染料一类的物资。需要的数量与需要的种类不绝增加起来,旧的技术业细分了,且还造出了新的业作。

随着这工业的发展,所需资本越发要加多,这加多的资本,与其说是应用于一长列作业程序的开端,就宁不如说是用在其末尾。而此末尾的业作,就是最接近市场的业作。因此,其结果,乃成为半商业的、半工业资本主义的——一种过渡的阶段。至少在一七七〇年前一世纪的城市社会中,一方面,已经不绝分化出了劳动者、工资取得者,或无产阶级;另一方面,则有资本家们所形成的雇佣阶级。当工业已发达到较商业为重要时,当集中作用已经显现时,那种分化趋势更形增加,但那绝不是动力机之单纯产物,机械也不是那种趋势之单纯产物。

水力机与骡纺机的采用,逐渐倾覆了那时的商业组织,也同样倾覆了那时的棉业技术。纺绩业所需用的资本,不是用之于其作业程序上之最后的卖出的阶段,而是用之于其开头。皮列内(Pirenne)曾经指明过,[①]那些由先前简陋方法发展起来的新工业资本家,一般都颇能自立,至于那些曾在棉业上颇占优势的商人制造业者(merchant-manufacturer),或者他们的后代,则都不能自立了。有些新工业资本家,一方面建立纺绩工厂,同时并还在其他工业上占有优势。例如,法兰西人佛兰柯斯·培列(Francois Perret),于一七八〇年在略斐勒(Nouville)建立一座棉业工厂时,他已经是一个丝制造业者。在迅速变动的时期中,旧的组合公司,动辄得咎,因为其商业形态,是保有既成的关系与既成的传统的。

我在前面讲过,在一八〇〇年的前十年间,美国输出的棉产额增加了十

---

① 见《美国历史述评》第十九卷(1914年4月)所载"资本主义之社会历史上的诸阶段"。还可参照乔治·翁温(George Unwin)所著《萨缪尔·奥尔鲁与亚克莱特》(*Samuel Oldknow and the Arkwrights*)。查理士·巴洛特在其所撰 *L'introduction du machinisme dans l'industrie française* 中,亦评述过法国当时同样的情形。皮列内颇重视资本主义勃兴当中之一切过渡期间的新关系。显然的,在经济历史上,自立起来的美国工业资本主义,并不是这样迥异寻常的卓越。

倍，在一八〇〇年的开始，轧棉机完成了。同时，英国棉制品的输出价值由1662000金镑增加到了5406000金镑。正当这个时期，法国颇受了革命与战争的阻害，故与英国相较，它是瞠乎其后了。当时的情形，既阻害了丝业的发展，于是棉花对于生丝，乃突然增加了优势。由一七九三年到一八一五年，英国海上的实质的势力在不绝增加，这使它要求输入原料和输出市场的工业，立于非常有利的地位。它以极大的努力，阻止其改良了纺织机械，运往其他竞争的国家，它享有了一种适用的蒸汽机的独占，它并且是具有用焦煤熔铁的唯一国度。它在海上的控制权，使它能够在战时自由取得世界最好的海军储积与制船材料的资源，而在其敌国，就大抵无从染指了。

在数十年中，动力机的最大利益，不是加添到棉业制造上的最后作业程序，即最接近市场的程序，而是添加到其比较开始的作业程序——其著者，如轧棉、如纺棉。至若这种活动趋势，究在显明的工业资本主义发展上，有怎样的影响，我们是难以估计的。新兴工业分裂成了两个阵营。关联于包发制度的商人资本家，虽在市场上占有一个大的部分，但他们对于所需的纺纱，却不能不依赖那些拥有纺织机的工业资本家。这种依赖，自然是相互为用的。迨工业家渐变富裕了，其产额渐形增加了，他们与商人资本家之间，越发发生了正面的冲突。纺绩工厂扩大活动机能，一直把上市以前的制布程序概行括入了。其结果就是工业实行增大其对商业的支配。

英格兰之最后的过渡阶段，是由一八二〇年到一八四〇年，这时，包发制度已经遭逢了动力织机之拼命地竞争。我们可以说，英格兰之工厂制度之完全确立，系在一八四〇年，而其确然在纺织工业上占有优势，则是一八五〇年。织机的完成，使这种制度有确立其优势于羊毛业上丝上的可能，至其在各种棉业上、麻业上的势力，那则是早前就已经确定了的。

劳动的状况 探究工厂制度兴起所给予社会阶级上的影响，那可说是经济史上最繁难的一件工作。早在十三世纪中，并且，哪怕就在当时北欧地方，有些行业上的工资职匠，已充分表现了他们共同利益的意识。为要协同一致地反抗其雇主，他们还形成了种种组合。在这时候，反对他们轨外行动的法律与规制亦被通过了。这就是说，日渐分化的职工团体或雇主团体都能意识各自的共同利益。在中世纪末叶，专事制造输出品的佛兰德斯的某些市集中，已经存在有真正的无产阶级，他们逐日的面包费用，都是取给于雇主所予的工资。前面讲过，在十六世纪，特别是在十七世纪与十八世纪的包发制度的展布，大大地增加了无产阶级的数目，而比较旧式的学徒制的削弱，越发使这个阶级倾向于纯粹以工资为生的地位。

每个时代，都曾有它的变动。变动过于迅速，总不免要造成青黄不接的脱节状况，造成种种不幸，造成灭亡的呼叫，造成今不如昔的信念。我们不必远溯到约翰·波尔（John ball），汤玛斯·摩尔（Thomas More）之阻止围地（十六世纪）的劳作与著述，哥尔德斯米芝（Goldsmith）之《农村荒废论》（十八世纪），那不都是这种信念之表现么？在工厂制度下的劳动状况，得分为若干不同的，然而是关联的主题，为避免混乱，这些主题须得分别研究。不幸，历史上最为重要的命题，我们却最没有参证的材料。那命题就是，工业之集中化与机械化，究在劳动阶级生活上，发生了怎样确实的影响，或者，刚好在产业革命以前，劳动阶级的生活，究是哪样的一种实相。

我们能够确然表说的，是工厂制度由家庭中拨去了男子、妇女、儿童的劳动。这种集中，使我们能够非常清楚地看出工厂中的状况。但关于这种制度下的妇女儿童劳动，与包发制度下的妇女儿童劳动比较起来，谁更好谁更不好的重要问题，我们所知道的，比我们所应知道的是少得多了。初期工厂劳动者的境况，如其说是很坏的话，又究竟比厂外的更多数竞争者，更坏到了什么程度？他们都是工资劳动者。一八四〇年前，英国织布经营的商业资本主义，恰遭受了日益勃兴起来的工业资本主义的致命打击，这时，就全般讲来，厂外的工资与状况，确较厂内为更坏。又，在什么程度内，这两者都更由于工厂制度勃兴所引起的迅速的变化，非由于新制度内在的性质呢？

即令说，上面这些问题我们都能确切回答，要对其开始时的情形，作一般的比较，那仍非充分理解一八二〇年或一八四〇年的这些劳动者之父亲乃至祖父所生活的状况，乃至其劳动的状况不可。而这些状况，因不同的工业而大异，因不同的地域而亦大异。而且，关于这个主题的许多文献都带有宣传的性质，都避免着，怕建立或承认一个真正的比较标准。突然开始无产阶级之兴起的叙述，以及指明不出其所要比较的对象，那都有一种历史的缺陷，那往往会暗藏一个读者所设的标准。那读者乃生活于不同的时代与地方，并且会是属于极其不同的社会阶层。试举一个适当而较有暗示性的例证，在世界大战的期间，在欧洲的美国志愿工人，一看到没有着皮鞋的农夫，他们就以为那农夫是非常不幸。

刚在产业革命之前，凡属包发制度通行于农村的地方，并且，凡属当地农人仍有可耕土地的地方，真正不幸的情况，似乎还不怎样普遍。若在工人贫无立锥之地的区域，其景况就更坏了。除土地的关系而外，还有一个造成不幸的动因,那就是集中。无论哪种企业,只要它是集中于乡村中,并成为村人大部分的生活来源,我们就不妨称之为"农村的"(rural)。对于这个时期使用"手工业者"一词,我们应当记着,这所谓手工业者很可说是工资赚取者,他在家内为布商从事工作。此外,在包发制度活动于市集的地方,另表现了一种情况,而在包发制度大受纠正且大加淘汰,使工人聚集于一集中设备中的地方,更有第四种情况。把这一切加以考察后,我们对于上述四种工人及其状况之大体轮廓,所配列的渐入佳境的次第,就似乎不致远于事实了。第一类工人逐渐丧失其土地,第二类工人聚集于市集或工业化的村落(除了较少工商业生活的变化外,这两者没有什么不同),第三类工人则集中于一集中的工作房中。新机械所成就的,是增加了转换原有的地位和使人口移向中心区域的作用,在那种集中的区域的工人,都要服从更严格的规律和编制。至若能够像从前那样保持独立地位的,只是那些保有土地的人。除此以外,当时还残有不曾受包发制度支配的手工业。这类手工业要保持其独立,一方面固然要同新的资本主义体制斗争,同时还要和其他旧的体制斗争。

在工作继续进于家中的限内,妇女与儿童主要是伴同其自己家中的男人工作。他们一定是工作过度,营养不足,有时或受到不好待遇的。在组织上,包发制度之类似苦役铺店(sweatshop),那是无以复加了。这种铺店的待遇,有时还过得去,有时则极其恶劣。如其说,工厂没有常常增加不幸,那至少是把不幸丛集起来了,并弄得彰明较著了。这事实,结局乃促成了保护立法之实现。

当工人进入新的工业市集时,他们找不到设备较好的房屋,普遍都是定居于草率搭盖的茅房或小屋中。就说工厂本身罢,那大部分都是急于造成,非常简陋,谈不到安全,谈不到卫生,更谈不到舒适。在开始时,大规模雇用到工厂中的儿童妇女,整天要离开他们自己的家庭。妇女劳动浪费之大,致使新工厂制度之最悲惨的方面,就在使用年轻儿童。而尤其坏透了的,就是使用年轻儿童,与利用贫苦学徒打成了一片。

在英格兰南部诸市中,许许多多的儿童都是由救贫税所支持。迨儿童劳动的需要一经发展,救贫当局乃开始向北部诸市集的制造业者,征取这些儿童的附税,它俨然是把他们当作学习了一种行业的"学徒"。例如,伦敦的救贫当局,有一次曾把一大批儿童送出那个区域,而抛弃其对于这些儿童的支配权利,他们由此所得的利益,是没有人加以监视的。那些缺乏人道情感的临时雇主,仅有一种顾虑,那就是恐怕可怕的饥饿、瘟疫,或死亡,会实行造成劳动的缺乏。据工厂调查的报告，14岁以下的儿童，有许许多多是每日由14小时工作到18小时，其所得工资则极其有限。下面这个佐证，是一位有两个作工儿童的父亲，向一八三三年工厂调查委员会提出的，我们由此不难窥见最恶劣状况之一斑，他说：

"我有两个儿子（一个10岁，一个13岁）在冷东（Lerton）之米尔勒斯工厂（Milnes' factory）工作。他们每天五点半钟起床，并没有用早餐或吃茶的时间。中餐停半小时，在十点前一刻回家。他们通常工作到十点钟止，有时到十一点钟止，有时或到十二点钟止。他们两个每星期赚得的工资，是6先令2便士。在他们两个中间，较长的儿子，曾以每周2先令3便士的工资，在威尔逊（Wilson）做过两年。他离开那里是因为监工者批击他，打落了他一个门牙；我为此事苦诉，监工者把他开革了，他们现在每天要作16小时的工作。在晚上九点半钟转回家的时候，疲劳极了。我每天早晨很难把他们叫起。为了使他们好好醒来，我不得不在他们里衫内，附以革带，加以紧来。这样来对待我的儿子，我想起来只好哭了。"

下面这个表，是波勒（Bowley）所著《十九世纪联合王国之工资》中，节取来的，由一七九五年至一八三三年间之英国劳动者的几个代表形态，每周所取得工资，都由此指明了。

工人种类	1795年	1807年	1824年	1833年
伦敦工匠	25先令	30先令	30先令	28先令
地方工匠	17先令	22先令	24先令	22先令
市集劳动者	12先令	14先令	16先令	14先令
农业劳动者	9先令	13先令	9先令6便士	10先令6便士

由上表，我们知道由货币所表示的变动，在当时还不算大。特这些数字，通是对于男子而言的。妇女与儿童的报酬，更较低下，他们平均每星期是由4先令到9先令。工资之低廉，卫生修养之缺乏，整天不停地工作，无怪他们以猥亵的举动，为其破除单调工业生活之唯一方法了，工厂淫猥行为之

283

盛行,那是用不着惊异的。英格兰实行大规模地把妇女儿童收入工厂,盖由于拿破仑战争之刺激,在那个时期,男子比较难以招致,但业务则因赚钱关系而要求照样继续。

在当时,哪怕是极其必要的卫生法律,亦全被忽视。通风器与发热器往往没有,即有,亦颇不完全。休憩室是没有设置的,至其他为现今工厂中普遍必备的舒适设备,乃至现今由法律规定的医药安排,均付阙如。关于机械,一般都没有防备危险的器具。偶然因伤致命者,真达到了可怕的普通,而折肢残身者,尤属司空见惯。死者伤者的亲属,很少能得到赔偿的费用,因为他们如要求赔偿,普通法律则要求其提出雇主直接负责的证据。有时,雇主依着其御用律师的帮助,动辄把过误转嫁到被雇者自身,即不然,就说是其跟前差役的疏忽,那亦就够使他脱卸直接的责任了。

英格兰当时煤矿中的劳动状况,甚至比在工厂中还要恶劣。大批的妇女儿童,被雇用在地下深坑中,每天由12小时工作到16小时。妇女在煤坑中,多半是推拉煤车,在屋顶过低、驴马不能通过的场合,特别是如此。四五岁的儿童,俨然当作矿坑"通风窗的管理者"使用,煤车来则由其开门,煤车过去则由其闭门。而雇主给予这些儿童妇女的工资,却就低微得太问良心不过:年轻儿童每周平均是2先令6便士,最有力气的妇女,则是每周平均12先令。

我们容易把这些情形,归之于工业资本主义之内在的道德缺陷,我们尤甚容易把它们归之于工厂制度之迅速勃兴。现在,我们且不忙用我们自己时代的标准,来测度十九世纪初期之人道主义的实际效果。那时,刑律仍是可怕的严酷。已判之罪的公开的酷刑,还不失为时尚,而对于判决前自首者之赦免,仍旧看作新奇。大大鼓励儿童妇女劳动——法国革命与产业革命之效果——的诸般情形之同一联锁,毕竟废除了奴役,通过了包括的劳动立法,缓和了犯罪处理手续,并造成了另一个世界,在这世界中,十八世纪看作是自然事实而通过的法令,这里将认为残暴。

加之,就全般说来,较小企业上的劳动状况,较之大企业上的劳动状况,更为恶劣;并且,我们现在几乎不肯相信的事实,那时仍是行所无事地进行着。例如,就最显著而且最可怕的扫除烟突的事例来说,许多烟突的内部,没有达到一尺见方。三四岁的小孩,即被招收来——有时被偷拐来——从事这种工作。往往当烟突还未退热的时候,这些小孩即被推进去从事扫除。他们有许多烧死了,有的损失其生命于烟突旁边,有的则窒息闷死。永久不会复原的残废者、失明者,那比完全死去了的,还要普通。最结实的小

284

孩，亦难以继续此种工作到数月以上。这些不幸者，实际是受着动物一样的待遇，他们听其雇用者给予一点食物，动辄几年不知道沐浴。早在一八○四年，曾经发动种种由法律废除这类罪孽的严重努力，但这些努力，一再在国会中，特别是在上院——这与其说是工业家的阵地，就毋宁说是土地所有者的阵地——中被否定了。其实，一大部分较大的雇主，已经在支持着包含有工厂法令的改良的立法。在七八十年前，亚朵尔夫·布兰奎（Adolph Blanqui）曾注意到以次的事实，即特别是那些较小的、设备不完全的制造业者，为要与其他较大的、组织完善的工厂主竞争，他们乃不得不削减工资，苛待工人。

工厂制度包含有极其不同许多要素——有些是旧来的、熟知的，有些是新奇的——哪怕是一个明认某种情形应加规制的改革者，他开始亦不能看到问题的全部。工资制度早经当作包发制度的一个特征而潜行侵入。迨采矿所需的资本增加了，像自动唧筒一类机械越发变为普通了，定规的时间与规律的问题，因以发生。在布业之临时中央铺店中，其情形亦正类此。备有动力机的工厂，如其要避免混淆和纷乱，那就势必要导来某种规律与编制。由个人亲临的监督，绝不能应付几十人几百人聚集一厂中所形成的繁杂情形。这时，需要设定种种规程了：要确定劳动的钟点，要指定各个人的业作，要安定被雇者对雇主之关系上的态度，要规定工厂之内的行为准则，甚且对被雇者之进厂与离厂的顺序，亦要妥为定好。亚克莱特是设计一种适当工厂法规的第一人，他那制度极有效果，不但许许多多的工厂效法它，并且成了以后更经过考究之工厂法规的基础。在某些地方，那种法规似乎过于错综复杂了，完全地、照样地应用起来，却反而会使工厂的活动，失其效用。此种情形，曾为若干过激的劳动组织所坚持，就因为规则的施行极彻底的、毫无假借的缘故，而实行起和平的怠工。

有两组一般的问题——它们在许多点上联在一起——发生于工厂的性质。第一，它是一种经济设施，其中包括有一种必须使其转动的机械上的投资；第二，它是一种社会设施，所有其他的组织如家族，如国家，都会受其影响。哪怕就把它当作一个竞争的经济单位看，它亦必须依着经验，探索出一个极限，并看对于劳动者之无情利用，究在此极限以外有多少不曾支付。可是，这不是单单一个问题，而是一列错综复杂的问题。一个制造业者暂时所支付出去了的，也许在结局上不会使他获到利润。一切制造业者全体的永久利益，乃系于其当作消费者看的工人之福利与购买力，关于这点，在实际是比其当初所实觉到的还要真实。最后，监护一个广大领域内之一切个人之永久与共通利益的国家，乃渐觉有对制造业加以规制之必要。

当这种必要变为彰明较著时——此在工厂制度史之极初期——其阻碍不但是个人的私利与偏见，并且，究竟需要哪一种规制，亦颇没有定准。在开始时，工人阶级本身是非常保守的，他们想仰仗旧来的法律，如英格兰之伊利萨伯的技术工人法令，以取得保护与救济。首先，他们都有仇视机械本身的倾向，当其不幸趋于尖锐时，他们即乌合起来，破坏机械，如一八一一年到一八一二年之略狄特（Luddite）暴动，就是一个实例。出身于比较幸运阶级之改革者，他们努力的方向，亦只是要求革正特殊的弊害，而以革正纺绩工厂之学徒儿童的状况开始。这些出自工作房之漂浪孤儿，他们被设想是学习一种行业，但实际往往不异于工业上的奴隶。在一种特殊意义上，他们是国家的孤儿。依此理由，国家得规制其雇主对于他们的待遇，而不致正面攻击其放任的容受性，或者，也不致激起侵犯家庭之神圣境界的不平鸣。可是，国家统制的业作一经开始，它就不定要依据何种逻辑，而停止下来。它的统制，扩张到了孤儿以外的儿童，扩张到妇女，到男子，更由一种工业到其他种工业，一直到最后使人知道其中包含有一种原则。

早期的劳动立法　完成于工厂制度中之社会的经济构造与社会构造的变迁，至少，对于许多世纪以来所积累的劳动立法全部，是够有使其归于无用的革新作用了。在中世纪乃至在现代初期规制上至关重要的学徒制，已经在若干新的工业上，没有存在的余地。而在其他工业上，虽尚残有此种制度之余绪。但已名存而实亡。一个大规模的永久的工资赚取者阶级，那是迟早要当作既成事实而公认的杂多事件之一。这个阶级，有它自己的特殊利益，而那些利益，有若干已渐视为其权利。当大多数人民都予同意时，这种权利简直变成了合法的东西。为要使一个团体的要求，成为一种法律，领袖是非要不可的。在一八二〇年前，把工厂规制的需求，展列于英国人民之前的，有两个人尽了颇大的努力，我们很可把这两个人指为诺柏特·皮尔（Robert Peel）与诺柏特·奥文（Robert Owen）。他们都是制造业者。

除了各种卫生的教育的设备外，皮尔一八〇二年之《健康道德法令》（Health and Morals Act），禁止9岁以下儿童进入工厂的"学徒制"，限制儿童每日劳动不得过12小时，更禁绝一切的夜工。不过，对于学徒不过3人，或全部作业者不过20人的较小工厂，这法令却没有触及，它并也没有阻止父母遭送其儿童到工厂工作。不久以后，与拿破仑的战争重又爆发了，在此后

12年的尝试期中，那法律大体上已变成了一纸具文。法律的范围太窄，其检查制度又颇疏懈，哪怕就在比较顺适的情况下，亦是无成效可言的。在滑铁卢（Waterloo）战争发动的当月，皮尔又向下院提议，主张此前的法令扩张到非学徒的儿童。他这提议虽未实行，但于一八一六年推定了一个议院委员会，以便考究这整个问题。

皮尔与奥文得到这委员会调查材料的帮助，哪怕是在改革时期之尝试中，亦居然迫着通过了一八一九年之《新工厂规制法令》（*A New Factories Regulation Act*）。这条法令包括入学徒儿童以外的所有儿童，把9岁定为工厂之被雇者的最低年龄。以前限定的12个劳动小时中，现在包括有半小时的用饭时间，凡属16岁以下的儿童，皆适用此规定，并且星期六的劳动不得超过9小时以上。这条法令，遭受了多方面的反对，并且，尽管后来通过了特殊的附件，在施行上仍是出于强迫的，依据那附件，哪怕是父母利用其儿童，亦在干涉之列。经济思想上的放任感情逐渐抬头了，马尔萨斯的人口理论和其他新起的尚论工资的经济学者的见解乃是促成这种特殊转向之一动因。据马尔萨斯在其有名的《人口论》中所说：依乘法增加的人口，定然会压迫生活资料，这生活资料，他认为，只能按加法在当时现存的条件下增加。若干经济学者，关于演绎此说，未免略涉匆忙，在他们看来，工资会倾向于仅够生活水准的限度，因为，如其这工资有所增进，则宽舒的生活，将会进一步增加劳动者人数。而且，劳动时间缩短，他们亦疾首蹙额的，视为是懒惰与罪恶的媒蘖。雇用妇女儿童，或者，赞成雇用妇女儿童，那通是意想中事，毫不新奇。早在一世纪前，得甫（Defoe）曾欣慰地看着约克细尔市"少有超过4岁以上的儿童，都能充分地自食其力"。

对于热心搜集十八世纪后期之一般经济规制和特殊商业规制，亚当·斯密曾有过相当贡献。早期工资赚取者（职工）组合之被禁止，那是一种规制之全般系列的一部分，其他的部分亦禁止雇主（老板）联合起来，统制或种工业，并维持商业与价格之烦琐监督。在商业革命时期，商人们愈益企图破除此种禁制。当十八世纪末叶，许多人已能获享自由，甚至在国与国间之自由。在包发制度上长期发展中——包发制度系由商人所支配——此种倾向与精神，已扩张到了工业方面。不过，在十九世纪之初，一般人对于这须得与较大的较有力的商工业单位，订定契约关系的有永久性的劳动阶级，迟早必然要形成组合的认识，还嫌不够。所以，工人结合之被禁止，不仅是依着英国普遍法律，且还同样是依着古代所有的法令。

一八二四年，由以前积累下来的34种法令，通被废弃了，而代替这些的，是一种承认和平结合的法令。翌年，此新法令又由一种另定的法律所代替，该法律撤回了前一法令所许予的特权的大部分，不过，对于旧来所有的规制未加恢复。革新的、拿破仑时代的法兰西，对于工人为缔结契约目的而从事结合的问题，亦同样感到严重，并且，它也表示了英国允许其他各种结合之几许宽容。法国还残存有基尔特时代之旧同伴会和革命前期之互助会。此两者多少都有某种仪规。前者的传统作用，在对于漂泊职工予以款待和交结，而后者则是一种顾名思义的互助的组织。约在一八二五年，工厂制度已开始在法国立定了基础，此种发展之导来，接着就有一种新形式的组合产生，这组合称为对抗会，显系为了增进其在缔结契约上的力量而组成。

这组合主义早期的发展，在整个劳动立法问题中是一个动因，不过，这动因，与其说是因为组合公开的成就了些什么，就宁不如是因为它们表现了、增加了团结精神。在一八八四年以前，组合还不曾在法国取得法律的允许，但前于一八八四年的16年中，它们却已在享受着"宽大"的待遇。因为，政府不允许其为自己利益而行着比较直接的实际活动，它们就相率走入社会主义的阵营，真正社会主义的摇篮，确是开始摇动于法国。此后，它们建立了百人组的团体活动，但在一八五一年，这团体活动为政府所禁压下去了。英国的工厂制度，比较法国为普通，从而，英国的无产阶级，亦比较法国无产阶级为更重要。一八三四年，英国组合主义展开了，这原因，就因为革新政府之苛虐的十年设施，使劳动阶级之利益转化为更其一般的纲领。过激的改革主义，即要求对政府全般改革——当时在大体上已经完成了的改革——的一个广大的然而无甚效果的骚扰，那有一部分是镇压组合主义的产物。许多人都参加了反谷物条例运动，并且，如同在法国一样，合作的团体活动是所在而有的。在此十年后，英国之职工组合主义，进入了一个稳健的、保守的发达时期，不过，它对于劳动立法之直接可寻的效果，那却是属于更后时期的事。

分隔一八一九年与一八三三年两法令之间的14年，那是工业迅速发展的一个短期间。在一八二二年，动力织机完成了，这种完成，无疑使它收到了商业上的效果，且给予工厂制度以一般的优势。此后，动力织机逐渐侵入了整个纺织领域，并逐渐迫着包发制度归于废弃。而与此相伴的，是工业的一般机械化，其中更包括了蒸汽机的扩展和采煤业、采铁业的广泛增大。这时，不但旧的商人制造业者的业务大部分已过渡于新工业家，而由前者所雇用的羊毛织物和棉织物的织工，亦遭逢了致命的打击。如其两种资本主义形态之间的斗争，实际是短兵相接，那工人们的境况，也许不致如此艰难，如此纷乱，但是，工业在同时活跃起来了。半饿的手工业织工，往往不能由其附近工厂取得工作，因为旧时工业都散布在乡间，其近地没有工厂。在新工厂市集行使规制，那比在所含局外人较多的旧时人口集中地要困难多了。那里的生活，在实际虽不会更不舒服，但一定是更其单调，更其没有趣味。采铁业与采煤业是最为隔绝的，但它们是到晚近才惹起极大的注意。

一八三一年，米克尔·舍德勒（Michael Sadler）对于把普遍十时法案提交国会的实际动作，曾竭力参加鼓励。结局，这种运动虽然失败了，但其酝酿依旧继续着，且因铲除大不列颠西印度殖民地奴役之十字军精神，而益增其热心。一八三二年，调查了工厂状况的议院委员会被派定了，该会以舍德勒氏为主席。一八三三年，经过了一可怕的政治斗争之后，最有名的全国工厂法令通过了。这个法令的通过亚希勒勋爵（Lord Ashley）——英国最有名望之贵族的一位年轻后裔——大卖了气力。此法令一般的适用于纺织工厂，而对于丝工业，则附有若干特许事项。9岁以下儿童，通通禁止雇入工厂。13岁以下儿童，每日不得工作过9小时，每周不得工作过48小时，每天点半钟的用餐时间，还包括在内。至若18岁以下的青年，则每天以12小时为限，每周以69小时为限。

夜工确实规定在午后八点半到午前五点半，18岁以下的青年儿童，不许从事此种工作。至此法令之积极方面，则是规定一切工厂儿童，每天工读两个钟头。真正适当的工厂检查亦分别举行。检查者依法律的保障由外面导入工厂，并准照法令上规定的条款，逐一评判。他们得进入任何工厂，得呼令任何人作为见证，如他们认为有实施测量之必要时，甚且可以通过一种辅助的规条。集会与报告制度，对于专门知识立下了基础，此后随时发觉有扩大或改变原来法令之必要，随时可资为参考。

运动30余年所得的这种结果，在一个已经观察到二十世纪之工业秩序的人看来，或者，在一个浸注于中世基尔特规制之记录中的人看来，那毋宁说是过于平常了。劳动指导者因为没有通过舍得勒之十时法案，他们对于此种代替物的施行，也并不快乐到流出泪来。那种法令的限制，慢说对于男子，就是对于妇女劳动者的雇用，亦未触到。而且，那仅仅是一种工厂法令，铁矿中、煤坑中，以及其他工业部门的同样的黑暗状况，全都置诸度外了。然而，试一考察当时一般对于政府干涉所表示的不大耐烦的精神，我们就知道此种法令还在放任政策上铸成了若干重大的缺陷。但这种缺陷没有扩展到它们所预定要扩展的限度。在当时，家庭不复是一个工业生产单位，家族不复能充分保护并教育其属员，那已经部分地被承认是既成事实。

一八四〇年，国会差不多是偶然地接受了亚希勒勋爵的提示，产生了一个一般儿童雇用委员会。依据这委员会第一次的报告，通过了一八四二年的煤矿规制法令，而其第二次包括各种工业的报告，又在此后若干年间的一长列规制测验上，产生了效果。就棉花制造业上讲来，政府规制的领域，首先已经扩张到一般的织布业，往往更扩张到一般的工业。《工厂与工作房法令》(The Factory and Workshop Act)类分所有的工业，并规定一种有组织的劳动法律，那虽是一八七八年的事，但其实在的胜利是早在这个时期以前就赢得了的。

一八四四年的工厂法令，对于儿童劳动，小有变动；对于妇女，施以青年人（在13岁与18岁之间）同样的保护；对于有危险性的机械，要求建筑围垣；对于因机械防护不周所酿成的伤残者，规定货币的赔偿。一八四七年，纺织业上的妇女儿童的十时法案通过了。所有新的工业，最后皆被括入此日益增进的规制序列中，至一八六七年，哪怕是小规模的工作房，亦附加有同一精神的规则，不过，那些规则，是适合于其特殊情形的罢了。在当时，就是孤立着的劳动，亦受有规制，一个完全政策的广泛系列，因而定位了。六十年代的这种立法的产生，我们是不容忽视劳动联合之影响的。

法兰西经过多年运动之后，终于一八四一年采行儿童劳动法。这种儿童劳动法，虽类似当时英格兰所行的同类法令，但就其全体而论，却是更为认真的。那在强制实施上遇到了不少困难。普法战争（一八七〇年至一八七一年）以前的其他许多零碎立法，因为没有实行，我们不妨略过不提。一八四八年之"六月节日"(June Day)，是紧随国家工厂停办而爆发于巴黎的暴动，这暴动，益加使劳动革新[①]没有面目。开始于一八七四年以后的一列法律，确立了政府对一般工业上之劳动状况的规制。比利时在工业上较法兰西为先进，从而，它之实施规制，差不多和英格兰是同一个时候。德

[①] 这种制度，与其说是一个真正的工厂，就毋宁说是一种暂时的救济组织。它设立在革命的危险期中，因失败而为路易·布兰克(Louis Blanc)之仇敌所利用，以为攻击的资料。实则布兰克的"社会工厂"的计划是完全不同的计划，他盼望由此可以革正经济的社会。

意志在这方面略较法兰西为早，它甚至是进行于其工业扩张以前的期间，那时，法兰西尚保有亚尔萨斯洛林。

五十年代以后的工厂规制，实在是属于一个不同的范畴，所以，我们难得称之为"早期"。在前章中，比塞麦尔之炼钢方法的完成，早被视为是证实并影响工业之新形态勃兴的重要事实，哪怕在更早的时期罢，规制扩张之传奇一般的连续，那多少都是由于人为的。一切事态之主要源流，不外是经济组织之演进，而生产程序之不绝机械化，则又为此种组织之不可分离的部分。经恶劣之劳动状况，那不过是其自然发生的一种附产物罢了。在规制运动开始时，劳动阶级之阵线异常混杂，它们甚且连领袖亦无从产生。工业资本主义的胜利，是约当十九世纪中叶，在这以前，厂内厂外的无产阶级，都难以打成一气。就说在严格的工业部门罢，那些劳动团体之间，亦没有密切的联络。采矿业上的劳动规制，系完成于第一次工厂法令后40年，将近在一八三三年之工厂法令后10年，而当时采矿业上乃至煤坑中的苛虐事体，足与其纠正过了的事体不相上下。

十九世纪中叶以后的组合主义与社会主义①的发展，与工业资本主义之胜利及其日益臻于坚固，保有极其紧密的关联。在一八四七年由马克思、恩格斯合草的《共产党宣言》中，曾有要求无产阶级统一的表示，这种表示，不啻承认了无产阶级统一还是一个或可实现的希望。20年后，那种希望在英格兰成为事实了，当时英国之保护的立法态度，当然与此不无关系。就在这一年，寄居伦敦的卡尔·马克思，发刊他的《资本论》第一卷。包发制度已经大部消亡了。那里虽还存在有未经组织的农业工资劳动者阶级，但工业劳动者，再也不是无帮助、无领袖，且无发言资格的群众了。

---

① 社会主义代表着变形工业社会之各种人民、各种团体的多少相互均衡的愿望，所以，我们极难下以定义。就一般而论，它是想以对于大物质生产工具之共有共营的形态，来代替私有财产、私营企业，乃至利润、利息、地租之（资本家）制度。在历史上，它已发展有它自己之理论、辩证法，以及关于解释经济事实之教义，并且已确立了其学说史上的地位。对于马克思主义所应用的"科学的社会主义"一词，系由恩格斯于一八七七年所说明，他认定科学的社会主义之基础，是建立在马克思之唯物史观与剩余价值学说之上。关于这后者，我将在本章末尾予以简约的讨论。马恩二氏合草的《共产党宣言》，那是他们之立场的异常简括，然而格外适当的说明。我们现在不妨称之为社会主义者宣言。

可是，激进的社会革命仍旧没有露其头角。如其某种组合之形成，表示了可惊的进步，那亦完全不是四十年代社会革命党所期的简单程序。大陆方面的组合，多少与社会主义者的运动有关，但在产业革命之发祥地的英国，它们却颇趋向于特殊职业之分组化。一八四五年之全国同盟，虽亦有15年的历史，但从未包括入许多极大的组合。在一种较新的工业革命，已经起于工业资本主义之胜利、低廉之钢，以及其他动因而后，大不列颠之职工联合关系，越发趋于散漫了。无产阶级不曾形成一个阶级，却反而形成许多阶级，而这许多阶级的利益，又往往颇不一致。城市劳动者与乡村劳动者，不结束一条阶级阵线，以致彼此相互冲突。与农业的法兰西相较，英格兰的城市观点是更能影响于政府的。有些劳动者，同时又是资本主义企业上的投资人，有些在合作公司中占有股份，还有其他的人，更颇以他们的现状为满足。在一八四七年[①]他们所要挣脱的锁链，已就微乎其微了，而此后若干年间，他们有的人还觉在既成秩序中，有某相当的赌质之物。关于劳动立法，诸组合与其说是倾向于革命的，就毋宁说是倾向于确定的和实际的。它们彼此之间所表现的利益的不同和资本家诸团体之间所表现的利益差特，没有两样。

组合主义与社会主义的竞争，那与它们的合作是同样的频繁。它们两者都感到，忽视国家境界，或组织超国家的团体，非常困难。社会主义也如同组合主义一样，分裂有许多利益冲突的团体。革命的狂热，随着时间的经过，与实现社会革命之失败，而渐形冷却。于是，不要求任何革命的人，亦开始参加运动，并且，有些社会主义的团体，居然与那些本来就不想成为社会主义者的团体合作。社会主义者鼓吹的实际效果，根本有许多就是由这种方法完成的。

产业革命之末期，一般认为是在十九世纪中叶，那时，劳动立法与劳

---

① 《共产党宣言》宣称：无产阶级除了"他们的锁链外，不会挣脱什么"，并且共产主义者（社会主义者）的目的，"只有猛烈摧毁既成社会秩序"才能达到。其中所谓"全世界无产劳动阶级联合起来"的战斗呼声，已经成为一种口头禅了。此种挑战态度，我们必须视为那不但是反对此两位流浪者个人经验的背景；反对许多为推翻资本主义，建立社会主义者社会，致遭失败者的背景；且是反对那种抗拒广泛革新的背景。

动组织已有所成就。经济上的领导,由放任的商业资本主义,过渡到了放任的工业资本主义,可是,后者不但染上了政府规制的污点,并还有允许工资劳动阶级之某种组织的要求。工资劳动者依着不大费力的挣扎,已经取得了选举的权利。在十九世纪下半期,他们的活动,不仅在支配他们本身之法律上,发生甚深的影响,且在一般的经济政策上,发生了甚深的影响。

新经济思想——(一)正统派经济 学亚当·斯密之思想,系表述于产业革命的极初期。但其中无论是他自己个人的思想,抑或是其他著者的思想,自然是远在一七七六年以前就形成了的。重农学派早就主张贸易自由、劳动自由,并主张竭力缩减国家所行的一般干涉。他们所理想的世界是一个法则的世界,在他们看来,遵循自然的法则,斯为善举,在他们心目中,只有自由竞争,能形成极有利于一切人的价格水准,因为个人的利益,必定是在寻觅最有利益的事情去做,而全般的福利,则又不过是一切个人之利益的总和。我们须记着,这些重农学者,通是生活于法兰西旧统治之下的上等阶级、有识阶级。他们重视天然产业(在大多数场合,是仅着意于农业),把天然产业或农业,视为是新财富之唯一的真正创造者,这种认识大体上不外是他们所处环境的产物。站在这些"经济学者"(Économistes——重农学派每自称为经济学者——译者)与亚当·斯密之间的杜尔阁(Turgot),他虽脱去了早期关于生产的许多幻想,但却未完全脱去。关于财富(收入、报酬)的分配,斯密发现了若干真正明晰的思想,他所未发现的——显著的是康狄拉克(Condillac)的思想——那是比较接近我们现代的见解,而比较不接近他自己时代的见解。他的最大贡献,是他关于生产的分析研究,以及关于全经济领域之综合研究。

他的大著《国富论》的问世,确是一件划时代的业作。那对于当时还在萌芽期中的工厂制度的勃兴,给予了甚深的影响。他使经济学成为一种十八世纪热心于"自然秩序"的新兴科学。这所谓"自然秩序",包括有一种乐观的见解,以为对社会各个人如允许其追求自己的利益,则经济社会之自然组织,自会呈现出来。他对于过去之思想与制度,具有渊博的知识,他的观察力、分析力、表现力,都颇为优越。设依着他那有名的论理著述,把他当作一个哲学家来看,他之财富生产思想,对于其财富分配思想的优越性,就不免有几分耐人思索了,因为在这后者的领域里,会引起极大的问题。特关于此种问题，①李斯特教授（Prof. Rist）提示了以次这样的回答。斯密在他去法国，与法国重农学派接触以前，他在格拉斯哥大学的讲义，差不多完全是讨论生产问题，从而，他这一部分思想的背景，彻头彻尾是大不列颠的。至其分配论的重要部分，则有更多是建立在大陆方面的思想上。不过，就全般讲来，那都比较不大明显，融化过了，且与其渊源判然各别。他把财富之源泉，区划为工资、地租、利润，以组成其财富分配论，但他从未论劳动、土地、资本三者，为生产三要素，以自圆其说。关于这种熟知的道理，后来曾由其注疏者，即法国人萨伊（J. B. Say）所补充。

斯密曾由他那有名的制针例证，主张一个国家，应看作是一个大的工厂，其中财富的基础乃在于分工。他以为，分工的发达，可导来个人方面较大的技巧与发明，并可大大缩减作业上不绝变动的时间。往后，当他想到工人从事简单部分的业作，势将不免在机械的固定程序上，变为呆笨而无知时，他终于显示了悲观的一闪。关于由贫穷困苦所限制的劳动者的供给，乃取决于劳动之需要的理论，他先于马尔萨斯、李嘉图、马克思而提示到了。至其有名的所谓企业与贸易上之自然的自由学说，前已论及。那有一大部分是十八世纪之流行意见的传布。

斯密对于价值之性质、源泉与尺度的理论，多少不免冲突，就因此故，乃促成其后继者分裂为"古典经济学者"与社会主义者两个不可调和的阵营——在最广的视野里，只提到这两者。他说，劳动不仅是唯一的源泉，且是"一切商品之交换价值的真正尺度"。因为他不能把这种说明，满意地适用到比较进步的社会。于是，乃仿佛按着当前情形的要求，而任意加以变动，加以增补；其全体价值学说，就因此遗下一些暧昧了。在一个地方，他

---

① 基得（Gide）与李斯特合著《重农学派以后的经济学说史》1917年英译本，参照1913年法文原著第二版第50—56页。像这种著述——就已经问世的此类书籍而论，本书算是最佳——为研究过去150年之经济史的必备读物。在经济史的本身，其所着重之点，为实际的组织，任何紧密的讨论，都将排除其对于伴随实际组织之理论发展上之特殊命题的注意。在这部648页的《经济学说史》中，两位著者，对于他们仅视为经济史之"显明部分"，在学说史上必需省去云云，曾有所表白。他们如果能够宽恕自己的"经济史之比较忽略"，那我们以尚论经济史为主题的人；要对于他们详加论列过的部分，节省篇幅，亦至少感到轻而易举。

断定"真实的价格"乃基于劳动；在另一个地方，又说"真实的价格"乃取决于生产费，此生产费中，包括有工资，乃至由土地资本联同活动所生的地租与利息。在其他的地方，他又认定价值单由劳动形成，把利息与地租控除下来。至关于日常市场上的价格，①他承认那是随其需要与供给的数量而变动。

马尔萨斯也如斯密一样，涉猎颇广，他是一个僧侣，一个哲学者，但不是一个商务中人。在他所有的贡献中，要以其人口的研究，特别是其对于人口趋于过剩的研究，为最有效果。他所观察的社会，正当着世纪之转变期，与法兰西之战争期中，他认定增加生存手段，使其较速于一种算学级数的期待，颇靠不住。而同时人口增加如不加以限制，约在25年中，就要加多一倍。在他设想，人口是必须限制的，限制之法，与其让穷困折磨，不如行"道德节制"。

大卫·李嘉图（David Ricardo）是一位在股票交易所中集有巨资的经纪。他没有受大学教育。他是亚当·斯密的后继者，但斯密所着重的是财富之生产，而他在其艰涩的论辩的诸著中，则是着重财富之分配。在地租的说明上，斯密的乐观主义和十八世纪的顺适背景，使他重视一种自然的特别赐予，于是，他认定，地面上被要求耕种的土地，能养活更多的人民。马尔萨斯曾经提示过：人口的压迫，在不绝倾向于苛求此种赐予，并且，正因为这利益，较肥沃土地的所有者，乃获有特殊利润。这在后来称为"差等的地租"，马尔萨斯视为是对于原来所有者之"努力与才能"（strength and talent）的正当报酬。

---

① 我们可以把美国棉花收获之两种价格间的差别，作为例证来说。设有一定量的棉花在这里，既经采集了，那一年的劳动量已决定了，其价格（就说是一月二十日的价格）可以在平均价格20%以上，亦可以在平均价格20%以下。今日的经济学者，也许不同意此说，以为哪怕是那种棉花的全收获额的市场价值，亦是受决定于其生产所需的劳动量。其实，那种价值，一方面取决于需要，同时也取决于供给。而需要又是由一组极其复杂的要因所决定，其中，如纺织工业的状况（这种工业状况，又受有其他工业状况的影响），地租、利息率，以及工资等。哪怕就是在逐年产额被固定了的非常简单的场合，其市场价值，亦要受到种种影响，如前些季节所遗下的数量哪，如在其成熟、清轧以前那个季节对于既成数量所抱的意见哪，如对现有数量之若干部分含有竞争作用之下次收获之估计哪，通有决定其市价的作用。显明的，如其劳动不符合于一捆棉花之实际市场价格，或所有棉花之平均市场价值，那当然不能算是私有财产统治下之极其有用的价值尺度（斯密亦如此假定）。关于这个问题，斯密颇有所怀疑，但他终于没有完全清除其价值学说之障碍。

李嘉图与斯密之意见相反：他以为地租不是发生于自然的赐予，而是发生于自然之吝啬。"当人口增加，要求耕作品质较劣，地位较不便利之土地时"，地租乃因而发生。谷物之价格，乃取决于最劣等（或限界）土地之谷物耕作费用，于是，保有较优良的土地的人，遂能取得一种利润或余利，此种利润或余利，即为地租之基础。特人口的增加，不但要求耕作更劣等土地，同时亦要求对于既耕土地，从事集约的耕作，前者称为耕作之"扩大限界"，而后者则称为耕作之"集约限界"。由此集约的关系，乃导出了所谓报酬递减法则，即，在一定量土地上，使用两倍资本，不会永久总是增加两倍收入；关于此点，杜尔阁先李嘉图而论过，特语焉不详罢了。至市场远近的关系，李嘉图很少谈到；这种生产费的特征，是留到后来德国经济学者屠能（Von Thünen）始予以发挥的。

据李嘉图的分析，地租不但不能增加市场上之谷物费用，其本身且完全是受支配于谷物之市场价格。唯其如此，我们应当让谷物自由交易！对于资本，他认为那仅是一种劳动的产物，而非与劳动个别的要素。他确信劳动为价值的尺度。斯密虽先于李嘉图而作过这种主张，但他以为那只适用于原初社会，若在其他进步社会中，则须考虑到劳动以外的资本与地租。李嘉图反对此说，以为生产物品所使用的资本数量，是与其劳动量成"比例"（proportional）；至于地租，他根本不承认其为价值的源泉。

对于地主阶级之道德的权势，李嘉图曾予以可怕的打击。他那对于人类生产能力之极大的信心，终究不够掩盖其对自然和对人口问题之悲观态度的发露。在他的大著《经济学及赋税之原理》发刊之一八一七年，关于工厂制度、谷物价格以及围地诸端所引起的弊害，社会上已不仅只是民怨沸腾了，大部分热心的放任主义者，看着由原则上攻击至善"自然的"秩序，而无动于衷。

要探究李嘉图对于货币及国际贸易理论之重要贡献的影响，那没有探究其对于地租、价值、工资与利润学说之影响，来得容易。其友人杰姆斯·穆勒（James Mill）取其地租理论与价值之逻辑的结果，而鼓吹国家由赋税占有地租。就这点讲来，他不啻是亨利·乔治，以及其他以"单税论"见称者的先驱。李嘉图之劳动价值说①为马克思之社会主义学说的一个基石。介

---

① 注意：李嘉图与斯密同样是假定私有财产的统治，并且只企图解释其作用。他的劳动价值说，到了社会主义者手里，变为完全不同的东西了，他们摈除了他原来的假定。

乎李嘉图与马克思之间的，是布兰克（Blanc）与蒲鲁东（Proudhon）。布兰克企图建立"社会工厂"，使所有的劳动阶级，获有他生产的份额，但是他的理论，与一种消费的学说混作一谈了，后者与其说是按照一阶级内之生产为准，却不如说是按照需要为准。蒲鲁东也明了由劳动所创造的剩余价值的观念，但他未把握住这观念，马克思开始取得理论家的荣誉，是由于他在一八四七年攻击蒲鲁东——那并不是攻击他关于劳动为价值之源泉的观念，而是攻击其极端倾向个人主义。蒲鲁东这方面的思想——实际是过去放任的自由主义撒下的种子——结局，使他成为现代无政府主义的建立者。

李嘉图是一位自由贸易论者，但与"曼彻斯特派"（Manchester School）不尽相同。他颇有影响于杰姆斯·穆勒，并经由杰姆斯·穆勒，而影响于其长子约翰·斯图亚特·穆勒（John Stuart Mill）。基特教授曾论及那可以称为经济思想之主源的事实，他说："由李嘉图之大著《经济学及赋税之原理》出版之一八一七年，至约翰·穆勒之《经济学原论》出版之一八四八年，期间有30年的间隔，这30年全是由一些次等的经济学家所占据；他们的努力，不在发现何等新原理，而在对于已经形成的原理，加以扩充与融合。"①约翰·穆勒支持着地租上之"不劳而获的利益"（unearned advantage）的观念——此为促成其思想转向社会主义的许多要素之一。他反对财富分配乃受支配于不变经济法则之说，在他设想，人为的干涉，对于增进协作，对于轻减工资制度弊害，都大可有为。他对于放任之说，所守虽坚，但不走极端。他以为，那是一般善导的原则，但不知个人行为显有害于社会。至对于消费者利益加以有组织的保护，在他想，那亦是政府势在必行的。他这种态度，鼓励了许多其他的中和论者，使他们在促进那包括有社会保险的劳动立法

---

① 在所谓"乐观主义者"中，一个美国人加雷（Carey），也许不妨置诸不论，但对于《调和经济》（*The Harmonies Économiques*）却应当说明几句，《调和经济》为法国斐特列·巴师夏（Frédério Bastiat——一八〇一年——一八五〇年）之最有名的佳作。巴师夏之最确实的贡献，就在他从理解方面，且从实际经济现象之规制方面，重视消费者的立场。在偶然之间他这所重视的，与其说是供给，却毋宁说是需要。他有一种乐观的，然而是可疑的观念（曾受罗贝尔图氏的驳击）。以为劳动和资本合作所得的生产物的份额，将与时而愈增。他的论据，是基于利率之逐渐低减。但他没有注意到以次的事实，即，利率的减落（就说由5%到3%罢），更常表示资本化的增加，更不常表示产额之缩减；而且，利润与红利的蓄积，也须与其原本的同样加以考虑。

上，得到一臂助力；那种劳动立法，往往被称为"国家社会主义"政策，在十九世纪的末期，此种政策是颇为流行的。

生活于一八〇六年到一八七三年的约翰·穆勒，正可显示他那个时代的显著特征，由亚当·斯密，经马尔萨斯、李嘉图、杰姆斯·穆勒，以至杰文斯（Jevons）与亚尔佛列德·马夏尔（Alfred Marshall）的正统经济学说，通过那个时代，汇为一个主流。他在那个时代思潮上的影响，与其说是他对于那些苦恼其先辈的问题，表示了何等革命主张，毋宁说是由于他对于上述那些出版物和其他的思想表示了一种容受性。关于马尔萨斯之人口理论，他所增益的，只是其"道德"节制以外的意见。他之保护消费者的渴望，曾为巴师夏所主张。他小心剖析各种幸福之间的区别。在他心目中的边沁（Bentham）的功利主义，不是唯物主义。他对于李嘉图之价值观念，丝毫无所增进，那一部分也许是由于大陆方面社会主义者的影响。在早年，他曾倾向于圣西门学派（Saint-Simonian School），在他临死之前，他还写有一种关于社会主义的论述的一部分。在历史上，从没有像斯密《国富论》出版以后70余年中，那么多的经济变动和那么多的关于那些经济变动的思想变动。约翰·穆勒与斯密差不多是同样的渊博和同样的富于合理精神，落到他的任务，是借着新的事实与新的知识，重新说明其思想。

新经济思想——（二）包括早期社会主义的批判主义　　在十九世纪末期，一般对于反对政府规制之自由放任主义，在态度上发生了极大的变化，这，我们在以后诸章中还有详细论到的机会。那种变化，除了当时的物质基础外，并还有不应完全忽视之有系统的、广泛流行的思想背景。哪怕是考察劳动立法、社会保险政策，以及其他单看作是应急策的关税法，我们总不要忘记：促成那些政策实现的政治家们，他们之作如此主张，是认定了由此或可施惠、缓和，或者暗中倾覆那些为他们所属意的团体的。在他们之中，有正统派经济学者以外的人，我们在上面已经提述到了几位。

大不列颠与大陆方面大不相同——此种情形，在拿破仑战争以后，也许比在亚当·斯密时代为尤甚。法国从未进行英国那样的围地运动，但它是一个保有农人村落与比较小保有地的优越农业国家。其制造业在全体国民生活与思想上，占有一个极其不同的地位（现仍如此），并且，在十九世纪之初，它简直没有近似英国的那种中等阶级了。直至近世以前，德意志社会之缺乏此种要素，甚至比较法兰西为尤显著。对于具有社会主义偏向的无产阶级之发展，大陆方面实在准备了更膏腴的园地。德国尤为特别，它简直没有发现一种特别适合其需要与期望之国外贸易与输出制造的国民经济原理。

在一八四〇年与一八六〇年之间，由罗雪尔（Roscher），嘉尔德布兰（Hildebrand）以及克尼士（Knies）所领导的一群德国经济学者，建立了一个经济思想的历史学派。他们的后继者，仅举其著称人物则包括有德国的希莫娄（Schmoller）、布雪（Bücher）与桑巴特（Sombart）；英国的勒斯里（Leslie）、克尼汉（Cunningham）与亚希勒（Ashley）。这种运动，对于李嘉图一派的抽象经济学，表现了一个实在严重的反抗。他们深信，由一些纯由想象幻造的环境，掺和广泛的一般原则所建立的教义，那是颇靠不住的。他们的思想当中，幻觉的成分极少，他们发展了一种健全的历史方法，并利用此方法，以搜集最近过去及较远过去之历史上的可靠的资料。德意志之可敬的大学经济学，坚决主张完全的国家干涉，这一来，就无异为曼彻斯特派经济学，掘挖了坟墓。

斐特列·李斯特（Friedrich List）曾力言决定国家政策时，忽视历史背景之不智。他这种主张，使他成了历史学派之先导。美国是一个保护者的国家，他曾定居那里，并在那里进行业务经营。他之所谓自由贸易，只乖谬的适于制造业上之领导国——大不列颠的申辩，那是直到其名著《国民经济学体系》，于一八四一年出版后许多年才发生效果的。他对于国家规制之亲近，颇适合于当时不大为人注意的若干社会主义原理。

如其是仅对那些产生了确实影响——直接影响于制度，或者影响于后来生有效果的思想——的社会主义思想，加以简括的描述，我们就不妨把十九世纪初期奥文、圣西门（Saint-Simon）、傅立叶（Fourier）以前的若干的断片观念，完全置诸不同。法国大革命的爆发，那与涉及了被尊视为不可侵犯的私有财产的卢梭（Rousseau）思想大有关系。至佛兰柯斯·巴波夫（Francois Babeuf）之共产主义者策略，在实际却无关于此后的社会主义理论。①西斯孟底（Sismondi）生于一七七三年，卒于一八四二年，他开始其经济著述，系在一八〇一年。就批判现存社会制度的尖刻讲，他实不亚于奥文，甚且不亚于卡尔·马克思。他颇不满意于正统学派，对于马尔萨斯、李嘉图、萨伊，都有所非难。他曾这样宣称："从削减劳动报酬上看来，我们

---

① 路易·布兰克主要虽是追随圣西门、傅立叶与西斯孟底，但据说，他曾赞过邦纳洛梯（Buonarotti）之著述，邦氏为巴波夫策略之支持者。

几乎可以说：现代的社会生活，是以无产阶级为牺牲。"不过，他对于私有财产制度，从未加以经济的攻击。他并不是一位社会主义者。

就社会主义之某一个方面说，那是对于法国大革命之若干最基本原则加以攻击的反动。那些基本原则，大部分见于重农学派或典型的资产阶级经济学者之著述中。在那次革命的立场看来，一切组合的形态都可诅咒，只有私有财产是神圣的。然而，早期社会主义者之破坏私有财产，却就正好是采行组合的形态，如共同社会体、如斐兰吉（Phalanges）等。

如其有人怀疑思想的势力，或者以为思想的势力，与其本身健全或具有创意保有密切关系，那就让他探索一下劳动价值学说。这种学说由亚当·斯密所发端，由李嘉图结晶化，但现在除了社会主义者外，没有其他的人肯相信它，并且，有些社会主义者，亦把它弃之不顾了。在西斯孟底的著作中，我们发现了一种反响：西斯孟底是李嘉图之反对者，他自己虽非社会主义者，却写了一部颇接近社会主义者之最重要原理的书。诺巴特·奥文的理论，有许多就是根据他那部书。威廉·汤普生（William Thompson）为一位爱尔兰的社会主义者。劳动价值说经过他的研讨，颇近似数十年后马克思所建立的形态。据德国社会主义者罗贝尔图（Rodbertus）的主张，劳动为一切生产物之真正源泉，并且，他认定生产物价值，与其所费一定劳动量之相等为一种"野望的理想"（ambitious ideal）——虽然他从未反对那是一种事实，劳动价值说为一马克思拱门（Marxianarch）的枢石，拉塞尔（Lassalle）曾由此深入扩大的，达出其所谓"工资铁则"（brazen law of wages or iron law）。我们一想及银行家李嘉图之学说的使用，居然燃着了革命怒火，最后在二十世纪且推翻一大帝国，那真有点滑稽了。

在这些乌托邦社会主义者中，汤普生也许是最聪明的一位思想家，但他的著作是否有大而且久的影响，那却难以断定。奥文与傅立叶之个人活动，都算有声有色。就中，傅立叶之斐兰吉（Phalanges——按即每1800人之共产团体——译者）是比较有名的；在畿塞（Guise）之哥丁（Jean Godin）的火炉与壁炉的工厂，现仍残存，而在麻塞却色州之布洛克农场（Brook Farm），则早经消亡了。奥文在新拿拉克（New Lanark）由他亲自指导创建的工厂社会，虽曾表现过有繁荣景象，而在美国之新哈姆尼（New Harmony）即印狄那（Indiana）等地，由其信徒们所建立的，则概归失败了。罗奇德尔合作店（Rochdale coöperative）之建立，在他自己虽只视其工作中之一小特征，但那也许是最有不朽价值的。至若他在工厂法通过上的影响，我们前面已经提过。

奥文认定利润会阻止劳动者购回其汗血产品，会导来过剩，且会引起刚好出现于一八一五年那样的经济危机，他企图废除利润。他试行一种以劳动券（labor-currency）代替货币的愚笨计划。这计划，后来常出现于社会主义者的著述中。傅立叶与奥文不同，他认利润为合法。于是，傅立叶主义，终乃成为一种协作与分享利润计划。如其在容受若干修正的限内，我们不妨说，那种计划现还在法国极其流行，并且，那如没有马克思主义的攻击，也许其流行更广。

圣西门自身的影响，主要虽是属于人品方面的，但其直接后继者却在他死后集合起来，组成了一种实在重要的系统原理。他们这般圣西门主义者，每视坐享的利润与地租，为课加于他人劳动的赋税，不过，企业者的利润，则认为那只算是他之指导劳动的报酬，这种利润如不过大，即不失为正当。在他们看来，财富是社会生产的工具，不同领受财富者，是否有成就其对社会之义务的能力，而概许其承继财产，那种思想，他们是嘲笑不置的。他们理想中的社会主义国家，是一个国家银行，或一个国家的财富仓库，每人依照其才具与能力，应得的部分都由那银行或仓库分发出来。这种设计，除了拿破仑所谓"事业向有能者公开"外，根本是未想到什么平等的。就其最后的形态而论，圣西门主义是社会主义，不是有时别于"乌托邦"之共产主义。与一切前进者较，马克思是一位更能干的人，是一位更优越的学者，但他的社会主义是否更"合于科学"，那却惹起了不少的争论。恩格斯曾指斥乌托邦社会主义者，不知道剩余价值的原理，而这种原理的极简单形态，我们却不妨说是奥文思想之缺点的来源。圣西门主义者有一种证明社会主义降临之历史阶段说，那虽与马克思所见不同，但总不能说是较不革命或较不积极的。①他们在一八三一年，力行非法的组合，结局是实行被破坏了。新的领导者为昂芬顶（Enfantin），他已经使那种运动旁趋入伦理和宗教的领域。

所有这些早期的社会主义运动，似乎关于家族问题、关于妇女之地位问题，都有了几分感到难以把握。把它们的实行方法和其若干比较过激的计划抛开不问，我们应当注意到，那些在今日看似难以惹人注意的纲领，在当

---

① 圣西门有一种提示，以为政府发达之封建的、法律的和产业的时期，恰好相当于神学的、形而上学的、科学的三个历史阶段，这种说法，证实了《实证哲学》之真正创导者，不是奥格斯特·孔德（Auguste Comte），而是圣西门了。

时是被视为大可诅咒与大逆不道的。例如，汤普生在一八二五年写有一篇论文，其题名是：《占有人类一半的妇女控诉人类其他一半的男子的特权》。这个题目，我们看来是无所容心了，但在女权运动伸张以前，那却是言人所不言。约翰·穆勒是一个早期社会主义者的学徒，他在其晚年的有名著作中，亦曾表现了类似的见解。

路易·布兰克为一位"有大影响的小人物"。那种人物不绝提示我们，使我们知道，有些事情是如何不能预料，有些事情甚至在事后是如何难以解释。布兰克是一位胸无特别成见的新闻记者，他曾著论攻击路易·腓力普（Louis Philippe，一八三〇年——一八四八年）之腐败的"七月专政"（July Monarchy）。在一八四〇年，圣西门主义运动已经烟消火熄了。像奥文、傅立叶、汤普生一流的组合主义者的反对现行经济组织运动，亦显然没有何等了不得的大效果。布兰克所由出名之《产生组织论》（The Organisation du Travail），系分载于一八三九年的《进步杂志》（Revue du Progrès）中，至一八四一年，始刊为单行本，不久即重印多版。

集中计划，无异宣判竞争的罪名，西斯孟底曾在这方面提醒我们，布兰克则曾阅读过西斯孟底的著作。就因此故，他以为竞争必须彻头彻尾废除，换言之，就是要消灭无产阶级，并倾覆资产阶级。他的整个救济计划，直无异由同业自动组成的一个极其简单的生产者合作体制。此种体制，曾由一位呼为巴切兹（Buchez）的圣西门主义者提倡过，其不同的地方，不过是后者只关涉到较小的产业，而没有顾及国家帮助之必要。若布兰克的计划，则是由政府帮同创立"社会工厂"（social workshop）。他假定，这些工厂创立起来，势将使其竞争者全无继续经营的余地，由是，乃可达到一般社会化的实质效果。布兰克之所以风靡一时，显然是因为他的计划之极其简单，并且他那运动之恰合时机。那不要大的努力，也不要大的机械。国家所需为力的，不过是对于发动那种运动之微琐的暂时的帮助（那种运动发作起来，国家定然受到破坏）。此种国家责任的观念，乃为拉萨尔手中的有力武器和罗贝尔图理论中之一重要条件。布兰克诚然不是此种观念的创见者，但他把此种观念通俗化了。就因此故，我们必须认他为国家社会主义创导者之一。他自己由法国一八四八年的革命推入前卫，受其仇敌之欺骗和愚弄，以致暗昧不明。

蒲鲁东之著述《财产论》（Qu'est-ce que la Propriété）的出版（一八四〇年），几与布兰克那部有名著述为同一时期，那也同样获有广泛的销路。他那"一切财产皆为赃物"的有名论题，构成了对现存经济组织，尤其是对劳动利用加以全般攻击之基础。他是一位极端的个人主义者，并以现代无政府主义之创导者著称。在一篇问答式的小文中，他已先于克鲁泡特金（Kropotkin）而提示了互助的观念。他是当时最有光辉心情者之一。

蒲鲁东之最大的影响，系经由社会主义者所振奋起来的，这虽是一个俗见，但颇有可能。他对于圣西门、傅立叶，甚至对于布兰克的批判，可谓刻毒已极。在他看来，共产主义是一种"贫困的宗教"。他的名著《经济的矛盾论》（*Système des Contradictions Économiques*）刊行于一八四六年，马克思开始以社会主义者见称，就是因为他在次年刊行《哲学之贫困》（*La Misère de la Philosophie*），以攻击蒲鲁东那部书中的主张。蒲鲁东之反对现行私有财产制度，只因为那种制度没有认识到生产上之主要要素——没有那种要素，资本与土地都将无所用之。他以为，财产是必得要保留的，不过，不劳而获的收入成分，利用劳动所得的成分，加诸工作自由和交换自由上的限制成分，都当予以清除。马克思的思想，类似于蒲鲁东者极多，往往有人说，他虽攻讦蒲鲁东，但他也剽窃蒲鲁东。设为马克思加以正当的评判，我们可以这样的问：任何思想，除了革正并再组其以前的思想外，还能有什么"新"吗？

嘉尔·罗贝尔图（Karl Rodbertus，1805—1875）是处在社会主义者经济理论形成的时期——为了便利，我们不妨说那是于一八四八年——并且也是处在社会主义者比较有永久组织的时期。他为抗辩巴师夏之劳动报酬，随生产扩大而益增加之说，而著述的《劳动阶级之要求》（*Die Forderungen der arbeitenden Klassen*），一八三七年已经完成，在这种意义上，他是一个"早期的"社会主义者，至他的其他重要著述之刊行，则大约是在同世纪中叶前后。他在较后的组织时期所演的任务，是思想家和国民议员的任务。依着他自身乃至他的著述，对拉萨尔发生过颇大的影响。拉萨尔是俾斯麦（Bismarck）的朋友，是国家社会主义与革命社会主义发展上的一位大人物。罗贝尔图之为人所认识，他的著作之受到德国极有名经济学者，如瓦格纳（Wagner）——他在国家社会主义的发展上，扮演了一个主导的角色——流人物所备极推崇，那有一部分是因了拉萨尔的缘故。他自身不是一位组织者或宣传家，所以，他对于实际的影响，就比较其对于拉萨尔或马克思的影响，还要不易估计。

这里虽没有充分的篇幅，详论其思想体系，但我们应当明白：罗贝尔图在他往往被状述的社会主义者的原理上，他并不一定是一个神秘的人物。反之，这样观看他的人们的大部分神秘，却还是由于他的理论之清晰。他一方面扩大亚当·斯密的思想，视人类社会为一个基于分工的有机组织。但当他由经济观点，只把个人视为一个协助的而绝非自给的要素时，他却指斥"经济自由"为一种诡辩。并认国家历史上最宜于成为一种有意识的调整机构的制度。在他设想，由货币表现的有效需要，完全不够成为一种生产的统制，因为只有那些具有购买力的人，始能感到需要的。在罗贝尔图企图实现的制度中，社会的需要，会在唤起货物供给，演着更大的任务，结局，也许会完全代替货币力，而成为一统制的要素。

他重视手工劳动，把那看为是货物创造上不可代换的时间与精力之显著的牺牲。[①]他并批评现存的牺牲劳动者的机械。他不使其眼前所见的工作系统原则，与其所期望实现的系统原则，混为一谈，在这点上，他与马克思不同。他的理想，是认定劳动应支配全生产物的，在此种场合，劳动乃能成为价值的尺度，但是，他从未说，劳动在现存的经济秩序下，亦是价值的尺度。他以为，要完成劳动完全支配生产物的目的，私有财产与个人生产是非消灭不可的。就大体而论，我们与其说罗贝尔图是一位革命者，倒毋宁说他是一位地主阶级的自由党人。他对于究竟要如何才有益于人类社会，如何才有益于人类的种种判断，没有何等信念。他的工资息券（wage-coupons）制度——依着这制度，国家可以直接保证工人在一般进步上之一定份额——实在经不起任何分析。他是反对经济自由的，他并且认定，在他的"基督社会的"国家状态下，存有在现存国家状态下同多的个人自由：就此两点观察起来，他之对于专制主义观念的容忍，就没有什么特别矛盾的地方了。他虽然反对一八七二年之埃生纳奇会议（Eisenach conference）——这在后面还有详论的机会——的国家社会主义，但仍不失为"费边型的国家社会主义者"（Fabian State Socialist）。他诚然不喜欢实在的国家社会主义的原理，可是他

---

① 罗贝尔图也与其他社会主义者一样，丝毫没有留意到"坐享其成的资本家"（lolling capitalist）的"牺牲"。在西尼尔（N. W. Senior）的大著《经济学纲要》中，曾使用"节欲"（abstinence）一语来解释资本的蓄积。那种意思就是：既得财产之"延迟享乐"（delay of enjoyment），即不立时消费，而用之于生产。他这种主张，是对于李嘉图之价值概念的一个重要增补，并且也与那种概念完全一致，因为其着重之点，在于视限制供给，为一种价值的源泉。

由西斯孟底与奥文发端的恐慌学说，到罗贝尔图亦曾加以发展。他以为，货物的过剩堆积，乃由于劳动者之购买力受到限制，而其购买力之受到限制，又是由于他们劳动所得之生产物的份额减少。

的思想，却颇倾向于那种原理之形成。

新经济思想——（三）组织的社会主义　提及基督教，提及新兴的如李斯特一流经济学者所鼓吹的民族主义，我们就知道在社会主义者的思想——这是在大体上代替了初期或萌芽期之社会主义思想的——上有两个新的派别。这两者的组织力量，都曾借助于既存的制度。教会的权威，由来已久而且建有深固的基础。"人类之最庄严创造"之民族国家，就在一八五〇年，已经成长到了几乎没有人怀疑其存立的程度。

对于基督教的社会主义，或如有些疏解者所宁愿称呼的"社会的基督教"，我们在这里只能顺便提到。这社会的基督教之信徒者中，有些人要求与十九世纪之比较过激的运动和衷共济，并帮同建立一个不用私人资本家指导的劳动者的世界。而其他的信徒，则不主张大大变革现存的物质的秩序，只企图把基督教变成一个主要的道德权威，超越一切阶级，并能解决一切阶级之间的矛盾冲突。在这两种对立的意见之间，还存有无数的差别见解。至他们大体上趋于一致的共通要素，可以说是对于一八五〇年左右之放任的经济自由主义之敌视和企图对于这时开始之比较成熟的社会主义者运动上之唯物主义的避免。

一个新教徒，单就他认识了个人的救济，不能离开社会环境说，他也许不妨自称为基督教的社会主义者。加特力教徒也如同新教徒一样，他不能算是纯然的社会主义者。他们有许多人强烈地反对国家社会主义。最共通的思想已经组成了团体，或类似中世型的组合，其希望仿佛是想把再造的国家与那些组织联结一起。在个人方面，在团体方面，新教的社会主义者已有所成就，但组织的运动，绝不算是当时那种成就中的重要要素。就是加特力教的社会主义，亦尚不曾准照某种目的而实在组织起来。在极端加特力教化的国家，这方面的成绩，犹是平常得很，这原因，是不难加以解说的。要更新现存的秩序，势须占有可靠的"大多数"。对于这种更新，也许存有某种希望，但在这里论述起来，却就不免是一种可疑的预想，或烂漫的幻觉了。

国家社会主义代表了一种杂有危险性的奇异杂合物，那是一种综合一种协调。德国历史学派的经济学者，颇与此种主义接近，后来且有拥护此种主义的。拉萨尔之被称为国家社会主义的创建者，那只是因为他企图利用国家，实行达成其所希望实现的社会主义秩序——那种社会主义秩序，与立基于私有财产制度上之国家社会主义秩序不同。在这同一的意义上，罗贝尔图也算是一个国家社会主义的建立者，不过，他大体上是一位经济学者，而非政治的妥协家。

斐迪兰·拉萨尔（Ferdinand Lassalle，1825—1864）曾为一马克思派的

社会主义者（在密接的意义上说，他们通是哲学者黑格尔之精深研究者），他几乎自始至终都保持住了他那原来知识倾向的大部分。然而他企图成为一个德意志的政治领袖。为了这个目的，他不得不有一个明确而直接的纲领，这纲领，须使他不致受到放逐的处分，不要脱离自由改革的成分，或者不宜使大部分的劳动阶级受到惊恐。当他经过14年的别种努力，而于一八六二年回到政治运动时，他有两个主要目标：一是为大众争取普选权，一是要求国家支助生产者组织。在政治方面，他能信赖俾斯麦之新强力政策所惹起的自由党的不平。他对于经济秩序的攻击，有如马克思的学说一样，乃是建立于李嘉图的"工资铁则"之上。

合作正是当时的一件应时事件——对于一八四九年以来，以工人之间确立合作信用社的事业，叔尔测·对力赤（Schulze-Delitzsch）曾作过了多少成功了的奋斗。前面讲过，国家的干涉，在德国历史学派经济学者看来，并不像其他大部经济学者那样感到不合脾胃。由拉萨尔建立起来的罗贝尔图的权威加强了这种动向。而且，德国的民族主义，早由关税同盟（zollverein）与李斯特一流的保护主义，赋予了一种经济上的转变。黑格尔描述的人类为自由而长期奋斗的叙事诗，在我们今日看来，虽似对于经济思想上没有多大关联，但其中指示的人类反抗自然力，反对横暴压迫，克服匮乏与无知，永远不断地竞求最高的组织形态，以成就种族命运的说明，那都应看作触及了十九世纪后半期之一切改革计划的调整原理，而不可忽视。拉萨尔之全德意志工人总会（General Association of German Workers）乃建立于一八六三年，当他于次年因决斗结果，使那总会失去领导者时，总会已像形成了一种有征服力的军队。这军队在失去领导者以后的未经分散的势力，由马克思派社会主义者、国家社会主义者，以及其他社会主义者聚焦起来，用以从事非拉萨尔原来所期的活动。大德意志社会民主党的始创者，亦被认为是拉萨尔，因为那是发端于一八六三年。

在拉萨尔死去的一八六四年，马克思在伦敦建立他的国际工人协会（International Workingmen's Association）。其代表人物为李普克尼希（Liebknecht）与柏柏尔（Bebel），他们把那时已经形成之协作的与教育的叔尔测·对力赤会（Schulze-Delitzsch societies），拉拢到社会主义的阵营。一八六九年，社会民主党正式成立。后来，这个党分裂了，并且在信用上，还多少受了巴枯宁（Bakunin）领导的一群无政府主义者的不好影响，最后，一八七五年，乃与拉萨尔所创导的全德意志工人总会合作。

第二编 现代

国家社会主义之见诸实行，当溯诸俾斯麦之镇压这种社会主义团体的宣传，他为了同时要倾覆那种团体的道德势力，于是乃模仿罗贝尔图与拉萨尔的纲领。至若这所谓国家社会主义运动的正式发端，其为期当较早。自一八六三年以来，德国历史学派经济学者即已发行刊物，宣传经济原理应大受时间、地理及环境之限制的思想。一八七二年，德意志的经济学者、大学教授、行政官、法律家，在埃生纳奇（Eisenach）举行会议，发布宣言，反对自由放任主义学派，并视国家为一大道德的与教育的机关，认定这机关宜于"促使其日益增加的人民，来参加最高的文明的利益"。社会政治协会（Verein für Sozialpolitik）的组织，原来就是为了准备这种工作。这协会宣言的起草者为希莫勒教授，瓦格勒教授在其一八七六年出版的《初步》（*Grundlegung*）中，亦拥护宣言上所标举的纲领。

国家社会主义者所条陈的种种确切要求，只要可利用以达成俾斯麦之攻击真正社会主义，并使劳动阶级投靠帝国政府之目的，他都乐于利用。一八八一年，他开始确立偶尔伤害者、疾病者的保障，往后，又确立老年者的生活保障，此种保障，导来了一八八三年到一八八九年的诸般法律。他明白宣称，他要在那些觉得经过一次变动无所损失，而有时反误以为还有所利得的人们中间，设立70万年金受领者。因为这样做，对于同样的实际利益似乎无所贡献，他在产业规制本身上所采取的态度，乃更为冷酷。然其进一步的努力，却有待于新皇威廉第二的热心。德意志若干大公共事物的国有，那与其说是取决于便利的标准，毋宁说是原则上的承认。

当作经济原则看的马克思主义，对于同一现象之当代的然而是对立的解释，提示了严重的对照和类似。卡尔·马克思是一位渊博的学者。站在哲学者的立场上，他颇以其对于黑格尔方法之唯物的修正自豪。他颇知道英国的产业状况与其直接的历史背景，但对于他之自由利用早期历史材料，以确定其革命方向和他之没有完全把握住较新的科学思想，[①]那却未免受人批难。理论者马克思的著作，曾被视为是对于李嘉图的著作加以纠正、弥缝，从而

---

① 见乔治·梭列尔（George Sorel）对于一九二三年巴黎出版之《经济学者社会主义者马克思》之法译本［原著者为拉布利奥拉（A. Labriola）］的序文，并可参照梭列尔之其他早期著作。费布伦（Veblen）在其所著《科学在现代文明中之地位》中（原书由第433页到第446页），写有《卡尔·马克思之社会主义者经济学》一文，批评马克思主义为黑格尔思想与达尔文进化思想之混合。

予以代替的努力。最后，马克思在其一生最多产的时期，他固然是与恩格斯共同协作，而他那大著《资本论》第二卷、第三卷，也还是遗给恩格斯完成的，至若这书到恩格斯手里，在材料上究有何等变易，我们是无从确切知道的。"科学的社会主义"的称谓，系由恩格斯于一八七七年所表白，他说马克思值得称为科学的社会主义者，乃因其有两种发明，一是唯物史观，一是剩余价值学说。

因为我们在这里所讨论的，只限于那些已经产生过显然无所争议的效果之原理，所以，拣选的工作也许不致像表面一眼看到的那样没有希望。隐在恩格斯那两种提示后面的，有剥削者与被剥削者之间的阶级斗争思想。此种思想在前是多少死灭去了，但到世界大战变乱惹起了俄国革命和其他地方的革命，这死灰才又复燃起来。俄国布尔什维克主义者，姑无论是否真正马克思主义者，那都不会改变以次的事实，即《共产党宣言》上明明喊着无产阶级联合起来，喊着挣脱锁链，喊着获有自己的世界，那已经历几十年了，并还产生了各种效果。

唯物史观是一切智慧天使所回避的所在，谁接近它，总存着那是陷阱、那会有所埋伏的心理。经过马克思改造以前的黑格尔思想，不论有怎样的缺点，我们至少总能认知他那有名的观察，即是，历史所教导我们的，乃是它不能教导我们一些什么，这本意是说：人们在思想上由历史所得的反映，不会提起他们的达观主义，如其说马克思由历史驱去了任何潜藏的内在的精神，他至少总还保持住了黑格尔的辩证法或理论的方法。在《资本论》第二版序言中，马克思认定黑格尔的"观念"一种拟人化的思想程序——曾被视为"实在的创造主，而那种实在，则是观念之现象形态"，反之，在马克思自己，他却只把思想的运动，看为是物质世界在人类脑中的反映。他除去了黑格尔方法中之"神秘的方面"，且更进而使用那种方法于他之所谓"合理的形态"上，以证实一种现存秩序的"积极概念"，会显示其否定和不可避免的破坏。

本斯泰因（Bernstein）为恩格斯之唯一的渊博推行者，他把社会主义者的原理广为公开，并在一八九七年开始一种修正者运动。那种运动，对于通过矛盾以获真理①之黑格尔的迟笨而失效的历史推理方法之使用，加以攻

---

① 在里格尔主义者看来，所谓真理，是伴有愚昧要素之各种意见的综合，所以真理的达到，必须通过种种矛盾。恩格斯曾对此加以例解，假定对一定量之a的否定为$-a$，$-a$与$-a$乘则得$+a^2$，或者，原量增加到了已经通过否定的程度。

击。在这攻击中，包含有资本主义之必然没落之历史证明的放弃，向着机会主义者的转变和使其最后目的本身须得自行戒备。考茨基（Kautsky）曾著书辩护正统的马克思主义，①他所根据的理由是：马克思首先未观察到当代历史上之不可抗拒的势力之进向，他就不会着意于辩证法形态上之资本主义财产的将来。考茨基曾这样诘问："辩证法是马克思之最好的研究工具，最尖锐的武器，如其把辩证法除去了，马克思方法中，还残下了什么呢？"然而，德国的修正主义，实在占有若干年的优势。

这种争论，引起了对于历史作用之极广泛的问题：百年前对于此一问题之通常答复是属于马克思的，而在今日，则以属于本斯泰因者为更寻常。据前一种见解，历史之进向的推移是够简单了，我们很可由此对未来作极广泛的推测；据后者的见解，历史又是够繁难了，呈现在前面的错综复杂的现象，使他过于觉得没有方法处理了。要在过去知识的小小缺口上，架起津梁，并使其两端都有极坚实的基础和许多指示其曾是如何的零碎材料，那往往需要颇有训练与颇有知识的工人之多年努力。试想，我们要设计一个全般广泛的历史论题，一方面包括入无从记载和错误解释的千万事实，另一方面更包括入没有标志，甚至没有残积材料作指导的一无所知的朦胧的未来，那该是何等困难的作业呢？虑及这些疑难的经济学者，他们自然乐于考察那些在现今容易理解的传遗部分，就是对于需要做实际准备的最近将来，他们亦略能认知。作魔靴（译者按——穿魔靴者每步能行70里）之梦，那是快乐不过的，我们将来也许可以有这魔靴，但第一，须先练习如何走路。所有关于

---

① 一八九七年，本斯泰因开始在《新时代》（*Die Neue Zeit*）上发表许多论文。他大大地受了韦柏（Webb）和他定居英国时所结纳的费边协会诸子的影响。他的著作发刊于一八九九年。一九〇九年的英译本，题称为《革命的社会主义——一种批判与一种肯定》。考茨基对于他那部书答辩的著作，题名为《本斯泰因和其社会民主纲领——一种批判之批判》。本斯泰因的批判，恰逢着德国普选失败以后，由一八七八年至一八九〇年，公开的社会主义宣传，横受法律禁制。至一八九一年，社会民主主义者曾开会起草一新的政治纲领，即有名的"耶尔福纲领"（Erfurt Program）亦即15年前之哥达纲领（Gotha Document）的修正。此种修正，铲去了所有早前的无政府主义倾向，并括入了若干提示国家社会主义竞争的条款。关于德意志政治运动上之社会主义的概括叙述，顶好是参看阿格（Ogg）之《近代欧洲经济之发展》第22章，并参看道森（Dawson）之《现代德意志之进步》第22章。

历史之论理的与几何的一般方式（那都要求证实出来），已经够多了，我们早已知所慎重，并早已开始要求对具体问题，作精确的研究。

依着这种态度，对马克思的劳动价值学说和马克思以前的许多关于劳动价值的原理，就有两种评判：第一，使用在某种生产物中的劳动量，在私有财产当道的现状下，不能算是其价值之可靠的或有效的尺度。经济学者们差不多一般地同意此说。第二，任何将来能够存立而且能够推行的制度，不到其发生作用后，在那种制度下之价值尺度，是无从把它实证出来的，这就是说，那须经过实在的精细的考察。

这类批评，无损于马克思之经济原理的价值。他著作中的若干分析，异常透彻，但往往不能得到怀疑其辩证法的人们的理解。在另一方面，考茨基对于用辩证法作造成信念的工具和争取利益者武器，虽亦承认其价值，但工具与武器不断使用，却就未免流于迟钝，且未免因竞争者之兴起，而流于废弛。在这后者的场合，要以国家社会主义为其最直接，而且最危险的敌人。一触到实际的问题，那些实在的社会主义者，势将分裂为各种团体，并把这诸般团体组成政党。在先，他们有些人反对为实际目的，而从事协同的活动，他们所顾虑的，是怕由此减弱了桎梏了其创建者的纯粹理论，以致置"未来革命"于险境。但到末了，他们几乎全无例外地屈服了，其结果，在西欧方面的运动，与其说是经济的，就毋宁说是政治的。一大些人民投票选举的社会主义者，既无无产阶级革命的前景，又无废除私有财产制度之确信。我们以后随时要讽示到的这种政治史上的新形态，那有它十分明确之经济利益团体的基础。

最后我们要注意到"唯物史观"了，许多社会主义的著述者，现仍在一种严格"经济解释"的修正形态上，固执此说。一切的动机，都回溯于经济的动机，要机械地解释起来，经济的动机，就实在成了一切事实和变动的"原因"了。设就其极端形态而论，"经济的解释"乃依存于一种"概念"，并且，一种"历史的概念"，无异为一切实际目的的"历史哲学"，特其名称略有不同罢了。即令在研究方法真正合于科学精神，即非常正确、非常妥当而且颇有效果的场合，其本身亦不能证实哲学（概念或一般假定的体系）的健全，或指抉其谬误。一般所认知的历史哲学，大体上还未脱离幻想，而实在的历史哲学，则仍旧戴着种种的别号。

进一步研究的参考书籍

Ashley, W.J. The Economic Organization of England, lectures Ⅶ, Ⅷ.

Beer, M.A. History of British Socialism, 2 vols.

Bernstein, E. Evolutionary Socialism: a Criticism and an Affirmation.

*Bland, A.E., Brown, P.A., and Tawney R.H. English Economic History, Select Documents, part III, sec. I.

Clapham, J.H. An Economic History of Modern Britain, chaps. IX, X, XIV.

Clarke, A. The Effects of the Factory System.

Cooke-Taylor, R.W. The Modern Factory System.

Dawson, W.H. Bismarck and State Socialism.

Dawson, W.H. German Socialism and Ferdinand Lassalle.

*—The Evolution of Modern Germany, chap. XXII.

Dunlop, O.J., and Denman, R.D. English Apprenticeship and Child Labour.

Ely, R.T. French and German Socialism in Modern Times.

Engels, F. The Condition of the Working Class in England in 1844.

Ghio, Paul. La formation historique de l'économic politique, chaps. 7, 8, 9.

Gibbins, H. de B. Economic and Industrial Progress of Century, chaps. XXXIX-XLIV, LXIII.

*Gide, C., and Rist, C. A History of Economic Doctrines from the Time of the Physiocrats to the Present Day, book I, chaps. II, III; book II, chap. II; book IV.

Hammond, J.L. and B. The Town Labourer, chaps. I, II, VII, IX.

—The Skilled Labourer, chaps. V-XI.

*—The Rise of Modern Industry, part III.

Held, A. Zwei Bücher zur Sozialen Geschichte Englands.

Hobson, J.A. The Evolution of Modern Capitalism, chaps. III, IV.

Hutchins, B.L., and Harrison, A. History of Factory Legislation, pp. 1-42.

Hutt, W.H. "The Factory System of the Nineteenth Century", in Economica, March, 1926.

Kirkup, T. History of Socialism.

*Labriola, Arturo. Karl Marx, l'économiste, le socialiste. Introduction by Georges Sorel.

*Lewinski, Jan St. The Founders of Political Economy.

*MacGregor, D.H. The Evolution of Industry, chaps. I-III, VIII, IX.

Marshall, L.C. Readings in Industrial Society, pp. 451-469, 569-633, 782-823.

*Marx, Karl, and Engels, F. The Communist Manifesto.Reprinted in Bullock, C.J. Selected Readings.

Marx, Karl. Capital, vol.Ⅰ, chap.15 (and passim).

Menger, A. The Right to the Whole Produce of Labour.With a notable introduction by H.S.Foxwell.

*Meredith, H.O. Outlines of the Economic History of England, book Ⅳ, chaps.Ⅲ, Ⅳ, Ⅵ.

*Perris, G.H. Industrial History of England, chaps.Ⅱ, Ⅲ.

Schultze-Gaevernitz, G.von. The Cotton Trade in England and on the Continent, chaps.Ⅰ, Ⅱ.

Seligman, E.R. A. The Economic Interpretation of History.

Simkhovitch, V.G. Marxism vs. Socialism.

Skelton, O.D. Socialism: a Critical Analysis.

Slater, G. The Making of Modern England.

Smart, W. Economic Annals of the Nineteenth Century, 1801-1820, chap.XXX.

Sombart, W. Socialism and the Social Movement.

Spargo, J. and Arner, G.B.L. Elements of Socialism.

Tawney, R.H. The Acquisitive Society.

Toynbee, A. Lectures on the Industrial Revolution of the Eighteenth Century in England, chap.Ⅷ.

Ure, A. The Philosophy of Manufactures.London, 1835.

*Usher, A.P. An Introduction to the Industrial of History England, chap.XIV

Veblen, T. The Theory of Business Enterprise, chaps.Ⅰ, Ⅱ, Ⅸ.

——The Instinct of Workmanship, chaps.Ⅵ, Ⅶ.

Wallas, G. The Life of Francis Place.

*Webb, S. and B. The History of Trade-Unionism, pp.24-101.

Weber, A.F. The Growth of Cities in the Nineteenth Century.

第五章　一八〇〇年以后的英国农业发展

在一八五〇年的时候，农业与工业的分离，已经是一种既成事实。工厂的生产，逐渐代替了家内生产制度。为农业目的而圈围的土地——那在十八世纪中叶已有可惊的发展——结局几乎完全消灭了敞地耕作。在一八五〇年以前，农业技术虽然已有大的改进，但许多在早期颇有利于农业的动力，却也将近完全消灭了。若干世纪以来，在农业进步上颇关重要的小保有地阶级，这时已大部分失其生存。农业上之大规模生产趋势，既日形牢固，就在仅存的若干小保有地，亦是难免受到威胁，以致全部消亡的。但是十九世纪英国农业上引起争论的较大问题，乃是伴随交通手段改进所生的必然结果：在一方面，那固然会扩展英国工业品的市场，同时却使英国能够以其工业品，去交换海外新领地之低廉的食品与原料。

由产业革命引起的人口增殖，使农产品的需求不断扩大起来。这不断扩大的需求，英国农业尚能作可惊限度的供给，不过，小麦与面粉的输入，亦续有增加：由一八〇一年至一八一〇年的10年间，每年平均额输入超过600000卡德（每卡德为8布奥），至一八一一年至一八二〇年的10年间，则其每年平均输入额增到458000卡德；在一八二一年至一八三〇年的10年间，为534000卡德；至一八三一年以后10年间，更增到907000卡德，最后由一八四一年到一八四九年，其间逐年平均输入额竟达到2588000卡德。这种不断的增加，一部分可由爱尔兰之马铃薯歉收所惹起的食物供给不定而加以解释。下面的简表，系由一七七六年至一八二四年间之英国小麦与面粉增加输入的总览。① 为了便于比较，输出数字亦予列入。我们由此可以知道，大不列颠消费者仰给于外国产食品的趋势，在逐渐增加。

年度	输出（卡德）	输入（卡德）
1776	210664	20578
1780	224059	3915
1786	205466	51463
1787	120536	59339
1789	140014	112656
1791	70626	469056
1796	24679	879200
1801	28406	1424765
1808	98005	84889
1810	75785	1567126
1825	38796	787606
1837	308420	1109492
1839	45512	3110729
1842	68047	3111290

我们再来考察一下英国农民之生产物的价格。在由一七七〇年到一八一九年的50年间，逐年的小麦价格平均都有增加，但这种事实，我们不要认为是英国农民境况的改善。因为此类谷物价格之剧烈动摇，颇有碍于其继续的繁荣。一八〇〇年，每一帝国卡德小麦之价格为113先令10便士，至一八〇一年，因收获短少而涨到119先令6便士，至一八一二年，更涨到126先令6便士。此后3年，收获状况较佳，其价格至一八一五年乃降到65先令7便士。

---

① 见马克洛克（McCulloch）之《商业辞典》（1847年版）第438页。

开始于拿破仑战争时期之农产品价格的衰落，那在英国产生了一种异常危险的状况。英国农民无论是由战争封锁得如何大的人为助力，但大陆方面的战争一旦趋于和平，那种助力也就随着撤销了。有许多人曾主张：佃农与地主所遭受的困厄的严重性，可由重课输入农产品而得到缓和。在保护佃农和地主阶级利益之努力上，一八一五年之有名《谷物条例》通过了。按这条例的规定，本国麦价不到每卡德80先令或80先令以上（约2.50金元1布奚），外国小麦不得输入。其他的谷物，也同样受到了保护。一八一五年以后两年，收获大减，至一八一七年，小麦每卡德竟涨到96先令11便士。自此以后（除若干年外），则续有跌落，一直到世界大战爆发为止。我们应知道：在一八七五年[①]以前，谷物价格的低落，实际并不怎样危及农业者的地位。

一八一五年的《谷物条例》，至一八二八年经过修正了：当本国小麦每卡德50先令时，外国小麦得支付每卡德36先令8便士之关税而输入。如其价格抬高至73先令，则关税缩减到1先令，至一八三二年，税率又经修改，即，小麦价格涨到每卡德50先令，外麦输入只附加20先令之关税，如麦价涨至65先令，关税即低减为7先令。

由《谷物条例》所加于谷物生产者的保护，其本身实不够改进农业之一般状况。小土地保有者与佃农因地租之高，且因没有取得必要信用之资力，他们是困苦不过了。他们有许多人不愿继续挨受贫弱生活，不愿负担债务，而宁可抛弃其土地，这种倾向更使当时英国通国的土地，迅速趋于集中。在此后30年代中，农业上技术的变动，开始发生了一种显著的影响。内地运输事业——公路、运河，特别是铁道——的兴筑与改进，大大地便利了农产品的分配。有人设想，这种种方面的发展，复伴以一种保护政策，英国在食物上，庶几渐能不仰给于他国。然而借繁冗保护税则所推行的一国自给政策，不久即被抛弃了。

由谷物条例的撤废到一八七五年　由一八四九年到一九一四年的英国农业历史，其本身可以区分为两个不同的时期。头一个时期起于《谷物条例》的撤废，终于七十年代；次一个时期则由七十年代，以至大战的爆发。

因着里查德·柯普登（Richard Cobden）与反谷物同盟之长期运动，《谷

---

① 见卡特勒（Curtler, W. H. R.）著《英国农业简史》第350—353页。

物条例》终于撤废了。这事实，在英国土地制度史上划分了一个时期。同时，英国并进入了一个广泛贸易自由时代。《谷物条例》的拥护者，对于这些条例的真正重要性，曾经夸大其词，但这些条例撤废后的农业繁荣——哪怕就在谷价暂时低落的一八四九年到一八五三年，亦属如此——却可予他们以事实上的反证。可是，英国国内的农业生产者，不复能长期维持其迅速增加的工业人口，并且，国内的农产物，虽不致由外国物产所代替，却不能不为外国物产所补充。我们应把这种事实牢记着：因为在此后年度中，这种竞争的情形改变了，并成了英国农业繁荣之可忧虑的危险根源。

由三十年代导入的科学排水法，至五十年代以后已迅速扩张。秘鲁鸟粪与南美兽骨之输入，人工肥料乃能更广的使用，因为鸟粪可为稻田的肥料，兽骨可为马铃薯一类植物的肥料。新的种植物导入了，轮耕方法大大扩充了，在农场机械上的同样有意义的改进，亦经施行了。种种改进了的机具，如耙、破土器、锄、犁、播种器、镰机、刈禾器、锤禾机等，都在使用。英国农业在一八七五年以前，尚能维持相当限度的繁荣，那大部分要归功于这许多的改革。除了一八六〇年那一年度以外，收获都是很好的。价格有时虽不免低落，但一般都能使农耕得到报偿。究其原因，那有一部分是由于交换媒介物之增加供给，在加利福尼亚与澳大利亚之金矿的发现，一方面大大地刺激了商业，同时更间接使农业蒙到利益。

农业的衰落　在十九世纪最后25年间，英格兰的农业皆趋于严重的衰落。产生此种景象之直接关系重要的事实，是羊病，是畜疫，是荒歉的收获。此种直接危机之降临，系开始于一八七五年。在一八七四年以前，英国农产物所受到的竞争，大部分只限于羊毛和比较重要的谷物。到这时为止，英国麦田在面积上，还不曾有严重的缩减。但是，一八七五年、一八七六年、一八七七年，特别是一八七九年的荒歉收获，使整个农村的人民遭逢了异常艰巨的困难。在一八七九年一年中，羊病将近死羊300万只。脚病、口病、胸膜肺炎残毁了牛群，而农产物的收获，更没有达到一八〇〇年以来的任何年度的数字。

如其此种情形继续不久，对于其救治也许不必要非常的处置，但灾害的不绝踵至，那就不免要摧毁农村生活的基础了。在通常的状况下，输入外国食物，直至由收获锐减所蒙损失得到的补偿，那是可能的。可是力量薄弱的本国生产者，要想在同等的条件下，与其他受有优惠之外国农产品输入者从事竞争，即令不是全不可能，其困难却就有增无已了。谷物价格的一般低落，系世界农产物供给增加之必然结果，在此种情形下，英国农业者的地位，乃愈趋于恶劣。由一八六六年到一八七〇年，小麦每卡德逐年之平均价格为54先令7便士。此后5年，略增到54先令8便士，但由一八七六年到一八八〇年①，则低落到47先令6便士。在一八八〇年最后的5年间，价格尚可挣得合理的报偿，但至一八八四年以后，情形就变得异常危险了。由一八九一年到一八九五年，逐年平均的价格，尚不到27先令。

因此，荒歉的收获，照例虽应取得昂贵价格，但因外国的竞争，这情形乃完全改变过来。装运上的改进和海陆运费的低廉，外国农产物越发接近英国市场，从而，英国本国的生产者，就越发感到困难。至一八九四年以后，情形虽略有改进，但价格是一直低落到了二十世纪初年的。就在地租的场合，亦可看得出此种趋势。

外国的竞争，早已成了英格兰之关系国运的事体。在反抗实际的或假想的仇敌的竞争上，农家的利益曾经要求重大的帮助，并曾取得重大的帮助。当危险似乎较以前更趋于实在时，保护的方策被撤销了，英国农耕者被迫而加入竞争的争斗，这种争斗是进行于和早前非常相异的基础之上，并且是临着这样一个时期，这时，外国的产额大大超过其本国人民所需的限度，它们把剩余的部分投卖在英国市场以换取英国的工业制品。

就当这个时期前后，美国的广大的小麦区，已开始影响世界的市场。在南北美内战期间，为救济劳动缺乏而导入的节省劳动方法，这时乃用以增加其为输出而生产的剩余农产，加之，铁道的建筑，这时亦远及于穷乡僻壤了。阿根廷（Argentina）、印度、非洲、埃及、俄罗斯、巴尔干半岛，乃至比较晚近的澳大利亚与加拿大的麦田，亦迅速增加了世界食物之供给。

如其运费过高，足够抵消外国在农业生产上占有的任何利益，竞争本不足畏。可是，运费率因交通改进而日趋低落，其结局，本国农产物就不但要为外国农产品所补充，且部分地竟为其所代替了。农产物价格低落，同时地租亦相因缩减，不过在开始时，地主是反对轻减佃农的苛重负担的。

---

① 一八六一年至一八六五年亦同。

逐年平均输入之小麦和面粉[①]

年度	数量
1861—1865	34651549
1866—1870	37273678
1871—1875	50495127
1876—1880	63309874
1881—1885	77285881
1886—1890	77794380
1891—1895	96582863
1896—1900	95956376
1901—1905	111638817

假若现耕地的亩数和其产额，已经能继续其保持一八七五年以前的限度，那在结局上，也许用不着怎样惊恐。但事实不是如此。专用作谷产地的亩数在不断缩减，同时，抛在一边作为牧场的亩数，则有极大的增加。刚在衰落期以前之一八七一年，英国全王国现行耕作地的总亩数，将近18400000亩。但至一八九四年，竟逐渐缩到14300000亩。专用作种植小麦的地面，一八七九年为3056000亩，至一八九五年，减缩到1456000亩。而同时用作种植大麦的地面，则由2932000亩降为2346000亩。九十年代以来的价格的增加，并没有阻止可耕地转用以从事恒久植物的种植。一八八三年，这类植物所占地面积为15065000亩，至一九一二年[②]却竟增加到17335000亩。同时，单用以从事小麦种植的地面，一八九五年为1456000亩，至一九〇〇年亦增加到1901000亩。这种增加，仅是由于从前植种其他谷物的在耕土地，这时转用作麦田。在以次十年间，麦田亩数的变动，为数颇巨：一九〇四年为1408000亩，至一九一二年为1792000亩。欧洲大战当中，对于食物增加供给

---

① 本表见卡特勒著《英国农业简史》第349页。

② 这全部可耕地，——休耕地亦不包括其中——乃用以栽植稻、大根、马铃薯、金花菜、轮植草以及其他植物。

的需要，招致了小麦田亩数之实质的增加，至一九一八年，小麦田亩数的增到极点，其总积达到2796000亩。大战终止，对于小麦之急需亦终止，至一九二〇年，其总积又复减落到1979000亩。

年度	小麦田亩数（千亩）
1879—1883	13988
1889—1893	12914
1899—1903	12137
1909—1913	11274
1919—1923	11688
1924	10929

农村人口的激减 农村人口的移出，系开始于七十年代后期，至晚近而渐呈显著；那种迁徙的数字之大，与放弃的可耕地的实在亩数不成比例，与由机械所代替的人工不成比例。在一八五一年，英格兰与爱尔兰之农业劳动者总数，超过了1713000人；20年后，那已减至1457000人。每历十年，即有进一步的缩减。在一八八一年，劳动人口减为1352000人，而在一八九一年与一九〇一年间，则更由1285000人减至1192000人。

当时提议的种种救济 当时的情况既如上所述，为要克服农家的某些困难，自然在政府方面，在私人方面，会发出无数实际的和幻想的提议。就现代而论，凡在一般感到有改进农业状况之必要的场合，其改革提案，几乎没有多大的出入，这表明了，问题的根源大体近于一致。改善农村生活的设计，为由抽回一部分工业人口所作的小保有地的准备，对输入食品（原生的制造的）所课的关税，一般的更技术的教育的设施，农业劳动者之联合组织的提倡，包括信用制度之合作事业的组织，所有这一切，几乎都是想对当前危状希图有所救济之至关重要的方策。但是，所有这些救济方策究竟是否适当，那只要看对于因此刺激起来的工业生存，是否立下稳健而根本的基础。英国农业所遭逢的不幸，一部分是由于英格兰之经济活动与经济构造，对于一种新世界情境之广大的一自全体说来，也许是有利的适应，大费周折，因为这新的世界情境，所给予英国工业的机会，实远较大于其所给予英国农业的机会。一种计划增加某项牺牲消费者的产物生产的提议，在经济上讲来，往往总是缺欠健全的。我们要单独考察那种土地方策，势将迷惑于其真正重要性之过于狭隘的概念。关于外国产物输入和土地国有化之限制法律，有若干可能的例外。依着这些例外，它们在进行顺利时，也许能帮助英国某些农业形态，与外国生产者作有利的竞争（特别是在国内的市场）。英格兰的可耕土地——就说是经过集约耕种了的——势不能不受外国食物的影响。英国政府即令能行使权力，使外国食物不影响于英国的可耕土地，那受到损失的将为英国自己。它将由此失去其国际分工中之利益的份额——国际分工之局面不成，世界大工业国将无从依照其最适于其国情、气候和自然资源的途径，继续发展。

大保有地的限度 在十九世纪中叶，曾经一时风行英格兰全境的敞地制度，实际已归消灭，而圈地则差不多并合了全国大部分的膏腴之地。由一七〇〇年到一七六〇年，这所有并合圈地的总积约达334974亩；一七六〇年到一八四三年，则将近7000000亩。沼泽地与莽原之进于开垦，由审慎排水方法所促成的低洼地之利用，亦增加了合并的保有地之面积。在七十年代农业衰落以前好久，保有地趋于集中的倾向，已非常显著。较大规模生产的利益，使小土地保有者都以出卖其土地，而变为较冠冕之佃农为有利。小土地保有或租地，无疑也有其反乎大生产经营的利益，但其不利的地方，却在渐形加大。最后在某一个时期，大规模生产曾威胁小土地保有者与佃农的生存，并有完全予以倾覆的倾向。特此种倾向，至近年已受到限制了。

派分地与小保有地 为图对农业衰落所发生的诸问题求得一部分的解决，对于以农业为主业和以农业为副业的个人，似皆宜于有所准备。在私人方面，在政府方面，都曾在增加派分地（allotment）与小保有地（smallholdings）的方向上，做种种努力。

派分地与小保有地间的区别，我们必须严加分辨。在大不列颠的法律中，它们的确切含义都有所规定。派分地的土地面积仅够部分的维持耕作者。根据一八九二年与一九〇七年的法令，其面积由1亩的1/4，以至5亩；反之，在可以变卖可以租借的小保有地，其面积差别较大，通常系由1亩到50亩。早前的派分地，系形成某些私人之手，他们有的希图获得某种经济利益，有的则是受慈善动机的驱促。像这样散漫的、没有组织的努力，对于当前那种境况，实不能有何等了不起的救助。在十八世纪末期与十九世纪初期，派分地制度与救贫法当局之任务，保有密切的关联，他们充分注意社会之紧迫需要，派分地之购买或租赁，通是委托他们。政府最后为增加小耕作者数目，而采行立法步骤，其事在全国农业状况已经显露危机的时候，所以来不及了。

《派分地扩张法案》(The Allotment Extension Act)，系通过于一八八二年，这法案的显明目标，只在辅助那已在国内各地收有相当进步的私有派分地制度。此种法律实行不久，即证实其范围过狭，且不宜于适当的运用。于是，企图救治前一法律之若干缺陷的新法案，于一八八七年通过了。依照这次通过的新法案，地方卫生当局得按照准备派分地之充分需要，强制所有者出卖或出租其土地。因为这种程序迥异寻常，而且会有深远结果伴随这样一种先例，当时是很难有实现之可能的。乌雪尔（Usher）曾说过："适用到这种小问题上之强迫原则，已经逐渐适用到一个不绝扩大的范围了，并且，一般社会利益之优越要求的观念，亦相因在颇关重要的立法上，变为具体化了。"①一八八七年之法案通过后，派分地之数量乃迅速增加。一八八八年，派分地之总数将近357000亩，一八九〇年，增到455000亩，至一八九五年，其数竟达579000亩。可是，表面上尽管有这样的成果，许多观察者却反而为这些已经达到的结果而悲观。强迫土地保有者出卖其土地的条款，对于派分地制度之成效的作用，殊关紧要。可是，在另一方面，施行法律条款的教区当局，对于法律之漠不关心，或故予漠视，那亦必须加以考虑。这种特别缺陷之得到救济，乃是一九〇七年之《小保有地与派分地法案》通过以后的事。依据这次法案的条文，地方当局皆负有准备充分数量土地，以应派分地之实在需要之义务。此种法案与早前的若干法律相合并，而组成一九〇八年之《小保有地与派分地法案》。因此，派分地制度是逐渐发展起来的，迄乎今日，那已经成了英格兰经济生活上之某种有重大关系的要素。无论其实质的结果如何，它至少提供了我们一个例证，就是，哪怕是利导经济发展的主源，那亦是困难不过的。

随着派分地制度之建立，至近年已展开了一种小保有地运动。这种运动之期望，是想小保有地永能增加大不列颠农村的人口，而达到此期望的步骤，则是要求政府当局，以合理的条件，使那些非如此不能获得土地的人民，有取得土地的机会。一八九二年，具有这种见地的法案通过了，那即著

---

① 见《英国产业史导论》第242页。

名的所谓《小保有地法案》。早前派分地制度的缺陷，亦可由这种法案之条款中观察出来。州参事会有权购买那些愿意出卖者的土地。至这种土地购买的限度，我们应知道，那完全是由地方当局所决定。像这样一种安排，其失败是可以预知的。有如此前一样，对于法律之玩忽或故意漠视，那是显而易见的事。一九〇七年之《小保有地与派分地法案》，由采行强迫方策而从本质上改变了那整个制度所依赖的原则。这以后，不但州参事会会自行授权去强迫不愿变卖土地的地主，从而，消灭那可以证实其不能扩展小保有地之无能的理由，同时，新创立的小保有地委员诸君，亦能指导州参事会，使其实施参事会或委员总会所拟具的计划。小保有地运动之原来目的，乃在售卖由1亩到50亩的土地——如需偿付，其期限规定在若干年内——并无意于鼓励租地。小保有地法案之全部历史，指示了这类土地对于定居者的变卖，与那已经租出①的数量比较起来，那是颇不足道了。此种事实，在有些人看来，虽不免表示遗憾，但当时采行的租佃形态，却不应受到批难。一九〇八年以来，州参事会所需的土地，无论是买来抑或是租来，其数量皆增加颇速，同时，小土地保有者的总数，亦表示有增无减。体现于《小保有地和派分地法案》中的理想，近来曾为英格兰之派分地与小保有地联合会一类组织，作进一步的发展了。这种方策的实行，也许于土地制度的环境，有或种的改进，但在许多人看来，全国农业问题的解决，却需要采行更远大的纲领。劳动党曾宣布一种土地国有政策，而自由党之重要的飞跃，亦是希图达到同一限度。②

教育方法之发展 在一个严重的竞争时代，新而较好的教育方法是非常

---

① 海斯特（F. W. Hirst）在一九一二年之论著中——参见婆特尔（Porter）之《国家进步论》新刊第205—206页——有云："一八九二年之《小保有地法案》不能顺利进行之主要妨碍，在于州参事会所租整块土地之面积，不能大到十亩以上；在于它无权强迫购买，且在于推行法案之具有广大农业经验的参事诸君，缺乏毅力与同情。""但是"，他又说："联合王国之小土地保有者，大大缺乏这种事业成就上所必要的合作精神，那亦是千真万确的；在法国、德国、丹麦诸国的小土地保有者，他们大体上却具有应付当前困难的相当力量。英格兰在这方面的落后，一部分是因为大地产比较过多，以致它们与较小保有地间之合作，更感困难。"战后的经济变动，对于这些大地产转向破灭之途程，已经给予了一个显明的刺激。

② 参照《自由土地委员会之农村报告》（1923—1925年）。

必要的。表征早期经济活动之方法上的单纯，那早已不复存在。在工业上，诚然由分工导出了劳动者个人方面之技术低劣的结果，但其全体组织之错综复杂，却就不可与往昔同日而语了。今日农业上的情况，虽尚没有达到工业上那种复杂程度，但业经应用科学培植土壤，应用科学选择特别宜于土壤之化学性质的物产，应用科学防止动植物的病害，且应用优良的科学经营方法，如会计制度，以处理农场之业务了。

凡此种种以及其他事实之知识，于农作非常切要，这种知识之获得，不但要求实际经验，且要求精详研究。因此，一种形式性质的教育，就逐渐变为重要了，在对外竞争只略有影响于农家的国度和对外竞争大有影响于农家的国度比较，前者关于这种农业教育问题，是比较没有后者那样需要注意的。远在一七九三年，英格兰成立了一个增进农业技术的农业局，即一种农业协进会，该会的主导人为亚塔尔·杨格（Arthur Young）。在一八二二年，这个组织消灭了，不过，它的许多任务，几乎都由一八三八年成立的皇家农业会承担下来。至现在由政府主持的农业局，那是直到英国农业状况满被危机的时候，始于一八八九年设立的。这个新局与教育局合同动作，至最近已成为全大不列颠推行扩张的教育纲领之工具。对于实验区域与专科学校之设备费用，系由中央政府与地方政府共同筹集。在一切早期的农业专门学校中，以一八四五年设立于色伦塞斯特（Cirencester）者，与一八七四年组织于坎伯兰（Cumberland）之亚斯帕特利亚专门学校（Aspatria College），为最有影响，虽然它们两者不久都中途停办了。农业实验系开始于四十年代之道威斯勋爵（Sir J.B. Lawes）的有效努力，中经皇家农业会（一八四〇年始参加此种活动）之促进，至近年已有迅速的进步。一九〇九年以来，进步委员会成了一个广大的农业研究纲领。政府在物质方面的赞助，已经允许一大些现存的实验地区与专科学校，对植物病理学、选种、丰产、牛乳业、农业经济学以及其他关联的问题作有效的研究。关于农科的课程，增加颇多。可是，教育的便利方法，依旧不甚适宜，这种原因，至少有一部分可由农家之保守主义而得到说明。不过，我们如就一亩地所获得的生产物数量加以判断，我们是发现不出英国农家较他国农家更少效率之证据的。

农业劳动者的组织　　农业劳动者之未来命运，大部分系于其为协同增进经济社会两方面利益而表现的组织能力。凡在力求集中分散之农业劳动力的国度，这种组织之历史，并未明白显示其工作是如何不足齿数。由雇佣上之季节性质，而形成的农业劳动者阶级之迁徙不定性，以及他们在任何地域只有相对少数之限制性，都是使他们通常不能对其他有力组织作团结反抗的障碍。可是，这些障碍，并不曾阻止大不列颠关于这方面的实验。一八七二年，由约瑟·亚奇（Joseph Arch）指导之全国农业劳动者组合（National Agricultural Labourers' Union）组织成立，这个组合虽然不久就归消灭①，但曾风靡一时。一九一四年以后，农业劳动者的组织迅速发展，这可由全国农业劳动者联合会与农村劳动者联合会之会员人数而征知，那在一九二〇年，差不多已达到20万人了。不过，因着一九二一年到一九二三年之经济衰落，会员人数颇为减少。

往往有人主张，只有依着这类组织，才能使农业劳动者的生活状况，提升到一般社会经济之适当的水准。这种说明，我们是无法反驳的。如其我们同意有些人所相信的：那种组织，有不能克服的困难，那么，农业劳动者除了仰仗政府立法权力，取得某种切要的保卫外，他再也没有何等希望了。像最低工资法、住宅法（housing law）以及对于在雇中所遭遇之普通的与特殊的危险保障等，那也许是政府颇能为力的地方。

一九一七年八月所通过的《谷物生产法令》（The Corn Production Act），曾规定农业劳动者之基本的最低劳动工资，为每星期25先令。强制施行最低工资之职责，系由中央农业工资局（Central Agricultural Wages Board）担当，工资局对于这种工资之处理与决定，采行了一种严密计划。基本的最低工资，各时期屡有确定，经过考查之后，其明确的工资率，乃取决于各州之实际情况。一九二一年十月一日，《谷物生产法案》实施，规制并强制实行最低工资率之机关，因而撤废。代替中央农业工资局与地方局的，为地方自动协作委员会之组织，这个组织能决定工资率，如有必要，并能合法的强制实施。在一九二一年之末，已经组织了将近57个这种委员会。然而，由一九二一年到一九二三年的工业危机，在农业工资上惹起了一种尖锐的衰落，使农业劳动工资失去了它在一九二一年以前繁荣期内所获得的利益。

协济组合 在大陆方面许多国家中，合作事业老早就为改进其农民命运而扮演了一个重要角色。但英格兰在这方面的情况，却显得颇为落后。欧

---

① 该组织会员在一八七四年有86000人，到一八九四年减至1100人。

洲具有比较小保有地的国家，其著者，如法兰西、丹麦、意大利，以及在德意志之某些部分，这种运动早有很好的组织，并且已经完成了优越的结果。同时，在英格兰乃至在威尔士，尽管其在农区为培育合作事业的特殊目的，而成立了（一九〇一年）一种组织，直到最近以前，那还是难以维持农村信用，并难以供给组合以充分资金。当我们考察到英国农村社会对合作事业著有成效之报告时，我们却未免更要感到惊异。不过，过去虽然失败，但自一九一九年初期以至一九二〇年一月，农民协作的组合，却显然大大地增加了会员人数。至若这种合作形态，结局会在同国农业组织上，变为一个关系重要的成分，那是不难测知的。

其他的救济 前面已经提示过，英国为要阻止外国农业竞争之严重效果，再回头来采行其旧时的保护政策。这种提案之为代表地主利益者所支持，那丝毫用不着惊异，因为，在英格兰之支持保护关税的议论，正如在国家自给精神仍然充溢的诸国一样的惹人动听。远在一九〇三年，全大不列颠在约瑟夫·张伯伦（Joseph Chamberlain）指导下，发动了再建一般保护关税（殖民地附以特惠）的运动。那次运动的纲领，为组合主义党所拥护，但为自由党所激烈反对，至世界大战发动以前，其内容已颇有所革正。在谷物、面粉、牛乳业诸产品上增课关税，国内地主阶级当然会受到利益，以地主受到利益而反对保护主义者的主张，当时是没有何等成就的。至于消费者是否有利，那是另一事体。高价增加了直接有关农业者的利益，但同时消费者却要为了地主的繁荣，而加多支出，并且，政府在结局亦不由得不承认工业人口远过于农业人口的事实。不但此也，保护关税既不免提高生活费用，其势不能不影响劳动工资，从而，影响工业生产品的价格。这一来，在帝国各部分的经济关系上，皆发生反动，以致大不列颠的输出，有设定某些特惠待遇之必要。英国关税法令之反响异常复杂，其对于传习政策之长期影响，异常带有革命性质，致使各政党一般皆视此为危险事件。

最后，在救济农村恐慌的诸种方策中，还有提出土地国有作为一种有实行可能的方策的。将来一国土地资源国有化的可能性最为暧昧，并且最为可疑。同时，即令农业在将来国民经济上，仍保有其现在的重要性，即令只把土地国有看为是"暂时的缓和方策"，那亦是非采行实际而有效的步骤不可的。这诸般方策之至关重要之点，也许就在企图达到较好的生活状况和给那些从事农业经营者以较大限度的经济保障。在我个人看来，最近将来的正当道路，乃趋向于：永久对农业劳动者，保证一种最低的工资，在制定并强制实施住宅法，且在对土地保有给予以信用的便利和自由的机会。我们知道，政府已经沿着这个路线，采行了若干重要的步骤。

英国农业有进一步扩展的机会，以前有些人就如此设想，在大战当中，更提出了证明，那时（一九一六年），单是小麦一项的产额，就比较由一九〇四年到一九一四年①这诸年度的平均年产额，增加了32%。英格兰与威尔士专用以从事谷物（小麦、大麦、燕麦、黑麦）耕作的亩数，由一九〇五年至一九一四年，平均每年度为5294286，在一九一七年，则增加到5637190。政府一九一七年由法律增加食物供给的努力，结果大大增加了可耕土地的总积，至一九一八年，那种增加的总积，竟达到了百万亩以上。不过，有如在拿破仑战争时一样，高价的刺激，乃是大不列颠产额增加的主因。

为要保障生产者、消费者与政府的利益，一九一七年八月，始实施《谷物生产条例》。这条例对小麦、燕麦定有最低限度的价格。假若价格在此最低限度（随时而有改变）以下，政府就要打算支付差额。但是，法律不是对于每布奚定以固定的最低价格，而是使那些耕作一定亩数的农民，取得报偿或酬报。列基纳尔德·勒纳（Reginald Lennard）曾描述此种制度之作用说："假若在某年开始于九月以后的七个月间，小麦或燕麦一卡德之平均价格，低于同年度所保证的最低限度，那农民对于耕种小麦的每亩土地，得要求支付差额的4倍，对于耕种燕麦的每亩土地，得要求支付差额的5倍。可是，农民如其没有好好耕作土地，他所应得的偿付有时或不免扣减，有时甚或全被取消。"②

因为谷价之高，政府规定除了在奖励耕地限度扩大外，不能有所成就。

---

① 小麦的产额：

平均每五年	布奚
1885—1889	73917068
1890—1894	64625811
1895—1899	58994748
1900—1904	50653367
1905—1909	58921688
1910—1914	59487582
1915—1919	72095346

② 见《政治经济》杂志第30卷，第609页。

一九一七年十一月，政府复在《国防法令》（The Defence of the Realm Act）中，附带规定最低价格。站在生产者的立场看来，这种规定全无利益，因为最高价格实际皆低于时价或市价。

我们在这里还应提到一点，即对小麦与燕麦之最低价格保证，还曾为一九二一年一月实施之《农业法令》（The Agriculture Act）所规定的最低工资之附件；但自一九二一年十月实施之《谷物生产法》撤废，这两者都归无效了。这一来，不但农业劳动者被削去了政府保护的利益，就是农业者亦被削去了那种利益。其结果，这两阶级人民都遭逢了他们此后难以补救的金钱上的损失。

哪怕在这种规定撤废以前罢，生产地域在战时所获得的许多利益，都被失去。在一九二二年的末尾，英格兰之耕地面积，只较战争开始时，增加30万亩，即较战争终结时失去100万亩，或将近失去增加总积之7/9。要而言之，联合王国这时的农业状况，差不多恢复到了一九一四年的那个限度，即所生产为国内食物供给的2/5，并使草场对耕地保有较高的百分比例。

与法兰西和比利时比较起来，英格兰之大保有地制度，是颇为执着的，这非一言两语所能解析。大不列颠在世界贸易上与制造业上的地位，显与此颇有关系。不过，关于此点，我们如其把大陆方面一切工业化了的国家作比，那就没有单把法兰西作比，能够使人相信。情形之不能尽如人意，那是一般都承认的。鼓励小保有地与派分地尽管费了种种努力，仍旧不能说有何等可以预期的补救。对于技术训练上之教育方法之发展，是绝对必要的，而培养农村的信用制度，确有不少的事可做。大战以前，德意志著者们往往这样主张说，大不列颠比较迅速地跃登世界贸易上、工业上、金融上的优越地位，一部分是由于许多顺利情形之凑合。我们无论就哪方面立论，农业对于这优越地位，是付过某种代价的。要预断商工业发展会发生某种经济的再度适应，虽不免失之鲁莽灭裂，但是，大不列颠的相对的优越，如其会受到影响，那它就很可发展较大的食物供给的百分比，例以代替对外的贸易。同时，聪明的方策，亦能有所成就。可是，在没有任何经济压迫，或没有任何可保证的经济利益的场合，要强迫人民从事农耕，那是特别没有何等希望的。

进一步研究的参考书籍

Agricultural Tribunal. Report.（Parliamentary Paper, Cmd 2145, 1924）

*Agricultural Wages Board (Great Britain). Committee on Occupation of Agricultural Land and Cost of Living of Rural Workers. (1919)

Ashby, A.W. The Rural Problem.

Board of Agriculture and Fisheries (Great Britain). Agricultural Research and the Farmer. (1922)

Cadbury, G.Jr. The Land and the Landless.

Caird, J. The Landed Interest and the Supply of Food.

*Clapham, J.H. An Economic History of English Agriculture, chaps.IV, XI.

Collings, J. Land Reform: Occupying Ownership, Peasant Proprietary, and Rural Education.

*Curtler, W. H. R. A Short History of English Agriculture, chaps.XVII-XXI.

——The Enclosure and Redistribution of Our Land.

Dunlop, O.J. The Farm Labourer.

Fordham, M. A Short History of English Rural Life from the Anglo-Saxon Invasion to the Present Time.

Galpin, W.F. The Grain Supply of England during the Napoleonic Period.

*Green, F.E. A History of the English Agricultural Labourer, 1870-1920.

Haggard, H.R. Rural England. (2 vols.)

*Hall, A.D. Agriculture after the War.

Hall, Sir Daniel. A Pilgrimage of British Farming.

Hasbach, W. A History of the English Agricultural Labourer, chaps.III-VII.

*Hibbard, B.H. Effects of the Great War upon Agriculture in the United States and Great Britain.

*Johnson, A.H. The Disappearance of the Small Landowner, chaps.IV-VI.

*Levy, H. Large and Small Holdings, chaps. I -VIII.

*Mathews, A.H. Fifty Years of Agricultural Politics, Being the History of the Central Chamber of Agriculture, (1865-1915).

*Orr, J. A Short History of British Agriculture.

*Porter, G.R. The Progress of the Nation (new edition, revised by F.W.Hirst), chaps.X, XI.

*Prothero, R.E. (Lord Ernle) English Farming, Past and Present, chaps.XVII-XIX.

*Rew, R.H. An Agricultural Faggot, chap. II.

Royal Commission on Agriculture. Reports of 1880-1882, 1894-1919.

Royal Commission on Labour. The Agricultural Labourer, (1893-1894).

Turnor, C.H. The Land and Its Problems.

*Venn, J.A. Foundations of Agricultural Economics (Consult table of contents).

Wolff, H.W. Coöperation in Agriculture.

第六章 一八〇〇年以后的德意志农业发展

农奴身份之废除 在德意志农业发展的过程上，气候的差异，土壤肥瘠的不齐，以及种族的与政治的冲突，曾经扮演了一个颇关重要的角色。由农奴身份争取自由的斗争，一直冲突了几个世纪才收到效果。英格兰的庄园制度是逐渐的，但是确定的、继续的趋于消灭。在德意志不是如此，它领内有些地方的农奴身份早经消灭，而同时一个高度的庄园制度，则到处都存在着。关于此种事势的缘由，可以求之于庄园制度所由繁荣与衰落的情况，即大部分受着各国发展之地域分野限制的情况。

在德意志西南部地方，庄园制度早就表示了衰落的象征。十五世纪与十六世纪之劳务改作货币支付，逐渐导来了农奴身份的衰落，至十七世纪中叶，农奴身份已大部分失去其在人民经济生活上的一个要素的资格，虽然在法律上，那是到好久以后才予以废弃，虽然直到二十世纪，还存留着庄园组织之无关紧要的残余。西南部许多地方之分散的庄园保有地，不能给予大领地发展以何等机会。这种地域上的缺乏连续，往往使农奴能够由劳务改作货币支付，而获得自由，而保有那些构成其领主领地之一部分的零碎土地。因此，有一个时候，比较有独立性的农民，变成了这种领域之农村组织上之优越的特征。

中世纪初期以来，西北部的大保有地，较之南方为扩展。它们从没有零碎分剖，真正的庄园秩序，不是怎样牢固；在现代以前，农奴身份早因感到不利，而予以撤废。那里有极其广阔的地段，租于农民，农人主要都是农业劳动者。其地域接近荷兰与汉撒同盟诸市，依着现仍残存的许多家族名称的显示，那地域大部分横在荷兰殖民地东向的途径中。不过，与德意志东部比较起来，个人的保有地却宁可说是比较狭小的。

外国势力的压迫和气候之过于凛冽，大部分决定了易北河以东之地域的历史。农奴身份之微弱势力和其许许多多附带事物之由德意志大部分地域的消失,正是当着农奴身份在东部普遍确立的时候。关于这种凌乱的事态,斯拉夫人的侵略,要负一部分的责任。这个地域在第九世纪、第十世纪中,由日耳曼人、荷兰人,以及其他民族之再度开发,那颇得力于土地之颁给和对于当时通引之个人义务的免除。可是,在庄园制度下的开发机会,就允许这个地域之自由无碍的发展说,毕竟太大了一点。当十七世纪时代,农奴制已一般确定了,其条件之严酷,往往使农奴立于将近奴隶的地位。此种情形,直延至十九世纪初期,其缘由可就地主企图对一般缺乏小土地保有者增加其权力,而得到解释;地主们此种政策之无情的推行,一直把东北部大部分的土地,都收归其直接的支配。自由农民一旦由他认定之正当保有地裂开,要把他束缚于土地上,从而,确立农奴的身份,那就不是怎样困难的步骤了。许多强有力的势力,加入了这种斗争。酿成了混乱局面的三十年战争(一六一八——一六四八年),对大土地保有者,给予了一种加担更严酷条件于其无助依附者的机会,至最后,早前规制农奴之劳务的"习惯法规"(rule of custom)全归消灭,自是地主乃能随其所欲而苛定条件。

十九世纪初期对于合法解放的要求,以普鲁士东部为特别迫切,那些导来各地封建制度之分解的政治与经济势力,还不怎样显著,一种最有破坏性质的国家灾难,自为摧毁普鲁士之合法农奴身份之基础所必需。一八〇六年之拿破仑的胜利显示了大改革的开端。普鲁士经过此次惨败后,才认知到了一种改造纲领,在这纲领中,农奴身份之废除,不过只占得一个部分。斯太因(Stein)是有远大眼光的政治家,他任职后不久,即发布一八〇七年之《解放法令》。这法令规令农奴身份在一八一〇年完全解放,同时,并废除那通行颇久,而且做过无限妨碍的阶级制度(caste system)。当时所有严密规制各阶级经济活动之法律,都予撤销。一方面允许贵族参加以前只许市民参加的活动,另一方面更允许市民从事农人的企业。此外,阻碍保有地之限制,亦通通废除了。

假若解放的宣言,照其原意推行起来,德意志农业发展上之最大障碍之一,也许一举可以消灭。农奴在法律上是已经自由了的,虽然他实际仍是陷于半农奴身份的状况。一八〇七年之法令之完全效力的破坏,乃由以次三种动因所促成,即,农业人民之一般落后,政府的态度以及地主的反对。庄园制度尚不曾为新兴而比较有力的组织所代替。英格兰的庄园主义,早经逐渐消灭,这样一来,被证实为极端有利的新经济活动形态(即牧羊之业务),

乃有运用的余地。后来推行之农奴身份之束缚的解脱，不独没有遭受反对，并且至少要比普鲁士更出于自愿。普鲁士开始解放的时候，庄园制度还是牢固地存续着，那些由此贪取利益的人，依旧以维持此既成关系为有利。摧毁庄园主义的斗争，正显示了地主所存的内在力量。在一八一〇年之《奴役条例》中，包括了农业劳动者，这事实，正是由于地主尚具有相当势力。许多假定与地主居在一起的农民，其自由在他们与地主订立契约关系的限制上，受有此法令的拘束。因此，对于承认许多庄园习惯——那都是《解放法令》所企图撤废的——之继续性的特殊目的，乃有各别的法规之设定。在一八〇七年之法令完全实施后不久，即制定此次的法令，这是颇有意义的。普鲁士以后若干年之农民与农业劳动者的历史，与一八一〇年之《奴役条例》史，保有密切关联。当产业劳动者已经取得了政治的与经济的自由时，农业劳动者在法令之严格的解释上，还受有实在的束缚。在德意志其他联邦中，亦实行有类似的法律，不过，它们的严酷性，由随时对于原法令之修正案予以缓和了。

就普鲁士而论，影响新兴农民之状况的立法，那时还是刚刚开始。在许多事例中，庄园领主坚决不肯承认农奴身份已达到废除阶段，他们利用其在政府方面的力量，采用一种立法，这立法至少在某种限度，能够回避解放运动威胁他们利益之将来的可能的危险。紧随一八〇七年以后的诸年中，曾通过了种种法律，那些法律在某种方面减弱了农民的地位，在其他方面却又加强了农民的地位。一八一一年，哈登柏格政府（Hardenberg Ministry）制定一种法律，承认农人主有他所保用的土地，不过，在地主与农民之间设定了一种调剂办法，使农人让出其保用地的一部分，以赔偿地主一向所享受之许多封建权利解除的损失。一八一一年的法律把农民区分为两个阶级：一个是由世袭权利保有土地的人，另一个是非由世袭权利保有土地的人。照那次法律的规定：前者应让1/3的保用地于地主，后者应让出1/2，而余下的部分，则为他们的财产。可是，"一八一六年的敕令，限制那种原则适用于这类人，即提供马车之马役者和保有耕牛与在定规村落田地上，占有一个份额的完全农人。次于他们的，不在此例，这一来，仍不免援用旧有的法律来叫人服务了。这敕令的实行，一直延续到了一八五〇年，而依照此敕令所进行的工作，大部分是为了那些保有非世袭土地的农民。比较高级的农民，则有比较大的幸运。他们由一部分土地的牺牲，或不牺牲土地而同意付纳地租，以赎除其义务。而且，这种买卖手续的议定，还不大费周折"。

第二编 现代

"但是,'受过规定的'(regulated)农民,即后来所谓非世袭保有地的佃农,结局都遭受了非常不好的待遇。在规定开始以前,其领主得随其所欲地与他们作任何摆布。因为实际是直到他们要求规定,才开始予以规定的,所以他能在一八〇八年之自由贸易规制下,买占土地上的利益。"①

一八一一年之法令,亦有这样的规定,即,保有极端小块土地的农民——土地的一再分割,致使所分土地不够维持生活——都有支付地租于地主的机会。而小农所遭受的更大困难,就是由于法律对于其保有地之自动分裂没有规定。在无论哪种场合,农民都有要求施行此种分割之必要,但那显然不是一蹴而就的。

自经那种法令规定之后,新的分裂途径在农村人口中扩展起来。对于那些没有保有世袭权利的人们,在领主与农奴之间所存的奴役关系,往往同解放以前一样的继续着。法律所给予的自由,以及伴随那自由而生的一种有所限制的权利(这种特权利益之所以大可疑虑,乃是由于十九世纪初期所存于德意志大部分土地上之政治的与经济的混同),哪怕会有怎样变异的影响,但直至十九世纪五十年代,那对于大多数农村人口的地位,仍没有丝毫的改变。

就在一八一一年这同一年度中,初步法制之规制的要点,亦有所扩展,以前曾被忽视之农村人口的若干要素,这里概行括入了。可是,虽然如此,农民中之最低阶级,仍旧是听凭地主的剥削。他们这一阶级〔劳动者与志愿佃农(tenants-at-will)〕依然是处在半奴役的状态下,与旧时一样任地主苛加其劳务。州府行政会都甘愿拥护土地保有者之权利,且以拥护他们之权利为有利益,这样,土地保有者就俨然是早期庄园的领主,他们当需要此种劳务时,丝毫不会表示怜惜。

德意志东部之农奴解放的必然结果,是保有土地之更进一步的集中,此种集中之趋势成为可能,乃是由于农民与庄园土地的分离,由于所购较小农民土地之对于大田庄领地之增加。自经解放以后,这些小农都保有任意处分其财产的权利。因为他们没有能力,且不愿意独立经营农业,他们往往任意把田产处分了变卖了。

---

① 参照克拉普罕(J. H. Clapham)所著《由一八一五年到一九一四年之法兰西与德意志之经济发展》第44—45页。

农民哪怕在获有其土地之完全保有权以后，仍会在其土地上，有如在解放以前一样的继续耕作。农民之间的共通利权之继续支持，这种趋势就益加成为可能了。当代的许多著者，大为此种情形惋惜，在他们看来，这些共通利权之永续性，乃对于新兴农民之一种严重的障碍。我们试一翻阅德意志之农业历史，就知道他们这些著者的顾虑，并不单是幻想。德意志之农业保有地之合并的进步，异常迟缓。不过，一八二一年之普鲁士法律，曾在这方面给予一大冲动，而德意志其他诸联邦所通过之法律，亦具有同样的目标。由是，旧时农业方法之阻碍影响，渐形克服了。特此种克服，通常虽是依赖政府之法律规定，但有时亦得力于农人自己之努力。

农奴身份之早前废除，那在西南部与西北部之农业发展上，为一重要因素，这，我们在前面是已经指明过的。特农奴身份经过法律撤废后许久许久，那些地域还剩有这种身份制度之残余。不过，通行于西南部之大保有地制度，不能在地主与农民之间的分授财产上，采行普鲁士那种原则，即不能采用农民分让其保用地之一部分于地主的原则。这种地区的农民，要在一定年限内向地主提供资金，定期未满，他不能对于其财产取得无限制的自由与占有。关于撤除旧时传袭下来的奴役义务，有些联邦是比较其他诸联邦来得迅速。在大多数场合，这种事实在十九世纪末叶，已经有了明确的决定，而延续到现世纪第二十年代的，不过是极少数的残余劳务罢了。

一八七五年以前的农业进步 十八世纪德意志的经济生活，主要集注在农业方面。工业与贸易，不过有时是当作专务的或独立的活动罢了。过去若干世纪以有效组织之典型著称的大商业中心，这时已完全归于消失，而所残留下来的，是一个毫无组织的德意志，它分裂为许多国家，每个国家，都要求争取经济的独立。已经深深地影响英国经济生活之产业革命，在德意志不曾发生何等大的影响。迟至一八一六年，德意志最大部分，或者将近3/4的人民，还显然带有农村的性质。

在拿破仑战争当时，农业上的生产，曾受到了非常严重的妨碍。德意志与法兰西敌视的结果，导来了一种过度的大产额。至二十年代，生产演成过剩，使严重的危机达于顶点。开始于三十年代之工业活动的发展，致农产物需要增大，价格抬高，农业人口的地位，乃大增强固。轮耕方法已广泛应用，改进的农业工具亦相继导入，在农业上应用化学的实验，已得到了德意志科学家精细的注意。

农业问题之解决，既要仰仗科学知识，农业教育乃逐渐增加其重要性了。这种教育之受到鼓励，乃由于普鲁士在三十年代建立了几座农业专科学校，并且在大学内增设了关于农业的课程。早前条地耕作盛行，其轮耕物品皆固定而有限制，故无须何等技术知识，但到这个时候，技术知识乃成为必要了。单就同世纪中叶之重要产业，即糖植物生产而论，那已非有相当的技术不行。为图适当发展这种产业，以及其他须应用科学知识，始有成功之可能的产业，对于技术训练，对于适用之机械，就不能不有所准备了。农家的这些新的需要，要有一种进取的创建力始能满足，当我一考虑到德意志全国农业之一般落后情形时，这种创建力的要求，是更加彰明较著的。耕地发展的利益，由一八三五年以后定期举行之牲畜与机械展览会的数字，亦可明白看出。大土地保有者采行了一种改进了的簿记方法，这件事的重要性不容忽视，因为在农业上，有如在其他任何经济活动上一样，其成功有一部分要仰赖一种精确的会计制度。科学知识的利益，在先只是属于大土地保有者，只有他们才具有多费设备所需的资本，亦只有他们才保有进行实验所需的集中的土地。就因此故，地主权力占优势的普鲁士东部，乃能在十九世纪成为农业进步中心。

对于农业的鼓励，在先与其说是由于较新的较好的农业方法之使用，就不如说是由于交通工具之改进。在五十年代以后，铁道已在各方面展开了迅速而低廉的运输网，这样一来，小农就由其停滞状态中跃起了。他已有了新的努力范围，他一向对于地主的依存性，因而顿形缩减了。

德意志农业上所表示的继续进步状况，一直延续到了十九世纪八十年代。耕地面积在不绝增加，剩余物品亦颇多蓄积，在经济生活中，农产品的输出，已渐占有一个重要的地位了。

一八七五年以后的农业发展　普法战争以后，德意志遭遇了许多经济问题，其中，农业的衰落，算是那些问题中之非常严重的问题了。德意志是那次战争之胜利者，它在政治方面、经济方面，都加强了力量，于是乃着手一种从未梦想到的大规模的工业改造。像这样的转变，非在该国经济组织上有一种远大的重新整顿，那是无从成就的。普法战争以后的时期，就是依着一种经济自给政策，拼命努力完成国家之伟大的时期。在一八七〇年前，德意志农业不用政府的帮助，已能十分充裕地维持自己。普法战争剧烈当中所通行全国的大膨胀风波，以及特别显现于八十年代和九十年代初期的土地所有阶级之繁重的债务，大可说明当时所遭遇的种种困难。除了这诸般问题外，还有在工业活动上之突然发展现象，大工厂对于劳动之空前需要，吸去了许多农区劳动者。劳动需要既不绝增加，其工资自会相因而抬高，而在土地所有者，哪怕是当着膨胀政策结束，与收缩政策开始后的物价惨落场合，亦不能不求所以应付此劳动价格腾贵的局面。加之，外国的竞争，对于德意志地主的影响，已达到了一个应当警戒的限度。哪怕是僻远地方的麦田，亦与欧洲西部的麦田，发生了密切竞争，这一来，农业上又算导入了一种新的危险源泉了。

农业与关税 新兴德意志之不绝扩张的工业，几乎是直截了当的要求一种保护了。有人主张，像德意志这种幼稚的工业，要与他国强固确立的和有严密组织的工业相竞争，非所有保障，绝不能得到顺利的发展。在德意志当时那种情形下，不对土地经营者允许以类似的特权——无论正当与非正当，他们的福利亦有赖于保护关税——要施行反对外国制品的保护，那是势难做到的。在这以前的若干年前间，小麦与黑麦的输出，颇为规则，而同时国内的市场则有国内产物的妥当供给。这样，保护怎么可以扩展到地主呢？七十年代的农业衰落，曾大大改变了当时现状，那是不用怀疑的。一八七五年以后的工业人口增加的结果，对于谷物不断增加的需要，已非国内谷物生产者所能供给的。当大农耕者晓晓诉求帮助时，政府立即觉得它无能为力，因而承认一八七九年税则中对农产品所课加的非常实在的关税。在宣扬此种关税者的心目中，不论会模糊显现出怎样大的危险，但我们必须记着，即令德意志之外国——以俄国为最著——谷物输入已经开始了，它的农业状况，是怎么也不会演成朝不保夕的景象的。德意志当时之耕地和其产物总额，尽管增速是迟缓的，然而对于食物的需要，仍旧在迅速加大。因此，物价即令没有直接对关税的刺激，发生何等反动作用，但其不绝腾贵，终不免使消费者受到损害。

由保护法律受到利益的，不是小生产者，而是大生产者。但是，哪怕就后者而论罢，其景况亦并不是完全令人满意的。前面讲过，大工厂对于劳动之严重需要，曾提高了一般工资的水准。加之，农产物的需要，虽在不绝增加，而世界的物价，却宁可说是在日趋低落。由国外生产不绝增加所招致的多年物价惨落的压迫，使地主有理由强制政府，为他们继续发挥法律的限制功能。当俾斯麦（Bismarck）为农民主义之理论所说服时，他立即变成了大地主阶级、乡绅、贵族保守党徒之政治代言人。这种保护政策的继续支持，虽然不常具有同样的热忱，但却常有在物质上加强大土地所有者地位的充分力量。如其这一阶级在国家参议会中的势力，没有如此之大，务农的德意志的历史，也许会要采行一个极其不同的旅程。

一直到九十年代初年，农产物税还在继续不断地增加着。自是以后，那种税率虽有所缩减，但在本质上没有改变俾斯麦所开始的一般政策。当税则于一九〇二年全部修正时，同年的法令（于1906年实行），又复规定对农产物施行高度的保护。这样，外国许多农产品的输入，除了关税的负担外，并还遭逢了各种困难。在此种场合，土地保有者之反对外国竞争者，就持有一种有力的武器了。

在一九〇六年以后的诸年中，谷物价格的腾贵，招来了农业上一种有重要意义的变动。与谷价腾贵相并发生的，是对于土地需要的不绝增加，对于土地市场价值之大大增进。一八七〇年以后之价格膨胀，地主阶级虽部分的因此负担了繁重的债务，但他们在当时的景况，却比在十九世纪后期，还要趋于稳定。他们颇注意黑麦与小麦的生产，其产额递有增加，[①]但是，对于国内市场的需要，他们依旧没有方法供给。刚好在世界大战发动的以前数年间，德意志消费者对于外国的依存性，诚然是略微减低了，然据政府的估计，在一九一四年中，德意志人口有1/6乃至1/5，是由外国购取生活资料。

农村人口的减退　　外国竞争的危险，不是地主所遭值的唯一问题，不是地主要求政府注意的唯一问题。德意志全国，特别是其东部的严重问题，乃是农村人口逐渐向工业中心地集中的倾向。农村的劳动者，已不复牢固地束缚于土地之上了，虽然当时许多曲折的计划——就中有些变成了法律——被用来束缚他们，使他们更密切地依存于地主。都市人口迅速增加，系开始于十九世纪六十年代到七十年代，但是，哪怕就是迟至普法战争结束后的10年间，德意志农村人口在数字上的重要性，还不见有何等了不起的改变，不过，在九十年代，人口减退的趋势已灼然可见了。一八八二年，包括有渔业、森林业的农村人口，计共19225455人；至一八九五年，减落到18501307

---

① 德意志之黑麦与小麦生产（由1880年到1919年）

单位：公吨*

平均每十年	黑麦	小麦
1880—1889	5701724	2478738
1890—1899	7172055	3086899
1900—1909	9724844	3624259
1910—1919	9274864	3295782

*1公吨为2204.6磅。

人；一九〇五年，复缩减到17681176人，即对总数减28.6%，对一八八二年之总数减42.5%。无论是绝对的，抑或是相对的，农村人口是已经衰落不少了。这种衰落的主要原因是农场机械采用的影响；由于一八四八年之革新运动和此后国家统一给予个人自己发展之较大的保障与机会，所导来的独立精神；由于铁道及其他交通工具发展增加了劳动之活动范围；由于对比较多种多样的和定规的雇用，有了较大的机会；且由于城市因厉行社会立法招致了较好的生活状况。

加之，农区的工资一向较为低下，与工业劳动者所得的工资相较起来，那往往是悬隔颇远的。就因此故，农村劳动者的生活水准，亦不得不相当的低落。从事农耕者对于公民权利的认识，异常缺乏。志愿佃农和农业劳动者与雇主之间的关系，仍旧带有庄园时代的精神。哪怕就是修正的普鲁士劳动法（一八六九年）、帝国民法，以及其他有利于工业阶级之近年的自由法制，都小心翼翼地把农业劳动者由那些条款中除了去。农业劳动者之退出农村，一部分也受到了工业经营者的积极鼓励，他们这般人用尽了方法，使人口集注于工业地区。

利用本国工业区之较大的机会，那并不农业人口之唯一有望的出路。国外之经济成功的可能性（实是盖然性），那是不可忽视的。在各种时期，德意志的农村人口，早就在大量地向海外流出。革命高潮怒涨的四十年代，此种趋势颇为显著，在此后20年中，农村人口的流出受到了刺激，不过，与政治的情势比较，经济的动机是逐渐占有较为重大的作用了。当美国南北战争之后的时期中，德国国内复渐进于工业化，这样一来，向海外流出的人数就大大减少了。不过，八十年代的暂时的经济扰乱，又给予了人口移动的新的刺激。一八八〇年，由德意志移出的人数为35888人，至一八八一年，则增加到220902人。一八九五年以后的工业活动的增加，重又招致了海外移出人口的减少。此种情形，一直继续到了大战爆发的前夜。在大战以后，因为德意志本国的移出限制和其他国家之移入限制，流出人口的数字，逐渐缩减到异常的少数了。

因为人口增加，没有影响到可资利用的劳动者人数，地主对于外国劳动的依赖，就更加变为显明的事实了。直至最近数十年间，德意志全国，特别是其东部的农村人口，曾经大大地仰赖外国人的帮助，那些人是在政府严密地监督下，来自德意志边境的国家。也许因为是在劳动供给上，有了外国分子——他们习惯上的生活水准，较之德意志之劳动者还低——的竞争罢，农业工资的增加，总不能像在没有此种竞争之工业中心区那样迅速。在一九〇七年，移入劳动者——大部分为俄罗斯人、波兰人（Poles）、奥地利人——的总数，已达到257329人，由一九一二年到一九一三年，其数将近500000个。

农村人口的减退，一部分也由于对劳动季节的需要和代替颇多农业劳动者之农场机械的采用。唯其如此，外国移入劳动者，乃能满足一个显著的需求，不过，就地主的需要说来，那个数字尚是不够供应的。就因此故，往往在收获时期，不得不利用兵士。有时，他们竟仿照美国的榜样，做成招雇中国苦力劳动的方案。不过这个计划随归泡影了。使移入劳动者补充本地的劳动供给，那最好只能看作一个暂时救济方策，而不能说是对于劳动缺乏之有效的解决。除普鲁士东部而外，移入劳动者没有何等了不起的重要，因为在其他各地，主要都是由本地劳动供给，只要补充以少数的外国劳动者，就足够耕作田地，并刈取收获。

农业人口之一般状况的改进，显然受了"土地联合会"（the agrarian league）之努力的防阻，这个联合会在政府方面的不断努力，就是在阻止有害于其每个会员利益之法律的通过和要求永久保障他们既得特权之法律的制定。与在普鲁士东部地方比较起来，那些小农占优势的地区的农民状况和那些农民得联合互相改进的地区——例如在巴伐利亚——的农民状况，是比较优裕多了。大土地保有者对任何严重改革努力之顽强反抗，直接使那种在许多方面已变为平妥的制度，一直保持下来。地主于保持住这种制度外，更进而破坏早前缓和农民之不堪状况的诸般习惯。因此，工资支付方法之一部分的废除——金钱酬报与实物酬报并行——把在前有利于地主对于其劳动者之个人关系的联锁分裂开了。

保有地的限度 有关于现代德意志土地问题的有趣事实之一，就是小保有地数量之不绝增加。前面讲过，德意志西南部一带，从未因土地保有地的集中，而惹起任何困难。哪怕就在后期的庄园时代，地主的保有地都是分散的，所以，农奴身份的义务一经分解，许多农民就容易得到土地。在西北部地方，亦没有发生这种问题，因为那里农民个人的保有地，虽比较西南部一带为大，但仍是相对狭小的。我们屡屡说过，大保有地的问题，几乎全部都是限于东北部。根据若干不难理解的理由，小农颇不注意地主或贵族党员的活动。基本农产物之价格上的动摇不定，对于小农比较无关紧要，因为他们的利益，没有地主利益那样特殊。给予大地主以这种严重事态的劳动问题，实际为农民所不知悉，他们个人自己的努力，再加上其家人的共同努力，通常已够获取其所耕土地之最大效果。

一八八二年以来，就全国之农地总面积，加以较论，大保有地已有一种灭落的趋势，而在极小的保有地的场合，亦显然可以看得出此种趋势来。在一九〇七年，超过250亩以上的保有地，只占有威登堡（Würtemberg）与巴伐利亚两邦总农地面积的2%。梅克伦堡之情形，完全两样，那里超过250亩以上的保有地，几乎占有其总农地面积60%。大战以前，由12.5亩到50亩的土地，占全国总农地面积1/3，而12.5亩以下的土地，则不过略略超过10%。

在一八九〇年与一八九一年，普鲁士政府曾试行确立小保有地之必要立法，以期改进其东部之农业状况。两度法令都规定由政府购买土地，出卖于永久的垦殖者。为图保障此种垦殖计划所依据的原则，政府确定一种永久的地租税，以保留其对于那种土地的相当支配权力。这计划证明颇有效，后来甚且为许多保守的贵族党员所赞许，他们这般人之赞许此种计划，乃以为那在实行上，对他们中间不愿继续耕作者，有售卖其土地于政府的机会。对他们中间急需劳动者，可以提供一种新的劳动供给源泉。在一九〇五年，政府将近购买了600000亩土地，并且曾以将近300000亩的土地，售与垦殖者。因为大地主之大田庄所在的一大部分土地，仍旧为遗传法——那适用于森林地，也同样适用耕地——所支配，所以，在贵族党员们的地位上，并不曾表现任何弱点。

就若干方面而论，劳动者的保有地与英国的派分地有些类似。前者系由历次的法律所规定。在包括有巴伐利亚与梅克伦堡的其他德意志联邦，亦采行了具有同一目标的法律。这些地区的波兰的特征颇为显著，从而，对于小保有地之确立乃另有目的，即是，以德意志的垦殖者代替波兰的农民，这政策曾被无情地推行过，但结局总不能达成其所预期的目的。不过，对于此种实验，我们不要使其与小保有地混为一谈。因为，那与其说是出于政治的考虑，毋宁说是出于经济的考虑。

农业上的合作　合作的原理，曾适用到德意志之农业活动的各种形态上。在采行此种原理的各种组织中，当然以瑞福森银行（Raiffeisen Banks）为最有势力。这银行系袭用创立者斐特列·瑞福森（Friedrich Raiffeisen）的名字，德意志农业信用组合之所以变为有力的团体，要不外得力于他的种种努力。瑞福森于一八四七年开始一种地方消费者同盟的组织；至一八六四年，他依着地方信用银行的组织，把合作原理适用到农村信用上去。为要对这许多机关提供金融的帮助，一个中央银行于一八七六年建立起来了。瑞福森的组合活动，既经扩张到了农业信用以外的领域，于是，这种种活动，就必得分途联合在各别的中央组合之下。此外，当时还有地方协作社的一般组合，此类组合，以在略卫德（Neuwied）与奥芬巴赫（Offenbach）者为至关重要，它们两者后来（一九〇五年）联合起来，形成了一种国民的组织。

瑞福森银行的显著特征之一，就在规定它的每个属员都负有无限责任。在开始时，股份的保险未经规定。后来为了应付法律的要求，此种政策渐有改变，名目的股份自是受到保证了。瑞福森银行本质上是在提供农业信用，但是，合作的原理颇有扩充，它对于合作社中的人员，给予了较大农耕者个人所获得的许多利益。这般人员的活动范围，是在合作的供给组合中、批发货栈中、地方零售店中。他们的总数，约计有250万人。

至其他的合作机关，亦有可惊的成功的发展。原先只与城市之合作事业发达有关的叔尔测·对力赤组合（Schulze-Delitzsch），至近年以来，竟扩张其活动于农业信用的领域了。对小土地保有者，提供整批购买以若干资金的合作社，其数字亦有非常迅速的增加。

在农村信用合作制度这样发达的国度中，零售合作店居然只有小小的进步，这是值得惊异的。就生产的领域而论，有若干合作的牛乳业，曾收到了相当效果，在普鲁士、霍尔斯泰因（Holstein）、梅克伦堡，以及其他少数联邦中，此种效果特别显著。不过，把全国综合起来观察，这种合作形态是比较不重要的。

在普鲁士向导之下，其他诸邦曾建立起了一些有效的中央合作银行。这类银行的任务，在扩张其信用到那些以地方合作信用组合为其属员的会社中。德意志农区之合作事业的成功，一部分抵消了它那——那曾盛行于大战以前——公民自由（civil liberty）的缺陷，而它在改变农区状况上的有利影响，那几乎是怎么样也不会评价过高的。

德意志农业之将来　我们已经提到了一八七五年以后之德意志农耕者的尝试经验。过于估计其状况之动摇不定的危险，往往曾被有些人所忽视了，他们这般人所坚决主张的是：农耕者要改变其命运，只能仰赖有利于他们的法律。工业化之可能的结果，是加大食物供给对于外国来源的依赖。德意志农业上的生产，足能提供其人口所需食物总额的一大部分。大战前二三十年间，投在农业活动上的资本递有增加；同时，保有土地的农耕者，对佃农持有绝对的优越，这事实，都是德意志农业之健全状态的说明。

英格兰之商业与工业，早成了其他一切经济活动所围绕的中心。这是地理上之分工的必然结果。到后来，此种分工在范围上，与其说是纯然国家的，就宁不如说是国际的。

一个受有地域限制的国度，如其他要在工业领域内占有优势，它往往就不能在农业上保有同行的优势。基本农产物的产额，可由比较集约的科学的方法增加，或者，有如在大战时的德意志一样，可由更劣等地之进于耕作而增加，但是，人口对于生活资料之压迫尽管再大，终有一个时候会因土地收入递减法则的作用，而招来生产上进一步增加报酬的停止。由德意志农业状况的研究，我们定然可以得到这样的结论，即在德意志境内的某些区域，还存有可以由更集约耕种，更低劣地耕种，而增进其有利之限界点的机会。战前德意志农业的生产充分显示了迟缓的，然而是继续的进步的表征，在这种进步当中，其进于耕作之土地的总面积亦颇有增加。

德意志国境由《凡尔赛条约》的改变，曾在许多方面搅乱了全国的农业组织。领土的丧失，特别对于黑麦生产发生了严重影响，因为黑麦由此失去的总产额，计达1133000赫克塔尔（hectares），或者是失去了此前在耕黑麦产地的17.7%。小麦产地与春季大麦产地之割让，虽不若黑麦产地之大，但其数量亦颇可观，计前者所失产额为292458赫克塔尔，所失产地为战前14.8%；后者所失产地为270829赫克塔尔，所失产地为战前16.4%。至小麦生产上之衰落异常严重，在一九一三年，其总产额计达4656000公吨，至一九二一年却还不到3000000公吨。此外，德意志还丧失了以前专用作燕麦生产的土地的11%以上。凡此等，皆为特别严重的损失，这诸般土地所生产的食物，大都是供给各地方的消费，所以在大战以后，德国对于外国谷物的依赖性就大增特增了。至一向专用于从事牛肉及其他肉类生产之土地的丧失，益加增大了国民之食品供给问题的严重性。而由此所惹起的肥料适当供给之缺乏，那又成了农家不可终日的另一问题了。"开掘土地"（soil mining）在大战时颇为通行。自然的结果，是生产颇迅速地趋于衰落。依统计的指示，由一九一九年到一九二〇年所消费的碳酸钾与氮素的数量，虽比较大战前的若干年间为多，但磷酸盐量的使用却有一种突然的可观的减落。这种低减，有一部分可由不利的交换率，可由国民购买力的减退，可由战时的封锁，而得到说明。德意志农家地位的颓落，以一九二三年为最，那时由通货膨胀所唤起的可笑比率，致使地主和自耕农都不愿用其农产物去交换逐渐低落的通货。他们既把农产物由市集搬运回来，人口丛聚的中心地域，就大为食物的缺乏供给所苦了。总之，大战以来，德意志的农业，虽曾显示了它的特殊力量和恢复的底力，但至一九二三年的农产物的总产额，却还未达到战前诸年度那种限度。

进一步研究的参考书籍

*Ashley, Percy. Modern Tariff History, part Ⅰ.

Blondel, G. Études sur les populations rurales de l'Allemagne et la crise agraire.

Buchenberger, A. Agrarwesen und Agrarpolitik, vol.Ⅰ, 2d ed.

*Clapham, J.H. The Economic Development of France and Germany, 1815-1914, chaps.Ⅱ, Ⅸ.

Cobden, Club. The Influence of Protection on Agriculture in Germany.

Croner, J. Die Geschichte der agrarischen Bewegung in Deutschland.

Dawson, W.H. The Evolution of Modern Germany, chaps.Ⅻ-ⅩⅤ.

——Protection in Germany.

Deutsche Landwirtschafts-gesellschaft: Jahrbuch.

Knapp, G. Die Bauern-Befreiug und der Ursprung der Landarbeiter in den älteren Theilen Preussens.

——Die Landarbeiter in Knechtschaft und Freiheit.

Leipzig, Universität. Landwirtschaftliches Institut, Mitteilungen des Landwirtschaftlichen Instituts der Universität Leipzig.

Michelsen, E. Geschichte der deutschen Landwirtschaft.

Ogg, F.A. Economic Development of Modern Europe, pp.102-103; 200-209.

Roncador, B.H. Wesen und Wirkung der Agrarzölle.

*Sartorius von Waltershausen, A. Deutsche, Wirtschaftsgeschichte (1815-1914).

Schevill, F. The Making of Modern Germany, chap.Ⅲ.

Sombart, Werner. Die deutsche Volkswirtschaft im neunzehnten Jahrhundert.

Von der Goltz, T. Geschichte der deutschen Landwirtschaft, vol.Ⅱ.

Wagner, A. Agrar-und Industriestaat.

*Wygodzinski, W. Wandlungen der deutschen Volkswirtschaft im neunzehnten Jahrhundert.

第七章　一七八九年以后的法国农业发展

迟至1789年，法兰西的农村人口中，农奴还占有一个重要成分，在法兰西的东北部，此种情形尤为显著。农村人口之有较大的重要性者，为森西尔（Censiers），"他们付纳旧来固定的被解放地租（Quit-rent）或森斯（Cens）而保有土地。他们中间受有特惠者，除森斯的负担外，就是一定额的偿付金，此种偿付金与英国卡庇霍尔德保用地（copyhold tenure）之科金相似，其提供是当着负担有森斯之土地，因领有者死亡而调换主人的时候。森斯与偿付金通常是在几世代，甚至几世纪以前就规定了的，货币购买力既在不绝减退，所以这种负担，就特别显得轻微"。除森西尔与自由农地保有者外，法国在大革命以前，还通行一种称为麦太耶格（Métayage）的土地保有法。依照这种制度，土地生产物是由耕作者与地主分享，在许多场合，在这种保有法掩饰之下，旧时最有剥削性的封建义务，还在强制履行。至其他无关于森西尔与麦太耶之限制保用地的佃农，那也同样获有立脚的根据，但与英国比较起来，法兰西的大田产就显得无关的重要了。我们须记着：法兰西之农奴身份的衰退，并不由于土地之一般的集中。正唯其如此，它的小农地保有者，就有进于繁昌的可能了。

法兰西之农业机构，只略略受到了大革命的影响。粗糙的棱角被磨去了，土地保有法上的矛盾被消除了，但农业的技术，却没有何等改变。农奴身份的完全废除，在革命政府做来，并不曾遇到多少困难。在法兰西农业史上占有非常重要地位的森西尔，此后完全不要支付被解放的地租，他们获得了处分其土地的无限权力。重苦麦太耶之封建义务的残余，亦全被废除了，虽然麦太耶格制度本身没有受到何等的干涉。

关联于公共地使用的传统习惯，革命政府亦曾注意及之，在一七九二年，它通过了一种法律，使大多数的公共地由对那种公共地持有所有权者分领，但这种政策随即修改了，政府允许人民自动的分配。①有如使农业由旧时的封建义务得到解放一样，一七九一年，政府通过一种法制，使农业由过去束缚的、烦琐的规定得到解放，因为那些规定在农事作业上，大大地破坏了个人的创造精神。此外，革命政府的进一步工作，就是由国王、贵族与教会之土地的没收，而破坏大保有地。曾有人估计，在革命时代以前，法兰西的土地，有1/5属于贵族，1/5属于教会。在他们这些土地被没收以后，有较小的一部分为农民所购买，而相当的大部分则为中等阶级所吸收。这些中等阶级新获取的土地，势必又要向佃农开放了。革命领袖的意向不论怎样，由贵族没收来的土地，一到革命的混乱时期告终和拿破仑的政府确立，它们有一部分重又返还原主，或由原主所购买了。贵族阶级被没收的土地，大约有一半以上在拿破仑统治的末期得到恢复；至若属于教会的土地，也许有1/3或1/3以上为私人所购买，余下的部分，则由国家所管有。前面讲过，英国的小农地保有者与佃农，几乎全由圈地法与既成的相续制度所消灭了。大战以前的法国，亦有限定嗣续法与长子相续法，不过往往也实行平等承续制（即死者的财产，由其诸子平均分配）。革命政府与拿破仑政府，都规定析产为必须遵守的原则。随着拿破仑之开疆辟土，此种析产方法，竟扩展到了欧洲施行拿破仑法的其他地方。哪怕就在今日，凡在盛行土地保有法的法国以外的地域，犹不难见到它的影响。法国的这种平等承续制，显然颇有利于小农地之保持。可是，从另一方面来讲，这种小农地的保持，多少不免危害了农业的进步。因为小农地的保有者，对于购置节省劳动的机械，对于从事其他必需的改进，都难获取充分的资本。而且，即令他获有了必要的资金，他所耕作的有限的亩数，亦殆无法使用其所能购得的动力机械。

历次拿破仑的战争，大大刺激了农业的生产。战事的紧急需要，以致由三方面来努力增加生产，那就是由技术的改良，由耕地的扩充，由新农作物的耕种。由拿破仑的败北，以至于十九世纪中叶，法兰西的农业颇著成效，但这种成效，大部分是由于耕地面积的增加，而不是由于农业上技术的改良，不过，轮耕的方法，这时已开始为一大些农耕者所黾勉励行，若干新

---

① 在一八〇三年，就连这公共土地之自动的分配亦被禁止。

的农作物且已相率移入了。至农耕的器具，一般都不外最原始的构造。木犁仍在使用，耕植与收获的方法，与以前诸世纪，简直没有何等了不起的区别。

现代许多改进的利益，都非小农地保有者或佃农所能利用。而且，在平等相续的法律上，原来还存有小保有地的真正不利之点，即是，那种法律虽使农民接近于土地，但较大生产者容易施行的许多经济方法，这种农民却没有利用之可能。在较新的国度中，扩张生产，并不必要费过多的体力劳动，只要有了较大量的资本，一切都是能够有利进行的。以法国农民与这种新国度的农民比较起来，他们所收的效果与他们所费的体力，可以说是不成比例。因此，法国农民勤劳之所得，往往不能抵偿其对外国较有利生产者之劣势之所失。事实上，哪怕是小小的农民，对于技术上的改进，科学的轮耕法和较好的肥田法，亦并不是完全不能推行。所费过多的农场机器，他们也许无力购置，但是至少他们总应该能够购买一架比较好的犁和一些所费不很多的现代式的工具。

英国在一些较新工业发明证实有实际效用以后，其工业上的转变异常迅速，但法国不然，法国在十九世纪最初数十年间，尚不曾进行它的工业的改造。就自然的趋势而论，法国最适于成为一个彻头彻尾的农业国家。它的析产法（平等相续法），它的农民特别对于土地爱好的性质，使他们自然而然的以保有极小块土地和过着贫苦生活为满足。

因此，在农村自给自足状况打破以前，必须经过一种根本的变革。当十九世纪最初的数十年间，公道的修筑和运河的开凿，曾经部分地救治了农村间的孤立，但农村孤立状况之全般地得到改善，那却是铁道电信网广被于穷乡僻壤以后的事，但是法国这种相互交通网的全部的完成，又差不多迟延到了同世纪的最后25年间。

可是，法国对于节省劳动之种种发明的应用，虽相对迟缓，但其农产物之总生产额，却递有增加，在一八一八年与一八八九年间，每亩小麦田之平均产量大约由11布冕增加到17.5布冕。每亩燕麦与大麦田的产量亦显示了同样实质的增进。自一八三一年以来，小麦生产之逐年平均的增加，亦足为法国农业稳定的证明。固然，这不绝增加的事实，不能期望于一切的农产品，但用以从事小麦生产之土地面积，尽管递有减缩，而小麦的产额，却显然在逐渐增加。[①]

　　设与英国农产生产者之削弱的地位加以比照，则法国农业之内在的力量，分明可由输入数字而显示出来。法国一部分因为农业的差特性和小保有地之存在，一部分因为保护法律之人为的刺激，至十九世纪初叶，其小麦输入数字，已缩减至非常的低度。事实上，在一八七五年以前，就每年平均的输入额，与每年平均的生产额比较起来，其数目已颇不足观了。未到七十年代的生产衰落时期，输入从不见有何等实质的增进。由一八七一年到一八七五年间，平均每年的小麦输入，不过只有768万罕掘维特（cwt）。可是至此后20年中，输入的额数却在1992万罕掘维特与2634万罕掘维特之间动摇。至谷类的输入，则往往因国内的歉收而成为必需。不过，在另一方面，因为法国农业赋有差特性，其农产品之向外输出，亦渐有增进之可能。由一八九三年至一八九七年间，法国每年农业输出品之平均价值，计达6.67亿法郎，而由一九〇三年至一九〇七年间，则竟增加到7.15亿法郎。

　　不过，法国在十九世纪末叶和二十世纪初期之农业繁荣，与其早前的农业繁荣，是处在多少不同的情形之下。如同在德意志一样，它曾由保护政策占有优势。在关税壁垒下所收到的效果，当然与在英国那种自由国度所收到的效果，大不相同。在欧洲一切生产小麦的国家中，法国在一九一四年是处在次于俄罗斯的第二等地位。就生产小麦之土地的总面积言，它要较多于德国，乃至较多于英国几百万亩。小麦而外，至关重要的是葡萄种植业与葡萄酒业。至大麦、玉蜀黍、黑麦、荞麦、马铃薯和甜菜等，亦在法国农业上占有相当重要的地位。马铃薯的种植，乃开始于十九世纪初年，那时原是卑不足道的，但至一八五〇年，却在各地成为大宗的出产。农民对于马铃薯原来没有好感，可是当他们一旦克服了这种成见，马铃薯逐渐成了他们日常生活中的主要食品。而在较大的马铃薯种植者，更以城市为其销售的市场。当一八八二年，法国有300万亩马铃薯耕地，至一九一一年，则增至375

[①] 在法国现在的领土内（由1881年到1920年的小麦生产）

平均每十年	百万赫克脱塔*	平均每十年	百万赫克脱塔
1881—1890	109.1	1901—1910	115.4
1891—1900	110.7	1911—1920	87.2

*一赫克脱塔（Hectoliter）约合2.75布奚。

万亩,同时,其产额乃较一八八二年增加66%。不过,马铃薯逐年的产量颇有出入,故这种计算不是决定的标准。例如,在一八九二年,其产量超过一八八二年50%以上,至一九〇〇年,则不过超过20%。但变动尽管变动,而一般的趋势,则无疑是逐渐向上的。

在拿破仑战争时代,法国由其国外领地获取甘蔗发生了困难。因这种困难,法国政府乃有计划地奖励糖业。糖业到后来——特别是到二十世纪初期,颇为发达。自一八八〇年以来,牛奶业的发展和家畜头数的增加,那亦是法国农业进步之更进一层的实证。

农业的衰落　七十年代发生于英国农业衰落上的恶影响,我们已经有过较详细地说明了。外国的竞争,曾为大不列颠农业衰落的主要缘由之一,法国农民依着政府的帮助,虽不曾受到外国生产竞争之全力的侵逼,但亦不免要蒙受相当的影响。七十年代与八十年代之农产物价格的低落,实在严重阻碍了农业上的繁荣。而农业上资本之收回,则曾视为是农业衰落的原因之一。新的投资机会,使土地上使用的资本渐趋不利,农业的利益,乃因而蒙其影响。至其他形成农业衰落之较小的原因,则有往往过于苛重的直接土地税,有因农业劳动者与家内仆役减落而引起的高价工资,此外还有大土地所有者之离去祖国。法国许多著者,虽然反对土地转移法与土地相续法之有害于农业,但那毕竟是可以加入农业衰落原因里面的。法国的食物供给,显然要受到外国农产品之定规的补充,至一八七八年与一八七九年,此种情形乃特别显著。小麦输入的事实,在其本身并未说明什么,因为,由一八六〇年到一八八〇年的20年间,亦曾有过十分定规的输入。不过,七十年代后期之输入的突然增加,在许多人看来,那却未免是一种极其严重事态之序幕。

在七十年代之初,类似的衰落情形,突见于葡萄种植业上。一八七三年以后,葡萄虫与葡萄微蔓延到了法国所有种植葡萄的领域。这种病害的日趋严重,对于外国葡萄酒的仰赖,乃日有增加。此种情形,以一八八〇年至一八九〇年为尤著。而由此特别感到困难的,则为葡萄园种植者与葡萄酒酿造者。因为他们恰好在一八七三年以前,是受过非常繁荣的特惠的。

保护法律之制定　当外国农产品输入本国市场,达到了危害本国将来之农业生产的限度时,各方面立即惹起制定保护方案的议论。在十九世纪之初,法国农业曾因避免外国竞争而受到保护,但那种保护到了国家能够自给自足的程度,就相对无关紧要。迨至十九世纪末期,那种非常过激性质的政策上,遂发生了一种变更。在农产物受到了一八八一年之关税影响的限内,保护显然没有何等了不起的作用。八十年代最初数年之农产物价格的跌落，遂使政府不能不采行一八八五年那种加担于农产品上的苛重关税，对于小麦，那种关税增加到了每赫克脱塔3法郎。除小麦而外，大麦、燕麦、黑麦一类的农产品，亦在被税之列。两年以后，小麦关税提高到每赫克脱塔5法郎，至一八九七年，则增到7法郎。依照一八九二年的麦令关税以及此后相续制定的法律，则所有重要的农产品，都部分地或完全地受到了保护。

在扶植国内的生产活动上，这诸般法律无疑都颇有效果。有如在德意志的情形一样，较大的耕作者，亦确实由保护得到了最大的利益。由一八八七年到一八九一年间之每年小麦平均价格，实在较之由一八九二年到一八九六年间之平均价格为高。可是，小麦价格虽然提高了，在消费者方面，至少总有一部分受到了地方行政当局之面包价格规定的保护。因此，关税之课加，并不一定在任何情形下，都是消费者的损失。至阻止外国生产品之输入，那是关税之一主要目的，①而它在这方面的活动亦确有其非常的效果。一八九五年以后，输入法国的外国产品迅速减少。单就逐年平均输入之小麦一项而言，由一八八一年到一八九五年，其平均输入额为26.34百万罕掘维特，由一八九六年到一九○○年，减至11.37百万罕掘维特，由一九○一年到一九○三年，更减至4.97百万罕掘维特。但关税之直接效果不论如何，价格终归是非提高不可的。在二十世纪的关税法中，国家工业化尽管是政府异常注意的事体，但农业仍旧完全受到了保护的利益。

农区人口之减退 现代法国之本原的村野性质，虽然阻止过法国农村人口之极迅速缩减，但其农区人口之减退趋势，依旧如同在英国、在德国一样，是不容我们忽视的。直至十九世纪中叶，全法国尚有3/4以上的人民在从事农业，此后25年中，即在全人口增加到36905788人的当时，从事农业者已达到24928392人，或者全数之67.6%。②由一八四六年到一九○六年中，农区人口显有减退，③这我们由下表可以明白。

---

①　所有这些影响农产品关税法令，我们必须由法国海外领地之关税同化政策去观察。参照亚塔尔·基洛尔（Girault, Arthur）所著《法国之殖民地关税政策》。

②　包括有2000居民以下之社会的人口。

③　见奥基·拉利丕（Augé-Laribé）著《法国农业之发展》（*L'évolution de la France agricole*）第124页。

年度	总人口（人）	农村 人数（人）	农村 百分比（%）	城市 人数（人）	城市 百分比（%）
1846	35400486	6646733	24.4	26753743	75.6
1856	36139364	9844828	27.3	26294536	72.7
1866	38067046	11595348	30.5	26471716	69.5
1876	36905788	11977508	32.4	24928392	67.6
1886	38218903	13766508	35.9	24452395	64.1
1896	38517332	15025812	39.1	23491520	60.9
1906	39252245	16527234	42.1	22715011	57.9

一八四六年以后，法国农村人口，曾有一种绝对的衰减。这衰减的人数，大部分是属于日佣劳动者与家庭仆役。单在由一八八二年到一八九二年的10年间，农村劳动者由1480678人减少到1210081人，而家内仆役则由1954251人减少到1832174人。在另一方面，土地所有者、佃农与麦太耶的人数，却还有增加。但增加总数为144189人，减少总数为250369人，两两抵算下来，后者仍居多数。并且同一趋势，在此后若干年还可见到。

法兰西农区人口减退的原因，与其他国家并非两样。当法兰西正进行城市化的时候，同样的情形，亦见于英国、美国和德国，就因此故，所有的国家皆进于工业的扩展。法国比较繁荣之某些农区的生产率之减退，有一部分就是由于这种原因。过去数十年中，法国的全人口显然没有增减。所以，城市中心人口之增加，其本身就是农区人口减退的证明。以一八七二年的法国而论，它所有超过2万人以上的市镇，还不过69个。至一八九一年，增加到104个，更后20年，则增加到120个。

劳动不足的状况，即日趋严重，较大的农业家们，乃不能不仰给于外国的劳动者以资补充。由是，农民离村的根本原因，就似乎可以由此事实证明出来，不是由于机械代替了农场劳动。这个问题之在法国，也正如同在其他的国家一样，其内包要比较其见于外表者错综复杂得多。

保有地之阔度 法国较大保有地之分散，至少是早在十七世纪就已经开始了。就在大革命发动以前，这件事亦算是法国农业史上的一个重要史实。平等相续法的制定，大大地促成了农地之较小的分割。下表所示，乃是由一八六二年到一九〇八年之保有地的阔度。[①]

保有地的调度	1862年	1882年	1892年	1908年
少于1赫克特	—	2167667	2235405	2087851
由1到10赫克特	2435401	2635030	2617558	2523713
由10到40赫克特	636309	727222	711118	745862
由40到100赫克特	154167	142088	105391	118497
100赫克特以上	—	—	33280	29541
数量	—	5672007	5702752	5505464

在1赫克特（hectare）以下之极小保有地之数目，由一八八二年到一八九二年虽有增加，但至一八九二年以后，则确然减少。由1到10赫克特之保有地和100赫克特以上之较大保有地，通在1892年以后减少了。至若由10到40赫克特之保有地却显有增加。在全部田产中，大概将近有3/4是由所有者自己耕种，而其余1/4则由佃农与麦太耶耕种。由10到100赫克特之中级保有地之增加，那有一部分原因是农民之繁盛，这繁盛，使他们能够时时把新的条形地，加添在其保有地里面。

在今日的法国，还显然是拥有较小保有地的国家。附着于大地产之社会的分野，从不曾如英国那样，在其历史过程中，扮演一个重要角色。农地所有的更换，很少是由于立意圈做围地。那几乎完全是出于所有者方面的自愿。由国家乃至由个人耕作者看来，没有多少大规模的地产，固有所不利，但小农地保有的内在利益，却足够抵消此种不利而有余。

合作事业的发展　前章讲过，农业合作社一类组织之互助利益，在德意志农业史上是表示得明明白白的。法国于十九世纪初叶对职业组织所加之限制，至一八八四年即予撤除，其结果，劳动组合与其他各种各式的结合，乃相率形成。而合作社的组织，亦得于这当中稳定其基础。根据其他国家合作事业的经验，法国不但身受其利益，且能对于那些早前证实有效的互助努

---

① 参照奥基·拉利丕著《法国农业之发展》第103页。

力，重加修审。在一八五〇年以前，广播农业技术知识的组织，对农家施行劝告与协助的组织，皆一般的成立。所谓农民会——耕作者之地方组织——亦同样是依照这种促进农业的原则而活动。那些在灌溉、排水之层的建筑上、修理上，乃至系统规制上，有其特殊目的的企业组合，则是代表其他方式的合作努力，这诸般努力的实际，与其说是接近早前农会与农民会的目的，毋宁说是符合于今日一般的组合精神。

由农家的观点看来比较重要的，要算农业联合会，这个联合会的目的，在提供耕作者以合作购买与合作贩卖的利益。设推原而论，此种组织的成立，无非是想在肥料、农具、种子之类的合同购买上，得到若干的便利。至农产物之合作的分配，那亦是该会主理者之有价值的职务。这类组合中的会员，原不限于农耕者、地主的代理人，甚至供给农具与人工肥料的制造业者，亦常加入。不过，在大多数的联合会中，土地所有者占有多数，对于会员的入会，亦设有一定的限制。会务多而且杂。联合会由教育方面来促进其会员之一般的福利，那是一种颇值得注意的努力。此外，在这种联合会本部，还设有特殊的合作交易组与生产组。而在合作事业上，收到特别效果的，要算牛乳业和制酒业。

这诸般组合之功效的一般增进，乃是仰赖于那些以地方联合会为会员之县区联合组织和与地方联合会保有关联的中央农业联合会。联合会原先并不经营相互间的信用与保险事业。迨属会增多，其努力范围亦相因扩展。由是，合作的信用与保险，乃成为其杂多的会务之一端，在专以经营农村信用为目的组织中，储蓄基金会或市区互助会，特关重要。至法国农村信用合作社的功能，亦因政府的金资帮助而颇有增进。

农业劳动的组织　农业劳动者之开始进行组织，那在其他国家是遇到了许多困难的，在法国也是如此。英格兰农村中没有土地的人民甚多，所以他们进行农业劳动者的组织非常容易。在他们努力的过程上，诚然经过多次的失败，可是近年已收到了相当的效果。法国农民之安定与自足，以及他们农业劳动者所占人口之相对的少数，致使他们的组织活动，感到异常困难。不过，在法国的农区中，不时也发生罢工运动，而联合组织之确立，则常为那种运动之成果。在一八九一年至一九〇四年间，严重的劳动骚扰，曾由樵夫与葡萄种植者发动起来，那种骚扰的唯一功效，就是成立了许多联合组织。在一九〇六年与一九〇七年色奈·玛奈（Seine-et-Marne）的农区中，又复发生劳动骚扰，一九一二年，香槟（Champagne）之葡萄园工人，又作一次罢工运动。大战以后，有几次发生严重结果的劳动斗争，曾扰乱了法国许多农区。这一切运动，无疑是收到了部分的效果，但就全体来看，农业劳动组合，毕竟没有达到工业中心地带之劳动组合那样的成功。

农业教育之设施 在推进教育与晓谕国家之农业利益的努力上，法国教育部是异常活跃的。有许多其他教育机关，曾经是国家农业学院，并且在各种部门，都为传播技术知识设立有特别学校。至农业实验学校，乃是担当比较初步性质的教育，其目的在便利较贫农民，以及农区中无资力入较大农业专门学校的其他社会阶级。

法国农业与世界大战 欧洲受世界大战影响最深之国家，莫如法国。大战爆发，法国有数十万亩肥沃土地归于荒弃，有值数千万之永久建物归于毁灭。此外，在一九一四年前已经投下而尚未收获之战区动产的损失，更不可亿计。当战争尚未结束以前，对于荒废土地之恢复问题已经着手，并且还通过了一些改造方案。但此问题之真正解决却迁延到了战争休止以后。法国政府在这种改造努力上表现了惊人的气力。农民之器具的补偿，系求之于对损失所给予的赔款。因着金融的帮助和政府的经营，数十万亩横被蹂躏荒废的土地渐复旧观了。据官方的数字所指示，在大战中，[①]荒地将近有3337000赫克特，至一九二五年之初，这巨量荒地有95%概经恢复，至其余5%的土地，那是在先就毫无价值可言的。

在大战中，法国约有500万农民全体动员，故农村劳动的缺乏特别厉害。可供利用的肥料虽极其有限，然尚幸而有此，否则农业将全归毁坏。小麦的生产将近短减一半。谷类与马铃薯之属，亦颇为衰落。停战后6年中，法国实际已恢复了一九一四年之自给自足状态，正有类英国在同一时期之回复其战前的不自给状态。法国在战时的缺乏劳动，遂促使殖民地土人，特别是北非洲人，都为充当劳动者而移入，而许多西班牙人和其他外国人，亦得获有高厚工资的机会。战争延续下去，死于炮火者多，迁居城市者多，于是劳动的缺乏无已时，各地人民的移入亦无已时。阿尔吉利亚人的问题，突尼斯人的问题，摩洛哥人的问题，都因他们稍有蓄积，即转回故土的事实，而减松许多。但若干地域之意大利人的移入问题，自强烈国家主义复活起来，

---

① 约有825万亩。其中最难恢复的，不过只占全数之半。

阻止了异邦人归化以后，乃趋尖锐。法国对于这种问题的处置，实陷于进退维谷的难境：为要保持其在北非的文明与语言，使不为意大利人、西班牙人，以及当地土人所颠覆，它需要少数农业的殖民；但是，要使这些农业的殖民得到补充，计唯有允许外国人移入一个达到危险程度的数量，否则国内的农地，就不免要因为缺乏耕作者而荒废。

尽管有人诉说不平，尽管有人批评不当，但法国的农业状况，几乎与欧洲任何其他国家，达到了差强人意的程度。法国的气候与土壤是颇有参差的，但就其地面所占之较大的百分比而言，那确是一块有数的土地。亚尔萨斯洛林（Alsace-Lorraine）是一个好的农业区，同时亦是一个大的工业区。这个地方的加入法国版图，并不会大大改变其战前土地各类之百分比例，即，48%的耕地，4%的葡萄园，19%的森林地带，12%的草原，余下只有17%的"不生产"区域（这包括有市集所在地、住宅区、河流、湖沼、山脉，以及其他毫无所用的土地）。德国的地面，自表面看来，仿佛同法国无大出入，但它的土地大体比较贫瘠，并且，法国每方基罗米突（kilometer）[①]居民74人，德国却有120人。就英国而论，其不生产地区所占比例，虽与法国相当，但它每方基罗米突有居民146人，并且，其草地占65%以上，耕地仅约13%。

设把法国与其北方的大邻居比较起来，它算是一个颇为优越的农业国家，它的人民有一半以上是依靠土地为生。除了若干热带的产品以外，其土地几乎大体可以提供其人民所需的食物。若干农产品的输出，大可补偿其若干农产品的输入。像这样一种经济体系，在战争时期，自然不免要重累工业资源，且使国家陷于债台高筑。但在结局上，它毕竟获得了一种确定的补偿。与法国比较起来，工业化的中部欧洲，甚至胜利的英国，都曾在大战直后的世界改变原来秩序的时期，经历过一种可怕的经济危机。法国若干地域之得免于失业恐慌，那是由于再造的工程，这工程系话庇于尚未孵化之赔偿的金卵，但就全般说来，这不是事实全部。一个人口密度较低、文化程度较高，并且确能自给自足的农业社会，它在动摇不定时期中是大可成就一种有价值的保险政策的。不过，与此利益相抵消的弊害，就是劳动力比较薄弱和

---

① 每方基罗米突即每平方公里。下同。——编者注

在武装大陆上之军需工业的危险,此外,它还有一种缺乏使帝国向海外扩充之剩余人口的困难。

法国农业之将来,与大不列颠农业之将来,正相类似,其盛衰关键,乃错综复杂地被决定于同国在世界上之经济地位。假如它因亚尔萨斯洛林之恢复,而愈益工业化,则人口由农村向都市的移动,便成为一种必然无可避免的趋势了。其实,此种情形,早已显然见到。农场使用机械之数量增加,小保有地之农业系统,即将受到影响,而在制造业显有扩张的场合,此种影响就特别厉害了。我们试一考察法国低下的生产率,其农民之相对地顺适境况,其过去制度之牢固,就知道它要在最近将来见到此变革,或期望它迅速完成此变革,那真是谈何容易了。

进一步研究的参考书籍

Académie d'agriculture de France. Annuaire; Bulletin des Séances; Compte Rendu Mensuel.

*Augé-Laribé, M. L'èvolution de la France agricole.

Baudrillart, H. Les populations agricoles de la France, 3 vols.

Bussard, O. Le livre de la fermière, economie domestique rurale.

*Chauveau, C. La France agricole et laguerre, vol. Ⅰ.

Clapham, J.H. The Economic Development of France and Germany, 1815-1914, chaps.Ⅲ,Ⅳ.

Compère-Morel, A.C. La question agraire et le socialismeen France.

*Flour de Saint-Genis, E. La propriété rurale en France.

Hitier, H. Systèmes de culture et assolements.

Kovalevsky, M. La France économique et sociale à la veille de la révolution:les Compagnes, vol.Ⅰ.

Lavergne, L. G. de. Économie rurale de la France depuis, 1789.

*Lutchisky, J. L'État des chasses agricole en France à la veille de la Revolution.

Meredith, H. O. Protection in France, chap.Ⅳ.

Nicolle, F. Assolenents et systèmes de culture, 2d ed.

Ogg, F. A. Economic Development of Modern Europe, pp.92-103; 187-200.

*Rew, R. H.: An Agricultural Faggot, chap.Ⅹ.

*Sée, H. Esquisse d'une histoire du régime agraire en Europe aux XVIIIe et XIXe siècles.

Sée, H. "Les progrés de l'agriculture de 1815 à 1848", in La vie Économique en France de 1815 à 1848.

——Economic and Social Conditions in France during the Eighteenth Century, chaps. I, II.

*Souchon, A. Agricultural Credit in France.

——Agricultural Societies in France.

——Coöperation of Production and Sale in French Agriculture.

Strutt, H.C. "Notes on the Distribution of Estates in France and the United Kingdom", in Journal of the Royal Statistical Society, June, 1910.

Young, Arthur. Travels in France.

第八章　一八〇〇年以后的英国工业发展

工业进步之一般考察　十九世纪英国工业之优越，乃基于许多复杂凑合的原因。而这些原因，紧密地联系于两种历史的事实。这两种事实，又都关联于其岛国的地位：即第一，是英国较早完成产业革命；第二，是它领土的孤立，没有受到大陆上革命的，拿破仑战争的影响。大不列颠之海外殖民地建立以后，它所获得的市场，就与欧洲大陆上不断发生的政治扰乱，没有何等关涉。唯其如此，它的市场乃能合理地趋于稳定，而且大有扩展之可能。假如英国对于剩余货品之处理，要专于仰赖欧洲，那它的商业，就要不断地受着搅扰，同时，它的制造业者，将与其大陆上的竞争者，同样遭到十九世纪历次战争所加诸它们的致命影响。

大不列颠早前工商业之确立及其以后工商业之不断发展，都可归因于其孤立的地位。它的市场既容易接近，它获取原料的机会，又几乎全无限制。在争取工商优越的斗争过程，其土壤之肥沃，其气候之温和，其地理上之缺少发展交通的障碍，都大有帮助。与其他受自然恩惠较薄的国家比较起来，英国之修建运河与铁道，实为轻而易举之事。加之，于近代工业组织大有关系的两种基本原料为铁与煤，而这两者又有紧密的关联，所以，焦煤熔具一旦代替了木炭火炉以后，钢铁工业的发展就一日千里了。加之，英国工业除此之外，还蒙受了政府自由政策的利益。自由政策实施起来，制造业者大可尽量活动，不受阻挠，而同时其外国竞争者，则是会动辄遭受干涉的。

英国因持有捷足先登的利益，其工业在十九世纪前半期中，已迎头发展，于是，世界上最有出息的许多市场，几乎都为它所垄断了。工场中的产品，乃供应广大世界市场之需要，制造物的品质，亦群推独步。直至十九世纪末期，英国在机械的应用与海运的发展上，仍能维持其领导的地位。英国工业之和平发展的受到阻挠，那是直到其他国家已开始利用其资源，且正从事大规模生产以后的事。

　　整个十九世纪之工业技术的不断改进，以及交通工具上之革命的变革，大大地刺激了工业活动。实际上，每个工业部门都在扩展。铁与煤之增加生产和薪与原料之增加需要，俨然是并驾齐驱。修制船舶的设备改善了，处理原料与制品之方法亦比较妥善、比较经济了。同时在业务的组织上更有根本的发达。大规模的生产，要求管理者之有效训练，市场的扩张，要求交换机关之改进。在十九世纪六七十年代，制造品的输出已占有非常重要地位，而原料与食品之输入亦逐渐增多起来。运输工具上革命的结果，其本身已可概见，在经济发展上，工业的集中殆成为一主要的因素。

　　在十九世纪最后25年间，大不列颠在欧洲大陆与美洲方面，已收到了成功的工业之结果。英国制造业者突然感到，在农业上遭逢了从未经历过的情况。他们的地位不复有产业革命以后若干年那样安固。他们知道现在不能不为市场而竞争。许多英国人之不愿意为应付新的环境而改变他们的经营方法，那一部分是由于他们近年对市场的控制已不复能如昔日那样的得心应手。英国许多制造业者确信他们不用对商业战略大加修改，便可克服外国的竞争。英货在世界市场之上相对衰落，这种适应性的缺乏，实为一不可忽视的原因。但所有英国的制造业者并不一定都是因此陷入困境。自然资源的利用，在没有高度工业化的国家比较低廉，而在获取原料不易的旧国家则往往非常昂贵。因此，英国生产者与其欧美的敌对者竞争起来，遂不期然而处在一种不利的地位。

　　就一般工业而论，十九世纪最后25年是一个尝试时期，大不列颠深受这个时期之飘忽不定的影响，也许主要是由于它的商业部门之过于广阔。大不列颠对于欧洲大陆之贸易的增加，那只是国际经济相互依存的一个特征。[①]在一八九三年的不况以后，德国与美国的竞争乃开始趋于显著。保护关税使若干工业市场横遭割裂，但大不列颠因为要依赖世界贸易，它不能采行此种报复政策。

　　试把十九世纪大不列颠之工业发展状况作一极草率之考察，我们将知道，大不列颠的繁荣，乃是依存于比较少数的若干工业部门。而此少数工

---

① 见一九〇三年出版之备忘录第一集，关于大不列颠及外国之贸易与工业状况之统计数字与图表。

业部门中之最重要的部分,当推棉业。把飞梭与纺绩机导入现存的经济组织中,那并无须经过何等直接的调整。这两者都容易制作,并且也都能在家内使用。可是水力机的利用,却就曾引起若干不相适应的、脱节的事实。对于新生产行程与新样物品之工厂方法的广播,特别加强了那种恰好在可能范围内,能自动地处理细纤维之水土的利益。

羊毛的梳织,原先比较没有受到机械技术的影响。织机之迟迟导入,有一部分原因是拿破仑战争。当时毛织物价格之高昂,足可保证利润,而劳动之缺乏,更不能不仰给于儿童和妇女。羊毛业上之包发制度异常牢固。其店号古旧而往往具有势力。手织机织者非常适合于它们那种商业式的组织。直至一八二〇年,动力织机还是简陋不全,就在棉工业上,那还不是特别重要。当时英国织机全数的通常估计,约为12000具,而在一八一三年为2400具,在一八三三年为85000具。设说一八〇六年观察,约克郡(Yorkshire)由工厂制造466000匹棉布之织机,仅只8000具。在一八四〇年,家内工人虽不曾完全消灭。但独立的纺工与织工已不复有何等重要。不过,如像在羊毛梳刷一类生产作业上,手工业方法还维持有许久许久的重要地位。手制纱实际是消灭了,余下的织工大都被雇用于在附近的纺纱厂中。织机之获有胜利,一部分是由于制造费用之节省,一部分是由于市场吸收大量货物之要求。棉工业之显著的发展,由下表原棉消费之增加[①]可以表示出来。

年度	消费的棉花之磅数
1781	10900000
1790	30600000
1800	51600000
由1800年到1814年之平均数	64100000
由1815年到1829年之平均数	144000000
由1830年到1844年之平均数	373400000
1845	592000000

---

① 见普尔特(Porter, G. R.)著《国家之进步》第309页。美国棉花生产表之数字出自同一来源。

制造业者之有限的原棉供给，开始大部分是取自英属西印度与土耳其。十九世纪初叶之美国棉产的增加，大大加多了世界的供给。原棉的输入在一八五〇年以前已颇有可观，在这以后，其增加趋势就大可惊异了。

年度	输入原棉之磅数
1856	920000000
1860	1086400000
1870	1075200000
1880	1377600000
1890	1657600000
1900	1624000000
1908	1724800000

英国制造业者利用一切机会，不久便生产了远过其国内市场所需的棉织物。这种剩余制造品的输出，于英国工业上的成功颇关重要。一八〇一年，输出棉织物之官场所记价值，约为705万金元，至一八四九年，竟增加到11200万金元以上，纺锤数目之不断增加，亦大可反映出棉织品工业之繁荣。在一八七四年，纺锤数为3751.6万，一九〇三年，为4390.5万，至一九一三年，作业纺锤总数已达到5000万以上。

影响棉业进步最巨的种种发明，在毛织物制造上，同样有其革命的效果。一八五〇年以前，羊毛工业大抵是仰赖英格兰所生产的羊毛，在同世纪上半期中，其供给已颇有增加。在现代生产方法未采行以前，由这来源所提供的原料，虽给予国外者有限，但已足够供应手工业者的需求。自动力机采用后，国内羊毛供给的缺乏往往异常厉害。在十九世纪下半期中，英国羊毛制造业者交了好运，一种新的供给来源，由澳大利亚，由塔斯玛尼亚（Tasmania），由海峡殖民地，乃至由南美洲一小部分地域，在不绝向大不列颠增加输出了。大不列颠之羊毛输入增加量，由下表可以指示出来。①

---

① 见普尔特著《国家之进步》第337页。

羊毛之输入

年度	数量（磅，包括羊毛烂块）	价值（镑）	再输出（磅）
1850	74326778	—	14388674
1860	148396577	11031479	30761867
1870	263267709	15812598	92542384
1880	463508963	26375407	237408589
1890	633028131	28025687	340712303
1895	775379063	28494249	404935226
1905	620350885	26648737	277864215
1908	723820547	30746990	326312398

羊毛工业重要性增加之另一证明，可于毛织物输出数字见之。一八二〇年，此种物品之输出价值，约达5586138金元，至一八四五年，增加到7693118金元。佛兰西斯·海斯特（Francis W. Hirst）曾以下面的文句[①]，描述羊毛工业之发展：

"如同其他各种贸易一样，羊毛贸易亦有它的盛衰消长，但其一般进向，则是逐渐趋向更高的水准。羊毛贸易所受的第一个刺激，是谷物法的撤销。第二个刺激，是一八六〇年之《柯柏登条约》（Cobden Treaty）。根据这次条约，大不列颠输入法国之羊毛关税减低，由是，两国间之贸易，乃大受鼓励。第三个刺激，是美国之南北美内战，是给予羊毛业一大冲动之一八六一与一八六五年间之棉花歉收，以及价格跟随膨胀而发生之跌落。第四个刺激，是由一八七〇年到一八七一年之德法战争，两交战国之生产停滞，大不列颠之羊毛工业，乃进于空前的繁荣。不过，至一九〇七年，其势更张，在一九〇九年与一九一〇年，同一趋势仍向前迈进。许多业务在此种顺利年头获取的利润，都在物价最高时，投用在新的建

---

① 见普尔特著《国家之进步》第333—334页。

筑与新的工厂上了，可是，许多人期望继续的繁荣时期，却往往在内外市场上，伴来一价值与需要之严重的缩减。并且，对于英国羊毛品上之此种缩减趋势，由一般时尚的改变，即由嫌忌英国之光毛织品，爱好法国之软毛织品的改变，而加强不少。七十年代末期之过度扩张与价格之跌落，在英国贸易史上，招来了一种从未经过的资本与雇佣的损失，并且在若干时期内，阻害了羊毛工业的繁荣。

　　二十年后，波尔战争（Boer War）曾导来一次严重的衰落，但是，如其把我们未受保护的贸易，与我们对敌者法国之受有保护的贸易一加比较，我们将会发觉，在克服关税与寻求中立市场上，我们固具有较大力量，在衰落期过去以后，我们还有较大的恢复力量。一八八二年，大不列颠之羊毛制造业的输出额，值二二，二〇，〇〇〇金元，同时法国之输出额，则值一七，七〇〇，〇〇〇金元。一八九六年，前者已经增至二七，一〇〇，〇〇〇金元，后者却缩减到一二，九〇〇，〇〇〇金元。一八九八年，在丁勒券（Dingley Bill）的影响下，我们英国输出的价值，虽然跌落到二一，九〇〇，〇〇〇金元，而法国却跌至一〇，一〇〇，〇〇〇金元。一九〇七年是国际贸易值得大书特书的年度，我们这一年度之羊毛业输出达到三四，二〇〇，〇〇〇金元的大数字，同时法国却只值一二，一〇〇，〇〇〇金元。这就是说，自由贸易的大不列颠，在一八八二年仅超过保护的法国四，五〇〇，〇〇〇金元，至一九〇七年，此两者的相差竟达二千二百万金元。此中究竟原因，在于我们的工作者较有技术，我们的资本主较有企业精神，我们的衣物食品较为低廉，以及其他能够增进工作效率与减缩生产费的一切事体，就因此故，我们的外国人，乃难同我们竞争了。

　　此外，还有一种重要发展，就是纱之增加输出，此种发展之基因，乃在德国及其他外国羊毛工业上之机械的扩张。……"

采掘工业　采掘工业的状况，同样可以反映出十九世纪大不列颠工业的进步。同世纪初叶之矿产额的增加,大抵是因为采掘蒸汽动力之应用于工业。此种动力之应用,乃表明木材之大量消费,与各种各样制造上之金属需要的增多。我们应当注意,改进的采矿技术之采用和在十九世纪迅速完成的优良运输工具之设施,都大有造于矿产额的增进。

至于瓦特(Watt)与波尔敦(Boulton,1765—1774)的发明,道路的改进,运河与往后铁道之建设,在煤矿的扩展上,均有其至关重要的功能。由瓦特发明所导来之革命变更,不但见诸矿坑的排水作业上,同时且见诸由矿坑通气与运煤的机能上。除此以外,还导入了许多其他的改进。为支持矿坑所使用的煤柱,大部分代换了木制的点撑。

我们没有十九世纪上半期煤产额的完全统计,但煤产量增加的限度,由纽卡斯尔(Newcastle)运载之煤的增加,可以指示出来,那在一八○一年为1331870吨,至一八四九年增到2977385吨。至由其他海港输出之煤,亦显示同样显著的增加。在同世纪下半期开始时,英国之煤矿产额,续有增加。①

钢铁工业 钢铁工业的进步,由来已渐。据一七六九年的官方统计,英格兰威尔士只有铁炉104具,其产约达108000吨。在十九世纪初叶,钢铁业异常旺盛。一八三六年之产额,估计为1200000吨,4年以后,乃增至1500000吨。在此后若干年间,大有造于钢铁工业扩展的,有许多原因。举其著者,则为铁道汽船建造上,对于铁,乃至往后对于钢之需要的不断增加。本国铁矿来源之远不足以供应②继长增高的需要,由以次输入增加的事实可以明白:一八八○年之输入额为2632601吨,一九○○年

---

① **煤之产量**(平均每10年为准)

10年度	吨数	10年度	吨数
1880—1889	160783966	1900—1909	242541666
1890—1899	191078546	1910—1919	256544513

② **一八八○年以后之英国铁矿的生产**(平均以每10年为准)

10年度	吨数	10年度	吨数
1880—1889	15878800	1900—1909	14207700
1890—1899	13018400	1910—1919	14484300

为6297936吨，10年之后，竟达到7020799吨。唯一的最大的国外铁矿供给地，当数西班牙，但希腊、意大利，以及其若干国家之输入量，亦不可忽视。

英国生铁的出产，很快就适应了工业的需要，从一八六〇年的3826752吨，增加到一九〇八年的9000000吨以上，其中4209403吨都是从外国矿块熔造出来的。

交通工具的发展 英国内地交通工具之发展，乃开始于十八世纪之公路之延扩与改进，而其成效，则当归之于麦卡达姆（Macadam）、麦特卡尔佛（Metcalf）与特尔佛尔德（Telford）。工业的发达，特别是接近煤铁区之比较重要工业的突然变动，曾大大地加强了良好道路之需要。在一八〇〇年与一八五〇年间，英格兰各州区之隧道的数目与效率之增加，大可证实公道修筑之迅速进步。

交通工具发展上的第二个重要事项为运河的开凿一七六一年，介于沃斯利（Worsley）与曼彻斯特（Manchester）之间的布利吉瓦特运河（Bridgewater Canal）开始完成。这条运河之功效，刺激了同国其他地方。由一七六〇年到一七八〇年，组成了若干开凿运河的公司，远在十九世纪之初，其进步已大有可观了，由一八〇〇年到一八五〇年，运河对于促进工业的发展扮演了一个重要角色，因为许多容积大的货物，不但运费比较低廉，其困难亦远较以前为小。至一九〇六年，英国运河的全长度，差不多达到了4000英里，但因为铁道的竞争，它们的相对重要性为之缩减不少了。在蒸汽机关开始应用以前，铁道早以路轨的形式，显示了实际的效能。蒸汽机关在刚好见实用以后的若干年间，其成效尚属有限。然自一八三六年以后，许多铁道完成了，那些在计划中的路线，更增加到了可惊的限度。全联合王国已在进行作业的路线长度，至一八四五年，已达到了2264英里。此后经过一个异常发展的时期，其总里程在一八五〇年增至6621英里，至一八六〇年超过10000英里，此后10年竟达15537英里。一八七〇年以后，铁道里程之增加，虽仍在继续，[①]但与先前比较起来，却就稍有逊色了。不过，到二十世纪之

---

① 在运转中的铁道里程（联合王国）

（转下页）

初，全英国之铁道网已大体完成了。

船业的发展 在一八〇七年之富尔顿（Fulton）的成功试验以后，汽船的制造，虽已迅速进行，但汽船航海之完全取得保证，却是直到西利阿斯（Sirius）与大西方（Great Western）两号越渡大西洋成功以后的事。由于这次的成功，一八四〇年乃建立有第一次横渡大西洋之汽船航线。自是以后，联合王国之汽船吨数的增加异常迅速。至一八五〇年，总吨数达168474吨，20年后则超过1112934吨。不过，就大不列颠而论，以汽船代替帆船，那是直到同世纪末期才实现的。

（接上页）

年度	英里	年度	英里	年度	英里
1845	2264	1885	19169	1900	21855
1850	6621	1886	19332	1901	22078
1855	8053	1887	19578	1902	22152
1860	10433	1888	19812	1903	22435
1870	15537	1889	19943	1904	22634
1875	16658	1890	20073	1905	22847
1876	16872	1891	20191	1906	23063
1877	17077	1892	20325	1907	23108
1878	17333	1893	20646	1908	23205
1879	17696	1894	20908	1909	23280
1880	17933	1895	21174	1910	23387
1881	18175	1896	21277	1911	23417
1882	18457	1897	21433	1912	23441
1883	18681	1898	21659	1913	23691
1884	18864	1899	21700	1914	23701

船业的发展

年度	帆船 只数	帆船 吨数	汽船 只数	汽船 吨数	总计 只数	总计 吨数
1840[①]	1296	201111	74	10178	1370	211289
1850[①]	621	119111	68	14584	689	133695
1860						
1870	541	117032	433	225674	974	342706
1880	348	57580	474	346361	822	403841
1890[②]	277	123224	581	528789	858	652013
1900	568	46010	845	886627	1413	923637
1910	348	28250	730	670219	1078	698469

同时在船舶的制造上，亦有根本重要的变革。远在一八四五年，普尔特（G.R.Porter）即有以次的描述："铁船的制造，不久便成了国家重要的工业部门；这个工业部门，由我们丰盈的矿产，与极大的机械技术，保证了一种实质的独占。"[③] 英国船业的历史，充分可以辩解这种说明。由英国船厂所制船舶之吨数，增加颇速，在十九世纪最后25年间，尤属如此。一八七〇年，所制船舶吨数为342706吨，至一九〇〇年，已增至920000吨。一九〇〇年以后，其增加记录，虽不曾维持同样的高度，但船业仍不失为英国重要工业之一。

工业的危机 在现代经济史上，有一种非常显著的现象，就是，紧接繁荣期以后照例呈现一个衰落期。在前世纪之初，工业的危机还比较带有地方的性质。不过，投机公司之过度投资，往往也导来严重的经济骚扰，而且政治的高潮，不时更会危及若干国家之经济安定。交通事业扩展后，各国间之

---

① 见普尔特著《国家之进步》第258页。
② 由1840年到1850年，联合王国所制造的，并开始登记的船舶。1850年以后制造的船舶，有的登记过，有的则没有登记。
③ 航行他国与供海军使用船舶，不包括在内。

相互依存性，由生产上之强度分业化而加大许多了。这些危机发生之时期，我们几乎不能指明出来，因为危机由一国延及他国的行程，往往有所阻滞。我们可以证明危机在英格兰严重，在大陆方面和平，同时亦证明在大陆方面严重，在英格兰和平。所谓"危机"的界说，漠然不定，一个著者有某种解释，其他著者可以有另一种解释。

杰文斯（Jevons）曾把一八一五年解作是英国十九世纪第一次重要危机爆发的时期。这次危机，宁可说是一种特殊的不安现象，那包括有工业、商业与农业在长期战争和通货膨胀困难后，所发生的调整作用。不过，单就英格兰的不安情形而论，我们可以说，由一八一〇年到一八一一年的困厄，那是同样的严重。衰落景气之最显著特征之一，通常要算是市场容受不了的制造品之堆积，但要把这点看作是一种"原因"（cause），那就未免轻率了。谓一般危机之确定前身，为膨胀政策，大体上也许无可争议，但膨胀有见之于金融方面的，也同样见于工业方面的。

除世界广泛的衰落时期外，还有所谓地方的危机。这类危机，主要是影响特殊的工业部门。例如，在南北美战争当时，英国因为原棉生产的缺乏，其棉工业曾经过一个异常恶劣的时期。英国的铁工业、毛织工业，有如其金融一样，曾在过度投机之后，感觉到了一八五七年美国那样的危机。至若最常见的最近发生的一般衰落情形，那是伴随世界大战而来的。不过，我们应注意，这种危机并不是紧随战争而发生。那必须经过一个狂热工业活动，投机活动时期，与若干最可惊异的膨胀时期。我们前面举述的原因，实为大战以来之第一要因。

由于异常情况的驱使，我们还可举述若干原因，并且这些原因仍旧在继续发生作用。例如，当美棉在南北美战争期内缺乏供给时，埃及的棉花生产，乃受到刺激。自是以后，埃及曾继续成为棉花——特别是某种精细的棉花——的重要供给来源。这种商业性质的生产，已经在埃及全经济制度、社会阶级、政治观念以及对外关系上，发生了颇大的影响。又当世界战争时，大不列颠之煤的缺乏，同样鼓励了世界各地之煤矿的采掘。有些因此采掘的煤矿，曾经受到报偿。并且，它们一经采掘了，至大战以后，还在继续影响大不列颠之煤矿的市场。其在东方及合众国之棉纺业，亦属如此。德国的化学工业，对于大不列颠、美国、法国，加担了永久的损失。强而有力的国家，自然会趋向于保护它们自己已经建立的制造场——特别是当它们考察到这种制造业之军事的重要性的时候。在另一方面，战时法属北非开采的煤矿，大体上早已不能应付战后的竞争。

组合主义与社会立法 一八五九年之工人法案的骚扰，致使"工人以和平的怠工手段，达到提高工资"①之举动，合乎法律。《职工组合法案》（The Trade-Union Act）与《犯罪法修正法案》（The Criminal Law Amendment Act），是于一八七一年通过的，这两种法案的内容，虽然已经大部分见诸实行，但这次的通过，却无异在劳动组合之法律地位上，开一新的纪元。《职工组合法案》之主要条款，为劳动组织之明确的法律化，为动辄实施之普通法限制（common-law restriction）之撤销。自是以后，职工组合得被允许登记为一有利益的社会团体，得保有财产，且关于其基金方面，得蒙受法律之保护。在同时通过之《犯罪法修正法案》则是规定职工组合如采行一种骚扰、恫吓、妨害或与此类似的政策，得按法律控诉。所有这许多限制，结局都在一八七五年与一八七六年撤销了。其他如怠工式之和平劝告，后来完全取得了法律根据。并且，对于职工组合"遭受个人侵犯时"，其行动如非不法，则规定不受干涉。自从此种法律通过后，许多新的组合成立，为确立国民政策而开有职工组合会，且设定了一种比较统一的劳动纲领。一八七五年以后，职工组合的人数与势力逐渐增加，当时残存的许多限制，概行撤销。②由是职工组合主义，亦成为一种政治力量，不过，建立一个独立工党的确定行为，那是到了一八九三年才开始发动的。

大不列颠之职工组合主义的最大挫折，不过在短短的时期内就过去了。那是通常著称的塔夫·发尔事件（Taff Vale Case）。一九〇〇年铁道劳役联合会（Amalgamated Society of Railway Servants）发动的罢工运动，引起了威尔士塔夫·发尔铁道公司的控诉，结局，经上院判处23000镑（约合115000金元）作为罢工损失之赔偿。此种判决，曾经提出过，反驳过，最后并于一九〇一年加以批准。其所含原则是说，诸组合对于其属员之行动，应负责

---

① 见基尔柏·斯东（Gilbert Stone）著《劳动史》第236页。关于劳动组织与立法之初期进步的描述，载在前面第四章中。那里曾指明，英格兰之组合主义的一般发展是直到十九世纪中叶才显然露其端倪的。

② 在一八九五年，参组织工组合会的工人约有100万。至一九二〇年，其总数已增加到650万人以上。由一九二一年到一九二三年之工业衰落，导致来一种显然的减低，由是，至一九二二年，职工组合会之人数不过略多于500万人罢了。

任，并且，被侵害的雇主，得依据法律，由那为其他的而积蓄的基金要求赔偿，而那种基金，在假定上，则是要避免移作这种用途的。像这样一种原则，对于有组织的劳动者有所损害，而对于无组织，从而，通常无财产值得控索的劳动者，却无所损害，此种差异之点颇关重要。唯上院对于现行法律之解释乃最后的解释，劳动者遂要求保证一八七五年之结党与财产保护法案之修正，以期对塔夫·发尔事件之判决予以推翻。在一九○五年之末，劳动者捉到一个机会，他们帮助侃蒲柏尔与本勒曼（Campbell-Bannerman）领导下之自由党，推翻了保守党，至一九○六年，自由党通过《职工组合与职工争议法案》以酬报他们。这个法案之最重要的条款就是使组合的基金，不受前述损害案件之影响。

一九○九年，上院批准所谓奥斯本裁判（Osborne Judgment），禁止职工组合为支付国会议员而征收其属员之资金。在当时，这些国会议员没有取得国家之薪金，贫穷而适当之在职代表的生活，唯有仰赖这种捐助。至一九一一年，此问题因施行每年400元之薪金办法，而得到部分的解决。一九一三年之新《职工组合法案》，重新限界那些暂时的或永久的结合，对于业规与会员利益，皆有规定。那种规定的文句，虽然暧昧不清，致后来引起讼案，但它毕竟确立了以次的原则，即是，用途如经过秘密投票决定，并且，其捐助未加强制，则诸组合得征集政治的基金。

劳动集团为要保护其自身利益，遂逐渐从事于正式的政党活动。根据一八六七年之《改造法案》，大部分劳动阶级皆取得了选举权利，由是，自由党的候补者，乃不能不多少尊重此新选举者的意见。一八七四年，劳动集团因为与自由党联合战线，有两个公认的劳动候补者被选入国会。至一八八五年，劳动阶级的国会议员由2人增至10人，此后新《改造法案》成立，赋有选举权利者增多。一八九二年，劳动阶级之下院议员占有16席之多，其中包括具有社会主义倾向之新的过激分子，有与非技术劳动者及技术劳动者相关联的人物。一八九三年建立的独立劳动党（Independent Labour Party），显然在其究局目的上表示了社会主义的倾向，它的议员在下院中，且还严格誓行其揭橥的直接纲领。那个纲领的主要项目，为疾病与老年的保障，为不劳所得之累进税，为减除军备，以后还添上了妇女选举权。费边协会（Fabian Society）系成立于一八八三年，其早期的著名领导者，有席德湟·韦伯（Sidney Webb），有乔治·伯纳·萧（George Bernard Shaw），有格列罕·瓦拉斯（Graham Wallas）。这个协会大体上是一个宣传机关，就其名称而论，那在原则上是颇不革命的。至若在3年前建立的民主联盟（Democratic Federation），则是严格马克思主义的和革命的。

今日英国的劳动党，发轫于一九〇〇年。在先，它是联合主义的，非社会主义的。在一九〇六年，它在全劳动阶级之54个国会议员中占有29席，至其余25席则是包含着各种社会主义的与非社会主义的分子。一九〇七年，劳动党举行一种温和的社会主义革命，它的许多党员，如列姆色·麦克唐纳（J. Ram say MacDonald）、如腓力·斯诺登（Phlip Snowden），都为公认不讳的社会主义者。英国原是一个传统的保守的国度，这个有社会主义倾向的政党，居然在大战以前能挣到可惊的发展的，那是因为它的有弹性的组织与温和的主张，同时也因自由党的逐渐削弱和其要求外力支持之依赖性的逐渐增大。由大战导来的政治休战，使劳动党在5年中成为最强有力的反对集团，并在一九二三年十二月以后，它还取得了将近一年的政权。

劳动者既有自己的政治组织，且进而以投票或与较少特殊劳动性的团体相周旋而影响政党活动，于是，所谓自由放任主义（laissez-faire）就大体归于破碎了。社会立法无论在大体上是属于政治史范围，抑或是属于经济史范围，都曾有其不能忽视的经济效果。这两个范围原无明确的分野，而关于连贯这类材料之唯一问题，乃是特别值得我们注意的实际问题。在社会保障的立法上，德国算是一个先进。一八八三年开始的患病者的保障，至同世纪之末，[①]已扩展而为一最著名的制度。此后20年中，德国的社会立法制度，虽在大不列颠受到猛烈的批判，但其可惊的实际效果，终于使大不列颠走向同一途径，并且，大不列颠实施这种制度之热忱与彻底，只有德国能与之颉颃。

在一九〇五年之末，自由党因有劳动党的奥援，其势渐趋雄厚。就因此故，它于是誓行一种老年者领受年金的纲领和其他的社会立法，他如对塔夫·发尔事件之判决，加以阻止之法律，亦妥予规定。一八八〇年之《雇主的责任法案》（An Employer's Liability Act），使大不列颠从事危险业务的劳动者，获得了普鲁士劳动者已经享有了40余年之同一保护。这个法案的条款，经过一八九七年、一九〇〇年以及一九〇一年扩充的结果，全国半数以上的劳动者，都有雇主为其担负意外危险的责任。

[①] 促使俾斯麦拥护这个纲领的环境，在本书第六章最后一节中已经提到了。我们还可参照论"德国工业"的第九章，那里关于此点，将作一个概括的检讨。

第二编　现代

　　一种真正的包括的纲领，乃开始于一九〇六年所通过的《工人赔偿法案》(The Workmen's Compensation Act)。此种法案，对于手工业者和每年工资超过250镑以上之工人以外的一切劳动者，不同种类都予以赔偿损害的保证。这即是说，受到早前立法保护的工人，约为700万人，而受到此次法案保障的工人，却有1300万人。凡在伤害期间，雇主对受伤害的劳动者，每周至多须支付1镑。至医药费、死亡的丧葬费，乃至其遗孤之抚恤等，均有所规定。就德国而论，这种规定并非强制的国家保障，但它却在大体上完成了同一目的，因为雇主都必然的要把危险转嫁于保险公司。

　　早前对于老年的救济的诸种办法都被代替，被系统于一九〇八年所通过之《老年年金法案》(The Old-Age Pensions Act)中了。次年对于同法案之修正，殆有废除旧时救贫法之效果。较新的立法，即为一纯粹而简单的年金制度，凡在英国住过12年与当过20年市民，其年龄与收入在一定限度以内的大不列颠人民，皆得领受年金。对于此年金的支付，完全出自公家的基金，雇佣者与被雇者都无须捐助，①这种制度与德国不同，但它于德国俾斯麦与澳大利亚诸邦的纲领，都有所模仿。病患者与失业者的保障，受到了一九一一年所通过之《国家保障法案》(The National Insurance Act)的增补。这个法案的特色，就是有一种进步的与系统的形式，以确定病人的与产妇的利益和保护。

　　至关于失业保障的条款，在德国社会立法的进步上是一个独特的步骤。劳动公所(Labor Exchange)被建立于一九〇九年，就在这一年中，旧时的救贫机关撤销了。德国关于这方面的处置颇见效果，不过在包含的失业保障立法上，却时常受到挫折。当计划应当展开之可能范围被认知时，建筑业与工程业两个团体仍开始分别出来。雇主、被雇者及国家，为每个被雇者捐设有基金，被雇者一旦失业（因错误停业或自动解业者除外），即当由此基金资助。在世界大战过程中，由生产部门离开的工人计达300万以上。其中有一半以上系由妇女替代，约有7万人是来自外国及其属领，有70万人是由军役解脱出来，其余尚有70余万不足之数。在此种情形下，且还于一九一六年

---

　　①　一九二五年的《寡孤及老年的捐助年金法案》(The Widows, Orphans and Old-Age Contributory Pensions Act of 1925)扩大了国办保险计划，将老年年金，就工人阶级而论，放在捐助的基础之上。

建立起了征兵制，依照此种制度，政府得因其无上需要，而规制其人民之军事的或经济的劳务。

大战以后，罢工事件异常繁多。单在一九二一年中，就因此事件失去了8580万工作日。当工业危机爆发的一九二〇年之末，失业者极多。至一九二一年夏季，其数字已骤增至250万以上。此后将近3年间，失业者数字都超过了100万。由战争惹起的年金与补助金的负担已经颇重了，而此战后失业的重累，当然使国家关于这种救济危机的若干基本事件，不能不作种种猜度：（1）国家能负起财政的重担吗？（2）如其能负担，它对于金钱的筹措，是靠赋税，抑或是至少部分的妥为安排，使每种工业，对于该工业部门的失业救济多负责任？（3）失业补助金制度是否宜于劳动者，是否能免除其毁坏劳动者的作用？（4）如其我们承认所有这些问题，都能由国家失业保险而得到解决，那么，公家的这种帮助，究应取不劳而支给的形式呢，是当无工可作时，安排国家种种工程，使从事劳作，然后支给呢，抑或是采行某种"配给"制度（system of "doles"），加以修正呢？

一九一一年之《国家保险法案》（*The National Insurance Act*）曾经多方面扩充，至一九二〇年危机发生时，受到失业保障的人数，竟增加到了1200万人。在战后6年中，公家和私人由失业保险所损耗的总额，计达3.5亿镑。这个时期的情形，自然是有点特别的。法国著者们动辄诬过于大不列颠劳动者，说他们当法国法郎价格低落，或生活费低廉时，他们无论由津贴或由罢工补助费所过得比较奢侈的生活，曾在往来海峡中，耗费了不少的时光。政府对于未加统制的工业，对于未经根本改其全组织的私人经营，如何能规定其工资，如何能给予其补助呢？任何政府的保险制度，没有直接关与其事的政府更可靠，没有由法律所许可的投资更安全。这种情况，就德国讲来，那是比英国更为适合了，因为德国是一个战败的国家，那里通货膨胀的趋势，几乎不知伊于胡底。不过，通货膨胀与一般价格水准的变动，会影响这任何一种制度。如其生活费提高，致使储积资财时所预期的偿付率仅及一半，那种制度就要失去一半的效果，而其不可靠的程度，将与其或将发生的盖然性成比例。至若由赋税形式取得的资财，是归属于纳税者与不纳税者之休戚相关的政治势力的事实，那于此无所益助。整个业务经营的理论，会由蓄积资财与分配资财之权力的分离，而受到影响。我们已经离开自由放任主义颇远了，究在何种限度受其拘束，仍很难说定。

一九二六年五月，大不列颠职工组合会，为援助矿工宣布总罢工，由这次总罢工，导来了若干根本事件。这次运动取得了国内国外的物资的援助。由一部分人民所形成的整个经济组织的结束，无论是革命，抑不是革命，① 政府所企图避免的，却是除此以外的一切其他问题，然而在实际，直至总罢工运动调解以后，还显然有其他问题残留着。矿工罢工延续了几个月之久，对于各种工业，引起了莫大的损失。在世界当时那种情况下，煤矿方面似乎对于所有经常作业，未逢到何等损失的工人，不能付与一般公认为适当的工资。照许多人的意见，如其矿产国有，问题就不是如此。我们这一世，终归要陷入一种无法解脱的进退维谷之境。政府由统制方法也好，由直接经营方法也好，它对于一大工业上的定数工人，怎好保障其适当的工资呢？如其政府对于这点办不到，矿产就令统归国有，究有什么区别？当前的情况是暂时的，抑或是永久的，有谁能决定？假若规定一种较贫弱单位不能支付的工资，致使工人们无工可作，那对于习于此业，而必须转用于彼业——特别是当无业可转的时候——的工人，该当怎么处置？关于这些问题，在一个旧时的自由主义的经济学者看来，他可毫不踌躇地作以次的主张，说国家尽可撒手不管，让价格与工资由竞争的方法，去找得其认为"正常"的水准。但是，现在雇主与雇工都有大规模的组织，他们斗争（即令是和平的）起来，不但使消费者蒙其不利，且使国家一般的秩序与进步受到妨阻。在另一方面，社会主义者还可同样自信地说，国家须完全参与此种业务，以根绝一切破坏的竞争。关于公家经营或私人经营的这种事件，将由实际的与理论的问题，证实其更为繁难。如其国家收买财产，则价格所关至巨，如其单用租赁手续，那所有者（包括一定保证人）处理的条件，就非常重要。无论是收买，抑或是均分收入，我们即令假定估计一种工业建树的价值，只有一种困难，那放弃此种建树的任意决定，将使其在其他地方只具有相当于设备的价值——少于搬迁的费用——反之，如改进其生产条件，现地使用机械，则结局上将导来一个完全不同的数字。由最良矿层，以最低费用，采取石炭之合

---

① 参组一九一四年之"三角同盟"（Triple Alliance）的，为矿工联合会（Miners' Federation）、运输工人联合会（Transport Workers' Federation），及全国铁道工人协会（National Union of Railwaymen）。这些占有重要地位，且有特殊训练的工人们的联合，显然是一种威胁。全国的经济机构（未参加此种争议的人民，何止数百万众），将不免陷于阻滞。

理的改造方法，也许不难增多市上所能销容的数量，但要使所有旧来使用的工人，完全应用到这种新的设计上，那就颇难说定了。

这里有一个永远逃避形式规制的要素，那就是人口本身。如其像大不列颠这样的工业国家，一旦发现世界上所能需要的制品，使它的几百万的人口，都无工可作，无饭可吃，它将怎样处理这种人口的剩余呢？让这些工人不劳而食，那显然会增大正在进行生产作业之机关的重担。是的，我们属领的人口还未表现过剩现象，但这不是说，落后的农业地带就能突然容纳如许多的矿工或工厂工人。战争与通货膨胀是经济安定的敌人，可是由这两者造出来的脱节状况，大部分可以说是其他时期之脱节状况之集中的与扩大的表现。

工业与帝国 这里所提出的主题，以后在论商业一章中还要论及，此刻不过须把大不列颠在广大帝国的中心地位及其在世界贸易上之优越地位，略为提到罢了。大不列颠的这些优势，颇够说明它那非仰给外国，即无以图存的国内土地制度。全大不列颠帝国将近囊括了地球上1/5的地面，1/4的人口。英伦三岛散居在其属领中的人数约有1000万，而联合王国所占地面即还不及其领域1%。加拿大、南非洲、印度及澳洲这几个大领地，大约要吸收联合王国总输出的40%，而它所提供联合王国的，则约在联合王国总输入的30%左右。

我们注意这种贸易与工业的关联，与其说是就其数量言，不如说是就其性质言，谷类与肉类，系由加拿大与澳洲输入，大量的羊毛，生皮与皮革，亦是来自澳洲。棉花固然由美国供给，但同时亦由印度与埃及供给。大不列颠在其属领内外，拥有庞大的世界橡皮与石油的资源。就煤与铁的供给情形而论，它始终没有完全失去其原先的优势，不过，它的矿山已经发掘很深，许多的煤矿层已经很薄，同时，外来的竞争，亦渐趋于严重了。它在一方面是世界之食物与原材料的大市场，另一方面又是典型的制造品输出者，那在总制造额中，占了75%以上。单是棉制品一项平均总在22%左右。除棉制品外，其余重要的品类，为铁，为钢，为毛织物、建筑材料、化学用品，以及航海工具等。就全般而论，大英帝国之人口是稀薄的，而且是属于农业性质的，但其本岛则是人口稠密的工业区域。

在此种情形下，造船工业的重要，简直非其直接所提供的实际利益所能相提并论。那与海军建设体制保有错综的关联：一个就连在短时期内亦不能养活其人民，或供应其国内工业制造所需的国度，它对于保持这随时仍有爆发战争的世界的交通线，当然有其特别的需要。它不仅是经常输入超过输出，并且在它的特殊情形下，这还可代表它海外投资的报酬及其为他国运载货物所得的利润。像德意志与合众国等强大海军国的兴起，颇影响了大不列颠在世界上商业的地位，商业地位上的变动，马上就反映到其工业的体制。例如，美国的货品颇接近加拿大市场，并且特别适合于加拿大市场。加拿大实际已离英而独立。美国的公司很容易在加拿大设立所谓分厂（sub-factories），由加拿大资本与管理的联系，设置分厂于帝国领内。

现代工厂资本的流动性不断由其他方式改变了帝国的经济构造，大不列颠资本家因为省免运费的诱惑，因为低廉劳动的诱惑，因为不受劳动立法规制的诱惑，相率往印度设置纺纱厂。有时，这些工厂的生产品与英国工厂的生产品，显然发生竞争，并使英国劳动者在市场窄狭时，陷于失业的危险。根据人道的与实际的理由，英国的劳动领袖们，乃乐得凭借组织与法律，以改善印度劳动的状况，并抬高其工资。同样，美国的劳动团体，已经对于拉丁美洲的劳动状况，特别是墨西哥的劳动状况，亦在逐渐注意，像这种竞争之另一种效果，就是专业化的增进——一种生产行程与市场之不断变化的分工。短纱印度棉（short-fiber Indian cotton）与东方需要廉货粗货的市场，正相投合。英国技术的劳动与经验，日复一日地集注在较精的制品上了。明了此点，我们就知道，以棉织工业的重要，其纺锤数为什么并不怎样令人惊羡。在不同的情形下，在不同的市场上，以各种各色的棉花原料所制成的货品，其间实难作何种严格的比较。

对于这类专门化的趋势本可加以限界，但要求其固定，那实在太不容易。事实上，它们是不断变更的，只有在某一个时候有其独特的、实际的价值。在开始时，工厂的方法，特别适合于较粗的制品。大不列颠之竞胜东方手制的棉布，曾经考究过一个长的期间。当它最后破坏了那种工业，随即便在先前所由确立其优势的诸种货品上，逢到一种新起的竞争。比如，东方工人的技术进步了，生活水准改进了，世界这一部的纺纱厂乃能在接近当前市场的所在，生产那些不太难制造的各种货物。同时，西方又制造出了人造丝一类的新物品，而对于那些用在工业上的若干物品，如像皮套织物和用在汽车制造上的珐琅质布或擦磨布，都会超于独占。

欧洲的"没落"（downfall）或"衰退"（decline），曾经由我们这个世纪，特别是一九一四年以后的许多著者，用各种的词语与方式加以评定，其中，大不列颠做了这种暗淡预言之显然的中心标的。欧洲在一九一四年的人民与经济活动的大震动中，它在各方面都显然受到了阻制。此后10年，它的贸易还远不如大战以前，它的人口约相当于其一九一三年的水准，而同时在美洲，在亚洲，这两方面皆有突飞的跃进。这种事实，并不一定是说，大不列颠乃至欧洲全般的经济发展，已经达到了最高顶点。至少，像大不列颠、德意志、意大利诸国人口之对于其资源的相对稠密，不过说是需要停滞或缓慢罢了，绝不能遽然视为灾害。欧洲始终不过完成了它自己的经济命运的一部分，它今后也许会注意及此。它的资源大体上可以与美国的资源相比较，但是地域的分工，却就因为各国设定的种种妨害的限制，以致支离拙劣不堪了。我相信，假如这些限制能够合理改进，一定还有大的新发展希望。在那种新发展中，大不列颠首先会蒙到利益，它是一个自由贸易的国家，它可由此得到许多利益，而不会损失一点什么。而那颇令欧洲人羡慕不已的美国大量生产，无疑有一大部分原因是美国对于它那广阔的市场，不曾设置何等关税壁垒或有害的地域限制。

我们现在来说欧洲已趋于衰落，说大不列颠已发达到了工业生产的顶点，那是太早了。各国相互间是极好潜在的市场，而实际往往也是如此。如其市场不断碎割裂，技术熟练的工人就得被雇于较好的生产机关，不致在设备简陋的窄狭工厂中浪费其精力。在许多场合，欧洲以外的属领，都变成了其所属碎块的碎块，它们对于整个欧洲的繁荣不能作可能的贡献。不过这种浪费，还是指着一个方面，而不曾把各国为防备可能战争，由经济的与军事的预备，所直接损耗的费用计算在内。有许多欧洲人，早经明敏地觉到了这些阻碍，并且决意在可能范围内，设法破除或减少阻碍。为考虑大战以来许多特殊问题而召集的种种会议，无非是根据此种动机，那些会议已经讨论到了颇为一般的改革方案。法国实业家与前国务员路易·洛且欧氏（Louis Loucheur），曾毫不迟疑地称此欧洲大战前之痼疾为"工业的紊乱"（industrial disorganization），他并在一九二五年之国际联盟会议中提议召集一个详究战后工业无秩序问题的国际会议。这个会议在一九二六年做了许多初步工作，最后还导来了一九二七年在日内瓦召集的国际经济会议。国际经济会议所能成就的，虽只是草创的步骤，但我们对于解放并完成大陆方面之改造任务，未经过一番彻底努力以前，要对欧洲任何国家之工业的将来加以悲观的限量，那是未免轻率的。

进一步研究的参考书籍

(See also references given at end of Chapter Ⅳ)

*Armitage-Smith, G. The Free Trade Movement and Its Results, chaps.V-Ⅸ.

*Ashley, W.J. British Industries.

Baines, E. History of the Cotton Manufacture in Great Britain.

Bowley, A.L. Wages in the United Kingdom in the Nineteenth Century.

——Prices and Wages in the United Kingdom, 1914-1920.

Bready, J.W. Lord Shaftesbury and Social-Industrial Progress.

*Chapman, S.J. The Lancashire Cotton Industry.

*Clapham, J.H. The Woollen and Worsted Industries.

Clapham, J.H. An Economic Histroy of Modern Britain, chaps.Ⅸ, Ⅹ, Ⅻ, ⅪⅩ.

Cleveland-Stevens, E.C. English Railways: Their Development, and Their Relation to the State.

Cole, G.D.H. A Short History of the British Working-Class Movement, 2vols.

*Cunningham, W. The Rise and Decline of the Free Trade Movement.

Galloway, R.L. A History of Coal Mining in Great Britain.

Gibbins, H. de B. Industry in England, chaps. ⅩⅩⅢ, ⅩⅩⅣ, ⅩⅩⅥ.

Heaton, H. The Yorkshire Woollen and Worsted Industries.

Hirst, F.W. From Adam Smith to Philip Snowden: A History of Free Trade in Great Britain.

Hutchins, B.L.and Harrison, A. A History of Factory Legislation.

Jackman, W.T. The Development of Transportation in Modern England, 2vols.

*Jeans, J.S. The Iron Trade of Great Britain.

Jevons, H.S. The British Coal Trade.

*Jevons, W.S. The Coal Question.(new edition, revised by A.W.Flux)

*Knowles, L.C.A. The Industrial and Commercial Revolution in Great Britain during the Nineteenth Century.

——The Economic Development of the British Overseas Empire.

*Lipson, E. The History of the Woollen and Worsted Industries.

Lloyd, G.I.H. The Cutlery Trades.

*Marshall, Alfred. Industry and Trade, book Ⅰ, chaps.Ⅲ, Ⅳ, Ⅴ.

*Meredith, H.O. Outlines of the Economic History of England, passim. (This is the best of the smaller-manuals.)

*Ogg, F.A. and Sharp, W.R. Economic Development of Modern Europe, chap.Ⅻ; and all of part Ⅴ (a summary of the war and post-war periods, with elaborate bibliographies).

*Porter, G.R. The Progress of the Nation (new edition revised by F.W.Hirst), chaps.Ⅻ-ⅩⅩⅤ.

Pratt, E.A. A History of Inland Transport and Communication in England.

Redford, A. Labour Migration in England, 1830-1850.

*Slator, G. The Making of Modern England, chaps. Ⅺ, ⅩⅥ, ⅩⅦ, ⅩⅩ.

*Usher, A.P. The Industrial History of England, chaps.Ⅻ, ⅩⅢ.

Webb, Sidney and Beatrice.The History of Trade-Unionism.

第二编　现代

第九章　一八〇〇年以后的德意志工业发展

　　在19世纪之初，德国的工业进步受到了许多的限制，哪怕就是以农业优越见称的法国，它的工业亦发展到了德国的前面。德国工业发展迟缓的原因，有一部分可由该国各地基尔特组织之消失迟缓来说明。自由的法国的法规，无疑对德国西境之基尔特势力的削弱大有帮助。在一八〇八年至一八一一年间，这些基尔特之独占性质，又因对手工业者之发给免许状，而蒙到进一步的摧毁。可是基尔特虽然受到这些打击，对于若干部门的工业，特别是对于普鲁士以外诸邦的工业，有时仍继续发生莫大的影响。我们如其能记忆机械发明之迟迟输入德国许多地域，那就容易解明此种事实了。在若干工业部门上，基尔特是早在十九世纪二十年代，就已经失去了控制力量的。在那场合的法律的用处，不过是加速促进其破灭罢了。十九世纪上半期是基尔特存亡生死的关头，基尔特主持者为了维持其特权地位，曾作过拼命的挣扎。除基尔特组织外，德国还有妨阻经济发展的其他障碍，那就是内地关税，但大多数这种性质的关税都在一八〇七年撤销了。

　　德国工业这样发展迟缓的理由，有一部分还可由其地理位置加以解说。历次战役蹂躏的影响，致使资本积蓄大感困难。不适当的交通工具，不完全的银行组织，不统一的交换媒介，都大大地阻滞了由手工业生产到机械生产的转变。挨到关税同盟（zollverein）成立后之一八三三年，货币才开始改革，能够通过重载的马路才开始大规模兴筑。在英格兰已经有800英里铁道在从事运转的一八四〇年，德国却还未完成400英里。并且，当十九世纪前70余年中，德国农业上仍吸收了全国总人口的极大部分。单以普鲁士而论，在一八〇四年，其农村人口占有73%左右。迟至一八七一年，尚占有67.5%。同年度德意志全国农村人口所占比例虽略有减低，但仍占有63.95的多数，在一八七一年以前妨阻经济发展的动因，再没有政治缺乏统一那件事重要。因此，帝国的形成，于工业的德意志之发展，所关至巨。

亚尔佛列·玛夏尔（Alfred Marshall）曾总括十九世纪前半期的诸般情势，而作以次的论述：

"约至一八五〇年，德国尚为不幸的空气所笼罩。这时有若干工业——特别是萨克森尼（Saxony）与莱茵兰德（Rhineland）的——虽已有几分进步，但就全般说来，它与英国、法国较，固颇贫弱，与这两者，乃至与比利时、瑞典较，亦未免落后。可是，当我们加以深刻的考察，就知道，真正的德国精神，完全为不断的斗争所掩蔽了。德国的精神从未死灭：它的复活，大部分是由于反对以腓特列第二（Frederick Ⅱ）治下，与拿破仑治下的德国人，屠杀德国人。由于政治上的失败，他们的思想，遂倾向于建立'空中帝国'（empire in the air），即是哲学上、文学上、音乐学上的帝国。这个空中的帝国，不是普鲁士的，而是德意志的。而且这理想帝国，正是物质帝国之基础。"①

工业进步与资本主义之开端　德国广泛的大规模生产，直至十九世纪中叶才开始——正确的说，在一八四〇年以前，尚不足以语此，不过，少数依着资本主义基础进行的事业，远在十八世纪已经粗具端倪。特工业的活动受有限制，工厂生产的影响则几无足道。当拿破仑战争时，大陆的封锁，大大刺激了工业的发展。若干依工厂制度而活动的制糖工厂与纺纱厂，都是创建于此时期。拿破仑军队对于织物之迫切需要，同样鼓励了织布工业，特别是萨克森尼的这种工业。此外，大陆封锁政策，还扩展了德国生产者投售其货物的领域。但德国全国的工业组织，依旧是建立在极薄弱的基础上。封锁政策一经撤销，英国生产者的剩余产物，重又畅销于大陆市场，于是，一种严重的反动发生，德国的制造业者，与大陆上其他国家的制造业者，乃同样蒙受到严重的损失。

---

① 见亚尔佛列·玛夏尔氏所著《工业与贸易》（*Industry and Trade*）第123页。

第二编 现代

在一八二一年，德意志工业史上有一个划时期的事件，那就是由普鲁士政府建立的贸易局（Gewerbe Institut）。那个贸易局关于较新的技术方法的知识多所传播，且大有助于此后若干工厂的设立。但是，这些改进都只有地方的性质，其影响实不足道。

德国近年政治经济生活的改变，构成了现代工业史上值得大书特书的篇章。道森（W. H. Dawson）氏曾明示吾人说：

"……最近十五年目击了自我专一、自我集中之国民生活的旧'主观的'（Subjective）时代的衰落与终结，且目击了向外努力之'客观的'（Objective）时代之开端与胜利，在这个新的客观时代中，对外贸易的野心开始，对外政治活动的野心，则达于最高顶点。这是德国拖着今日世界必须出于此途的最显著标志——旧的国民生活形式的废除，与世界目的、世界伟业之大胆的逐追，其中伴有一个决心，这决心纵然不是要赢得现代文明诸国与诸帝国间之绝对的权威，至少亦是想能与其他现存的、有力的强大国家，争夺此权威。"①

德国经济生活上的这种新时代，系由其工业中心区之人口的迅速增加而显示出来，在产业革命后的英国，其情形亦复类此。在一八七一年，德国超过10万人口的城市不过8个，此后10年，此种城市增至14个，至一九〇五年，则有41个。又在一八七一年，从事农业，与从事与农业有关之工业上的人口，约占全人口63.9%，至一八九〇年，为57.5%，20年后，却只40%左右。现代德意志之迅速工业化，同样可由一八七五年、一八八二年、一八九五年诸年度之比较重要工业部门之人数增加而说明，②如下表：

---

① 见道森著《现代德意志的发展》第1—2页。
② 见道森著《现代德意志的发展》第44页。

单位：人

业务	1875	1882	1895
建筑业	—	947000	1354000
棉业	291000	211000	255000
羊毛与毛织业	194000	197000	262000
大麻与亚麻业	200000	138000	106000
丝业	77000	91000	70000
矿业	283000	321000	430000
钢铁业	732000	808000	1115000
皮革业	490000	542000	555000
纸业	46000	58000	85000
玻璃业	36000	39000	58000
砖、瓦、陶业	145000	227000	307000
化学工业	41000	57000	97000

  我们由上表知道人数增加迅速的为建筑业、矿业、钢铁业、砖、瓦、陶业，乃至化学工业。亚麻、大麻，与丝业至一八七五年后，其人数始有衰减。而在七八十年代经过严重减缩的，则为棉业上的雇工。

  德意志工业家之能采行那些在大不列颠已经高度改进的方法，大部分是由于他们逐渐采用那些方法获得了成效。德国是后进的，它应用人家既经证明有效的工业方法，可以不经过不绝实验的困累，而得到显然的效果，这事实是任谁都不能否定的。德国最初生产的相当数量的货物，系为其本国逐渐增多的人口所消费。工资水准之一般提高和由大规模生产所导来的物价的跌落，陡然给予了德国制造业者处理其产品之较大的机会。同时，单靠工业维持生活的人数，亦递有增加。

  帝国建立以后，德国工业乃因政府用以组织并发展其全国工业资源的步骤，大受鼓励。政府的此种政策，推行到了国民经济生活的每个方面。就因此故，德国的工业史，乃与一八五○年以后，即采行彻底自由放任主义的英国工业史，大有出入。德国工业由保护关税与政府对商工业之苦心孤诣的保育，受到了许多直接间接利益。国家对于教育制度之改进，全是以能促成最大的工商业利益为旨归。这种举全国最优越知识应用于工业上的决心，当然会大有利于经济的发展。至于军队在产业组织上的影响，那亦是不可忽视的。在强制军役时期内，大家都受到了协作利益的训练，而由此训练所培成的品性，后来证明在增进工商业进步上，颇关重要。

有如在早前的农业上一样，机械的改进成了工业发展上的一个重要动因，而且，至同世纪中叶以后，资本的积蓄乃开始影响经济组织。在开始时，这种影响是缓慢的，但已积有力量。

纺织工业 许多世纪以来，纺织——特别是亚麻的纺织——就已经是一种重要的农村副业。农民种植大麻，自纺自织，有时并为染色而栽培茜草。织麻一项，几乎全为一种副业，不从事其他职业的织麻者，其所占织机，极为有限。所以，在一八三一年，普鲁士总麻织机为250000架，其中，由那些以农业为主业的农民使用的，将近有216000架。至纺麻纱的情形，大抵无大出入，不过在德意志东部若干地方，却有很多专以纺麻为业的。铁道的光临，确曾改革过许多工业，但对于亚麻的生产，其影响并不大。

在一八一五年以后，麻工业由棉织物的竞争和对于旧生产方法之拘执，大受打击。至大麻生产上之尖锐衰落，亦算是那种灾难的副因。关税同盟诚然给予了工业若干鼓励，但其地位最不安定：亚麻输出之逐渐减退和四十年代西里西亚（Silesian）织者之动摇不定的地位，正可表示当时麻工业的困难情形。南北美战争时期之美棉供给的暂时停滞，确曾使麻工业更生过来，但这短期造成的繁荣，完全丧失于此后猛烈的竞争中了。在十九世纪最初40年间，至少纺业还能支持一个重要手工业的地位。在一八四〇年以后，动力机的使用和纺纱厂的设立，就日趋于普遍了。至一八八二年以后的25年中，手纺麻纱几乎完全绝迹。不过织麻的情形根本两样，从事此种业务的人们，仍能坚决维持其地位。当现代纺纱方法已十分通行的一八八二年，麻织业上还没有表示何等根本的改变。然而那种变革，实际已发动了。益以外国的竞争，遂使织物价格暴跌，那些仍与机制麻织物所拼命竞争的手工业者，乃遭到了重大的困厄。在一九〇〇年以后，机械虽广泛输入，但德国麻工业在本世纪仍没有何等了不起的进步。外国麻纱与织物的进口，至近年已颇有可观，而出口贸易却比较不关重要。

丝工业 在一八四〇年以前，既已表现进步，但当时原丝的总消费额不过600000镑，30年后却增至1900000镑。此种突飞猛进的情形，一大部分可由以次事实而征知，即德国之丝的生产，大都是依着染色方法与精饰方法（finishing processes）。远在一八七〇年以前，德国科学家即已将这类方法改进极有效用的程度。而且，德国的原丝大抵是由国外输入，本国的原丝产额，不过只占有制丝者总消费额的一小部分。纺丝业早前虽是工厂原则而进行，但迟至一八七一年，织丝业却还是广泛地在家内工作。

在毛织物制造上，不兼务农业的独立织工老板为数颇多。一八三一年，普鲁士大约只有1/4的羊毛织机是由务农者于主业之余从事工作。然而，业务虽如此其专，而动力织机与工厂制度，仍不曾于其进步有何等益助。近代生产方法之使用，至六十年代已愈显重要，可是迟至一八七一年，其织业依旧是一种家内工业。在普法战争前数年间，羊毛产额曾有相当的增加，此后在其相对的重要性上，复表现一种缓慢的然而是持续的衰落。就在这当中，外国羊毛跌价，于是国内制造者乃能大量输入此种原料了。至羊毛纺纱业上之动力机的集中与使用，已经逐渐革除了独立手工业与家内工业。在普法战争结束以后25年中，纺纱几乎全用机器。但现代式毛织物之织机，迟至一八九五年，尚不曾完全代替家内手工。一八九五年以后，工厂制度逐渐占有优势。在最近数年间，羊毛制造工业已经有极广泛的分布，可是，在普鲁士，在莱茵兰德，在布兰登堡（Brandenburg），在西里西亚，在萨克森尼，在亚尔萨斯洛林诸地域，却非常集中。原羊毛、半制羊毛、全制羊毛，已经构成了贸易上的一个重要品目。战前羊毛制品在输出表上占第5位，仅居于机械、铁器、煤及棉制品之次。

至棉工业与丝工业的状况，颇为异样。获取原料的困难，使中间人一开始就有实行控制这两种工业的机会。德意志之变成棉制造的国家，远较大不列颠为迟。其基础一旦确定，其进步乃非常迅速。在一八三六年至一八四〇年之间，每年棉花的消费约达1850万磅，在一八五一年至一八五五年之间，其消费额增至5600万磅，至一八六一年至一八六五年间，更超过9700万磅。此外，棉工业繁荣发展的另一说明，可求之于德国棉织者所使用之家内纺纱数量之增加。当十九世纪最初数十年间，德国的棉工业大部分是依赖英国的纺纱，至一八五〇年，此种依赖程度已经颇为减低，由家内纺纱所供给的总额，差不多接近于输入的数量。更后十年，家内纺纱超过了外来纺纱。一八七一年，前者约200万罕德维特，而输入者不过40万罕德维特。在一八五二年至一八六七年间，纺锤数与每个纺锤的产额亦递有增加。

特棉工业机械之应用至为迟缓，其中尤以织机为最。迟至十九世纪中叶，棉织机中应用动力的机数还不到总数5%。由一八五〇年至一八七一年，动力织机虽颇有增加，但手织机仍占有优势。由此看来，纺业所受机械输入的影响，实远较织业为早。工业进步的结果，提供织工以纺纱的，就不是手工业者，而宁可说是纺纱工厂。在一八七一年以前，这一部门的进步已非常迅速。

德国纺织工业产额之大量增加，系见于普法战争以后，那里亚尔萨斯洛林的工厂都成了它的财产。这个地域的获得，于德国棉工业有特大的影响。在一八五四年到一八五六年之间，德国制造者平均消费的原棉，计达3.75万公吨。这时棉工业之比较不重要性，可由棉制衣物尚是开始通行的事实而说明。由一八七五年到一八七七年间，每年平均消费的原棉，已增至12.75万公吨。可是，这种增加无论怎样显著，设与二十世纪最初诸年度，平均每年消费37万公吨的记录比较起来，却就无关轻重了。德国棉线编结机与黑色染料获取了棉线编织品的市场，对于先进的英国亦有大量的输出。

煤矿业的发达 德国煤的储藏在十八世纪开发极少，当时工业上最重要的燃料不外木炭一宗。至十九世纪之初，在德意志西部，特别是在鲁尔盆地一带，略有采掘煤矿的活动，然因资本拮据，莫由大事开采。于是在三十年代初期，若干大采矿公司乃开始计划开发鲁尔的煤矿，迄同世纪中叶，该矿区出产的较大部分皆受控制于这些公司。它们虽从种种方面努力增加生产，但所收效果，终不能与大不列颠收得的效果成比例。德国矿业发达之迟缓，不外由于其铁工业、冶金工业的落后，其运输工具的简陋，以及资本的缺乏。英格兰是备有自然的与人为的水道的，只要工业需要保证煤矿的扩张，它就可从容进行运煤的贸易活动。德国不同，直至一八四五年以后，德国的交通工具（沿河流一带为例外，因为那里的汽船，早在三十年代已开始扮演了一个重要角色），始充分发展到能够影响其经济组织的限度。那时人为的水道几乎完全没有。所以，迟至一八四六年，普鲁士煤矿的产额，尚不过略多于300万公吨。况且，德国所有重要的煤矿，实际都在普鲁士，或在包括有鲁尔（Ruhr）、洛尔（Roer）、萨尔（Saar），以及西里西亚的普鲁士诸区内。在一八五二年，普鲁士产煤约500万公吨，此后不到15年，其产额增至1850万公吨，至一八七一年，则为2595万公吨。[①]

德意志工业家的努力立即就由基本产品之不断增加，与大规模工厂之继续建立上，反映出来。一八五〇年以后之工业组织的扩大和汽车轮船用

---

① 1871年德意志全国（包括卢森堡）的总产额约为2929.8万公吨。

途的增加，那不啻表示了煤矿之更迅速地开发。在十九世纪之初，提供国家以微薄数量的同一煤矿区域，这时还在继续加深采掘。至同世纪最后1/4的分期内，这些矿区扩大了，同时在西里西亚还由努力获取了较大的产额（那里的煤矿，直至最近始广泛的开采）。由一八七五年到一九〇〇年，煤产额由37436400公吨增加到109290200公吨，而一九〇〇年所采掘之40498000公吨木炭尚不在内。木炭有一大部分是得自奥得河（Oder）、萨尔河（Saale）、威塞河（Weser）与易北河（Elbe）附近。在大战爆发的前一年，德国白煤的产量已经增加190109400公吨，此外，还有87233100公吨木炭。一九〇〇年以后之煤矿的迅速采掘，那在德国煤产史上是一件最值得惊异的事实。

煤产量

（平均以10年为准）

10年度	白煤公吨数	褐煤公吨数
1880—1889	57039660	14872070
1890—1899	81978310	25124330
1900—1909	126081810	53031010
1910—1919	158470970	86296160

在一九一三年，只有运载德国煤发生困难与花费过多的地域，才由便利与低廉的条件，允许英煤的输入。我们试把德国煤矿产量与英国煤矿产量一加比较，就知道前者的增加，是比较迅速。法国煤矿产额的不绝增加，虽亦值得注意，但在一九〇〇年以后，与英德两国相较量，那就颇不足道了。

一九一三年的德国煤产量，差不多有一半是采掘自鲁尔矿区，其余主要是出自萨尔与西里西亚，而比较少的部分，则是出自萨克森尼。由一九一〇年到一九一九年这十年度褐煤产量的平均数，在附表中是一见分明的，那其中德国有一大部分，要遵从和平条件提供出来。但是，试一考察煤产额的数字（156470970公吨），那与一九一三年一年度的产额（190109400公吨）比较，还大有逊色。一九一三年的输出所值，比较其输入所值，超过6000万美元，但大战以后，它每年却必须输入大量的外煤。它除了送煤填偿法国的赔款外，并完全失去了萨尔的煤矿，西里西亚上部开发最广的部分，最后复被判给予波兰。加之，以鲁尔为中心的伦里西·威斯特斐尼亚工业区（Rhenish-Westphalian Industrial Region），系与洛林铁矿相连开发，而后者则于一九一八年割让与法国。德国每年要提供出煤6000万吨，约合其战前总产额1/3，剩下的数量还不及其战前所消费总额的2/3，这样，再益以赔款的重担，德国工业就似乎处在另一个境地了。然而，在鲁尔矿区内，它仍保留下了欧洲大而集中焦煤资源，益以其可惊发展的熔炉与运输组织，在实际上，简直可以左右洛林铁矿所有者之利得与损失。一九二三年一月鲁尔的占领，实不啻使法国政策与其战时的协约国政策分离，结局，德国的经济乃得到了恢复的机会。鲁尔是过于重要的地方，为了把持住鲁尔，一二强国就不惜违反所有者的意志，不顾欧洲其他国家的合作精神或同情。

铁与钢　前面述及的伦里西·威斯特斐尼亚工业区域，简直无与伦比。在它集中的与错合的效率上，可以说是空前绝后的。试想，在一八六五年的当时，德国政治上全未统一，尽管有所谓财政统一或关税同盟，它的工业组织却宁可说是原始的。在十八世纪与十九世纪之初，铁的制造还不过是农民方面的工业，其所燃烧的是木炭，其所使用的是简陋不堪的工具。迨后财政统一的影响，不久即在铁矿生产上表现出来，在一八四八年到一八五七年之间，其产额突增3倍。[①]普鲁士一处熔铁炉的产额，一八五二年为16万公吨。至一八七五年，则增至139.5万公吨。就德意志全国而论，其情形正相类似：即在一八六二年为68.5万公吨，在一八七五年为200万公吨。

在一八五〇年以前，机械工业比较没有多少进步。同世纪初叶关于设置机械工作坊之片断努力，系进行于莱茵流域和柏林周围一带。这方面努力所收的成效，大部分是得力于普鲁士政府的政策和大不列颠工业家与工人辈在德意志自行建树的鼓励。在一八七〇年以前20年间，其成效虽已灼然可见，但德意志机械工作坊开始从事大规模的生产，那却是普法战争以后的事。德国由于手工业生产转变过来，在先几乎完全是依赖英国、法国、比利时输入的机械。索林根（Solingen）就在同世纪之初，还不失为一个非常重要的铸制利器工业的中心。那里的手工业者，一般都是采行包发制度（putting-out

---

① 即由13874509罕德维特增至39241087罕德维特。

system），至一八五〇年以后，那种制度始逐渐消泯。

由一八六六年与一八七〇年证实出来的德国军事力量，那正是一种迟缓发达的表现，其真正意义，则更显然地见于其后来的经济学领域中。至其有效的教育制度，亦于其经济思想的发展，与有一部分的助力。在关税同盟的建立上，在种族联盟国奥地利的放弃上，德国人当自由贸易理论异常失望与国家主义异常强盛的时期，确曾建树了他们所知以上的伟绩。他们的严肃与规律，他们在高等学校忠于科学的态度，以及由普鲁士遗传下来的某种国家干涉的习惯，莫不于帝国所由诞生的形势，大有帮助。

在这种形势中，有若干成因我们必须看作是意外的。法国在墨西哥冒险失败以后，在非洲北部作过徒卖气力的长期战斗以后，其军事力量已归敝弱。而且，欧洲的情形与墨西哥北非洲完全两样，在这两地所得的战事经验，并不能适用于欧洲。同时，德国由其不久以前与奥国的战争却谙习了欧洲的这些情况。德国是非常精密贯彻的，在开始行动以前，它已经过了有方法的考究与准备。这时，美国人恰好打了一个大规模的内战，他们开头系采用基尔尼将军（General Kearny）及其他考察者的许多意见，但最后乃用一位格兰特（Grant）的沉重的围攻方法。因为地理知识的缺乏，以致两方面几乎都失败了许多次。德国人早就弄好了法国东部最精密的地图，他们关于这种地方有了最好的战术与兵法，且还有当时最好的种种材料。当缔结和平条约时，他们遂要求全部亚尔萨斯，与一部分开发好了和富于矿产的洛林，此外，还要求在当时看为非同小可的一笔赔款——10亿金元。

地理与顺适环境之凑合，使德国人占了便宜。由法国取来的两个新的地域——那是在两百年前，由旧日耳曼或神圣罗马帝国手中夺去的——大都是用两国语言，颇不难同化。洛林地方所储积的巨量磷质铁矿，正可利用当时改进的敞炉熔铸方法从事采掘。在一八八一年，德国工业家已购得了西门子熔具（Sienens Process）。莱茵区域所占的地位，足使这许许多多的铁矿与占有欧洲一半煤矿的储积地集结起来。就许多方面说，德国在一八七〇年的落后，正有其利益，因为，它那工业中心与运输中心系统建立，显然可以不受以前陈旧组织与机关的拘束。它的商业地位，位于大陆之中心，确是得未曾有。其政治家与经济学家都没有反对国家干涉，或反对使国家维持自给状况之保护关税的成见。至其逐渐兴起的"有知识的无产阶级"（intellectual proletariat），我们亦不能忽视。据许多人的估计，德国在战前有5000个有大学训练的化学家，并且，一个哲学博士开始学成问世时的劳务，每月不过能得到75金元左右。

现代的德意志，可以说是开始于其购买西门子熔具的一八八一年。在一八七一年以前，德国全国的铁矿产额虽略较多于法国，但与英国比较，就微乎其微了。西门子·马丁或基本熔具（Siemens-Martin or Basic Process）的改进——特别是包括有七十年代英格兰改良过的熔具——对于洛林与卢森堡的磷矿，赋予了一种新的评价，同时，在铁的贸易上，简直造成了大不列颠的第一个欧洲的大劲敌。法兰西的战争赔款，特别使德意志帝国治下的开端改造事业，暴露了浮夸现象，所以一八七七年的衰落，遂显得异常厉害。此后关税率之逐渐增加，颇受到了那要保护若干"幼稚工业"——其著者如钢铁业——之逐渐增大的国会势力的帮助。除了关税壁垒外，顺适之地理的、科学的、社会的诸要素之凑合，卒之在铁矿、生铁以及钢的产额上，产出了不断增扩的效果。[①]

可是生产上尽管迅速增加，一八八七年以后即开始输入，在一九一三年，由卢森堡、瑞典、法兰西、西班牙等国输入的铁矿计达2200万吨。如其我们把卢森堡括在德国方面——在战争结束时，卢森堡有一大部加入了德国系统——则生铁产额在一八八〇年为270万公吨，至一九一〇年增加到了1300万公吨以上。在同一时期，钢产额由155万公吨增加到了1314万公吨。以一九一〇年结尾的10年度，那是德国钢铁业历史上有声有色的一页。这时英国在生铁方面仍维持着小的优势，但此优势在此后若干年中失去了。早在一九〇〇年，德国之钢的生产已超过联合王国。在一九一三年，各主要竞争

---

① **平均10年之铁产额**（以公吨为单位）

10年度	铁矿	生铁
1880—1889	8952640	3619590
1890—1899	13332110	5877770
1900—1909	22443170	10550000
1910—1919	19917390	11940000

这里应注意，一九一〇年到一九一九年这10年，德国是由战前与战时的顶点，转到战后的低点，所以，其平均数自然包含有这两个极端。一九一三年的数字，为2800万吨铁矿（其中有2100万吨是出自洛林一地），1700万吨生铁。洛林的丧失，不啻失去其战前总额3/4，更还加上萨尔盆地与卢森堡的特殊利益。

国家之钢铁生产，有如下表，其单位为百万公吨：

	美国	德国	英国	法国
铁	31	17	10	5
钢	31	17	7	5

在一八七二年与一九〇〇年之间，德国冶金工业生产增加4倍，同时，英国却不过增加30%。藏闭在这句话中的历史，曾有关于现代德国剧一般勃兴起来所描写的浩繁卷帙。它以欧洲主要钢铁制造家的资格参加世界大战，它所损失的，只是在奋斗一世纪中，所曾准备、所曾迅速建立的利益的一大部分。它由洛林的丧失，失去了战前铁矿的3/4，后来割让于波兰之西里西亚上部的尖端，那是煤矿与冶金工业之另一个中心。

就经济上讲，洛林的铁矿、煤矿、熔炉、工厂，与鲁尔的运输系统，简直有不可分离的关联。就因此故，乃有一九二三年法国占领鲁尔区的事件。战后愤激与恐怖时期之扼喉致命的竞争，对于任何方面皆有损害。于是，上述的争端，虽未导出一个归结，却宁可说达成了一个决定，就是，强制的、一方面的解决，都行不通。在结局，时间解息了若干憎怨，各国的需要促成了一种合作精神与清爽谈判。所谓道斯计划（the so-called Dawes plan）——那在实际是国际联盟为恢复匈牙利财政而作出的计划，后来把此计划适用到德国——使德国的通货得到安定，使德国阻害赔款支付及搅扰整个西欧经济机构的疯狂膨胀政策停止。《罗加洛条件》（Locarno Treaty）的签订，德国加入国际联盟的承认，都表现了并帮同促进了新的互信精神。德法两国在一九二六年八月签订商约。两国内阁总理共同在图瓦里（Thoiry）用鳟鱼小餐，对于赔款债券之商业化问题，作亲密的谈判。在同年九月之末，国际钢嘉尔特[①]（Stell Cartel）通告成立。这种组织之中心观念，在调整洛林和其他外国铁矿，与鲁尔之焦煤生产间的必要合作，而其公开的目的，则在停止各国钢业生产者间之有害竞争。

[①] 嘉尔特是英语"cartel"的音译，现通译为"卡特尔"，表示企业联盟。下同。——编者注

每年"正常的"钢产额，是在最少2600万吨，最多3000万吨之间。这个额数，系按比分配于各关系方面，其大约的比率（以2900万吨为准）如此：

德国 ………………… 42.89%

法国 ………………… 30.98%

比利时 ………………… 12.17%

卢森堡 ………………… 8.25%

萨尔流域 ………………… 5.71%

组织者要求这种公开与政府监督，意在防止独占价格的严重危险。大嘉尔特规定价格，同时又均衡生产，那在过去是不可靠的。我们不想在这里争辩这是不是妥当的解决。不过在某种意义上，这似乎把欧洲拉回到战前的时期了，那时常常讨论到这种联合。某种国际的合作，无疑是绝对必要的。大战以来，共同讨论、共同研究、共同行动的国际机关异常发达，而对于此类问题，这些机关仍须多所努力。

其他冶金工业与机械生产 一八七〇年以后，每个冶金工业部门实际都在扩展中。铁与钢增加的产额，系由国内制造业者所吸收，至最后，德国关于这些材料已大可独立了，它是输入了大宗铁矿，但由战时经验所示，那并非非输入不可。德国上西里西亚（Upper Silesia）出产亚铅，其产额占世界第二位，即在总额100万公吨中，它占有28万公吨。比利时之亚铅产额占第二位（英国占第一位），这是与世界大战有关的一件重要事实。以铅而论，美国占第一位，西班牙占第二位，德国占第三位。德国所最感缺乏的，就是铜。

由战时所证明，钢的生产尚够应用，但对于必需数量之煤的生产，反感到一些困难，这就够奇怪了。其实在此情形下，还有其他的缺陷。我们说战争排斥了自给自足国家的观念，那并不能说是轻率，大战后欧洲各国之高筑关税壁垒，那不过暗示此种尚未深入人心罢了。德国就在它倾覆了罗马尼亚以后，其石油还是极其缺乏。石油的缺乏与化学工业的极度扩张，不啻在煤的供给上，加下重大负担。至如何能获取万分需要的赤铜，那常常成为困难问题。橡皮因封锁断绝来源，致使汽车工业不断发生困累。对于所有棉花、羊毛、苎麻与丝一类纤维物质的使用，殆莫不疯狂般的研究替代之物。德国哪怕处在这种窘迫情形下，如其食物生产——非有滋养之物不行——不遭逢着经年的可怕的匮乏，它也许还不至于破碎。至关于皮革与纸一类物品之工业的替代物，那都颇有创见。德国军队所到之地，均有机巧的汽车轮箍，那备有两个钢的内环，其间贯以螺状发条——就是脚踏车，亦系如此做法。

在若干种类的机械制造上，旧时竞争者仍维持着他们的优势。例如，美国、英国的收获机、打禾机、曳引机，以及其他农具等，这时犹通行于东欧，甚且行销到德国。德国的船舶，继续装置英国的船具。巴尔干诸国的铁器商，虽然贩卖德国所制的紧钉、螺旋套与螺旋钉，但铅管与其联系的装具，则仍由英国供给。德国的刀器业特别有利可图。在一八七一年以后，大多数工业都迅速地抛弃了包发制度（putting-out system）与手工业技业。但以刀器业而论，那却显然分有三个等级。第一，是一仍旧贯的，以手锤炼的手工制品，这种制品在世界是平平常常，纵然可与其他地方的同一制品相颉颃，但不见有何等优特之点。而与此类制品极端相反的，就是一般习用的英国刀器类之模造品，这种模造品均用机械制成，其价甚廉，故与其用类似方法所制的玩具，同样销行。此外，还有一种为若干旧行店——此种行店，以在索林根（Solingen）者为最出名——用机械制造的刀器与其他用具，此类器具与手锤炼品较，虽略有逊色，但其价格仅及一半。

在大战前半世纪中，电气实际上已应用到了人类生存的各种方面，如发光、运输、交通、生热，乃至工业动力等方面。电具的制造，与商业上电气用途的扩张，保持了一致的步调，在一九一四年，德国有一个这类大工业上所用的雇工，就有25万人左右。其组织系采用最有工业效果的形式，其所生产的物品，则推销于国内国外市场。至其所以发展的主要原因，不外是其流动电力之自然，其输送之低廉，与其分布之广泛。此种工业组织规模特大，论统制力量之集中，确没有哪种工业能驾乎其上。在一九一四年，整个电气工业，几乎皆把握在两个公司手中，其一是西门子·雪克尔公司（Siemens-Schuckert），其一是总电力公司（Allgemeine Elektrizitäts Gesellschaft）。

化学工业 德国化学工业上的优越性，一部分固由于其科学方法之应用，而其他较副次的原因，则是其优越的自然资源之保有。一八七一年以后，其钾碱（potash）一项，差不多达成了世界的独占，不过那在一九一八年失去许多罢了。法兰西除了恢复其失地外，更在非洲北部开辟了大宗的矿源。在哈尔兹山脉（Harz Mountains）一带，也发现了重要的金属盐矿。至硫酸、钾盐（potassium salts）、氯化钠（sodium chloride）、硫黄石，以及其他许多化学品之供给国内外市场者，日有增加。

德意志在化学工业上立于主导地位，颇有关于其染色工业。那是煤焦油产品（coal-tar products）之一种。在一九一三年，全世界约有3/4的染料是由德国制造。煤焦油或木蓝都用作靛，自综合复制有名的紫色染料法问世以后，世界其他旧来的染业，都归消灭了。木蓝对于各种药品的炮制，同样重要。德国人老早以前，就以糅合血清见长，至用砒酸盐防止热带的与其他阿米巴的感染（amoebic infections），那亦是他们的长处。在大战当时，各国为了军事的需要，为了代替德国的染料与药品，都竭力发展它们的煤焦油化学工业。大战告终，各国为要阻止德国再获得其旧时优势，曾由和平条约与此后的关税立法加以限制。他们之如此做法，一部分无非是为了军事需要。以眼镜工业而论，各仇国为了复制德国某种精致的玻璃，都曾做过英武的努力。这种玻璃的供给，也正如照相之化学材料的供给一样，国外市场比较在大战以前，或大战刚结束以后，仿佛要更乐用英国货与法国货，不过德国人与美国人也还能继续与英法分占大部分的市场。德国的化学工业是异常集中的。并且，在独立生产者间，曾维持了无数的协定。

人口的集中与分布 依据三个最重要职业集团——农业（包括林业与渔业）、工业、商业与运输——之人数的研究，我们知道，由一八八二年到一九〇七年，工业集团之人口集中情形特别显著，一八八二年，从事工业，且依工业而生活的人口为16058080人，至一九〇七年则达到26386537人。同时，从事农业的人口，由8236500人增至9883300人，而依农业为生的总人口，则由19225455人减少到17681176人。至从事贸易与运输活动的人口，颇有增加，在一八八二年，其数为1570300人，至一九〇七年，增多为3477600人。而依靠此种活动为生的总人数（包括实际从事贸易与运输者），则由4531080增到8278339人。

在同一时期内，较大工业中心区之人口，亦有可惊的增加。人口增集于城市的重要性，由人口统计表可以明白。在一八八五年，定居于2万人以上之城市的人口将近有860万人，计占全国总人口数字18.4%。25年后（一九一〇年），其数已增至2240万人，约为全国总人口34.5%。因此，当2万人以上之城市的人口迅速增多时，大城市区之集中现象，乃异常显著。一八八五年，超过10万人之城市的人数为440万人，至一九一〇年，竟增加到1380万人。由一八八五年至一九一〇年，超过10万人之城市由21个增到48个，前者所占全国总人口之比例9.4%，后者所占全国总人口之比例为21.1%。

工业的集中 八十年代以后，德意志经济组织上有一个显著的现象，就是大企业者手中之资本与劳动的不绝集中。我们现在姑且把这种大企业者分为三个种类：第一是使用1个人至5个人的，第二是使用6个人至50个人的，第三是使用50个人以上的。以下是关于一八八二年、一八九五年与一九〇七年三年度的统计。①

第一种类——雇用1个人至5个人者

年度	行店数目（人）	雇工总数（人）
1882	2882768	4335822
1895	2934723	4770669
1907	3124198	5353576

第二种类——雇用6个人至50个人者

年度	行店数目（人）	雇工总数（人）
1882	112715	1391720
1895	191301	2454333
1907	267410	3644415

第三种类——雇用50个人以上者

年度	行店数目（人）	雇工总数（人）
1882	9974	1613247
1895	18953	3044267
1907	32007	5350025

由上表的指示，我们知道这三个种类之企业数与雇工数都大有增加。德国一八八二年以前之工业化的比较缓慢，由小企业之较大数字与其所雇

---

① 见加尔·赫尔腓力（Karl Helfferich）著《由一八八八年至一九一三年之德国经济进步与国富》，第40页。

第二编　现代

用的人数可以征知。在一八八二年以后数年间，我们虽见到了一种绝对的增加，但在相对数字上，第一种类的企业数却显有减落。第二种类企业数增加颇速，其所雇用的人数，亦较最小企业所雇人数增加为更快。然而，有最大进步的，却要算有51个以上雇工之企业。这类企业上雇用的人数，有的不到1000人，有的超过1000人，此种配分，亦可提供一般趋于集中之附加证明。在一八八二年，雇用1000人乃至1000人以上的公司，只有127个，但至一九〇七年，却增加到506个。以雇工总数而论，前者共213160人，后者共954645人。

　　使用"工业的集中"（industrial concentration）这个语词，我们往往须得注意，就是，那会成为一种游离广泛的说法，并且还具有使不谨慎者受欺的捉摸不定的意义。像在哀森（Essen）之克拉普厂（Krupp works）那样大规模之工厂的发展，那是我们能够意料到的，因为那种工业有集中的优等煤矿做基础，其获取铁矿与输出制品的运输条件，都非常完备。在曼赫姆（Mannheim）周围制煤焦油之化学工业的发展情形，与此亦相类似。那在扩张实验的重大费用上，在试验如此巨额之同类原料上，均可大大节省。可是，就在这类工业上，其组织亦膨大到难以控制，且有将再分开的趋势——就现今来说，那与其说是由生产品的分布，不如说是由生产行程的分开。生产品一旦标准化了，这种情形是无疑会发生的。在战时的德国，像这样分立的趋势，往往受人批论，德国政府甚且就容易控制的企业，设法阻止。大战以后，市场诸多变动，而供应此变易市场的工厂，亦改旧观，在这个时期中，情形是正相反对的。工业上之金融的集中——关于此点，多少不免因休果·斯丁勒斯（Hugo Stinnes）的名字，而引起一种近似假浪漫的表现——那与我们前述工业的集中，并不一定相同。那可说是由膨胀与困苦的工业适应凑合起来，所促成的一种暂时现象。

　　现在德国仍存有一种小规模的，不完备的工作场，把它们加以削减，足能造成一些健全的集中。在另一方面，也还有许多够维持其工作进行的小工作场。这，我们举一个美国例子来说，那就容易明白了。美国有两弟兄在马萨诸塞州（Massachusetts）城外建有一个冰淇淋厂，冰是由其自己所备的冰池供给，牛奶则是购自其四围的农场。他们这个工厂所出产的冰淇淋，比较其他必须使用精汁之大工场的出品，不知要精良多少。他们因业务的进行有利可获，遂开始向波士顿定购货物，其需要乃立即超过于供给。这时，这两位兄弟就大可扩展其工厂，或者建立一个完全新的工

395

厂——他们开始使用商业上的普通原料了。如此进行下去，他们自会改变其已经获得订单之货物的性质，并在同一名称下，经营一种完全新的企业。否则，他们还可继续以前的规模，以地方不须多费而又可供利用的冰与牛奶的供给，来限制其规模之扩大。在此种情形下，受到限制的，是原料的供给，在其他情形下，则是销容货品的市场。而供给则必须与市场相适合。由德国人"手制的"小刀与剃刀，现仍有其需要，这类制品所售价格，约当大索林根公司（Big Solingen Firms）所精制标准刀器价格之两倍。而其供给，则是由特别精于此业之人数所限制，同时，精于此业的人数，又反过来多少由那种需要，即高级手工制品所必要价格上之需要所控制。

数十年来，一个有神奇效能的德国人的简括肖像，曾广泛流行于海外，但这肖像是经不起精密考察的。那是许多实际德国人（其中包括有若干超越的德国人）之暧昧不明的配合。在黑色编结物工业上，并还编制有一种大体轮廓的德国人，这种人形的编制，乃是借着制作染料之化学与特别精巧之机械的帮助。可是德国人把这些制品送到机制织物本家的英国，乃是由那里换回一些能帮助其完成自己制品之其他织物。市场上与德国工厂所制之极廉价机械玩具相排列的，是席瓦兹瓦尔德（Schwarzwald）农夫于冬季晚间所制成的产品。前者常以技巧见胜，后者则带有几分美术的意味，但它们并不是统一的形像。

由错综金融组织所体现的神秘德国人，经过其他各种模型被验证以后，已显得平庸不过了。德国在海外的许多支店与公司，都因清偿债务，被外国人查封了、没收了。在和平时期，美国有支店在德国，德国有支店在美国。结局，赔偿问题的研究，特别是关联于建立道斯计划的赔偿问题的研究，乃使熟悉他国之金融组织方法者，得有密切接触德国方法的特殊机会。就其低级部门之丛杂的与详密的效能而论，德国的簿记，实难达到英国与美国的标准。

法国经济学者们往往表示一种信念，以为德国工业有组织上的缺陷，负债过多，过于依赖信用，一旦当其表现了最虚假的外观时，其本身即将动摇不定。以金融而论，这即是说，大工厂的资本，往往有一大部分是由工业银行所供给，而这种银行则由外国供给其一部分资本。外国市场的性质，有许多又要求商业信用之使用，结局，此种经济的特性，乃因而加强。自德国人看来，这样的金融系统，本来稳健而进步，但在其竞争者眼光中，却就不大能够信赖了。例如,一个柏林的公司,往往乐意把它大宗的照相材料运交罗马尼亚商人,堆置在铺柜上,运费、保险费付过,等待货物脱售了,再分期收回其代价。像这样习惯的信用,本来可以推进业务,但英国、法国的公司,却觉得那未免太不稳妥。

当膨胀时期,特别是当通货在一九二二年迅速跌落以后,像斯丁勒斯(Stinnes)一流的德国人,乃经验到了所谓负债的科学。在这个时候,为购买实在田产,或正在工作中的工业作坊一类有永久价值的物件,而订定了合同的一笔债款,以金计算,其数将逐渐减少,并且随通货继续膨胀,而更加容易偿付。与纸币之金的价值低落相比较,额定价格之股票的提升,将异常迟缓——其实以金计算,还显有低落。在一九二二年,斯丁勒斯以150万金马克,购买了柏林商业公司35000股股份,可是如在战前,这35000股股份在交易所的价值,却要费5000万马克。斯丁勒斯开始以数千元资本,建立联络4000个企业——其中有些企业极大——以上的银行团。他的继承者不听他最后"偿付债款"的劝告,稳定时期一到,这个银行团就几乎全归粉碎了。曾经异常低落的物价,这时转到异常的高昂,在这种偶然的转变中,让另一般人获得了逐利的机会。

道斯计划实行的第一年(终止于一九二五年八月三十一日),许多战时及膨胀时期新立的公司,都归失败,同年冬季不绝有店号倒闭,以致造成近似经济危机的严重情形。在一九二六年春夏之交,此种严重情形已确然有所改进。依道斯计划成立的美国总代理人第二年度的报告,则当时一般的经济状况,已达到了经济稳定以后的最佳之境。假如我们忠实地寻求这长时期的倾向,我们必须把膨胀时期的大部分文献,当作乱杂无章而予以取消,同时,并从我们心目中,除去德国人特别与他国人民不同因袭观念。德国是一个组织完善的国家,它有许多具有技巧的工人和受过训练的商人。它现今仍有广大的资源,使我们有理由期望其大工业国家的前途。它所赋有的资源性质,与其对于他国,乃至对于其市场所处的地位,就提示了它那生产的典型单位,将继续维持其极大的规模。过此以往,历史学家只好自甘缄默,静听预言家的发挥。

有如在其他工业国家一样,德国也还存在有许多独立的手工业者。这些手工业者之在德国,就全般讲来,比较其在大不列颠,仿佛还占有更重要的成分。包发制度(putting-out system)尚广泛地存在于较大的工业社会中,不过在这种制度下活动的人数,很难以确定。至若在农村的这两种手工业劳动者，其工业活动大都是当作农事的副业。一九一四年的包发制的最显著实例为布业、刺绣业、花边业。在刀器、雕刻物、玩具与音乐器具的生产上，包发制度与工厂制两者，都侵入了独立的家内作业。

水道的疏凿 德国之运河以及能够载重的大道之建设，其着手较之英法两国为迟，不过，在拿破仑时期，其国境西部已建立了极其广阔的道路系统。铁道之传入德国，恰当其工业开始占有重要地位的时期，所以，在极短时间内，其发展超过其他一切交通工具。不过，在一八五〇年以后，道路的修筑迅速扩展及于全国。

开凿运河之不大有人注意，其关键在于铁道系统的发展。许多世纪以来，德国是以较大的通航河道为其交通枢纽，这些河道之著名者为莱茵河、易北河、威塞尔河、奥德河（Oder）、维斯杜拉河（Vistula）及多瑙河。汽船发明后，此等河系的功用乃因而大增。但是，直到帝国的成立，运河还是绝无仅有，且比较不足轻重。由一八七一年至一九〇三年，数条广阔的运河计划完成了，自是德国通航水道的长度将近达到9000英里。这个总长度里面，通航的河道占5041英里，运河占1369英里，沟渠占885英里，其余则为沟通湖泊与其他水系的较小运河。近年完成的比较重要的计划，则为联络波罗的海与北海的基尔运河（Kiel Canal），而多特莽·爱玛登运河（Dortmund-Emden），亦应当提及。在一九一四年以前，德国大部分的重要河道都是由运河联络，一切工业中心区域都备有水道与铁道运输，由是原料输入低廉，把制品输运到国内各地乃至海外各国，亦没有何等重大的困难。可是，对于发展水道和增进大容积货物运输，无论怎样鼓励，若从纯粹的财政观点来看，德国的运河计划是没有收到效果。

铁道的修筑 如其铁道不发展，如其铁道发展不曾伴有货物运输低廉，与劳动转移便利的种种利益，那本章所说德国迅速工业化的情形，就简直没有可能了。德国第一条成功的铁道，是于一八三五年在巴伐利亚（Bavaria）完成，其所联结的地域，为纽伦堡（Nuremberg）与福尔兹（Füirth）。四年之后，莱比锡（Leipzig）与德累斯顿（Dresden）之线开通，至一八四〇年莱比锡与马格德堡（Magdeburg）之线完成。此后铁道发展颇速，全国比较重要的工业中心区域，都有新的路线联络起来。至一八七一年，许多干线竣工。一八七一年以后之铁道系统的发达，由次表可以明白：

德国铁道里程表

年度	总长度（基罗）	私人所有者（基）	政府所有者（基）
1870	18887	10612	8274
1875	27981	15923	12058
1880	33865	13106	20214
1885	37967	5288	31901
1890	41818	4342	37476
1895	45203	3845	41358
1900	49878	4166	45712
1905	53822	4135	49687
1910	59031	3679	55353
1914	61749	3682	58067
1920	55556	3612	51944
1922	55350	3658	51691

注：基即基罗米突。

铁道归政府所有的问题，起先各邦即多所注意。而铁道国有政策之推行，则以德国南部为最早。实际上，这一部分的许多铁道计划都是直接由政府所指导，此后更继续为政府所管理。最初对私人铁道公司给予免许权利，并在许多场合对它们的债款给予支付利息保障的，为普鲁士政府。因此，普鲁士政府初期的铁道政策，与其说是鼓励政府所有，不如说是鼓励私人经营。建筑国有铁道之最初尝试，系在纽伦堡·福尔兹线完成后3年，而主其事者为不伦瑞克（Brunswick）邦。自兹以后，其他诸邦接踵而起。至一八四八年，普鲁士亦进行国有铁道。然而，铁道国有化之大行，乃是俾斯麦掌政以后的事。俾斯麦志在统一普鲁士的铁道系统，并把其他各邦的铁道，实行安置于帝国政府统制之下，但关于后者，卒因各邦的反对，而没有达到目的。

汉诺威（Hannover）与赫色·加塞（Hesse-Cassel）的合并，使普鲁士取得了这两邦之政府铁道系统的管理权。同时，并还取得了拉索（Nassau）铁道，与梅因·勒卡尔（Main-Neckar）铁道系统之一部分的所有权。此外，它更能依购买私人铁道的手续，把以前一大些独立的铁道收归掌握之中。一八七九年，普鲁士领内为政府保有，且在从事运转的铁道总长度计达

5300基罗米突，而从事运转的私人所有铁道则为3900基罗米突，30年后，前一种类的铁道线增长到37400基罗米突，尚由私人公司经营的部分不过2900基罗米突罢了。至普鲁士以外诸邦之邦有铁道，亦迅速增加，在一九一四年，德意志所有的铁道系统实际完全是为各邦所分有。

一八七一年以后，中央政府获得了亚尔萨斯洛林之铁道系统的控制权，不过其管理经营，尚是由普鲁士铁道管理处（Prussian railway administration）一手处理。帝国正式成立之后不久，即有帝国铁道局（Imperial railway office）之设置，自是各邦铁道的活动乃有所统制。所有关于全国铁道的种种规定，此等集中的机关，遂得发生决定的作用。车费等项既然趋于统一化与标准化，于是在邦有制度下正常会发生的困难，就大部分得到解决，并且德国的铁道系统，乃能妥为注意全国工商业不绝增大的需要，而讲求有效地适应之方策。

在大战当时，铁道人员尽管缩减了，需要尽管增大了，其所使用的大部分材料，尽管感到缺乏，但这种铁道制度，仍旧能维持其异常高的效率水准。和平条约签订后，情势丕变了。在急需恢复平时状况的时候，战败的德国被征发去5000个火车头与15万辆货车。各邦的铁道线，都转移到新的中央政府了。

通货膨胀不绝施行，铁道运输上的损失奇重。有如邮费一样，旅客车资与货物运费，都只有靠政府定期求其适应。当必须通用之纸币日益低落时，其损失亦日益增大，非到一两月后，政府新制价目表颁布实施，那种损失即无法救济。假若由此新的规定引起铁道之高价的收买，更伴以一般经济的颓落，坏烂材料与无用人员的使用，则其短绌现象将迅速增大起来。

在道斯计划实行的一九二四年，这些为政府保有的铁道线，相率让渡于合股公司经营，为了由收入拨发赔款，并发行110亿铁路金票（gold bonds）。其管理者由政府，由此种金票委托者，以及由那些拥有260亿金马克股本之私人之股东所选择。这样，德国铁道的经营，就与道斯计划之实施保有一种联系（此点以后还要谈到）。两年以后，即到支付债务利息，未酿起何等严重情形的时候，这种经营制度的调度，就比较合股公司接受经营的当时，要进步得多。自然，这种事实，并不是说私人经营就好，政府经营就不好。在膨胀时期以后，前者是收到了效果，但在膨胀时期以前，后者亦颇有实效。

政府所有权侵入工业商业生活中，并不限于德国，但任何其他国家，终不若德国施行之广泛。在一九一四年，普鲁士政府拥有铁矿、盐井和铁道，并且从事经营。如前面所说，它几乎完成了国有铁道线之完全统制。巴伐利亚政府与乌尔登堡（Würtemberg）政府经营铁道、电报和各种矿业，此外诸邦，殆莫不发展其有财政价值的，或为他邦活动之必需辅助物的种种工业。以铁道方面的情形而论，军事准备之急进，当然会采行一种侵略的步骤，以发展全帝国的交通工具。为了避免这种提示被人误会，我们还可补充地说：大陆上一切强国铁道系统的建立，都不曾忘怀于军事的需要。大不列颠不同，它所幸的是没有陆地要塞，于是，它的商业交通，遂得自动地适应其商业上与军事上的两重目的。

劳动运动 在一八九〇年以前，德国劳动运动的发展尚属迟缓。职工组合主义与社会主义的紧密联合，曾有一个时期严重地危及这类组织的生存，一八七九年之《反社会主义者法律》（The Anti-Socialist Law）亦威胁了一大些劳动联合之地位。这一来，许多职工组合都因遭受政府的禁制而归于瓦解。在一八七八年至一八九〇年间，反社会主义者法律尽管继续有效，全国的职工组合终于再建起来，其中有许多是采取朋友会的形式。而且，我们不要以为，一八七九年之法律一通过，一切劳动组织全归消灭，实际上，许多没有政治性质的组合，自始就不曾受到干涉。当限制的立法撤销后，职工组合的活动与人数都显有增加，此外并还形成了确定的活动纲领。

在一九一四年，我们知道有四种形式的劳动组织存在：第一，是自由的或社会的民主职工组合（Free or Social Democratic Trade Union），这与社会民主运动相关联；第二，是赫希·登克尔组合（Hirsch-Duncker Unions），其中有一大部分的组织，曾经在七八十年代反抗过一切对职工组合的攻击；第三，是基督教组合（Christian Unions）；第四，是所谓和平主义组合（Pacifist Unions）。此外，还有一种地方的与独立的组合。这些组合共总的人数，一九〇一年，不过略多于100万人，至一九一〇年，则增至379.1万人以上。除化学工业外，其余所有工业部门上的劳动，几乎都服从着可怕的统制。在矿业、五金工业、纺织业，在建筑业乃至在运输业上，通通可以找到最为广泛的组合。上面所说的自由的组合，与社会主义运动密切相关，而赫希·登克尔组合，则反对社会主义的原则，并且后者在组织之始，即确然决定了这个政策。在机械工业与五金工业上，此种组织的势力甚强，但其人数在一九一一年尚不过略多于10万人罢了。非加特力教组合与加特力教组合（non-Catholic Christian Unions and the Catholic Unions），同样发生了相当影响。而后者的明显目标,乃在反对社会民主组合的势力。在铁道工人间具有特大势力的,为独立职工组合运动,不过在这种运动中,参加了许多在威斯特伐里亚与西里西亚矿区的波兰工人。和平主义者组合之性质极其复杂,其单纯目的,不外是反对罢工运动。就因此故,它们颇受了雇主们的资助,设顾名思义,简直不能视为职工团体。在一九一一年,其人数约为16.2万人。至纯粹地方的组合,无关紧要。它们在一九一一年人数不过7000多人罢了。社会民主的或自由组合的人数,在战前竟达250万人,故声势之大,非他种组织所能望其项背。

  各种组合的性质既如上述,所以,当大战爆发时,这些组织过了的劳动的情况,尚不免有若干暧昧而莫由确定。组合是经过了法律允许的,但它们却横受了有力实业家团体之强烈反对,甚且完全予以排斥。在它们的根源上、纲领上,它们彼此为地域的、宗教的、政治的,乃至种族的差别所分隔了。所以,那些惯于使用"罪人簿"(blacklist)与无情高压手段之雇主,一旦相对地抬高工资,改良待遇,它们就难免在某种限度归于倾覆,并且,国家如实行较有考究的保险制度,那亦会达出相类的结果。大战发动的初期,这诸般组合皆趋于中立,在许多场合,它们甚且与政府合作,实行反对那些主张中止战争与企图罢工或怠工之比较过激的分子。它们法律地位最后完全取得承认,随即有代表参加政府的办事处。雇主往往使组合主义与社会主义者打成一气的那种顽强反抗精神,一时似乎消弭了,此前不共戴天之仇,全都葬送在共同爱国主义中了。到这时,一个比较激进的社会主义者团体,遂于一九一六年分离出来,开始反对战争。在一九一七年俄国三月革命后,并且在美国宣布战争后,所有一切的社会主义者,实际殆莫不敦促政府,求得一种正义的和平。

  由这时到一九一八年秋季,职工组合主义在其旨趣上、斗争上、罢工运动上,都使人感到莫名其妙,因为它在这时变成了一种进行颠覆霍亭佐伦王家(Hohenzollerns)皇统的革命社会主义。无产阶级愤激的狂波,曾有一个时候扫荡了旧帝国政府,后来,温和的社会主义者(moderate socialists)加入了,他们把握了临时政府的统治。激进社会主义者与这些温和社会主义者演过若干次斗争,但因后者与非社会主义党派以及职工组合领导者相联合,终于把前者建立苏俄型政权的企图阻挠了。自然哪,他们还有全国大多数人之同情与投票的帮助。

  一九一八年之骚扰,那于社会主义组合之利益与人数,都有促其增加的影响。在同年末与次年初之革命重新清算的过程中,许多加入苏维埃式的较激进组织的工人,都相率转入了其他组织,至一九二〇年,其人数竟增至700万人之多。社会主义组合人员之迅速增加,有一部分原因是政治的运用,因为诸种组合这时是工人阶级的唯一公认代表,并且旧日的劳动领导者们,又在继续其每天工作8小时的运动。此外,我们还应记忆一点,即,新共和国的空气,颇有利于职工组合主义的发展,而一般的惨苦状况,益以反对继续战争的运动,皆曾在激进主义的暂时震荡中,平添了不少的作用。在一九二三年,有组织的工人已超过1300万,其中,有900万社会主义者,200万联合基督教会员,65万赫希·登克尔组合主义者,将近70万有组织的农村工人,再加上其他较小团体的参加者。一九一九年的新政体,设定了劳动评议会的组织,成立了与雇主代表联合的分区经济评议会(district economic councils),最后更有处理有关雇佣、劳动状况以及其他相联问题的单一联合经济评议会(single federal economic council)。这样组织的推行,乃职务上或产业上的表示。在实际上,并不曾更进一步。一九二〇年,工务评议会(works councils)与临时联合经济评议会(provisional federal economic conncil)设立。不过后者仅系一顾问机关,并非有何等权威的政府的部门,其权力与政治的议会简直不能相提并论。

  社会的保障 国家社会主义(state socialism)——这不是一种社会主义,却宁可说是用接木法(inoculation)来阻止社会主义的一种尝试——系"发端于德国"。[①]俾斯麦本身具有一种奇异的基督教的斑纹,同时这基督教的斑纹,又与其呆笨的爱国主义异常配合。当这两者一致协作时,其对于国人的影响,必定会使他觉得,以武力处置的社会主义的无益尝试,多少不免失之愚拙。如其说,非如此做法,不能有适当的成果,那么,使工人在可能范围内,有如包工(job)一样的不致失业,并保障其疾病与伤害,对于其无力工作的晚年,予以救济的种种方策,就一定确实可靠了。俾斯麦相信这样的保障,定然是如国家一样的稳健,时间已经证明了他这种信念。诚有如观念的传播一样,各国所行的机械条款(mechanical details),彼此不同,但就一般原则而论,并没有何等中间的理由。也许说,在结局上堪称稳健的,

---

 ① 要讨论社会主义者骚动的背景,请参看第四章末段。

亦就是良好政策——至少，我们可以希望如此。俾斯麦在生前也许目击了他这种计划之两重效果，超越过了他最狂野的幻梦。

提交国会的第一个方策是意外伤害的保障案。这种保障案可视为雇主责任法律观念的扩大，在理论上、在政治上，似乎都能实行。不过，因为遇到了意外困难，在一八八一年提出的这种提案，至一八八四年始获通过，翌年乃见诸实行。同时，曾在一八八二年附随此案而提出的疾病保障案，系一八八三年通过，一八八四年之末施行，其施行期间，正当伤害者保障案最后通过后数月。至一般的方案，就是由雇主、雇工及国家合同筹划费用，由公家监督，务期确定稳妥，并使款不虚糜。

这些方案，在先多少带点实验性质，时时修正，在行政管理方面，亦有改进，并掺入了工人们的新团体。一八八九年，老年与残废法通过，至一八九一年初开始实行。当这整个计划已证明其妥当性，渗透于全帝国经济机关，并为世界一大些国家所效法以后，最后乃于一九一一年，妥为编整，列为法典。为了处理此有关数百万人之利益的精密条款，并依科学方法核计其所含危险事态等，国家还设置有一个异常广大复杂的机关。德国的意外损害保障法，与前章述及之英国法律不同，它不是归雇主直接负责，不过每个雇主对于由互助会管理的基金须有所提供，互助会职在核计危险，确定契约，监督安全方法之设置与使用，并支付赔偿费。

德国从未采行一种国家失业保障制度，至战后，它不过勉强实施了失业者津贴的方法。此与大不列颠亦是完全两样。关于处理此种问题之主要机关，为劳动登记处，或劳动公所。最大的这类机关，大部分是由城市设立，不过有的是由职工组合，甚或由私人主持。德国有若干邦，如乌尔登堡，如巴斐利尼，如柏登（Baden），都曾把这类机关参组于其制度中。与此公所相连以及离此公所独立的，还有为公家与私人所建立的大排的住宅，这些住宅都是专供失业者使用的，虽规定了价格，但不必支付——他们有时候提供一点劳动。在若干德国城镇中，也设定了实际的失业保障，但极不普遍。

为罢工利益而筹集的组合基金之类，那也可以称为一种劳动保障。一九一九年之破坏的和平，特别是此后的膨胀时期，简直使此种保障受到打击，直至许久以后才慢慢恢复过来。其实，整个社会保障组织都曾挨受了一种可怕的厄难。理应蒙受利益者，因了通货的低落，与其他固定收入者同样蒙到了损害。只有曾经细心考察过一度膨胀狂澜的人，他才能够完全了解膨胀所贻的惨祸。那些指望他们到老来所有保障的工人们，不图自己竟陷于最卑贱的贫困中。手上还持着几片铜钞要求面包者，排成行列，漫漫无期地等候着，各地所有的人民都不过靠着乏味的温与素食——甚且连这种饮食，还是不可多得——干脆地维持了几年的存量。

稳定期的到来 德国由《凡尔赛条约》（*Treaty of Versailles*）失去了大块的土地，但把这领域的损失，一比较其原料的损失，那前者就不足轻重了。许多最富的矿产——特别是铁矿与锌矿——以及重要的煤矿，都随领地的割让而丧失。它失去了一大部分的钾灰碱矿与棉工业。一九二一年初期之工业危机，进一步加重了它那已经异常严重的经济困难。注意罢，这些"损失"所以演成此种景气，无非是基于国家经济域的严格假定。所有的工场、矿山以及运输工具，都还保持着未割让以前的原状。市场的混乱现象，断不致永远没有改善的可能。至若怎样才能够利用这种机具与资源，那要看欧洲重新改造其生产的气魄。由战时遗留下来的情绪，自然在开始不免成为隔阂，但那种情绪能够激扬起来，亦能够抑制下去。

鲁尔被占领以后，德国在一九二三年所显示的严重境况，简直无异在许多地方，使德国归于瓦解。许多德国人衷心相信：分解德国是法国的真正目的，德国要避免此种阴谋，只有出于英勇抵抗，并求得其他恐法国独霸欧洲之列强的同情。约瑟•大卫斯（Joseph S. Davis）说："法国的压迫，与德国多所破费之被动的抵抗，大大地缩减了德国的工业生产，并使德国马克陷于倒塌。在一九二三年秋季，马克倒塌的问题，卷起了极大的政治纠纷，卷起了短期的尖锐经济衰落和一个严重的经济危机。幸喜这时有决定的通货政策与财政保障方案，更辅以关于赔偿事件所允许的进行建设的约言，由是复兴的措施乃有可惊的迈进，不过，其中仍有美中不足之处，且还伴有严重的信用紧迫情形。"[①]一九二四年四月，道斯委员会的意见全被容忍。

依据停战协定，协约诸国公民与财产，有因德国侵略而直接受到损害者，德国均须作物质的赔偿。不幸此种协定文句，颇有被人曲解之虞，而使此种精神特别表现明白的，则为和平协定所由根据的威尔逊的十四条（Wilson's Fourteen Points）。于是，英法两国的政策皆得参加入和平条约中。年金哪，分居津贴哪，通通包含在"协约国公民之一切损害的解释中

---

① 《一九二三年、一九二四年之欧洲经济与财政的进步》，见1924年6月号之《经济评论》（*Review of Economic Statistics*）第207页。

了"。和平条约的全精神，乃根据一种形式的假定，即，德国要负战争的全责。战败了，解除了武装的德国，它是处在无法辩解其责任的地位。就因此故，这种条约就无关于道德上的犯罪问题，也并不是什么关于事实之历史的证明。但"公民损害"的新解释，却使这种条约具有财政上的极大重要性。在德国人看来，依着一种文字上的欺骗，"赔偿"已经加倍了，甚且比加倍更坏，那种文字无异破坏信条，并在实际上包括了那在名义上已遭摈弃的战争赔偿。加之赔偿的数额迄未确定，要留待以后考虑。威尔逊大总统与美国在巴黎和会的代表都拒绝这种变动，但最后走开了，他们之所以走开的理由显然是认定在巴黎决计不能达出一种合理数额的协定，并且认定法英的主张，要留待时间来证明其强所不能的不智。美国上院没有批准和约，赔偿委员会于一九二一年所要求的额数为1320亿金马克，或约330亿金元。德国发行500亿马克的债券立即开始支付。其余820亿马克的债券则视其以后收入之多寡，从缓处理。

但困难几乎立即就发生了。在德国人看来，A种与B种的债券，即500亿马克的债券，已是一种优厚的即非过多的总赔款，而其余C种债券，即820亿马克债券的课加，那俨然是想在经济上粉碎德国的一种有考究的企图。英国没有表示何等正义与善意，但它的倾向，却隐然在同意一种能够实行且宜于征取的总额。无奈法国从中作梗。法国既在纸上规定了一个总数额，乃多方反对其旧仇敌，或把它自己对于其他协约国的债务，故作低限的折扣，使它们不得不同意它对德不肯让步的主张。就在这当中，德国的经济状况，似乎完全陷于混乱。狂妄举债之偿付既发生问题，举债是不可能了。通货膨胀的势焰，随政府急需浩大费用而愈增，在一九二二年年终，纸币的数额已达到了一九一三年之数字的500倍。资本流向国外的数目，异常可惊。这时，由法国主持的赔偿委员会，反对停兑令。实物偿付的延滞，恰好造成了共同干涉的好口实。

一九二三年一月，法比两国占领鲁尔，英国设法阻制，最后乃判定这非和平条约所允许的行为。大不列颠这时的经济状况颇坏，它把德国复兴起来，比较把德国摧毁下去要有利益。马克跌落的迅速，真是不可言喻：计算价格如不除去算术上通常使用的位数，简直没办法。一件物品在星期六晚上尽管值100万马克，至星期一早上，也许要值200万马克。货币购买力在几天之内就减了一半，谁还肯把它节省下来。在六月初旬1美元只换20万马克，至同月之末，却几乎要换100万马克了，到了九月，竟调换5300万马克。就在这九月份当中，德国在鲁尔地方的被动抵抗停止了，那里的生产事业几乎全归停顿。法国人把鲁尔看为他们手中之象，世界反对他们的情绪高涨起来，他们想达成其素志的机会就日形减少。至十一月，他们勉强承认两个专家委员会的派定。一个专家委员会是研究德国资本的逃避，其报告是说：只有稳定货币，是唯一有效的救济方策。另一个专家委员会，是以道斯将军为主席，这个委员会作成了一种平衡预算，并使赔款偿付基于商业基础，脱去政治家圈套的计划。

所谓道斯计划，是于一九二四年九月见诸实行的，这个计划所由建立的基本假定，就是，一切的行动，必须与稳定通货的需要一致。一笔8亿金马克的债款成立了，且还创造了一项新公债马克（new rentenmark），这后者维持战前马克的平价，将近有两年半的岁月。这种平价之得以维持，是由于使一切关于赔款账目的支付都以马克计算，并且限于国内，这样，德国的债权人，乃负起了转换这种公债马克为其他通货的责任。像这样的交易，实际受了一种统制，就是不使转卖率过于迅速，以致危及马克的安全。在理论上，这可说是拒绝金钱的支票——在外国信用差额，须用金钱支票支付的场合，当为例外。而在实际上，这即表明是包括有6个委员的移转委员会（transfer committee），此委员会不绝注意输入、输出与交易，并担保没有哪种偿付不能维持到底。这样一来，债权国就不得不维持这种商业关系，以便使债券移转通行无阻。在道斯计划实施以前所认为无法克服的障碍，这时完全克服了。该委员会的委员，有美国的总代办（agent-general）和另一个美国人，再加英、法、意、比各一人。

道斯计划的其他特点，就是一个外国团体监督下的德国发行银行（German Bank of Issue），一种运输税，把关税和内地收入转作赔款的条款，以及前述管理德国铁道系统的股份公司。依照这种计划，德国第一年要支出10亿金马克，第二年要支出12.2亿金马克（3亿金元）。偿付的数额逐渐增加，至第五个年度，须支出25亿金马克。在两个月内，法国与比利时对于鲁尔之经济控制停止，其军事的撤退，在第一年之末完毕至和平条约所规定占驻的地带，不在此例。鲁尔军队的撤退，也许是由于法国有急切向摩洛哥与叙利亚用兵的需要所促成，但撤退所以如此迅速，则是因为道斯计划不允许独立干涉。赔款至一九二八年以后，其额颇巨，如其移转不是短期所能完成，那就只有由德国大举借款，或者大大增加输出。举债自然是不能解决德国问题的，那不过是把问题延迟下来，并且改变一个形式。

一九二五年十月在洛迦诺（Locarno）所开的重要会议，产出了欧洲各国间之条约仲裁的一般程序，并为此后德国加入国际联盟开辟了一个门径。在这种新的空气下，各种商业协定有实现可能了。一九二六年，德法签订了两种初步的德法商约，对于颇需要时间探究的非常包括的一般协定，亦作出了种种方案。道斯计划，以及由此计划运用所指出的税率与贸易调整的需要，都是使那些方案集注于一九二七年之缜密国际经济会议的要因。

德法商业的关系，不但必须恢复到战前最惠国的程度，并且赔款的纠纷——如要求解决的话——实际将促使其更进一步。法国依和平条约享有的单方权利，至一九二五年一月取消了。但它们改变了经济地位，以及赔款由一方面向另一方面的转移，终于惹起了新的困难。它们现在都是工业国家。先前德国货币的不稳定和以后法国货币的不稳定，对于任何税率的协定，都不免发生暂时的妨碍。最后，法国一九一九年的法律，又在以双方有利为基础的最惠国商业条约上，引起新的故障，那就是说，协定的税率，限于各别的事项，并且，任何后来与法国谈判的国家，它在结局是否能享得其他早前已订条约诸国的同等利益，那完全没有保障。

由于倾听美国在和平会议中的争论，由于对威尔逊十四条与停战协定精神之狐疑的执着，且由于德国所付赔款，被限定于直接物质损害的范围，无限的困难都因而避免了。不过，820亿金马克的C种债券，至一九二七年，仍旧是欧洲经济方面的毒害，那使欧洲的经济状况，变成了难以医治的沉疴。赔款问题既不能以稳健的经济方法迅速解决，协约各国间的债务协定就不得不拖延下来。利息停积不付，战后新债，牵涉到常无还款付息的战时旧债，而此等债款，又为实际战费垫支与工业及其他用途垫支之混合物。难以解决的德国债项，以C种债券为代表，为消除或整顿此债券的每种努力，都会关联到法国欲以同一比例缩减协约国间之债务的要求，换言之，就是要英国、美国承担削减赔款之最后损失。战后的种种困难与问题，把欧洲各国拉到更紧密的关系上了，它们在对美战债问题的限内，遂一致反对美国，呼美国为"重利盘剥者"（uncle Shylock），它们这种宣传，当然要激起了美国人方面的憎忿，美国人对于其代表在原则上反对大增赔款的要求，是尚能记忆的，现在协约国却把美国所反对的要求，使美国由取消对协约国的债权，作间接的偿付。然而，错误已经变成了一种史实。互相控诉是没有用处的，全部纠纷的清算，实际要根据一切国家皆有支付能力的原则。

进一步研究的参考书籍

*Ashley, W.J. The Progress of the German Working Classes.

Baruch, B.M. The Making of the Reparation and Economic Sections of the Treaty.

Bergmann, K. Der Weg der Reparation.

*Brooks, A.H., and La Croix, M.F. The Iron and Associated Industries of Lorraine, the Saare District, Luxemburg, and Belgium. (Washington, 1920.Bull. 703. U. S. Geological Survey)

*Clapham, J. H. The Economic Development of France and Germany, chaps.Ⅳ, Ⅺ.

*Dawson, W. H. The Evolution of Modern Germany.

——Industrial Germany.

——The German Workman.

Frankel, L. K., and Dawson, M. M. Workingmen's Insurance in Europe.

Gibbins, H. de B. Economic and Industrial Progress of the Century, chaps.XXXI, LV.

Handbuch der Wirtschaftskunde Deutschlands.

Helfferich, K. Germany's Economic Progress and National Wealth, 1888-1913.

Howard, E.D. The Cause and Extent of the Recent Industrial Progress of Germany.

*Huber, F. C. Deutschland als Industriestaat.

*Keynes, J. M. The Economic Consequences of the Peace.

——A Revision of Treaty.

Koch, H. Die deutsche Hausindustrie.

*Lichtenberger, H. Germany and Its Evolution in Modern Times.

Marshall, A. Industry and Trade, book Ⅰ, chap.Ⅶ.

May, R. E. Die Wirtschaft in Vergangenheit, Gegenwart und Zukunft.

Morgan, J. H. The Present State of Germany (1924).

*Moulton, H. G., and McGuire, C.E. Germany's Capacity to Pay.

Moulton, H. G. The Reparation Plan.

*Ogg, F.A., and Sharp, W.R. Economic Development of Modern Europe, pp.218-231; 668-670; 687-690; 784-789; 825-834.Also suggestive bibliographies for the chapters in part V, added by Dr. Sharp Since the War.

*Pohle, L. Die Entwickelung des deutschen Wirtschaftslebens im letzten Jahrhundert, 2d edition, Leipzig, 1908. Excellent.Note bibliography on pp.Ⅶ and Ⅷ.

*Sartorius von Waltershausen, A. Deutsche Wirtschaftsgeschichte, 1815-1914.

*Schmoller, G. Grundriss der allgemeinen Volkswirtschaftslehre, 2 vols. (Consult tableofcontents)

Sée, Henri. La vie économique de la France sous la Monarchie Censitaire (1815-1848), chaps.Ⅱ-V.

Sombart, W. Die deutsche Volkswirtschaft im neunzehnten Jahrhundert.

Statistisches Jahrbuch für das Deutsche Reich.(A particularly useful annual)

Veblen, T. Imperial Germany and the Industrial Revolution.

Wagner, A. Agrar-und Industriestaat.

Wolff, E. Grundriss der preussisch-deutschen sozialpolitischen und Volks wirtschafts-Geschichte.(Best on the earlier periods)

第十章　大革命以后之法国工业

法国的特殊情况　我们要把任何国家之长期工业发展的主要事实，限定在一章里面讨论，那往往困难。在实际，农业就是一种采集的工业，与工业不能分离，就农业占有比较重要地位的法国而论，特别是如此。设把葡萄种植和葡萄酒酿造分开，那正与把甘蔗种植和精制蔗糖之工艺分开，是同样失之矫造割裂。而十八世纪以后之法国工业发展，还有其他颇难以论述之比较切要的理由。伴随大革命乃至大革命以前的一系列战争，失去了法兰西帝国大部分的殖民地，拘塞了它的外国投资与贸易，扰乱了它国内的财政，并且以其他种种方法，使它猛烈地转变成为一个工业国家。例如，当原棉输入最少，而又要足资应付此变局的时期，种种的发明给予了棉织物一大刺激。与棉业比较起来，丝业是颇为衰落的，而在大革命当时，其情况尤属如此。危险时期的大封锁，于机械的采用和工厂制度的发展，都发生了不知多少错综复杂的影响。就鼓励采矿业与机械工业上的实在成就而论，比利时在拿破仑时期所受到的实益，较之法国要多多了。

在一八一五年和平局面以后，法国实际已在欧洲那种变动情形下，登上了新而超越的行程。大不列颠的资本与人才（这在前世纪是一个要素），这时大有造于比利时，此后当它们没有移流于海外时，更有所益助于德国。它们对于法国是自由流入的，而在法国情况，已能开辟财源的十九世纪上半期中，其流入尤为频繁。大不列颠与比利时两国，都有优越的自然资源，都是先进的国家，它们非常接近法国。在先，法国是比较缺乏法国人所谓工业之"面包"的煤料的，它的煤产额，在一八五〇年只略多于400万公吨，至一九一三年，却增加到了4100万公吨，但我们如其把德国的2.79亿公吨和英国的2.92亿公吨，与此比较起来，则其所增加的数字，就颇不足观了。而且，机械是新经济社会的手臂，要建立重要工业，使煤投用于大机械上面，

411

法国又苦无生铁。迨所谓基本的熔铁方法，大可纠正此种缺陷的当时，洛林被劫夺去了，在卢森堡之优越地位失去了，并且还在莱茵河流域崛起了一个比大不列颠尤为危险的新强敌。

如其说，一八一五年以后之四五十年间的法国工业，尚是"停滞的"，那似乎不免失当。法国之经济结构，与其敌国之经济结构不同。其土壤之肥沃，与其大部分人民之顽强性质，不期然而使它成为农业国家，至其人口增殖之缓慢，更无形加强了此种趋势。法国人有无须挤塞于烟瘴市集的"幸运"，就全般讲来，他们并且都乐于挨度田舍生活。加之，他们在实际上都能够自给自足，此种事实，妨阻了它的商业之世界发展，从而，支援其商务之工业，亦受到妨害。一国人民被位置在斑然竞斗的列强之间，那似乎是自然以最不仁爱的方式来亲爱他们。法国的农业，从未发达到施行大土地制度与应用资本主义方法的程度，而在英格兰，在德国有些地方，却是在用资本主义方法做大土地的经营。法国在这方面其所以与英德两国表示不同，一部分是由于遗产法律，同时也由于人口增殖之缓慢。特就后者而论，其中存有许多循环有趣的解释，但这里似乎以不细说为好。在充集于我们心目中的许多要素之中，如其我们能够分析，那亦显然不知何者为"因"，何者为"果"，而对于所指定的着重之点，且不免失之武断。

在与他国争取权力的过程上，法国成了一个突飞猛进的新帝国。其他帝国对于其殖民地，是充之以人民，供给以输出的制品，并由殖民地提供原料，但法兰西帝国不同。关于这个奇异殖民地的若干事实，以后再行论到。

最后，产生世界大战之新工业的法国，它使早前许多时期改变一种看法了。这不是说，它对于历史的事实有所更改，而是使不同的事实变得非常重要。新法兰西不是一个煤的大宗输入者，就是铁的大宗输出者。它几乎占有世界生铁供给的1/4，在广大的欧洲居第一位。在丝的生产上，它已经是占仅次于美国的第二位，亚尔萨斯洛林之棉花纺织厂与羊毛厂占有以后，它变成了世界织物上的一大劲敌。为要指出其早前时代的重要事实，我们现在对于法国工业史的这个新时代加以注意，就绝对必要，但当前事象的简略和其开端时之诸般状况的奇特（不得谓之变态），致使那两方面的工作都非常困难。其关涉到德国者，曾有三种显著情形被暗示出来：那就是世界贸易之一般失去常态，是由德法国境回复原状所引起的种种事情，以及通货膨胀。

战后法国的膨胀情形，远较德国为迟缓，由是，其繁荣的表现，亦较为延续。①广大的资源，由一个强国移转到另一个强国了，在能极正确地估计其意义以前，必定要经过若干年月。此种事实，我们一返观到一八七一年的德国，就灼然可见了。就欧洲全体来说，它的繁荣，应当大大地超过一九一四年的限度，它并且不曾恢复其经济在世界上的相当重要性。要在巨大资源的重新分配之下，在变动了的市场状况之下，找到德法两国最有利于彼此两方的合作基础，那颇需要时间与耐性。最后，我们应当留意，膨胀时期的任何表面的赢利，都不能看作繁荣，真正的繁荣，必待丰裕时期过去之后，各方面表现出了稳定的效果。人为的金价低落，对于国外贸易与制造业上的刺激，几乎没有一次不是虚伪的和暂时的。法国期望德国偿付巨额的赔款，来改造其工业区域，而在它这些区域的周遭，是环绕着其他新奇而且极有效率之装设的地带。同时，德国在膨胀时期，又为其机具装置之扩大与改进，投用了巨额资本。他们彼此竞相增进生产效率，于是其所生产的货品，就超过了当前市场所需的限度。

基尔特统制的没落 由一七七四年到一七七六年，法国内阁总理杜尔阁（Turgot, controller general）曾用种种方法，摧毁基尔特的权力，但他的努力只收到了部分的效果。就在一七七六年中，杜尔阁氏的政权堕落，这对于主张保留基尔特之独占权力者，给予了一个机会，他们结局终于由鼓吹基尔特体制的复活，而达到了几成愿望。大革命发动后，关于压制基尔特所定的法律，异常猛烈。一切手工业者之领取执照，至一七九一年已强制执行。拿破仑政府承认若干职工统制部门，关于规制食物及其他必需品之生产与分配所提供的利益，那颇有助于一八〇一年之一部分基尔特独占权力的再建。可是，基尔特的时代已经过去了。尽管政府在若干物品与劳务的分配上，得施行更加严厉的控制，但基尔特组织却永远不能在全国工业生活中，重占主导的地位。拿破仑没落以后，各个人选择职业的自由，重又实行恢复。一八七〇年，由拿破仑所设定的印刷者基尔特的独占，最后消灭了。

---

① 一九一四年七月下旬之流通券，计达66.8亿，其中约有71%有金银作准备，余下的29%，则是由信用与担保品保证。至一九一九年之末，这种纸币已远增至380亿，到一九二五年初，竟达400亿，降及一九二六年七月，其准备金虽然比较一九一四年，所增无几，而且有一部还存储于国外，不能即时应用，但其纸币发行额，却迅速增多到560亿以上了。

法国在一七八六年与英国成立商约。它由此商约暂时可以获得的利益，都在大革命与拿破仑战争中失掉了。那商约特别鼓励了法国的玻璃工业与棉纱工业，而一般的影响于其商业与制造业。就中有若干条款虽应当修正，但其提议在原则上是健全的，其最后效果是良好的。拿破仑的征服，及其对英格兰的封锁，暂时增大了法国货品在大陆方面的市场，但其实在的结果，并不怎样值得鼓舞。他直接用政府的力量鼓励工业，但费了许多思想、精力、钱财所收到的效果，是小得可惊的。政府为鼓励工业，组织了一个会，并为工业上的发明，设定了种种奖励，由此等奖励所产出的有名的发明物，即为雅卡特织机（Jacquard loom）。此外，政府期望人民对于较新的机械发明发生兴趣，并还开过了一些工业展览会。

　　这诸般方策，都未达到其预期的鹄的，其需要与其说是对于一般利益的，却不如说是对于若干特殊部门的。例如，蔗糖供给的断绝，致使市场上对于蔗糖之紧迫需要，促成了制糖工业之建设。因为类似的理由，机械工业设立了，这两者都收到了相当效果。拿破仑的精力，都用其他许多方面去了，他的经济观念，异常简陋荒谬。重商主义已经无人理会了，他都采用极其荒谬的若干理论，就是最粗劣不堪的贸易差额论，亦在他采用之列。就他得意之作的大陆封锁政策来说罢，他没有想到由此封锁，会阻断英国的输入，却以为只要他能好好妨阻英国的输出贸易，英国就会在输入的支付上，自行破坏。在另一方面，他借着过分的高率关税，建立法国工业，结局，输入既被阻害，全般的经济制度亦受桎梏。如其拿破仑有时间把亚当·斯密的《国富论》——甚或把杜尔阁之《富之形成及其分配》——细读一通，我相信他对于法国的统治一定会比较安全。他想组织大陆诸国，来闭锢英国制造者的虚幻计划，无异违拗大陆方面对于他们之强烈而广泛的需要，于是，法国彼岸的敌人未打倒，而自己阵营内的敌人却增多了。

　　动力机的采用　我在前面第三章讲过，在十八世纪的时候，法国矿坑中已在一般的采用留康门式的唧水机。同时，法国人在制丝机厂的发展上居于主导地位，他们所设立的若干大机厂，较之设在意大利和英格兰者，没有逊色。飞梭与纺绩机在英格兰出现不久，马上就越海而传移于法国，法国在大革命当时，且还有若干用动力转运的纺织机。"蒸汽机"（steam engines）在法国有各种说法，一般对于瓦特与留康门的模型没有何等鉴别。对于这种模型，大部分是使用在矿坑中，我们假定说是留康门式的唧水机。这种唧水机，法国亦设厂自造，不用仰给英国。迟至一八一〇年，法国全国蒸汽机的总数，估计约有15具，这是瓦特机的可能数字，若把留康门机也包括在内，当然要多过此数许多。

在动力机一般采用以前，法国在工业的集中上，虽然已是一个领导者，即使不是唯一领导者——但其真正工厂制度之传播，却较迟缓。一七九七年，染印织物机开始应用于大奥柏尔开姆厂（great Oberkampf mills）中。生丝业在十八世纪之大爵比厂（great Jubie mills）中，虽是首先采用动力机械，但此后几乎完全是保持着包发工业（putting-out industry）的旧观。当拿破仑时代，纺棉业大部分集中在大实业家手中，这些厂主们往往连带经营染织诸业。由是形成了一种得与英格兰相抗衡的非常完全的工业资本主义。不过，就全般看去，用工厂方法①进行的，仍只限于那些需要动力机运转的业作，其余大部分的织造工作，都是属于家内工业的范围。法国这时的全部工厂，都对特尔鲁克斯（Ternaux）和里查德·累洛尔（Richard Lenoir）保持着神经纤维样的联络，这些大工业资本家的存在，就证明由动力机运转的业作之习以为常。不论在什么地方，都以水为动力的大源泉，就因此故，蒸汽机的数目，乃颇不足道。②与英格兰比较起来，法国的工业，究竟是发达迟缓，设揆其原因，必定要由本章开始所提示的一般经济条件去解释，至原料的缺乏、市场的窄狭、关税政策的错误，乃至由大军备所形成的劳动的匮乏等，都不能不说是工业难以发展的特殊情形。

最初的蒸汽机，为数颇少，由英格兰输出的数目，无疑在平均数字以下。其形体的大小，在拿破仑时期的若干事件中连带提及了，这少数蒸汽机的大部分，大约不过发动10马力，而其平均数则还不到10马力。据一八三〇年的报告，600架蒸汽机之平均马力为10，若然，则法国全国由蒸汽发动的

---

① 见查尔斯·巴洛（Ballot, Charles）著 *L'introduction du machinisme dans l'industrie française* 第28页。至关于这种工业开始应用机械作业的其他重要材料，可参考洛巴特·勒费（Lévy Robert）所著 *Histoire economique de l'industrie cotonnière en Alsace*. 巴洛的著述，为一般的读物，系于一九二三年，由The Comité des travaux historiques之赞助而出版。

② 直至一八五七年以后，蒸汽机对于工业所提供的马力，较之由水所提供之马力为少。参看一九二四年之《统计年鉴》（*The Annuaire Statistique*）第65页的图表。

马力就有6000。当时旧式的留康门唧水汽机，显然完全不复应用于矿坑了。至一八三〇年以前的任何数字，我们都不宜任意信为真确。英国机械输出的表格是直到一九二五年以后才开始制造的。偷运的习惯，由输入困难，而对法国劣等机械使用数的增加，以及矿坑中代换陈旧设备的机具之混杂，都使我们不要过于相信这时的任何统计。据一八四七年的调查，蒸汽机数为4853架，总马力为6.2万，故平均每机之马力为$12\frac{3}{4}$。在十九世纪之末，法国所用蒸汽机约为7.5万架，其所发动的马力超过175万。这是一种广大的、积累的发展。不过，我们应注意一点，在一九〇〇年以前的50年间，蒸汽机之平均容量却不曾增到一倍。

上面的事实，又把法国工业全发展过程上的某些原初特异点的坚持性，指示我们了。就是在今日的法国（巴黎亦包括在内），极小的手织机仍旧继续制造错综而技巧的制品。他们的制作方法并不陈旧。反之，那于他们所进行的业作极有效果。在美国，我们没有致力于那些不能用动力机制造的物品。单就规模与数量言，法国的工业简直不能与美国、德国，甚至与英国相比论。一国如幸能继续保用其森林，则使用木炭熔制钢铁，并不定就算是"落后"。

纺织工业的发展 自工业革命开始活动以后，在手工业生产与动力机生产之间，曾有一个转变的"朦胧地带"（twilight zone），这两种生产形态，就是在此种地带竞争。在十八世纪时期，法国佛兰德斯、诺曼底（Normandy）以及布利端尼（Brittany）诸地域，确曾用手制方法，生产了可惊数量的麻布。大革命发生，此种手工业暂时受一顿挫，迨革命波澜平息，重又趋于繁荣。不过，动力机逐渐采用后，各级纺纱的制造，有一大部分可以减低成本，而不致影响其品质。特织麻业作上广用动力机具，那却是一八五〇年以后的事。这种机具首先是采用于接近法比边界的地域，那里有丰足的煤料可供利用，并且制造布匹的方式，大可促进机械的生产。在诺曼底，特别是在布利端尼，几乎全用以前同样的方法，织造从前那种种色色的制品，它们并未感到机械竞争有如何严重。一八五〇年以后，麻纱输出逐渐增加，至一八五九年，其输出额价值达1500万法郎，5年后，增至2000万法郎。在纺纱或纺线的生产上，动力机广泛通行，其直接竞争与其说是基于方法，却不如说是基于大麻的生产。这时英国人用一部或全部由棉制的代替物，特别是用机制麻布，在市场上开始猛烈竞争。所以七十年代以后，法国的麻布生产，乃表示绝对的衰落。而侥幸残存的，不是由错杂机械所制的织品，而是各种的手织品。在大战当时，法国制造麻布所使用的织机，几乎有一半是用手运转的。棉花纺织业上的机械化程度比较厉害，所以各种麻布市场的地位都被棉制品侵蚀了。就分工关系而论，法国终归是以著名手制品见长的。

在十九世纪之初，羊毛纺织业分布于全国，这表示了独立手工业与包发制度之优越。此种工业在莱姆斯（Rheims）、亚米安斯（Amiens）、爱芬洛克斯（Évreux）、罗斐厄斯（Louviers）、色登（Sedan）以及洛巴克斯（Roubaix）诸地域，已渐趋集中，不过法国南部比较散漫。动力纺梳的业作，较之动力编织能收到更迅速的效果，迨至同世纪中叶，后者几乎无足轻重了。这与英格兰是一个对照，如前面所讲过的，英国这时已经发生了根本的变化。法国人把羊毛与棉花制成许多杂料的织物，他们并且还发展了绒线工业。英国的竞争，于其外国贸易无大损害，在一八三八年，毛织物的输出价值，为8000万法郎，至一八六五年，竟增至3.96亿法郎。

法国产有最上等的羊毛。羊毛数量在不绝增加，其品质尤递有改进。至一八三五年，它几乎不用输入了。迨毛织物工业推进，羊毛输入逐渐增加。不过，有些羊毛输入后，重又再输出了，此种事实，表明了国外贸易的发展，而非工业的发展；又表明了它那种特殊市场需要的羊毛品类，未免有些举棋不定。较厚织物之编织，尽管极有进步，但其绒线工业的发展，仍是极其迅速的。在复制品的样式与数量取得了保证的地方，机械方法推行颇广，但手织机仍能继续维持其原来的地位。

可是，我们对于原来的、技艺的方法所占的特殊地位，无论怎样了解，对于单以数量为工业进步之尺度，无论怎样坚强反对，但如其不承认机械逐渐完成，以致缩减了手工业市场之事实，那就是其愚不可及了。价值为产业上之可靠的测度，以价值来说，亦复如此。丝织品的制造，可为机械曾经怎样影响过法国工业的例证。对于真正有技巧的崭新物品，肯出高价的市场，是窄狭不过的，制造这种物品的业务，在先是世界上的一种重要业务。一九二六年，在20个法国丝工业部门的46000个工厂与工作坊中，有5000个是专门从事这种生产的，它们通是以手制作，其余的工厂工作坊，则一律以机械制作。前者出口的价值，大约与其数目成比例，至其数量，自然只在全额中占有极小的部分。

时髦的成分，掺入这些精致而新奇制品的价格中以后，最初的市场所吸收的任何样式的制品，遂比较非常有限，而专精此业者，就不会大量生产了。消费者立即改用当时更新样的货色。可是现世真正广阔的市场，是价格较低的市场，在较有钱的或者较为特殊的购买者变易以后，这种市场是正待开发的。在另一方面，其他制造者方尽可能地以机械方法，复制其产品，他们用较低廉的材料与方法，不知仿制多少次数。例如，开始由法国公司制造的染印丝或金线丝，异常流行。假如其他法国制造者，不以较大规模的方式，生产出较低廉货色来，外国人一定会要分享这种利润。况且，时至今日，机械日益进于完善，除了思考以外，它几乎无所不能了。它曾经侵夺了这些继起的以至最初的、最小的市场，更把所有的市场扩大了，甚且还造出了若干新的市场。

手拉织机有它的长期历史，其起源系出于中国，但暧昧不明。中世纪用这种织机所制的达玛斯克或达玛斯卡斯布匹（Damask or Damascus cloth），颇为精致。后来此种织机由达玛斯克传入意大利，更由意大利传入法国，其原则是简单的。要编织错综的花样，则使种种色色的长线或经线，贯以各色的或各种样式的横线或纬线。在十八世纪时，有几位法国人还把累赘的方法简单化了。一八〇一年许予专卖的雅卡特（Jacquard）织机，简直把原来的构造重新改造过来。他废除以踏板操纵经线的麻烦，用一排穿孔硬片，使最复杂错综的机构，自动地受到控制。机具革新，这种工业乃迅速改变。在一八二四年，法国已有雅卡特织机1万架，至一八四〇年，增到5.75万架。

在蒸汽机于一八六〇年开始应用以前，一切织机都是用手运转的。一八六六年，在总织机12万架中，动力丝织机只有5000多架。转变是行之以渐的，因代换而徐徐减少的机械确数，在其平均的函数上，却有增加。一九一四年，丝织机40766架中，有5413架是由动力所运转。由于同世纪中叶的种种妨害，法国原丝业差不多全被摧毁。当时的产额为450万磅，今日却不过生产100万磅的3/4，而法国工厂所使用的原丝，则为1300万磅。日本的原丝出产，占全世界的2/3——即占总产额8500万磅中之5700万磅——其余主要的产地，为中国与意大利。

法国已经失去了它原来在丝业上对于合众国的领导地位。合众国现在所消费的自然生丝量，较多于其战前2倍以上。人造丝在战前是颇不足道的，至一九二五年，其数量超过自然丝之2倍。这对于法国人引起了新的问题。因为新材料是需要新方法的（各种染印包括在内），新方法自不免消除旧工业的利益。一九二五年，世界丝产额共达1.826亿公吨，法国工厂所消费者，不过1540万公吨罢了。

法国大部分的丝业，系在以里昂（Lyons）为中心的南部。编吉品（包括袜类）产于特鲁瓦（Troyes），椅套垫褥产于洛巴克斯与屠尔斯（Tours），花边产于圣昆丁（Saint-Quentin）、柯得利（Caudry）与加莱（Calais），其他丝制品，如著名的丝棉混织物，都是产于其他南部地方。亚尔萨斯亦设有若干丝厂。在关税壁垒下转用动力机械，那一定会指出新法国的一种趋势，那就是把旧来渐少利益的若干特征，概行除去。如在浓色丝袜业之类的若干部门上，其机械是堪推独步的。关税增高的结果，外品无从在本国市场竞争，但在此种情形下抬高的市价，马上就影响其对外的输出。大陆关税竞争的程序，一般会产出特殊形式的探并①（dumping），由探并向外贱卖的程度，殆非一个美国人所能想象——这也许是因为美国人的国内市场较为宽广，其成功大量生产的经济较为容易。货物在国外市场，往往以较低于国内市场的价格投卖，在许多人看来，那是正常的现象，因为他们认为：由扩张市场所导来的经济，马上会反过来低减本国市场上的物价，而此低减的程度，甚且较之税额为多。就纯粹国家的观点立论，其说亦颇耸人听闻，但无奈其中存有过多尚待证实之"假定"（ifs）。设从全欧洲之立场看来，在各国讲求地域分工之广泛干涉制度中，无疑要葬送去许许多多的利益。

　　一八一五年之和平，撤除了原棉输出之物质障碍，棉工业在高率关税保护下，乃迅速趋于繁荣。在羊毛业、麻业、丝业上，独立老板与包发制度（putting-out system）虽非常一般通行，但棉业却是进行于根本不同的情形之下。棉业的原料是仰给于外国，所以一开始，就有机会从事动力机工厂之建设。在法国西北部，乃至亚尔萨斯地方，棉业颇为发达，动力织机在十九世纪初期就已经采用了。牟罗兹（Mulhouse）一带，纺锤数多过于一八二八年与一八四八年之间的两倍以上，动力织机在一八三〇年以后，已颇关重要。但其大占优势，却是一八七〇年间的事。至法国其他地方的情形，虽不尽是如此顺利，但以全国而论，此种工业毕竟是颇有成效的，在一八一五年与一八四〇年间，其生产额增加3倍。一八三六年，输出所值为6650万法郎，至一八五〇年，增加到1.65亿法郎，在15年之内，其输出价值增加2倍以上了。如此的发展，虽然比不上英国，但确有其坚实的进步。

---

　　① 探并是英语"dumping"的音译，表示"向外抛售、向外倾销"之意。下同。——编者注

亚尔萨斯洛林于一八七一年丧失以后，法国棉业乃有重新调整之必要，在此调整过程中，环绕里尔（Lille）与鲁昂（Rouen）一带的地域，异常活跃。一八九二年之高率保护关税实施后，棉业上突现飞跃的发达，而在其他许多重要的工业，亦复如此。纺织的技术，这时都迅速转变，在诺曼底与里尔周围一带，此种趋势尤极明显。早在六十年代，亚尔萨斯已没有手织机存在，但在法国其他地域，那却经过许久许久，还占有势力。据各方的报告，法国在一九一二年，有11万架动力织机在从事运转。若手织机械，则不及此数1/4，又因其平均规模之狭小，故其产额在总出产数量中，只占有相对小的部分。至同年度之纺锤数，计越700万枚。英国当时就织机说，有法国的5倍，就纺锤说，亦将近有法国的8倍，两两比较起来，后者相形见绌了。

在一九一三年的法国输出贸易上，棉织物居于丝织物之次位，其总价值为3.855亿法郎。在七十年代晚期与八十年代大部分期间，世界一般陷于不况，由是法国这时棉业的发展，遂颇形缓慢。一八八一年，尽管法国课有比较低率的关税，英国货依旧充斥于法国市场，这样，乃有一八九二年之极高税率的规定。最后，我们论及法国的棉业状况，决不要忘却了一八七一年之亚尔萨斯洛林之失陷。与其他一切竞争者比较，法国棉制品的质料，是异常精致的。大体上，德国消费了极大部分的棉纱与羊毛纱，但是，制造品的价值的比较，却表示了那种差异，比较其单由数量所指示者，要小得多。

大战以前，法国棉业纺锤数占世界第五位。以成数而论，它有纺锤700万枚，俄国800万枚，德国1000万枚，美国2800万枚，大不列颠5600万枚。亚尔萨斯洛林由德转归法国以后，法国乃一跃而占第3位，但对于其两个主要竞争者，它仍是望尘莫及了。特别自大战以来，法国经济学者政治家，一谈到法国原棉仰给于合众国的情形，殆莫不表示十分焦虑。他们都鼓吹在殖民地栽植棉花，而实际也曾在这方面做过种种尝试。如像在非洲西部与印度支那，也似有许多土地宜于此种种植，但多年以来，这种需求棉花供给之计划的效果，终于是不足齿数的。

煤矿的采掘 拿破仑时代之法国煤产额的增加，主要是由于那在一八一五年丧失了的地域之煤矿的采掘。就全般来说，法国剩下的煤矿，地位不佳，没有英国煤矿那样便于开采，所以，法国的煤产额，往往总不够供给国内市场，这可由下表之成数分明指出：

年度	产额（百万公吨）	消费额（百万公吨）
1820	1.0	1.3
1850	4.4	7.2
1890	26.0	35.0
1900	33.4	46.8
1912—1913	41.0	61.0

大战发生后，停止采掘的煤矿，约有200余座，而且多少都有损害。由一九一二年到一九一三年，煤产额约为4100万公吨，至一九一四年，降至2750万公吨。而在战事正酣的一九一五年，则仅1950万公吨。一九一七年虽然将近增加到2900万公吨，但至战争结束的一九一八年，复又转落250万公吨。此后，亚尔萨斯洛林回复，萨尔盆地（Saar basin）之矿山占有（用以补偿法国矿山之损坏），德国每年还须在赔款项下提供法煤700万吨。战后的这种数字，显然不能与早前的数字比论，同时也决计无关于经济的危机。我们现在且把最重要的要素分别来说。

第一，200座损坏的煤矿，实际在一九二五年回复了战前生产力的水准。设就其大大改进了的设备与组织，特别是就其所经营的副产而论，它们还比较有价值。在战前，洛林约产煤350万公吨，此后则所产较多（一九二四年为500万公吨——法国较战前之德煤为少，其要求却有增无已）。由萨尔与赔款项下拨归法国之900万吨煤量，那并不能算在法国自己供给之内。一九二五年之罗加拿条约签订后，德法两国已恢复平时的正常关系，德国人坚欲收还其萨尔盆地。法国管理10年，仍系依据和约，并且矿山已确然转让了，但是，法国矿山的恢复，较其预期的时间短促多了，这事实，无疑要影响德国人对于此种问题的感想。

把法国的新国境作为计算基础，每月平均产额如下表（以一千公吨为单位）：

年度	每月平均产额
1913	3720
1921	2415
1924	3746
1900	33.4
1912—1913	41.0

即是说，生产在一九二四年已恢复战前水准，并且还在继续增进。法国在同年度的煤产总额，约较多于一九一三年400万吨。设欧洲其他一切正常关系恢复，其产额至少有扩增到较多于一九一三年1000万吨的可能。可是，法国对于煤的需要，比较战前多多了。就熔铁一端而论，它已获有德国铁矿的2/3。因为这些铁矿附近没有适用之煤，且因鲁尔突然入了法国国境，遂有一九二三年法比军队占领鲁尔的冒险举动，而一九二六年之大陆钢托辣斯的出现，则以此为主因。煤之地位上的尖锐问题，为种种化学副产，那与战斗潜力，乃至与通常的工业，都有密切关系。在一九二六年之末，法国已经由水电来源（hydro-electric sources）发出了它900万马力的1/3的力量，它在这方面成了欧洲第一国家。与一九一三年较，它的景况是好多了，但煤犹不足。如其欧洲能再不以兵戎相见，它这种缺陷，亦就没有何等了不起的重要，因为时至今日，没有一个国家能出产它所需要的一切。

钢铁工业　十九世纪初期之法国铁工业的发展，受到了两种障碍：其一是铁矿与焦煤的相对缺乏，其一是这两者的相互隔离。迟至一八五〇年，铁炉仍有一大部是燃烧木炭。这表明法国铁工业是分散在接近森林，便于获取木炭的地带。在拿破仑战争的当时，铁产额略有增加，但其熔铁方法却没有何等改变。由一八一二年到一八二八年，生铁将增加1倍了，此后20年中，其增加率相同。一八四七年之数字为60万吨与一八二一年之22万吨比较，约有2倍以上之增加。以焦煤代替木炭为燃料的改革，异常迟缓。直至一八四〇年，木炭熔炉数还续有增加。在一八四六年之470个铁炉中，燃烧焦煤的，不过占有106个罢了。至焦煤铁炉与木炭铁炉立于同等重要的地位，那还是此后20年间的事。

在法国生铁工业之初期历史中，英国的专门人才与资本的影响颇大。比利时的情形与此正同，在十九世纪整个上半期中，比利时利用了不少的外国人才和资本。法国在一八四五年（由一八四八年到一八五二年为例外）以后所表现于铁道建设上之突飞猛进的发展，引起了铁厂出口之极大需要，然因国内制造家不能充分供给，许多材料都是由国外输入的。后来法国工业渐能适应其新需要，至一八五二年以后，乃进于一个扩展时期。

法国之大规模开发铁矿，尚是近年以来的事。在普法战争以前，乃至刚在普法战争以后数年间，铁矿业略有进步，但与英格兰与比利时之突跃的发展相较量，却就无关轻重了。亚尔萨尔与洛林之一大部分被德国并去以后，法国以前在总产额中占有重要成分的钢厂，连同失去了。同地广阔的磷矿，直至基本熔铁法采用（一八七八年）后始进行开发，这个地域既归属德国，在法国未来的钢铁工业发展上，更为一大损失。由一八六〇年到一九〇七年，法国每年之铁矿产额，所增极微。至一九〇七年以后，才开始一种实在有效的发展。其发展趋势，可由以次压缩之表指示出来：

1881—1913年之法国铁矿产额
（单位：一千公吨）

1881—1890（十年平均数）	2934
1891—1900（十年平均数）	4206
1901—1910（十年平均数）	8547
1911—1913（三年平均数）	19258

因为战争与德国的侵略，产额数字由一九一三年之21918坠落至一九一四年之11252了，在开始终年战斗的一九一五年，更低缩至620。由一九一五年到一九一八年之平均数字，为1502。以前由德国于一八七一年劫夺去的洛林的一部分地域，重又于一九一八年返还法国。单是这个地域，一九一三年之铁产额为2100万公吨，约占德国全额之2/3，并且实际等于法国战前之全产量，而它这全产量之9/10，又是出自一八七一年留给它的洛林的那一部分。战后由法国控制之萨尔盆地之铁，系产于同一地域之另一部分，当我们考虑到此点时，当然能想见此种地域集中于一个强国手中之重要。其实，在经济的语词上，控制多少不免有些虚假，由一个强国把握住此等富源的表面重要性，那是比较其实际重要性大得多了。

铁矿乃至存于地层上面的矿物，与钢铁终非一事。鲁尔区之焦煤品质与地位，使洛林铁矿在德国手中，有大于在法国手中的价值，设从已经开发的交通线与机具来考察，尤为如此。而且，不但洛林的铁矿就是萨尔的铁矿，卢森堡的许多铁矿，乃至比利时的若干铁矿，殆莫不以把握在德国手中为有更多便利。在另一方面，如其德国亚尔萨斯洛林在一九一三年之煤产量，远较其或可产出之数量为小，那与德国完全分离了，其铁产量就大大超过其不与德国分离的场合了——这是经济上的考察。刚在大战后，曾有一个纷扰时期，这个时期的许多事实，说明了德法两国如果各以政治封疆自限，不相交通，那在德国方面，仍可输入铁矿，在鲁尔制铁，而其所制之铁，比较法国由输入焦煤制出之铁，还要低廉。法国许多有政治头脑者之不免极度悲观，那可由以次的数字（把铁矿数字拿开，代以钢铁数字）指示出来。此数字系最后一章所举列表样之部分，据此，则一九一三年之德法钢铁出产情状如下：

1913年之德法钢铁产额

（以成数计，单位：百万公吨）

	德国（战前国境）	法国（战前国境）
铁	17	5
钢	17	5

我们现在且就战后的国境，来列举两国战前战后之钢铁产额的成数：

1913年与1925年之欧洲钢铁的主要产地

（以成数计，单位：百万公吨）

（甲）铁

年度	德国（正在国境）	法国（现在国境）	卢森堡	比利时	英格兰	总数
1913	10.9	10.4	2.5	2.4	10.4	36.6
1925	10.1	9.9	2.3	2.5	6.3	31.1

（乙）钢

年度	德国现境	法国现境*	卢森堡**	比利时	英格兰	总数
1913	11.7	9.0	1.2	2.4	7.7	32.0
1925	12.2	9.0	2.0	2.4	7.5	33.1

*要就政治领域内之纯粹法国生产而论，则铁要除去1.4，钢要除去1.5，法国的实在成数，如下所述。

**大战当时卢森堡的产额，将近扩充了50%。

假若把萨尔盆地除开，单就法国政治境界内之情形说，那它在一九二五年的生产，就似乎还要略少于其12年以前之一九一三年的生产，并且在实际，似乎已经把它在和平条约纸上的所得利益凝固起来了。然事实并非如此，我们只要把它的地位与德国的地位一加比较，就立即可以分晓。法国获取了德国战前铁矿2800万吨中之2100万吨的来源，而萨尔所产之300万吨尚不在内。我们索性把萨尔抛开不讲。尽管事实是把一方面的取去，附增在另一方面，但法国显然有铁矿4200万吨，德国只铁矿700万吨。设把萨尔的产额加入计算，那就将近变为44与4之比例了。然而在战后的一九二五年，德国所生产的钢铁比较法国为多，如在一九二六年之粗制钢铁国际联合会（union internationale de l'acier brut）中所指明的，它的额数将近要大1/3。这原因就是由于它有便利的地位，它有经验，它有工厂。

割让去的洛林地方之德国生产者，通通受到了赔偿。当通货膨胀急速时，这赔偿金的大部分，就都用来扩大德国未割让地域之内的机厂。因此，这在一方面是技术、经验、财政权与接近洛林之市场的丧失，同时却又是德国工业之恢复战前实力的扩大。卢森堡变成了比较以前更厉害的竞争者。日本大大扩充了关于战争的工业，欧洲许多次等的强国，亦复如此。最后，就美国来说，在一九一三年，美国之铁，较少于前表五欧洲国家之铁产总额的500万公吨，其钢亦较少若干，但至一九二五年，前者几乎较多于五欧洲国家总产额的500万公吨，后者更多过1500万公吨以上。这不是说美国人占取了它们的市场，而是因为美国参加大战较迟，且因为远离于此后的破坏经济斗争，故能妥为应付，不致酿成大发展时期以后之倾颓。

欧洲产钢能力，较战前不知大过多少，但战后的市场，甚至难以消融以前的数量。为了偿付赔款，德国尽管要求较大于从来输出的市场，然其依战前设备所能处分的，却还不到2/3。当各国整千只船舶停系的时期，德国竟能把它大部分的制造力用之于制造船舶上面，这原因，一部分是由于协约各国缺乏远见，在和平条约中插入没收船舶的条款，另一部分则是由于实行通货膨胀。马克迅速跌落，德政府愈益陷于贫困，于是铁道材料的市场狭小，就在道斯计划的经济状况下，仍属如此。加之，战败的德国是解除了武装的，政府对于海陆军军需品的不断需求，亦因而大减特减。它对俄罗斯与巴尔干的市场，更大受购买力低落的影响。至现存市场的地位关系，那是无关紧要的，欧洲制钢者一方面固要求争持或分割既有市场，同时亦努力建立市场，迟至一九二六年，一大部分的欧洲制钢者，都是选取后一个路径。

大陆钢业联合会（continental steel combine）不曾立即解决这问题，或者并未期望解决这问题。我们必须知道，这个联合会的会员，一开始就拥有市场所保证以上的许多钢厂。为了规制整个欧洲的钢产额，其余大陆上的制钢者乃至全大不列颠，都应该加入。把世界的生产归纳于一个单位，那是一个异常曲折的问题。除苏俄外，欧洲内部的市场，似未感到美国钢厂所期望的进一步的扩张和日本之东方特殊地位使它不大乐意受严格拘束的倾向。美国人总容易把欧洲之国际经济协作的必要，估计过低，反之，欧洲人却又把那种协作对于美国之重要性，估计过高，欧洲也好，美洲也好，彼此自然都是力求自己的便利。以钢业而论，美国的远离，定然要影响欧洲生产者间之协作的可能，至少亦会增大其协作的困难。其实，欧洲规制收到了相当效果，也许在国际协作上，容易给予美国人一种实际利益——钢业上的生产如此，推之其他，殆莫不皆然。

设回到国家的单位，把战后国土的变动搁置不论，那我们一眼可以看到，法国之钢与铁上的重要性，在二十世纪最初25年间是大增特增了。一九〇〇年，法国之生铁产额为275万公吨，一九一三年，超过500万公吨，至一九二五年，则增至850万公吨。钢在一九〇〇年为150万公吨，在一九一三年将近500万公吨，至一九二五年亦增到750万公吨（萨尔盆地的，尚不在内）。法国战前战后之钢铁业大发展，系受了钢铁委员会（comité des forges）的监督，其组织与集中状况，完全与工业保持均衡。

机械业与造船业　法国在各方面需求机械的种种特性，由以前诸节可以暗示出来。它战前的铁道材料，一般皆远较德国轻脆。至运转缓慢的手织机具，那是可以反映出它在使用机械上的落后性质的，一八四七年，法国蒸汽机之平均马力尚不到13，至同世纪之末，亦不过24，此点当然值得我们注意。在经济学者看来，机械不仅（主要也不是）代表一些科学的与技术的问题，并宁可说是一种对生产组织者提供有利市场的工具。所以，当他从种种零碎事项寻求一般趋势时，他的健全动机，就是要由市场返观到它在技术上与工具上的反映——一个企业家当创建机厂时，他正是如此做法。其实，问题并不是如他所看的那么简单。除了本国市场——法国国内市场受到了保护——外，还有各种外国市场，在那些市场，与其生产者的竞争，更为直接。有某些制品，单靠本国供给，往往总感觉不够，或者完全缺乏。例如，在大战以前，脚踏车大部分的机件（如像轮轴），就是仰给于英国。

500万公吨之钢，其数量亦正可观，但有这大数量之钢的战前法国，假定它有大规模的机械工业（包括机械器具），那是大体无误的。在二十世纪之初年，单是电气化学与电气冶金机具，就使用了将近20万马力，在一九一四年，所用马力约有4倍，10年后，竟达其最初数字之10倍。在大战当时，法国之机械器具与机械之输入，约重2000公吨，同时其输出则略多。10年之后，输入轻减了，输出却增加两倍。这种事实，一部分是因为工业发展，一部分则是法国战后之钢业地位的改进。数十年前，法国公司即在外国公司竞争下，成功了承建罗马尼亚境内之多瑙河上大森拉福达桥（Cernavoda bridge）的契约，这一简单事件，充分证明法国就在坚固结构的钢的制作上，亦并不是怎样退后。法国在工业上有两个显明阶段，第二阶段的法国，一方面是由战争所加强，一方面也由全世界在生产方法上之发展倾向所推进。

最有暗示性的例证，也许是那些倾重于主要机械工业部门方面的。大战爆发后12年，欧洲最大的汽车制造者，是由安德维·西特郎（André Citroën）建立的公司。外国人正确判定战前的法国摩托车，为一种高价制品，那是由大量手工与非自动机括（这在欧洲少有，在美洲则未之前闻）小心配制出来的。西特郎是老摩尔斯工厂（Mors factory）的学徒，那个工厂的出口，就是这种模型。在大战当时，注意力集中到制品的简单化与生产速率上面，而不大着重结构上的细件了，此后，许多制造业都来从事价格比较低廉，然而是结实耐用的产品。西特郎的计划，系在战前拟定，直至和平后不久方始着手创办。如其不要过细讲究其方法，那我们不妨说，他把这种工业"美国化"了，这种美国化的程度，在法国以外的欧洲全找不到。这比美国机厂中所使用手工业较多，其所费劳动则较欧洲为少。石油汽车之价格比在美国略高，其设计在着重多减马力与多省燃料。至若各部分之标准化与便捷附件之使用，则无二致。

机械制造业之范围颇广，其地域分工之利益既大，而欧洲获取此等利益之业作，则至简便。尽管有关税立法所引起的种种困难（以战后为尤甚），机械在法国对德输出上占第四位，在德国对法输出上占第三位。

在十九世纪中叶，英国之商船总吨数为356.5万吨，约较多于法国商船总吨数之5倍。自经构造上发生变动（如以铁以钢代替木材，以汽力代帆），法国乃进一步立于不利地位。从表面上看来，法国政府之设置奖励政策，宜可以大有利于制船业之发展，但法国对于制船所用之进口材料，课有关税，这种关税的负担，简直会完全抵销其所设奖金，从而，颇有害于制船工业的扩展。其结果，法国工厂虽亦增加了所制船舶之吨数，但大部分较大的商船都是购自外国。

在一八八〇年，法国有世界第二等最大商船。但至一九一四年，它由第

2位降到第5位。由一八九五年到一九〇五年的10年间，它所增进的程度，不过7%，同时大不列颠之商船队增加13%，意大利增加51%，荷兰增加68%，德意志增加78%，合众国增加79%，俄国增加115%，丹麦增加129%，挪威增加137%，日本增加270%。在大战当时，法国有500只汽船，400只帆船，其总吨数约为140万吨。它全国所有汽船的吨数，尚不及一个德国汉美线公司（Hamburg-American line）之汽船的吨数。潜水艇课加了法国船舶——约100万吨——的繁重通行税，法国工业因其他种种需要，弄到精疲力竭，使它由容忍其协约国的大大注意船舶需要，而进一步伤害其相对的战后地位。大战告终，它尽管没收了德国的船舶与若干建筑，但当前的情势，却在继续刺激其严重考虑，并加以警告。自然，世界商业与帝国是有不可分离的关系的，一个法国人一想到法国在一九一四年至一九一八年，非借外国商船与海军帮助即难得支持的情景，他是不大舒服的。据路易德（Lloyd）的登记，法国在一九二五年之船舶总吨数为350万吨，那与一九一四年之250万吨比较，几乎增加50%了。

交通工具的发展 法国之公道的建筑，略较大陆上任何其他国家为早。拿破仑修建适当公道网的努力，可以视为此后法国交通工具上之重要变革的开端。不过，我们应注意一点，当时所竭力经营的程序，大都不外是军事政策的结果。特公道修建到了的地区，自给状况部分被打破了，并且国内偏僻地区的产品，至是乃开始能够发售于颇为广阔的市场。至运河的建设，尤较公路为早，所以在十九世纪二十年代中，法国有些地方已经备有非常适当的交通工具。

以铁道建设而论，欧洲大陆方面略较英格兰为落后，法国更为显明例证。法国尽管有更迅速之交通工具的要求，但当英格兰之斯托克顿（Stockton）与达林顿（Darlington）线和曼彻斯特（Manchester）与利物浦（Liverpool）线，已经通车，其他诸线有的开始建筑，有的进行计划的时候，法国尚未深切考虑到铁道的用途。法国的第一个火车头，系在一八三二年运入，第一条短铁道线，系由里昂通达圣·爱梯安那（St. Étienne）。迟至一八四一年，法国之铁道长度，尚不过360英里。

大陆各国对于确定铁道政策的问题，早就有所考虑，比利时之国有铁道建设程序，最早就已经计划好了。法国一般人亦颇注意同一问题。因为最好的途径未曾决定，法政府采行了几个方策。早在四十年代所定的至关重要的计划，就是政府资助铁道，铁道路床由政府建设，由政府保有。必需的桥梁与隧道，亦由政府担任建筑，但受过政府特许的公司，则当敷设路轨和备办机头与车辆。用这种方法建造，庶几可望全国铁道系统，通与重要的人口集中地巴黎保持联络。自此程序决定后，早在一八四八年以前，即已收到相当效果。但后来因了政治的与财政的障碍，政府迫不得已而放弃了原来的政策，不过，对于铁道建设，它仍保有一般的监督权利。

在十九世纪下半期中，法国建筑铁道事业，继续努力不懈，就中受到阻滞的，只是那些妨害工业一般发展的原因。以前政府对于建筑铁道，曾给予财政方面的帮助，至一八五九年，它只能做到担保若干铁道借款之利息的地步了。不过，法国在一八六〇年之铁道总里程为9164基罗米突，一八八五年增至29839基罗米突，至一九一三年则为40933基罗米突。在战争期内，其总里程降落至36000基罗米突了。到战后一九二〇年，包括合并地域之总里程，不过略长于50000基罗米突。设以英里计，则是一九一三年25600英里，战时22400英里，而在战后之新法兰西，略超过31000英里。

里程不是一种铁道制度之实际的或相对的效率之理想尺度，那是我们早应说明的。与其他国家比较起来，把所谓吨位哩（ton-miles）与客位哩（passenger-miles）用到这里，那是过于错杂了。完全把机头与车辆之载重和容积抛开不讲，单是火车之平均速率问题，那就算对于长时期内之里程数字的必有限制。例如，在一八三五年至一九〇五年间，法国火车之平均速率加了4倍。法国国内运输之全系统，受到了过于集中于巴黎的害处，那在法国经济生活未发达以前的雏形，与今日我们所见的形式一样。这种过度的集中，一部分由横线与国境东部的军事铁道纠正了，但仍留下了一种错误。法国在大战以前，还有7000英里以上的通航水道，与其他已经完成和尚在兴建中的重要运河。在某些情形下，这运河亦截断了铁路之放射的模型。

法政府早就准备把私有铁道转归国有，它给予私人修筑铁道的允许状，都规定了年限。经过许多年以后，政府将成为全国铁道之唯一所有者。国家铁道系统，主要包括了西方公司诸线，那是在一九〇八年接管的。那颇适用于主要以农立国的国家。特这诸线之建筑，所费不赀，而其与赛纳运输公司（Seine traffic）——那包揽了海峡出口贸易与南特和波尔多（Nantes and Bordeaux）之间的海岸贸易——的竞争，更进一步增加了国有诸线的经营的困难。

在近3世纪中，法国为疏浚一般窄小、滩浅和湍急河流，并使所有国内水系连贯起来，曾费过浩大的工程。在大战当时，法国约有疏浚的自然水道7000基罗米突,有纵横联络的运河500基罗米突——共约7460英里。这个大水系在战前所运载的货物,每年有3800万吨,而同时由铁道运载的,则有1.9亿吨,即前者为后者之1/5。设分别说来,单是巴黎一港由水道运载的货物,已达1300万吨,那比马赛港的水运多多了,更为哈费尔海港(seaport of Le Haver)运载货物之吨数的3倍。不过,我们对于这种比较,不能看得过于认真,运入巴黎和出清于巴黎之每吨货物的价值,都颇低廉,那有一大部分是属于地方贸易。

人口与资本的集中 人口集中于城市的状况,英格兰在十九世纪初期以后,即已十分显然,但法国是到了一八五〇年才有显著表现的。自然,这是就工业的人口集中而论,若在若干重要城市之政治的与商业的集中,那是老早就发生了的。在通行于十九世纪上半期之经济组织系统下,技术劳动之广泛的分配,已有可能。在一八五〇年,乡村人口仍占有全人口的3/4。都市发展的限度,由下表所列重要城市人口可以看出:

10个法国城市人口的增加

(1789—1851)

城市	1789	1821	1851
洛巴克斯(Roubaix)	7000	9000	35000
鲁昂(Rouen)	65000	87000	100000
哈费尔(Le Havre)	15000	17000	29000
圣·爱梯安那(St. Etienne)	9000	26000	36000
南特(Nantes)	65000	68000	96000
道罗斯(Toulouse)	55000	52000	93000
里尔(Lille)	50000	64000	76000
波尔多(Bordeaux)	83000	89000	13100
马赛(Marseilles)	76000	109000	195000
里昂(Lyons)	139000	177000	149000

就上列数字看来,至少,洛巴克斯、圣·爱梯安那、里尔与里昂,可以视为是工业区域。里昂之没有更迅速的发展,那有一大部分是由于丝业之实际的趋于分散。前面讲过,法国小工厂曾经显示了一种异常的黏着性。迟至一八九六年,在总工厂数575000厂中,将近有535000厂中所雇用的人数,不

过10人以上。在二十世纪的第一个1/4的时期中，这种形体的工厂，加速地趋于衰落，至其衰落的理由，有些已在前面讨论过了。

重工业集中在最宜于运输与动力之地带的一般趋势，在二十世纪的法国已灼然可见了。特法国所有必须集中的工业，并不一定都集中了，有些还正进行手工业的生产。小发电机颇为流行，那特别宜于阻制过分集中的倾向。在一个有广大农业财富的国度中，人口是不觉得过多的。所以关于这方面的压迫，一如过去之无关紧要。强烈之国家主义精神，反对任何不愿意归化的意大利人或西班牙人之移入，而对此大规模归化程序，意大利、西班牙政府是做过多方阻挠的。城市人口究有多少是因工业关系而集中，固难说定，而现在居乡法国人究有多少会蒙其利益，[①]那在许多人看来，亦是不大清楚的。

较小的工业　像在法国这种农业国家，工业的种类是特别难得严格规定的，有几种工业，例如面粉业、制糖业，都与农业有密切关联，并且输出不多。在法国书中，通常是把酿酒业归属在农业里面，甜香酒（liqueurs）的蒸馏，在其本身并不像钢或织物一类较大的工业，但法国是一个谷酒与甜酒的大生产者——每年要生产5700万加仑以上。制酒业的规模是够大了，但其生产数字与糖业之产额比较起来，却是处于次等地位，后者在世界上占第四位。

法国多的是这类重要而不列于首位的工业。所有化学工业上所使用的人数，在战前约达10万人，此后还有所增加。德国苛性加里（Potash）的独

---

① 法国的工业组织，并不需要德国那种处理失业者的严密机关，而其社会保障问题，亦是较为简单的。一八九八年之《雇主责任与工人赔偿法案》（An Employers, Liability and Workmen's Compensation Act）已使一切工业上的雇主，都负起了对工人的责任。许多年以来，法国这种工业保障几乎一般通行，且可由私人公司或国家处理。老年与残废的年金法，系通过于一九〇五年，其费用乃出自市区（communes）、郡区（departements）与国家。在一九二一年年终，为取得这种救济而登记过的有60万人以上，其所支取的费用约达15898.9万纸法郎，这与一九一二年支取5548.7万金法郎的数字比较起来，其增加额并不很多。法国一九一〇年之《老年年金法案》，对于雇主工人都要求捐输，此外，国家并助给若干，不过，数额则没有一定。至若不受强迫保障的独立工人，一般皆听其自由。一九二二年登记过的人数为7701948人，其中一大部分有参加资格，特较一九一四年略少罢了。

占,乃基于亚尔萨斯与在普鲁士之斯塔斯福尔德(Stassfurt)的矿山。在战前,其出产系平均分配,且由一组合所控制,但在全体产源上亚尔萨斯区是比较重要多了。牟罗兹(Mulhouse)是这种工业中心区。一九二六年十二月,一种颇费考虑的德法协定签字了,这个协定的条款是:反对互相侵夺市场,且为终止竞争而规定彼此输出的额数。法国其他重要的化学产品,为硫酸、硝酸、硝酸盐,为钙、为钠、为磷酸盐。磷酸盐的重要产地在突尼斯、阿尔吉利亚与摩洛哥,由这些地方采出之后,再运到法国加以炮制。法国之染业进步迟缓而坚实。因为那实在是要费工本的,那必须与种种化学品和副产相关联,并且,许多简单方法的技术,亦是异常错综而精巧的。煤胶油的形成物,不过是一大些杂合体的结晶,希望在简单染料范围内,作严重竞争的国家,它是定要有一种非常完备与非常高度发达的化学工业的。染业在战时证明异常重要,法国正如同其他参战国一样,曾不顾任何艰难损失,决意求其完成。在这种工业范围内,德国可谓一大先驱,特别是靛青与苏达质(Badische Anilin und Soda Fabrik),那在一九二五年简直变成了德国整个染业的中心。德国全部染业皆把握在一个称为The J. G. Farbenindustrie Aktiengesellschaft的公司中。像这样规模的公司,法国实在找不出来。

  法国的药品化学,亦颇发达。在许多药品之中,莱茵河流域所产之敷药与乌辛(Poulenc and Usines du Rhône products)驰名于世界。当一个外国人递出一张内科医生的药方,并拿到一个非常华丽的,附有非常显著的制造者之名氏的封口小匣的时候,他往往会有几分惊讶。但法国的药品与法国的法律可以提出解释来。以前者而论,那使普通适用于标准药方的,只限于比较少数的药品,因为药品虽有许许多多,但其性质,医生非知道不可,并且还要不断在大实验室中加以实验,加以扩充。大革命以来,政府为了不使市民受到危险,曾以法律严格限定药材之任意使用,并且对于加多无用药方之数目,力持慎重。有如在其他大多数国家一样,药品的泡制方法,都受有专卖法律的保护。新的思想曾阻止了独占价格——"药品商业化"。特今日实验室之化学设备,异常复杂,维持实验室所需的经费,已使此反对独占的条件,全归无用,并且制造家还大鸣不平,以为那只有阻害一国工业发展的作用。

  其他的次等工业,有陶业、玻璃业、纸业、皮革业、皮制造业等。制时钟是在勃艮第(Burgundy),在萨佛依(Savoy),乃至在亚尔萨斯山脉一带之冬季职业。制造玩具系进行于类似条件之下,若干凿磨金钢钻与宝石一类业作，亦是在侏罗山脉（Jura Mountains）一带进行。无数百万的"巴黎货"都是制造于其四周地带。那些货物有的颇精美实用，有的则仅仅是投合乡村的或外国的观光者之游乐的嗜好。

殖民帝国与"关税同化" 从历史上看来，有两个法兰西殖民帝国：第一个为十八世纪的战争与大革命所破毁了，第二个则大体上可以说是发端于一八三〇年以后之阿尔吉利亚的征服。最后在拿破仑治下失去的圣·多明各（Saint-Domingue）（现称海地"Haiti"）实在是在西印度热带帝国的珍珠，而现在残存的，不过是无关紧要的断片罢了。十八世纪的法国对外商业，约有2/3是进行于其各殖民地中。刚在大战以前，其数字略多于1/10，那与阿尔吉利亚于一八六六年宣布关税自主的时候比较，约有1/17的增加。十八世纪的法国殖民地帝国，总想在数十年后造出一个新帝国来，同时并继续统治着旧帝国的若干部分。

亚塔尔·基洛尔特（Arthur Girault）可以说是法国殖民政策上的一位最有名的权威者，[①]他把这个主题归纳为三个部门，即隶属、自治与同化。政治的自治，曾伴着关税的自主；同化政策则倾向于"关税同化"，对于后者，基洛尔特氏认为那是把殖民地域视为国家领地的一种努力。他宣言此种关税政策，"曾在法国成功过了两次，因为那是根据原则而得出的论理的结论"。第一次是法国革命当中之重农学派的自由贸易观念的成功。拿破仑治世，他重又确立隶属关系与殖民地的排斥，因为在经济孤立上之奇怪企图，他失去一部分海外殖民地了。一种和缓的排斥政策，适宜于此后保护主义的时代。当一八三四年决定保持阿尔吉利亚时，一个新问题发生了——沿着以前的路线发展之关税政策，插入了一个劈楔。第二个殖民帝国（由一八五二年到一八七〇年）建立了自主的原则，那颇适宜于这时比较低率的关税。

当时尚存之共和国的再建，那在广大经济帝国发展过程上，不过一件渺小而难以确定的成分罢了。一个长期严重的商业恐慌，系开始于一八八二

---

① 《法国殖民地关税政策》，系于一九一六年为加尼基之国际和平基金（The Carnegie Endowment for International Peace），刊行于牛津大学印刷所。基洛尔特氏的名著为《殖民原理与殖民立法》（*The Principes de colonisation et dé legislation coloniale*）。第一版（1895年）仅一卷，至第五版（1926年）则增至五卷，第四卷论阿尔吉利亚，则系于1927年1月刊行。

年，那激发了保护主义者的热潮。随着这种新经济政策向海外扩展，法兰西帝国发达起来，在世界大战爆发时，其殖民地人口远较其本国为多，殖民地领土则多过其本国20余倍。法国关税壁垒的增高，自然会使殖民地处于扶植母国市场，保护母国市场的地位，于是国家境界的问题，就尖锐化了。使殖民地"同化"于母国，那就是说，把那里的关税壁垒也使其提高——其对于母国，务求其可能的低下，对于母国以外的任何地方，则力求实行可能的高率。

一八九二年的高率关税，把实际问题引到直接行动[①]的范围了——虽然早前的规定也有不少的影响。阿尔吉利亚就政治的观点说来，虽然完全不是一个殖民地，但仍被视为一个半同化的殖民地，突尼斯与摩洛哥是拥有名义上独立的被保护国，它们都有自己关税系统，特其关税上的措施，须受法国的"顾问"（advice），而不抵触其保护国的关税原则。它们是不受法国殖民部（设置于一八九四年）管辖，而受法国外交部管辖。它们与阿尔吉利亚（其总督系隶属于法国内务部）乃至真正殖民地之间的贸易关系，曾引起了许许多多的困难。由此看来，法国的海外领地，就大抵可以区分为三个统制的系统。在法国商业条约上，阿尔吉利亚，被保护国和殖民地，通常总是分别处理。

一八九四年之特别殖民部设置以后，"关税同化"乃变成了一种较之纯粹文语含义更为自由、更为一般的政策。关税自主已因滥用而失其信用，且不适合于欧洲经济国家主义之新制度，不过，此后在"关税品格"（tariff personality）的名义下，又有一种修正的体制。此体制允许每个殖民地在其一般目的内，有若干特性，不过那要经过巴黎殖民部的监察。

北非洲对于法国南部的磨粉工业（milling industry），以及其他较小规模的屠业、罐头业等，提供种种原料。在北非洲的市场上，法国工业获有三重的利益。第一，该地受法国的管理，法国的或与法国有关联的许多私家产业，可在财政上成就许多合同。第二，两个被保护国家的关税法律，系受到

[①] 见基洛尔特著《法国殖民地关税政策》第五章第94页。在这部书中，关于第三共和国之诸般政策的颇多技术材料的鸟瞰，就占有200多页，我们要在这里详细说明，那是不可能的。在布森（Busson）、斐福尔（Fèvre）与何赛尔（Hauser）之历史的著述《法兰西与殖民地》（*La France et ses colonies*）中（1920年版第499—686页），对于殖民地之经济生活，曾作过精审而扼要的概述。

第二编　现代

法国之"顾问",那无疑对法国有差等的优遇。第三,法国在实际与北非隔海相望,就运输上的便易论,它享有许多经济利益。至法国工业产品在其他领地之拓展市场活动,那却不是同样一帆风顺。印度支那比较接近中国、日本与印度,那里吸收它所生产的,如大米一类的较笨重的产物。这个殖民地,又不是大不列颠、荷兰及日本海上商业必由之径。它除了采用法兰西以外的制品外,且还显然表示建立它自己的工业,其著者,如纺织业。

一九一三年之法国与其领地间的贸易,约为其整个对外贸易中之1/8。所有这些领地联合构成的市场,还没有其联合王国那个市场之重要。它们在战争场合提供人力的价值,那是无待表说的。法国本国没有多少的人口剩出,这些海外的臣民,在言语上、习惯上、宗教上,大都不同。各种关税同化殖民地——在二十世纪,[①]全部有3/4是关系贸易的——几乎一致的都不满意于它们的份额,至未经同化的部分,却倒一致感到满足。诚如基洛尔特所说,"同化"是对于古代法国"附庸"政策之和平形式的一种冠冕堂皇的说法,其主要不同之点,就是以保护代替禁制。欧洲对于贸易所加的关税障碍,也许害及若干竞争者的,要较之害及其实施者的为厉害,但施行那种关税的远处殖民地,却是主要的受害者。拒绝中国货,甚至拒绝日本货,那来自印度支那的货物,就要抬价,就要杜绝消费,就要损害印度支那贸易。如其拒绝英国货、德国货,那就甚且更有害于法国贸易,因为那一来,法国商人就会任意抬高其所售外国货与本国货的价格。最后,阻制了大不列颠的、荷兰的、德国的商业,则那些地方对于法国产品,就不会如以前一样的吸收,结局,势将不免使法国工业蒙到不利的影响。印度支那的贸易能较为自由,中国是定会使用较多的法国货的。设加以阻制,那无异以长距离与高价格的物品,代替短距离低价格的物品,其实在结果,就是使殖民地贫困,使任何人蒙受不到繁荣的利益。在现代世界中,为了建立本国工业,任何国家都公然采行保护主义。保护主义的辩护,就是说,用这种方法在贸易上所成就的利益,要较大于其贸易上所酿成任何损害。然而,当世界各地都筑起了这种壁垒的时候,贸易与运输无疑要变为重大的要素,并且,那越发使我们回想到一个较旧的重商主义的体制。

[①] 因为永久国际协定的关系,有些地方(特别是在非洲)必须除外(非同化区)。同化的殖民地的表格是扩充了,但总未做得完全。

435

进一步研究的参考书籍

Annuaire Statistique (Statistique général de la France).

Arnauné, A. Le commerce extérieur et les tarifs de douane.

*Ballot, Charles. L'introduction du machinisme dans l'industrie française. (Fase.Ⅸ, Comité des travaux historiques, section d'Histoire moderne et contemporaine, 1923)

Bourgin, G. (ed.) Le Régime de l'industrie en Francede 1814 à 1830.

*Brooks, A.H. (see readings for previous chapter)

Busson, H., Fèvre, J., et Hauser, H. LaFrance et ses colonies, chap.ⅩⅫ and all of the quatrième partie (a short summary of colonial geography and economic development). An elementary class book, but useful.

*Clapham, J.H. The Economic Development of France and Germany 1815-1914, chaps.Ⅲ, Ⅹ. (Consult contents for special topics)

d'Avenel, G. Le Mécanisme de la vie moderne.

——Découvertes d'histoire sociale.

*Engerand, F. Le fer sur une frontiére.

Fontaine, Arthur. L'Industrie française pendant la guerre.

Foville, A. de. La France économique; statistique raisonnée et comparative.

Gibbins, H.de B. Economic and Industrial Progress of the Century. chaps.Ⅷ, ⅩⅢ, ⅩⅣ, ⅩⅥ, ⅩⅩⅧ, ⅬⅤ.

*Gide, Charles. (ed.) Effects of the War upon French Economic Life.

*Girault, Arthur. The Colonial Tariff Policy of France.

Godart, Justin. L'ouvrier en soie.

*Landry, A. Notre commerce d'exportation.

Levainville, J. L'Industrie du fer en France.

Levasseur, E. Histoire des classes ouvriéres en France après 1789, 2 vols.

——Questions ouvrières et industrielles en France sous la troisième République. Especially pp.27-166.

Levine, L. The Labor Movement in France.

Lévy Robert. Histoire économique de l'industrie cotonnière en Alsace.

Liesse, A. Evolution of Credit and Banks in France from the Founding of the Bank of France to the Present Time.

Marshall, Alfred. Industry and Trade, book I, chap.VI.

Meredith, H.O. Protection in France.

Ogg, F.A.and Sharp, W.R. Economic Development of Modern Europe, pp.204-211 [Passim in the section (part V) added after the World War].

Olivier, M. La Politique du Charbon, 1914-1921.

Pupin, R. La richesse de la France devant la guerre.

Rapport général sur l'industrie française, 3 vols., 1919 (An important government publication).

Sée, Henri. La vie économique et les classes sociales en France au XVIIIe siècle.

——L'évolution commerciale et industrielle de la France sous l'ancien régime.

——Economic and Social Conditions in France during the 18th Century, chaps.VIII-XIII.

Tarlé, E.V. L'industrie dans les campagnes en France à la fin de l'ancien régime.

Théry, E. Conséquences économiques de la guerre pour la France.

*Weill, G.J. Histoire du movement social en France (1852-1924).

第十一章　一八〇〇年以后之英法德三国商业的发展

时代的特性　一个长时期的历史发展过程，将近可以把数十年内的变动，积累而构成一种革命。如其我们要继续使用"产业革命"（industrial revolution）这个语词，那么，这个语词之最妥当最保守的意义，就可以说是由早前的商业控制工业，转变到工业控制商业。这种变动，大体上是开始于十九世纪中叶。不过，所谓产业革命即使说是使用在这种限制的确定的意义上，仍有十分小心之必要。我们开始论到一种优越的商业组织，大规模工业的发达，必然要伴随国家的与国际的市场之加深加大的扩展。而整个经济变动的系列，又错综复杂地关联于运输工具的改进。把工业与工业产品所由交换的商业分离，纵然有时是为了便利，但往往失之矫揉造作。如其我们不断记忆着，一切产业都是企业，都是由那些满足他人欲望者进行，那么，经济史的材料就无须割裂，不过，为了便于研究和陈述起见，我们终于把种种活动，分类为制造业、贸易与运输等了。在十七世纪中组织并进行商务者，他们也正如其今日的后继者一样，都有其实际的目的，他们所用的方法与工具的变革，皆系行之以渐。由一种变更，赓续着其他的变更。如其我们不是单要把机械的发展，追溯到机械尚未存在的时候，那我们的观察，就永远不会着空。

我们已经知道，在十七世纪中，海上商业如何由一支甚或一队航行的船舶成长起来。大贸易公司在船舶往来的两端，组织市场，采积货物，不断使船舶有货装载。迨运费低廉，容积较大而价值较小的物品，乃可搬运。不过，此种趋势，虽然早在产业革命以前，就已经灼然可见，但其特别增进，却是一八〇〇年左右的事。在十九世纪下半期中，日常需用品，以及构成现代工业组织之基础的那些笨重物品——如煤、铁矿乃至冶金工业制品——的贸易，已有空前的发展，铁道与汽船成了此种情势下之主要成因。就全般说来，当时既有这诸般制造业的背景，殆可构成一种"新的产业革命"，或者称为其他的什么。

运输速率之增进，运费的低廉，取载重大容积货品之较好方法的采用，钢轨对于铁轨之代替，机头构造之改进，汽船吨位之增大（这种成就，系由于船之容积加大与装载燃料之地位缩减），水运陆运上之散热器的装置——所有这些以及其他近年的许多变革，都有助于货物之广大市场的分布，在多年以前，即在这许多变革未呈现以前，那些货物还只是局限于比较小的地域。邮务上的改革——特别是邮费的缩减——电信、海底电信、无线电的扩充，亦都于商业进步有莫大的贡献。而摩托车的发达，又适足以促进公路的开拓。

海运陆运上定期货船与客船的备置，曾经大大地助成了货物与旅客散布于世界各地之规律性和确定性，而这两者在早前世界贸易上，是全谈不到的。为使金融周转国内国外货运而设置的银行，都完备化了、复杂化了，并且，保险的原则，亦大有扩充。所有这一切，都在吾人所消费货物之数量与品类的增多上，从而在市场的扩张上反映出来。一八〇〇年之市场，那真是从来所难想象得到的。

国际贸易的基础 国际贸易的基础，乃建筑在一国在某种特殊产品的生产上，对于他国所具有的自然或人为的优越性。这种优越性要实行计算，往往不大简单，那可以求之于地面上某种自然资源之地理分布的限制，也可以求之于购买者国家对于产生那些资源之气候上的不宜。不过，就在这种情形下，对于生产的障碍，往往只限于一部分。一国要生产必需数量的输入品，那只是所费较多，并非绝不可能。例如，法国许多年来，就觉得它可以开掘它自己的若干煤矿，以供应其工业所需，但实际它绝未采掘，它不肯采掘，非因采掘为不可能，乃因它与其在贫弱条件下自行开采，反不若由国外购买来得便宜。而且就积极方面来说，它由这方面所得的利益，可投用在其他更为有利可图的事业上。而在大不列颠方面，它从事小麦的生产——其实，它还生产若干小麦——就不若从事其他生产为更有利。它特别宜于织物生产的优良气候条件，说明了那些种类、那些式样的产品之比较其他产品的更为适宜。若干可能的竞争者，若干输入的国家，往往在自然差特性不过于悬隔的场合，能够在工厂之内成就一些人为的努力。路程的远隔，可以克除这些利益，或者，因外国之内地市场的关系，把这些利益抵消下去。我们应当常常记忆一点，世界商业的总积，不是进行于国内，就是进行于诸大贸易国之间。它们彼此相互是最好的主顾。世界上有许多产品，如像咖啡、茶、香料、橡皮，以及其他各种原料，都受有气候与土壤条件的限制。至于煤、铁、石油与其他许许多多的矿物，自然只能发现于某些地域。就事物的性质来讲，若干国际贸易是永远的而且无可避免的。

如其一国在工业上成为强而有力的国家，不是由于获有自然资源，而是由于获有高等技术，那情形当有几分不同。特技术通常是依附资源而发达起来的（如在法国丝业的场合，虽然后者大部分消失了，前者尚可存留着），单由高等技术而成就的工业形态，实际少有。战前德国在若干化学制造部门上之优越地位，就是得力于技术与资源两个要素。在商业仍旧控制着工业的过去时代，大贸易国家与其说是货物之生产上的竞争者，就宁不如说是分配上的竞争者，即令把那些在生产上保有自然独占的事物除外不讲，今日比从前更接近的诸国家之间所存的竞争，就是在同一条件下，制造同一物品的竞争，亦即偏重于生产上的竞争。无怪远在十九世纪初期，竞争就已经趋于空前的紧张了。

在世界只有两三个国家——在十九世纪中叶，我们可以指出大不列颠与比利时来——已经高度工业化了的限内，生产似乎不能与世界市场保持稳健的发展。制造品扩增的结果，那些输入国家因外货充斥市场，乃继续努力模仿。就在中世输入东方物品的欧洲，亦是如此。十七世纪、十八世纪之殖民国家，原想阻止其殖民地之制造业的兴起，但因那里已不绝引起了制造品需要，它们的努力终属徒然了。纯粹商业形态之最大原初障碍之一，就是这样被克服了。

英国贸易与工厂制度之广布　如像在上面所说的这种情势下，常有要求重新适应的若干困难。假若市场继续扩张，原来的生产者，就应该能够在自然与人为利益确凿的场合，从事其他物品的生产；当这些物品已为外国所仿制时，则更从事其他以外物品的生产。结局，相对的优越性，势将趋于平衡，不过，这在实际上不是一朝一夕所能成就的。如其我们常把产业革命看为关联于世界市场的一列简单变动，那可免除许多混乱。产业革命没有什么法国的、德国的、或俄国的，只是那一种产业革命，扩展到这些国家，以适应这些国家的特殊条件。假若工厂制度开始未采行于其他地方，而继续在已经确立了工厂制度的国家，向新的方面发展，那么，这些特殊条件是一定大不相同的。在另一方面，那些不能使他们自己适应变动环境的英国制造业者与商人辈之喃喃不平，究无从否认那种事实，即，其他国家虽然分夺了英国的独特繁荣，仍无害于英国之经济构造的继续扩展。

英格兰是工厂制度的发源地。除了这种优先制度与其他形成此种制度之许多利益继续保持外，还有一种商业政策，此种政策极适合于商人的需要和正在发展中之殖民帝国的慎重管理。尽管美国的、德国的对外贸易勃兴起来，尽管大不列颠之工商业，在其已经广布到全世界的扩展中，不能够保持住相对的势力，但在整个十九世纪，它依旧能维持其领导地位。十九世纪初年的英格兰，尚不致怎样不能自给自足；至同世纪之末，它已非借对外贸易来换回其一部分食物不可了。然而这种推论，只合适用于战争及万分急需的场合，实际在现代世界中，没有一个国家能继续其自给自足状态，而不妨害发展的。

在十九世纪上半期中，大不列颠之输出输入贸易的发展，就已经颇有可观了。据官方报告，一八○一年之大不列颠爱尔兰的输出品价值，总额尚只24927684镑，至一八四九年，竟达164539504镑。同时，其殖民地与外国商品的输入价值，则由31786262镑增加到103874607镑。迨至同世纪下半期，无论输出输入，其总价值与总数量之增加更大，不过，贸易的性质，已大有改变了。

一八六○年以前之主要输入品为烟草、米、铁条、葡萄酒、脂油、麻、咖啡、烈性酒。而现今则代以肉类、牛羊之属、皮革、化学品、棉花、羊毛、丝、麻、钢铁制品、铁矿以及纸类。若输出贸易上的变动，同样重要。棉制品输出之进步颇速，工厂方法不绝扩展到冶金工业以后，钢铁制品之输出大增，此种增加趋势，尤以贝瑟默钢（Bessemer steel）上市后为最显著。其他如毛织物、麻制品、化学品、皮货以及陶器之属，同样在输出贸易上占有重要地位。

由上面所指示，同世纪最后20年间之大不列颠世界贸易的百分比，好像有衰落的趋势。要把这个关于普通的混淆的命题之奥妙弄个清楚，最好从四面八方来看：德国与其他地方之工商业的勃兴，那是毫无疑义的。现今大不列颠一切竞争者，对于大不列颠殖民地的贸易，比较以前要占有更大的百分比。不过，大不列颠各领地的贸易，乃至大不列颠与其各领地间之贸易，都有非常的增加，我们不能把这点作为衰落的证明。印度与比利时、荷兰、德意志、法兰西之间的贸易，诚然在日趋于繁荣，但大不列颠不但没有由此受到损失，且除了在此广大领域维持其第一等地位外，并还由种种方面得到了利益。

大不列颠在世界上之贸易地位，完全是相对的。就德国来说，一九一四年的德国，与一八七〇年之德国大不相同，我们决不要把大不列颠与一九一四年的德国相比。在一八七〇年到一九一四年的这个时期中，大不列颠以外的其他国家都有一日千里的发展，这原因，主要是由于它们保有尚未开发的自然资源；若大不列颠不同，它已经囊括有这大的地面，并且它可能的与实际的经济发展，差不多逐渐趋于一致，所以与其他诸国比较起来，它这时的发达无疑要显得迟缓了。战时与战后的诸般事实——包括有道斯计划之建设在内——使外国专家得有机会发现出德国的伟大经济效率，那效率在过去是被人渲染太过了的。外国人已经了解那些关于德国方法之优越性的不平之鸣——有时，这仅仅是失败的商人之借口——而德国人关于同一方法之劣等性的类似不平之鸣（那充满于战前的报章杂志中），他们却不大注意。

德国兴起，有两点特别不利于大不列颠方面的竞争者：第一，一种新的工厂制度，自然比较旧的工厂制度要少了一些冗废机关；第二，德国的保护关税政策，能推行到一个有广大殖民地之古旧贸易国家所不能推行到的程度。大陆方面的整个关税组织，于大不列颠某些货物之特殊市场，颇有影响。至于整个大不列颠输出市场之影响如何，我们却不能一样断定。一种关税是可以保护本国市场的，但那会使一些比较没有效用的机具从事运转，并且会抬高平均的生产费用。倾销的倾向，将为本国市场所存之物价与物品数量所限制，而较高的平均生产费用，结局且可使那些自由贸易的外国竞争者得到实利。无疑的，德国的贩卖商与代理店，会特别投合拉丁美洲、亚洲与非洲仰赖者的心理，并且在其大不列颠竞争者不愿意投资的场合，扩大融通金资的信用。不过关于后者，总难免有不稳妥的顾虑。加之，欧洲白人已经加诸亚洲、非洲人民的权威，那多少是一件不大相宜的事实。一种不肯维持这种权威的欧洲人，当然比那些要维持这种权威的欧洲人，易于入手。

大不列颠对于世界其余各地的商业关系，与其他各国对于其余各地的商业关系大不相同。它是最先进的工业国家。它在一九二〇年以前40年间之国外贸易的发展及其对外的入超，由下面压缩的表式可以明白。

由1880—1919年之大不列颠输出输入价值（注）

［外国的与殖民地的生产物，包括在输出之内（单位：千镑）］

平均十年	输入	输出
1880—1889	393551	292736
1890—1899	435825	297986
1900—1909	570647	409537
1910—1919	937529	603128

注：以最后10年而论，一九一四年以后数年间，大战爆发，金镑价格起落不定，对于输出入价值，颇有影响，为避免支离计，由一九一〇年到一九一四年这5个年度的平均数字，应当分别述及。那5年的输入价值为713685镑，输出价值为570198镑。镑价跌落的结果，输入差额乃输入输出本身价值，自然要显得夸大了。一九一四年的输入差额，约为一九一三年之输入差额两倍半，且镑价的稳定，却是一九二五年五月间的事。一九二三年四月一日以后，爱尔兰北部亦包括在统计中。但严格讲来，其数字尚不能与一九一三年之数字相比较。

根据罗柏尔·基芬卿（Robert Giffin）之一八八二年与一八九八年，以及贸易局一九〇二年之事实的研究，赫尔斯特（Francis W. Hirst）对于不列颠之入超的意义，曾概述于以次的普通解释中：

……大不列颠之输入对于其输出之超过的价值，在一八九三年为一万三千二百万英镑，至一九〇二年曾至一万八千四百万英镑，而此十年间的平均入超价值，则为一万六千一百万英镑。在这大部分的年份中，不列颠所输入的黄金，比较其所输出的黄金为多，平均每年输入对输出之漫额，计达六百万英镑。以入超一万六千万计，约有九百万是得自运输贸易——船舶所有者与保险业者两方面的——的盈余。这个大数目，自然不曾加在外国贸易的报酬里面。据罗柏尔·基芬卿在一八九八年的估计，另外九千万英镑，乃是对外投资的利息，不过，对于这收回的利息，每年重又用作国外新的投资。我们投资收取利息，是输入货品（主要为食品与原料），我们对外作新的投资，是输出货品（主要为铁道材料、机械，以及其他制造品），就因此故，输入超过输出的漫额，系为对外投资的利息所吸入，且为新的投资所缩减了。如假定海运与投资输入归于停滞，那么，一种输入的增加，定然要隐含输出的增加，反之，输出的增加，亦必隐含输入的增加。①

一九二四年之大不列颠的最好顾客，第一要数印度，以次可以顺序数到合众国、德意志、澳大利亚、法兰西、爱尔兰自由邦、比利时、荷兰、南非洲、加拿大、阿根廷、日本、新西兰、中国以至意大利。以百万英镑为单位来计算，对首屈一指的印度贸易额，为91.6；印度以次的6个地域，则为50，乃至50以上。总前所述15个地域而论，其中有6个地域隶属于帝国，它们在贸易上，是占第一位、第四位、第六位、第九位、第十位、第十三位。政治的拘束，虽然不能忽视，但其重要性，究是不宜估计太过的。假定它们已被解放了，并保证永久不受其任何强国的保护，它们这些地域，仍将继续与大不列颠进行贸易，其贸易额且不致返有急激变动。"帝国的特惠"（imperial preference），自不免有多少影响，但大不列颠在这些市场占有优势，也正如其在其他市场占有优势一样，其主要原因，仿佛是它那有历史的、有高度的组织的商业制度——辅以同样强而有力的工业组织——和其顾客之积习与善意。所以，尽管战时与战后多所破坏，它仍拥有庞大的海外投资，仍为世界最大的海运业者。

海运事业 像大不列颠船舶的若干百万吨的数字，只要加以比较，就能用作转运货物之实际与相对力量的有效标志。当我们看到一辆小汽车，费数日工夫，装载数百件货箱与货包，并载有为几个月几千万里程所消费的一部分糖或咖啡时，我们只要开始把那些积载的数字，译述为日常经验的语词就行了。

在一八九〇年世界登记了的船舶2100万吨中，大不列颠约有800万吨，德国150万吨，法国100万吨。至一九一四年，世界总吨数为4900万吨，其中，大不列颠占1950万吨，德国550万吨，法国250万吨。假若单就汽船吨数来说，那大不列颠在一九一四年，差不多占有全吨数之半。关于这三国一八七〇年以后之海运业发展的情况，我们可由下表得知一个梗概。

---

① 参见波特尔（Porter）著《国家的进步》（赫尔特斯版）第522页。

由1870—1925年之英德法三国的海运业

（以百万吨为单位，包括百吨乃至百吨以上的汽船与帆船）

年度	英国	德国	法国
1870	5.61	0.98	1.07
1880	6.57	1.18	0.92
1890	7.97	1.43	0.94
1900	9.30	1.94	1.03
1910	11.55	2.90	1.45
1914	19.25	5.45	2.32
1918	21.03	3.22	2.03
1920	18.33	0.67	3.24
1922	19.29	1.88	3.84
1925	19.44	3.07	3.51

由上表看来，大不列颠一九二五年与一九一四年的吨数大约相等，而世界总吨数却由4900万吨增到了6400万吨以上。一九一四年大不列颠、德国、法国总共增加了2700万吨，此数字在实际约少于一九二五年100万吨。德国的衰减，实较多于法国的增加。除英、德、法三国外，其他国家总共拥有1600万吨，我们单就这三国来比较，其结果显然是不完全的。

在其他国家拥有1600万吨中，合众国将近占有750万吨，在一八七〇年，合众国只有424万吨，一九一四年约有800万吨，至一九二五年，则增到1530余万吨。日本在战时与复兴时期，跃到第3位，其成数由175万吨，增到400万吨，其百分比的增加，可以说是首屈一指了。在一八七〇年，它尚未登记，一八八〇年不过有3万吨。下面所列英德法三国以外诸国之船舶的简表，可以使我们知道一八七〇年以后之英德法三国之相对地位的变动。

由1870—1925年之其他列强的船舶吨数

（单位：百万吨）

	1870年	1914年	1925年
合众国	4.24	7.92	15.37
日本	未登记	1.70	3.92
意大利	1.00	1.67	3.02
挪威	1.00	2.50	2.68
荷兰	0.38	1.49	2.60

大不列颠的船舶，较之这些时期之世界一般的船舶，大而且速，因之，它所占的优势，比较其由数字所指示者还要多得多。假若我们把法兰西帝国与其战后所合并的地域计算起来，则法兰西这个世界强国的发展，就大大超过其海运事业的发展了。最显著的实例，可于合众国、德国、日本、荷兰、挪威与意大利诸国之发展情形中见之。

大不列颠之贸易政策 大不列颠早前贸易上的严格规定，此后虽略微松懈了，但在《互惠关税法案》（*The Reciprocity of Duties Bill*）中采行解放商业活动的步骤，那还是一八二三年的事。依据这种互惠法案，政府乃有权与外国成立以次的协定，即，大不列颠撤除那些包含在《航海条例》（*The Navigation Laws*）中的外国贸易限制，同时，对手国亦撤除其反对大不列颠商人的类似法律。在一八二四年，大不列颠曾与普鲁士、荷兰、丹麦成立通商条约。翌年与汉撒诸市，一八二六年与法兰西，一八二九年与奥地利，依着这几次商约，《航海条例》已失去其许多可厌的特征了。

然而比较重要的，还是对于输出入限制的废除。许多世纪以来，大不列颠贸易都是在最繁重的保护制度之下挣扎着。在十九世纪初期，对于输出输入所课征的关税，尚不下数百种。一般人对于关税反对的重心，大部分是集注在《谷物条例》的上面，但是整个的限制制度，却是重压在消费者与商人的身上。加担在输入食品上的关税，因爱尔兰——特别是在四十年代（由一八四五——一八四六年）——的食物歉收，而受到坚决的反对。制造品的关税，实际在一八二五年及此后数年间，已减缩不少。原料税率低减了，输出税差不多完全撤除。关于丝制品之输入税的折减，基尔柏特·斯拉特（Gilbert Slater）曾就旧时关税规定的情况，而作以次有趣的观察[①]：

……丝制品的输入，实际是无异禁止了。其结果，英国的妇女们，就异常相信那种购置不到的法兰西之丝制品的优越，于是，英国商人为要引诱她们购买土货，觉得有把土货运到海上，再由海上秘密运回本国的必要。哈斯基逊（Huskisson）允许法国丝制品输入，规定课税百分之三十，结局，大不列颠丝制造业者更生起来，

---

① 见《现代英格兰的形成》第75页。

甚且开始对法国兴旺输出。

在一八四二年与一八四五年之间,课加于输入品上的数百种关税,有的完全撤除了,有的大加缩减了,这都是罗柏尔·皮耳(Robert Peel)的功绩,但皮耳最伟大的成就却是《谷物条例》(一八四六——一八四九年)的撤废。至一八五二年,以后更至一八六〇年,格兰斯敦(Gladstone)复将贸易自由政策推行到大不列颠实际享有自由贸易的程度。至若在一八六〇年以后尚保留的少数(48项)课税货品,那仍不过是为了收入上的必要。

对于世界上一切国家皆采行自由贸易政策的希望或期待,那已证明是过于奢望了。大不列颠就单在诸大商业国之间维持其自由贸易政策,亦尚不免受到其国内少数政治家们的反对,他们看着国外保护政策的勃兴,觉得非采行同样的手段,不足以竞胜外国的制造业者。大战以前,这种议论时被激起,在斗争过程上,且有复活趋势,迟至保守党内阁崩溃的一九二三年之末,并还大露头角,但大不列颠之保护政策的反对主张,往往总证明是强而有力的。那种事实,不仅是由于反对传统政策,且因为一经变动,其实际困难甚大,且其长期后果难以测知。而且,除原则问题外,往往还有母国与帝国其他领地之间的经济关系上的障碍。

印度与其他属领,并不单是大不列颠的好顾客,所以,大不列颠要想树立保护政策,至少不能总不与印度及其他属领成立某种协调关系。曾经有人提议组织一个包括整个大不列颠帝国的关税同盟。对于英国货许课特别税率的殖民地特惠,曾顾及了并在某种限度采行了。这种协定上的一种限制,就是由诸殖民地之工业不绝发展所加上的。联合王国总难期望有容纳那些货物的充分市场。殖民地必须顾及母国市场,且当与帝国以外的国家间进行商务。在大不列颠论及保护关税,那不是指整个保护产业的制度,而宁可说是为应付世界其他各地实行保护政策,所惹起的若干紧急需要,而联同其海外领地,从事某种措施的一种自由。像这种关税,于加速发展某些强国之幼稚工业是极有效果的,那些强国的全部力量,几乎都集注在保护国内市场,并获取那些存有若干非常特殊利益(如接近,如换回其辅资源之类)的市场上面。大不列颠的关于这个问题的深刻研究者,极少怀疑工业先进诸国间之自由贸易的利益,极少怀疑世界全般采行这种政策的利益,不过,为了便于应付全般自由贸易尚不存在的情况,仍有若干研究者主张放弃严格的原则。宽纵的危险是并非虚幻的。因为民众舆论的迟钝,政党推行的政策,就不免采行多少严格的原则。保护政策如放手行去，其本身是会演出一种"原则"的。各种工业会趋于过度扩张，当困厄到来时，势将由舆论为难政府。任何主张保护政策的政治团体，都有像雪球下板一样的无数特殊便利。在结局，势将维持不完全的机具，导来高的生产费用，惹起人为的分工，并在争取远处的市场上，发生严重的困累。

战后显示了种种特别困难的情况，那原因是世界市场之失常的状态（那在英国煤的贸易上，特别引起一大反动），由于一九二〇年以后的严重危机，且由于大陆以及其他各地的强调保护主义。大陆上的保护主义，曾经受到了通货膨胀的支持，通货膨胀使若干国家得向世界市场倾销其货物，而不能计及其终局的费用。大不列颠也如其保护主义者的邻人一样，它的货物，因较高关税的妨碍，无由达到美国市场。美国因为市场之大，且无内地关税障碍，其工业乃立于异常坚固的地位。对外输出的困难，一部分由国内市场所形成的大量生产得到了补偿。这个对于大不列颠，乃是一个异常严重的问题。为要使它在输出上，由自由贸易所给予的利益，能够抵补美国大量生产的伟大实力，它不得不加速改进其生产机械与组织，但是，一种倾向较大规模之生产方法的运动，非有特别宽广的市场不可，而这种要求，却又正是战后情形所不许可的。

德国贸易的发展与商业政策　　拿破仑战争促成了德意志的团结，且为德意志团结做了一些准备，但德意志在十九世纪之初，依旧是破碎分离的。因为政治的割据，与内地的关税壁垒，它的经济地位，仍远离其所有资源与境况应当达到的水准。一八一八年的普鲁士关税税率，显示了旧时政策的完全改变。而规定这种税率的法案，一方面对于制造业加适当的保护，同时并允许某些原料的输入。因为政府独占的关系，食盐与纸牌输入是被禁止的；除此两宗以外，普鲁士所加于贸易的限制，远不如德意志其他诸邦所设贸易限制之苛刻。它于一八一九年与希瓦堡格·桑德晓森（Schwarz burg-Sondershausen），一八二二年与希瓦堡格·拉朵尔斯塔（Schwarzburg-Rudolstadt），一八二六年与里蒲（Lippe），一八二八年与沙奇森·伟马（Sachsen-Weimar）和埃省拉奇（Eisenach），更与其他若干小邦成立协定，由是，它的经济势力扩增起来。

自由贸易的利益，不久即为普鲁士以外的诸邦所认识，于是乎有各种商业联盟的组织。巴伐利亚（Bavaria）、福尔登堡（Würtemberg）于一八二七年成立这种联盟。另一联盟集团，包含有不伦瑞克（Brunswick）、汉诺威

（Hannover）、萨克森尼（Saxony）、拿索（Nassau）诸邦，以及汉堡与布里曼（Bremen）两自由市。久而久之，这些联盟组织，都设法诱致其他诸邦为其会员。

德意志的这种迅速团结，不久即形成一可怕的商业联盟会，于一八三三年签订一条约，参加者计有17邦之多，普鲁士、巴伐利亚、福尔登堡均包括在内。有名的关税同盟会或关税同盟（zollverein or tariff union），就是这样产生的。此后新会员邦不断增加，至一八五二年，同盟会的势力逐渐扩展到所有德意志的领域。这个会的目的几乎完全是经济的，但却促成了普鲁士领导下的整个民族的统一。内地贸易限制的撤废，国内市场扩大了，于是制造业受到鼓励，商业立即得到发展的机会。在一八四三年以前，同盟会施行适当的关税，那与一八一八年普鲁士所设定的关税制度的条款颇相接近。

在一八四三年初期以后，一种温和保护主义政策，施行了将近10年。斐特列·李斯特（Friedrich List）是这种政策的拥护者，他力言保护政策是鼓励新工业的手段。一八五三年及此后数年间，同盟诸邦的关税再行缩减。一八五三年与奥国成立自由贸易协定，一八六二年与法国成立自由贸易协定。像这种政策的采行，在普鲁士无疑是视为经济上的利益，但同时却又是使奥国成为同盟会的会员，而不令其亲近同盟会主导者普鲁士的一种政治武器。直至一八六六年与奥国发生战争以前，同盟会是每12年更新一次。一八六七年，德意志北部联邦与德意志南部诸邦成功了一种新的协定。[①]自此，许多原料得自由输入，输入制造品所课的税率亦比较轻微。此种自由贸易政策一直维持到了普法战争以后的关税改订时期。

低率的关税似与建立工业国之努力不相符合。当七十年代，德意志与外国的竞争，开始妨及了国内工业发展，于是保护主义又抬起头来。普法战争后，全德意志工业的空前活动，招致了一种严重的工业衰落，此种衰落更给予保护主义以新的冲动。为了使国内幼稚工业，得与其可怕劲敌的工业相竞争，乃有一八七九年的关税改订，使工业与农业都受到保护。至一八九〇年与一九〇二年，税率更加繁重。至此，关税同盟会之自由贸易政策完全消除，保护政策竟维持到了幼稚工业已经强固其基础以后。在高率关税壁垒之

[①] 只有布里曼与汉堡拒绝参加。

下，德意志工业成就了它自己的命运。

德意志商业的发展 在德意志工业扩展的期中，其商业经历了一种完全的变革。制造品的输出，必需食品、原料和半制品的输入，都迅速增加。凡英格兰繁荣所系的同样工业，德意志自会力求其发展。在这种竞争限内，商业的成功，乃依靠生产廉价物品的能力。确实的复制，在任何情形下都行不通。不过，某些种类的物品是例外。各种标准的粗织物就是显明的实例。此外，我们还可连带想到高等的刀剑、橡皮车轮、时计、皮革、摩托车、照光器，以及其他用在照相上的标准化学品等物品。可是，就在这些方面，往往还颇专门化。德意志的棉纱，居然输往英格兰，由英格兰输入一些其他的物品。德国编结机的完善，辅以在黑色染料上的优越，使它由牺牲一部分物品，而成就另一部分物品，这种趋势，与其说是对大不列颠作殊死的竞争，就不如说是在进一步促进分工。关于各种时表的制造，德国人是力求其低廉而结实的。美国式的"一圆表"（dollar watch），在欧洲是以德国人所制的最为优越，同时，其桌钟、闹钟、电光钟的制造，都颇发达。棉布与机制花边是德国的名产，但麻布、精细洋纱和刺绣，则非其所长。

战前有一种流行颇广的偏见，以为德国商工业上的繁荣，乃是由于把英格兰做了牺牲。在最初，德国人有一种极不好的名声，就是以极低廉价格投售其模制的标准品。当市场扩展且要求适应时，德国人自不得不进行其所能获取的贸易，自不得不制造其所能出售的物品。他们以类似的物品，投售于旧的市场中，其竞争虽是直接的，但一般来讲，他们的外国贸易在世界商业上却是一个新的附添的成分，并非仅是对于新路径的转向。如在欧洲东部与东南部那些未发达的市场上，德国具有一种天然的便利。它一方面为输出开辟新的出路，同时对于世界贸易亦增加了新的输入源泉，它所购买的，差不多有它所出卖的那么多，它有助于高度工业化的国家的繁荣，也同样有助于其他国家的繁荣。

一般人都公认德国商业的特殊组织，假如我们寻究其所特别开发的市场上之特殊性，那种奥妙，就差不多有一大部分要归于消失了。欧洲东部所需求的信用借款，与英属印度、加拿大或澳大利亚所需求的信用借款不同。德国的许多顾客所要求的信用机关与货物，都反映到其生产组织之上了。最后，还有一点值得注意，就是德国的工业区域，都非常接近其国境。这与经济的及军事的组织和政策都有影响，在俄法成立军事同盟的九十年代初期，其关系尤为重大。造成全国皆兵的平时强制征兵法，那是一种标准的大陆制度。那特别与工业上的大量生产保有强固的联系。

下表列的数字，将使我们知道一八七五年以后之德国对外贸易发展的概况：

德国输出输入的价值（特别贸易*）

（单位：百万马克）

	输入	输出
1875—1884（10年平均数）	3.45	2.96
1885—1894（10年平均数）	3.79	3.19
1895—1904（10年平均数）	5.43	4.34
1905—1913（9年平均数）	8.91	7.39

*特别贸易，是指着纯净的，除去再输出品的贸易——输出德国出产品，输入供德国消费的外国生产品（包括原料）。

以百万马克作单位，一九二三年的输入数字为6.081，输出数字为6.079；一九二四年的输入数字为9.38，输出数字为6.57。因为通货与物价的混乱，这些数字都失之含混。设就货物的数量立论，那德国由一九一九年到一九二四年的外国贸易，还不过多于其一九一三年之外国贸易的40%。关于战后一般的情势，在前面论"德国工业"的一章中，已经讨论过了。

战前德国的入超，那可应用前面大不列颠之入超的解释，举其著者，就是海上勤务与国外投资。二十世纪初期之显著输入品，为谷物、羊毛、棉花与木材。而比较重要的输出品，则为铁器、棉织物、煤（唯一大量输出的原料）、甘蔗，以及化学工业品。德国因了某种专门化的物品（特别是化学品）之生产，就是对于那些已经高度工业化的国家，亦尚能活跃地进行其贸易。

论到船业，还有一两点须得补充说明。[①]在十九世纪初期，德国船业因木材渐感缺乏而趋于衰落，迨钢铁工业发展，其衰落趋势复又振兴过来。我们由前表可以知道，一九一四年的吨数，差不多增加到了550万吨，但那

---

① 参照前面第445页之表及其他各处关于此点之评述。

在战时，有许多被委弃在协约诸国的领地，约计失去了200万吨以上。和平条约成立后，德国1600吨以上的船舶全部，由1000吨到1600吨的船舶的一半，以及1/4的捞鱼艇与拖鱼船，都被没收去了。它在一九二〇年的最低吨数，还不到70万吨，其中且有1/3是帆船。一九二〇年以后，汽船由建造与购置迅速增加，帆船的相对地位，迅速转落，在一九二三年的250万船舶总吨数中，后者所占比例不及3%。一九二五年，其吨数达到300万的纪录，实与一九一八年不相上下，但与一九一四年较，则相差200余万吨了。约瑟·大维斯（Joseph S. Davis）是一位战后欧洲情势的精密观察家，他关于德国这种新舰队的性质，曾在一九一四年写有以次的意见："德国战前船舶吨数为五百万吨，现在虽只达到三百万吨，但就适当上讲，就效率上讲，就经济上讲，那就不仅优于其战前的舰队，且几乎优于今日任何其他国家的舰队。"[1]

法国的商业政策　法国自拿破仑战争以来，其制造业者即狂呼关税的保护。至一八一六年，保护政策已施行到纺织工业与铁工业上面了。为了鼓励羊毛生产，对于原毛实行课税。这些事实，与其说是一种新政策的前兆，不如说是以前旧政策的继续。拿破仑时代所编订的法典，异常注意旧统治（Old Régime）的立法。在法兰西王政复古时代，我们往往难以指出当时复古的动因，是出于十八世纪的系统组织，是出于革命本身，抑或是出于这两者的暧昧联合。保护政策有拥护者，亦有反对者。铁与其他许多物品的税率，一八二二年已提高了，至一八二六年更加提高。当时自由贸易的影响是很大的，那一部分是由于旧时法国的重农主义与革命运动，一部分是由于英国亚当·斯密主义及因遵循斯密主义而逐渐取消过海峡的贸易限制。但那种影响不论如何伟大，我们总不妨说，保护主义者的政策，至一八四八年已登峰造极了。

在第二帝国（由一八五二年到一八七〇年）统治之下，上述的趋势已渐形衰落。如前面所指明的，这是殖民地政策上施行关税自主的时代。在五十年代初期，加诸食物、煤铁、钢，以及其他许多原料上的关税，已经减低了。一八六〇年与英格兰所订的《柯布登条约》（*The Cobden Treaty*），俨然

---

[1]　见一九二四年七月《经济统计评论》所载（由一九二三年到一九二四年之欧洲经济的与财政的进步），第220页。

一反从前保护主义者的主张。那次条约关于两国贸易上之重要商品，定有合理的低率税则。在此后6年中，法国实际上已与所有欧洲重要的国家成立了商业的协定。

普法战争的破坏影响，激起了保护政策的更生要求。亚尔萨斯洛林失陷后，若干比较重要的工业都大失其常态了。在此情形下，自由贸易遂遭受痛烈攻击，认为有害于国家工业利益。其结果，乃有一八八一年之重税制造品之《关税法案》的通过。此种法案未包括入大部分的原料，亦未顾及农业上的利益。此后，政府采行一种政策，奖励国内船舶制造，并以互认"最惠国"待遇的条件，与其他大部分国家重订商约。

一八八二年之危机发生后，不况时期到来，于是一般人对于新关税大表不满。加之，许多农业者在一八八二年以前就已经陷入困境。他们都要求用法律改良其境况。对于制造品所课的税率，他们都认为太低了，而那些在各种条约已经签订之后，尚继续有效的部分，尤为他们所反对。最后在一八九二年，这诸般税率都有增加，农产品更受到了系统的保护。当时还定有最高税率与最低税率的原则，规定这种原则的用意，就是想允许那些国家支付最低税的特惠，只要那些国家肯取消或避免对法国货课加差别税率。如前章所讲过的，这种关税在殖民地政策上有所改变，这时殖民地政策的目的，不在关税自主，而在"关税同化"。

一九一〇年的《关税法案》，乃是遵循着一八九二年所规定的一般倾向。最高税率与最低税率的条款还保持下来。但为加大保护功用，对最惠国所课加的最低税率提高，同时，为引诱外国，使接受有利于法国的条件，对于最高税率更加提高。当时有若干在贸易上变为重要的商品，都列在被保护的表格中。为鼓励工业，原料税一般豁免。而在此前法律中为农业利益所设定的适当条款，则认为没有全般改订之必要。

像这是大战爆发时的情形，法德两国贸易系建立在最惠国基础之上，依着特别关税的惯例，彼此由条约摈除一切有害于对方贸易的可能性。两国互认彼此为经济上的辅助。然而，就在这诸般条件之下，两国的商人辈，还因残留某些困难而大大表示不满，他们几乎都相信那些困难，有许多不难除去。在一九一四年六月初旬，巴黎举行了一种关税会议，与会者有两国的政治家与商人。在两月的会议进行中，两国相互作梗，法国方面的委员会，居然袒护失策运动。至一九一九年，法国依法律采定一种商约政策，那种政策的基本观念是以分别的互惠协定代替最惠国的待遇。和平条约签订后，法国对德国的贸易，只有特权，而无所谓互惠，直至一九二五年，那种单方的特权始行取消。到一九二六年，两国开始采行实际步骤，使彼此间的商业关系，安置在以互相合作为基础的条约之上。这样它们两国重又获睹其早在15年前就已经达到了的尝试的、不满意的标的。

把输出输入的统计一分析，就知道一九一三年的法国，仍然输入了许多基本原料（特别是煤与铁），许多像机械一类的笨重制造品，以及由大规模工业所生产的较低廉的货物。它的输出贸易无大改变，大部分为别出心裁的舒适品与奢侈品，日常生活必需品的数量则无关紧要。当十九世纪最后的1/4的期间，输出价值实无所增益，不过输入价值略有增加。如同在大不列颠，乃至在德国一样，法国有许久许久是输入大过输出，这种入超的主要原因就是国外投资。而法国抵偿其一般贸易差额的另一要因，则为有时为人们所称呼的"游历者工业"(tourist industry)。外国人每年带大批款子在法国花费了，花费的方法不外是享受与购买货物。货物由这种方式输出，或由邮包寄出的，大部分都没有列入输出表中。由一八八一年到一八九〇年，与由一八九一年到一九〇〇年的输出入的10年平均数，差不多完全一样，而由一九〇一年到一九一〇年的10年平均数，则较为增大：

由1881—1910年之法国的输出输入

（单位：10亿法郎举其成数）

	输入	输出
1881—1890（10年平均数）	5.40	4.46
1891—1900（10年平均数）	5.32	4.74
1901—1910（10年平均数）	6.83	6.47
1905—1913（9年平均数）	8.91	7.39

由一九一一年到一九一八年这8年中的平均数，由战争的输入、物价的高涨、消费的统制，以及马克对于其他通货（包括金元）之相对的轻微低落所歪曲了。以10亿马克为单位计算，其输入为16.47，输出为8.14。这些搅扰原因，战后至关重要，假如我们把此等法郎数字与早前的数字一加比较，那前者就混辨不清了。

下表列举的数字，是关于战前法、英、德、美四国总贸易额的大体比较，数字单位为10亿金法郎（每法郎略少于1金元的1/5）。

法英德美的外国贸易

（单位：10亿金法郎）

	法国	英国	德国	美国
1902	8	21	13	11
1913	15	30	26	21

后来，因为法郎对于其战前的金元价值，只有1/3，故其总输入在一九二〇年只少于5亿，总输出只少于270亿。一九二四年，法郎平均约为其平价1/4左右，那时的输入，略多于400亿，输出则超过410亿。由这极其简单的考察，就分明表示战前的入超——那在战时异常庞大，直继续到一九二〇年——到一九二四年，已经转变为出超；而且，一九二四年之法国总贸易数字，较之一九一三年的数字，增加了40%以上。

这里的篇幅，不够精细去分析那种浮夸事象的性质，因为，我们只要对于若干没有依法郎表述的因素，稍加考察，就立即明了前述的庞大数字，都是虚而不实的。第一，单是价格水准上的变动，那就颇够说明那种表面上的利得了；第二，一九二四年之较大的法国，实际就应当有较过去大得多的对外贸易，因为，它所增益的有价值的领地，正好是战前德国对外贸易数字膨大的主要条件之一。若就贸易差额而论，则通货膨胀暂时会阻止输入与促进输出的事实，在经济学上已成了过于平庸的议论，用不着多所评述了。而且，法国对外贸易的总数字，还包括了它与其殖民地间所进行的商务。在这场合，由膨胀的通货所表示的价值统计，那特别是过于乐观的，我们就抛开其他原因不讲，其中亦尚存有财政与货币制度的关系，存有其他许多国家[①]辗转支付的关系。

法国这时对于殖民地与保护国的输出，在继续增加，与战前的情形对

---

① 在维克托·克推（Victor Cat）所著的《膨胀政策下之利得者与损害者》（*L'Inflationses profiteurs-ses victimes*，一九二六年出版于巴黎）一书中，对此有精辟的讨论；法国议会中的所谓共产主义者领袖克琴氏（M. Cachin），竭力称扬此书，谓此备及百页的小册，为一真正的政治论著。然而其中若干经济的分析，亦是大可赞赏的。

照起来，那种增加，在出超上是一个强有力的因素。如，就殖民地的贸易上说，这出超在一九二六年十二月以前的11个月份中，将近有20亿纸法郎，同时，法国与其他国家之间的贸易差额，则显示短绌。在一九二五年，"有利的贸易差额"（favorable balance of trade）——那往往是就纸法郎说——约为16亿纸法郎，但在一九二六年，降落到了2000万纸法郎以下，可是在同年度的上半期，那将近达到了25亿纸法郎。这事实，大都是法郎之离奇运动的反映，法郎在一九二六年八九月之间，忽跌落到2分，至同年之末，升涨到4分。这种升涨，乃伴有生产的逐渐低减、失业、物价腾贵（以金计）以及各种其他的萎缩现象，结局，法郎虽勉能维持安定，实际并不曾安定化。

本书所能利用的最近统计乃是一九二六年的统计。把这种统计试与一九一三年的统计作一比较，那虽表示战后的整理，至一九二七年之初，尚距完全的境界甚远，但却使我们知道了一些有趣的事实。以重量计，输出较一九一三年增了47%，或者1040万吨。原料的输出增了43%，制造品的输出增了107%。食品虽显示落低，但极有限。一九二六年的法国，不但增大了，不但更工业化了，其输出且受了通货膨胀的刺激。后者是一种人为的要素，这对于法国对外贸易之增加，究有若何大的作用，由以次事实可以提示出来，即，就重量计算，一九二六年的输入，仅大于一九一三年之输入的3%。这种增大的输入，较其由外国购买较多原料所包含的数量为大。战争的影响，在条约上调整世界贸易的影响，只有待其在十分安定的通货制度之下，自行显露出来，要事先确实去核计，那是万难做到的。哪怕就是已经知道的重量罢，那对于商业上的活动，亦尚是一种极不可靠的测度。例如，一九二六年之法国输入的极低吨数，有一部分是由于在制造品的输入上，离开了一九一三年的水准——货物的价值与其重要成比例。

欧洲关系各国间的商业规制　某些地域在世界经济生活上所占的优势，往往是由于地理的利益。最显著的事实，就是地中海在中世欧洲的地位，那一方面便于吸收东方的货品，一方面便于接近西方的市场。在近代海洋商业发达的初期，大西洋上的地位亦提供了几乎同样的利益。此后经济活动的核心移向西方，移向北方了，但那种转移是缓慢的。自然的地理只是舞台，人类是演剧者，而我们回头所见的种种活动本身则是历史。南欧商人北向寻求贸易的利润，他们在北方投资，并开始在那里从事企业。这些投资促进了北欧的发展，但它们在某一时期内，限制了且控制了那里的发展，数世纪以来，那简直是对于经济力之中心运动的制动机。在另一方面，北欧商人则向全世界寻求贸易的利润，他们在世界各地投资，促进各地企业的发展，并由其组织的力量控制着经济生活，这个地区之广大的工业资源，益以顺适的商业境况，故卒能使全世界发生空前的联系关系。现代工业表现了一种深度的分工，这种分工与我们称为地域专业之阔度的分工，彼此不能分离。现代的经济组织，不同于以前一切时代的经济组织，如其我们有把这不同的特征，指明出来之必要，那开始顶好是描述其运输与交通的机构。

  有如在早前的情形下一样，西欧的统治，是靠着地理的便利与历史。加以经济帝国的范围，已经发展了它自己的核心，而予原来的中心优势以威胁。那中心凭其积累的技术，凭其投资力量，凭其习惯的势力，凭其依旧组织保护既成权利的相对容易（推翻那些权利的新组织，则难以形成），对于其原来优势，竭力保持。近代初期海洋商业的发展，大规模地破坏了那些存在于中世勒芬特贸易（Levant trade）上的独占的机会。重商主义政策在它主要代表北欧与西班牙争夺新大陆贸易的限内，亦尚是合理的。经过两百年或两百多年以后，一个颇有影响的经济学者（Économistes）的团体起来了，他们提醒政府，说在这个为各国提供了充分市场的世界中，在这个分业破除了一切非经济的（甚且全不可能的）自给自足之努力的世界中，在这个商业独占基础，已经永为新运输状况所破坏了的世界中，重商主义完全成了过时的主张了。这些经济学者（即重农学者——译者）的见解，由亚当·斯密给予了不少的力量，但产业革命却加强了它的经济事实的基础。

  "人之所作，异乎其所期待"，有时且较其所期待的要好多了。产业革命一旦散布于欧洲及世界，较旧的制造区域，就必得逐渐分业化，必得向其最擅长的技术与最特殊的自然利益方面努力。所有一切的努力，几乎全是集注在有利可图的商业上，所以，全般的打算与意向虽然没有，却终于成就了一种够有组织的国际分工。然而欧洲的这种地域分业，被国家境界阻碍不少了。货物通过国境的困难，不仅是因为有关税，且因为各国有不同的财政制度，在那般制度下，有混淆不清的规定与程序。大战以前，各国都是采用金本位制，故不同的通货算换起来，尚不大费周折。大不列颠牢守着笨拙的非十进制度，像先令、法郎、基尔德（Gilder）、克郎（Kronen）等货币单位，又往往不等。有些国家，其著者如盎格鲁萨克森的国家以及俄国，对于权衡尺度，现今仍使用着古笨的非十进制度。然以此种种与那些由财政制度抵触所引起的主要困难比较，那不过是小小麻烦罢了。北美有广大市场，且对商业没有这许多障碍，那无疑要成为欧洲的有力竞争者，但欧洲仍是安详而壮健，它甚且分取了其他地域之繁荣的利得。

大战截断了对外投资，使欧洲通货陷入了狂野的混乱。许多大国多年经营国外市场的结果，致使那些市场因需要刺激起来，或自行供给，或要求其他来源，由是新的畛域形成，新旧国界之间的关税壁垒亦呈强化。当参战各国在疲乏世界中从事自己的再建工作时，那种工作似乎过于艰巨了，当时关于欧洲衰落的书籍屈指可数，许多人且以为大陆的虚幻光荣，与希腊、罗马同样成了过去。但清醒点的，比较实际的观察，逐渐代替了这种感伤的议论。那些投在强烈烟火中的资本是永远不会收回的。无论哪个清醒的欧洲人，都不只要求自己一部分世界的经济进步——分工调度得好，欧洲且可受到其余部分进步的利益。即令其他地域的进步走到了欧洲前面，欧洲从而失掉了它那单纯的相对重要性，那亦不会使任何欧洲人变到更穷。

自由贸易只能行于同样发展的国度，各国不能同样发展，要自由贸易一般实行，那是一种梦想，但现在加诸商业上的若干障碍，却毫无用处。如其欧洲大陆上的分工，达到了最能利用其技术与资源的境地，从而它能由满足世界的需求，而赡养其人民，那在现在的情形下，就需要一种为任何敏感者所不能反对的即时变动。大战以后，国际联盟已经变成了影响两国乃至多数国家之经济条款的实际清算所。我们这里只涉及其非政治的活动，主要是涉及那些集中于国联秘书处的继续不断的工作。各国人民定期聚会于国联行政院、立法部，乃至各委员会，已经习以为常了，单是这件事实，亦就颇关重要。例如，对于一九二七年之国际经济会议之长时间的精密准备，早在一九二五年就已经正式开始。这个议案，是由充当法国代表的前法总理路易·劳却尔（Louis Loucheur）氏，于同年九月向立法部提出的。他还是一位第一流的商人。在大战以前，此类运动，系由私人或单个政府发议，迨困难与猜忌丛生，结局常归于流产。一旦即令勉能进行，其重要事体，就是如何继续，而此继续工作，非有能保持相当进步记录的一个永久的专家组织，是无能为力的。国联秘书处的经济财政组即应此需要，于一九二〇年布鲁塞尔财政会议后正式成立。

一个永久国际组织所能成就的实际工作，可由一些实例暗示出来。一九二〇年秋季在巴黎所召集的一种会议，把8年来愈变愈繁累的护照制度大大简单化了。一九二一年，一个类似团体集会于巴塞罗那（Barcelona），规定了各国所遵行的交通与运输的原则。这原则后来导出了一种国际铁道惯例，以及其他的事体。此外，另有一种运动，乃研究一标准而便利的日历，使世界各国通行。为要使许多协议脱去任何单个政府的成见，凡有国际的争端，都可向永久国际裁判所提出了，国联经济财政组印行了一大些重要的备忘录，那包括有一九二六年关于翌年召集国际经济会议的三种研究。其中有一项是对于生产与贸易的备忘录，那指示了欧洲的商业，仍低于一九一三年之水准的10%，并且它的世界贸易的百分比，仍低于一九一三年之水准的15%。

试再举述一个国际间完全行得通的实例罢。把关税率的问题抛在一边，如对于同样的货品，定以大抵一致的名称与类别，那也省得许多无谓的争执与烦累了。在一九二六年的德法经济谈判中，德国代表提出了非自动梯车的例子。德国把两轮车归类为笨重木工，为轮车与制轮者的作品，其他地方则视为"不指明的其他木器"；有四个车轮的，通算作是"矮车"（trucks）。西班牙与葡萄牙把它们都表列在救火器具里面，不过略示区别。非洲南部的联盟，通视它们为救火场合的安全器具。在法兰西与比利时，它们是拖物之具，在澳洲、在瑞典、在芬兰，它们都算是"运载器"罢了；在某些场合，芬兰与瑞典简直把它们看为"机械与器具"，并且大抵是就其各部分分别课税。挪威通常是分成各部分处理，把转轮当作车子过税，其余的部分，则分为各种各类。它们如果经过美国的税关，那又视其制造材料所占成分如何，而当作铁器或者木器。在瑞士、在奥地利、在英属印度，它们则又列入"其他地方未标明的"机械与工具中。

假若货物通过税关时，不详细标举几千种项目，而归属在少数一般的品类中，其混乱也许要更甚。因为不同的检察者，有不同的意见，在不同时期的同一检察者，亦有不同的意见。加之，在同一国家中，有许许多多的税关。单就欧洲而论，国界线就有4350英里。要使这些关税规则统一起来，使其合理化，那不啻是以组织来代替混乱。自然，在关于税率的主要问题中，这是无大关重要的。税率大抵是由政治压迫所形成，关税空间为谁所支付，究竟会怎样影响工业或商业，那是规定税率的适当研究，但现在各国所定税率，根本就未顾到这些。在关税带有政治性质，且要成就某种利得的限内，那是非做深入的合理的研究不行的。然而现在许多等级的税率，却都是任意规定出来，而且，在某些情形下的一点点大公无私的严核，将显示那些认定那样会有利益的人民，势将大大地受到误会。国联秘书处之经济财政组是一个永远的国际组织，这个组织的主要功能就是要使无偏无倚之技术知识公表出来，并赋予以威势。它那被人讥嘲为"学究的风气"（academic atmosphere），其实正是它的大荣誉。但这只是表明欧洲国际经济协作机关活动范围内的一件小事体。其主要之点，则在使人知道"欧洲之衰落"，并非不可避免，然欧洲之无秩序，欧洲之耗其全力于有碍地域分工之内部竞争，却使世界其他部分容易趋于欧化。

进一步研究的参考书籍

Arnauné, A. Le commerce extérieur et les tarifs de douane.

*Ashley, Percy. Modern Tariff History（1910 ed.），pp.3-73; 359-372.

Barker, J.E. Modern Germany; Her Politicaland Economic Problems, etc., pp.600-625.

Berard, V. British Imperialism and Commercial Supremacy.

Bowley, A.L. A Short Account of England's Foreign Trade in the Nineteenth Century（1905 ed.），pp.55-96; 141-147.

Buell, R.L. International Relations, chaps.V, VI.

*Clapham, J.H. The Economic Development of France and Germany（1815-1914），pp.260-265; 314-322.

Dawson, W.H. The Evolution of Modern Germany, chap.IV.

*——Protection in Germany: A History of German Fiscal Policy during the Nineteenth Century.

*Day Clive.A History of Commerce, chaps, XXXIV-XLI.

Fay, H.V.V. "Commercial Policy in Post-War Europe", in Quarterly Journal of Economics, vol.XLI, pp.441, ff.（May, 1927）

Fuchs, C.J. Trade Policy of Great Britain and Her Colonies.

George, W.L. France in the Twentieth Century, chap.X.

Gouget, R. Le Protectionisme en France depuis la guerre dans les faits et la doctrine.

*Howard, E.D. The Cause and Extent of the Recent Industrial Progress of Germany, chap.III.

Jenks, L.H. The Migration of British Capital to 1875.

Kirkaldy, A.W. British Shipping: Its History, Organization and Importance.

Landry, A. Notre commerce d'exportation.

League of Nations, Economic and Financial Section, Memorandum on

Production and Trade(Prepared for the International Economic Conference of 1927).

——Memorandum on Balance of Payments and Foreign Trade Balances, 1911-1925, 2 vols., Geneva, 1927.(Vol.II contains trade statistics for 63 countries.)

Levasseur, E. Histoire du commerce de la France; de 1789 à nos jours, pp.560-614; 639-680; 731-817.

List, Friedrich. The National System of Political Economy.

Lotz, W. Verkehrsentwicklung in Deutschland—1880-1900.

Marshall, Alfred. Industry and Trade, book I, chap.II.

*Meredith, H.O. Protection in France.

Nicholson, J.S. History of the English Corn Laws.

Ogg, F.A. Economic Development of Modern Europe, chaps.XII, XIII, XIV.

Pogson, G.A. Germany and Its Trade.

*Porter, G.R.(Hirst, ed.) The Progress of the Nation, chaps.XXVI-XXVIII.

Rathgen, K. Englische Handelspolitik.

*Root, J. W. The Trade Relations of the British Empire.

Schmoller, G. Grundriss der allgemeinen Volkswirtschaftslehre, vol.II, book IV, part 3.

Young, A.A. "Commercial Policy in the Treaties", in A History of the Peace Conference of Paris, edited by H.W.V. Temperley, vol.V.

Weber, W. Der Deutsche Zollverein.

第十二章　工商业之联合

一般的特征　大规模的专门化的生产，需要大资本积集，这种积集，是产业革命前数世纪所不曾梦想的。由这种生产所引起的组织形式，与我们一向所注意者，亦迥不相同。在晚近数年，几乎每一个产业范围，在生产家或贸易家间，均有某种形式的联合。唯此等联合的效率，却因产业不同国家不同而不同，在多数场合，即在同一产业内，亦不免有差异，因货品虽相同，但只要生产阶段不同，即可有不同的联合形式与程度。

比较因袭的区分法，是将产业联合分作两种模型，即横的与纵的。横的联合，是把对一种货品一个生产阶段负责的各个制造家联合；纵的联合，是把一种商品生产所需的各阶段，放在统一的经营下。与这两种模型之一恰相符合的例，虽不是没有，但在今日的现实营业界中，为更清楚一点，不如只考虑联合中的横的要素（或因素）或纵的要素（或因素）。提起纵的联合，美国人会想起亨利·福特；但若要把各种产业的纵的联合列成一表，我们就会立即觉得，那表中配称为纵的联合的例，比不配如此称呼的，是更少得多。甚至在汽车产业中，亦有许多车辆，是由许多家的出品合造成的。就令机器及车身是自己制造的，他通常还会从专门家购买许多别的部分，例如轮铁、飞轮、轴头、后轴、电器等。纵的要素既如此较不重要，横的要素既如此明白代表欧洲营业组织的一般倾向，所以，如称二者为"模型"，视为相等之物，那在开始，就把图画的对称性破坏了。

生产的经济，既往往由（比方说）标准化、原料的共同购买及劣等厂店的淘汰而得，故大体说来，联合多是商业的，非工业的。原料的共同购买，当然是一种商业活动，其目的在减低买价（不过大批订定同级货品，亦能使卖者减低生产成本，致价格虽减低，利润则依旧）。被淘汰的劣等厂店，既多属于联合之外而不属于其内，故其淘汰方法，亦为市场之压迫。在同一市场状况下，个别的大厂店所不能取得的生产经济，大联合即有取得的可能。在同一市场状况下，在许多产业内，有良好机械及分工的小店所不能取得的生产经济，亦能由大联合而得。鞋业可引以为例，因其厂店平均是很小的，但颇能机械化，且有精密的分工。完全的或局部的独占，在联合的目的与作用上，有颇大的作用。市场在一定的价格下，只能容纳这样多的黑靛、硫酸及汽油。同业的生产者如要多卖，结果一定是价格战争；但若他们停止竞争，瓜分市场，使其供给稳定，他们便可大大把价格提高。联合对于外面较小的生产者，有一种破坏性的利益。那可以在较小生产者的狭隘市场内，使他失本售货。在那里，固然两方都要吃亏，但联合可在有独占权的其他地方，提高价格以为补救，较小的生产者却无处可得利益以为弥补。倘非法律干涉，小生产家也许就要消灭，其营业被夺，而联合之营业则增加。

在说明联合之目的时，我们决不可忘记营业的一般目的，即收集利润。联合若干厂店改组若干厂店之目的，往往直接是图取发起人的利润。企业的永久与否，完全是另一个问题。那取决于供给予价格是否有控制，当然，也许还要取决于生产经济是否成功。

每一个工业非常进步的国家，都有"托拉斯问题"（trust problem）。在英吉利，先是采用放任政策。这种政策，使制造家能以完全的自由经营事业。独立生产者在国内市场及国外市场上的同业竞争尖锐化，资本的联合即开始。这种联合的形式有许多种数，有的只是单纯的价格协定，有的是合并与合同。

德意志的加特尔与辛狄加　在工业扩张期以前，德意志若干重要的工业，已经有价格协定（price agreement）。在铁路建筑史前期中，铁路共同计算的方法（rail pool）已经有了，在铁皮工程上亦已有相似的联合。但这种联合大多数是暂时的，对于工业组织殊少影响，唯将来的更可怕的协定，即由此种协定发达而成。德意志的法律，在原则上不反对独占的联合，所以联合过程的进行，比在美国，要更公开得多，且亦更少纠纷。

大部分就因为德意志法律有这种特点，所以大体说来，加特尔（Cartel）的组织是比美国的共同计算，更严格得多。美国的共同计算，是法外的协定；德意志的联合，却往往是实际的股份公司。德意志的著作家〔例如萨尔托里士·湾·沃尔特士浩生（Sartorius von Waltershausen）〕，常常区分加特尔与辛狄加（Syndicat），这种区别虽可以指出，但在实行上，并不被严格遵守。从特殊点说，加特尔被认为是确定价格，限制出品，分配市场的组织。个别的厂店，仍保持其完整的存在，受限制的，不过是它们的活动。但较狭义的辛狄加，却包含一种组织的设立，这种组织的根本目的便是推销各关系制造家的出口的一部分或全部，分明使生产与分配分离。但在实际商业的范围内，这两个名词实际是混起来用的。

加特尔的根本目的是价格规定（例如纺织工业），不过也有时要限制生产。已实行这种办法的，是矿山所有者及铁铜半制造品的生产者。水泥工业的分配，亦曾实施限制。此外，加特尔还履行几种较不重要的普通事务，例如指导工业教育，限制产品性质，报告国内外贸易状况及依其他方法促进会员的利益。

加特尔或辛狄加会员间的协定均载明一定的年限，故须时时改订。不永久固可说是联合的一个缺点，但在许多场合，组织却因此取得了更大得多的伸缩。在煤炭工业、钢铁工业、化学工业、建筑材料工业上，加特尔的实行最为成功。就连在食料品的生产者间，亦有时有这种例，不过，成效颇为有限。容易标准化及容易大规模生产的商品，比较需要更多手工而在地域上又不集中的商品，能受更有效得多的检查。加特尔在德意志，有七十年代的工业凋敝期间，才成为重要的。一八七九年这类组织约计有14个，一八八五年有35个，一九〇五年约计有385个。

非难加特尔与辛狄加者，谓加特尔与辛狄加，在关税壁垒的掩护下，有提高国内价格，使同一商品的国内取价较高于国外。这种非难，无疑有几分道理。但在这场合，要断言这种提高，有多少应归因于保护，有多少应归因于统制，是很不容易的。就这关联说，上已述及的"倾销"（dumping）是最令人不能忘记的。倾销是在国内尽可能苛取最高的价格而在国外竞争市场上取较低的价格，其理由为，倾销可以增加总出品额，总出品额的增加，又可以取得大量生产的经济。为倾销政策辩护者，常谓国内价格仅较输出价格为高，但实际与无此种经济时相较，国内价格亦应认为已经减低，而此种经济所以是可能的，便由于市场推广。倾销分明要受限制于这种情形，即国内市场能在所要求的价格上受纳多少这种产物。与非必需品比较，需要更无伸缩性的必需品，不伤害本国市场以饱外国市场，已能提高到更高得多的价格水平线。德意志联合会提高国内价格的证据，是使人信服的，但联合能减低生产成本的话，却还没有令人信服的证据。

就控制原料的加特尔而言，倾销的手段是，凡以产物输出者，得享一定的折扣；就控制出品推销的加特尔而言，倾销的手段是，在国内制定一个价格，在国外又制定一个价格。这两种手段，对于生产者是一样的。在各联合厂店的全部出品均由辛狄加推销的地方，商业竞争几乎消灭。据说，中央代售处的设立，可使个别厂店节省独自贸易的费用，但推销同量货品的全部费用，有无任何节省，却还是一个未解决的问题。

在辛狄加的活动中，中央经售组织往往由联合中一个会员，或由一个银行，或由一个商业机关经理。还更重要的发展，是形成一个独立的公司，以推销各联合厂店的产物。一九〇五年，已有半数或半数以上的联合，已经组织这样的共同销售处。

也许，加特尔与辛狄加的复杂组织，与德意志生产上、推销上某种特殊需要相合，不然，绝不会继续发展。人们往往以成功的加特尔与辛狄加来作例，过分夸张它们的成效。加特尔与辛狄加成功的场合，产业的情形大都如此有利，要认定那种成效是由于联合，当中亦似有困难。但若我们以其成效归于关税保护，我们就须记着，这种联合在英国亦已发展，近数年来尤其如此。再者，德意志的炭业联合是很有成效的，但煤炭便可免税输入。表面上互相独立的诸种联合，往往由合组的董事会及协定而共同活动，但这情形，亦非德意志所特有。

德意志正式公司化的集中倾向，可由染业来例解。一九〇四年有两个团体成立。这两个团体，在一九一六年以前，仅由合组的董事会及协定而共同活动，迄至一九一六年，全德意志的联合团，才着手限制生产与推销。一九二五年，那完全合成为一个股份公司，名为 J. G. Farbenindustrie Aktiengesellschaft（染色工业合股公司），连合团的旧领袖 Badische Anil in und Soda Fabrik（靛油及苏打厂），亦失去了个体性。

德意志钢业联合　世界大战前数年，钢业联合（stahlwerks verband）是德意志最有力的辛狄加之一，那是一九〇四年组织的。这个组织控制重钢料的生产与分配，但对于"未制品的"铁产物钢产物，（名为B类货物如铁管、铁丝、铁板、铁皮等）却只限制生产，不限制分配。有许多半制造品（归于A类）的生产，却确立了实质上的独占。这一类货品，既由会员制造家直接售于组织，而由组织负责将全部出品推销。

扣除必要的手续费以后，一切剩余均按协定分配于各会员间。如此，组织已能维持有十分报酬的价格，而在出品的分配上，几乎把生产家间的一切竞争消灭。至关于B类货物，则仍未设立独立的代售机关。每一个制造家均在公开市场上脱售自己的产物，事先预定的，只是他的出品总额。除了钢业联合，一九一四年德意志在精制铁产品钢产品的生产家间，尚有许多辛狄加。这些组织大部分，都直接或间接与中央联合相联合。经售铁制品钢制品的商人，亦曾组织，以助制造家的市场统制，使其有效。

在大战期中，钢铁业异常繁荣，但和平条约给它一大打击，因战前的铁矿，由此丧失了2/3。"纵的"联合倾向，已经表示出来了。加特尔的大部分，却主要是"横的"，专处理生产的某一阶段（虽然生产各阶段，有时在材料或市场方面，彼此均密切相关而相互依赖）。有一种"混合的"加特尔，将生产的一切阶段联合。大战后的混乱时期中，像蒂森（Thyssen），尤其像士丁纳（Stinnes）那样的策士，竟能乘马克跌价低估物权价格而异常奖励输出的机会，组成一种特别的联合。尤其是士丁纳，他有惊人的大财产，下至矿山，上至汽船公司，而在纵的方面排列起来。币价再安定之后，这种奇怪的联合，即开始消灭。"纵的"排列，常常大部分成为一个人的事务。一九二六年大陆钢业托拉斯，比战前任何联合均更向相反的方向（即所谓"横的"联合）进行。这个托拉斯仅从一种产业的顶点取出来原钢，而其范围所及，则达四国及一个国际管理的领域。

蒂森系统与士丁纳不同。他仍能团结通货膨胀时期的联合。这个系统，根本就是钢厂的联合，把实业上有关的各种财产结合起来，但士丁纳建筑物那样奇怪的"纵的"特征，他是没有的。Vereinigte Stahlwerke Aktiengesellschaft是一九二六年成立的，内包括莱茵·鲁尔三角区四个大团体（其中一个是蒂森财团），而以蒂森博士为主席。莱茵·鲁尔区一九二五年所产原钢，等于德意志全国产额的80%以上，这个新立的大股份公司，几操有有关系的各种财产之半数。因此，它操纵德意志原钢出品大约40%。其工厂大多数在上述三角区（其边界为连络杜谢多夫、汉模、丁士勒肯的那几条线）内，但其所有的矿地，却在德意志其他各地、在瑞典、在西班牙、在巴西，其总储额据估计，当有6.5亿吨。除此之外，它尚有大约150个炭矿，储额在50亿吨以上。

这不仅是德意志最大的钢业联合，其矿山所出，亦几等于"莱茵·韦士特法利安煤炭辛狄加"（Rhenish-Westphalian Coal Syndicate）全比例的1/5。那又由合组辛狄加与连合团，而与其他产业相连合。例如，合并的四团体之一，由Bochumer Verein，Gelsenkirchener Bergwerks-A.G.，Deutsch-Luxemburgische Bergwerks-und Hütten-A.G.构成——后二者已与西门子公司组连合团，而西门子公司的主要事业，乃是电气业。Vereinigte Stahlwerke-A. G.，当然是大陆钢业托拉斯（L'Union Internationale de lacier brut）在德意志的最大的分遣队。

炭业辛狄加　在世界大战之前，煤炭的全部生产，均为少数联合所支配。其中最有势力者为莱茵·韦士特法利安煤炭辛狄加，成立于一八九三年，本以5年为期。一九一五年终以前，这种辛狄加曾按期自动展续。一九一五年终，它濒于破裂，但政府以其战时权力使其继续。在一九一五年以前，会员计有67家独立的公司。联合的最初目的是统制煤炭、炼炭与骸炭。其权力后经推广，且得为矿山所有者。像钢业联合一样，莱茵·韦士特法利安煤炭辛狄加有一个销售机关，联合中的矿山所有者必须以此机关为媒介而脱售出品。这种统制，几及德意志全部煤炭供给的半数。又像在钢业一样，经售商人间的联合，亦与辛狄加合作以维持价格。组织后又发觉必须统制莱茵区内煤炭的运输。为这目的遂又于一九〇四年设立了一家公司，即莱茵煤业贸易运输公司。

除莱茵·韦士特法利安煤炭辛狄加以外，尚有布罗恩煤炭辛狄加（Brown Coal Syndicate）及上西利西安煤炭业会（Upper Silesian Coal Convention）。莱茵·韦士特法利安团体与西利西安团体，互相竞争，但竞争程度尚不致威胁彼此的存在。独立矿山开采者与之竞争颇剧烈，直到一九一七年烟煤开矿家重行组织，就几乎实际确立了一种独占。在大战期间，当然对于炭业颇实施国家管理。革命及停战引起了一种危险状态，煤炭业几乎被收归国有。此法律成立于一九一九年三月与八月，但事与愿违，极端派未得顺利，一月的选举，卒成立一个缓进的政府。新组织由等级组织构成，下为11个地方辛狄加，其上有帝国煤炭联合会及帝国煤炭会议。

"地方辛狄加，本质上便是生产者的加特尔，但在经理会议上，有劳动代表出席。那些辛狄加，分派生产比例于各会员，负责销售燃料与分配燃料。帝国煤炭联合会，是辛狄加的辛狄加。其会员是地方辛狄加，但劳动亦得派代表出席检查员会议。其任务是为各会员确定生产比例，确定各会员产物的市场与最高价格。帝国煤炭会议，是一个复杂的产业会议，在这会议上，生产家、消费者、劳动者、商人，与政府，均派代表出席。其任务为适应广阔的社会情形经济情形，确定产业活动及支配的政策，以促进国家的一般幸福。"①

煤炭会议实际大受开矿家统制，因为只有开矿家知道营业的技术。他们亦往往使会议的进行，与私人的大辛狄加相适合。波兰是于一九二〇年侵入西利西安地方的。在侵入以前，曾有一次民众投票，投票时，有70万票赞成仍隶属于德意志，47.5万票赞成以上西利西安隶属于波兰。经长时期的争议后，争端交付国际联盟大会解决，最后是把土地分成两部分。但属于波兰的部分，几包括煤炭生产额的75%。

钾类辛狄加 钾类辛狄加（Kalisyndikat）在德意志各种联合中，是最成功的。在本世纪开初以前，它已获得钾类物品的实际独占权。一九一〇年曾发生危机，有暂时解散的模样。此年，《帝国钾类法律》通过了。这种法律，再使其取得稳固基础。一切钾类制造品均被迫规定一致的最高限度的售价，规定出品总额及各生产家所得的生产比例，并分配其全部产物于国内市场与国外市场间。分配权属于一个独立的销售机关。

出品大约有3/4，出于普鲁士马格德堡附近的地方，其余则出于阿尔萨斯。后一矿源，也许比这比例所指示的，要更重要一点，但该矿源与普鲁士老矿源的竞争，终为协定所限制。战后，阿尔萨斯部分分成了三个团体：模尔浩士的圣特勒西钾类开矿公司，阿尔萨斯的国家矿业公司，巴黎及模尔浩士的阿尔萨斯钾类商业会社。一九二二年，德意志辛狄加的出产，约占全世界供给的85%，其余则为阿尔萨斯地方3个法国团体及其他各矿源（包括西班牙及美国）的出品。前章已述一九二六年德法协定，按照这个协定，法国比例为30%，德国比例为70%，每年总产额，估计为84万吨。

电气业及他业 德意志各种纺织业、酒精制造及其他许多种营业，几通有价格协定，所以把这种协定列成一表，不仅是不必要的，而且是无用的。在此可举电气业为模范以为说明。这种例解是得当的，因为它还可以说明以后的倾向。它的历史，自十九世纪中叶起至现在为止，亦可以反映德意志大工业的全部背景。

西门子及赫尔斯基（Siemens & Halske）于一八四七年建设一个小工

---

① 斯托克德（Stockder）著《德意志商业联合：炭业加特尔》，第181页至第182页。

厂，以制造电报器具。此店随营业发达而发达，且设分店，因取得了基本的特许权，故能使竞争者不致出现，即出现，亦须纳一定的代价。德意志爱迪生公司（Deutsche Edison Gesellschaft）——后改组为Allgemeine Elektrizitäts-Gesellschaft（一般电力公司），简称为A.E.G.——设立于一八八三年，以装设电灯系统为目的。最初，这个公司须纳租于巴黎爱迪生公司，因该公司有支配大陆方面爱迪生特许权的权力。而且，这个公司还不得不从西门子及赫尔斯基购买大部分机械与材料，而西门子赫尔斯基，却就是它的主要竞争者。但这两家德国公司，都觉巴黎方面独占特许权是一个大妨碍，乃于一八八七年缔结协定，出资向巴黎赎取自由。因经一次必要的财政改组，德意志爱迪生公司遂改组为A.E.G.在旧名称下，A.E.G.已进行电车的敷设。西门子公司及A.E.G.虽均为制造家，又均为包工敷设者，但前者的全部发展过程，最初即注意于纯工业的目的，而后者则为特许权所限，几不能参与其他范围，自始即成为包工敷设者。西门子及赫尔斯基于一八五八年即已开始制造电疗器，后又制造电化学器械。当A.E.G.专力于电车事业时，西门子及赫尔斯基却制造电话器械与海底电线。从此再进一步，便是电气时钟、电气火警铃等。

一八九四年二公司的协定，任A.E.G.制造它自己的器械。一八九七年西门子及赫尔斯基均注册成为股份公司。两家公司的业务实际都已伸入电气的全范围，不过，西门子及赫尔斯基有两部分：西门子·苏克特（Siemens-Schuckert）于一九〇三年成立，将高压电流器械的制造，集中于牛伦堡的老苏克特厂，低压电流器械的制造，则委于柏林的西门子厂。

这两家西门子公司，曾在德意志各地设立许多特殊的厂店，其趋势为在制造结果上将产业分成许多部分，但依财政组织及推销组织的复杂网，将各部分结成一体。这个网，几乎满布全世界。例如，西门子·苏克特维也纳分店，就保持一种组织，其技术办公处与推销办公处，竟遍设于巴尔干半岛。在西门子·苏克特的联合中，有颇可观的"纵的"要素，而实行支配瓷器、纸料、木纤维、铁丝、海底电线等工厂，甚至在西门子城制造勃洛多式的汽车。一九二〇年成立了一种连合团，以西门子及赫尔斯基为领袖，与三大其他工厂（非A.E.G.）协定共同计算利润，期限为80年。除了老苏克特厂外，尚包含Gelsenkirchener Bergwerks-A.G.及Deutsch-Luxemburgische Bergwerks-und Hütten-A.G., 此二钢厂已于论述Vereinigte Stahlwerke-A.G.时，叙述过了。这两个西门子公司，合起来大约雇用了10万人，其同业竞争者A.E.G.，则于一九一二年时达最高峰，曾雇用7万人，那时，它还是二者中较大的公司。在这两个大团体间，颇有分工，亦有共通的事业。哈琴（韦士特法利安）与柏林的电池厂，是共同的企业，A.E.G.于是从这范围退出。它们还会合作建设第一个大无线电公司。

A.E.G.几乎是以强迫手段来普及电车，其普及方法为购买马车全部，购买运客特许权，设置电料。这个公司最先用同样的方法证明用水力生电及以长距离电线传电的效用。伏兰克福一八九一年展览会的电灯，其电流即来自107英里以外的洛贡。因此，发起在莱茵费尔登建设15000马力的机厂，以涡轮推动，电流得传往31英里以外。A.E.G.又在哥尔巴建设一个用汽涡轮推动的发电厂，那是大战中一个短期间建设的，是世界上最大的。现又方在卢昧尔斯堡湖畔建筑一发电厂，其大几两倍于前者。除了以水涡轮为推动力的工厂，那又于一八九六年吞并UnionE.G.，而从事于汽涡轮的营业。得数银行之助，它又在瑞士的诺浩生，建设电气化学Aluminum Industrie-A.G.。其活动种类繁多，包括各种大小的电摩托、汽涡轮、船舶的底塞尔（Diesel）机器、汽车、蒸汽机关车、电机关车、电线、海底电线、瓷器、电量计、无线电器具、电影器具。

也许，马谢尔（Alfred Marshall）所谓"为产业服务的科学"，再好不过是以A.E.G.为例。我们且再前进一步，说"事业"，不仅说"产业"。德国这两个大电气团体，对于科学研究都非常注意，而不绝改良其出品及其所用机械。尤其是A.E.G.，它是包工敷设者，在敷设上，它常改良其技术，使其所设备的机厂，恰好与其特殊情形及需要相符合。这种需要，有些是技术方面的，有些是营业方面的。将原计划从一方面或两方面稍作改良，数年之中，即可引起利润上的大差别。自创设之日起，经营家就相信A.E.G.的职员，有能力将有组织的科学知识及营业知识化为利润。当有异常满意的工作成就时，努力者往往为公司所促进，为银行所资助。为资助这种事业，尤其是为资助国外这种事业故，它曾设立一特殊银行，与德意志银行及瑞士信证公司相合作。早在一九〇〇年，它的股本与债券二者均已超过600万金元。其所有货币大都借于海外，其股本亦有一大部分为德意志国以外的人所有。A.E.G.就这样集合一大注资本，以许多附属的企业附属于它。法兰西的著作家，因见这种过程，曾指摘德意志的产业过分以信用为基础。

这样组成的公司，当然容易感到战争的影响与封锁，尤其是国外投资人的信用丧失。但是，A.E.G.的组织虽不像西门子公司，它却亦颇能耐风波。

除了上述的特点可作为例外以外，它的营业方法是保守的。在通货膨胀时期，德意志极端的"纵的"联合倾向是非常不自然，非常危险的。首先用这点向公众提出警告的德意志产业第一流大领袖中，有一个便是笃齐主席。他还是另一种宣传——谓，新机厂，必须比因年龄较老而多少已成陈物的旧机厂更有效率得多，方才有设立的价值——的主要发起者之一。就非常专门化的生产来说，这种宣传无论怎样着重都不为过的。大战以来德意志的迅速推广，有一个主要的困难，便是重设所已设者，已成为热病般的倾向。A.E.G.之富与力，原来由相反的原理获得：即，一个机厂，至少应和另一个机厂做一点不相同的事情，以冀获得利润。

今日，没有一国，还比德国更需要这样的忠告，即，机厂应力求其有效。德国因要恢复原状，赋税的负担是日益增加。这种日益增加的赋税，在能有利润以前，便给资本一个致命的打击。在道斯计划的第二年中，A.E.G.曾付出纯收入大约2/3作为赋税，故赋税额比股东所得要多一倍。在这样的阻碍下，要从资本榨出利润，非有有组织的天才不可。在这场合，幸而欧洲尚有一公开范围，即产业及运输业电气化。德意志每人仅消费162基罗瓦特小时的电，英吉利每人消费141单位，瑞士每人消费398单位，美国每人消费415单位。

法兰西的产业联合　法兰西的产业，主要发达在不容许大量生产的货品上。标准化的缺乏或不可能，是设立销售联合所以维持价格及限制出品之大障碍。除了在已有大公司的地方，大联合是难得出现的，并且，就连在已有大公司的地方，亦还没有大联合。法兰西未曾表示德意志这方向的倾向。但是，法兰西有些产业是适合于大量生产的，在这类产业中，联合亦颇有可观。例如，炭、铁、钢、水泥、若干化学物品（包括染料）及少数几种织物——至于面粉制造业与砖瓦制造业，亦有联合存在，唯其程度较小。

战前法国的孔伯多（Comptoir）与德意志的加特尔及辛狄加，论其机能，是颇多相同之处，即确定价格，规定各会员的份额比例。在被指定为组织专卖区域的市场内，各会员协定不分别售卖。但这种限制，不常超出这指定的区域，亦不常束缚各会员在该区域内的生产额或价格。例如在战前，在莫特与莫西的范围内，就有两个这样的组织——Comptoir Métallurgique de Longwy及Comptoir d'Exportation des Fontes de Meurthe-et-Moselle。前者统制法兰西境内的生铁销售，后者目的在促进外国市场的销售。前者是普法战争后不久设立的。一九一四年国内总出品已有大部分受其支配。这种组织的显明特征是不限制各关系公司的总出品。在一定的份额比例完了以后，各会员必须在组织专卖区域以外，脱售他的剩余出品。

　　精制铁品的推销比生铁的推销，受更严密的限制。这一类的组织有许多，例如战前钢业的Comité des Forges。特别在冶金业上，战争状态与政府管束会促进联合的发展，以谋生产及推销两方面的技术的改良。这些康米特（Comité）及辛狄加，不常组成公司。它们对竞争所加的统制，与其说是命令的，不如说是合作的。法国与德国的组织，虽常有相似的名称，但其结构却极不相同。例如，代表文德尔、士耐德尔及其他大钢厂的Comité des Forges，便不像德意志的Vereinigte Stahlwerke那样是股份公司。法国机械产业辛狄加，组织弛放的化学制造职业辛狄加，水力、电冶金业、电化学及其关系产业之会议辛狄加（Chambre Syndicale）等，都可同样注一笔，例如，可以此种组织，比之于德意志以炭油化学生产为业的大公司。再者，煤炭矿业上的Comité des Houillères de France，仅有极少数几点，略略可以与德意志公私混合的辛狄加制度相比较，因后者对于钢铁团体有严密的束缚。但法兰西织物产业的组织系统，却一方面讨究生产设计与生产技术的问题，他方面在国民间宣传法国货物。

　　这种组织是奇怪的，它一方面是私人的合作事业，另一方面又是国民的公益事业。在这组织的顶点是生产总会（Confédération générale de la Production）。那不是联合，亦不是托拉斯，而是报告文书局。在大战中，法兰西在经济方面分裂为若干区，而以地方商会的集合为组织的要素。在改造期中，这些区还更坚固更永久地组织着，按照一九二七年的报告，共计有18区。其目的之一，为补救因政治中央非常集权所生的流弊。这种经济的分治主义，因大战以来大规模产业发展及亚尔萨斯洛林（在那里，地方组织的大核早已存在）被夺回，而日益进步。此外，还有两种势力可在此叙述：（甲）推广地方分治制度的热烈要求，在新并入的东部区域，尤其有这种要求。（乙）使全欧产业发生国际合作的倾向，但对于这种倾向，法国政界中人皆以怀疑与辞退的眼光视之。

　　大战时，法兰西曾普及大量生产的宣传，这是效法美国，且在某程度内效法德国。法兰西语中，没有一个字，恰好与美国商业用字"efficiency"（效率）相当。在工厂组织及淘汰无用的运动中，"taylorism"（泰勒主义）一字用得很广，这是起因于在美国发生的一种特殊制度的流行。由这种观念，由战时必需及由战后法国经济地位改变，究曾发生多少影响，是不能正确估计的。机械工业已以手工业为牺牲而发展，合并与合同的著例，亦已发生。现世纪开幕之初，那有名的圣哥本公司，已成为欧洲主要玻板制造厂之一。在以后数年间，它合并许多独立的生产家，使加入它的大组织中。因为国内同业制造家及国外同业制造家合并之故，圣哥本公司（Saint-Gobain Company）不仅可在法国市场上，且可在国外，发生重要的影响。大家知道，这个公司还制造苏打、硝石、氢盐酸、硫酸及人造肥料。在这范围内，新状况曾特别唤起一个惹人注意的发展。大量生产及大公司的勃兴，与商业联合有密切关系，但非相同的事物。大公司与商业联合，有巨大的结构上的差异，目录学的方法，应常常避免。

德意志的verein（联合）及若干其他的联合，是同时含有经济的要素与非经济的要素。像这一类联合一样，法国的comité（委员会），在局外人看来，亦常常是神秘的东西。这种委员会，对于殖民地政策，振兴与宣传，亦甚有关系。有些是公立的，有些是半公立的，还有些是私立的。当作会员，他们不仅互相关涉，且与各种与殖民地有关系的营业相错综。如果我们记着，法兰西的关税法，是与殖民政策及殖民地税率相关系的，而在殖民政策与殖民地税率上，"同化性"与"分化性"又互相混合，我们便能明白这个形式何以会这样错综。这种组织的实际结果，不能由其外表，由其在新闻纸上所占的篇幅而定。一位殖民地行政长官说："在巴黎有五十个人关心殖民地。从这一个会，这一个会议，这一个招待席，到另一个会，另一个会议，另一个招待席，你所能遇见的，始终是这五十个人！"也许在这些人中，还有许多人，在实际经济与政治的范围内很少影响。人们常以规模的大小，误认作效率的大小，巨大而弛放的联合，究竟有效到什么程度，往往有被过分估计。

大不列颠的联合　在大不列颠发生联合的产业和在大陆方面发生联合的产业相同。若考虑到大不列颠是产业革命的领导，便知道与德意志比较，价格协定与生产限制，在大不列颠不能说是经济发展中特别令人注意的要素。过去75年间的自由贸易政策，确曾在某程度上影响到它的历史。德意志、法兰西和美利坚的联合，都在关税壁垒的背景下发生。如果法兰西所表示的联合倾向，不及大不列颠，那是因为它的产业，从历史方面考察，不适于联合；如果德意志所表示的联合倾向，过于大不列颠，我们便须记着，既无大殖民地又无大国外市场的产业后进国，有特殊问题作理由。保护政策与自由贸易政策，各皆与本国的经济组织有显明的关系，但其关系甚复杂，不能当作单纯的"原因"。

十八世纪英吉利，已有价格协定，此时尚在自由贸易时代以前许久。纽卡斯尔（Newcastle）的煤炭买卖规则可以为例。其目的在限制纽卡斯尔产煤在伦敦市场上的销售。出品最高额确定后，各煤山评价即各分得一定的比例。煤炭买卖的限制权，属于矿山所有者的委员会，这个委员会每两星期确定伦敦市场上的销售额一次。价格统制得有效地实行。但外国市场上的销售，各煤山所有者不受任何限制，结果纽卡斯尔的煤炭遂得在遥远市场上，比在伦敦市场上，以较为低的价格售卖。这种"倾销"手续，曾被广泛采用，以保证继续的生产。直到一八四四年左右，纽卡斯尔煤炭买卖规则，仍在伦敦市场上有大影响。

在自由贸易时期，亦曾发生联合。一八八八年盐业联合的组织是一种可怕的联合。一八九九年所成立的东北盐业有限公司，包括东北海岸及米德斯布洛区（Middlesbrough District）的大制造家，一九一五年因组织盐业制造家联合会（在支夏尔区），得以达到独占阶段。东北盐业有限公司的两个大会员，是盐业联合与联合钾类公司。这两个大会员，同时又是盐业制造家联合会的会员。盐业联合，几乎统制全英出品的60%。归盐业制造家联合会统制的，在90%以上。

在铁与钢的生产上，亦曾试行统一的统制，其联合方法包含纵的要素与横的要素。前者之例，为格士脱、冀恩、纳脱福德有限公司及贝尔兄弟有限公司（后与多尔曼·浪格公司合并）。在铠甲及船板的产业上，在铁板与铁管的产业上，曾有合并之事。大战期中，"领土法的卫护"，对于许多基本产业，曾建立国家的统制，而在其他范围则促成私人的联合。例如，一九一七年，经尝试的各种步骤以后，煤炭生产已须严密受政府检查，生铁产业，实际亦受五大联合会所限制。一九一四年组织的英苏肥皂制造业联合会，大为利华兄弟有限公司所支配，该公司所生产的肥皂，等于全英肥皂生产额的70%以上。在一九二〇年，这联合会联合140家独立的肥皂制造厂，形成一种股份公司。英国市场所消费的缝物棉花，有90%以上直接受统制于J. and P. Coats, Ltd.（JP上衣有限公司）。说这特殊情形的影响有害于产业的最大利益，似无理由。在大战中及大战后，银行亦有联合。一九一八年的政府委员会，对这倾向表示惊讶，但名为"五大"（big five）的最大合同（amalgamation），却就在此后两年间发生的。

财政统制的妖怪，所以如此令人不安，大体是因为国家本身奖励产业组织的非常集中。由前期工商业联会而树立的联合会议，不幸，很像帝国大营业的总辛狄加。大不列颠的产业比德意志的产业，更不采纳"纵的"联合要素——这种要素，在两国都以外观胜，论其势力，是无足观的。惯用的统制方法，是美国常见的方法：即成为股份的实际所有者，以形成联合。在大战之后，大不列颠亦显出繁荣的模样。这种外表的繁荣，为一九二〇年终的恐慌所终止了。在其未终止以前，曾有许多著作，预言大联合的新时代，这种大联合，既有横的特征，亦有纵的特征，"而为大金融托拉斯大银行托拉斯所支配所指导，这种托拉斯对于公共储款及汇票借款，有非常大的支配权，致使推动贸易的一切杠杆，皆受其支配"。[①]恐慌的感觉（以后，果然发生了恐慌），乃因过分重视大战所引起的反常状态的特征所致。银行的董事会与工商业公司的董事会，颇相互勾结，任看一本董事人名簿，我们便可看见这一点。但这并非说，银行已经实际统制商业或工业。异质的联合，有纵的要素者，在一九二〇年后的恐慌期中，是很不安定的。在营业界的眼光中，其位置仍与我们相同，即被视为一个畸形，如机会碰巧，获得天才与科学的指导，它亦有时表现惊人的生机。

超国界的联合 在既无一般贸易自由又无国际法人组织的世界内，不同国公民间营业联合的形式，必然是非常分歧的。觉得必须有此种合作的最显明的事例，其所关系之商品，皆为国际所交换国际所使用而仅在有限地面上发现的商品。从营业的观点看，这类商品之有无，非决定之事。如其有，则须存在于这样的形式，这样的分量，这样的距离，这样的运输状况下，俾其移动与使用，有利润可得。例如，从物理学方面说，在法国境内熔洛伦铁矿是可能的，但在产业及运输的现状下，却是"铁就于炭"。这是一个竞争问题，在这种竞争中，产铁区域将损失奇重，炭区所受损失略小。

最惹人注意的"国际商品"，也许是铁、钢、炭、油与橡皮，但若仅要模糊地表示这表是怎样长，则尚有其他项目可以加入。制造现代式的钢，须有各种合金，那大都是从外国输入的。例如，镍、锰、钒、钨及铬铁矿。还有些矿物，为某种产业所不可少——最著者为铜、铅、铝、锌、锡、硫黄、铁矾土、云母、铂。织物纤维是最显著的例，棉、毛、丝尤为重要。植物性

[①] 参看李斯（Rees J. Morgan）著《英国产业的托拉斯》，第104—245页。

油在某种产业上是重要的，正如矿物性油与动物性油在某种产业上是重要的。这使我们加入农产物的一般范围。从肥料敷起，我们可以随处发觉产物，例如椰子油、亚麻油、皮革及各种纤维（包括黄麻与西沙尔麻）。把最大的一项——米谷——除外，我们尚须讨究木料与木心。甘蔗曾引起奇怪的国际营业组织，例如，在甲国注册成为地产农业公司，而在乙国成立工厂，使其受极不相同的法律管辖。如动力源地或原料储存地位于边境上，非侵入他国疆域，即不能被利用，则在此情形下，情形更会复杂。但这一切，都是世界营业上不绝发生的实际的问题。

这种种，可由相互联结的辛狄加处理。洛伦铁矿与鲁尔煤矿，在战前便是这样处理的。主要的困难是，国家的行动（例如关税率的变更），可以使组织混乱，战争可以把它解散。外国人可购买国内公司的股份，以保护自己。我们曾看见，德国冶金业者曾购买国外的有矿藏的土地，德国一个大电气公司曾助瑞士创立铝工业。石油、橡皮、砂糖，更可说明在外国开辟土地的实际。王立荷兰公司及希尔（英国）公司，于一九〇七年合并，但在新公司内，亦有美国人与法国人的股份。这新公司，设立分店支店于世界各地。一九一二年组织的土耳其石油公司，亦是股份公司，其股份所有者为英波石油公司，王立荷兰希尔公司及德意志银行。在上举各例，均不得不顾及他国的石油利害关系，此种关系，一部分由政府代表，而使问题成为外交问题。国家报复及其威胁，是实际营业行为最大的障碍，虽然营业行为与政治行为有别。

欧洲人一般都承认，对于为一国以上的工业所绝对必要的商品，须有某种作为，以管理其营业组织。一九二七年的国际经济会议所以召集，这便是理由之一。这会议的希望是，由此设立一个永久的合作机关。当中逢着了一个国家的障碍，因为俄罗斯人不在瑞士出席任何会议，而俄罗斯所以不出席，又因为数年前，曾有一俄国外交官在瑞士被人暗杀，瑞士政府不加以处罚。俄罗斯人在拒绝出席时，曾表示邀请出席日内瓦的书柬，不怀好意。一九二六年五月，法德通告文件委员会已经成立，两方均有最堂皇的营业家外交家代表。其目的不在于行动，非目的仅在于报告，使不合理的竞争及极无利益的分工，得以铲除。以条约彻底整理两国间的商业关系的谈判，正在进行。一九二六年签订的法德两方的钾类协定，已于上文述及了。

就这关系言，在欧洲引起最深刻印象的一件事是大陆钢业加特尔。由此，引起了一种热心的潮流，要在这种形式上解决"国际商品"的繁杂问题。一九二七年，还成立了欧洲铝业辛狄加，其主要目的，在便于与美国的大托拉斯竞争。铜输出业公司的目的，在形成一世界联合，以经营该种矿物的贸易。这种国际加特尔或辛狄加，虽可适应特殊的情形，但对于欧洲产业效率或贸易竞争的问题，不曾提供一般的解决。一年工夫，就可把这种组织瓦解或完全改变性质。现状下的这种不固定性，一看钢业加特尔，便可知道。

四国指导委员会是由德意志、法兰西、比利时及卢森堡的生产家指派的。指定归于萨尔（Saar）的票，有2/3由德意志人投，其余1/3，则由法兰西人投。这个委员会，三个月一次，为各生产团体规定原钢的比例。有一个公共基金，其来源为出品每吨纳洋1元。那是由这个委员会管理的。这种比例，是按系数决定的，这种系数，又是根据生产及估计的市场需要来决定的。指导委员会中的投票权，即以这种比例为比例。如有某生产家，其出品超过比例，则超过比例的数额，须每吨付4元入公共基金。如生产不及比例，则每吨可得回扣或赔偿2元，除非不及额，等于指定额的10%或以上。在这场合，回扣是逐渐减少。这种公共基金，是按期清算的，这种清算颇为麻烦。比例，无论如何是不许交换的，但若这国的公司，拥有别国的公司的股份40%以上，则在例外。使我们想起的第一个困难是：任一政府，在定期的清算时，均可阻止基金移转——在道斯计划执行者命令下的德意志更是如此。遇此情形，在拒绝移转的政府的国家内，便须向认可的银行支付现款。但这虽是一个困难，然与某几种其他的困难比较，这又算不得什么了，因为还有几种困难，可以使会员正式退出，或使联合瓦解。

契约虽被假设可维持至一九三一年四月，但任何一国得凭适当的通知，而提早两年退出。这种通知，还可解除一切其他签字国的义务。退出的原因，亦有规定。如果德意志增加钢的输入税，任何签字国，均可以三个月的通知，而使契约失效。而且，任一个政府，均得借口他国政府苛待其一般输入品（除非另有商约规定），而以三个月的通知，使该契约失效。这种规定，颇引人注意，因为这样规定，不啻承认私人的国际辛狄加，若不受其他手段更广更明确的支配，即不能有拘束力。

最后，这全部契约，均取决于生产额。卢森堡的吨数如不及特约的数字，即可于一九二七年或一九二九年退出。这种退出，又可使其他国解除义务。如有任何会员国的出品，比一九二六年前半年的出品，更少5%，则三个月的通知，便可使这个契约废止。如果在六个月的期间内，总出品少于

1313.9万吨，任何签字国均可以三个月的通知使契约废止。此外又规定，得按照1926年前三个月的出品额，或依特殊协定，准许其他生产国加入。这里显然是希望中欧各国及英国加入。

这特殊的国际加特尔，值不值得这样细述，还要看它的未来如何——尤其要看关税如何，通商条约如何，国际联盟技术经济会议的提议的成败如何及其他私人国际合作的基础如何而定。我们这里所以举这个例，仅因为要说明这种加特尔，须依存于国际经济关系的一般改良。欧洲的关税是极不科学的。税率普通定得非常高，俾在订定通商条约时斗力。妨害消费者的税目，因有某强国愿输出这种货品，便故意或无意地包括在内，并望由此交换某种特许权。这种税率，在经济方面是不健全的。根据这种税率谈判所得的结果，是极不科学的，对于生产者与消费者均往往非常有害。

进一步研究的参考书籍

Bakeless, J. The Economic Causes of Modern War.

Baumgarten, F. Kartell e und Trusts.

*British Ministry of Reconstruction: Report of Committee on Trusts（1919）.

*Carter, G.R. "The Rhenish-Westphalian Coal Syndicate", in the Economic Journal, March, 1912.

——The Tendency towards Industrial Combination.

*Culbertson, W.S.（ed.）"Raw Materials and Foodstuffs in the Commercial Policies of Nations", in Annals of the American Academy of Political and Social Science, March, 1924.（Bibliography, pp.281-283.Indispensable.）

Dawson, W. H. The Evolution of Modern Germany, chap.X.

Deutsches Kartell-Jahrbuch.

Hobson, J. A. The Evolution of Modern Capitalism.

Kleinwachter, F. Die Kartelle.

Liefmann, R. Kartelle und Trusts.

——Die Kartelle in und nach dem Kriegs.

*Macgregor, D. H. Industrial Combination.

——International Cartels.（Prepared for the International Economic Conference of 1927.）

*Macrosty, H. W. The Trust Movement in British Industry.

—"Trust Movement in Great Britain", in Ashley, British Industries, pp.196-232.

*Marshall, Alfred. Industry and Trade, chaps.IX-XIII.

Moon, P. T. Syllabus on International Relations.(Bibliography in Part 8 on economic problems, pp.156-200.)

Raffalovich, A. Trusts, Cartels, et Syndicats.

Rees, J. M. Trusts in British Industry (1914-1921).(Based on the British Ministry of Reconstruction, Report of Committee on Trusts, mentioned above, and not very highly recommended by reviewers.)

*Riesser, J. The German Great Banks and Their Concentration, pp.703-750.

Rousiers, Paul de. Cartels and Trusts.(Prepared for the International Economic Conference of 1927.)

Tower, W.S. "The New Steel Cartel", in Foreign Affairs, January, 1927 (vol.V, pp.249-266).

*U.S. Federal Trade Commission.Report on Coöperation in the American Export Trade, vol.I (1916), pp.98-127; 272-279; 285-292.

U.S. Geological Survey. World Atlas of Commercial Geology (1921).

U.S. Tariff Commission. Colonial Tariff Policies (1921).

*Usher, A. P. The Industrial History of England, chap.XIX.

*Wiedenfeld, K. Cartels and Combines.(Prepared for the International Economic Conference of 1927.)

第十三章　西欧其他国家

同点与异点　西欧与中欧的分别，在经济史上，没有多大的用处，自世界大战将奥地利、匈牙利分成许多小国以来，尤其是如此。所以，称亚德里亚海至波罗的海间的全部领土为"西欧"，似较合理。从亚德里亚海海口阜姆（Fiume）起，向东北划一线，渐渐向北，向东北，沿东普鲁士与立陶宛间的边界，这一条线，虽可当作东欧与西欧的界限，但一定非常迂回曲折。在这一条以东的领土，在经济生活上，颇有同点，但仍包含两个显然不同的部分：第一，欧洲西南部，内包括巴尔干半岛及生活相同的若干邻近地方。几种历史事实，使这部分有其不同处，即，曾被土耳其人长期占领，奥地利、匈牙利代阿托门而兴及独立的有种族意识的民族团体的出现。第二，"东欧"其余部分。这一部分的显著特色，是行政与经济的统一，这种统一的发生、程度、性质与结果，便是俄国史的主要问题。我们可以把东欧的这两部分，留待以下分别讨论。

因为西欧文明大致是统一的，所以本章讨论的事件，大都是很熟悉的！至少我们可立在熟悉的见地上考察它们，因为它们和我们所已见到的相差不远。比利时与荷兰都有重要的殖民地，都有可观的海上贸易。它们的产业制度，与上述者无根本不同的地方，所以很可作一种有用的适当的比较。瑞士虽是四围皆陆地，且没有殖民地，但其经济生活确乎是属于西欧的，斯堪底纳维亚诸国，有可观的航运业与工业，颇与英德法诸国相似，但其人口稀少，亦无重要的殖民地，且缺少煤炭。意大利亦缺少煤炭。但瑞典、意大利、瑞士的水力的利用，却非常进步。西欧这一部分领土内的经济生活的唯一特色，是英国人、美国人所全不熟悉的自耕农场及其特殊制度。但法兰西人及意大利人却可在本国内发现许多材料，助他们了解自耕制盛行的东方情形。

比利时 低地（Low Countries）的南部，在十六世纪的破坏战争未发生以前，是北欧的大工业区域。由英吉利羊毛制造罗纱的制造工业，即渐渐由伏兰德（Flanders）移至英格兰。在最重要的织工业上，伏兰德人确是英国人的业师。虽迭经兴衰，但比利时人，在其国家为革命及拿破仑时代法国人所蹂躏的时候，在工业方面，却比任何大陆民族，都只有过之无不及。但自产业革命以来，古时的情形是倒转了。以新机械过程导入比利时（一八三〇年独立战争后，即称为比利时），使其工业在大陆上雄视一切的，主要便是英国人。一个漫游的兰克夏机械工人威廉姆·考克里尔（William Cockerill）于一七九八年来维尔夫基，旋即制造英国式的织机。他及他的子女于一八一三年将瓦特的蒸汽机输入，把它当作模型，数年之内，他的儿子，就在里格附近塞梁，建立了世界最大机械厂之一。

英国工程师、工匠及资本家曾刺激比利时人，已如上述。此外，法兰西人在革命时代的事业，对于比利时亦曾无意提供一种大赞助。希尔德河，一六四八年以来因英荷贸易妒忌，封锁了许久，但一七九二年为法兰西人所重行开放。妨碍的中世基尔特制度的遗迹概行消灭了。大陆封锁政策排拒英国货品之后，拿破仑即要以全力，谋在自己领土内，有所补充，比利时土地遂受最大的好处。欧洲有一条最好的煤区，经南部比利时，从西往东，至法德境始绝。约有500个煤山，在一八〇七年，为法兰西产出了大约500万吨的煤，但这500个煤山，几乎现今都在比利时境内。一八一五年后，法兰西出产不及90万吨。在比利时于一八三〇年图独立时，比利时每年却可出大约600万吨——在一八五〇年以前，法兰西全国的出品，尚不及此。在此时，比利时实远胜于法兰西。但这只是历史的一部分。产业一般，并煤矿业的进步更快，及至一八四〇年，比利时实际已须输入英国煤了。克拉蒲漠（Clapham）说得好，在欧洲，"在十九世纪前半，能在实业方面与英国并驾齐驱的"，便是比利时一国。

即在一九一三年，比利时出产的煤（2300万公吨），仍等于法国出产的煤的3/5，而煤的输入，多于其输出。铁亦是一种重要的矿业，全世界的锌的供给约有1/5出于比利时。他的织工业，曾雇用18万工人，以制造毛织物、麻织物、地毯、花边（自中世纪以来，那就是很有名的）及棉织物。比利时的金属制品及武器，亦是世界闻名的。

比利时人口虽稠密，实业虽发达，但农产品及农业的制造副产品，均是最大富源之一。砂糖工厂、酿酒厂、蒸馏厂，是这一类工业设备的首要。农民所有土地是很小的，开拓的方法亦更像园艺，更不像普通的耕作。面积11373平方英里，人口757万的比利时，每平方英里内，住有人口650以上——从而在欧洲是人口最稠密的国家。田地、森林、草地，占面积的88.5%，仅有11.5%为城市、公路、河流及荒地（在德国为9.5%，在法国为17%）。在比利时，五谷的栽培虽甚用功夫，但在战前，每年仍须支付8000万金元输入五谷，以养其工业人口。其他重要的农产物为糖、萝卜、马铃薯、亚麻、苎麻、油菜籽、苦苣。畜牧亦很发达，比利时的马是特别被人赞赏的。牛乳油与牛乳饼可供输出；较贫瘠的高原则饲养羊群，那既可取毛，又可取肉。

依照《凡尔赛和约》，比利时应割得德意志的欧朋与马尔梅特两工业区，此两地虽甚小，但甚有价值。此外，尚可得赔款的8%，10亿金元及利息，以支付其他协约国的债务。此外，还得各委任统治地。比利时因战争所受的损失，据估计有76亿金元，其中包括的项目主要为机械的拆毁、移去、损而未修。铁与钢的工业最受损害，战后两年间，其出品较一九一三年已少1/5。这种减少，非全部代表物质的损失，其中有许多是由于战争所引起的营业紊乱。由于不安定的币制，由于此后中欧经济核心的破坏，由于种种不明白的原因。

在长时期的通货膨胀（伴着是预算不能平衡）以后，比利时终于一九二六年采激进步骤，恢复了财政的安定。改造虽实际已经完成，但法郎（平价为美元19.3分）却于七月十二日跌至2.12分。国王自任财政的狄克推多①。国有铁路以75年期转归公司。其他国有财产，亦受同样的处置。赋税征收及消费，均猛受限制。十月，法郎价安定而等于2.78分，又一个新单位创造了，名"比尔加"（Belga），等于5法郎，或等于1/35英镑。像法兰西一样，比利时得避免一九二〇年至一九二五年盛行于欧洲的失业问题。在一九二五年初，失业者约有5%，但在这时候以前及以后，数目是更小得多。强迫年老保险于一九二四年采行。

东非洲有18000平方英里的土地，原属德意志，今皆当作委任统治地，归于比利时属的刚果（Congo），刚果本已有90万平方英里以上。非洲这一

---

① 狄克推多是英语"dictator"的音译，表示"独裁者、发号施令的人"之意。下同。——编者注

大块领土，富有矿产物、橡皮、棕油、棉花、咖啡、砂糖、热带水果及贵金属。但其发展近方开始。其中居民约有1000万人，但比利时人只有3000人，在这3000人，有2/3是政府的官吏。战前，每年入口的货物在100万吨以上。每年600万金元的收入，尚不敷行政的支出，但比利时人所受的利润总额，仍遥较比利时人的支出总额为大（在利得与支出两方面，均将政府计入）。

荷兰、瑞士及斯堪底纳维亚 革命期中，英国所掠得的海上土地大多数均于一八一五年或以后，归还给原主了，荷兰在今日的经济地位，依然是当作一个殖民国。其本国仅有12582平方英里的面积，人口则有675万人。其面积与玛利兰大约相等，而其人口密度则4倍之。殖民地的人口，约有本国人口的7倍，殖民地的面积，在本国面积的60倍以上。78.3万平方英里殖民地的7/8，是在东印度的马来半岛。这一带，包括大多数有名的香料群岛——爪哇、苏门答腊、麻鹿岬、西利伯、婆罗洲的2/3及纽基尼亚的西部。此外尚有许多小岛。爪哇每平方英里有人口700人，故是世界上人口最密集的地方。马来工钱低微，遂为必然结果，此与人口稠密的印度，在英国的剥削下，工钱非常便宜，道理是一样的。

荷属东印度公司，解散于一七九八年，其旧劳工制度，等于实际的奴隶制度。土人在一年之中，须有半年为公司担任强迫的工作，工作状况既如此艰苦，其人口遂开始减少。自由劳动，因有其他热带区域参加尖锐的竞争，证明了是不利的。一八三二年总督文·登·波希（Van den Bosch），设立一种"耕作制"，人多以其名称之。这种制度，统制所栽的农产物，政府取生产物1/5作为赋税，政府且有特权，可按照假定的"市场价格"将其余部分购买。这不仅恢复了强制劳动，且引起非常的机会来欺骗土人，剥夺土人。但这种制度已渐渐修订，一八九〇年卒在形式上，采行外观上自由的劳动制度。

在荷属东印度及英属东印度那样的地带，人们常常要在工资低微及工作时间、工作状况毫无法律限制的地方，制造原料。曾有人指说，荷兰、英吉利及比利时的繁荣，建筑在海外热带民族的实际的或产业的农奴制度上，而这种热带民族的情形，因相隔甚远，不足以刺激欧洲本地人的良心。现世纪初关于比属刚果的可惊的反感，以后虽是消沉了，但荷属东印度及英属东印度，仍有许多事迹，表示着剧烈变化。是以一九一九年和平会议，曾特别讨论热带劳动条件，此可证明国际间已关心这个问题了。但资本日益向工价低微的地方流动，还更显著地使东印度人与欧洲工人发生更直接的竞争。欧洲的劳工团体，不仅对其政府提示一种大压力，且从事组织土人劳动，提高热带及次热带附属地的标准。这种运动虽刚刚冲入荷兰的东印度束缚政策中，但邻近的英属地方的迅速进行，却曾引起颇大的惊讶。一九二二年荷兰的宪法宣称东印度领地为王国不可分的部分，不复为殖民地。于是，那里一切法律均须经本国国会同意。不过，不安情形仍在增长，激迫的反乱仍待平定。

更新的世界推销组织及运输，近世的应用科学，曾发生怎样的影响呢？要说明这种影响，最好以荷属东印度的变革为例。稠密的增加的人口，其趋势在迫使人们加强食品的耕种，尤其是稻的耕种。因稻为主要的农产输出品。这有一部分应归因于锡、油及橡皮一类物品所得的利润。但这些物品的价格，已由其他区域的竞争而减落了。以前荷兰所享有的独占权，亦因而终了。巴西咖啡业的竞争，比前世纪破坏东印度殖民地的疫疠，还引起了更大的骚扰。巴西每年以100万吨以上的咖啡注入世界市场内，这个数目比荷属东印度现在的出品在14倍以上。英属东印度现今生产25万吨的茶，爪哇仅生产4万吨。由煤烟油及其他矿物制成的染料，使蓝靛贸易受到完全破产的威胁。至今，主要的通商农产品是甘蔗、烟草及秘鲁树皮。几乎全世界用的金鸡纳霜都是爪哇的出品，这种树是从秘鲁移植过来的。全世界的锡供给仅有13万吨，而由般加及布里登锡矿输出的，便是大约有2万吨。橡皮在过去数年亦是重要的，而就煤油的出产言，荷属东印度亦居第四位。因此，农业的黑暗方面亦有它的反面。如果巴西像爪哇一样还有别的富源，它也许宁愿少出些咖啡。荷属东印度的商业，在一九二三年及一九二四年，不只等于7.5亿金元。在这贸易额中，最大部分是与荷兰本国贸易。其余，与荷属东印度最常通商的是英国、远东诸国、德国、法国、美国，在上述两年中，输出品的价值约两倍于输入品的价值。荷属东印度与基阿拿（Guiana）的主要农产输出品，是甘蔗、咖啡、可可、香兰及烟草。

为什么在欧洲各国，除了比利时，就要以荷兰的人口密度为最大（每平方英里约555人）呢，这盛旺的殖民地，至少是一部分的原因。本国土地大多数是沼地，其余亦大都是贫瘠的。有27%以上是不生产的，不生产的土地面积，几与耕地的面积相等。全国土地有1/3以上，用于畜牧。在全欧洲，只英国的草地，才比荷兰的草地，还在土地中占更大的比例。那里几乎没有森林——森林地不及面积的3%，而在德国，即森林地占土地的26%，即在向被认为短少木料的英国，森林地亦占土地的4%。再者，荷兰又极少矿藏。林堡的煤矿，每年出300万吨，因此，荷兰须从德意志、比利时及英吉利输入大量的煤。

我们还记得，低地的荷兰部分，即在中世纪，早已是人口过剩，因而派遣许多殖民家到德意志各部分去，我们还须记得荷兰在军事上的地位。希尔德河及穆塞河，均经荷兰领土入海，莱茵河还更重要。鲁尔的大煤区与德国工业集中地莱茵一带，与荷兰处在相同的水道运输系统中，也许，没有别个国家，在过去数十年间，还比荷兰更在德国经济轨道之中，尤其因为荷兰所缺乏的必需的原料，均仰给于德国。希尔德河依一九二五年荷兰与比利时的协约，无论在战时、在平时，均须守中立，担保任商船出入。

把这些事实放在我们面前，我们对于荷兰的工商业，已能得一比较有秩序的见解。在近代初期，其最大产业为渔业，畜牧及牛乳业亦颇重要。五谷栽种业实际已经减落，但糖萝卜、亚麻、烟草、马铃薯、蔬菜、花卉，出产颇丰。别的大产业可从其殖民地推知。砂糖、米、酒、肥皂、油及朱古力，出产甚多，纺纱厂亦有一些，荷兰每年制造1亿以上的雪茄，其烟草大都是殖民地出产的。

荷兰人在欧洲经济生活上所以有如此重要的地位，与其说因为他们是工业家，不如说因为他们是贸易家、理财家。一九一三年荷兰人的国外贸易几等于30亿金元，仅略少于法国的国外贸易，而法国的人口则不只5倍于荷兰，其面积且不只15倍于荷兰。这种外国贸易，有1/3强是对德国的贸易，其余则为对英国、对比利时、对美国、对俄罗斯的贸易。企业的荷兰人，有些曾利用战后中欧状况紊乱而获大利，但就全国言，荷兰无疑是吃了亏。我们不难知道，荷兰人是怎样关心德意志的经济改造。在战前，美国、荷兰与德国的石油事业，常相并而进，例如，在罗马尼亚石油区，情形便是这样。条约协商的结果，英国人与美国人现已成为世界石油供给的大竞争者，荷兰已成为英国第二流的竞争者。

荷兰、挪威、瑞典及丹麦均为大航海国。在世界大战中，因沉没及袭击等事，在吨数上大受损失。挪威一国，就损失800艘以上，总吨数在100万吨以上。在此，我们只能略述这复杂问题的广泛的大纲，用不着作充分研究。大多数人以商为业的国家，不能因见交战国宣言禁运，宣言封锁及其对抗策略，便停止贸易而饿死。战争本身亦曾引起不幸的需要，因而使个人有获大利的机会。挪威因地位关系，特宜于输送到英国，荷兰及瑞典特宜于输往中欧，丹麦则两方向均宜。如果运费高昂，在某些场合，如果英国方面或德国方面肯按适当的保险率负保险责任，船舶所有者亦愿为交战国的一方，使用其船舶。于是往往造假文书，捏报货物的起点与终点。于是，担负真正危险及真正困难者为水手及职员。荷兰的商船吨数在一九一四年为150万吨，在一九二五年约为260万吨。

对于一切附近的中立国，特别的战争需要，曾使其某几种产业获利，虽然常态经济生活的中断，使许多其他的人失业或损失。例如，西部瑞士，在中欧经济制度中，必须输出德意志所缺少的制造品（因为当时德意志的产业，多因战争而改变了目的），以向德意志购买那不可缺少的煤。这不是真正破坏中立，正如在美国未加入战争以前，从美国运送大量军火到协约国，不是真正破坏中立一样。从经济方面说，如把中立二字解作绝对不参与，则在现世界上，就战争影响所及的国家言，中立乃是不可能的。瑞士几乎全然没有煤炭，但这种缺乏，一部分由水力的利用，得了补救。据估计，在一九二〇年，已使用60万马力，如其充分利用，则瑞士可从流水得350万马力。在战前，瑞士输出的丝织物与棉织物，与法兰西这两种织物的输出额，几乎相等。舒里克、文德台、巴塞尔制造许多重机械与轻机械。钟表工业，多在瑞士西北部说法国话的那一带。近年，美国的标准化方法，使瑞士益能制造价廉的表。瑞士中部，大部分是畜牧地，输出许多乳饼、炼乳及牛乳朱古力。法国人所称"旅行业"，在瑞士是最重要的职业之一。其中，设备足够同时招待12.5万位游历者。战前，往瑞士游历者，每年约有100万人次，每年可有出息2500万金元——瑞士国民仅有400万人，那对于这样的小国，真是一种可观的职业，一九二五年，这个收入来源再恢复了战前的旧观。这年宪法修正又实施年老保险。

挪威亦没有值得叙述的煤矿，它是一个自耕农业国，它的剩余财富，主要是从渔业及海上贸易得来的。丹麦是一个农业国及牛乳业国，即以英德两国为最好市场。它的商船在世界上占第九位，总吨数在100万以上。瑞典的商船略多些，但挪威与荷兰却几有其二倍半。比利时的船舶吨数，则不及丹麦之半。这种比较，很可表明诸国在世界商业上的相对地位。丹麦因有小经济单位，因有占绝对优势的农业人口，因有高的一般教育水平线，故盛行合作事业。该国的合作事业，对于晚近实行合作社的国家，自俄罗斯以至意大利，以至欧洲以外，曾大有影响。

瑞典比挪威、丹麦都更是工业国。像挪威、丹麦一样，它亦缺少煤炭，但高级铁矿的藏额颇富，并且像瑞士、意大利一样，它又曾开发水力的富源。铁制品、钢制品、织物、玻璃制品及火柴，都有大量输出。冶化高级钢的改良的电炉,亦曾在极可观的规模上设置。

从经济方面说,这几个小国的生活,与其邻近诸国的生活,有极密切的关系。它们都缺少煤炭,除了瑞典,它们又几乎全缺少铁。在瑞典,铁的品质虽特别高,分量却不算顶大,荷兰、瑞士及瑞典,显然都在德意志的经济轨道中。挪威、瑞典及丹麦有相似的语言,在中世及近世初期,同受汉撒同盟(Hanseatic)的影响,在政治方面,且曾按种种方法在种种时候结合。挪威每平方英里不及22人,在欧洲是人口最稀薄的国家;瑞典每平方英里只约有34人,而丹麦则每平方英里有190人以上,瑞士有240人以上;荷兰则有550人以上。瑞士及挪威没有在经济上甚为重要的殖民地;丹麦自一九一七年以她所有的西印度群岛售于美国,又承认冰岛独立以来,亦只保有格林兰一处。我们讲过荷兰是一个殖民国。瑞士在五国中连大的商船也没有。这种种差别暗示了一切同点的比较,无论怎样有价值有含义,终须以谨慎的怀疑主义来考究。而这种种这样大的同点,又暗示了,不管人们怎样讲述现时的经济帝国主义,欧洲诸航海国有无殖民地的差别,终易为人所过分夸大。小而和平的国家,在造就高的平均生活标准与高的文化水平线时,不见得就是落后的或是劣等的。

意大利及伊伯利安半岛 地中海中这两个大半岛和西欧其他各国的气候是不同的。在中世,那是欧洲最发达的区域。当东方贸易通道衰落时,尤其当西方诸国勃兴(此时意大利的政治尚在分裂中)时,意大利乃陷于衰落。西班牙在经济方面说,因在宗教大斗争时驱逐摩亚人及犹太人而陷于微弱,又因在同时要形成一世界帝国,操纵欧洲权力的平衡而益形不支。

意大利的国家统一完成于一八六〇年至一八七〇年那10年中。那里不像德意志那样有长久的关税同盟,以为经济图强的准备。迟至一八四〇年,在米兰与佛罗伦萨之间尚有8个关驿,而自米兰至佛罗伦萨,距离却仅为150英里。意大利大多数小邦,在经济政策上是极落后的,勒格浩恩(Leghorn)实际是半岛上第一个商业城市。意大利统一最出色的一个人物加富尔伯爵,在尝试政治的军事的动作以前,曾多年努力使皮德曼·萨丁尼亚经济制度现代化,他所以如此做,是很有道理的。两个西西里岛的落后,可由如下的事实来说明,即,当它们归于统一的意大利,采纳皮德曼的关税率时,所除去的丝的关税,竟在99.5%以上。

一八六〇年左右废除多边关税的直接结果是使国外贸易加倍。此后差不多有20年(至一八八〇年左右)臻于繁荣之境,这种繁荣,大都以农业的改良及货物的自由移动为根基。铁路干线筑起了，里数由800加至5000。在一八六〇年以前，意大利几乎纯然是农业国。当德意志要依钢与煤而建设其伟大帝国时，意大利人却要组织一个现代国家，而无需钢与煤。统一时期的债务是很大的，新的中央政府又颇多费。农业方法尚甚为老式，许多土地是贫瘠的，人口又如此稠密，因此，以何种货品输出以交换必要的输入品，便成了迫切的问题。

英吉利、法兰西一八八〇年后即走向最新式的经济帝国主义，而一切已有自觉的国家，均觉不得不仿效它们，虽出任何代价亦所不惜。旧的自由贸易的自由主义，虽盛行于该世纪中叶，但在大陆方面，却于此时，走入黯淡之境，关税战争的时代，于是到了。像其他国家一样，意大利在定立关税率时，亦依违于常常互相冲突的收入原理与保护原理之间。它发觉，在互相冲突的利害团体与学说的包围中，要得到合理的一般原理乃是不可能的。但一八七八年通过的轻税表，终于一八八七年变化，而取得非常的保护主义的色彩。因此，遂与法兰西发生悲惨的关税战，两方面互为报复，而将税率提高。一八八一年法兰西夺取杜尼斯后，两国感情非常不好，意大利遂于次年与德奥两国缔结三国军事同盟。

一八八七年定立关税率以后10年间，法意斗争甚烈，彼此间几致于没有商业来往。世界大战之经济的与帝国主义的根就在这时期发芽的。意大利要征服亚卑西尼亚，于一八九六年惨败，而其惨败之主要原因，便是法兰西人予亚卑西尼亚人以军事设备及训练，因为法兰西人对于非洲这一部分，亦有殖民计划。非洲的这一部分，是一大带领土，法国人很想从西至东把这块大陆贯通。但一八九八年，这计划卒为英国人在弗士浩德所打破。英国人曾要得一带领土，纵贯非洲，从北而至南。于是，英国人计划与法国人计划虽正面冲突，致皆不能实现。一八九一年俄罗斯与德意志间开始的关税战，虽然比较或许没有这样激烈，但性质是相似的。

同年，俄法开始正式的谈判，引起俄法两国同盟，这个同盟的条件，一向是保守秘密，直至一九一七年，才由布尔什维克党人公布。意大利在巴尔干半岛的经济利害关系，我们以后会知道，根本就与奥地利、匈牙利的经济利害关系相冲突。法意间冲突性的减少，其必然趋势是使意大利与奥地利、匈牙利发生冲突，因而减弱它们与德意志缔结的三国同盟。新世纪的来到，引起了另一个问题，即，支配巴尔干半岛的是奥地利、匈牙利，抑或是俄罗斯。这个问题，使其他的问题得以掩蔽，但对于这个大问题，意大利却比较很少直接的利害关系。设若意大利人能获得他们对面的亚德里亚海岸，他们是宁愿帮助俄罗斯，因为他们和俄罗斯没有直接的纠纷。意大利地位上的这种变化，使法兰西人得于一九〇二年与意大利人成立秘密的谅解，7年后，又使俄罗斯人得与意大利人成立秘密的谅解。尤其在土耳其人败绩（先为意大利所战败，后又于一九一一年至一九一三年为巴尔干联盟所击败）以后，中欧两大强国实际已觉孤立，而法俄同盟这个核心周围的势力，却日益膨胀。这种不安景象的变乱及他们为解决这变乱而采的步骤，便是世界大战的主要原因。意大利在一九一一年与土耳其战后，曾夺取托里卜里与西伦奈加。

名为麦太耶（Métayage）的两益农制，经法兰西革命的解放时期，仍残存于意大利及西班牙两国。意大利的农业与德法的农业比较，仍然是手工农业，每英亩的收获是较小的。劳动价钱依然是比较低廉，意大利对于农用机械，概抽高率关税。小麦须输入，但稻与玉蜀黍有剩余。在通商的农产物中，糖萝卜、亚麻及苎麻是最重要的。葡萄酒与橄榄油有大量输出。在原丝的输出上，意大利每年约有4000公吨，仅次于日本与中国，丝制造业亦是该国第一流的产业。

意大利的煤炭是不足道的，分量颇大的唯一的铁矿，是在爱尔巴岛，其地铁矿在中世已被开采。杜斯肯尼像在罗马时代一样，还出产铜；萨丁尼亚出产铅、锌及银。意大利是世界上硫黄的大出产处，近来，其出产占全世界的9/10。硼砂是该国火山区的另一种大出产。最精美的大理石（carrara）是东北部意大利出产的。

意大利从海道输入英国的煤炭以供制造业用。但该国产业的真正基础为水力。在欧洲，水力的使用，也许没有他处还比意大利更广。已开发者，约有100万马力，其可能性还甚大。加富尔伯爵曾说：意大利的瀑布，比英吉利的煤矿，藏有更多的潜在的原动力。两方面的计算，现在都更精确了。显明地，这种话，也许要在一二百年后，才能适合实情。但无论如何，意大利的水力总是不容忽视的。水力的藏所，使意大利的大产业，大体集中于阿尔卑斯山陂上。在该国的制造品中，织物居首，而以丝为冠。本国产的亚麻、苎麻、羊毛、麦秆，都大规模地编织，但有时亦输入羊毛、棉花与黄麻以供制造。意大利的机械与汽车，在国外是很有名的，但在制造品的总额中，仅占第二等。战前，意大利的商船，在世界占第7位，法兰西占第5位，日本占第6位。一九二五年，意大利占第6位，在12年中，吨数几乎加了一倍。国外

489

贸易（输出与输入），在一九一三年等于12亿金元，略少于荷兰国外贸易之半数。

意大利的人口密度，仅略多于比利时之半，但就经济的意味说，却比比利时更拥挤，因该地原生产物稀少。许多年来即盛行迁出。一九〇四年，离意大利海岸者，约有50万人，一九一三年，有70万人以上——这个数目，比罗马的人口数还大。这种迁出，有一部分是暂时的，但一九一三年迁出超过迁入，达50万人以上。北非洲的殖民地仍有发展的可能，但以往，财宝已有苛重的排出。在这种殖民地中，包括利比亚（比较有名的名称为脱里卜里，一九一一年从土耳其夺得）、爱里脱里亚及意属桑麻利兰。许多意大利人，迁往法领杜尼斯，但大多数是迁往美国、阿根廷及巴西。苏伊士运河的开凿，阿尔卑斯铁路隧道的开凿，意大利铁路系统的建筑，已从近世初期的低位，改良意大利的经济地位。但我们很难知道，没有煤与铁的它，怎样能与英法德并列而成为工商业的强国。

西班牙在近世初期的帝国威光，近已消灭而成为三等国，其国外贸易仅略多于丹麦国外贸易之半数。该国常发生劳资纠纷与政治骚乱。它所剩下的有真正价值的殖民地，或于一八九八年战争割给美国，或于此后不久售给德国。它还保有里奥·德·奥洛、西属基尼亚、摩洛哥内两块土地及非洲沿海少数岛屿。它的输出贸易的最大宗是食料，各种矿物及金属制品、棉花、棉织物（其原料有许多是从美洲输入的）及羊毛（未制的和已制的）。大战以后，钢铁工业亦繁荣。一九二二年，其所出铁矿，与卢森堡几乎相等。一九二三年及一九二四年其所出煤炭，有比利时1/4强。它还有铅、铜、锡、锰、硫黄、水银、磷及其他矿产。麦太耶小农业制度，分散的农田，租来大块土地复以之分租于他人的牙人制度，像战前的罗马尼亚一样，使西班牙的土地制度，在欧洲，应当算在最坏的土地制度之中。利用水力的机会已有相当发展；加强的耕作，亦有自然的可能性。西班牙在摩洛哥的惨败，尤其是一九二一年后，曾费巨额货币。但它的通货制度，比法、意、比的通货制度，都更稳定。一九二五年、一九二六年借法国的帮助，它终能在摩洛哥恢复它的地位。

就农业的退步说，葡萄牙与西班牙很像，人口有2/3是农村的，其人口总数则约有600万人。它的经济意义，主要在于这种事实，即它依然是非常富饶的殖民国。它在非洲有823334平方英里的殖民地，约有人口800万人，在亚洲有8933平方英里，约有人口95万人。莫詹比癸或葡领东非，是海边上一个要塞，匡士沃尔的贸易，有一大部分是在那里经营。那里有丰富的煤矿，还有若干铜矿；其人口在300万以上，他们也许有一个时候，会输出巨量的甘蔗、稻、咖啡、橡皮、烟草、可可、小麦、家畜；棉花的输出额，也许亦很大。安哥拉或葡领西非的面积，等于台克隆、加利福尼亚、华盛顿三州的总和。其中包括有极有价值的森林。沿海一带，亦输出橡皮、砂糖、棉花、咖啡、烟草、棕榈油、家畜、皮革、象牙、树胶。

葡属东印度领地，与英属荷属东印度领地，有相同的产物。那，除了一群小岛之外，还在印度的本部有哥亚（Goa）、达密奥（Damio）及蒂摩尔（Timor）。通商条例繁重，冀使贸易归于本国海港。此为葡属殖民地的情形，然亦为行政不能自立的一切殖民地的普通情形。

与近代初期的不自由政策比较，葡属殖民地亦宁说已享实际的自主权。在战前，德意志与葡属殖民地通商最繁，现今因为德国自己没有殖民地为之分心，故这种通商颇有恢复旧观的趋势。葡萄牙本国经济的衰弱与落后引起了这样的问题，即，由这些海外殖民地发展而致富的，也许不是本国而是工商业繁盛的其他大国。自一九一九年采自主政策以来，情形更加如此。在葡萄牙决定放弃殖民地的限度内，与英国所缔结的长列的协定，暗示英国是最有可能性的继承者。

奥匈的分裂　当旧奥地利帝国于一八六七年变为奥匈联邦君主国的时候，产业革命已经在奥地利那一部分发动——尤其是与德意志为邻的那些地方。反之，一八六七年新匈牙利却是一个农业国，还有许多封建制度的残余，几乎没有产业资本。匈牙利赞成自由贸易，因为它发觉必须输出它的产物以交换制造品。在前世纪七十年代，奥地利方发生一般的保护主义的热病，匈牙利却在那10年间，在谷价激烈变动中，保持自由贸易的见地。在一八七二年至一八七五年间，有若干自由的经济法律被采纳了，但从一八八五年以降，这种法律已经让位于保护关税与津贴的制度。匈牙利没有保护可以抵制奥地利的产业，因奥地利的领导权，在大多数场合依然未曾丧失。

在此后30年间发展的经济制度中，与奥地利一般说是制造家，匈牙利一般说是农业家。联邦君主国全部，由公路铁路航路的复杂网联成一气，这个网以维也纳及布达佩斯为中心，在这两个大都市中，运输亦最繁。亚特里亚海岸三大港的里雅斯德（Trieste）、阜姆（Fiume）及波拉（Pola）及其他若干小港，建设起了可观的海上贸易，船舶吨数约与比利时相等。奥地利的贸易，有一大半是与德意志贸易。

即使有重复叙述的危险，我们亦还须在这里，注意土耳其及巴尔干诸国在奥匈经济发展上的重大意义。严格说来，巴尔干半岛这一个领土，乃在从亚特里亚海端的阜姆邻近向东至古尔巴河（Kulpa river），由古尔巴河向下至萨威（Save），并由此及多瑙河迤至黑海那一条线以南。由此可知多瑙河以北罗马尼亚全部，几乎都在这半岛之外；但大多数美国著作家及少数英国著作家，为便利计，仍把它包括在巴尔干诸国中，因其地位历史及生活方法，均与巴尔干诸国相似。东南部欧洲的经济事实、政治事实及社会事实，有许多是一六八三年以来，由奥托曼帝国这一部分的缩小而传得。在一六八三年，这帝国直包括匈牙利全境，几乎达到了维也纳的门户。

哈布士堡（Habsburg）王朝与洛门诺夫（Romanoff）王朝，对土耳其军队曾大获胜利，因而从土耳其手里夺取了领土与人民。一八一五年，俄罗斯领土向西南推广，至蒲鲁兹河（Pruth river），伯萨剌比亚说拉丁语的罗马尼亚人亦被包括在内；奥地利的领土，达卡巴底亚境及托兰西尔文尼亚境的阿尔卑斯山脉，沿多瑙河至铁门及萨威向西，伊利利亚或亚特里亚海东岸亦被包括在内。当大群意大利及德意志人于一八六〇年推翻哈布士堡统治时，帝国残余领土有一大部分，其土地与人民是屡次从奥托曼土耳其人手中夺得的。当中，例如布利文纳及托兰西尔文尼亚的罗马尼亚人，大多数麦太耶人或匈牙利本国人，以及许多南斯拉夫人［即巨哥斯拉夫（Jugo-Slavs）——塞尔维亚人及其近族］。一八六七年改组时，匈牙利取得自主权，并得统治较早从土耳其解放的其他团体，这种统治工作是他们所欢迎的，但又是困难的。

除了俄奥互相竞争以外，还有两个主要原因，使俄奥不能吞并奥托曼的土地：第一，其他诸强国对这问题发生高昂的经济兴趣；第二，巴尔干诸国的勃兴。一五二八年，法兰西即曾与土耳其缔约，独占埃及的贸易特权，佛兰西斯第一与大苏莱曼帝于一五三五年订定同盟条约时，这种特权推广至奥托曼帝国全境。这种"城下之盟"——那曾从土耳其取得许多特权——曾续订数次，且于一七四〇年大大推广。这种盟约已成为法国近东政策之基础。这种盟约，在一八五四年至一八五六年克里米亚战争的前夜，名义上还有效力。旧制度破产及革命秩序未定的时节，法国对于近东问题，暂时沉默，但迄拿破仑兴起，法国对地中海东部的兴趣，又大为复活。这位制造动乱的大王，在巴尔干人中激动了民族感情，直接成为土耳其人的障碍，终于还更成为俄奥两国的障碍。这种盟约，在最初根本上便是经济的，后来依然是经济的。

一七九〇年，少威廉姆·庇特（William Pitt the Younger）对于俄国长驱向君士坦丁，已表示惊讶。英国对俄罗斯的扩展虽一向是抱宽大态度，但那时他已想要把这种态度终止。拿破仑曾要使英国人注意于近东，故于一七九八年占领埃及以后，即提议要推翻苏伊士两岸土耳其人的统治。要开通地中海与红海间的古运河，并改良之。这种运河是到印度去的捷径。英国本来对于奥托曼帝国是漠不关心的，现在却因此成了它的主要支柱。这种任务，一直保持到十九世纪末。直到那时，德意志人才把它排除出去。英国的政策，是把到东部地中海的海峡及其他门户交于弱国。奥托曼帝国的苟延残喘与巴尔干诸小国的兴起，均有利于这种政策。因此，唐宁街（Downing street）赞成巴尔干维持现状，愿默认若干于小国有利的改革，但对于奥俄的物质进步却竭力反对。它要以这种政策，保护它在近东的利益。

奥国虽反对，但希腊终于一八三〇年独立，旧（北部）塞尔维亚亦获得了颇大的自主权。回教在这两个地方，在保加利亚（在一八七七年至一八七八年战争之后，成为自主区域），或在罗马尼亚公国，自来未有大势力。土耳其人来欧洲东南部后在该处所建立的土地制度，乃是斯拉夫的村落共产团体，罗马拜占庭的殖民社会要素，与随君士坦丁政府衰落而生的封建组织之混合。旧塞尔维亚是一个贫瘠的四面皆是陆地的区域，其人口纯然是斯拉夫族，他们在土耳其人统治之下，仍保持其村落经济，仅实行一种纳贡制度（Tribute system），对奥托曼政府提供赋税。保加利亚、门特内格罗（Montenegro）、黑尔支哥维纳（Herzegovina），情形几乎恰好相同。波斯尼亚（Bosnia）有较大的田庄，且更封建化——也许因为该处的土地，比较肥沃。罗马尼亚公国，是君士坦丁希腊人（Phanariots）的宝库，该处受君士坦丁希腊人的剥削，一直到一八二一年。自耕农民的土地赋税奇重，且往往不予代价便被没收。在十九世纪初期，这一带盛行俄国大多数地方所盛行的大地主制度。农奴制度盛行，耕作方法尚甚粗陋。总之，土耳其人在欧洲的经济政策，因种族分歧、宗教分歧之故而异常复杂，从而引起一种障碍，使农奴制度特别顽固。

一八二六年至一八二九年海峡充分开放供入通商以后，罗马尼亚已有海口之利，此后，保加利亚亦取得了这种利益。但南斯拉夫土地，在经济方面，几乎完全受制于奥地利，为与亚特里亚东海岸相平行的山脉所围绕。

罗马时代及中世纪通过此山脉的良好道路早已毁坏，而要建筑铁路，则此山脉在工程方面所引起的障碍，虽富国亦难以克服。结果，塞尔维亚人的生活遂非常古朴，即小有剩余——那大都是家畜、谷物及家庭产业的产物——要由海道输入阜姆或的里雅斯德或由铁道输入欧洲中部，亦须向奥匈支付关税。多瑙河的出口，亦甚不宜，因运输既有天然的困难，哈布士堡又在铁门（Iron gate）从事干涉，且又因为河流入黑海前，过于向北弯曲。向南为马其顿尼亚（Macedonia），该处在一九一二年以前一直在土耳其人手中；东边的保加利亚人，因一八八五年塞尔维亚人曾无理侵犯他们，故为塞尔维亚人之世仇。再者，马其顿尼亚是斯拉夫人，但既非塞尔维亚人，亦非保加利亚人。其人民多信回教。塞尔维亚人与保加利亚人均垂涎要取此地为己有。

这一带的纷乱与灾害，近时已为世人所熟知。这一带，从少数土耳其人侵入及东方贸易不由东地中海通路改由更便宜的大西洋通路以来，常在纷扰与不幸中。今日该地所有的人类团体，在中世纪时，几乎都已到达该地。这时候它的繁荣与高尚文化，使我们不敢相信如此广传的无根据的议论——人们关于"杂合的""退化的"人种的议论。数世纪不幸运历史之经济的社会的影响，是迅速地过去了。如果世界大战前50年间所成就的惊人的进步，竟在战后50年间再加一倍，我们决无理由可以说，巴尔干半岛仍将被认为"退步的"区域。

连贯中欧至萨罗尼加（Salonica）及君士坦丁的诸种铁路，皆须以旧塞尔维亚王国为极重要的停站。奥匈已于一八七八年占有波斯尼亚及黑尔支哥维纳（但未取得名义），因此它所统治的南斯拉夫人，比塞尔维亚王国当时的南斯拉夫人还要多。归奥匈统治的南斯拉夫人，多为罗马天主教徒或回教徒，而塞尔维亚人则多信希腊天主教或正统教。在经济方面，在语言文字方面，他们亦与塞尔维亚人不同。但他们与塞尔维亚人属同一"种族"（如果我们还要用这被人滥用的名词来分别白人）。一九〇八年，奥匈乘少年土耳其革命之际，实际合并了波斯尼亚与黑尔支哥维纳。欧洲强国乘机动作，那是一件平常的事，但此事自然会益使塞尔维亚人不快，因塞尔维亚人尚希望，这特殊的保护地或委任统治地，不致成为奥匈的领土。塞尔维亚与奥匈的竞争是历史上不幸结果之一，在人类组织尚未超出现今的粗野状态散漫状态以前，这种结果似乎是不可避免的。

一八八八年即德意志皇位的威廉第二，继续对奥地利、意大利的同盟。他的政府立即与奥托曼土耳其人发生友谊，冀从此为德意志资本求一出路，以填补缺少殖民地的缺陷。于一九〇四年（局部秘密的）条约之后，英法政府合力抵抗德国干涉他们瓜分非洲的计划。一九〇七年英俄瓜分波斯及亚洲的其他协商，又使英国加入法俄的营垒，以反对中欧经济贯通近东的计划。一九〇三年，君士坦丁巴格达铁路举行开幕，法兰西与英吉利均拒绝邀请，因此，该事业遂成为纯粹中欧的事业。在这大计划下，塞尔维亚的停站，对于君士坦丁比以前还更重要了。

一九〇三年有另一件事，几乎使塞尔维亚人不能诚意地参加通亚洲去的新商道。那就是旧塞尔维亚王族的被暗杀（这个王族是亲奥匈的）及加拉乔格维齐（Slavophil Peter Karageorgevitch）的加冕。从这时起，塞尔维亚人已决定加入俄罗斯那一方面。立即的影响，是加强对奥匈联邦的关税竞争，引出一九〇五年甚为有名的Pig-War。一九〇六年，塞尔维亚与其世仇保加利亚签订一种经济条约，随着并与欧洲其他国家大多数订立相同的条约。意大利为中欧同盟的一员，是反对强固的南斯拉夫团体的，它因而计划意大利亚特里亚海团体。这个团体，后来使它与奥匈发生公然的冲突。

奥匈宣言合并波斯尼亚、黑尔支哥维纳后，俄国政府淡漠地表示武力，但劝告塞尔维亚人等候时机，等到德意志人彰明较著要支持它的同盟国的时候。一九〇八年至一九〇九年的俄罗斯，为日俄战争所击伤了。但在这次合并之后，奥匈在巴尔干的经济帝国主义背后的同盟与俄罗斯在巴尔干的经济帝国主义背后的同盟二者所行的计划，是如此互相反对，任一计划实现，都必致于推翻欧洲势力的平衡。在这情形下，与其不战而承认失败与屈服，通常是毋宁一战。如果俄国夺得君士坦丁，它将截柏林至巴格达的计划为二。反之，如果这条路竟为中欧强国所打通，那就正与俄国长远希望的地中海出口成一交叉。再者，那又使土耳其人能迅速动员，也许还使他们能妨害俄国在阿门尼亚（Armenia）的计划。就求速的运输——乘客与有价值的运货——而言，这条路必定会与英法到近东的海路，并与经苏伊士到远东的海路，发生严重的竞争。

这两个计划的必然结果，是南部中部欧洲地图的改造，这种改造，绝不是和平手段所可奏效的。俄罗斯人与塞尔维亚人早就渴望奥匈联合帝国分裂，因为两国分裂，则南斯拉夫诸团体，可有塞尔维亚人吞并。这将在德意志与土耳其之间筑起一道坚固的斯拉夫防线。巴格达计划本不仅是一条铁路，而且是在近东全部谋经济发展的计划，这道防线的筑起，无疑是这个计划的威胁。奥匈在解体以前，当然不肯不抵抗，而德意志如静观不动，则其在远东的利益亦必大为可虑。塞尔维亚人在奥匈人民间的革命宣传，像尔来德国人、俄国人在国外的宣传一样，为政府所愤怒。哈布斯堡皇储是被比尔格拉的学生谋杀的，罪犯用的火药炸弹是秘密从塞尔维亚输送的，谋杀者所属的秘密会社，又即以此为公然目的。这次谋杀，在维也纳的团体看来，似乎证实了它的最可怕的忧惧。

多年辛苦所造成的近东伟大经济组织全部，在一九一四年感受了威胁。联合帝国的存在，被认为岌岌可危。这是我们应当记在心里的两件事情。在惩戒塞尔维亚人时，奥匈对俄的战争即迫在眉睫，因而，欧洲两大同盟按照长期间的协定均立即卷入旋涡。在这里，军事条约还居次要，因少数英国政治家与法俄的口头诺言，其拘束力，事实上竟不下于法俄间与德奥间的庄严的秘密条约。

如果仅就同情心说，则当美国于一八九八年攻西班牙时，欧洲亦会有几个强国，高兴对美国开战。但美国攻西班牙，他们更不觉得危险。引起战争的，不是同情心。有一些人，宁愿把国家看作道德的人。他们看见，因认为战争不可避免而发动战争的维也纳政府及圣彼得堡政府，均在战争中消灭，当然觉得这当中含有诗意的正义。但我们开心已发生的事实及其原因，且处处从历史方面留意，不要凭私人道德来类推，所以在我们看，中心事实依然是：欧洲两个同盟，均不肯让近东的情形有利于自己的对方。

关于经济的"中欧"，我们在战时阅读了许多。当巴格达铁路完成时，中欧的、明白的、自然的、长期的发展，在其事业上又将要临到一个新阶段。世界上各处均有人知道这情形，但知道的，多是知识丰富的少数人。这事实几乎不为大众所知，一直到后来，才有把它曲解，使有利于战争宣传。德意志及奥匈的各种团体，关于应如何应付这正在发生的大经济组织，意见自然是分歧的；而在俄罗斯及其诸同盟国中，关于应在如何程度如何形式上提出反对，意见亦当然是很分歧的。但只要仔细研究一下，英俄十九世纪的政策，我们必定会知道，土耳其的现代化是直接于二者不利。设有训练优良的军队，有铁道系统使其可迅速动员，又有现代的经济制度为之支持，奥托曼帝国将不复为"欧洲病夫"，这个不安定的国家在海峡上的地位，可以有很好的希望。

在一九一四年奥匈尚为第一等强国，其面积在25万平方英里以上，其人口约有5100万。它有大工厂，每年可造出5亿金元价值的生产物。一瞥这些货品的性质，就知道它的经济秩序已甚发展。其中有玻璃制品、精金属制品、精制器具、乐器、科学用器、宝石、化学药品与织物。手套工业，奥国仅次于法国。棉纱厂的约有240万个纺锭，其酿酒业，堪为世界之冠。铁道近28000英里，其系统成一单位，且又为各种运输设备之统一的大纲之一部分，使国家成为一个经济的全体，其分割必致引起大损失。4年的大战，曾费奥匈资财200亿元，死100万人，这历史的经济单位遂被破坏。不过，从语言与风俗的观点说，奥匈亦像瑞士一样，是极复杂的。在北方工业区之外，大多数日耳曼人与捷克人（波希米·摩拉维亚）的生活，还常常是很古朴的。例如，奥地利有些地方，还保留农业的条地制度（Strip system），但政府曾有系统地奖励其合并，此政策在一九一四年左右显有成效。

继起的国家 一九一九年缩小以后的奥地利，四面皆陆了，人民约有650万，领土却仅有32000平方英里。换言之，它比战前的塞尔维亚约多150万人民，领土则较少约1万平方英里。它的土地约有10%，从农业的眼光看，完全是不生产的：有38%是森林；16%以上是阿尔卑斯山脉的牧场池沼等。有35%可供耕作，然仅能生产该国所需食料的40%。对俄贸易，完全受操纵于中间的国家，曾暂时断绝。奥地利从匈牙利购买许多谷物既觉过贫，而德意志的谷物又尚不能自给。奥地利虽仍保有爱兹堡（Erz berg）的铁矿，但熔解铁矿所需的焦炭却被割去了。单为热、光及街道火车，它每年已需要100万吨的煤，但她却只能生产25万吨左右。要进行产业，为稠密的人口供给食料，在它真正是一个非常复杂的问题。

维也纳是帝国的都城与制造业的中心，在战前，有200万以上的居民——有战后奥地利全人口的1/3。由和约而受的痛苦，说来是人不肯相信的。一九二〇年学龄儿童144947人的系统试验，说明了有许多疾病是起因于营养不良：有22.8%营养极不良，56.1%以上是营养不良——这就是，约有80%的学龄儿童的食料，论其数量与种类，均不足保持健康与活气。一九二二年，经济情形益为不堪，乃不得不向外国大借款，善后委员会曾从合约所包含的一般债务，放弃一定的资产。一九二三年终，国际联盟复兴奥地利的计划被采纳了。约1.26亿金元的国际大借款，由英、法、捷克、意、比、瑞典、荷兰与丹麦保证，由指定的资源担保，这种资源，均受外来的财政统制。

克隆（Crown）纸币，额面价值等于美元20分余（20.3 cents），但在休战时跌至7分，一九二二年三月跌至0.02分，一九二三年十月跌至0.0014分。现在已有一家新银行组织，集合了金准备。纸币印刷受严格统制。政府励行节省，人员亦裁减。新税则通过了，财政系统全部修订。失业与生活费均减少了，工资略有提高；工业、农业、输出，均有改良，人民已开始有储蓄。在通币狂跌时，今日之1元，到明日只能值5角，一年后只能值1分或1分亦不值。只有愚人才会在这时候，储蓄货币或储蓄价值不安定的货物。一九二四年夏，已有有限量的银币再在奥地利流通。奥地利战债大部分均已由克隆纸币付清。按照两位经济专家查利·里斯特（Charles Rist）与莱顿（W. T. Layton）的报告，国际联盟评议会于一九二五年投票赞成，于一九二六年中废除联盟的监视。并声明，如认为必要，得由评议会3/4的投票，而重行监视。于一九二六年，奥地利已具备大多数的条件，联盟的监视，实际亦已废除。剩下来的最大问题，便是与其他各国的关税问题。

奥地利虽受束缚不能成为比较强的国家，且有最严重的问题须待解决，但自国际联盟的计划实行以来，它的地位是遥较有望了。这种国际救济的成功，使国际再对匈牙利作同样的提议，最后，这种原理又有许多在道斯计划下，用之于德意志。在匈牙利，尤其是在德意志，有两个主要的特别困难，是一九一九年和约所要求的数目至今依然未付以及这一种事实，即，这两个国家的潜势力还非常大，它们的邻国，都不敢说它们要购买充分的主权，解脱专横的军事干涉，应该出怎样的价格。

奥地利出海的海口，随南斯拉夫人的独立及意大利人的割取而丧失了。此外，还损失了若干重要的富源。波兰从奥地利取得了加里西亚（Galician）的油区及上西里西亚（Upper Silesian）的煤区的一角，而从德意志取得这煤区的大部分——其余则归于捷克斯拉夫。现经济制度创造了没有生活资料即将停止的稠密人口，这是真的，但引战后奥地利为例，以说明我们须复返共产自足社会，则非昧于中世的实情，即存心要欺骗我们。集中人口而使全区域专门化的同一运输制度，在该区域遇急需时，亦可救济该区域。中世庄园的歉收便是一种灾厄，设继续发生歉收一次以上，便将引致饥馑。像晚近奥地利那样生活资料减少了一半，但其大群人民受苦如此少，吃苦时间如此暂的例，在历史上也许还是空前的。

捷克斯拉夫，一个新立的国家，有人口1300万，旧奥地利工业发展区域的精华（即波希米亚、摩拉维亚、奥属西里西亚），都为她所得。斯拉夫渥基亚（Slovakia），原来是匈牙利的一部分，其铁矿与森林，现今亦为它所得。今日成为捷克斯拉夫国的领土，在战前，每年须输入1000万至1100万布奚的面包原料（小麦与黑麦）。大麦是最重要的食品，其产额（6000万布奚）几与黑麦产额（6100万布奚）相等，而远过于小麦的产额（3800万布奚）。燕麦比其他各种谷物，要多几百万布奚，但玉蜀黍几乎从来不到1000万布奚。从一年到另一年间，马铃薯的生产额比五谷合起来，还要更多。

战争对该国农业的影响是和普通一样。小麦的生产受到刺激，因政府在战时曾规定价格以给养都市与军队。后来又决定向捷克农民征发小麦与黑麦，而收获又比战前几乎少了50%。无疑，一九一七年的歉收，比历史上详细记载的许多事情，都更有影响于奥匈的战争力而终于一九一八年崩溃。家畜亦被征发了许多。作战活动的性质及军需部的实际必要，使同一个人当作一个兵士，比当作一个农民，一个匠人，或一个工人，要消费更多得多的肉、麦与羊毛。一九一四年至一九一九年所杀的牛、猪、羊，数目非常非常吓人。但战后增加颇速，也许在捷克斯拉夫境内，一九二三年的家畜数要比一九一四年多。像在西欧一样，战后期间，显然有不种五谷宁养六畜的情形，于是，备种五谷的亩数减少了。每英亩所生产的小麦仍然甚少（平均每英亩出产小麦仅略多于20布奚），不能在基本食品方面自给。当然，如只就从奥地利所得的领土求平均数，比就全国求平均数，则每亩的平均数要高得多。斯拉渥基亚与卢登尼亚（Ruthenia）的农业，更为古式。

波希米亚、摩拉维亚及奥属西里西亚，几乎共占一九一四年奥地利1/4，但它们仍生产35%的小麦，59%的大麦，48%的黑麦，90%的糖萝卜，32%的马铃薯。波希米亚一地生产80%的麦酒（hops），生产75%的果实，50%的亚麻。波希米亚与摩拉维亚两地在战前数年，所生产的糖萝卜占全世界的8%。斯拉渥基亚虽是较古陋的地方，但在一个根本的方面补足了捷克的经济富源。除了烟草、亚麻、葡萄酒以外，斯拉渥基亚所出的小麦大麦占全国1/3强，所出的马铃薯占全国1/3弱，所出的家畜占全国1/4，所出的羊与玉蜀黍几占全国9/10。

捷克斯拉夫除已得旧奥地利最丰沃的土地和许多大工业以外，还取得旧奥地利铁矿的一半以上，轻煤约9/10。它的最有希望的将来，似乎是像战前的德意志一样成为一个工业国，而不是像法兰西、意大利一样，成为农业国。人口比法国更稠密得多，当新国在经济方面适于独立时，它的生活方法将更少农村的成分。其人口只约有40%从事农业，就原属奥地利那一部分土地说，从事农业的人口比例，也许还会更小得多。

当前的两大问题是在国内建筑东西连贯的运输机关及与外界建设满意的商业关系。和约规定它得使用德意志在波罗的海及北海的港口，得使用多瑙河及爱尔伯河系统,得使用亚特里亚海的里雅斯德与阜姆。捷克斯拉夫比任何国家,均较有关于欧洲和平与改造的成败。它的地图长而狭且四面皆陆地。它的领土很难防卫军事的攻击。工业的发展及港口的缺少,使它像塞尔维亚以前受奥匈及意大利的钳制一样,受着经济的钳制。最渴望通货安定,助新俄在世界经济生活上发现其真正地位的,除了英国,便是捷克斯拉夫。

与四周诸国比较,捷克斯拉夫的通货价值是例外的高,例外的安定。克隆的平价为20.26分,自一九二二年至一九二七年其兑价仍常在3分左右。其他诸国便远不及它了。奥地利的克隆额面价值是一样的,但跌至上数2%以下,最后始于一九二五年安定,须7万克隆以上,才可换美元1元。波兰的马克(平价为23.8分)于一九二四年须有180万,才能换值美元19.3分的一个兹洛底(Zloty),而兹洛底在一九二六年秋,兑价亦在美元11分左右。德意志的纸马克(平价为23.82分),终于一九二三年十一月重新估价,每1万亿纸马克值一个金马克。

邻近诸国通货的狂跌,除了对贸易的一般影响以外,还从两种特殊的方法,损害捷克斯拉夫。其一,因邻国的金价异常低,致使制造品难以输出;其二,因同一理由,致使农业品的输入过于容易,从而使国内农民受害。因此,中欧某一些国家,因本国的通货跌落不得不自行保护,使原料与食料不致过分输出,同时,另一些国家,却因邻国的货币比本国的货币跌落较速之故,有原料与食料充溢之势。通货膨胀除对工业商业财政系统发生某一些积极影响之外,还有另一些影响取决于各国(彼此通商的各国)汇兑之相对的跌落程度。专横的贸易统制,曾施行于德意志与捷克斯拉夫之间,这种统制暂时是必要的,但当德意志用金马克标示物价时,这种需要便消灭了。主要因为若干特殊政治家的和平政策、建设政策,捷克斯拉夫在经济改造期间,在中欧各继起国家中,也许是受苦最少的。

因国际联盟在改造的危急时期施行监督之故,匈牙利曾被人如此注意的观察,故其情形,特别饶有趣味。她的面积,因和约之故,由12.56万平方英里减为3.5万平方英里,人口由2000万余减为700万至800万。一九二五年顷,始有800万以上的人民,其增加因有人从被割的区域迁入。同一区域内的人口数较战前虽较大了11%,但15岁以下的人民的数目实际却减少了。其趋势为牺牲下一代使这一代的生产者人数有异常大的百分比。显而易见的暂时的经济利益,发生在匈牙利最不能利用这种利益的时候。增加的人口密度(这或是暂时的,也许不是暂时的,须取决于诞生率),发生在最困难的时候。战后的匈牙利比印第安那州略小，人口（一九二五年至一九二六年）则比伊利诺的人口约较多100万，略多于战前罗马尼亚的人口。试一检阅这些数字及奥地利是旧帝国更弱的部分的事实，我们便能看出"中欧这一部分已经巴尔干化"这一句话的含义。

在此，我们更不要讨究匈牙利人（麦太耶人）受捷克斯拉夫、罗马尼亚、巨哥斯拉夫统治的那一部分，我们宁愿研究新匈牙利的"巴尔干化"的经济情形。新匈牙利像奥地利一样成了四面皆陆，它要到世界市场上去，必须国际的媒介或好意。它尚保留一块好的煤区〔在南方的培克斯（Pecs）附近〕。它的森林与水力源泉，多随山林地带的割去而被割去，它亦因此毫无可以防守的要塞。河流发源地的损失，还有一个严重的方面，即控制潮水的组织的锁钥已不在麦太耶人手中。除了布达佩斯的面粉厂及若干重要的机械工业以外，大多数工业中心已陷于继起诸国家之手。旧匈牙利最良农地大部分，原都在下台士河（Theiss river）两岸，现今，这个区域为罗马尼亚及巨哥斯拉夫所分割了。在划定新疆界时，不可避免地，颇与运输系统相抵触。随自然的命令，随历史的造化，欧洲这一部分各区域，本是互相依赖的，但新疆界的划定，又不可避免地颇与这种相互依赖性相抵触。从经济的眼光看，这种抵触，有些本不是不可避免的，但和约是一种政治的布置。铁路往往划成两部分，一部分在新匈牙利之内，但这一部分，没有另一部分，便是毫无价值的。水路亦这样切断了。

面积虽只割去前领（土）32.2%，人口虽只减少前数40%强，但须注意，某一些根本的经济富源，不止依次比例减少。例如，以前的树木，只保留了14.3%；铁只保留了6%至10%；盐、金、银、铜、锑、锰几乎一点亦不曾保留。但其他富源，被保留下了更大得多的百分比，所以就全体说，割让是大体与人口的割让成比例。不过，新匈牙利已成了不同种的经济单位了。匈牙利改造的困难，无疑为一九一九年贝拉·空（Bela Kun）的布尔什维克制度所加重了，同时，又遭协约国的封锁，而与猜忌的四邻发生政治的纠纷与麻烦。

像联邦帝国其余各处一样，在战争之末顷，匈牙利的家畜数大为减少。在一九一九年三月后的过激时期，其减少尤甚。同年八月初罗马尼亚的征发，亦足促成家畜的减少。按美国农业部的报告，一九二二年匈牙利的家畜比一九一一年同一区域的家畜更少了11.6%。产小麦的土地面积已比一九一一年减少15.8%，至一九二二年竟致减少19.6%。其一部分原因，为以玉蜀黍、马铃薯、萝卜代小麦，而其如此之原因又为小麦运输之关税障碍及旧顾客之贫穷。反之，小麦输出的减少，结果又使织物及其他商品的输入减落，从而奖励各种工业，尤其织工业。也许，欧洲的这一部分，最不宜于国际分工上这种强迫的变化，但我们在此，只要问事实是怎样。

农业部选定一九一一年为比较之根据，这未免过于夸大了小麦生产的减落。设以一九一一年至一九一五年的平均为比较之根据，我们将发觉，为农产品而使用的总面积，实际是与一九二五年相同，但小麦产地面积仍减少约8%，而用以栽种玉蜀黍、马铃薯及萝卜的土地面积，亦增加约8%。这非损失，只是转移，其说明已如上述。反之，每英亩的生产，在一九二五年，却仍与战前的水准相差甚远，每人的生产尤为相差——因人口已较多10%，农地亩数却依旧或略较为少。国际联盟有一个专员曾指出一九二四年每人的生产仅及战前数年的2/3。他估计，一九二五年农产物的平均收获仅一九一一年至一九一五年农产物的平均收获1/4。其理由之一是匈牙利的土壤须有磷酸肥料及其他若干须从外国输入的肥料。一九一三年匈牙利现境内，曾使用入口的磷酸肥料约1.4万卡罗（carloads），其后8年间直减而等于零，即至一九二四年，亦仅使用4500卡罗。即使磷酸肥料的输入，超过一九一三年的水准，以填补那不曾以时投入的肥料，这8年间的损伤，亦须纯长期间才能复原。而且按诸事实，输入依然远逊于战前的水准。

像人命的破灭一样，尤其像森林的破灭一样，土地的掘发也是战争的影响之一，那是不胜计算，甚至无法复原的。我们能希望，匈牙利每英亩的农产物，得于少数年内恢复原状。但每人的生产完全是另一回事，是更困难的一件事。新匈牙利的都市人口是比较的大，且比农村人口增加得更迅速。如果欧洲的关税壁垒可以减低，工业城市的膨胀是更有理由的。否则，工资与每人的工业出品将依然比较低，而有继续可能的，与其说是企业，毋宁说是中介人的增加及依赖国家扶助的趋势。家畜的情形能比较迅速恢复。一九二六年，匈牙利的畜牧事业似已尽饲料生产及牧地所许有的限度。

工业的地位，要恢复战前的模样是更难得多。大多数官报都以价值为根据，但价格水准已经改变，不同的商品并列，相同的商品却无相同的相对重要性。重量统计，即有亦同样不足信，因不同的商品，每吨或每磅有种种价值。匈牙利中央统计局，认一九二四年的工业生产为1447百万金马克，以与一九一三年工业生产1650百万金马克相比较，即认一九二四年约等于一九一三年的87%。但按照战前价格的基础，则一九二四年生产的实额不过等于一九一三年的60%；又因一九二四年匈牙利人口已增加，故就全匈牙利人口言，每人的生产还要更低。唯自一九二四年以来曾有若干改良。新的劳动日缩短1/5，工人的平均效率更低，使用更廉价劳动的产业自战争以来均牺牲他种产业以获利益。匈牙利人口之半数是从事农业，按任何经济生产的估计，都有城市工业四倍重要，如将矿业森林业农村手工业包括在内，则有城市工业五倍重要。

匈牙利于一九二四年接受国际联盟的监视，于一九二六年六月三十日因预算平衡得免除国际联盟的监视。通货改革完成于一九二七年一月一日，终改用金朋哥（gold pengo，平价约为美元17.5分）以代替克隆，此乃遵一九二五年十一月之立法而行。发行的国民银行，当美国财政监督在联盟纲领下于一九二四年负起责任以后不久就设立了。这银行的股本大多数由外国认捐。合法的贴现率，在第一年间，即由11%减至9%——不过过高的利息率仍是常见的，国民银行对于私人机关与私人所订的条件，统制权极其有限。

输入非常超过输出。这种情形，与金准备及外债的增加有密切关系。联盟的统制，开始即成立5000万金元借款（一九二四年七月），后一年又在纽约以八九折发行借款1000万金元，利息7.5%，限20年。加上银行股本5/6为外人所有，外国资本有大宗投于国内，我们就知道，该国既不像英国那样可由投资及运输业取得大宗"无形"收入，请问怎样能在这样不利的商品贸易差额下使财政安定？外资如能用于生产方面，其流入当然不一定是不妥当的，但就结局言，如其结果不能增加输出的能力，则外资流入不能被视为正当。如用资本来购买更好的器具，使用更多的肥料，则借外债以供农业借贷，亦可以是得当的、生产的。反之，如用外债来购买土地，则结果与其说是生产的增加，尚毋宁说是消费的增加，而究是何者增加，须取决于卖者如何使用他所得的购买价格。

在我们讨论土地征收问题以前，且再述与国外贸易有关的一两种显著事实。匈牙利的国外贸易主要仍以邻国为对手，那是和战前一样的。一九二四年，其国外贸易有2/3是以奥地利、捷克斯拉夫、巨哥斯拉夫为对手。如果我们再加入德意志及波兰，则其占比例当为总数的85%。现今称为国外贸易的，在联邦帝国未分裂以前，就有大部分是国内贸易。试一想到疆界如此缩小，国外贸易对国内贸易的比例本应增加，但实际却是减少了。在战前，国外贸易约占财富年生产的30%。一九二四年至一九二五年约为20%。理由是很多的，可在此举出的是高率的关税，增加的运费，从前国外市场购买力的损失。这又证明了，自大战以来，依国界而行的分工是不自然的、浪费的。

大战后风靡欧洲东南部的土地改革运动，在匈牙利的演出比他处是更保守。大地产被分割了，而将土地分配于老兵，农业劳动者，退职的政府雇员，大学毕业的农业学者及其他受优遇的阶级。有许多地产本来是断分（entailed）的，又加以缺乏充分的补偿计划，遂给人们以理由，对于提议的改革，提出坚强的法律方面、政治方面的拒绝。此纲领起草人之一台勒基伯爵（Count Teleki），竟因此说征收固定的大土地，按一定的大小分成细块的专断计划，政府皆曾熟虑图避免之。关于这计划，以后论罗马尼亚时尚须注意。这计划的实施，会立即引起严重的不利。但拥护者则认这计划实施所得的利益足可抵消其不利而有余，因这计划可集合农业改良的一切困难，一举而使其消灭。一九二一年六月后两年中，分配了将近33000个建筑基地，平均每个1/4英亩强，又约有19万英亩土地分归农民，或各得17.5英亩，或各得3.5英亩。总之，自土地改革纲领于战后发端以来，全国面积约有4/5均受该纲领的影响。

旧联邦帝国有两个继起的国家，大罗马尼亚及巨哥斯拉夫（严格说，是Serbs、Croats及Slovenes的王国），仍以旧都城，布哈勒士特与比尔格勒为都城。为两国所吞并的较为发展的民族，曾发起自主运动，但为两国政府所拒绝。于此，我们在历史方面有很坚固的理由，把她们看作是广义的巴尔干国家，而不视她们为中欧的拐角。奥匈两大港——的里雅斯德与阜姆——现为意大利所得。

加里西亚（Galicia）为波兰一新省，其地颇有经济上的重要性。除了富饶的农地、森林及水力泉源，它还富有矿产，制造业亦颇旺盛。石油的出产仅略少于罗马尼亚，且特别惹人注意，因欧洲大陆出这种必要商品不多。

进一步研究的参考书籍

General Works

*Bowman, Isaiah. The New World.（See Table of Contents）

Busson, H., Fèvre, J., et Hauser, H. Les principales puissances d'aujourd'hui, chaps. Ⅵ, Ⅷ, ⅩⅣ-ⅩⅧ.

Day, Clive. A History of Commerce, chaps. ⅩLⅡ, ⅩLⅢ.

Irvine, H.D. The Making of Rural Europe, chaps. Ⅹ-Ⅻ.

* "New Agrarian Legislation in Central Europe", International Labour

Review. September 1922, pp.345-363.

Belgium

Beer, G. L. African Questions at the Paris Peace Conference.

Billiard, R. La Belgique industrielle et commerciale de demain.

Bürklin, W. Handbuch des Belgischen Wirtschaftlebens.

Clavier, C. La fortune Belge à la veille de la guerre.

Gehrig, H., and Waentig, H. Belgiens Volkswirtschaft.

Martel, H. Le développement commercial de la Belgique avec les pays étrangers.2 vols.(1894-1897) Brussels, annual.

*Moulaert, G.(et al.) La Belgique.(Sections on Commerce, Finance, Industry and Colonies.)

Holland, Switzerland and Scandinavia

Annuaire Statistique de la Suisse.

Bosse, E. Norwegens Volkswirtschaft.

*Day, Clive. The Policy and Administration of the Dutch in Java.

*Drachmann, P., and Westergaard, H. The Industrial Development and Commercial Policy of the Three Scandinavian Countries.

Eggenschwyler, W. Die Schweizer Volkswirtschaft am Scheideweg.

Faber, Harald. Coöperation in Danish Agriculture.

Geering, T., and Holz, R. Wirtschaftskunde der Schweiz.

General View of the Netherlands. 25 pamphlets. Ministry of Industry and Commerce.

Guinchard, A.J.J. Sweden: Historical and Statistical Handbook. 2 vols.

Holland, Handbook by British Foreign Office, Historical Section, 1921.

*Howe, F. C. Denmark: A Coöperative Commonwealth.

La Suède industrielle et d'exportation.

La Suisse économique et sa législation sociale.

Moore, B. Economic Aspects of the Commerce and Industry of the Netherlands, 1912-1918.

Norway: Official Publication for Paris Exposition.

Swedish Yearbook. Foreign Office, Stookholm.

Wernlé, G. La Suisse et nous.

*Westergaard, H. Economic Development in Denmark before and during the World War.

Wolcott, A.S.Java and Her Neighbors.

Italy and the Iberian Peninsula

Annuario Statistic odella cittá Italiane.Florence, since 1919.

Buchan, John. (ed.) Italy. "Nations of To-day."

*Deakin, F. B. Spain To-day. London (Labor Publishing Company).

*Economic Resources of Italy (1895-1920).2 vols.

*Foerster, R.F. The Italian Emigration in Our Times.

Hazard, P. L'Italie vivante.

Joliclerc, E. L'Espagne vivante.

Lanino, P. La Nuova Italia Industriale.4 vols.

*Lemonon, E. L'Italie économique et sociale (1861-1912).

Austria-Hungary and Succession States

(See also bibliography for next chapter)

Annuaire Statistique Hongrois.Budapest.

Austria. Annual Trade Report, Department of Overseas Trade, London.

Bordes, J. von W. de. The Austrian Crown.

Budepest Chamber of Commerce and Industry. Hungarian Commerce and Industry.(Excellent annual reports. Available in an English edition.)

Cesár, J., and Parkony, F. The Czecho-Slovak Republic.

The Economy of Hungary in Maps.Ministry of Commerce, Budapest, 1920.

*Gratz, Dr. Gustav.(ed.) Ungarisches Wirtschafts-Jahrbuch.(Budapest, beginning 1925.)

*Gruber, J.(ed.) Czechoslovakia.

Horváth, E.(Jenō).Modern Hungary, 1660-1920.

*Huduczek, K. The Economic Resources of Austria.

Layton, W.T., and Rist, C. The Economic Situation of Austria.(League of Nations Report.)

Michael, L.G. Agricultural Survey of Europe. The Danube Basin, Part, I, Bulletin 1234, United States Department of Agriculture, 1924.

Statistisches Handbuch für die Republik Oesterreich. Annually from 1920.

Teleki, Count Paul. The Evolution of Hungary and Its Place in European History.

Temperley, H.W.V. (ed.) A History of the Peace Conference of Paris, vol.II, chap.V; vol.IV; vol.VI; chaps.I, II.

*Textor, Lucy E. Land Reform in Czechoslovakia.

第十四章　欧洲东南部

土耳其的国家主义及东方问题　世界大战及俄国革命至少曾暂时把经巴尔干由中欧到东方的世界问题抑下，并把俄罗斯对于海峡的不正当的野心减弱。小亚细亚的主要部分，君士坦丁及其内地，似已牢牢地永远地握在土耳其国家主义者手中。有英国人作后台的希腊人，于一九二二年遭受惨败，被驱出了。（未曾批准的）《赛维尔条约》（*Sevres Treaty*）虽要在海峡两岸设立一中立区域归国际统制，但不为新土耳其大国民会议所承认。

洛桑（瑞士）两次会议中协约国已承认新起的事态。《洛桑条约》包含的新解决在一九二三年六月完成了。土耳其的军队于十月占领君士坦丁。最重要的经济特色是：（1）实际废止"城下之盟"，因为这种城下之盟，使外国人在土耳其有特别的法律上的权利；（2）从条约中，排除奥托曼帝国的债务问题，认其为政府与债权者间的问题而处理之；（3）开放海峡，任外国商船通行，且在某种限制内任军舰通行。最后一规定，虽为俄罗斯人（土耳其的同盟）所反对，但无效。土耳其自于一七七四年与俄罗斯订立《康讷特吉条约》（*Kainarji Treaty*）以来，成为真正的主权国家，这是第一次。

一九二二年希腊战败后，紧张的英法竞争经济——那自从休战条约签字后，或比这还早，就在近东方面开始了——严苛地影响着巴尔干诸国。英法皆要由海道而与西部亚细亚交通。从此，巴尔干半岛虽不复是欧洲"经济帝国主义"的焦点，但仍为人所注意，因为它有自己的特殊问题。这种问题，可以分成两类：（1）农业的组织与发展；（2）由该地落后而起的工商业问题。我们不惜郑重地说，自一九一四年以来，巴尔干问题全部已因下述诸种原因而改观了：即哈布士堡帝国分裂了，土耳其已由弛放的帝国组织变为较小的紧张的国家组织了，巴尔干两个主要国家已加强了，俄罗斯已减弱了，中欧同盟已消灭了。对于这个就本身说绝不能认为非常重要的区域，战前时期所发生的猛烈的日甚一日的竞争，这时当然不会再有。

欧洲东南部的农业问题 欧洲东南部及南部的自耕农制度的特性取决于它们特有的历史，不能徒以"经济发展的阶段"那样暧昧的话来说明。欧洲东部农村人民背后，有一种非我们所有亦非我们祖先所有的经验。他们的共产团体，不能由我们历史上最有发育力最有特色的事态而永远消灭。在这些事态中，可以述在此处的是：欧洲的膨胀及新大陆的开放（供他们通商与殖民）及其对于本国所发生的惊人的影响，商业革命，法国革命，尤其是使西欧取得世界经济支配权的产业革命。

这些事态都是新的，而它们在西欧的影响，亦有一半或大半，是因为它们是新的。这些事态当作我们自己的经验，成为我们的部分。我们的社会，随处都可看出它们的新发展与丑的疤纹。但在东欧人心中，它们却只是远方的冒险故事。那里的人民绝不能发现并居住阿美利加，绝不能开发印度、中国及香料群岛。而在有数百万黑奴为使新征服者发财而辛辛苦苦造象牙、淘金砂、造橡皮的非洲，又已经没有更多的殖民地可以夺取。这一切似乎是极寻常极明白的，但人们往往把它忘记或把它忽视。虽然他们努力亦不复能得我们努力所得的报酬，但我们看见东欧人不常奋起和我们竞争，我们心里总觉得稀奇。

塞尔维亚及罗马尼亚两公国和希腊一样，曾因一八二〇年至一八二九年的战争发生深刻的经济变革与社会变革。虽无可靠的人口统计，但我们从旅行家的记载，得知道在一八三〇年，多瑙河下流人口是稀薄而分散的，土地亦有许多完全荒着，或任其生长牧草，为羊群所啮食。自比尔格勒至君士坦丁的旅行家，大都顺多瑙河而下，即见塞尔维亚的中原几完全与外界隔绝。一七一七年曼特古夫人（Lady Montagu）经过塞尔维亚时，竟须有500名土耳其新军队护送。在一七八七年至一七九一年的战争中，有许多塞尔维亚人服务于奥地利军队，即一八〇四年领导革命的凯拉·乔治（Kara George）亦在内。自一七九一年起，塞尔维亚在哈基·模士台法（Hajji Mustafa，土耳其一位官吏，很像西方的哲学家。他是一个怀疑主义者，共济秘密社员，他武装农民以反抗那成为特殊阶级的新军队，并在那时候完全改造政府）的统治下，几乎自主了10年。

凯拉·乔治与米罗·奥布伦诺维克（Milos Obrenovie，他们领导始于一八一五年的第二次革命）都严厉取缔有钱的领袖，为自己夺取采地（fiefs）。从而，散布于斯拉夫家庭村落团体间的封建制度，得不至于扩张。

农奴制度依一系列的法律废止了，这种法律单纯地宣告现为农民所耕的土地，一律为农民所有。关于一八七八年所加入的区域的农奴，亦发布了同样的宣告。但在这场合，《柏林条约》却命令塞尔维亚政府赔偿土耳其的领主。土耳其的封建制度，在马齐顿尼亚一直维持到一九一三年，那时，这区域才不复为奥托曼帝国所有。

当奥地利于一八七八年解放波斯尼亚·黑支哥维纳的农奴时，有许多人没有土地或几乎没有土地，而这区域的所有地，依然比旧塞尔维亚的所有地更大得多。按战前最后一次塞尔维亚报告，人数最多的土地所有者阶级（计有7.8万人），其所有土地在5公顷（hectare，1公顷等2.471英亩）至10公顷之间，所有土地在2公顷至5公顷之间者，人数几乎一样多。有土地2公顷以下者，以人数言，几与有土地10公顷至30公顷者相等。全塞尔维亚有土地者约有25.5万人，当中有土地100公顷（即247.1英亩）以上者，仅有483人，那都在查德鲁加（Zadruga）或大家族单位手中。

一八〇〇年至一九一四年间所发生的事态，无论怎样着重，亦不为过分。因现在的人口有4/5是在那时候增加的，现在的财富有极大的部分是在那时候增加的。就一九一四年俄罗斯帝国言这是真的，就巴尔干诸国言这亦是真的。增加的两个原因是输出贸易（尤其谷物输出贸易）的发展及工业革命自外来的压迫（在这诸国之内，后来，工业革命亦局部地成立了）。在讨论东欧经济生活时，有两事是特别须要避免的：第一，它们的历史背景、现状及未来的展望，是与西方极不相同的，以之与西方类比，必定会发生危险。但第二，我们又须避免反对的假定，不要认它们现行制度上一切特征，都直接地完全溯源于它们本地的过去历史。过去的遗传与工业革命自外来的影响合起来，亦只能形成图画的一部分，其实，在这图画中，有两套颜色混合着，致生产一种非此亦非彼的颜色。

保加利亚的"查德鲁加"（Zadruga，即血统共产团体）与塞尔维亚的"查德鲁加"，几乎是一致的。在土耳其人的统制下，保加利亚人的不平比塞尔维亚人的不平，是更少得多的——军事的封建制度是没有这样厉害，他们对于自己的事务更有发言权，除了远方的信回教的阿尔巴尼亚人（Albanians），也就要算他们，在奥托曼帝国治下最不受实际的迫害。有几个显明的理由，使其如此。像戴西（Dicey）那样的前辈作家，常常以为种族系统的少许差别——也许是偶然一滴鞑靼血，从斯拉夫人的原来的保加利亚征服者得到——使这民族比邻族更切实用，更不趋向于宗教狂热。但更重要得多的原因，似乎是在十九世纪中叶以前，那里几乎没有独立的运动。此与如下之事实有关，即，保加利亚或多瑙州，非在回教与基督教接触之边界上，尚有罗马尼亚为之缓冲。塞尔维亚的守备队及对封建的军事设备，是反对哈布士堡王室所必要的防守设备，因哈布士堡王朝曾屡次激动塞尔维亚人民，并武装之。土耳其忧惧塞尔维亚的暴动与分离，忧惧又往往是迫害的原因。

罗马尼亚二公国像塞尔维亚一样，存立于哈布士堡王朝与罗曼诺夫王朝交界之处，故更有被侵入的危险，土耳其人亦更忧惧其分离。保加利亚不像埃及一样是富庶之区（在埃及，最贫乏的人，都有被人劫掠的资格），甚至不像罗马尼亚那样有富地主以招致侵略。因此，保加利亚，一个农民国，得在其小地区内度平稳生活，其人民亦可小心将他们所多余的物品藏积起来，不为收税人所发觉。理论上说，土地最大部分是属于土耳其皇帝，但实际上，土地是很少转入国家手中——除非所有者死亡后，没有合法的继承人，致土地继续荒废3年，或不能以其总生产物的10%，纳为赋税。

一八六二年，独立运动还毫无希望，甚至谈也没有多少人谈起。在这年，多瑙州贤明的总督密特黑·白夏（Midhat Pasha）即着手改革，保加利亚农民组织所以更有现代色彩的，即种根于此。他以为，在国际已盛行产物交换的情形下，当时尚属盛行的古农耕方法甚不相宜。他以为，农民要生产物品运销于国外市场，必须有更优良的工具。他以为，如果一个地方，从经济方面看不是外国的属国，不要仰赖外国的制造品，则本地工业有奖励之必要。密特黑建立互助信用会社，并以此为各种改革的核心。各地的地主，须按赋税（什一税）额，出资成一个公共基金。一部由选举，一部由政府指派的地方委员会，为此基金的管理者。凡要借款从事改良者，只需有个人担保，便可向该会借款。行政人员都是该项基金的大出资人，所以从来没有亏蚀。普通的大银行不能依如此小财产的抵押借款获利，所以，信用合作或东方人的借款制度便代之而兴。

一八九五年，政府（一八七八年以来自主，一九○八年以来独立）曾广泛地监视这种信用会社，统一它们的活动，并以法律确立它们间的关系。最后于一九○三年，保加利亚农业银行成立了，创业资本计3500万"里法"（leva），这些信用会社一概成了它的支部。这银行不仅是我们所谓银行，而且是农村生活经济改良的中央代理机关。在一九一一年成立中央合作银行以前，这银行还经营农村合作。保加利亚的农村信用组织，一看，虽与德意志的莱服生会社（Raiffeisen societies）有些相似，但其发展，自土耳其统治时代以来即已显著。在说明这点时，我们会立即发觉这种事实，即这些组织是土耳其地方政府谨慎导人斯拉夫社会制度中的，在西欧，没有什么恰好与之相等。

在多瑙下流农村的经济生活中，合作事业有最显著的作用。斯拉夫的查德鲁加或家族共产团体，便是一种粗陋的有血统要素的合作会社。血统要素已渐趋消灭，或者说，这制度已渐渐化成实际的合作会社。一九一〇年顷，塞尔维亚及保加利亚各约有1000个。在比尔格勒有农业合作社的中央统一机关，像在保加利亚一样，全系统均受政府限制。

保加利亚中央合作银行之设立，是因为活动范围甚复杂的国民银行及农业银行这一类机关，在应付小合作社时，经验到了困难。如能处置得当，这些小合作社的偿付能力，大多数是没有问题的。但个人担保的办法不适于大机关。自一八九五年以来，合作社表面上亦有发展，有种种形式被采用了。例如，大多数农村银行已采用德国的莱服生式，这已在以前一章内讨论过了。一九一〇年顷，保加利亚总计有931个合作社，同年，并决定为这些合作社建立一特殊的中央银行。翌年这计划便实现了，一九一二年初，合作社几有半数团集在这银行周围。

这新金融机关最重要的机能之一是活家畜与农作物的保险。在巴尔干半岛的中央，摧毁一切植物的地方的大风雹雨，往往发生于极小的面积上。有条地散于村中各处的农民，就往往因这理由，得保存收获物的一部分。政府在可能范围内奖励条地合并的政策，亦就因此曾遭遇颇大的障碍。但合作社农作物保险的普及，似可将这种障碍除去。

这实际情形，关于农业条地制度一般（包括中世纪西欧所盛行的条地制度），引起了一极有兴味的点。我们还记得，古德意志农业的记录，常常记录这样的主张，即每个村民对于每一类土地，都应该有一点。以一切美德（包括民主主义）归于诺耳底族的历史学家，往往要就这点阐发，以证明条顿民族的爱平等。东欧农民现今取极不相同的论证方法，我们尽可想象，如果我们能与中世纪村民接谈，我们与其说这种制度是民主主义的、抽象的，不如说它是实用的。不仅雹雨，即各种有害物，例如锈菌症与黑穗症，都在不平均的方法，影响于同一社会的各个部分。再者，节气干湿亦是一个大问题。在湿节气时，高土地常常是最好的，在干节气时，低土地常常是最好的。在实行合作的劳动制度，货币稀少，市场限于地方之情形下，分散的土地所有权，有经济上的效用。即在东欧已大西欧化以后，这其中有几种效用，仍只能为复杂的保险信话制度所代替。

在一大篇蒙昧的历史中，就我们所知道的，罗马尼亚土地制度的基础是村落经济，那和保加利亚、塞尔维亚的村落经济是很相像的。沃拉齐亚（Wallachia）与摩尔达维亚（Moldavia）两公国既未明白为奥托曼帝国所同化而成为帝国行政系统的不可分的部分，所以严格说，此两公国只是纳贡的属国。在一八二一年以前有一世纪以上，此两公国实际是由法论（Phanariot，属君士坦丁）的希腊人所包办，当公爵位出缺时，公爵称号与税收即出售于包价最高者。这些希腊的投机家，在对属民的态度上，绝不较土耳其官僚在巴尔干本部（那在遥较为南之处）更仁慈，但他们比土耳其官僚更善于理财。帝国时代上层阶级的土耳其人都是大方的贵族，对一切营业都是轻视的。他们在近东所以占有地位，乃因在传说上，土耳其有壮大的武力，但这种武力，已经衰落了许久。他们有动人的个人品性，但在正在变化中的社会秩序中，却是毫无用处。这种情形，使我们回想起十八世纪法兰西的贵族。

奥托曼帝国事业大多数（包括技术的行政事项），都由属民例如希腊人、亚美尼亚人、犹太人经营——故时间愈前进，事实上的外国人愈是当权。有许多土耳其人怀抱十八世纪哲学家的自由思想，像奥地利约瑟夫第二、菲力特里克大帝、凯特林大帝那样的"开明的专制"，特别中他们的意。与法兰西的私人交接是至关重要的，有许多土耳其人仿效法兰西的上等阶级，追求随革命而起的民主主义。我们已经讲过两个总督，哈杰·谟士达法与密特哈·白夏，非常热心从事西方化。但此等土耳其官员不能在罗马尼亚境内抑制税吏的贪欲，因为在那里，政府的首脑不是奥托曼系，亦不是回教徒。罗马尼亚不仅比巴尔干半岛本部更为富裕，且有一种等级的剥削组织，自国君以至最卑下的收税吏及领有农奴的小庄园领主，都以剥削为能事。

罗马尼亚当作俄罗斯与巴尔干间的纽带，在探查租佃制度及西方人所不大能够理解的思想之起源时颇关重要。依近人所示，保加利亚、塞尔维亚甚至希腊的斯拉夫化的情形，在罗马尼亚的低地是没有的。不过，其土地制度的经济名称，大部分是斯拉夫的，虽然罗马尼亚的语言构造全然是拉丁的。多数罗马尼亚历史学家，认为在中世纪初期，从罗马占领时代遗下的拉丁语遗族，曾在大迁徙时，由低地将其殖民范围退入德兰西文尼亚·加巴西亚的高地（Transylvanian-Carpathian highlands）。这两个地方是这样不同的，无怪拉丁语的居留民，见多瑙河流域的斯拉夫村落制度（就令他们不曾从东方来的斯拉夫散族及其他民族，看见这种制度），便把它采纳。总之，主要点是，十八世纪、十九世纪罗马尼亚土地制度，一方面有巴尔干斯拉夫人土地制度的特色，他方面又有俄罗斯斯拉夫人土地制度的特色。

罗马尼亚及俄罗斯（在那里，没有宗教的法律的障壁，将土耳其的统治阶级与巴尔干斯拉夫人分开），均有一种与农民血统相同的有力的庄园绅士。西国语言，均称此种人为"卜耶"（Boyars）。随着这封建上层建筑的消灭，罗马尼亚与俄罗斯的村落生活，都显著地倾向于巴尔干的斯拉夫式。因此，我们正可假设，俄罗斯的"米尔"（Mir）本来与保加利亚、塞尔维亚的"查德鲁加"相同（查德鲁加是原始的斯拉夫组织），且可假设罗马尼亚的农业制度是出自同一来源。

近时罗马尼亚农业史的显著特色是铲除封建的奴役成分，恢复（至少是进向）小自耕农制度。在这一般的方面，它的土地问题很像俄罗斯的土地问题。如果上所探寻的一般历史背景是根本正确的，则保加利亚和塞尔维亚（在那里，这些封建要素不像罗马尼亚、俄罗斯那样盛行）的土地问题会更单纯，是一点也不奇怪的。

罗马尼亚诸公国不像塞尔维亚那样是自动改革，它们在一八二九年后即委于俄罗斯手中。俄罗斯的官吏及地方的"卜耶"或地主，树立了一八三四年罗马尼亚的立法行政总系统，除了对土耳其纳贡以外，它的工作毫无关于土耳其。地主，按一定的法律条件行事，自然而然，事事都仿效俄国。一八四八年欧洲全部民众骚动时曾发起改革，但未成功。自改革失败以来，沿用旧制一直到克里米亚战争（一八五四年至一八五六年），战争结果才使罗马尼亚诸公国自主而统一。

罗马尼亚统一后第一任君主亚历山大·古佐（Alexander Cuza）——自一八六一年至一八六六年——左右皆为自由党人。希腊修道院的土地——约占土地全部1/5——概为社团所没收。选举法改良了，因而得农民之拥护。最后又于一八六四年通过一法令，废除封建制与农奴制的残迹，使耕者有其田，以其余归于原来的地主。在古佐统治那几年，俄罗斯亦曾进行同样的改革。

在罗马尼亚像在俄罗斯一样有政治的反动，以致改革者心中所怀抱的小土地所有制不能实现。有许多富人（内中包括自都市来的工业阶级）购买小所有地。人口增加迅速。一八六六年"农会法",允许罗马尼亚农民得与地主缔结满5年的劳动契约,并规定政府得切实使这种契约履行。因此,发生一种继续的反动,而趋向大土地制度及强制劳动制度。农民所处的地位本来就很坏,再加以那里又像保加利亚那样,没有一种适合于农村居民需要的信用机关。需要货币的农民以可怕的折扣售卖他次一年的农作品或劳动。再者,那里又出现了一种"农业家"阶级,他们属于罗马尼亚及地中海东方的人种系统,他们租入大块土地,而以较高价格分租于他人。

在一八九四年至一八九七年之间,有两个民众(合作)银行稳固地建立于罗马尼亚。高利贷与土地独占,因而铲除了,这种手段是很适合于罗马尼亚农村生活的,所以一九○○年这种银行的数目增至80,一九○二年增至256,一九○三年增至700,会员有49844人,资本有4250600法郎。我们记得,保加利亚的农业银行亦设立于此年,这农业银行的职责之一便是调剂农村信用合作社的金融,而这种合作社已于8年前系统化了、规律化了。罗马尼亚政府现亦为民众银行及其他各种农村合作社,设立一中央局。这种银行与合作社迅即开始增加。在银行系统——地方银行、区银行,一中央银行设于布哈勒士——之外,又新设中央合作代理处,亟欲将租地合作社、开采森林会社、消费者同盟等的数目增加。一九○五年有一特殊的法律很详细地规定这一切机关的组织。例如,民众银行会员所得有的股份不得少于20法郎,亦不得多于5000法郎。最高额之规定,乃所以防止富而有势者从中统制。但有息存款的数目却毫无限制,因机关的民众性质不会因此种存款而受威胁。

罗马尼亚依然是一个大地主的国家,虽屡有改革法律,但多是不充分的,在实行时多为大地主阶级所败。一九○五年的报告说明有300万公顷,或国内可耕土地的3/8,为1563个地主所有,有许多人所有土地在500公顷以上。有些非常大,多至数万公顷。仔细分析这些大土地的收入就知道,其中2/3收入所从出的土地是租于投机人。这就是说,罗马尼亚已成为不在地主的国家。战前最后一次值得注意的改革是在一九○七年,虽亦有若干好结果,但未曾彻底将情形改变。

以罗马尼亚比于保加利亚是有趣味的。因两国的文字记载,很有些地方表示两国相像。但像塞尔维亚一样,保加利亚几乎没有不在地主。全国可耕土地只约有1%的1/10是500公顷以上的大土地,而罗马尼亚则有40%。从罗马尼亚每年有谷物1.2亿布奂输出,这些谷物大都是在这些大土地中生产的。保加利亚是小土地的国家,其谷物输出仅约及罗马尼亚的1/6。罗马尼亚这种谷物输出，有一部分可说明战前该国农民的贫苦与营养不足。农业富源既多由富人统制，故宁牺牲国内的合宜的生活标准，而以谷物为通商物品。当战后农民得支配小麦时，农民才有小麦吃。在保加利亚制度下，农民情况是遥较为佳，但采纳西方机械方法的困难亦更大。二者的原因都是小土地所有制与残余的条地制度。好在巴尔干诸政府亦无意模仿西方的农业组织。战前，它们在原理上是坚决反对大土地所有制的；战后，就令它们尚未倒台，亦不容有选择的自由。因合作可兼有大规模生产的经济及自耕农制度的平等及其他社会利益，所以是他们得意的计划。

晚近的农业改革与绿色国际主义　农民国际协会（International Union of Peasants），正式成立于一九二一年二月保加利亚农民协会第十六次会议。那通称为"绿色国际"（Green International），以别于对敌的莫斯科的"赤色国际"（Red International）。大战以来欧洲东部及中东部的典型的农民运动，通称为绿色国际主义（Green Internationalism），不问其被讨论的方面是否与组织有正式关系。

绿色共产主义全然不是马克思主义；其目标繁多，现所以能有连贯与统一者，主要因为农民反对俄罗斯共产主义者或赤色共产主义者的纲领。一九二一年开始的布尔什维克的新经济政策所以采行，有一部分，便因为必须与俄罗斯境内密切相关的农民运动相妥协。巴尔干诸国，奥匈及西俄罗斯继起诸国的面积的大部分，以及新俄罗斯联邦苏维埃共和国本身，都主要是农业国。旧奥匈的估计为74%，巴尔干的估计为80%，俄罗斯的估计约自80%至86%。如果我们能够想象，英格兰与威尔斯的人口有80%居于农村，只有20%是居于2万个不到的工业化的市镇中，大多数人的兴趣与思想自然会根本不同。大多数人将成为耕作者，不会像现在英格兰一样，以工业劳动者职业家及小营业家占大多数了。

保加利亚的农民党（Agrarians）曾于一九一八年至一九二三年统治保加利亚。这个党，未曾"实际组织政党，其实是自耕土地所有者的代表联合会。……有许多政党不与农民接触……他们不过视农民为获得政权的工具……最后，农民才发觉保障自身利益的方法，自然而然地便以农村合作社农民运动的核心"。这几句话是洛凡奥（G. Clenton Logio）说的，他用这几句话描写出了保加利亚这种农民经济集团，如何在政治机能上取得优先权。

保加利亚农民协会成立于一九〇〇年。一八九九年反动内阁的粗暴与苛求，使农民发生暴动，而再以流血的手段将其镇压。农民协会，即为反抗这种粗暴与苛求而成立的保护机关。农民党内阁总理亚历山大·斯坦波利斯基（Alexander Stamboulisky）——他自一九一八年任总理，至一九二三年被推倒，而在一军事袭击中被害——曾于战前发表一书，论合作组织应代替政党。他的思想是实行经济利益集团的代表制，但在保加利亚，像在东欧其他各处一样，显著的团体不是职业的基尔特，而是农民的合作社。

欧洲中南部的农民党或绿色共产主义与俄国的布尔什维克党间，即以此为最严重的论争。在布尔什维克党赞成没收大土地的限度内，欧洲东南部及中东部的农民党是抱热忱态度的。同样，俄罗斯赤色共产主义者谓"资本家的政府"以农民工人作战，亦只是复述农民党人已有的信仰。农民党人本来也受非农民党政府的压迫及处罚的。百年来人们所抱希望由农民人数最多的欧洲团体（俄罗斯）突然成就的事实，对于邻近诸国，曾发生非亲见不能领略的剧烈的影响。当时战争方在最高度。农民是军队的背骨，为要得农民的拥护，诸国政府遂不顾一切以实行农业改革。

俄罗斯的土地分配纲领一度达到最高度以后，当作一个提议，它的活力便丧失了。俄罗斯布尔什维克党人另一个大民众标语"和平"，在欧战终了时又失去了它的势力。当新俄国家的实际形态被人明白时，近邻诸农民国家的意见，均发生可怕的激变。新俄并不以农民合作社会代替政治代议制度，却建立一种会议的等级制度（苏维埃），使都市上的少数人得握有非常不平衡的大权。这种制度的本身，在巴尔干农民领袖眼中，是不可恕的。布尔什维克党人所赞成的会议形式，不是农业斯拉夫人的Savet或Soviet，而是都市的工业的马克思主义的创造，这种创造，虽仍用斯拉夫人的名称，但实从西欧外国社会的概念生出。再者，国家所有一切土地的理论，对于新从土耳其统治下解放的人民，亦含有一种熟闻的令人不快的调子。战时组织又给其他诸政府以有力的工具以抵制俄国思想，因在那情形下，物质力及精神力均行集中，得随意指任何事物为"敌方宣传"。久在望中的农业改革，就在战争热及改造骚动中实行的。

战后的保加利亚可认为是典型的农民国家。在战后的该国，任何人皆不得有75英亩以上的耕地，不得有125英亩以上的森林地牧地。农民的组织在那里，比在任何处为佳，像缩小大土地所有权那样的先决问题，在那里，亦比在任何处为少。所以，我们更可从他们的现实手段了解他们的原意。农民是反对战争的。在巴尔干民歌中，最被人屡次使用的文章是战争的困苦、悲哀与无用。斯坦波利斯基（一九一八年至一九二三年保加利亚农民党的首相）自己，在世界大战中即因反对大战而入狱。农民相信劳动，认一个人如无固定而有用的劳心职业，又无固定而有用的劳力职业，便是寄生于生产者身上。斯坦波利斯基政府不仅采取有力手段，强制每一个身体强壮者从事生产事业，此外，并规定每一个人须为公共事业担任10日的劳动。这种征募，当初本是绝对的，不能支付货币代替，亦不能请人代替。

在这些农民国家内，乡村人口一般对都市及市民自由表示敌意。保加利亚的现行法律最表示了这种敌意，因保加利亚占多数的农民曾有数年完全支配政府，并把政权执在掌握中。这些国家的集团的国民财富全部，几以农业为基础。试一想到这种事实，农民见一切华丽的建筑物，一切现代的改良物，一切高级的教育利器，一切文明享乐生活的机会，几乎都为都市占一先着，就无怪他们认此为实际的掠夺了。一般说，他们怀疑一切居间人，认他们为无用。他们高兴由合作社购买。这种合作社，有时甚至输出谷物，而输入必要机械。与都市的资产阶级相反，农民一般是仇视外国资本的，认外国公司的代表为依赖乡村而过奢侈生活的寄生阶级。大家都说，农民在德美荷统制罗马尼亚石油工业时，比在这大国家富源未开发以前，购买石油，实际须付更高的代价。

巨哥斯拉夫的农业改革案最初于一九一九年的命令中定下一个大纲，稍加修正后，遂册立于一九二一年的宪法中。这个改革案除以铲除一九一二年来塞尔维亚人所得土地的封建农奴租佃制度为副目的外，尚要破坏一切大财产（成为例外的，不过是若干模范农场）。这改革案的大纲，不许个人所有的财产多于124英亩，或多于185英亩，或多于741英亩，其大小随品质种类及地方情状而异。不亲自耕作者只许有土地141英亩，非本国居民只许有17.3英亩。土地被收夺的地主付以国家债券，此种债券20年后兑现，年息5厘。有几种大战退伍士兵得免费取得土地，但通例是付款10年期，年息7厘。约有50万个家庭是依一九二四年的法令得以安居。总检查的责任则委于国家抵押银行。

巨哥斯拉夫的农业改革，已因所有及利用的形式非常复杂（那里有农民村落的土耳其封建制度，也有前奥地利领地的现代大农场）而显出复杂；罗马尼亚的情形还更复杂，更难理解。一九一七年三月的军事命令中，国王菲迪南（Ferdinand）特准将王地分成农民所有地。他笼笼统统地说，深远的土地改革与宪法改革将在罗马尼亚发生，但就细目讲，他所能改革的，只是他私人所能允许的土地。这个命令的大意无疑指示了，农民改革农地的要求，至少在布尔什维克党实行统治8个月以前，已在俄罗斯以外被认为严重问题。布尔什维克的宣传所夸张的情形早已在大半个欧洲引起革命的威胁。像以上所说，罗马尼亚旧王国的大土地所有制，虽经各种改革，但依然极有压迫性。俄罗斯本国还是一样。虽然与俄罗斯相邻的摩尔达维亚（Moldavia），比较与保加利亚为邻的沃拉齐亚（Wallachia），平均说是有更大得多的所有地。

比塞拉比亚（Bessarabia）或早期苏维埃联邦下的摩尔达维亚共和国，早在一九一八年就为罗马尼亚人所占领了，法与德均默认之。大土地的征收在一九一八年十二月罗马尼亚颁布法令时即已进行，其计划遥较为剧烈而更不利于地主。罗马尼亚政府觉宜改造比塞拉比亚的法律，使适合于它自己的计划。别事不讲，赔偿原则，在一星期前后发表的两个法令中便几乎是一致的。比塞拉比亚法令第五条，包含一个引起困难的特别的政治的条文（第四项），宣称凡未于一九一九年一月一日取得罗马尼亚国籍者，与外国人民一律待遇。后来，时期延长4个月。这条规定的目的，无疑是恐吓地主，使他们不敢反对罗马尼亚占领，同时又使他们不能合法地诉于任何外力。

在比塞拉比亚，私有土地不得过100公顷（247英亩）。在罗马尼亚旧王国内，好像在前奥匈领地内一样，私有土地不得过500公顷（1235英亩）。但能保持500公顷土地的，只有最大的地主，即有地1万公顷（24700英亩）以上的地主。有地100公顷的人，不成问题。有地200公顷者，须削至165.7公顷；有地300公顷者，须削至201.17公顷；有地500公顷者，须削至241.2公顷；有地1000公顷者，须削至284.9公顷；有3000公顷者，须削至351.4公顷，以下类推。

实行分地者为地方委员会。地方委员会由区推事、地主或其代理人及一个农民代表组成。考虑各种证据——调查、地租、卖券、抵押之类——以后，由委员会作试决。如果尝试的判决是一致的，所有权即交于地方的农民合作团体。在没有这种团体的地方，须新设立。如果地方委员会内的意见不能一致，则在15天内可上诉于区委员会。其全部计划，则由改组的中央合作局办理。

这种国家征收土地计划因其最被需要，故其范围亦最广。因此，反对广泛的武断的国家行动的，遂集中其攻击于这目标上。其行政有许多困难而又非常复杂。例如，有许多土地所有权已经抵押。抵押如包括土地所有权全体，尚易处理，但有些抵押，对于被征收的土地仅包括一部分，但牵涉其他的土地。且还有些土地，已经第二次抵押。在土地的分类——森林地、葡萄园、谷地、荒地等——上，亦有许多抵触。而调查又往往是陈旧的不可靠的。有时，有些土地系由外国人与本国人合有。有些已经播种，有些不在征收的时候。这种种亦足增加问题的复杂性。但最有力的批评也许是，武断地将土地削成一定的大小，不与经济的社会的条件相适合。

罗马尼亚的最大的所有土地，与较小的所有土地相较，所丧失的土地百分比是更高得多。因此，在大土地所有制盛行的地方，被征收的面积往往多于依法有权分取土地的农民人数。在小土地所有制盛行的地方，情形恰好相反。可用以分配的土地面积极小，而依法有分田权利的农民人数却甚大。这种农民，当然可以迁往他处，但有许多家庭久居此村，一旦要迁居必感非常不便。结局，此种困难情形虽不是没有办法，但据说，那时候就有许多土地没有人耕作。欧文女士说，在一九一九年末，在被征收的500万英亩中，"几有一百万英亩"无人耕种。她引证《民生最近情形》说，在一九二〇年末，拉特维亚（Latvia）因此缘故而生的情况还更坏。台里基伯爵在《匈牙利的进化》一书中，还更着重地批评这种情形。一九二四年末，有权分地的罗马尼亚农民，只约有一半受了土地。

匈牙利短命的温和派社会主义政府（维持至一九一九年三月），以同样激烈的精神分配大土地。任何人所有的土地均不得多于250英亩，但一般的目标是人各有约13英亩。台里基伯爵以两个村落为例。一个村落，有土地500英亩，但按法律可要求分授者却有1000人；另一个村落，有土地6000英亩，但按法律可要求分授者只有300人。在第一例，每人仅可分得半英亩；在第二例，每人却可分得20英亩。"第二村落的人民，掘起壕沟来，防卫他们自己的财产，不许第一村更不幸的人民侵入。"随匈牙利布尔什维克党人的倒台，前章所述的比较和缓的纲领，才被采纳。

大私有公司，尤其是外国人的大私有公司，在巴尔干诸国内，曾遭受怎样的猜忌，可由一九二四年罗马尼亚开矿法来说明。这个法令，使一切未征收的地下富源化为国有。像石油问题提出抗议时所解释，罗马尼亚人所谓"国有"（Nationalization），并不是"社会有"（Socialization），结局不过是以国家的公民实行多数人的统制。强国人民已合法取得的权利不予以充分的满意的赔偿，是不许小国取消的。外国石油公司，即因限制推广而受到损害，亦会反对。以公司股份55%，移转给罗马尼亚本国人的时期，到一九三四年才算终了。关于主权国家在国境内限制新公司设立或旧公司推广的权利，是不能有任何疑问的。在这场合，主要问题，第一是对于合法取得的权利，给予适当的赔偿；第二是必须以某种人统制的规定，必定会影响企业全部股份的价值。这个矿业法，虽与土地征收法常常携手而来，但绝不可混为一谈。

在捷克斯拉夫，个人所许有的土地最高额规定为190英亩至315英亩。波兰法律承认农场面积不同的利益。在削减大土地时，本要使各人土地面积少则148英亩，多亦不过444英亩，但规定在旧德意志及旧奥地利的领土内，个人所有的土地面积可较大一倍。从系统的下边向上望，政府所要创立的扩大自耕农民所有地，最高额为34英亩。受这次完全改革的影响，几有125万英亩。

有关系的当事人与代理人，关于农业立法的影响，曾发生许多经济方面的辩论。例如，以上曾推测，在罗马尼亚征收土地后的一九一九年间，"几有100万英亩"依然在休耕，官报上的数字为854620英亩。一九二〇年减为580450英亩；一九二一年减为393930英亩；一九二二年即几乎等于零了。再者，一九一九年的荒地，亦不能完全归咎于国家征收土地。一九一九年时，还有些战场未曾收拾清楚。驮兽与用器皆甚缺乏。最大的困难还是在人民待要饿死尚须外人救济的地方，难寻得充分的谷种。最后，俄罗斯及匈牙利边境上从军的人民，大多数不能担任农事，运输制度亦因战争之故陷于极悲惨的境遇中。总之，以土地荒废的现象完全归咎于农业改革，明显是不当心把原因弄错了。

新农民运动，曾影响欧洲最大部分，其成效与目标自然是在工业更不发展的地方更显著，但其结局如何尚不可预料。如果农村合作社要继续繁荣，那要看它对于耕作单位的大小有怎样的影响。据以往的情形而论，要团结合作单位，使其大小、其效率与最大的私有土地相等，是很困难的。这是很可能的，东欧的趋势，是趋向深耕方法（intensive methods of cultivation），不是趋向需要多量机械的广耕方法（extensive type）。

几乎这一切国家都报告工业复兴。这种复兴，是战争损失之渐渐的补救，其一部分原因在于中欧两强国的衰落，曾引起经济世界的大变化。罗马尼亚及巨哥斯拉夫的经济进步了，但其反面是国境的改变及奥匈的削弱。东欧已有长时期不能以制造业繁荣为特色。这些地带日甚一日的自给性（通称为"落后"），会使西方的工业集中不能在那里发生么，那还待下回分解。

工商业问题 农业、开采业与手工业，是欧洲东南部经济生活的最重要部分。如上所述，匈牙利是一个农业国家，因其人民约有一半直接从事农业，在经济生产的总额中，农业生产与工业生产之比，为4∶1。讲到巴尔干半岛，则农业人口竟占全人口约3/4，最大概的估计，亦不能认工业生产在财富总生产中占1/5的地位。那里的市镇和别处的市镇比较，没有什么特别。但那里市镇不多，且与村落或农民居地极不相同。村落或农民居地，往往是很大的。例如一九二〇年罗马尼亚人在比尔苦勒士提及科查士卡（在布哈勒士特以北）的村落，联合计算，就有6000以上的人口。这些村落，彼此紧邻着，形成一连续不断的位置。那里没有铁路，没有任何制造厂，只有4个小商店，但其内几乎没有货物存储。人民耕作周围的条地，如谷物有剩余，则载于强固轻巧的车上，拉往20英里以外的地方，这种车，除了轮铁、车轴、轴头支柱及若干其他金属制品部分是由外国输入以外，几乎完全是用手做成的。

农村与市镇的对照，比在西欧是更尖锐得多。卜洛齐谛（Ploiesti，石油提炼的市镇），尤其是更在北方的石油区，与任何处的租界比较都不会相形见绌。巴尔干的海港，例如拉兹、君士坦查、瓦尔纳、庇老斯，是和别处一样有起重机、升降机、轨道及其他机械。在少数特别的古建筑物，例如教堂及周围群列的农民居屋之外，有和西欧各地极少异点的大都市：有同样的街道、电车、汽车、旅馆、公园、住所、营业区等。但旅馆定着物、电车材料、汽车及其他工厂制造品大多数，都是从外国输入的。欧洲东南部与制造业发达的外界实行一种分工，但就因有这种分工，所以该处的市镇是商业的，而非工业的，农村则异常专于农业——农民自己田园或家屋内所不生产的物品，须在市上买卖，这种买卖大多数是农民自己做的。

这种经济秩序，在世界大战前，已徐徐进行改组。农民已比从前更穿戴工厂织造的鞋帽。已间有用波状铁板锡板作屋顶而不用茅草的——金属屋顶虽没有那样好，但所费是更廉的。玻璃窗渐渐盛行，以代替油布或油纸。保加利亚及罗马尼亚有很好的公路系统，边路亦已改良，所以生产物的交换已较前便当，而地方自给却日益更觉不利。价廉的输入的织物，侵犯那更坚实更让人爱的手织物，虽然这种手织物，曾使该国服装堂皇富丽、悦人心目。就如下数点说，农村生活是健康的。即，其生活愉快，且大半生活在空旷处；星期日的采集，是有生趣的，他们各个穿上农民的服装，来往如织，作广场的舞蹈，奏户外的音乐，真叫人作生命的回味；国语，甚至外国语，在该处的农村学校中，往往比在有5万人口的英美都市中教授得更好。但这图画的反面是良好的医生太少，卫生状况不良，许多农民因工作过度及风吹日晒而老得太早，而且，适当的食物又往往极不充分。对于这状况下的农村人民，市镇中人实无异商业中介人这两个集团彼此亦尚称投合。布哈勒士特的唯一真正工厂是造酒厂。

战争、疆域的变革、国家主义的勃兴、贫穷及社会制度、经济制度上激烈地适应新情况的变化，都曾相当促进改造。关于这种种变化，如大书特书，把一广大领土视为一个国家，一定会言过其实。战后巴尔干生活的变化，比政府统计或泛论社会的著作所宣传的，要更少得多。但变化依然是显而易见的。

我们既只能极简略地讨论那复杂的、渐渐的经济变化，所以最妥当的方法是牢执着分工与企业这两点，这两点本来是密切相关的。欧洲东南部农地分割成为小单位的事实，无疑可以妨碍资本主义生产方法及昂贵机械的采用。这种妨碍，有一部分可由农村合作制度得到补偿，但只是一部分。如把战时的破坏计入，这类器具的输入实不符合于我们的期望，是太少了。购买力的低弱，当然是一部分的理由。国民经济自给，在战前，这些国家是不常想到的。但自大战以来，这些国家已尽可能树立关税壁垒，并为自己制造物品。这种情形，就织物言，尤为明显。在若干程度内，相信市场与分工须尽可能来推广的经济学家，也许会认此为一循环，为一循环论法。外国人自愿地或不得已地减少他们的小麦购买，于是，原先以小麦购织物的小麦生产国，乃移一部分努力以制造织物。如果这是勉强以关税或奖励金来实行，生产织物的国家的市场当然要受损，向来以织物购入的小麦，也许因此须在本国生产。

热望以制造品销行于本国市场的国家，必须尽可能破坏地方自给，而将本国市场推广。这种破坏，就其积极方面说，亦即是扶助专业。但在贫乏而比较古朴的农业国，这是不易实行的，而况在那时候，这诸国家方将其专门化的设备周全的农村分裂为小单位，而使资本不充足，技术教育亦不充分的人去经营。对于这种病，政府扶助是通用的万灵丹药，但在债务繁重、通货价值险要降而为零的国家，政府又哪里能有这种扶助。于是，必须接受有资本者之条件，向有资本者借取资本。但像一九二四年罗马尼亚开矿法那样的运动，是绝不能吸引资本的。他们所想的第一件事是健全的经济结构，俾其资本安全，而欧洲一切有货币出借的人，都怨恶高率关税。有200个大银行家大营业家（内中有6个是美国人），曾于一九二六年八月发表一宣言，除叙述其他诸事之外，尚说："如要欧洲复兴，一切领域内新的旧的政客，都须认识：贸易不是战争，只是交换，在和平时节，我们的邻人，即是我们的顾客，而且他们繁荣，即是我们繁荣的条件。"总之，他们使分工国家化、人为化的政治计划，绝不能从有力者处取得帮助。结局，这些贫国的政府，乃不得不等待悠闲的历史过程。

把通货及物价水准的差异计算在内，则欧洲东南部的生产水准，绝不比战前的同一区域为高。某一些物品的利得，由另一些物品的损失抵消了。通商非恰好循由旧的路线，亦非恰好使用同样的商品。但其变化总和，殊不能谓为健全发展。在世界大战以前，巴尔干半岛是欧洲经济关系及政治关系的要点。这非因它本身重要，只因它和近东的关系。现今，中欧与俄罗斯间对这些路线的竞争已成过去，所以至少暂时间，这一地带经济上的重要性已降为第二等了。

巴尔干4个主要国家（罗马尼亚、保加利亚、希腊及塞尔维亚），一九一〇年至一九一一年间那个时期的总贸易额，远不及全世界总额的1%。从商业方面说，4个国家合起来，虽较胜葡萄牙或挪威一等，但与瑞典、西班牙，或丹麦较，则较有逊色。如除去罗马尼亚（因其不在半岛本部），则贸易数字须减少一半。罗马尼亚虽是世界上第5个产油国，并有许多小工业，但其人口约有80%是从事于农业或畜牧业。以境内所有的石油额，估计一国在政治上的国家地位，是错觉的普通计算方法之一，那将两种要素混合了，必须常常参照实际产额或比率来核对。墨西哥所产石油，几7倍于罗马尼亚，美国则有其46倍。

商业最大部分所代表者为巴尔干制造品。至少，输出品有4/5是农产品或牧畜。于是，矿产品制造品和森林合计起来，再包括大的外国企业（例如统制罗马尼亚石油工业3/4的企业，那是全国最重要的企业），仍不过占4/5。制造业的最大部分均依古朴的方法进行——即无更直接的证据，也至少可由输入品中原料及目录中奢侈品（那是工业国极需要的）的缺少而见。在他方面，制造品是几乎占巴尔干输入品之半，最主要之项目为大宗织物及金属制品（内包括机械）。其国外贸易的大部分都是对德意志、奥匈、英吉利、法兰西及比利时发生的。

保加利亚的经济地位，未因一九一四年来的事变而大改变，不过从这年以后，它负有巨额复兴公债，通货贬价不及平价的1/20（一九二七年）。其结果是财富在阶级间及个人间，发生惊人的转移，使事业失去常态。为复兴及占领而发行的公债，近美元1.1亿金元，蕞尔小国，年输出额尚不过美元4100万金元，如何负担得起，即使分摊于多年，亦未免太重。保加利亚在大战时，虽因夺取塞尔维亚及罗马尼亚属的多布鲁加，虽因土耳其让与而扩大了；但在战争终了时，它的疆界却是缩小了，它在德基亚加的爱琴海出口，亦被夺去了。和约允许它通过爱琴海某港口，这种允许，终于一九二四年依希腊协定而成为事实。它已有商业出口，经国际联盟监督下的廊地到加瓦拉（这比德基亚加是更好得多的港口）。如果这个协定是稳定的，则在商业方面，保加利亚或许要比以前改良。如以这协定，比于德意志对丹泽廊地的地位，我们不禁要惊问，成为小国的利益是否不为人所估计过低。保加利亚帝国的希望虽因邻国扩张而消灭，但她的经济地位至少几乎和各邻国一样是常态的。它的军队很少，这是国费的一大节省。但一九二五年希腊人的袭击，不仅为国际干涉所中止，国际联盟且判给保加利亚以约美元22万金元的赔款。

希腊因不幸的《塞维尔条约》而大大扩张了。大战后，它的通货不久即几能按平价通行，虽然法兰西、意大利及比利时的通货仍在贬价中。后来，它对土耳其的不幸的多费的战争，又使它的面积几乎削至和战前的面积一样，君主制度被推翻了，财政困难加重了，使"德拉克麦"（Drachma）与巴尔干其他各国的通货，走上同一的路（由平价美元19.3分，至一九二六年中降至约美元1.3分）。希腊在巴尔干有许多种已经发展的矿源，其产物包括铅、镁、镍、锰、锌、盐、铁及软炭。

希腊领土几乎有一半有地中海的气候及特别的产物，其余则有巴尔干半岛中央的中欧气候。谷物须输入若干。输出品的最大项目为红醋栗，一九二三年约出产10万吨。葡萄酒及橄榄油的出产亦大。希腊有商船82.8万吨（一九二四年），位在丹麦与比利时之间。自从她在一九二二年为土耳其所败以来，她与巨哥斯拉夫及保加利亚均订有商约，使巨哥斯拉夫可自由通过萨罗尼加港，使保加利亚可自由通过加瓦拉港。希腊，她如有开明的妥协的政策，而为巴尔干内地运送，它是应该繁昌的。大战中，雅典、萨罗尼加铁路完成了。有了这条铁路，它与中欧便有了适当的铁路联络。经过科宁地峡的4英里长的运河，可惜太小了，不能航行现代式的船舶，以致年久失修。有一条铁路，连贯雅典港湾庇鲁士与科宁海湾上的巴特拉斯。这两个港都有极重的运货，但萨罗尼加在可能性上是东部地中海最大运输中心之一。

巨哥斯拉夫两个主要的水路出口是爱琴海的萨罗尼加、亚特里亚海的阜姆，两者均不在该国领土之内。如果欧洲东南部诸国记着一九二六年银行家宣言上的话，"贸易不是战争，只是交换"，则以上这种事实，不足损害巨哥斯拉夫的繁荣。设有资本可用以改良并推广铁道系统，到中欧的陆地运输固可增加，但要在亚德里亚海建筑一真正良好有铁路为联络的港湾——在巨哥斯拉夫领土内，即有必要——亦不适于实际营业及工程的现状。一九二三年希腊条约，规定在萨罗尼加设一自由地带，占46平方英里，内有改良的同时可容3船的码头，有铁路、有仓库、有谷仓等。火车保证可以自由来去于巨哥斯拉夫境内，巨哥斯拉夫的邮务与关务亦可在自由地带设立。这个协定依一九二六年的条约扩大了，其条件亦修正了，有一法国驻员被派在国际联盟下工作。关于阜姆（那曾引起许久的争论，但现已为意大利所有），最后亦与意大利缔结了同样的协定。

在巨哥斯拉夫1250万居民中有85%主要是从事农业。由匈牙利割得的那一部分几全是农业区。至少在最近的未来，它将成为一个适度繁荣的农民国家。欧洲经济的大混乱，新战争的威胁（那引起一个多费的军事组织），塞尔维亚人与其新属民的严厉的不协调，均足妨碍其改造。纸"底纳"或"克隆"，在一九二六年秋，尚不值其平价美元19.3分的1/10。谷物、活家畜、木材、梅子是输出贸易中的主要项目。自一八七〇年以来为独立国的门特内哥罗，亦于一九二二年合并于巨哥斯拉夫。

在某程度内，"落伍地带"这个名词，亦常常应用于战前的巴尔干半岛，但这名词的含义异常暧昧，可以包含混淆的观念，甚至冲突的观念。但在这名词的背后仍有若干现实。在这些现实中，物理方面的现实今日尚未改旧观，但那不纯然是物理的。从经济的观点看，主要问题是与世界其他各处接触的问题。塞尔维亚在战前是四面皆陆之国，在战后，奥地利与匈牙利是四面皆陆之国。问题在于市场是否自由，如果市场对于货物的流通有关税，有奖励金，或有执照的干涉，这种自由便为政治的疆界所影响。港湾的使用权及世界其他港湾输入货物的条件，显然比港湾的所有权更重要。

战后，巴尔干半岛的人口几乎和战前以同一的百分比，从事各种生产活动。这些生产家，在战前常横受阻碍，致不能在平等条件下在合理的市场上交易货物。其理由大部分是政治的。现在，奥地利、土耳其、俄罗斯均在欧洲失去强国地位，有一永久机关设立以视察和平是否公然被破裂，是否秘密受阴谋反对。自是以后，巴尔干诸国已不复是世界帝国象棋中的小兵。罗马尼亚及巨哥斯拉夫很难有进一步的领土野心——一九一九年的和约，对她们总算是极优容的。保加利亚亦不能由战争希望什么，国际间新的更协调的合奏很明白地显示了，它的疆界，已由一种它不能独自指挥道德的及物理的势力所监视着。

在经济学上，像在政治学上一样，因所讨究的人是有个人记忆及团体历史的人，所以，发生了许多不能称量但又不可忽视的因素。旧的热望，变为不协调的新的热望。翻来覆去的战争及过大的军事设备的负担，老早就要使欧洲东南部永远成为贫弱的古旧的。这些国家，因缺乏工业力量与财政力量，绝不能在无援的情形下，维持许久的大战。在一般的战争上，军费都须由工业发达的同盟国供给。所以，在世界大战中，巴尔干的军队与人口相对而言是很大的。而塞尔维亚、罗马尼亚与保加利亚所以会丧失这许多人口，这就是理由之一。旧状况下长成的那一代政治家会渴望国家自给，宁愿不要有利的国际分工，牺牲经济繁荣的新机会，以期以存余的军力救治积弱，虽不是好事，但不是不可理解的事。

帝国主义尚未死灭，但减弱或移除帝国主义主要原因的尝试，任何时亦没有现在这样认真。世界人口与富源的分配是极不平均的。以政治手段随意干涉人口流向富源或其相反趋势的过程，通被称为"经济帝国主义"。但经济只是目的与工具，帝国主义实际是政治的，那往往与移民的市民资格、所投资本的国籍、货物的政治疆域有关系。巴尔干诸国的人口与其天然富源相对而言是稀薄的。政府均愿意大利人、匈牙利人及其他各国人，能携其资本及技艺来到国内，如果可使本国贫弱外国富强的人，不能因此情形，便在本国作政治的军事的示威运动，或励行经济的剥夺。同样，法兰西人亦不会反对意大利人移入法兰西本国或其所领之北非，如果这种移动纯然没有政治的意味。

法兰西或杜尼士的意大利人不成为永远的大问题。因为，如果他入法国籍，他就可得他从前所有的一切实际利益，甚至某些新的利益——这是国民感情的问题，但居住日久了，国民感情是会改变的。但巴尔干的意大利商人、德意志商人或其他外国商人，却发觉他自己的国籍不是妨碍，而是保护。如果企业像在英国、荷兰、美国及法国那样为罗马尼亚的法律及司法所节制、所保障，一九二四年的矿业法（这法律规定石油公司的资本，须有55%，为罗马尼亚人所有），就不致这样受攻击了。每一个公司都有些大人物，可以改入罗马尼亚国籍，像荷兰王立石油公司的德达丁爵士，在该公司与希尔运输贸易公司合并时，即入英国籍一样。但无论我们对于小国有怎样自由的感情，这当中总是一个不能避免的实际问题。罗马尼亚需要外国资本与工业技艺。这种资本及技艺，遂在明示或暗示保障资本安全收入优厚的条件下进来。但这不是说，这纯然是片面的。罗马尼亚亦课这些企业的税。它们付工资，出运费，购货物。而且，还有一点容易忽视的事实，即，外国公司当没有保障时行入较不开化的地带，它们当然要求更大得多的收入作为冒险的代价。

资本既代表产业企业的储蓄，所以它的创造与流动只能在一定限度内由政治行动来节制。资本与专门技艺，在熟悉的情况下进行比在不熟悉的情况下，所费略较为廉。荷兰的炼金厂监督，到罗马尼亚去居住，不仅须迁徙他自己、他的家庭和他的随身动产，而且须自己觉得自己在罗马尼亚的位置比在国内更好，否则，他决不会想到那里去。英国、荷兰或美国的投资家，亦希望他在巴尔干投下的资本，比在国内能有更高的利息或利润。像罗马尼亚那样树立政治的障碍来妨碍外国资本，一定会提高新状况下的资本的利息。以关税统制货物的流入是可能的，但这种政治的统制能实行至何程度，却看国内市场的情形如何。产业资本缺乏，往往是投资条件不利的反映。条件满意，资本进来；条件有几点满意，则有少数资本以高率利息进来；条件全不满意，资本即行流出。

进一步研究的参考书籍

Annuarul Statistic al Romaniei. Bucharest（Rumanian and French text）.

Badulescu, V.V. Les Finances publiques de la Roumanie.

Buchan, John.（ed.）Yugoslavia. In "Nations of To-day" series.（Also volume on Bulgaria and Rumania.）

Bulgaria of To-day. Translation of book edited by Bulgarian Ministry of Commerce and Agriculture, 1906.

*Day, Clive. "The Pre-War Commerce and the Commercial Approaches of the Balkan Peninsula", in Geographical Review, 1920, vol.9, pp.277-298.

Department of Overseas Trade Reports, Annual Series.

Evans, L.P. The Agrarian Revolution in Rumania.

Guest, L.Haden. The Struggle for Power in Europe, 1917-1921, chaps.Ⅷ, Ⅸ.（Rumania and Bulgaria, esp.chap.Ⅸ on Bulgaria.）

*Iaranoff, Athanase. La Bulgarie économique.

Irvine, Helen D. The Making of Rural Europe, chaps.Ⅺ-Ⅻ.

Knight, M.M. "Peasant Cooperation and Agrarian Reform in Rumania", Political Science Quarterly, 1920, vol.XXXV, pp.1-29.

La Roumanie Économique.

*Léfeuvre-Méaulle, H. La Grèce, economique et financière.

Logio, G.C. Bulgaria: Problems and Politics.

*Nedelkovitch, M. Economic and Financial Review of the Kingdom of the Serbs, Croats and Slovenes.

"New Agrarian Legislation in Central Europe", in International Labour Review, September, 1922, pp.345-363.

*Newbigin, M.I. Geographical Aspects of Balkan Problems in Relation to the Great European War.

Onciul, A. Wirtschaftpolitisches Handbuch von Rumänien.

*Rumania, an Economic Handbook. United States Department of Commerce, Washington, 1924.

Slowinski, L. Die Wirtschaftliche Lage und Zukunft der Republik Polen.

Stainof, P. Compétenae et Democratie.

Thomas, W.I. and Znaniecki, F. The Polish Peasant in Europe and America. 5 vols.

Tsoudéros, E.J. Le relèvement économique de la Gréce.

Zebitch, M. La Serbie agricole et sa démocratie.

第十五章　俄罗斯

农民解放的结果　以土耳其、英吉利、法兰西及萨丁尼亚为敌的克里米亚战争（一八五四年至一八五六年），结果使俄罗斯上层阶级的人士，日益相信无论在军事方面、经济方面，要与工业化的西欧竞争，都将引致不幸，旧制度是必须消灭的。于是，一八五九年至一八六六年的俄国农业改革发生了。这种改革和上面讲过的罗马尼亚同时发生且大体相似的改革，起因于同一的事情。但战争与其说是解放的真原因，不如说是解放的机会。旧制度的经济缺点是许多年来就被认识了的。俄罗斯这种改革计划的节目，比罗马尼亚还更委在上层阶级手里。在初发时，他们的革命热情是可观的。

但许多人不久就发觉他们的经济利益受其威胁。还有些人，因见农民大众愚惰成性——但这种怠惰性，有时又毫无理由地，转为暴动——而幻想破灭。确实知道他们需要什么事物并组织起来图谋这种事物的团体，结局遂取得一种妥协办法，当作新制度的基础。像在罗马尼亚一样，恢复旧制度的趋向甚为强烈，因帝室贵族及富商人均要联合以抵抗那组织不良的农民。世界各地在六七十年代伴战争而起的财政上、市场上及其他经济上的扰乱——及开始于八十年代的关税战争，又使落后诸国家（例如俄罗斯）采用西方经济制度的尝试更为错综。

在六十年代被解放的俄国农奴约有4700万人，内包括家仆、工厂工人、矿工人及农民。最初南部丰沃诸省的地主要单纯将农民解放，不要给农民以任何土地。但这种办法，不适合于北部诸省的上层阶级，因北部土地更不丰沃，农奴的经济利益大都由工业取得。固然有些工厂的劳动者，即是自有的或国有的农奴。但另一些工厂则须全年或短期向地主租赁农奴，而纳租费于地主。这种租赁常可给地主以可观的收入。不同的地方显出了不同的利害关系的需要，引出一个折中办法，即，以农奴租费的损失赔偿于地主，而在农业区，则对所分去的土地支付一种代价。解放的农奴共得3.5亿英亩土地，合计等于帝国农地的一半。地主因新制度所受的损失由国家立即予以赔偿，新自耕土地所有者则对国家支付49年的年金作为赎价。大体说，政府所爱护的地主得了极好的报酬。农民大都不能支付年金及其利息，滞纳的数目累积起来，直到后来，才在一九〇四年至一九〇六年的革命时期和一切未来的义务一并取消。

大多数俄罗斯人都有米尔的组织或农业村落的组织。在有此种组织的地方，土地是全体给米尔，非给农民个人，且亦由这种组织对国家负责。分散的条地制度尚一般流行，对于一个已经很复杂的纲领加以整理，不被认为满意。再者，近代民族主义已侵入俄罗斯，知识分子中的激烈的爱国主义者，又觉得堪称俄国国粹的组织法与利用法有特别的好处。农民不许售卖或典押他所占有的土地——严格说，在一八六一年之前及其后，他所有的都只是农村的一个股份，而不是一定的地面。现在，这股份的有无，就看他是否对米尔支付他那部分年金。米尔既对这数目全体负责，所以它有权时时重行分配土地是不足怪的。它重行分配土地的借口是土地必须在最善于利用土地、最能向政府纳款的人手中。村落的全体责任，依然存在。农民虽不受束缚于地主，但现在几乎成了国家的农奴，其税款以货币计算，而课税者即为村落组织。村落组织于是成了政府的代表。是的，就某几方面说，农民个人的状况是比做农奴的时候更好得多了，但他不得不蒙受一种大的不利，即，他的付款及付款手段都不确定。

在解放令下，农民所有地，就欧俄的50"州"说，是平均每人约13英亩，但南部丰沃黑地的耕作者所有土地不及此数之半。各人的份额证明了是不充足的，尤其因为人口增加迅速。西伯利亚一带虽较少人口，但有种种条例与限制来妨碍到西伯利亚去的迁徙。再者，在运输利器缺乏的地方，开辟大块领土是极困难的。河是由南向北流，尤其是流往于航行无用的北冰洋。要在西伯利亚殖民比要在北美殖民，还更需要建筑铁路，但单轨的西伯利亚大铁道直到一九〇五年方才完成。

对贫困农民大众的日益加强的剥削，是解放案中已经包含的结果，虽有各种保障（例如禁售田地）亦不为功。我们大都有机会观察到，有许多人，无论是怎样诚实，怎样勤奋，但终缺少自营事业成功所必要的性质。在俄罗斯及罗马尼亚这时期，农民耕作事业都具有这种情形。对于不能负担义务的义务，实际必须设一点方法。俄罗斯农民虽不能公然售卖他在村落中所有的股份，但在法院所执行的契约下，他可以一定时期内（有时是10年，甚至10年以上）放弃自己的权利。再者，米尔亦可因其不付款，而夺去他的权利，转让于他人。

凡熟悉地方政治情形者，均能推测这种有力的共产团体的权力，不常能公平执行。人口增加使每个农民所有土地平均量减少时，小所有地非有租借或购买得到补充，就会在实际上成为无用的。共产团体遂公然出租或售卖新的地区。在分派土地时，更富裕更有势力的农民会在所属的米尔中，特别照顾自己和亲友。无地或几乎无地的农民阶级日益增多，在其反面，则有另一个更富裕的阶级有充分的土地，有更多的资产和更好的机械。后一阶级益臻繁荣，前一阶级则益陷贫苦，直到后来，农民的俄罗斯亦实际分成了两部分，其一为有地的有势力的团体，其一为与西欧中世制度崩溃时的"小屋住民"（cotters）相似的贫民大众。这是都市产业无产阶级之可能的后备队。同时，他们都需要补助的收入，这种需要遂促成一种"小屋工业"（cottage），以妨碍工厂制度的发生。再者，这种可能的工厂劳动者又是工业发展的严重的阻碍，因其招致低的购买力。当冬季时，他们在农业团体中无事可做，他们早已习惯只在冬季做工厂的工作。

俄罗斯主要是一个农民国家，维持政府所需的经常税的重负担及赎田年金的重负担，大部分都落在农村。甚至在克里米亚战争以前，每年的预算已表示异常的不足。以一八六三年为止的那20年，其不足额等于11.54亿卢布。这巨额的不足，大部分是由秘密借款（向国家储蓄机关借款）填补。当这事实由利息率减低及储款人提取的事实而为众人所知时，政府乃不得以国债填补。国债是如此大且日益增大。农民赎款之不支付又足增重国库的困难。在新的不足及旧的不足所累积的利息之外，却又发生另一次使国库空虚的战争，即一八七七年至一八七八年对土耳其的战争。随解放而起的恐怖主义与农民革命感情，有大部分不得不归因于帝国主义的不可负担的负担。对于帝国主义，农村人民大都是不热心的。在一八七七年至一八七八年巴尔干大战中，俄国军官曾屡次叹说，他们要救渡的斯拉夫人的生活状况，已经比救渡者更好，这种事实且曾影响到他们的军队。

因要创立有利的贸易差额而在外国确立债权，政府不得不求救于不当的可疑感的计划。例如，赋税征收员在秋季即谷物蓄积最多时特别活跃，其结果是农民售卖过多。这情形往往引起种子的不足，但可造成可输出的剩余，使贵金属不致为偿付外款而流出。一八九一年大饥馑后的谷物不足，使钝感的官僚亦相信俄罗斯倘非全部经济系统现代化，则破产将不可免。于是，俄国奖励产业革命，然其奖励，非因统治阶级需要产业革命，亦非因统治阶级乐采其社会意义，却只因产业革命似乎是代替财政紊乱状态的唯一办法。新方法已为外国的及俄国的资本家在各方面采用，所以在出发时，官僚的行动就不过把已经发生的事情加以统制。

工业化的过程，在饥馑时期及政府反对力扫除以后迅速增加，但这过程，殊不能改良农民的命运。新纲领包括原料半制品及机械的输入。在九十年代，曾有几次收获不良，而谷价又一般是低廉的。因此，农民益贫苦，有利的贸易差额仍甚微———一八九九年的贸易差额还形成入超。一九〇四年政府决计与日本宣战，这种决议，亦是农民骚动的一大原因。爱国的要求及成功的军事，虽有时产生统一与自信心，但这次战争的结果，却是可耻的失败与革命。赎田年金终于取消，这行动很少真的意义，因为这种年金，本有最大部分无论如何是不能收入的。但这种年金所代表的那一部分国债的利息却仍不得不付。再加以24.42亿卢布的新战债的负担，预算从此再无平衡的希望。在纳税者不能再进一步纳税于政府以后，政府就只好以外债填补巨额的不足。

比财政负担的转嫁更重要的，是一九一〇年及一九一一年土地法（那是依照一九〇六年法令而行的）从法律方面将旧的米尔破坏。于是，任一农村人民均可要求将所有的股份化为私有地，实际亦只要村落会议过半数的同意，便可化为私有地。这种私有地，如果可能，往往是单一的块。会议过半数所通过的决议案，可以一举而将村落的全部土地化为私有。在解放令公布以来土地未曾重行派分过的地方，这种转化的进行是自动的。如果村落家主有1/5要求不动产统一，即须遵行。法律规定废止家族租佃制，代以家主个人所有权制，再明白没有地用法律把米尔废止了。

这种改革，在纸上无论怎样有力，但不曾在实际上大大改变农村生活，亦不曾减轻农民大众的贫苦。俄罗斯及美国的谷物消费比较表告诉我们，前者每人每年消费381千克，后者每人每年则消费1108千克。按同一单位计算，德国每年每人消费497千克，罗马尼亚每年每人消费420千克。以俄国比于美国那样的西方国家，我们还须记着，美国人民尚消费大量的肉、蛋、水果及其他物品，俄国人民则专赖谷物、马铃薯及其他大宗的非动物性食品。据计算，一九〇三年俄国每人所消费的蛋，在城间为每人每星期大约一只，在农村则每人每7个星期方有一只鸡蛋吃，但该国每年输出的鸡蛋，却有

19.96亿只，西部农民食桌上几乎没有肉，而每年所生产的许多百万磅的牛油，亦有最大部分是供输出。有一位俄国著作家，估计在世界大战之前，农民有2/3没有副业便不能在超过贫穷的状况以上，依土地来谋生活。生活标准如何，可由这种事实指示出来，即，一九一三年每人所消费的农产品，只为21美元。

在斯多里宾（Stolypin）土地法下，用法律废止历史上的米尔，而代以私有制，其目的本在贿赂更富裕的人民，故不为农民所愿。实际，要求分析所有地的，主要是小土地所有者。农民所永远不忘的主要点是，他们所切望地认为自己所有的土地，有极大的百分比尚在大地主手中。

工业的发展　据以上所述，俄罗斯之工业化实于十九世纪之九十年代初方才认真开始。自大彼得（一七二五年）时代以来，甚至自比这更早的时代以来，已有少数人认西方恰在生长中的新社会形态有更大的势力与集合力，并认有模仿其特色之必要。例如，彼得在早年的军事冒险就告诉他，如果他要与法兰西的卫星（那使他不能与西方接触）——瑞典、波兰及土耳其——的哨兵线竞争，则大炮与枪弹乃属必需。彼得除了要以武力突破向西方的窗户，还曾采纳伴欧罗巴扩张所起的经济组织的西方的进步。这亦有一部分成功了。也许，最有永久性的，便是大而思虑周密的国内水道计划，内包括运河及河道的改良。这在十九世纪中叶以前曾引起进步，到那时，俄皇政府因恐其与新铁道竞争，才把运河及河道忽视。俄罗斯的内陆水道系统——约长20万英里——从自然方面看，还较美国为良。但在这两国都因面积阔大，没有铁路绝不能使全国取得经济的联络。俄罗斯的工业发展与铁道系统的发展，相并而进。

由圣彼得堡至莫斯科的400英里长的铁路开始于一八四三年，是俄国第一条重要的路线。一八六四年顷，已建成之铁道约有2100英里，而在此后30年中，这数目几乎10倍了。但俄国虽比美国有较大的面积与人口，其所有现行的铁路，却只约为46600英里，美国则有261000英里。美国史的研究者将会记起，认铁道为国内水道的补助及连接的旧观念，自南北战争以来已被抛弃了。干线，当作大运输的系统，使美国西部大平原有完全开发的可能。在俄国的亚洲部分及欧洲部分的大平原，亦有同种的发展，但较为迟缓。从经济方面看，现代俄罗斯及美利坚发展的基础皆是大容积商品（如谷物及活家畜）得有廉价的机械的运输。俄罗斯的进步虽远较为小，但它的问题是远较为难——尤其因为它有大西洋通商出口问题。它的精力，有许多虚费在"出口"的争求上，它又不得不在大陆政策需要之下，使铁路系统兼顾军事的及纯粹军事的需要。

在解放前那个时期，人们常认俄罗斯有1万个"工厂"。在这1万个工厂中，有许多是不配称为工厂的。其所雇工人约有46万，大约有1/3是农奴。这1/3的工人不待说有最大部分，尚与俄罗斯的农村有交际，即其余的产业工人亦有许多是如此。解放农奴之结果，农奴的一大部分，离开工业自寻土地去。当时进行中的南北美战争，又使欧洲棉织工业陷于麻痹状态中。铁与钢的制造业，在俄国，还遭受更坏的障碍，因白西梅尔（Bessemer）及其他人的发明，恰好在那时减低了西欧生产的成本。求自由或求统一的欧洲各次战事，直到一八六一年后那10年间方才闭幕。合计起来，这时期的战争是在它历史上一个紧急时期，阻止西欧资本流入俄罗斯，延迟工业革命的东进（虽然铁道系统已大大扩张）。一八七〇年起那10年，不仅是财政紧急的时期，而且是俄国与土耳其发生多费的、无结果的、战争的时期。这次战争在柏林缔结的和约引起了这样的怒与恐惧。引起一九一四年世界大战的诸同盟，很可说是从这时候发端的。

产业革命的最大部分是发生在俄罗斯以外的地方，当我们说"俄国产业革命"时，我们所指的，只是这运动在俄罗斯所表演的一幕。所以，如果我们说"俄国产业革命"将有陷入各种误谬的可能。十八世纪的英吉利是一个大商业国，对于它本国的制造品，它有巨大发展的海外市场，而十九世纪的俄罗斯要抵制已有基础的外国工厂，保护本国的市场，也有不可克服的困难。西欧所要于俄罗斯者为谷物——一八八一年至一八九〇年那10年间，英国联邦就有2/3的小麦输入是从俄国来的。最后，在这样的农村制度，这样不便的运输，这样以国内市场为主要市场的情形下，不可避免的结果是家内工业及小工场（合作的或其他形式的小工场），顽固地与工厂相竞争。

大饥馑的第一年（一八九一年）是俄罗斯经济史上一个显明的转点。对于德意志的关税战已达最高点。德意志提高本国税率以期压下过高的俄罗斯税率的尝试，恰好得到相反的结果，卒使俄法接近。俄法采互惠政策，而以德意志为牺牲。俄需要外国的借款，法则需要军事同盟，以对抗意大利及德意志。所以一八九一年在许多情形的结合之下，法俄秘密同盟出现了，这个同盟，在一九一七年解散而为新俄政府公布以前，对于欧洲事情，有至重要的关系。谷物歉收的结果，使俄罗斯一八九二年的输出，减至476百万卢布，而一八八七年至一八九一年的平均输出，则为每年722百万卢布。输入本已降至最小限度，故在同时期，得由401百万卢布增至404百万卢布。再者，金银块及正金的不利差额，一八八七年至一八九一年平均为900万，一八九二年则增至109百万。对于一个负巨额外债的国家，由纯有利的贸易及正金差额321百万，变为不利的贸易及正金差额37百万，非有根本改革，实非破产不可。这情形说明了，为什么俄罗斯的统治阶级会违反志愿与成见，以采纳工业化的政策。

一八九三年至一八九九年那数年是俄国工商变化最显著的一个时期，最特殊的人物为威特伯爵（Count Sergius Witte），他于一八九三年被任为工商大臣。他徘徊于进步的工业政策与反动的社会政策之间，这情形是很容易说明的，因为，他是一个自由主义者，但他所以相信自由主义，乃由于经济的必然。他的最初的行动之一，是于一八九四年与德意志缔结10年的商业和约。于是，德意志人遂能在俄国经济发展中表演重要的节目，而在该国的国外贸易上取得领导的位置。

自这时起至世界大战，中经20年，在这20年间，俄国国债全部，由57.75亿金卢布增至约88亿金卢布。其中，外债由17.33亿金卢布（一八九五年一月一日）增至42.29亿金卢布（一九一四年一月一日），即由总数的30%增至总数的48%。法兰西（俄国的军事同盟）占有政府债4/5，故甚关心其军事铁道及其他战事准备。在其余1/5中，以英国占大部分。外国的工业投资约有20亿卢布，其中法兰西几占1/3，英国占1/4，德国及比利时各占1/6。渐渐地，有一种奇异的情形发生了，在这情形内，中欧控制俄国商业的大部分，每年可由贸易差额收取可观的收入，而西欧则每年由投资利息收取一种可观的收入，并可在预算表上，对于俄国政策发挥一种巨大的权力。

在军事方面支持俄罗斯的西方诸国，经济地位不是一样的——这是一件应该记着的事实，如果我们要了解这诸国战后的态度。法兰西主要是一个投资家，吸收其现金收入。在俄罗斯的外国贸易上，英国居第二位，其贸易额约等于德国贸易额的半数。所以，英国由俄国取消旧债所受的损失，比由恢复通商所得的利益是更小的。美国在俄国战争总贸易额中，与欧洲各大国比较，只占不重要的一份。美国所以会和法国一样宣言反对承认苏俄，我们如要举出坚固的综合的理由，便须注意这种事实，即，旧工业证券的6%及俄国战债的7%，是属于美国。如果我们要说明为什么法国于一九二四年承认苏俄，而美国迄至一九二七年还不承认苏俄，我们便须注意外国贸易的数字。法国承认苏俄政府时在俄国贸易中所占的百分比，比在战前时期

（一九〇九年至一九一三年平均）更小得多。美国虽不承认苏俄而坚持债权，但已与苏俄发生可观的贸易。

一八九〇年俄国工厂及铸造厂所雇用的工人尚不及150万人——但与一八六一年较，其数已约3倍了。一八九〇年工业出品为15.03亿卢布，一九〇〇年增至34.39亿卢布，一九一二年又增至57.38亿卢布。对于最后一个数目，尚须加入50%小手工厂出品。但在这时期，物价大涨，故用卢布表示的数字，未免过于夸张地表示进步。除了运输业与矿业，最重要的工业是织物工业、金属工业及各种食物工业。单是织物一项所雇用的产业工人，已多于全部产业工人1/3，其出品价值亦仅略少于全部工业出品价值1/3。在世界战争开始以前，俄国的棉织工业，有近900万纺年，美国有3000万略强，英国约有5500万。金属工业所雇用的人数次之，如将铁道厂及运河开凿厂包括在内，约有总人数1/5。其出品约当总出品1/6。食物工业所雇用的工人数，当产业工人1/6，但以卢布计，其出品多于全出品1/3。

在这时期，俄罗斯工业的增加率和美国是一样的，这是远胜于西欧诸国的。但增加率不应过被重视，因工业不甚发达国家的小工业出品额加倍，比工业已甚发达国家的工业出品额加1/4，是更容易的。在一八五九年至一九〇九年间，俄国制造品的价值由14.7亿金元增至25.4亿金元，美国制造品的价值却由114亿金元增至206.72亿金元，两国的增加均约为100%。当世界大战爆发时，俄国在制造上使用250万马力，美国却使用2250万马力。一八九五年，输入俄国的农业机械及用具，约值500万金元，而该年本国工厂制造的农业机械与用器仅略较此数为少。一九一二年输入增至3000万金元，本国制造为2700万金元，二者的增加率大约是一致的。这些数字，均不表示1.8亿俄国人生活上的革命的变化。如果我们认农民共计1.4亿万人，则一九一二年农业机械的输入与制造合起来，每个农民平均分到的数目依然每人美元50分不到。

某几种工业，很容易说明俄国依赖外国原料的必要性是日益减少。比方，拿本国生产及输入的棉花来说，一八九五年，俄国工厂所使用的本国产棉计1.188亿磅，舶来棉计2.952亿磅，在总数4.14亿磅中，有70%以上是输入的；一九一二年，输入增加率仅略多于34%，国产增加率则为300%，俄国该年已能生产其所用原料棉花57%，但以重量计，棉纱输入的增加率，在一九〇六年至一九一一年间，是倍于俄国国产的增加率有余，这是一部分的冲销。

我们所能视察的几乎任一种工业，都说明了增加的活动，或一部分为增加的输入所冲销，或全部分为增加的输入所冲销，或不够为增加的输入所冲销。原料羊毛的消费增加了，生产却略见减少。因此，原料及半制品的输入是日益超过输出。一八九四年生铁出品仅为8000万普特（poods，等于英国当衡36磅），但增加颇速，至一九一三年已有2.83亿普特。但铁的需要仍抢在供给前头，而在大战开幕前，俄国每年所需要的铁仍有一小部分须从外国输入。炭的生产，在一九〇〇年只约有100万普特，在一九一三年增至221.3万普特，输入额由本国产额的16%至24%。每年有小额煤炭输出——不及出产额1%的1/2。同一商品时有输出与输入。这种情形，是由于距离太远及交通利器太不充分的缘故。例如，南方输出煤炭，而北方则输入煤炭。石油出产额（主要是在巴库附近）在一九〇一年达到最高峰，共7亿普特，等于全世界供给的半数。在一九〇五年革命前一年降至1.12亿普特。此后两年，因紊乱，几降为前数1/3。此后渐有起色，大战前一年的出产额，已约等于一九〇四年之半。此种油的输出的百分比表示了产业的发展，即，一九〇一年约等于30%，一九一三年仅约等于20%。就潜存量说，俄国虽是世界上最大石油生产者之一，但与第一位的美国较，仍落后甚远。以每年生产的百万吨计，一九一二年至一九一三年的比率为俄国9.2，美国29，而石油在俄国输出中仅占4%。

总数虽甚可观，但每人的数字却说明俄国的经济生活，在大战前，是比美国更古旧得多。美国每人开采5.12吨煤（以一九一二年至一九一三年的平均数而言），而俄国每人尚不及1吨的1/5。再比较每人在制造业上所使用的马力，则美国为0.23，俄国为0.014。美国每英亩所出产的小麦所以不多，是因为机械的广耕方法，但在大战前，其平均数均较俄国更高约50%，因在俄国，机械方法的使用是不广的。就一九〇七年至一九一三年的时期说，俄罗斯的收获为每英亩10布奂，仅半于法国。罗马尼亚每英亩的出产等于该数的1.5倍，而就每人说，则近于其2.5倍，加拿大每英亩的收获，几2倍于俄罗斯，就每人说，几等于其7倍。帝俄的航海业是不足道的，位在荷兰与丹麦之间。靠俄国港口的船舶有9/10是外国的。像英国那样高度工业化的国家，运输事业可挽救不利的贸易差额，但在未发展的国家，如俄国，运输事业反加重贸易差额的不利程度。

试一察战前二三十年间英俄间的贸易，我们很容易得到一种夸大的意见，以为产业与财政均益趋于自给。这是显著的事实，英国在一九一一年至一九一三年间输入的小麦，只有10.7%是从俄国来的，而在一八八一年至一八九〇年那10年间，却有63.9%是从俄国来的。人们还可附加说，此与下述之事有关，即俄国从英国所得的输入品的百分比日益减少。这种变化，不能全由俄国工业发展及无产阶级人口增加的事实来说明，甚至不能以此种事实为主要理由。其中有一部分的理由，便是德国人牺牲英国人而到俄国去通商。在十九世纪终末之顷，德国便胜过英国了，在一九一四年，俄国的输入品已几有一半得自德国。再者，我们亦不可过分看重这些数字。这对于英国商业不是致命的打击。小麦的新来源发现了，对于英国那样的航海国，这是很便利的。最值得注意的来源，是加拿大及阿根廷，加拿大输出小麦的总额，就在一九一一年至一九一二年胜过俄罗斯输出小麦的总额。

战前20年间中欧在俄国国外贸易上，像在巴尔干的国外贸易上一样，所占地位是日益改进。就贸易差额言，数字所表示的倾向亦是这样。西欧从俄国取去的输出品的百分比在一八九四年至一九〇三年减少了，同时中欧从俄国取去的输出品的百分比却增加着，不过西欧仍稍胜一筹。但就输入品说，情形却不同了。中欧在一八九四年供给31.3%，一九〇三年供给41.1%，西欧则在同一时期由33.8%降至23.3%。一九一三年，中欧在俄国输出品中取去45.8%，而在输入品中它所供给的却有51.6%。同年西欧在输出方面取33.4%，在输入方面仅供给18.6%。再者，德对俄的贸易差额，自一八九四年以来，几乎常常是有利的，法英比诸国对俄的贸易差额却自那年以来几乎常常是不利的。

威特伯爵的经济改革政策所引起的新困难，几乎和它所能解决的困难一样多。使俄罗斯工业化以增加输出而抵销债务的企图，结果是输入同样迅速增加。总贸易差额一直到大战时为止，通常是有利的，但其有利程度不及一八九一年前的时期。与这差额相反，还有一个付款差额，于俄罗斯是极不利的。第一，俄国要工业化而成为商业国家，是必须采行金本位制的（一八七九年），采行金本位又必须输入巨额的正金。除此负担，尚有各种业务的负担，如保险业、银行业、运输业。旧俄外债及新国家证券、市政证券、国家担保证券及私人产业公司证券的利息，亦足助成付款差额的不利。这种不利，可抵销贸易差额的有利而有余。政府所奖励的铁路事业及产业，因政府奖励及外国投资家的扶掖，而形成一种不自然的发展。旧俄政府在世界大战以前，已陷于日益加大的财政困难中。

因预算不能平衡，政府乃将预算分成两部分，其一为经常的预算，那是几乎平衡的,其二为非常的预算,那是一年一年更入不敷出,而须举借新债以填补。日俄战债24.42亿卢布,卒使经常预算与非常预算二者皆不能平衡。这种种非常的支出,一年一年过下去,包括各种军事的开拔费及准备费、铁路的建筑费(有一部分目的是战事的,例如西部边界及其他边界上)、港口的建筑费、旧债的清偿、饥馑的巨额救济费等。有几项极为反对俄法军事同盟的批评家所攻击。

战前的俄罗斯,就这样在我们面前悬起一幅图画。它是一个大农民国家,有耕作不良的土地,有不足使国家统一的运输系统,其工业乃在极不自然的方法下被刺激起来。那里有两种经济制度在许多点上互相冲突。第一,那里有若干西方的大规模工业,政府因其自身之财政目的、军事目的及政治目的,颇扶育之,其中也许有2/3是直接或间接受大银行的统制。但在此人工培育的西方输入品之旁,又生长着一个与巴尔干合作制度相同的合作制度。

合作 俄罗斯的合作制度与西欧的合作制度仅有一部分相合。要就西欧这名词的命意,来给这种合作社以定义与分类,当中含有不可克制的困难。因此,我们只能笼统地随意地指出各种合作社的数目。在根本不同社会如东欧社会中,合作社近于资本家的股份公司,抑近于更不正式的暂时的随意组合呢?学者常见的数字均不免把非正式的合作制度解在正式的名词上,从而不可避免地使许多同点和异点含糊不清。

在俄罗斯,像巴尔干的斯拉夫人间一样,血统关系入十九世纪仍在经济单位中有重要作用,甚至在二十世纪亦还不免。这种经济单位,较家庭为大。但除了有南斯拉夫盛行的大家庭团体(查德鲁加),那里还有"阿特尔"(artels)。这种非血统的组合是很古的,但在大家庭单位衰落时,才特别显著起来,而成为血统团体至现代社会团体间的过渡。在旧俄罗斯,农民或匠人的团体往往集"会"工作。这情形,使我们想起西欧方于前世纪变为工会的行会。这种阿特尔,因企业之费用与利得归共同分担,所以常常是共产的。那大都是非正式的,不须有任何笔书的合同。我们正可说这是未成为"合作社"的合作社。

阿特尔虽经正式组织,亦不必就是合作社——因其中的富人将变成真正的小资本家,另一些人则仅为雇工人。热情的人民党曾要试行西欧的合作原理,例如罗虚德尔原理、舒尔兹·德里希原理、莱服生原理,俾有系统和一致。在阿特尔会员皆为无资本的工人的地方,雇主多觉得,与其与个别会员讲条件，不如与团体讲条件便当。后来的工会核心，我们在此看见了。

西方人们常见的消费合作，一八六五年才正式起源于波罗的海沿岸诸省的日耳曼族人间。那是采取舒尔兹·德里希（Schulze-Delitzsch）商店的形式。后来，此运动普及于斯拉夫人间，然已更倾向于罗虚德尔（Rochdale）原理。一八六五年在英格兰约有合作社800家，在德意志约有200家。自一八六五年起那10年间，俄国所有的各种合作社，在350至400家之间。消费合作社仍在动摇不定的地位上。那大都是在城市，受其益者，为中等及上等阶级，而非工人。一八七〇年以来，建立了若干工人合作商店，但享有统制利益者，仍常为雇主，因此，这种合作社，竟成为罢工时雇主攻击劳动阶级的一种武器，雇主在其隐蔽之下，往往以实物支付，代替现金工资制度。这种初期的合作社，虽有许多时兴时灭，但今日尚存在者，已经不多。在一八七五年至一八九一年之间，曾在政府注册的新合作社有186家。

一八九一年的饥馑，是合作运动的一个大冲动。这个运动，像在巴尔干一样，在一八九〇年那10年间才有耐久的基础。在前世纪最后9年间，注册的新合作社有517家，总数遂约为800家。除了意大利，再没有什么地方的合作运动，发展得这样迅速。在二十世纪最初数年间，俄罗斯胜过意大利了。一九〇四年合作社的数目，很快就增至大约2000家，有会员70万。应注意者，这时期与巴尔干合作运动同样迅速发展的时期，恰好符合。真正的比较，是以农民村落国家比于农民村落国家，非以农民村落国家比于英吉利或西欧其他国家。

信用，自始就是俄国合作运动一个重要的特色。自大凯太林时代以来，政府就曾以巨款投于农业信用计划，在解放之后，地方议会亦均采同一路线，但结果殊使人灰心。像别处一样，借款的大小及担保的办法，均不适合农民村落的需要。俄罗斯第一个信用合作社是鲁真林（S. F. Luginin）在一八六五年创立的。他是德意志人舒尔兹·德里希的学生。这种组织增多得很快，但股份过大，而舒尔兹·德里希的无限责任计划亦有困难。九十年代以还，莱服生式（Raiffeisen type）发展很快。莱服生式是以小股份负有限责任。

俄罗斯的合作运动大受障碍于反动的政府。反动的政府以黑暗的猜忌心，视一切不直接受国家或教会监视的言论会社。例如，工会虽在西欧各国均已为法律所承认，但在俄国便绝对禁止。一八九七年以前，不得中央政府的直接许可及注册，是不能组织合作社的。该年始以此事委于省政府之手。对合作运动抱何态度毫无把握的俄国政府，对于是否设立或允许设立中央票据交换所及总节制机关，态度亦甚落后。合作社自己曾组织一特别委员会，研究这问题两年，始于一八九八年报告中，赞成组织一特殊的中央集权银行来处分小额的信用。这报告在形式上是于次年被采纳了，但实际殊少直接的影响。

在一九〇五年革命以前，政府的反对从未放松过。像巴尔干诸国一样，合作社同类自行结合是自然的趋势。莫斯科总会（合作社的大中央机关），起源于一八九八年。一九〇三年曾出版一杂志。一九〇五年革命，突然把这种运动的许多旧障碍除去了。新合作社风起云涌地几在俄罗斯全国各处生长起来。被搁置许久，总组织与中央组织，现在又迅速进行了。莫斯科总会于一九〇八年召集第一次合作会议，代表凡800人。一九一五年该总会年务费用已等于2200万卢布（1卢布等于美元51.46分）。在大战爆发时，合作社已约有33000人，会员近1200万。战争时期使俄国经济机关紧张几至破裂点，那情形是十分有利于合作社的发展的。一九一七年布尔什维克革命时，合作社约有4万人。与这运动有关的家长约有2000万人，曾受其活动之影响者，数倍于2000万人。

社会主义在俄罗斯的发展　在经济落后的国家如俄罗斯，知识分子在社会改革运动中的领导权是很明显的。一八二五年所谓"十二月党徒"暴动，是法国革命的余波，此时，有许多青年军官参加西欧共同抵抗拿破仑的运动。此次暴动为尼古拉一世所荡平后，尊崇俄国制度而被称为国粹派（Slavophilism）的，曾在知识分子中引起极大的热情，虽"西欧化主义"仍未消灭。国粹派把俄罗斯的米尔或共产团体理想化，认俄罗斯的集产主义较优于西方诸国的个人主义、合理主义与自利心。这种运动与俄罗斯的民族主义相呼应，而在某种程度内且与大斯拉夫主义相呼应。其缺点是使国家"冰结"，使人民不能看破他们所谓国粹。此运动后分裂为数派，虽非嫡传的团体的思想，亦受其影响。例如，它煽动波兰与芬兰的相冲突的民族主义，其对米尔的态度又影响无政府主义党及社会革命党的思想。当新运动起于西欧时，要使俄国西欧化的俄罗斯人，由种种趋向，取得他们的方针，所以在"西欧化主义"间，是和在国粹主义间一样，派别分歧，未能统一。

前期俄罗斯无政府主义的特殊人物是巴枯宁（Bakunin，1814—1876），他的精神的父母是法国人蒲鲁东（Proudhon）。在理论上无政府主义很可说

542

是和平的，但六十年代改革以后反动期间俄罗斯的无政府主义者，却散布一种非常厌恶政府的心情，以致在民众心中，所谓无政府主义简直就是恐怖主义、暗杀主义。但就连在那时候，这也不是公平的判断，因有许多无政府主义者反对恐怖主义，而一大部恐怖主义者却全然不是无政府主义者。在恐怖日益与人民党相合以后，无政府主义运动乃落在和平的建设的思想家中，例如克鲁泡特金（Kropotkin）。俄罗斯的无政府主义，接受了高德文（Godwin）、雪莱（Shelley）及普鲁东辈西欧人的思想，亦接受了国粹主义若干成分。

空想的社会主义亦曾稍稍侵入俄罗斯，马克思主义则是一八六〇年左右由采尼希夫斯基（Tchernnishevsky）介绍进来的。他亦曾受边沁及穆勒的影响。他是社会主义者又是国粹主义者。例如，他以为，设有俄国所特有的共产制度，有其他欧洲国家的学习经验，有知识分子的领导，俄罗斯即可立即由共产主义变为集产主义或社会主义，跳过个人主义或"民主主义"的中间阶段。故自始以来，马克思主义即以修正的形式生于俄国，这种修正代表一群人民党的理想，这一群渐渐取得了激进农民的领导权。"人民意志党"以革命原理教育民众，像一群前期无政府主义者一样，实行恐怖。亚历山大第二便是一八八一年为他们所暗杀的。列宁（Lenin）有一个哥哥，便以同谋刺杀皇帝的罪名被绞杀。这种处决，深深影响了他的弟弟乌列耶诺夫（Ulianov，后更名列宁），亦深深影响于克伦斯基（Kerensky，他与列宁的哥哥是知交）。

社会主义特别与一九一七年及其后的事变有关，但我们应当记着，能利用整个运动势力的那一群过激社会主义者，他们所收获的果实，至少是由5种反对俄国旧制度的运动所播下：

（1）无组织的农民反对运动，这表现为分散的暴动。这在5种中也许是最重要的。

（2）无产阶级的不满足，这特别表现在罢工的形式上，与社会主义的政治纲领无关。

（3）政治的自由主义，特别表现在地方议会中。

（4）帝国非俄部分的民族主义运动。

（5）无政府主义。

这各派常互相倾轧。过激社会主义者或布尔什维克所以最后能得势，乃是许多情形错综所得的结果。在互相冲突的团体之非常复杂的混合中，任一得权的团体，均须先与其他若干派谅解，然后与之妥协——这也正是一九一七年革命后布尔什维克党人所有的情形。

直到一八七九年，人民党尚包括农民与工资劳动者。那时候俄国工业尚很幼稚，很少与农业分开的工业，工业的大部分皆由农民担任，此种农民于工作清淡时即迁往工厂附近。就在这一年，有一个真正的马克思主义的无产阶级社会主义团体，由普力哈诺夫（Plechanov）领导，从人民党分裂出来。这团体在一八九八年以前，尚未成为正式的"政党"——其实在一八七九年以前那里亦尚无任何真正的政党。组织后他们自称为社会民主党，他们赞成"唯物史观"，认生产条件是生活其他各方面的支配要素，并认马克思主义的经济进化阶段是不可避免的。这种赞成马克思"经济决定论"的态度，使社会民主党轻视被决定的领袖之重要。人民党反对"经济决定论"，反对唯物论，反对这新团体对于大众运动的信仰，而认社会过程为意志的、理想主义的，须由博学多能的领袖来成就的。当社会民主党于一八九八年组成政党时，他们采取犹太人的盟社（Bund）组织，那是俄国西部一种旧的很成功的（尤其是在衣着业）手工匠组织。马克思主义者脱离后，人民党亦于一九〇一年在社会革命党的称号下，成了正式的政党。因有许多学生加入，故亦扩张了。

人民党不要有"资本主义的阶段"，认资本主义为西方的、低等的。他们要发展俄国的共产团体，以避免这个阶段。像在巴尔干一样，他们很相信生产合作，希望能由此成立实际的社会主义于各地方。他们要以农业为未来社会主义国家的柱石，而以合作社联合担任一切必要的工商业。人民党认为，理想的政府即是共产团体的弛松的联合。反之，社会民主党却认工业日益"托拉斯化"，无产阶级在社会主义理想及政府技术实际经济学中培养起来。结局，这个大群众将和平地把国家掌握在自己手中。

自这政党成立以来，俄罗斯社会民主党的理论即因修正派的运动而形复杂。修正派的运动，此时正好由德意志人柏恩斯坦（Bernstein）安放在一种正式的基础上。但一九〇三年多数党（Bolsheviks）与少数党（Menshevik）的分裂，并不沿西欧的路线进行。分裂的主因在于战略。普力哈诺夫及其他少数党领袖，坚持社会发展的进化思想，故认领袖是大众运动的工具。列宁（乌列耶诺夫）及其多数党徒，却认通到社会主义的阶段，可以加速度过。他们说农民是惰性的。大众运动，没有能人指导，是迟缓而无效果的。一九〇五年与少数党发生局部的暂时和解以后，布尔什维克党（即多数党）

即于一九〇七年永远与他们分离。一九〇五年那次暂时似有成功希望的革命，曾在主要问题尚为革命与反动时，使各社会主义团体互相合作。但结果这次革命从社会主义的观点看，完全是失败，所以布尔什维克党人对进化派的策略的不满意，遂成了一种确定的信念。

在国内民意沸腾中，俄国又与日本发生一次不必要的战争。这种战争如果结果是胜利，那通常可以刺激爱国心，而提高国内的政权。但结果是失败。失败的耻辱暴露而课税增加后，社会革命党更形活跃，那不符民意的内政部长便遭他们暗杀了。政府要形成御用的工会，甚至要指导反对政府的民众愤怒转而反对雇主阶级，以防止过激的劳工运动。这种政策，使许多资本家怀二心。这些资本家看见这种情形是很不安的，他们反对任何种的工会。社会主义者亦皆从这种政府的"御用工会"脱退，而形成秘密会社。

和平的策略为一般所不信用。有一个神父加朋（Gapon）在圣彼得堡从事教育、运动和平的改革。但武力的社会主义者不以为然，于是，可怜的神父加朋亦觉得自己立在歧路上，他将失去团体的领导权，不然就须对于日下的劳动问题采取更进攻的态度。他选择后一条路，结果是有名的"红星期日"（Red Sunday）（一九〇五年一月二十日）。冬宫请愿的大队为骑兵所冲散，有多人遭杀害。一九〇五年十月的同盟大罢工，似乎是胜利了，但政府空作允许，延不履行，人民被骗了，从社会主义的观点看，这次革命的最后结果亦是失败。但十月总罢工强迫政府关于宪法问题让步时，首相威特是与圣彼得堡的苏维埃和解。这个苏维埃是工人的中央代表机关，凡加入苏维埃或工人评议会的都市工厂工人，每500人即可派1代表出席。12年后从事武力革命的历史运动，即以此为始。第三届被解散的苏维埃领袖托洛茨基（Trotsky，即Bronstein），一九〇五年被捕放逐西伯利亚，但逃脱。

政府压迫一九〇五年至一九〇六年革命运动的详情及一九一四年以前"潜伏的过激主义"时期的详情，不能在本章叙述。领袖们如列宁及托洛茨基均不信任政治行动，"直接行动"既为社会革命党的信条，现又几乎同样是布尔什维克党的信条。列宁一九〇五年论社会民主主义农民纲领的著作，曾指摘无产阶级过于投身于抽象的思辨，而缺少武力。他深为农民的精神所感动，主张激烈的领袖应具此种精神。关于社会革命的新策略，他是放弃社会民主党原来的见地，而采取社会革命党的。从历史方面说，社会革命党所代表的农民，亦有数世纪是俄国的真正的革命阶级。一九〇五年后，布尔什维克暴动，均望社会革命党左派从中帮助。政府用海陆军弹压一九〇五年革命的事实，使布尔什维克党人取得了一个重要的教训。在国内方有响应时，政府已能召集御用的军队，来把他们歼灭。

斯多里宾一九〇六年、一九一〇年及一九一一年的土地解决法——取消赎田年金制度，并破坏共产团体的集合所有权——不能在较贫的农民间，挽救革命的愤懑。个人所有权牺牲团体所有权而增加了。合作社的勃兴，其趋势，亦是使农民注意团体的经营，更不着重土地的团体所有权。

战争及经济的瓦解　从事实观察，俄罗斯的崩溃至少已由下述3种经济原因所预定：（1）试一考察战争的长度，就知那里的产业制度与运输系统不能维持数百万人于战场，使其有现代的设备；（2）德国人员的撤退及德国输入品的终止，恰当专门材料需要激增时，更足加重上述的情形；（3）俄罗斯西方的同盟，不能在土耳其参加敌方，切断君士坦丁捷径后供应她。

一九一五年那次悲惨的战争，俄国大失败。这次失败损失了波兰，这是俄国一个致命的打击。波兰不仅是重要的制造业区域，织物业与五金业在该处均甚繁盛。而且波兰还是一大煤炭出产区，俄国煤炭约有20%是出在那里。像巴尔干的军队一样，俄罗斯的军队像一个大引擎，但其汽锅甚小，经数度推转之后，便无力为继。在一九一六年另一失望的大战结束时，俄国实际已经无能为力了。死亡的人数有150万，材料亦缺乏而在俄国农民军队看来，敌人的材料却很丰富——士气异常沮丧。人的忍耐心本来是有限制的。东线的情形，从来不为西部民众所注意。如果法兰西的军队，在年终气候降至冰点以下，便觉得太冷，那么，东线的兵士处在像美洲西北部那样寒冷的气候中，当会怎样呢？两年之后，俄罗斯人再无支持之望。对于这种情形，好政府亦不能应付，何况俄国政府有名是腐败的无能的。政府不但不伸张俄人自由，而且从而窒抑之。甚至俄国国会——从其所代表之阶级说，那应当是非常保守的——亦受刺激，而抗拒专制。

俄罗斯的崩溃，已在一九一七年以前决定。它已不能在国内生产必需品以维持军队，又不能由同盟国经海港输必需品到前线。单轨的西伯利亚大铁道是太长了，其停站的位置又不适宜。军队与给养的运输，堆集于欧俄的铁道系统中，以致工业不能充分取得原料的供给，市镇人口的食料不足。军事供给失落，全国遂陷于无望的混乱中。因国内运输局部麻木、海底战争及距离过远等缘故，到慕尔曼海岸的铁路，即在完成后亦很少用处。军事教育因勇敢的有训练的旧帝国军官死亡过多（这是物质供给缺乏的结果），而益形荒废。奥匈许多部队，亦不比他们的所谓敌人更热心于战事。一九一六年至一九一七年之冬间，所谓敌人已相亲相爱，交换用品，甚至售卖军用材料。在若干战区内，好的马匹枪炮等已有标准价值。

在战争中，俄国国债由88.1亿卢布增至约230亿卢布，外债由42.29亿卢布增至119.1亿卢布。一九一四年通用的纸币约有17.75亿卢布，金准备约为17亿卢布（平价为美元51.46分）。矿业受到刺激，金属货币尽可能从流通中取出。所以在外国的储存额虽增加约值6.4亿卢布的金，但俄国国家银行当一九一七年十一月布尔什维克革命时仍有准备约12亿卢布。这约等于内债1/20，而仍存于外国的3.09亿卢布，亦等于外债1/35弱。一九一四年七月二十七日，国家银行的钞票发行权依法推广了，一九一五年加一倍，一九一六年又加一倍，故总额由3亿卢布增至15亿卢布。一九一五年的发行等于26亿卢布，一九一六年的发行等于33.79亿卢布，一九一七年的发行乃在180亿卢布以上。在圣彼得堡的自由市场中，1金卢布于一九一五年一月值1.10纸卢布，于一九一六年一月值1.30纸卢布，于一九一七年一月值1.60纸卢布，于三月革命时几乎值2纸卢布。一九一七年夏季，纸卢布降而等于其额面价值1/3以下，而在十一月布尔什维克暴动时，降而等于其额面价值1/8。

不利的付款差额堆积得天一样高，而在战前用以抵销此差额的有利商品贸易差额却又消灭了，代替的是益不利的贸易差额。一九一三年，战前的全年，输出价值为15.2亿卢布，输入价值为13.74亿卢布，有利的贸易差额为1.46亿卢布。一九一四年有5个月在战争中，这一年输出减至9.56亿卢布，输入减至109.8万卢布，于是形成1.42亿卢布的不利贸易差额。这种不利的贸易差额，于一九一五年增至7.37亿卢布，于一九一六年增至12.41亿卢布。一九一六年的输出，以卢布计算，不及一九一三年的1/3，而输入则已较大，为50%。

一九一七年以前，政府采行新税，提高铁路电报邮政的价率，并以其他方法增加收入，故经常预算（即非战时预算）仍将就能够平衡，但每年军事支出一九一四年为16.56亿卢布，一九一五年为88.15亿卢布，一九一七年为约400亿卢布。这种增加固有一部分由于卢布贬价，但终归是国家的负担。

一九一七年革命的经济纲领　一九一七年三月联合起来推翻俄国皇室的各种团体，所以能够联合，仅因他们都以俄国皇室为敌。任何新政府的机会，都明明白白要取决于农民、兵士、都市劳动者、边境上的非俄民族主义者及各种其他团体及附属团体的态度。俄皇政府消灭后的直接继承者，对于舆论须特别敏感才行，第一，因为社会的政府的结构甚软弱，第二，因为在圣彼得堡苏维埃领属下的兵工苏维埃，势力日益膨胀。

米里乌考夫（Milyukov）教授的西欧式的自由主义者，尝联合他们所能联合的团体，组织一临时政府。农民正在夺取土地，工人正在参加罢工及示威，军队正在解体，帝国已陷于西陲民族主义运动（外力又扶持这种运动）的压迫中。这新政府对于都市的食物情形，对于农村的土地问题，对于其他灼热的国内问题，未做一件根本的事情，一点声浪也没有，便沉下去了，他们要违背大多数民意，继续战争。

然后克伦斯基起来了，他自己是社会革命党的温和派或右派，曾与米里乌考夫的团体合作。但他仍继续俄皇战争及其财政困难。更伟大的人也不能由此有更好得多的成就。在revolution（革命）一字仍以小写的"r"来拼音，只含政治倾覆的意义时，俄国终不免为金钩所缚而与同盟国相合。独订合约，即是斩断这方面的经济扶助，而在这方面以外，又再没有别的地方有这种扶助。但俄国的动乱，很快就变成了像法国大革命一样的"大革命"，麦蒂兹氏说得很对，"这种革命不止于改变政治的形式与政府的官员，而且要改变制度，废除财产"。克伦斯基的政府，在七月进攻失败以后，就没有值得叙述的权威了，即在此以前，亦就少得可以。农民夺取土地，工人苏维埃完全不受统制，军队沮丧。

左翼社会民主党或布尔什维克及克伦斯基社会革命党左翼，渐渐地取得了苏维埃的支配权。这些社会革命党虽相信要立即没收土地，不待政府批准，但他们仍渴望这种批准。他们需要立即的和平，不耐烦克伦斯基等候时机的办法。他们允许对于和平，对于土地，对于面包的要求，这种允许，使布尔什维克党敢于十一月夺取国家领导权。克伦斯基不出卖他团体中的有产阶级的自由主义分子，无论如何亦不能满足这种根本的社会要求，他又不能毅然教西方同盟国宣布战争的目的，教他们不要做征服的企图。总之，有产阶级的知识分子（卡特，米里乌考夫）的政党及社会革命党的保守派，是由他们的土地政策及战争政策而失败的。少数党或右翼社会民主党亦因赞成这种政策而把自己的势力削弱。

布尔什维克的革命 十一月六日暴动后之翌晨，工兵苏维埃通过了列宁的土地与和平案。依这种决议，社会主义两个左翼团体便锻炼成为一体了。他们取得政权，因为政权已不为任何人所有，而且他们又有一个政纲。这个政纲的细目是烦琐的，不必在此叙述。也许布尔什维克的领袖们不知协约国诸政府将接受普遍和平的提议。他们把秘密条约（这种条约订明战胜之后如何瓜分世界）公布，致立即触动这诸政府之怒。新俄政府签订停战条约（即布勒士特·李多夫斯基合约）时，仅从中欧诸强，得到有力的响应。

布尔什维克党人无疑怀抱着一种无根据的希望，以为战争的疲怨与民众对于秘密外交的愤怒，将引起工人的革命。德意志当局因发觉布尔什维克党人，必须待德国为共产党所统治时，才与德意志人相与，所以把条件加得苛刻，派遣军队深入俄境，并与协约国争先扶持独立团体。芬兰的独立早在十二月就宣布了，德意志的势力帮助中和派取得统治权。波兰大部分早已在德意志人手中，俄罗斯沿波罗的海诸省不久皆要失——那都在战后相继独立。乌克兰也落在德意志人势力中。两个大同盟都不管罗马尼亚占领比塞拉比亚。因俄罗斯退却而陷于孤立的罗马尼亚，亦不得不跟着与德意志讲和，讲和条件之一，便是准德意志人用铁道经比塞拉比亚到乌克兰产谷区域及黑海的港口。

社会主义与一九一七年的"国家资本主义" 不从学理方面说，从历史方面说，布尔什维克在俄罗斯的统治，可分为3个时期：（1）世界大战尚未停止的时期——至一九一八年十一月为止。在这时期，最近的也许还是最可怕的外敌，便是德意志；（2）自停战至内乱的停止及一九二〇年外力干涉的终止。这也是俄罗斯的战争时期——这时期因封锁及经济机关的停顿而异常困难；（3）和平时期，这时期的历史，是新经济政策（New Economic Policies，缩写为"NEP"）。新经济政策于一九二一年施行。前数时期均须按军事的背景来考察新政府所须和解或压下的团体利益与趋向，亦常常混合在内。

当然，布尔什维克党人的第一任务是保持政权。在不与此任务相抵触的限度内，他们是尽可能以狂热的力指导激变的事态图实现新俄的梦，并从事世界的改造。他们虽有时不得不做一点空前的事情，但他们曾屡次妥协，因知道自己的愿望和现实的势力不能合一。布尔什维克的领袖（有实际问题在面前的人）和布尔什维克主义的信徒，是二而一的。

例如，土地国有，是过激派社会主义的公言的最后目的。真正的马克思主义者相信，必须先有资本主义时代，大土地所有制，并伴着政治的民主主义来教育农民，然后土地才能国有。但在布尔什维克革命时，土地已经零零碎碎的为农民所占领了，任何图存的政府亦不敢中止这种过程，因此，布尔什维克党即抛开理论，而取得他们所能取得者。因有此必要的批准，农民遂相率来归新政府了，但战争状态仍未终了，政府不得不继续征收谷物的政策，甚至不顾农民的愤怒，增加谷物的征收。再者，望由交换而得的用器及货物，此时皆无由取得。

同样，布尔什维克党又不得不处理工业国有的问题。像土地一样，俄罗斯经济制度是否已成熟到可以实行工业国有的程度，尚包含严重的疑惑。在较大的都市上——例如圣彼得堡与莫斯科——技术人员及指导人员的罢工、不合作、怠工，都使积极的活动成为不可避免。俄国工厂设备的国有及没收，大多数是地方执行的，由县团体或省团体执行的，中央政府除了承诺以外，不能有所可否。不过，在必要工业停顿的地方，情形是很明白的。一九一八年六月二十八日颁布了一个法令，图系统地使一切重工业成为国有。最后的国有令颁布于一九二〇年末，但不久就为新经济政策的采行所抵销了。列宁自己在他革命前及革命后的著作上，都明白表示不赞成速行政策。布尔什维克党所树立的"统制"，因夺取政权之故，很快就失去了平衡，因政权的夺取，把以前的所有主及专家的大多数驱出，调整的繁难工作，遂不得不委于工人领袖及政府手中。"产业民主主义"——即以合作的当选的委员会经营产业——曾试行过，但证明了那是没有效果的，因此乃不得不中央集权。

银行的情形亦是这样。握有大经济权力的银行，当然要用这种权力来妨碍布尔什维克的计划。一切私人的银行遂均被没收，以应付紧急的事态——非因独裁者要建立马克思主义的机关，以填补经济上的缺陷。布尔什维克在辩护自己的财政政策时，曾断言他们是有意要把货币制度破坏，因货币制度使人民能够投机，能够承继遗产，能够不劳而获。他们说，应得报酬的，只是"社会的生产劳动"，凡不担任这种劳动的人，他们不许其有公民权。

反对者讥嘲这种说明，指摘布尔什维克党亦以空前的程度印刷货币。对于这种责难，有人答说，通货贬价越是迅速，旧货币制度的清除亦越是迅速。但还有一种辩解，这也许应当放在前面。福斯特（W. Z. Foster）是美国的共产党辩护者，他就说：

"有许多独立的生产者，经营未归国有的产业。尤其是农民。他们在全人口中占85%。对于这种人，纸币其实是一种赋税。这种小资产阶级，除了相信货币制度，且实际需要交换媒介物。因此，政府为他们发行巨额的纸卢布，上面印着光彩的革命标语，并由此交换巨额的谷物、家畜及军队都市居民等所必需的其他商品。这种交换的本质，是政府以一张小印刷纸，换取巨量必需品。去年这种方法，曾使苏维埃政府取得值二五〇〇〇〇〇〇金卢布的商品。自革命以来，每年国家预算的不足，都由此填补。……"

但布尔什维克党脱离军事的困难后，他们仍不曾废除货币。国家银行已开始稳定通货，而在一九二三年确立一种新的货币制度，但从经济方面说，这种货币制度依然是旧式的。新的单位"采尔文尼兹"（chervonets），等于10金卢布（即美元5.14元）。此种币制，规定至少须有25%的贵金属（或若干金价稳定的外国通货）做准备。其余的准备，始可用商业票据及政府证券。

继续不断的外战及内战，一直到一九二〇年才算完了。在这种战争时期中，铁路不断地被败坏。战前的车头，迄至大战发生时，许多已经用过20年或30年。在内战中，这种车头被两方使用，而有被围夺的危险时，即不惜加以破坏。布尔什维克的胜利，使他们所占有的铁轨一天多似一天，但同时他们所有的车头却一天少似一天。车辆从机械方面说是较简单的，故有较大的百分比得保持现状。食物的困难，因乌克兰及其他肥沃区域的恢复，得到若干救济，但刺激生产所需的交通利器及正常贸易关系，两皆缺少。一九二一年干旱饥馑的影响，因现耕地面减少之故，而更为加重。

金供给的大部分皆不见了。德意志由布勒斯特，《利多夫斯基条约》，取得了1.2亿卢布。但依《凡尔赛条约》，这个数目转给协约国了。余额中有一大部分落在科尔卡克（Kolchak）海军大将手中。尚有余，那也必定老早就在购买绝对必要的军事供给及其他材料时付出了。当中，当然有些是用在国外宣传及各种煽动事业上。

"国家资本主义"一词，不是经济学名汇中新加的。当倾覆的危险在一九二一年似已经过去，经济改造问题惹起人们全部注意时，资本主义遂被断定是不可避免的，至少是暂时间不可避免的。列宁说："我们现在要恢复贸易，恢复私人企业与资本主义，同时逐渐地谨慎地在它们恢复的时候，使它们受国家的节制。"在以一九二〇年为止的军事时期，曾试行社会主义。一九二一年新经济政策承认资本主义，以课税代征发，不久还树立了一种通货制度。这种资本主义，由国营的企业、国家及私人合营的企业、合作社［在俄罗斯被称为"半社会主义企业"，一九二五年列宁的继承者里考夫（Rykov），就这样称呼合作社］及纯粹私营的但受国家节制的企业所构成。

唯此变形的资本主义，虽通常被称为"国家资本主义"，里考夫却宁称之为"国家社会主义"。"国家社会主义"一词已在西方另有含义，并包含社会主义可由此引出的希望——故虽较合于俄罗斯人的脾味，但我觉得，还是用"国家资本主义"更妥当。对"国家社会主义"一词固可有一种大的非难，但这种大的任何其他名词，亦不受这种非难。即，它所描写的，是三四种不同的事业，有些是我们熟悉的，有些是我们不熟悉的。"国家资本主义"是列宁所用的名词，将来也许会沿用下去。

苏维埃的经济结构　军事时期（即新经济政策以前的时期）的尝试，是将工商业完全夺在国家手中，并否认货币制度是必要的。这种尝试，从历史方面看虽是很有兴趣的，但尽可略而不谈。结果，未公有的产业仍有许多，虽有障碍，但私人贸易仍在进行。政府发行纸币，那是不安定的。新经济政策组织一国家银行，进行创立稳定的通货，恢复信用合作与消费合作银行，并准许雇工人数在20人以下的私人工业。许多小厂店，发还给原主了。法律已准许将国有财产在限定时期内租于外国人。那通常以15年或20年为限，从投资家的观点看，这已经是颇大的障碍。

国家独占大规模工业的政策，于一九二三年弛放下来。私人租借财产、私人特许及"混合公司"的经营，是3种一般的例外。此皆由外人资本及苏维埃国家资本经营。一九二六年初，外人参加的企业凡117家，内有86家是特许，31家是混合公司。此外又有91家注册的外国商号及18家特准按俄国法律营业的外国股份公司。一九二五年的最大特许是勒拿金场特许（英美公司，期50年）及乔尔治苏维埃共和国的锰矿特许。承开此种锰矿的美国哈里曼公司，同意在20年间，至少用400万金元来发展事业，并向苏维埃政府纳锰矿及过酸化锰的出口税。

外国贸易在一九一八年为国家所独占。一九二二年准股份公司设立。对于这种股份公司，私人资本是可以参加的。此后，外国贸易委员会的职务，只限于行政，纯粹商业事务则移交于国家贸易组织及上述各股份公司。一九二五年国外贸易委员会与国内贸易委员会合二为一，新成立的商务部，监察贸易及关税的事物，并监督一切从事外国贸易的制度与人民，内包括国家贸易组织、委员会、辛狄加、托拉斯、银行、信用机关、消费农业合作社、混合公司及私有公司与私人。因为成立了专门的辛狄加或股份公司以处理各种货物，独占的作用就远较有伸缩性了。

对于与申请法不同的外国贸易国家统制法，一切修正的提议皆被斥责。

也许，独占的意义更不在它自身，而毋宁说在它对经济体系其他部分有限制作用。例如，国家银行所公布的"采尔文尼兹"币的金平价，往往在公开市场的市价以下。输出及输入的统制是防止通货膨胀的一个方法。在一九二六年那个不安的年度中，这个方法常被使用，那无疑曾有相当的效果，虽通常认该季收获良好是金融状况改良的主要原因。发行额缩小了。纸币发行必须以正金及外国通币做准备，法定的最小限准备为25%。现实的准备，在一九二五年十二月一日至一九二六年五月一日之间，由33.7%降至30.9%，十月间已在28%以下，但谷物收成后准备又增加。

外国贸易在一九一七年，就在孤立时期溃灭了。最先与俄罗斯正式恢复贸易关系的大国是德意志（一九二二年），其他国家大都在此后两年间仿效而行。美国虽迄至一九二七年尚未承认苏俄，但苏维埃大贸易组织却曾在那里进行一种繁荣的商业，这种贸易组织及俄罗斯国家银行，且曾与美国第一流金融机关发生过关系。在一九二二年至一九二三年会计年度中，以100万卢布计，俄罗斯输出仅为210，在一九一三年却为1520；输入为187，在一九一三年却为1374。在一九二四年至一九二五年的会计年度中，输出增至567，输入增至718。仅从价值的多少看，输出似等于战前37.3%，输入似等于战前52.2%。但若适当地顾到价格水准的变化，则情形不见有如此之佳——在欧洲全境内，一九二四年至一九二五年苏俄的贸易计算如下：输入等于一九一三年输入额29.2%，输出等于一九一三年输出额22.5%。

自一九二二年以来，国有的重工业，为求经营改良计，有许多集合成为"托拉斯"。一九二三年，它们且公然宣布以利润为"商业基础"。它们有它们自己的理财，有一种固定的资本，那不得国家经济最高评议会的准许是不许出卖的。其董事，每年亦即由这个评议会指派。一切托拉斯，都是"布尔司"（Bourse，证券交易所）的会员，其交易例须登记。在必要时，卖价可由国家经济最高评议会劳工评议会及贸易委员会确定，但由国家干涉而起的损失，托拉斯是有保障的。归国家负责的轻工业，皆组织辛狄加，这种辛狄加亦为国家经济最高评议会所统制。一九二五至一九二六年俄国工业出品的总价值为67亿金卢布，在一九二四年至一九二五年为43亿金卢布，在一九一三年为70亿金卢布。但这些金价数字是太乐观了。若以实额校正物价水准，这些数字将会大减少。棉织工业，在一九二六年仅约为战前水准的90%，石油也是如此，煤炭约为85%，铁与钢约为70%。现营铁路在45000英里以上，较同一面积内一九一三年现营的铁路为多。但运货却不及战前数额的2/3。最严格的出产统计，亦未免过于夸张其工业之复兴。托拉斯制度曾使良好的工厂集中。现在已有许多工厂实行每日三八小时计划。舍工厂设备的过度消耗及日益不堪的问题不论，其扩张于一九二六年所已达到的程度，虽苏维埃当局，亦承认其进一步扩张，绝对须有新资本。

一九二三年终，中央统计局估计，私人贸易占国内贸易的90%以上。这使忠实的共产主义者惊异，任谁亦能看见私商人（Nepmen）所引起的惊人的弊端。列宁的长期卧病及其死后情形的不能预料，引出一种划时期的政策。生活状况的日益不平等及新富阶级所用奢侈品的日益增加，为更激进的社会主义者所特别不满。这应归咎于原理的弛放，他们的敌人却归其咎于苏维埃主义。列宁的死，使各派联合，并加强共产党的情操。一九二四年春，颇有反对私商人的运动。有一委员会设立，以调节国内贸易，尤其是调节私资本家与公共企业及合作社企业间的关系。主要的观念，是"以私资本伤害国家经营或合作经营的工商业的一切尝试，皆在禁止之列。……"私商人已取得更好的信用及支付手段，反对者常谓此辈人受有特惠之待遇。为宣传计，这种特惠被认为是反苏维埃的阴谋，但这点是很分明的，即，私商人是更优良的顾客，他的方法使他的组织更有伸缩性，周转亦更为灵速。

一九二四年取缔私商人的结果，停业的私人商店约25万家。这个运动采取两重的形式，一方面政府对合作社的限制是弛放了，另一方面政府对私人贸易的限制是加重了。自一九一八年春起，政府曾屡设法使合作制度成为苏维埃经济的部分。一九二○年一月十五日，巴黎最高议会撤销与苏俄合作社通商的禁止，但同时拒绝承认苏维埃政府。布尔什维克党当然认此种行为是利用合作社来反对自己。为报复起见，遂宣言于二月一日起，此等合作社概须受人民委员会指导。当军事的外交危机过去时，翌年新经济政策最初结果之一，便是对合作社的统制，一部分弛放。但其统制仍嫌太过。全国共有四大团体、消费合作中央组合一九二五年在外国市场上的营业约值美元3000万元，农业组合在美元2400万元以上。此外，乌克兰合作组合，有外国贸易约值美元900万元，亚麻合作社之输出约值美元400万元。消费合作中央组合，在该年之末，包括26000社以上，有社员1000万人；农业组合包括31000社，结合650个自耕土地所有者，此数已占全数1/4以上。一九二四年的纲领，把国家检查及强迫入会制取消了，把特别信用与价格制度推广了。

这种政策，说明了苏维埃经济最弱的点，那是在一九二五年急激改变的。牺牲纯粹私人企业以经营半官的贸易制度，政府没有那样多的资本。国家每年费美元1亿元以上以发展工业，如果这个数目不在利润的形式上取回，那便会影响于通货制度及预算。当通货膨胀时，输入与工业支出皆缩小。待其严重时，纸币发行乃不得不严格限制。这几个办法合起来，影响及于全经济系统，甚至伤害国内贸易，从而伤害制造品的市场。政府似已发觉国营事业的缺陷。他们说，如果有更多的资本，所营事业亦可增加，但在经济学者看来，组织问题在此亦将更为复杂。对于我们所知的任一事物，纠纷的增加，均较速于解决手段的增加。私人企业的试行错误制度是不便浪费的，但它是营业的半自动调节器，能将复杂的组织问题，还原为人类经营能力的问题。一九二五年，俄国对私营工商业的态度修正了，他们似已相当认识这不幸的事实。同年四月一日又宣布从此以后，私资本家将与官立托拉斯及半官的合作组织，享受同样的特权。私有财产在准许之列。据说，国家尚将准许设立私有银行。共产主义的最后原理，数星期后，因准农业家雇用全年劳动（但仍受8小时工作及童工章程的限制）之故，亦被放弃了。疾病保险制度和许多资本主义国家所行的是一样的。强迫劳动交易所制度，变为自由雇佣局制度。

苏维埃制度是社会主义，还是资本主义呢？在苏维埃制度远较现今更有社会主义性质时，列宁即称之为"国家资本主义"。而在已与资本主义妥协4年之后，他的继承者里考夫却称之为"国家社会主义"。这是不错的，那里，国家对于所谓价格经济（price economy），曾加以异常的干涉。但那里，国营工业不亦以利润为营业基础吗？其价格与利润亦以金计算，而非以劳动计算。私资本是不受取缔的。唯大规模工业握在国家手中，且亦非全部如此。甚至自一九二四年的反动以来，国内贸易仍有1/4握在私人手中。生产不动产、所得，均须课税，有许多物品，例如酒料、烟草、砂糖、火柴、茶、咖啡、织物，尚须征课关税与国内消费税。

在人口有4/5以上从事农业的国家内，可取农业为试验。农民对所耕地的保持权不称为"所有权"，但那是很安全的占有，土地可以严格地属于个人，如果村落选择此种办法。这种农民可雇请帮手全年，而以金付工资。他按固定税率支付赋税，在市场上脱售他所余的生产物，并可随意蓄积或使用他由此所得的货币，甚至可用此种货币来经营事业，来图取利润。说这是"共产主义"亦未尝不可。因名词没有多大关系。农产品在战时减落了，那是和巴尔干一样，其理由亦相同。机械与肥料都觉缺乏，有许多人移动了，营业大部分失去常态。在内争时期、封锁时期、外患时期，情形继续如此。现在生产额已经增加。一九二五年的谷物英亩数，较一九〇九年至一九一三年的平均数（以现疆域计算），约少1/5，一九二五年总收获约为26亿布奚，在战前，则为32亿布奚，即约当战前额的4/5。在战前，俄罗斯虽输出谷物，但其原因不在于丰饶，而在于贫困。现今依然如此。农民输出能得多少由国家独占决定，他对于所选购的输入品付多少价格亦由国家规定。

但这一切事情，都还发生没有多久，要在现今对于这一切事情作任何可靠的历史的判断，是不适当的。历史虽要讨究一切已发生的事情，但实际仍只能讨究有意义的事情。只有时间的经过，能告诉我们什么是暂时的，什么是永久的。在时间的经过中，暂时的将归消灭，永久的将行留存。每一种情形，都是新的要素和旧的（大部分是旧的）要素之混合。历史所能有的唯一的预言作用，是帮助我们认识旧的要素，计算旧要素在新要素（那常常是一个未知量）的出现上或许有怎样的势力。在政治学及经济学复合的范围内，有相当可以确实断定的事情。其中有一点，苏维埃政府亦承认之，即，一定有一个时候，苏维埃政府须承认外国及外国人民对它的要求权。还有一点，债权者亦充分了解之，即，其清偿，无论如何不能按额面价值，并把累积的利息包括在内。一九二五年至一九二六年，关于法国投资家50亿金元战前的债权，俄法间曾举行一种谈判，但其中没有一部分是双方认为可以偿付的。把公债、私债、利息、被没收或被破坏的财产的赔偿要求权计算在内，美国对俄国的票据，在一九二六年几为7.5亿万金元。俄国的债权者，主张俄国必须"在原理上"承认外国人的巨额债权。这句话的实际意义是债务国"在原理上"承认巨额，债权国亦默认只收取更小得多的数目。

进一步研究的参考书籍

Blanc, Elsie Terry. Coöperative Movement in Russia.

*Bowman, Isaiah. The New World, pp.328-408; 450-461; 470-476.

Brailsford, H.N. The Russian Workers, Republic.

Buchan, John. (ed.) The Baltic and Caucasian States. "Nations of Today" series, 1923.（Sec.B, sec.Contents.）

Cummings, C.K., and Pettit, W.W. Russian-American Relations, 1719-1920. Documents and Papers.

*Das Heutige Russland, 1917-1922. (Collection of monographs, bound in one volume.) (Part I on economic life, pp.1-158.)

Day, Clive. A History of Commerce, chap.XLIV.

Dennis, A.L.P. The Foreign Policies of Soviet Russia.

*Durand, E.D. "Agriculture in Eastern Europe", in Quarterly Journal of Economics, February, 1922, pp.169-196.

Engelbrecht, T.H. Landwirtschaftlicher Atlas des Russischen Reiches in Europa und Asien. (Thirty maps. Berlin, 1916.)

*Goldstein J.M. Russia, Her Economic Past und Future.

Hard, W. Raymond Robins' Own Story.

*Heller, A. A. The Industrial Revival in Soviet Russia, Especially pp.136-223.

*Hindus, M. G. The Russian Peasant and the Revolution.

Hirsch, Dr. A. U.S.S.R.

Hourwich, J. The Economics of the Russian Village, pp.40-137; 179-202; 291-307.

*International Labour Office. Industrial Life in Soviet Russia (1923).

——The Coöperative Movement in Soviet Russia (1925).

Katsenelenbaum, S.S. Russian Currency and Banking.

Korff, S.A. Autocracy and Revolution in Russia.

Kovalevsky, M. La régime économique de la Russie.Especially pp.169-290.

Kovalevsky, W. (ed.) La Russie à la fin du XIXe Siècle.

Kul is cher, J. Russische Wirtschaftsgeschichte.

Leites, K. Recent Economic Developments in Russia.

Lenin, N., Trotsky, L. The Proletarian Revolution in Russia.

Lenin, N., et al. The New Policies of Soviet Russia.

*Mavor, J. An Economic History of Russia, vol.Ⅰ, pp.375-427; vol.Ⅱ, pp.251-357.

*Miller, Margaret S. The Economic Development of Russia, 1905-1914.

Nansen, Dr. Fridtjof. Russia and Peace.

Ogg, F.A. Economic Development of Modern Europe, chap.XV.

Olgin, M. The Soul of the Russian Revolution. Especially pp.373-411.

Pasvolsky, Leo. The Economics of Communism.

*Pasvolsky, Leo, and Moulton, H.G. Russian Debts and Russian Reconstruction.

Ross, E.A. The Russian Soviet Republic.

*Schkaff, Eugène. La Question Agraireen Russie.

Segal, L., and Santalov, A.A.(eds.) Commercial Yearbook of the Soviet Union.

Simkhovitch, V. Die Feldgemeinschaft in Russland.

—* "Agrarian Movement in Russia" in Yale Review, May, 1907.

Snodgrass, J.H., et al. Russia, a Handbook of Commercial and Industrial Conditions. Special Consular Reports, no.61, Washington, D.C., 1913, pp.67-122; 140-149.

*Tugan, Baranovsky, M. Geschichte der Russischen Fabrik, part II.

United States Department of Agriculture. Russian Agriculture. Weekly Bulletin of Agricultural Economics, October 31, 1923.

*Vinogradoff, P. Article on Russia, Encyclopaedia Britannica, 12th ed., vol.XXXII, pp.313-340.

*Wallace, D.M.Russia, 1905 ed., pp.429-509.(rural life); 571-591 (urban conditions).

Witte, Count S.I. Memoirs.

Zenzinov, V. "The Bolsheviks and the Peasant", in Foreign Affairs, October, 1925.

Zimand, Savel. State Capitalism in Russia. Preliminary ed., 1926.